人文中国系列

中國風俗

〖上编〗

中国第一部风俗全志

胡朴安◎著
黎元洪◎题字 于右任◎题签

九州出版社
JIUZHOUPRESS

图书在版编目（CIP）数据

中国风俗／胡朴安编著．—北京：九州出版社，2007.10
ISBN 978-7-80195-688-0

Ⅰ．中…　Ⅱ．胡…　Ⅲ．风俗习惯史－中国　Ⅳ．K892

中国版本图书馆 CIP 数据核字（2007）第 074048 号

中国风俗

作　　者	胡朴安 编著
责任编辑	孙红梅
责任校对	李美娥
出版发行	九州出版社
地　　址	北京市西城区阜外大街甲 35 号（100037）
发行电话	（010）68992190/2/3/5/6
网　　址	www.jiuzhoupress.com
电子信箱	jiuzhou@jiuzhoupress.com
印　　刷	北京中印联印务有限公司
开　　本	710×1000 毫米　1/16 开
印　　张	49.5
字　　数	550 千字
版　　次	2007 年 10 月第 1 版
印　　次	2007 年 10 月第 1 次印刷
书　　号	ISBN 978-7-80195-688-0/K·118
定　　价	68.00 元（上下编）

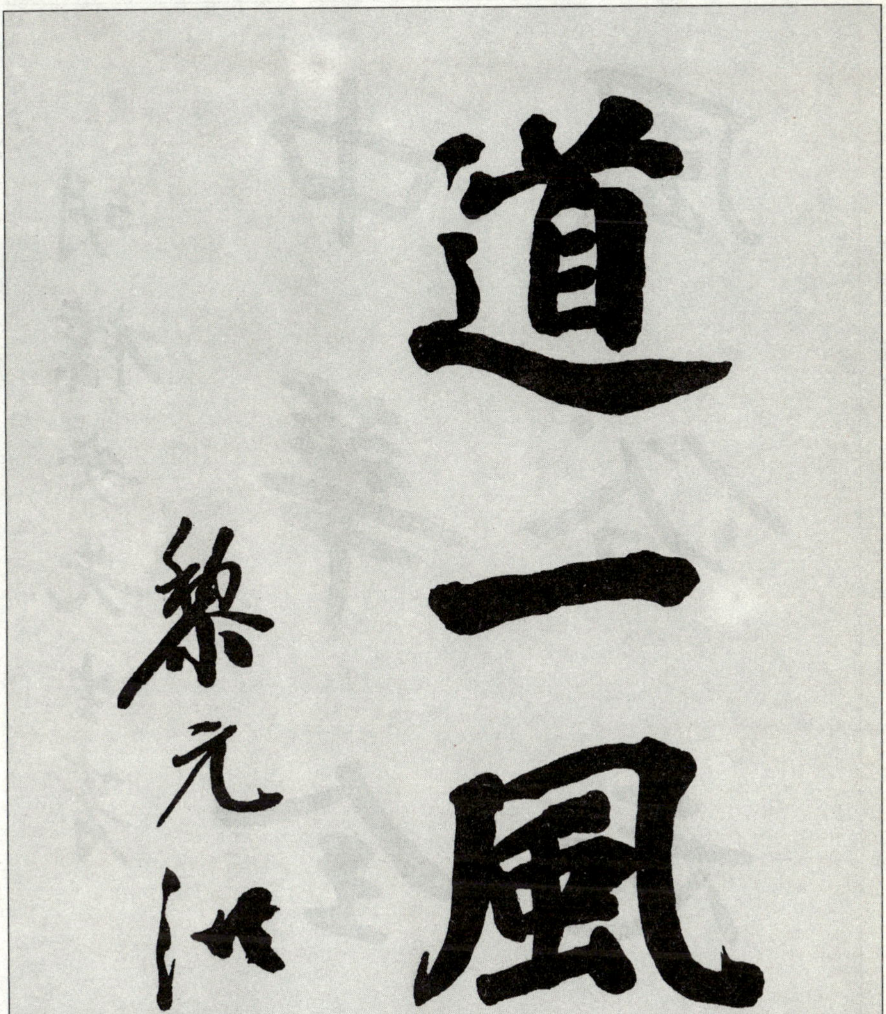

黎元洪（1864 — 1928）：北洋政府总统。

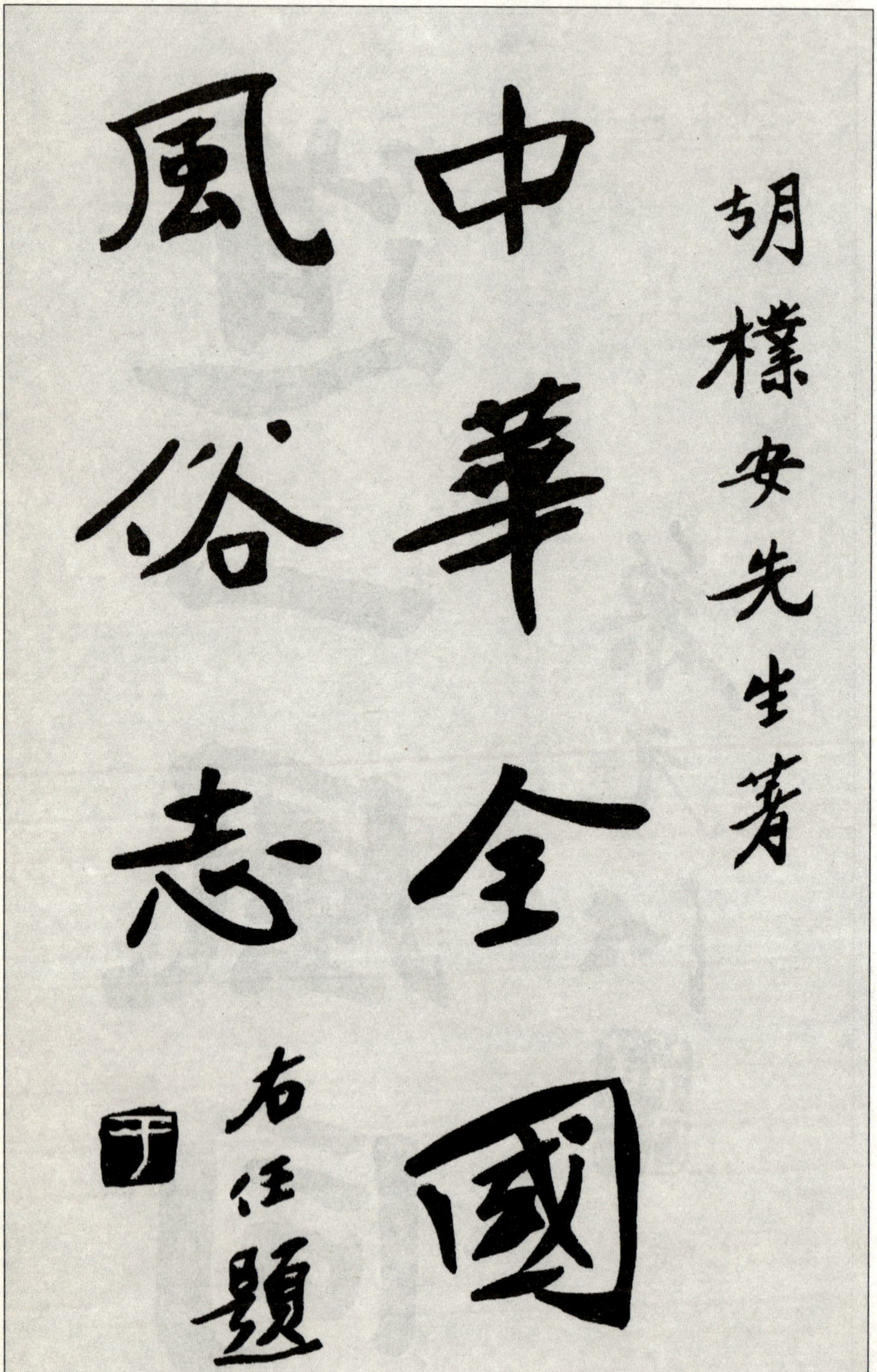

于右任（1879 — 1964）：近现代著名书法家、政治家。擅草书，被誉为“当代草圣”。曾任南京政府交通次长，长期任监察院院长。

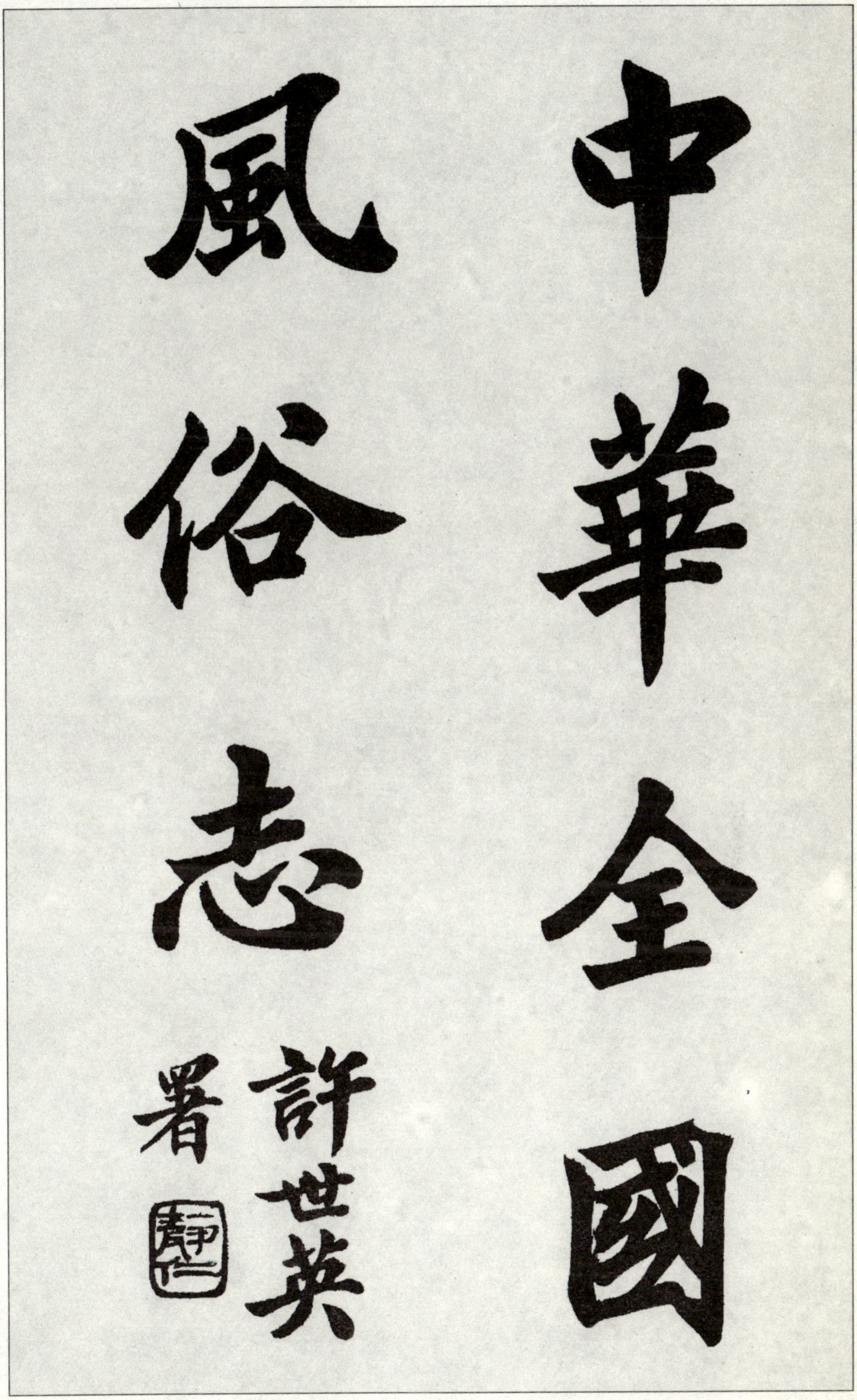

许世英（1873 — 1964）：近代政坛著名人物，晚清曾任奉天高等审判厅厅丞（相当高级法院院长）、北洋时期任国务总理、民国时期出任驻日大使。

出版说明

风俗乃特定之社会文化区域内人们所共同遵守之行为模式或规范。“风”者，因自然条件之不同而导致行为规范的差异也；“俗”者，由社会文化的差异而造成的行为规则之不同也。

风俗乃历史产物，乡间习俗，皆有渊源；一事一物，俱关文化。故知古今风俗，乃真正了解中国之前提、之基础也。大而言之，则又是爱国之基础，因若无了解，何能喜之爱之?

古语曰：“千里不同风，百里不同俗。”而中国幅员辽阔，为千里者以十计，为百里者以千计。各自为风，各自为俗。风俗之不同，未有如中国之甚者也。而中国风俗，古无专书。惟方志中略有所载，其他散见于古今人笔记者。其书卷帙繁多，非人人所能尽致，亦非人人所能尽读。是以留心风俗者，每苦无从考证。

鉴于此，民国时期著名学人胡朴安先生，筚路蓝缕，广搜各地方志及笔记、日报杂志，编为是书。由黎元洪题字，于佑任题签，许世英（曾先后任福建巡按使和交通总长）、张炽章（字季鸾，二十世纪上半叶杰出报人，《大公报》创始人、总编）、徐柯（光绪举人，《词源》编辑之一）做序推荐，初版于 1923 年由上海广益书局刊行。

原书分上下两编。上编摘自历代的史志、笔记，下编钞自近代的报刊、杂著。两编既互相联系，又各自独立，由古及近，以近为主。它把散见于浩繁的卷帙之中有关风俗民情的资料加以摘钞董理，汇集成册，免除了人们的翻检求索之劳，置诸案头，可收费时甚少而所获良多之效。尤其是下编，搜罗宏丰，饶有兴味，是了解和研究“人文中国”之重要资料。为了阅读的方便，我们将原书的上下编顺序进行了调换。

我社整理出版此书，以 1923 年上海广益书局版为蓝本，为保持原书风貌，原书题签、题字、推荐序、全书内容一仍其旧，只将书名改为《中国风俗》。书中所记民间陋俗，偶有歧视揶揄之词，个别处稍作改削，望读者明察。

另，由于本书内容为胡朴安从历代方志、笔记及杂著摘钞而来，由于年代久远和印刷缺漏，有个别字或有丢失，或模糊不清，而无从考证，因此成书时就用“口”替代。本次出版，也因同样原因，而从原版，或给读者在阅读时带来不便，敬请鉴谅。

九州出版社

2007年 9月

序 一

中国风俗，古无专书，惟方志中略有所载。其他散见于古今人笔记者。亦时有之。顾其书卷帙繁多，非人人所能尽致，亦非人人所能尽读。是以留心风俗者，每苦无从考证。犹忆民国四年之间，余长福建，巡视闽海各县。朴安与偕，载书盈捆，而目所接触，发书求之，则十不获四五，盖风俗无专书，是以用力多而所得少也。余尝语朴安曰：省府州县志中之风俗，虽不可尽信，然苟汇聚为一编，益之以笔记中所载，或足为研究风俗者之一助。吾子好读书，盍于治事之余，一事搜辑乎，然是时庶政綦繁。朴安多所匡助，著作之事，匆匆不暇，五年余长交通，朴安相从来京，亦未遑著作也。迨六年余解职居津，朴安回沪，供职于路局，位卑事简，顾朴安乐之。若深幸得此宽闲之业，可从事于著作。十年余长安徽，闻命之日，即寓书相招。朴安则正从事于著作，而有迟迟吾行之意，余亦不甚相强。十二年，余解职来沪，与朴安握手，知此五六年中，朴安所著之书，不下十数种，而《中华全国风俗志》（今改名为《中国风俗》，下同，后不赘述。——编者注），适于是告成。全书分为上下二编，上编十卷，采录方志中所载之风俗；下编十卷，采录笔记及杂志与日报中所载之风俗。一如余曾所语朴安之例，朴安持之问序于余，余故不辞而述其缘由如此。

1923年3月

秋浦静仁许世英序

注：许世英（1873—1964），字俊人，一作静仁，号云楼，晚号双溪老人，安徽至德县兆吉山（今东至县）官港乡人。前清拔贡，著名政治家、外交家。历经晚清、北洋、民国三个时期，清时曾任奉天高等审判厅厅丞；武昌起义后，先后在袁世凯、黎元洪、段祺瑞军阀政府中任大理院院长、民政总长，福建、安徽省省长、国务总理，被孙中山誉为“北方第一人”。上世纪三十年代，中日战争一触即发之时，以花甲之年慨然出任驻日大使，侵华战争爆发后，回国就任全国赈济委员会委员长之职，1947年就任行政政务委员兼蒙藏委员会委员长，1964年殁于台湾省台北市。

序　二

外人之讥我曰，中国并非一国家，中国并非一国民，吾诚耻之而不能辩，何则？普及国家主义这前提，在于知彼知己，易言之，必知世界，知本国，而后可以涵养爱国爱群之心。而我则两失之也，近代海通，竞言新化，好学青年，稍稍求所以知世界，尚矣。而本国之事，独不求知，且鄙弃日甚。今之人，大抵只能剧谈伦敦巴黎之风尚，或炫举希腊罗马之名词，而叩以各省情形，则反茫然。甚者且不知中国之大与久，夫于其地其人，既毫无观念，又不辨共同之历史文化，则虽同胞亦犹之异族矣。中国纵地大民众，不过如游牧民族偶聚居于一大沙漠中耳。求其爱国爱群，安可得乎？畏友胡朴安先生，笃行好学，以阐扬文化为任，尤精经学，多所阐明。近于著作之暇采取方志以及近人之笔述，题为中华全国风俗志，此书也，诚不可以尽朴安之学，而其用甚著。盖风俗及历史产物，乡间习俗，皆有渊源；一事一物，俱关文化。故能知古今风俗，即为知中国一切。而其书易读，不若下在史或地志之艰涩干燥。学者于此一编，有漫游伦敦巴黎之兴味，而能自然理解我祖先之思想感情及现代全国同胞之生活状态，在今日鄙言本国之时，此书盖尤有诱导之效也。中国人愿否知中国，将以些书之风行如何观其湍矣。

榆林张炽章序

注：张炽章（1888—1941），字季鸾，祖籍陕西榆林，出生于山东邹平。民国时期最具声望的报人、社会活动家。早年留学日本，辛亥革命后任孙中山秘书，并起草《临时大总统就职宣言》。1926 年出任《大公报》总编辑兼副总经理，在他的主持下，《大公报》引领风潮，掀一时之气象，成舆论之重镇。张炽章也因其文笔犀利，见解超群，名闻当时，为国共两党政要侧目。1941 因病在重庆逝世后，陪都新闻界和各界人士为张季鸾隆重举行了追悼会，国共两党领袖同声哀悼。蒋介石致挽联：天下慕正声，千秋不朽；崇朝嗟永诀，四海同悲。周恩来、邓颖超联名致挽联：忠于所事，不屈不挠，三十年笔墨生涯，树立起报人模范；病已及身，忽轻忽重，四五月杖鞋矢次，消磨了国士精神。著有《季鸾文存》。

序　三

善良之风俗，至于今，存者万一而已。历数十百年之贤人君子，倡帅之整齐而始有者，有罔人焉，一唱百和。遂荡焉至是，若曰吾将以快吾心之所大欲。宁犯天下之大不韪耳。而天下及日即于敝。顾亭林曰，宋史言士大夫忠义之气，至于五季，变化殆尽，罗仲素曰，廉耻者，士人之美节；风俗者，天下之大事。士人有廉耻，则天下有风俗。今民日以偷贪冒而无耻，宜风俗之汙下，几于陵夷毁顿败灭而不可救也。夫贤人君子之治天下，立法制礼，必因风俗之所宜，今武夫用事，贤人君子伏匿消沮而不见，安得有若？胡子朴安其人者，有为于时，而使风俗驯至于醇美耶。朴安浮沉下僚，慨然有澄清天下之志，及考质郡国之利病而及于风俗。吾信其坐而言者，终必有起而行之一日也。朴安状貌伟然，洪声大口，须眉开张，博极古今中外之学，于事物鲜有所嗜，独好著书。时或剧饮诙调技击以自适其乐。且尝习为贾，亦尝为秘书（朴安尝官交通部秘书），又尝躬耕于万顷湖之滨（朴安督耕万顷湖，尝杂佣保入田力作）。商而仕仕而农，以一身迭为之。诚当世奇人矣。非贤人君子而能若是耶？朴安泾之人也，其殆得泾之清而不混，混与世相浊者耶？予伏处海滨，穷蹇抑塞，自交朴安，相与游从于文酒，懽然无所闲，于此书之成，故乐为一言质之。

1922年

杭县徐珂仲可序于上海寓庐之天苏阁

注：徐珂（1869—1928），字仲可，原名徐昌，别署中可、仲玉。浙江杭县（今杭州）人。光绪举人，为《词源》编辑之一。著述甚多，有《清稗类钞》、《国难稗钞》、《晚清祸乱稗史》、《小自立斋文》、《康居笔记》、《可言》、《岁时景物日咏大全》、《佛说阿弥陀经会要》、《历代白话诗选》、《古今词选集评》、《清词选集评》、《天苏阁丛刊》。其中《清稗类钞》为三百万言煌煌大著，是关于清代掌故遗闻的汇编，搜罗宏丰，而又清畅可读，影响甚巨。

自　序

语曰，千里不同风，百里不同俗。中国幅员辽阔，为千里者以十计，为百里者以千计。各自为风，各自为俗。风俗之不同，未有如中国之甚者也。以中国不同之风俗，数千年来，在统一国家之下，卒能相维相持于不敝者，其道安在？闲尝求之而得其故，盖以学术统一而已矣。自汉武表章六经，儒术遂尊，佛虽成于晋唐之际，出世而非入世，不能与儒家争政治之权，所以自汉以后，迨于清季，为儒术统一国家之时期，虽其间乱亡相继，而其由乱而治，由亡而存者，无不揭橥儒术，以为收拾人心之具，所以不同之风俗而卒能归于统一者此也。西学东渐，功利之说兴，儒家仁义之说，不能与之相抗，学术分裂，各执一端，于是不同风俗之国家，遂无统一之望矣。夫求治之道，须因病施药，不可削足适履。学术既无统一之能力，当留意于风俗之习惯而为因病施药之举。今之从政者，昧于中国情形，稗贩东西法，强纳不适宜之中国，本无约束也，盛为自由之说，本无阶级也；盛为平等之说，本无资本家也；盛为经济支配之说，本无轻视农民也；盛为劳工神圣之说，多数人民未受种种之痛苦。故对于自由平等经济支配劳工神圣之说，漠然不动于其收，而为些说者，卒不能以这增进人民之幸福，适为少数人借为争权夺利之资。此不知国情者不足以言治道也，即其号其知国情者，亦知其一不知其二，于是甲唱一说，合于甲省之习惯，乙省之是否适宜不问也。丙唱一说，合于丙省之习惯，丁省之是否适宜不问也。推之戊己亦然。所以不周知全国风俗，而欲为多数人民谋幸福，纵极诚心事无济。韫玉有见于此，而力不逮，未能周行国境，一一详考其风俗，乃退而读方志，凡有关于风俗者，随笔记之，积成巨册。合肥阚君铁群，江宁郑君肖崖，及姪惠生，复从近人笔记游记日报杂志中，节抄风俗之记载，成书亦复相埒，乃董而理之，以抄自方志者为上编，抄自笔记游记日报杂志者为下编，各十卷。庶几中国华全国之风俗，虽非自观聊当耳闻，不敢谓足为从政者考镜之资，其有留心风俗之君子，实地调查则此编或可为万一之助云尔。

1922年1月

泾县胡韫玉朴安自识

上编目录

京兆

直隶

江 苏

浙　江

安 徽

江 西

福 建

湖 北

湖 南

陕 西

广　东

广　西

苗　族

京 兆

北京輶轩录

一 社会丛谈

北京人民，食必葱蒜（凡北式菜馆，席中必有小菜，蒜为必列之品）。衣必红绿（北京庙会，旗装妇女，面部则燕支如血，衣服则文绣斑烂，举目皆是），戏必皮黄（梆子腔自民国成立后，几成绝响，近年昆曲始稍兴，然终不敌西皮二黄之势力。上自学士大夫，下至贩夫走卒，无不会略哼几句者）。盖北方人民，感觉迟钝，无葱蒜则舌之味觉不愉快，无红绿则眼之视觉不愉快，无皮黄则耳之听觉不愉快。其感觉迟钝之原因，若以科学解说之，则北方空气干燥，种种电力，传达较迟，是为一大原因。且因感觉迟钝，而益求兴奋之剂以愉快，愈激愈疲，愈疲愈弱，五官本能，因以益钝，是又一原因。以感觉迟钝故，遂至脑筋简单，学说不易输入，文化因以不进步，实人群进化之障碍。望有志者革除此种习俗，使官能恢复其固有之灵明。

扶乩：一种民间占卜问神巫术，烟画。

北京星相扶乩之风甚盛，不特旧人物笃信，新人物亦复斤斤乐谈。一般官僚，无一不以八字及五官求人评判吉凶。以故亚康节、赛柳庄、问心处等等，皆以相命而席丰履厚，且有膺高官厚禄者。一般大老，佞佛最深，茹素诵经者，比比皆是。伏处下僚，脑筋敏捷者，遂起而研究佛学，以作终南捷径，颇多遂意者。故时人有言曰：“北京做官有三诀，曰善嫖、善赌、善诵经。”盖不诬也。

北京年来，虽文化未进步，而奢侈则日起有功。元二年间，街市尚有铁轮车，今则无矣。昔者汽车马车尚如晨星，今则月入三五百元之人物，无一不有汽车。甚有汽油由车夫供给，以分润酬应场中车夫所得之饭钱者，薪水虽数月领不到手，而老爷之架子，依然不得不搭。胸前之徽章，名片上之官衔，多多益善，虽逛公园、上饭馆时，亦不肯抛却。向日请客，大都同丰堂、会贤堂，皆中式菜馆。今则必六国饭店、德昌饭店、长安饭店，皆西式大餐矣。向日政客衣服尚多韦布，今则一律花缎矣。统计北京各级社会，殆无一人不入胡同上盘子，无一人不往公园喝茶，无一人不听戏，无一人不听落子，无一人不打球，无一人不上小饭馆，无一人不看电影，无一人不叉麻雀。此数端兼之者固多，而占其二三者，百分中当在九十以外。

北京旧式茶馆，仅取水钱铜元二枚，今则龙井茶铜元六枚为普通矣。旧式饽饽铺，京钱四吊（合南钱四百文）一口蒲包。今则稻香村、谷香村饼干，非洋三四角，不能得一洋铁桶矣。昔日抽烟用木杆白铜锅，抽关东大叶，今则换用纸烟，且非三炮台、政府牌不御矣。昔日喝酒，公推柳泉居之黄酒，今则非三星白兰地、啤酒不用矣。然而人民虽阔绰，政府则外债内债，累积如山。国奢则示之以俭，尚望有志者以节俭为天下先，培养国民经济力，为国家减少政费之担负可也。人无正事，必且无聊。北京之无职业而待谋事者，固甚多而又无聊，其有职业者，亦多不尽力于所事，且专好为无聊之忙碌，如庆吊也，饮宴也，送行也，接风也，问候也，闲谈也，追悼会也，欢迎会也，凡此皆无聊之表现也。

群众运动，至今日仅成一种机械式捣乱作用。故有拥人者，有倒人者，有散传单者，有开某某会者，有请某项某项愿者，皆其好例也。

清季东交民巷，惟马车可以任意奔驰，其他车辆禁止行走，盖外人优待亲贵也。宣统间议定岁贴修路费五千元，人力车始准通行。都中马路，近始改良，比之沪埠，犹有逊焉。惟东交民巷则路途平坦，两旁垂杨，房宇整洁，行其间颇有上海静安寺路风景。此处管理权几全在公使馆掌握，警厅不敢过问。虽然，犹幸有此外交团卵翼区域，为达官政客之逋逃薮也。

六国饭店在中御河桥边，建筑壮丽，陈设华美，较之沪上汇中，殆过无不及。从前为外交团俱乐部，光、宣之交，满清贵族，群学时髦，相率奔走于六国饭店，为外人点缀风景。实际上，则昔之间接以金店为纳贿机关者，一变而直接以六国饭店为交易所矣。民国以来，政客达官，宴集寓宿，均以六国饭店为大本营。实则六国饭店在京颇有政治上之集合势力，非仅图哺啜已也。无论何项调停疏通事件，比至六国饭店，则无不迎刃而解，何其遭际之幸也！

比年以来，都中稍有资望者，大都于天津设有出张所。盖狡兔三窟，安不忘危之意也。故一般大老，都门尽有临时赁屋者，而天津则必有地皮及自建房屋。今日人多谓北洋系，吾以毋宁称之曰天津系。所谓北洋系人物，天津皆有不动产，且其发迹均于天津。在昔有清，都门赌博狭邪之禁尚严，官吏多不能逞欲，于是连袂赴津，既托庇于外人卵翼之下，亦可无所顾忌于僚属。故天津殆为政界嫖赌俱乐部，此亦北洋系团结之原因也。

北京向无夜戏。光、宣之际，各班因演义务戏，始准开演。此后亦不复禁。自文明茶园创立，始有妇女赴园观剧之事。当时仅以楼上下为分别，随后包厢亦可混合杂处。及第一舞台成立后，正厅亦可男女合座矣。

北京伶业极为发达，戏园建筑虽简陋，然营业甚佳。上自宫绅，下逮走卒，皆以戏园为消遣所。然近年来戏价飞增，几驾上海而上之。谭叫天演剧，昔仅售铜子二十余枚，今则须售一元余矣。梅兰芳于二次到申以前，在天乐园出台，外尚有龚云甫、王蕙芳、王又宸诸名伶，仅售铜子三十六枚，今则亦需大洋八毛矣。此亦北京人民奢侈程度之进步也。戏园有仅售男座者，则外面必高悬不卖堂客牌（按北京人民呼妇女为堂客）。其字句极不通，然沿用至今，未尝稍改。若改为不卖女座，似较妥当矣。

北京客店，多备饭不备菜。初至京者均以客店房饭在内，既有饭自必有菜，故常为所欺。惟广东帮所设佛照楼、长发栈、

观看伶人弹奏，选自《点石斋画报》。

泰安栈三家，则房金饭菜，一概在内，即不吃饭，亦照算也。近日新开之旅馆，如中西旅馆、金台旅馆等家，则与沪上诸大客栈之规例仿佛。若长安饭店、北京饭店等，则为第一等之旅馆，如上海之东亚旅馆、大东旅馆矣。

旅居北京，有一极可怪事，即北京各城墙上不准华人行走，而任外人随意在城垣上散步瞻眺。问之则曰："此长官所吩咐，优待外人之命令也。"在彼兵士为执行长官之言，禁止华人登城，固不足责，然不知一般威赫之长官，何必设此条律，优遇外人？为外交起见，固无不可，然何必苛待华人，不令其登本国之京城？即在吾国，如上海租界中西人之公园，不准吾华人入内。吾遇彼着此，而彼待我若彼，诚可叹也！

北京各学校之学生，均萎靡不振，无尚武精神，对于运动体育一门，毫不注意，而以眷妓观剧，为练习身体之品。近虽稍渐知注重体育，然一般腐败学校，其学生之狎妓捧角，仍视为常事。

北京之市场与上海之所谓市场，其性质大有不同。北京市场内店肆林立，杂以货摊，商业竞争极烈，商人不得高居奇货，挟索巨值。然购物时亦须留意，货商索价甚高，虚头极大，甚至有索值三四倍于原价者。故购物者必须还价，否则未有不受欺者。其不二价之店肆，只前门外大栅栏内数家著名资本雄厚之店，若瑞蚨祥、同仁堂、谦祥益等家，然其价值总略昂于小铺、市场内之货物，价又贱于市场外之店铺，且种类繁多，可任意选购，故人多乐往购之。非若上海新世界，大世界内所设之商铺，高居奇货，勒索巨值，除无知儿童强欲玩物，及为情人逼购赠品，为顾全体面起见，不得不购外，鲜有人过问者。若市场内之货价，与外间店铺之货价相等，人犹且多从便向路旁店铺购买，而不愿出一二角之门资，向市场内店铺购买，况其

清末北京大街

价较寻常商店高出倍蓰耶？欲其营业之发达，不亦惑乎？北京之市场所以发达者，其原因有二：一由于货物之价较外间店铺为廉，二无须入门资。其与上海市场相比较，岂可同日而语耶？北京妇女有一极可憎事，即其无论老少妍媸，咸厚涂脂粉，面颊猩红，以为美观，招摇过市，自鸣得意，抑不知使人见之实可作三日呕也。尤可恨者，极幼之女童亦吸纸烟。北京人民于纸烟一项颇讲究。上海之上流社会，以三炮台为应酬品者，北京则视若平常。中上之家，多以金星牌等贵纸烟享客，毫无吝惜，其奢侈可见一斑。北京妇女用粉至多，故名产出焉。北京之宫粉，全国闻名，南人多慕名托人代为购用。

北京于满清时代，像姑之风极盛，男操淫业，违背天理，伤风败德，莫此为甚。一般王公大臣，多流连其间，其所以喜逛像姑而不就妓女者，盖其不欲传后于人也。改革后，像姑营业，遂干禁例，然阳奉阴违，秘密操此业者，仍所在多有。今之一般捧童伶者，皆醉翁之意不在酒，而将有所不利于孺子也。操此业者，大多为优伶，今之所谓伶界大王、第一青衫及汪派第一人物等辈，其幼时皆系像姑中之佼佼者也。

北京市政之进步，至为迟缓，自厉行新政后，迄今不下二十年，仅前门大街、香厂、西交民巷及东西城两条大街，较前稍整洁而已。余若僻巷小街，依然香灰细土，著足飞扬，人矢马粪，错落道上如棋子，每至阴雨则泥淖没胫，几至断绝交通。电灯虽有，然戌亥之时，则萤然如香火头，必交子初始放光明，且时有断线之病。自来水虽设，而推水车者仍不能废。若依比例算，则北京市政如仅求如上海之租界，至少亦非再候百余年不办。

北京市场中最见发达之营业，莫如旅馆。前门外西河沿、打磨厂一带，鳞次栉比皆是。东城则曰饭店，西城则多公寓。虽一则供豪客之游憩，一则供服务人员之栖息，价值之低昂悬殊，然同为供旅客之需要则一。最著名者六国饭店、北京饭店而外，则为香厂之东方饭店，东城之大陆饭店、长安饭店、东安饭店、中央饭店，西城之西安饭店，次之者则为打磨厂之第一宾馆、天达店，西河沿之中西旅馆、金台馆。若虎坊桥之宣南饭店，则以小客栈之实，而冒挂饭店之招牌，其资格仅能列于五等以外也。往饭店者多阔人，大概非借以宴客，则征妓也，狎私娼也，或吸鸦片也。虽悬有警厅禁例，而客多视若无睹。饭店主者，亦率谂此辈阔客势巨，为警厅所不敢干涉，则亦听之，且落得借是招徕渔利。

二 八埠艳语

燕京妓馆，分为三级。一等谓之小班，犹之沪地长三。二等谓之茶室，犹之沪地幺二。三等谓之下处，犹之沪地花烟间。此乃营业等级之区别；另有南帮、北帮之称，则地理上之分派也。自男风取缔，妓业加增，光、宣以来，时有消长。观乎伶妓之盛衰代嬗，亦可觇社会之趋势焉。

都中指妓馆所在地曰胡同，冶游家均以逛胡同为打茶围之代名词。其实都中所谓胡同，并非仅限于妓馆所在地而言。此语倡于何时，无从得考，相沿既久，遂成为习惯语矣。

妓家向分南北帮。从前界限颇严，南不侵北，北不扰南。近则混合组织，其独立一帮者，殊为罕见，殆亦南北统一之先兆欤？间尝评论南北帮之优劣，各有短长。大抵南帮活泼，而流于浮滑；北帮诚实，而不免固执。南帮妓女多来自沪上，无不假托隶籍姑苏，故谓之为南帮，不如简直谓之为苏帮。南帮应客，周旋极殷，如论风头，则洵非北帮可及。至北帮则除床第外无他技能，除偎抱外无他酬酢。顾亭林论社会情况，以"闲居终日，言不及义，好行小慧"评南人，以"饱食终日，无所用心"评北人。今观南北两帮妓女之情况，大可移赠矣。

北京妓馆谓打茶围为开盘子，每次必给洋一元。无论客与妓之关系若何，每来一次，必给一元，大有无钱不能入我门之概。但通例开盘子虽为一元，亦有开双盘而予以二元者。闻诸议员极盛时代，且有每开盘子，给以五元或十元者，此亦八埠妓家怀念议员之由来也。

北京妓馆，其内部组织与沪上异。盖班子是班子，妓女是妓女，开班子不尽自有妓女，妓女亦鲜兼为掌班。俗呼开班子者为老板，系备房屋家具，并雇用跑厅（妓家仆役之称，如上海之相帮）伺候奔走，兼供妓女膳食。论其营业行为，无殊旅馆性质，惟以居留妓女为唯一交易耳。凡妓女之来者，谓之搭班，所有房间家具，以及膳宿，均由班子供应，不另取资（按红倌人亦有自备家具，并不用班子膳食者，未可概论）。嗣后所有盘子，一概彼此均分。暂由柜上记账，临时给以木筹，每数日一清算焉。故妓女之营业发达者，班子极为捧场。至其生涯冷落者，则必遭其白眼。此与沪上讨人办法，及以股东资格而从事营业行为者，殊有别焉。

北京赌博之禁，表面颇严，故妓馆碰和之风绝迹。但有所谓"吃牌饭"之虚名，论其实际，则仅吃饭而已。都中花酒颇不易吃。盖花酒价昂，每席动辄需百金，起码亦须四五十元方敷开支。冶游家因避重就轻，相率而吃牌饭，亦非二三十元不办也。故花酒颇不轻易捧场，匪特价昂，且客亦不易招集。北京妓女出局，谓之出条子，每次须给五元，主人且须另赏从者一元。此项条子费，大都实收，甚至现付，非如沪上打样局，存心倒账。所以客与主人无深交者，大都不欲赴席，迥非沪上吃花酒而照公组织者，所可同日而语也。

当壬癸年议会极盛时期，胡同小班，供不敷求。于是津、汉、苏、沪等埠，连袂北来者，络绎不绝，大都满饱囊橐，如愿以偿。自国会解散后，而娼寮妓馆，亦无形中受莫大之打击。及至筹安会发生时期，又渐渐恢复二年前之盛况。乃盛会难常，衰状又现。泊乎护国军起，而胡同冷落，不堪回首矣。既而国会恢复，胡同之营业，亦无形中随以恢复。要之，北京胡同之盛衰，亦一国安危之所系也。

从前，冶游家相率趋于小班，对于茶室，颇为鄙夷。比年以来，此风渐弭。而一般舍小班而逛茶室者，实繁有徒。茶室定例，盘子六吊，惟纸烟自备，妓不供给。论茶室中之人物，当然较小班为逊，间亦有杰出而胜于小班者。此乃资格上及资本上之关系，殊未可一概而论。但住所较劣，且未便久延，惟一般抱实用主义者颇好问鼎。迩年茶室营业颇为发达，都人士之财政问题乎？亦经济主义欤?

北京妓女之香巢，大都在外城八大胡同内。八大胡同者，陕西巷、石头胡同、小李纱帽胡同、胭脂胡同、百顺胡同、韩家潭、王广福斜街、皮条营是也。其实卖淫之胡同，尚不止此，特以此数者为最著耳。时人有律诗四首，于妓院情景，历历如绘。兹特录之，亦采风问俗之韵事也。

陕西巷里觅温柔，店过穿心向石头。纱帽至今犹姓李，胭脂终古不知愁。
皮条营有东西别，百顺名曾大小留。逛罢斜街王广福，韩家潭去听歌喉。

北地南都大不同，姑娘亦自别青红。高呼见客到前面，随便挑人坐厂厅。
腾出房间打帘子，扣完衣服点灯笼。临行齐说明天见，转过西来更往东。

沉迷酒醉与花天，大鼓书终又管弦。要好客人先补缺，同来朋友惯镶边。
碰和只扰一餐饭，住夜须花八块钱。若作财神烧蜡烛，交情从此倍缠绵。

逢场摆酒现开销，浪掷金钱媚阿娇。欲壑难填跳槽口，情天易补割靴腰。
茶围偶为梳妆打，竹杠多因借补敲。伙计持来红纸片，是谁催出过班条。

三　新年佳话

《都门风俗记》：正月初一日子刻后祀神，谓之接神。初二日祀财神。初三日旃檀寺打鬼。初五名破五，禁妇女往来。初六日琉璃厂开寺。十三日试灯，黄寺打鬼。自初一至十五游大钟寺。十九日游白云观。二十日雍和宫打鬼，此一月中几无处不可以游，无日不可以游。惟琉璃厂今则一日即开寺，任人游览，至若古董字画，须过三日后陈列始多。盖各种商人，亦度三天年也。

琉璃厂系辽时海王村故址，因从前有窑出产琉璃得名。俗又呼为厂甸，今则仅存其名，昔日之窑，已不见其遗迹。惟满街书肆林立，陈列古董字画而已。内务部就厂中隙地建海王村公园，为附近儿童游戏之场，用意至善。一年之中最热闹时间，

新正逛厂甸，清代年画。

为新春正月。近虽改用阳历，此风犹不稍衰，亦新年点缀中之不可少者。

近年厂甸，较之往年益形宽阔。昔日之土地祠以及高等师范等处，皆已拆让一半，北至西河沿，盖预备建筑南通香厂之一条大马路也。故厂甸四通八达，交通便利，竟变为中心点。每届新年，倾城仕女，香车宝马，群向此中心点而来，大有共和国家人民一律平等之现象。盖无者无幼，无贵无贱，只须不出自由范围，违背警章，大家均可同乐，较之他种游戏场之有限制者迥不同也。

厂之他处皆有变更，惟工艺局洋楼一座，尚如鲁殿灵光，岿然独存。现就其地址改为工商改进会商品陈列所。每逢年节，门前札五彩牌楼，上嵌通商惠工等字样。盖借新年游乐之中，以引诱人民注意国货之观念，其意良善。而开放三日，不取票资，由是观者如堵，人稠地狭，拥挤不堪，欲入不得，望望然而去之。门之两侧搭有席棚，陈卖各物，以人造花卉最能销售。然较之儿童玩物，尚不及百分之一也。

卖茶汤，选自《北京民间风俗百图》。

露天茶桌，因地势宽广，

较往年增加，无非昔日平地之上，安置桌椅。除有棚之茶肆两座外，余皆搭有一二尺高之木板，且划分地界，有如井田，四周皆可通行。上标为男女分座，实则杂乱无章。一肆之上，妇女愈多，座愈拥挤，生意愈盛。茶之佳否，则置诸不问。盖醉翁之意不在酒，在乎山水之间也。而茶博士则高立板上，大声疾呼：“这里得瞧！这里瞧得清楚！”无意识之言不绝于耳。然其间妇女游者固多，而坐诸茶桌之上，陆离光怪，以出风头者，仍属青楼姊妹，良家尚不多见。间有本地住户，亦属寥寥。因不如公园之幽雅，有条不紊，故来者周游即去，咸不愿坐此喝西北风也。

是地也，以青楼姊妹降临，一般堕鞭公子，走马王孙，趋之若鹜。或携越女，或约吴姬，连袂而来，为厂甸增加风景。此外则顾影自怜之少年，与想吃天鹅之野心家，亦趁此机会，借厂甸为吊膀之场所。实则除暗娼或可达到目的外，其他不过起哄而已。盖来者人同此心，心同此理。一有粲者，群相跟随，卒至皆无结果。加之巡警林立，稽察甚严，虽拥挤之中，究不敢妄施技俩，不过一饱眼福耳。虽然，于此会期中，骗诱妇女者有之，拐失小孩者有之，虽消闲之场，亦纳污之地也。

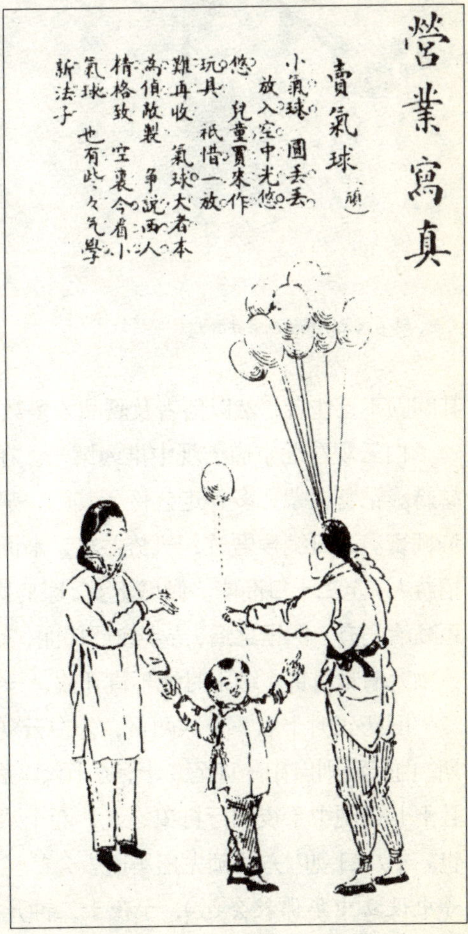

卖气球，选自《营业写真》。

儿童玩品，气球为最易销卖之物，易诱儿童嗜好。其形圆，其色红蓝不一，飘荡空中，大有可观。偶一松手，则翻飞天半，可望而不可即，尤增余兴。三五少年，专以放气球为乐事，购七八枚或十余枚，缠连一绳，而放诸天际。身坐肆中，兴高采烈，追众人仰望，尤乐不可支，拍掌欢呼，声震数里。其主要目的，不外乎引诱妇女之注目，以施其渔色之手段，亦会场中怪现象之一也。

厂之东侧有吕祖庙，香火最盛。青楼姊妹来游者，无不先往烧香，以求吕祖爷保佑。祠中观烧香者，站立两厢，有若清季大员进香，属员站班伺候之状，然尚无此精神。祠中道士，以正月为进款最多时节。手持香盘，追求诸大善男信女布施若干。往年丐者几满祠中，今则驱逐干净。此乃警察之功。否则一路呼喊，败兴不浅。厂北之土地祠已改为道路，而吕祖则依然如故。说者谓纯阳有通天过海本领，非区区土地所能及。值此物竞天择之时，神道亦须受天演之淘汰，至堪发噱也。

厂西隅为杂艺场，内有变戏法者，有唱嘣嘣戏者，有列奇禽异兽以供人观览者，锣鼓喧天，异常喧闹。口外有出售梅花、兰草等类，佳者颇少，不如各处庙会。游者非为购花而来，卖者亦知其心理，不为供过于求，故贩来亦不多。

卖花，选自《北京民间风俗百图》。

琉璃厂向为古董字画书籍之荟萃地。每届新年，字画为一大宗售品，土地祠、火神庙皆悬挂无余地。人至此间，如在山阴道上，目不暇接。一般考古家、大名士咸集于此，品论优劣。其间固不乏佳者，然以俗者及赝鼎为多数。

白云观在北京道士观中推为第一。在前清时代，观中方丈与王公通声气，威焰赫赫。钻营之辈，多奔走乞怜于其门，势力极伟。民国成立以来，如蛟龙失水，其势顿衰。近日销声匿迹，气势益寝，渐而至于澌灭矣。然每届旧历元宵，辄开庙以招游人，至二十日而毕。倾城士女，摩肩接毂，比之厂甸，殆犹过之。观在西便门外，距顺治门有三四里之遥，寺宇庄严伟丽，实为京师冠。而花园中亭台楼阁，水石花木，景物尤清雅可赏。顾平时绝不肯开放，一年只有正月十七、十八两日纵人入游耳。

旧历正月十七、十八两日，为白云观极盛之期。盖厂甸自年初一至十六为会集期，白云观则自初一直至二十，故十六以后，既无厂甸可游，而游人遂争趋白云观矣。且十七日观中于夜间行打鬼之礼，而十八日则为神仙大会，尤为白云观中全盛之日也。十八日观内方丈预先招集道教会二三百人（中华道教会设白云观内，犹之法源寺中设立中华佛教会也），于夜十二钟开神仙大会，分班诵经（道士谓天上神仙亦于是日同时降临下界，故曰神仙大会）。而夜间壁上遍悬画灯，光耀如昼，经声琅琅，

道士化缘，选自《北京民间风俗百图》。

杂以铙鼓，尤使人有别一洞天之感。

有殿曰四御殿，文明妆束之妇女，到此焚香膜拜者日有多起。此辈形式上固极文明，而精神上究未必文明。中国人可作如是观者，比比然也。

有养老堂，堂中小室内有一老道士，卧于床上，床前置一破篮，乞人赐钱。妇女多有掷钱于此篮内者。闻人云此道士年已百余，然殊不类也。

又有养豕之所，豕累累不可计。乡民相指告曰：“此豕不可食，食之造孽。”其愚真不可及也。

白云观有秘制冬菜，味极美。清慈禧太后极嗜之，每日必以进御，以是名益噪。然除供奉内廷外，诸施主与其方丈素谂者，亦可得尝禁脔。然只年终送节礼时稍馈送之耳，平日则殊不易得；不似常州天宁寺之素火腿，可以资购得之也。

白云观大门内牌楼之后，大庭之中，有一石桥。桥左右各有池一方，池已涸而墙壁两面中空，各有一道士闭目静坐其内。又制大孔方兄数枚，悬于墙壁及池上。游人争以铜元掷此孔方兄，能中此方孔，即为今年佳运之兆。故掷钱者颇多，而掷中者极少；愈不能中，则愈欲掷，必中而后已。于是争前投掷，而池中之铜板铿然不可数，墙壁中稳坐之道士，暗地里开心大笑矣。

白云观会集期中，有优胜之点，可以首善号于众者，则跑马是也。观之右侧京汉铁路之堤下，有空旷地可跑马。跑马者甚伙，马走如飞，旁观者多为喝彩。跑马处两旁皆搭茶棚，士女啜茗，凭栏而观，亦至足乐也。

民国以来，每逢纪念日，先农坛、天坛开放之期，亦有跑马之举。北京人之注重跑马，盖亦积习使然矣。此又北京社会上善良之风俗也。

北京官厅对于旧历新年，虽未加以提倡，然无形中亦多感化。催发欠薪也，预借拨付也，以便持归寓内，购食品，添新衣，偿旧欠，与家人妇子，围炉共坐，作吉祥语，以祈新岁幸福。官场如此，其他更无论矣。

赛马，选自《点石斋画报》。

燃放爆竹，本为官厅所禁止。自民国九年始，警厅忽取放任主义。于是家家户户，每至年底，争先购置。当子正初交时，乒乓之声，即不绝于耳。计其所费，为数亦不赀。值此民穷财尽之秋，尚以大好金钱，掷诸无用之地，良可慨叹。

大栅栏一带售卖宫灯之商店，其门如市。此种宫灯，长方绢地，设色人物，如《三国志》、《列国志》、《红楼梦》、《西厢记》等，绘手颇极工致。每架售银八元以上，实非穷措大所敢问津焉。各商店于年关亦异常忙碌。普通皆为收账，一年交易，到此咸谋结束。民国二三年间，警厅对于商店之旧历结账，曾加以取缔式之劝告改用新历，但各商店仍置之不问也。复有数种商店，因应年景需要而特别忙碌者，一为茶食店，就中尤以稻香村等南茶食店为最，其他若米面店、肉店，生意亦甚佳。更有为年节而特设者，则纸灯店与爆竹店是也。

有钱之人皆忙于过年，若无衣无食之贫民，每日尚闭门啜泣。北京城内外，如此等人，实非少数。更有外来流民，携子抱女，蹀躞街道，伸手求食者。社会上苦乐之不均，念之可发浩叹。

京华之所谓太太团、姨太太团者，终日绮罗珠钻，无所事事。新年则更兴高采烈，赌也逛也，不堪闻问矣。

旧历十二月二十三日晚，北京各住户均祭灶。灶王为家家常供之神，尊敬之不遗余力，谓为一家之主。凡家内各事，灶王均有全权管理，并于暗中察看人之善恶，善事则置于善罐中，恶事则置于恶罐中，每至年终，灶王即结束其一年内所调查之结果，升天奏之玉皇大帝。升天之日即十二月二十三日，故各家均为之送行。祭灶所用之供品，糖为大宗，有关东糖、南糖、糖瓜（即糖之圆者）等种类。考其所以用糖之原因，据谓此日灶王升天，将各人善恶报告上帝。若尽情报告，则所作之恶事过多，必受上天之惩罚，故以糖粘其口，使之缄默寡言。有用糖一块放于灶火中者，有用熔化之糖粘于灶王口中，并祝曰：“好话多说，不好话少说。”此中国人掩耳盗铃之恶习，亦社会心理之表现也。糖之外，有用茶、草料、皮豆、白面、火烧等件。茶所以备灶王之润口，草料备灶王坐骑之食，豆备灶王饲鸡者，火烧备灶王饲犬者。此外则有普通礼佛所用之香元宝、蜡烛等件。祭时礼节，先由家长跪拜，只限于男子。女子不许祭灶，男子不许祭月，殆为全国之通例。所谓“男不拜月，女不祭灶”是也。拜后，将纸灶王请下，置诸架上，架用芝麻茎子及松枝所札成，一同焚化。焚后，全家食糖，尽欢而散。

祭灶，选自《故宫文物月刊》。

旧历三十夜一时，各家均迎神。所迎之神，即灶王与喜神也。先向正面焚香，将灶王迎入，再于历书上查出新年喜神之方向，即于此方焚香迎神，然后上供。所供者为月饼、蜜饯、果品、年糕、饺子等。前四种于正月中每日供列，饺子则只供一二小时即撤去。

祭财神，杨柳青年画。

正月初二日各家祭财神。其所祭之财神，有由店铺购者，有自小孩手中买下者。此类童子大半为贫苦之家，欲乘此新年机会，捞摸若干钱文，于是做成财神，向各住户串售，于门口大呼曰：“送财神爷来了！”愿意要者，付以一两枚铜元之代价，即满意而去。若不欲要者，亦不能回以“不要”，盖避不祥也，只答以“已有”。祭时所供品为鸡及活鲤鱼。又有在家中祭祀不算，必须赴彰仪门外财神庙烧香，并借元宝，惟借一枚须还十枚。

据星相家言，各人每岁皆有一位星宿，如太阴、太阳、罗睺、太岁等名词，本年命运如何，纯视此星宿之优劣。故人于一年之始，须祭祀之，以祈其降福。在北京有请顺星之举，行于正月初八晚。顺星有在庙、在家二种。在庙者须往白云观中之后土殿，对其本年星宿礼拜焚香；在家者则祭于晚间。祭法用灯花纸作成纸捻子，名曰灯花，用油浸透，燃之。其数目须较本年岁数多一个，如二十岁者则用灯花二十一个。除夕夜各家率皆长夜不眠，屋中灯烛辉煌，全家不作事，惟饮食谈笑，嬉戏作乐。是夕诸幼稚持小红纸灯，往来跳跃街道间。俗传是夜天上神仙下界，故不可随意各处便溺。又以芝麻满铺地上，行人往来踩之，谓之踩岁。

初一日各不相往来，人家多吃素饺子，据云：元旦日吃素，其功用等于一年。又元旦日不准使水土出门，即不泼水，不扫地，盖以为水土出门，即财气出门也。又是日不准用刀剪，故往往于三十日即将刀剪藏好，恐元旦日忘却也。

卖馄饨，选自《大雅楼画宝》。

初二日为祭财神之日，各家吃馄饨。因馄饨形似元宝，即谓之元宝汤。

自元旦日至初五日五天，谓之破五。于此五日内，妇女不许往人家，谓之忌门。去则以为不祥。又家家不煮新饭，但将年前做就食品热之。其所食不外饺子、馒首、鸡、鱼、猪、羊肉。又此五日内不食烤物，如饼之属。食余之饺子，须俟五日后，方用火烤熟食之。

初八日家家顺星，亦不许妇女出门。是日大半须赴白云观。

自十三日至十七日五天，谓之灯节。各商店均陈列灯彩，各住户亦于灶王前燃灯烛。此数日内均食元宵，即米面裹成之珠状物，内实以糖。神前亦须供设。至十八日，则年节皆过，无可作乐，故各家均早睡。俗传十八日为耗子成家之日，其婚娶时常借人之鞋作轿子，故谚云“十七十八，耗子成家”。其用意盖以哄骗幼童早睡也。

四　礼俗杂志

民国光复，世界共和，宫廷内外，一切前清官爵命服及袍褂、补服、翎顶、朝珠，一概束之高阁。独见近来城市官绅士庶人家，每至婚娶，新郎概穿天青马褂缎袍等件，只头带礼帽，并不穿礼服。而新娘则家家惯用凤冠霞帔，及衫裙袍带，甚至补褂、朝珠等件，仍沿前清旧制。此婚礼之最奇者也。

民国共和，礼仪渐减，一切官场仪仗，如衔牌等件，亦皆废置，不尚繁文。近见缙绅士庶人家，每至丧葬出殡，炫耀街衢，至今惯用前清某太夫人衔牌，及旗伞大锣，“肃静回避”，“前清举人进士”、“某科翰林’及“钦加道衔、府衔”衔牌等样。此类气象一新，固已足骇人耳目。尤可诧者，人家出殡时，苦无官衔可用，则用“福全德备”及“乐善好施”等牌，亦当衔牌之用。甚至皂隶贱役，亦且假袭官衔。道途见之，每每令人嗤鼻。凡此辈者，半皆欺饰庸愚耳目，假作炫耀之资耳。

出殡，选自《吴友如画宝》。

民国时代，凡于婚丧喜事仪制，前清拜跪礼节，今概改用鞠躬。不独总统庆贺，即如祀孔庙、关、岳之春秋祀典，亦屏除繁文，只用三鞠躬礼。乃士庶人家，于治丧礼节，灵前仍设拜垫。亲友往吊者，概用拜跪，不用鞠躬。岂祀神或有迷信，吊丧亦尚有迷信乎？

北京风俗，遇有丧事，接三做七出殡，无不延僧诵经放焰口，以超度亡灵。从前花费无多，现在行市大涨，直同买卖。凡饮食、镇坛、交汤、红绿巾、灯烛、钱粮、饽饽、香斗、老米、解结、散花、点心、台面、挑儿，以及双分衬钱，一切增加数倍。夜间施放瑜珈焰口，金铙法鼓，直到天明始止。不知亡者得此，果否超升，而丧主之钱，已耗去不赀。感时者呼之为和尚戏。社会迷信之不易革除，亦非独都中为然也。

京师凡有死丧之家，抬棺安葬，先期由杠房召集抬棺人。抬杠头目，皆经众工选举，其人必年高望重，为侪辈所莫及，尤须熟于北京地理者，方能膺选。抬棺出门，首领执响尺敲之，在前引导。众工听其尺声，以为进止，步履秩然，无敢逾越。棺上有巨罩，行时不得少有倾侧。工有怠不受命者，以尺痛击之，虽死不论抵。时或大雨，泥泞没踝，亦前行不辍，无少馁却。首领更以身先之。然事前踏勘地段不详，误走泥淖，众工当事时，亦无异言，虽死无惮。事后则群聚责难，竟攒殴至死者，亦不抵偿云。然亦可以资自赎。工人有半途退却者，罚亦信苛。其团体之稳固，秩序之不紊，首领之大公无私，群工之踊跃从事，殊堪赞美。

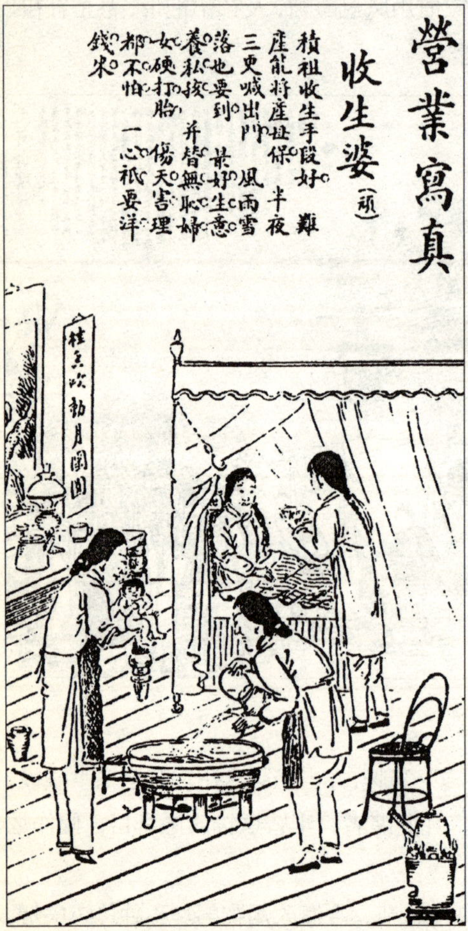

收生婆给婴儿洗三，选自《营业写真》。

近年做寿者日多。其所用之礼仪亦至不一。惟不设寿翁、寿母座位，每设寿堂，挂用寿幛，铺设寿筵，及糖茶糕茶等类。所最奇者，仕宦之家，每因父母既没，无从做寿，乃亦大张旗鼓，谓之曰做阴寿。设神像于堂上，对神像行礼。家内或设坛，延僧拜忏，以为超度。然而名为超度，实则为自身出风头，或网罗财帛耳。

北京城内，凡小儿生后三日，名为洗三。是日必招收生婆到家，酒食优待，然后由本家将神纸（俗呼娘娘码儿）并床公、床母之像，供于桌上，供品用毛边缸炉（北京点心名）五盘。由收生婆烧香焚神纸，毕，将火煮之槐条水倾入盆内，旁置凉水一碗及两盘，一盘盛胰子、碱、胭脂、粉、茶叶、白糖、青布尖儿、白布数尺、秤杈、剪子、锁、镜等物，一盘盛鸡子、花生、栗子、枣、圆圆、栗、荔等物，均用红色染过。诸亲友齐集床前，将各样果子，投数枚于盆内，再加冷水两匙，铜元数十枚，名为添盆。添毕，由收生婆洗小儿。洗罢，将小儿脐带盘于肚上，敷以烧过之明矾末，用棉花捆好。所有食物，全由收生婆携去。洗三告终，即视小儿脐带几日落下，以卜小儿日后如何。如五天落，必忤逆等。一月后，名为满月，邀请亲友宴食。一百日后，名为百禄，请客与满月时同。至周岁，于小儿生日，将士农工商所用之器具置于桌上。小儿梳洗毕，衣新衣，抱至桌前，任其随意抓取。若所取者为笔，将来必为文人；若所取者为算盘，必为商人。诸如此类，名曰抓周。

五　百业消长

语云：五都之市，百物殷阗，商贾辐辏。伊古已然，于今益甚。北京为全国首都所在，居民二百万，达官贵客，麇集于斯。举凡宫室、衣服、饮食之所需，奢者固力求华美，以资炫耀，俭者亦勉为相当程度，以便生存。在昔荟萃全国之菁英于一隅，海通以还，且聚全球之珍玩于一地。，近十年来，则更新旧递嬗，其迹弥著。不仅富贾工运输之计，巧匠亦喜制作之方。因此工商各业，多有勃兴而起。旧者一方，若保存之不足，且多日渐淘汰而不自觉。然其间亦未尝无乘运会之变迁，而显出一时变态，以旋兴旋灭者。兹述其盛衰消长观，以供海内人士之参考。就工业言，最盛者：

一曰车厂。当民国

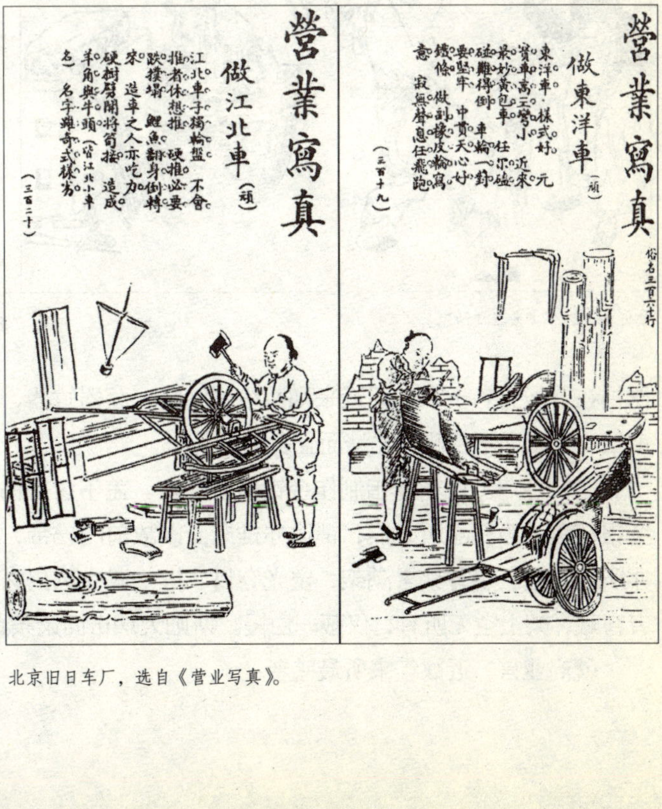

北京旧日车厂，选自《营业写真》。

元年，人力车之行于市者，多为高大铁色木轮，小轮者已不多见，胶皮轮则仅东交民巷内间有三四辆耳。岂知四、五年间，胶轮之车居然盈街皆是，而所谓铁轮者，则转瞬淘汰尽矣。盖此数年之内，制车之厂，到处设立，成品之多，令人骇异。迨七、八两年，则新旧各车，合赁用、私用以计，殆不下七百万辆。因此车价大跌，车夫日多。警察不得已，乃设法限制，以免供过于求。而近三年来，人力车厂未见增加，而汽车行又日见推广。惟其家自制造尚不过多耳。至于轿车、大车，既系旧式不适用，当然日形减少。所谓老斫轮手者，均不免失业之叹矣。

二曰铁工业。铁工业中固有兼制人力车者，而要以制造各种铁器为大宗。如煤炉，从前京人所罕用也，今则以重卫生，避煤毒，大都改用出烟筒于户外之炉矣。又以建筑日多，需用铁件日伙，窗户栅栏、箱笼锁钥，在在与铁为缘。其有旧式铁铺，亦有延新工改新作者矣。

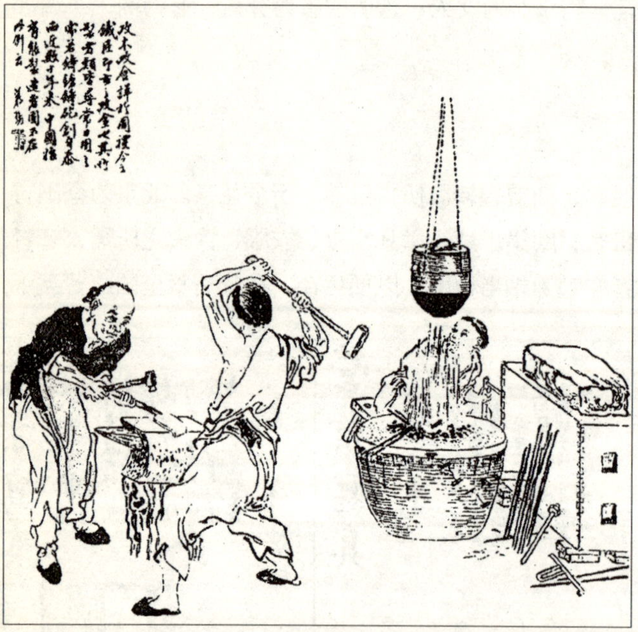

铁匠铺，选自《大雅楼画宝》。

三曰布厂。机制各种布匹，所在皆有工厂。

四曰袜厂。用机器以制线袜，近来亦日见加多。此皆因社会需要之伙，所以有此现象也。

五曰革厂。革所以制靴鞋，或用以制箱盒。改良旧式，变用新法，城内外不乏此等工厂。

六曰木藤竹器。木器铺在昔虽有若干家，而近来则益纷纷继起。藤器竹器，则更为新近广销之品。从前虽有，固远不若此时之精而且多也。

七曰金店。此系专指制作金银器者而言。盖不仅首饰一端，妇女用之者众，而金银杯盏，为礼品所必需，销途亦推广。以故前门一带，旧者固大事扩充，新设者亦所在皆是。平昔累累满架，宝光夺目，惟一遇有风鹤之警，则运搬者运搬，窖藏者窖藏，架上空无所有，仅蔽一白幔。斯则大增市面萧条之象矣。

就商业言，近数年来所最盛者：

一为烟店。此则专指售纸烟者而言。都中吸烟之风，自来称盛，往往十龄之童，即携管自随，时时吸食。近更普及于诸般社会矣。社会吸之者众，故商人供之者多。调查精密，虽属势所难能，然大约计之，在此五年之内，添设专售纸烟之店，至少当有三百家，其代售之铺，犹不在内。纸烟销售既多，于是中国旧烟店乃大形减色。益以公卖结果，税日重，价日增，遂驱全市之人多愿舍中国之烟，而用外国之烟。盖因其价虽微昂，而取携则颇便利也。所幸尚有南洋兄弟烟草公司一种国货与外货相竞争，稍足为吾国民解嘲耳。

二为西药店。如所谓某某药房者，近年设立颇多，此亦具征社会需要之众。惟旧式药铺之著名者如同仁堂及西鹤年堂，其势仍不稍衰。不过西药已骎骎焉有并争中原之势矣。

三为银行。此乃北京商界及金融界近年来特异之一种现象。一方面现出金融业

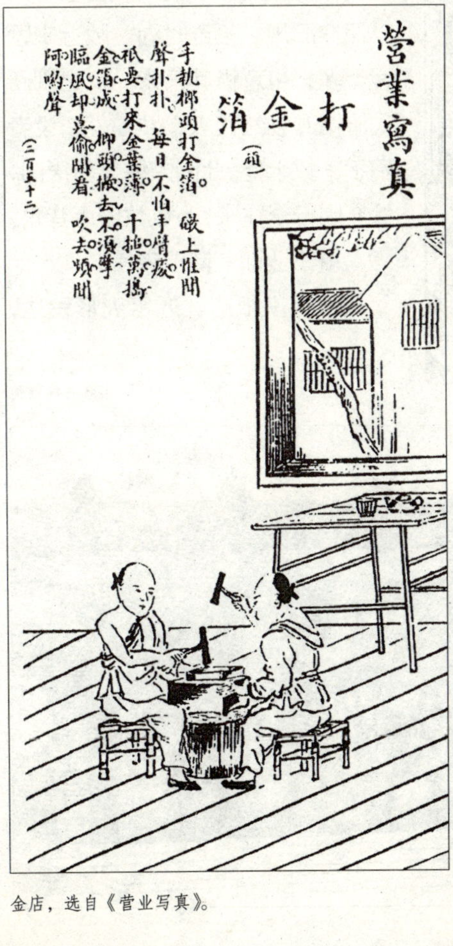

金店，选自《营业写真》。

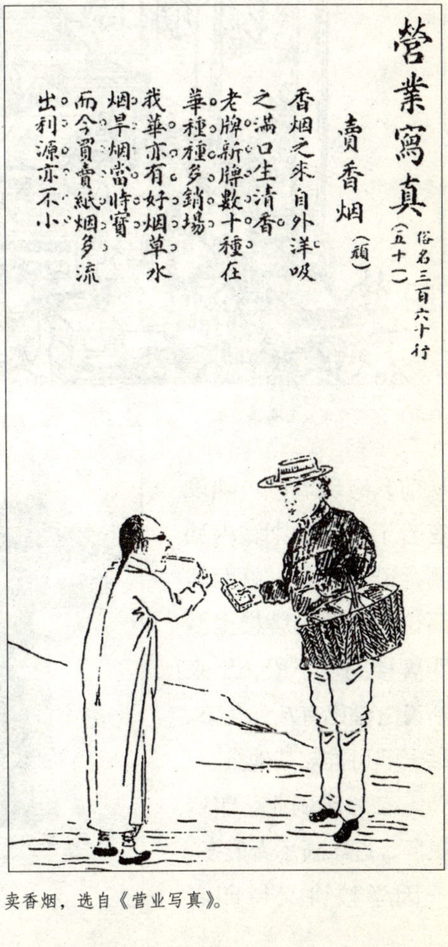

卖香烟，选自《营业写真》。

印刷厂，选自《点石斋画报》。

之发展，新式企业者才能之可贵，一方面又觉发展异乎常情。其营业目的，专注于政府之借贷，贪高利而忌危险，前途殊未敢遽抱乐观。

四为钱业。夫银行兴而旧式钱业宜乎稍衰歇矣。然在距今四、五年以前，各钱商利用中交票停兑之机会，大施其倒把作用。一时钱业小店，乃竟纷纷设立，称盛一时。惟疾风暴雨，不可崇朝，近则歇业者大半矣。此真一时之变态也。

五为旅馆。从前旧式客店，大半保存旧规，不合时尚。故近来顾客无多，生意极其萧索。反之则新式旅馆乃勃然代兴，城内外新设者殆不下数十处。此固人情喜新厌旧，然亦因行李往来，为数数倍于昔也。

就工业而兼商业者言：

一为南纸店。近年大形发达，从前只有琉璃厂一隅设有若干家，近则城内通衢，设立多处。就西城而论，自西单牌楼至西四牌楼间一小段，年来新设之铺已有八、九家。举一隅可推知其他矣。

二为印刷业。印刷工厂，近年新添者最多。一因学校讲义待印者

东聚兴饽饽铺

多，二因公署出版物日伙，三因报纸日事扩充。至于旧式刻字业，虽有保存之店铺，然大都黯然寡色，恐再阅数年，淘汰尽矣。

三为西服庄。此则以做大氅及冬帽为大宗，而真正做西服者尚少。年来北京人士需用大氅之数，比之以往，可加及数倍。需用既多，故供给者众。

四为饭庄。此则旧者衰，新者起，新旧代兴，因之日推而日广。

五为茶食店。近来南茶食店如稻香村等生意日形发达。所制食品，寓京南人固爱食者众，即北京亦多采用。因之本京旧式饽饽铺，乃有日即萧条之叹矣。此不过就其大概数种言之耳。

六　负贩琐录

中国繁盛之区，莫过于上海；食味之美，莫过于江南。奢华侈食，两者并兼，莫盛于北京。其应时对景琐碎之食品，及零星贩卖，未有多于北京者矣。故养成一种馋懒争妍斗胜之奢侈，推本求源，亦系由旗习所染。然而开门七事，到处皆然，在所不免，然未有繁于北京者。兹将都门之常日常年穿街逾巷之小本经营，按照时次，为之写照。其笔墨难于形容，以及设摊陈诸市上者，皆不列入，以便分析穿街售货与不穿街售货者之区别。更有编不胜编之负贩者，如卖青菜、卖鲜鱼、鲜花、鲜果者，一年四季，无一日无一时无之。一经编入，盈千累万，徒费楮墨矣。

买炭（有零炭山炭二种，有摇堂鼓卖炭者，以内城为多）。杏仁茶、豆腐、豆芽菜、豆咀（俗念嘴）。豆拌（俗念沿）、豆腐浆、青酱高醋、香油煤油、麻花烧饼、馒头、粳米粥、杂烩菜（系下等人所食）各样青菜。南豆腐（用石膏点成者）。推车子卖羊肉。卖干牛头肉（计分两种，有推小车子卖者，有捎筐子者）。卖水（有甜水苦水之分。前数年有卖河水者，穿街吆喊，近来已无）。卖小米面饼子（系小米及黄豆磨成，用柴锅半蒸半烤）。江米酒。老豆腐。吹糖人。换取灯儿（系收破铺陈、碎铜、烂铁等物，换给枚杆。迩来火柴盛行，已改换火柴矣）。打鼓（收买珠玉器、金银翠饰及细软衣服、家具等物。凡日要之物，无不要者）。卖黄土（黄土用以搀合煤末中，团成煤球儿。为中下人家所必需）。卖笤帚。沙锅（北京西山人多为之）。耍耗子（冬季春季最多）。卖干劈柴（冬季最多，即用以引火之干柴）。木头底儿（有摇铃者，有吆喊者）。假头发、翠花（代售各样小件玉器）。洋针洋线。耗子药。修理桌椅板凳。箍桶匠（修理水桶马桶等什物）。补（俗念箍）漏锅。卖切糕。（有笨切糕、水切糕、盆糕三种。有推车子者，有摆摊子者，有背架子者）。卖豆汁（有生豆汁、熟豆汁两种。有摆摊子者，有挑担子者。此项生意，北城为多，南城亦间有之）。糖烧饼。铁蚕豆（穿街吆喊曰："铁蚕豆，大把抓。"京中有谣曰：铁蚕豆，

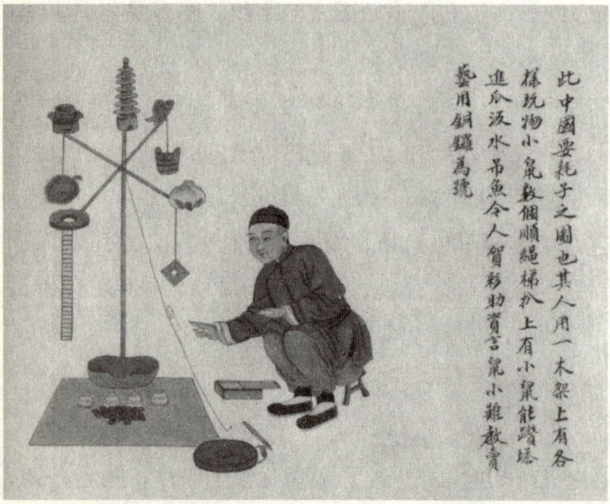

耍耗子，选自《北京民间风俗百图》。

大把抓，娶了媳妇不要妈。要妈就要扠，要扠就分家）。唱本戏本（有设摊子者，有背柜子穿街卖者）。纸灯笼（杂货铺卖，有在十字路口卖者。吆喊曰：“灯笼蜡，六个大。”北京谓每制钱二枚为一个大，六个大即十二枚制钱矣。此项灯笼只北京、上海有之，他处皆无）。黎膏（盛行于夏季，为儿童消闲品）。各样鲜果子。卖馄饨(挑担穿街，日暮时多）。唱莲花落。打大板（为上等乞丐。有黄门、红门种种名词。逢年按节，在各大铺之门前叫唱，唱完必须给以数百文。否则啸聚徒党，围绕门前，喧嚣叫唱，至十天半月不休。此时虽给之十吊八吊亦不去矣。近时警察厉行，此种刁风已无形消灭矣）。卖玉面馒头。零碎材料（即零绸零缎）。山渣糕。唱话匣子（即留音机，穿街吆喊，取价至廉）。卖糖葫芦（有冰糖、小糖两种）。豆腐丝。剃头（挑担穿街，手持双铁片，振之作响）。缝破鞋（即皮匠）。卖面茶。卖炸虾炸鱼。茶汤。烂驴肉。豆腐脑。卖汤面饺儿（系推小车者，沿街吆喊）。钱板子。枣木槌棒。喝潮银子（亦系打鼓之类，惟形状不同，并不担挑，只夹一篮布包，穿街吆喊）。打糖锣（系卖童稚玩物者）。卖鲜花（种类不一，有卖细花，为妇女插戴之品。有卖栽花者，春天可养。有卖堂花者，为厅堂之陈设品）。卖带子。摇铃卖线（分两种，有推车子者，有不推车子者）。大鼓（卖各样绦子及堆花挽袖之属）。拨铃鼓（卖妇人所戴马尾纂及刷牙骨头枝等物）。算命（有数种，有吹横笛子者，有打咯达锣者，有打堂鼓者）。卖仔绳。变戏法(穿街打锣）。锯碗。摇笨鼓(系卖槟榔及各种玩物）。串米(穿街叫喊，北城居多，因有俸米也）。磨剪子磨刀（分数种，有吹喇叭者，有打铁链者）。锯缸黏缸（穿街吆喊）。染绸缎（穿街吆喊）。拈灵签（有自己抽者，有用黄雀及公鸡抽者）。收什雨伞洋伞。取字纸（挨家逐户拍门，有官私之分）。卖盆（有瓷盆、瓦盆、缸盆之分）。铁丝笊篱。煤油灯玻璃灯罩（有卖纸糊者）。卖灯草（系旧式油灯之灯芯，时下买者甚多）。换槟榔膏(与换取灯儿略同，惟此行专注重头发）。换瓷器（系用破烂衣服及靴帽等物换给瓷器，约物值十换给之六七耳。又须细软衣服，要布衣者甚少，早年盛行）。收买酒坛子（代收缸瓦，推车挑担不一。惟此行专重绍兴黄酒坛子，回空其碎缸瓦，再转卖给砖瓦铺，锤碎修皂堂所用）。煤油桶（回空桶，及转做洋铁壶）。乱头发（系编辫连子用，及卖给女妇作假发）。洋酒瓶子（须完全者，并代买碎玻璃）。卖冰糖子、果子干、糖莞豆（此行春夏盛行）。落花生、瓜子（冬季盛行）。洋糖（有带四弦胡琴拉时调小曲者，津人多为之。庚子前无此项生意）。饭勺。水勺。鞋刷子。笸箩。簸箕（代卖笤帚）。卖芜造肉（北城多有之）。羊肚。灌肠。干烧酒。熏鱼、炸面筋（即卖猪头肉）。干碗酪（代酪干。此行生意多回教人）。煮小肠。说大鼓书。唱鱼鼓简版。收买破鞋。卖硬面饽饽（须至夜间方卖）。捏江米面人儿。量谷糠（秋后盛行，春夏间偶有之）。卖甑儿糕（又名喇叭糕）。卖锅包鱼。艾锅、驴打滚。棋饼馒首（业此者多回教人）。送新闻纸（庚子前无）。卖烟探子（即旱烟探子，风门所用之懒龙，又名拉弓）。当票。猪血。江湖药（种类过多，难道其详）。南荸荠（暮冬初春时多）。耗子押子（俗云耗枷子）。白薯（济南呼为地瓜，泰安名之露土，兖州呼曰红薯）。修秤。卖图儿（有十大不赦的案子，方有卖者。近年甚少）。纸花样（闺中品）。卖小炸食（穿街吆喊曰："小炸食，我的高。一个大，买一包。哄孩子，他不闹，他不淘。"）。炸糕。换肥头仔（系妇人背筐，穿街吆喊，用破铺陈换。肥头仔用法：将肥头抿碎，浸水抵头，当泡花水用）。卖麻豆腐。黄面窝窝、豆包、枕头、鞋刷、棕货、鞭杆、缰绳、糊铁丝灯笼。卖毛掸子。油鸡（或喊曰："九斤黄大油鸡！"）。敲猪。收买烟灰（时下改买当票）。卖彩票（虽禁止销售，然终难断绝）。卖坤鞋面儿。糖咂面（儿童食品。有词曰："姑娘吃了我的糖咂面，又会扎花，又会纺线。小秃儿吃了我的糖咂面，明天长短发，后天梳小辫。"种种名词，信口而编，俱能叶韵）。太阳糕（此项生意每年只二月初一日卖一早晨，他时无之。因是日为太阳生日，一般迷信之家，购之与老年人祝寿）。喜鸡蛋（即未孵出之鸡蛋）。绿豆。小油鸡（有代卖小鸭子者）。豆墩（为豌豆汁所做。大栅栏有两处摊子，他处甚少）。小猪。凉炒面。豆渣糕。提卖茶。卖金鱼大甜螺丝。大麦米粥。腌白糖蒜。小菜毛（即三楞草根，形与小荸荠同）。火绳（有蒿子、艾叶两种）。换竹帘子。粘扇子。卖芭蕉扇（代卖油纸扇）。酸梅汤、冰核儿、桑椹、樱桃、蒲子、艾、五毒符、凉粉、卖饸饹（读合落，荞麦面所做）。捻捻馔儿（新麦子所做）。扒糕（荞麦面所做）。臭豆腐。瞎子唱小曲。卖鲜菱角（代卖鸡头米）。凉席。五香干豌豆（穿街喊曰："干豌豆，给的多。一个大，半砂锅。"）。莲蓬。白花藕。三白大西瓜。羊角蜜甜瓜。蝈蝈儿（即叫哥哥）。蛐蛐儿（即蟋蟀）。卖莲花灯（七月十五日方有，他时无之）。纸花篮。鹌鹑。螃蟹。鲜鱼。腌鱼（有两种，曰黄花鱼、海鲫鱼）。金钟儿（蟋蟀类，形状略同，身量较小，颜色亦异。

惟东西陵特产，他处无之。养法用大瓷缸，喂以蓬蒿，声音洪亮宽大。每至秋凉则鸣，寿长五月余）。炰羊肉（有推小车者，有设摊子者）。栗子糕。山里红（都门俗谚：“不怕三红，只怕一黑。”三红者，沙果，与苹果相仿，小数倍，山东名曰甜子。秋海棠果及山里红是也。一黑即黑枣。枣熟于霜降后，此时天气渐冷，人须着棉衣，故云）。黄豆芽。卖黑枣（乡人于冬季，无事于田野，多贩黑枣，入城喊卖）。饹炸黄粉饺儿（绿豆所做）。羊头肉（暮秋后方盛行）。卤煮炸豆腐、茶鸡子。煎饼（鲁省均为饭食，有麦子者，有高粱者，有小米面者。北京只有小米面一种，均当点心，未有当饭者。因不耐饥。俗云：南京到北京，上当吃煎饼）。椒盐苏烧饼。锅灰末炉子（质料产北京西山及北山）。饹炸馅（与卖酪炸者大异，此为熟品）。酸菜牙豆（即蚕豆）。代卖菜皮儿（即未晒之粉条是也）。石板缸盖（西山人多为之）。毡垫鞋垫（代卖火绒、火石及钉鞋钉）。玉米花、凉炒豆儿（儿童食品）。卖草帘子。贩囤狗窝。收什铜活（小炉之一种）。收拾家伙。卖酸黄菜辣菜（与酸菜大异）。水萝卜。橘子。青果（冬季夜中穿街卖，白昼少见）。支锅碗松花。卤虾小菜。小活虾米。蜜供枣儿（点心之一种。推车子穿街吆喊。前数年无串街者，总因近来生意萧条之故）。走马灯（玩具，设摊）。菱角米（惟十二月初有卖者，过腊八则无矣）。门神挂钱（代卖红纸石榴花者。按挂钱有红、白两种，白者为满人贴祖先龛前之用，北京人用红者贴于神龛前及各门上）。卖绢花。老元宝（代卖银锭）。南千张（为纸马之一种，非食品之千张）。芝麻尖、松柏枝。糖瓜、糖饼（祀灶所需）。马草、马料（亦祀灶所需）。鞭炮起花。画纸。红头绳儿。供花（与卖门神挂钱者及卖绢花者不同）。玉泉山冻豆腐。江米年糕。送财神爷（于除夕夜中，为打抽丰之一种）。卖大骡车（玩具之一种。除夕后半夜方有卖者）。口琴（代卖纸牌）。琉璃喇叭。春牛图（二十四个小皇历。代卖消寒图）。念喜歌（正月初二日至破五为度）。跑旱船（穿街）。耍鳌山灯（近十数年来已罕见）。耍果立子（从俗音，即耍傀儡者）。耍猴儿。卖元宵。耍狗熊。橄毡子。卖哈吧狗（此项生意，多在前门外大栅栏中，近已罕见）。

七 里巷食谱

北京沿街串卖之食品，种类至为繁杂。每至胡同，儿童争往购之。群聚而食，若至鲜美。实则其内容至龌龊，在外省人视之，几欲掩鼻而过。特久居北京之儿童，以风俗习惯故，自不觉耳。兹举其中最有碍卫生者数种，表而出之。

凉粉。以青豆粉为之，和以蒜泥、胡萝卜丝，佐以酱油、醋及芥末。自正月半即沿街呼卖。粉皆渍于冷水中，灰土大积，为各种细菌之制造场，食之无不病腹泻者。下等社会小儿，各据而大嚼。春日所发之瘟疫，未尝非此等食品为之媒介。

凉粉摊子，选自《成都通览》。

扒糕。系荞麦粉所制，食法同上，而污浊更过于凉粉。价亦较廉，食者亦较多。

羊肚。炖羊脏，佐以秦椒，汤浊如泥潦。

炖豕肉及丸子。此类多摆摊者，食者大半为洋车夫。

炰羊肚。夏日多售之，此类亦多摆摊，不沿街呼卖。蝇矢满焉，入汤少渍即食，尚未大熟。此类传染病毒最烈。

饸饹。荞麦粉条，食法同凉粉，污浊同扒糕。

炸虾米炸鱼。此类卖者尚少。

酸梅汤。多以冰水为之。夏日食之，为霍乱之媒介。

玻璃粉。如凉粉然，以糖水渍而食之，即古所谓寒具也。尘土满集其上，见之亦作三日呕。

桃脯。以桃杏之水，和以豆粉，食法同上。

马肉脯。多在热闹市场中摆摊，皆病死之马肉。

驴肉。此类多沿街呼卖，同马肉脯。

熟牛肉。此类亦沿街呼卖，多以死驼之肉充之。

熟猪肠。肠中灌以豕肝，如北京饭馆之假鹿尾，熟后以油炸之。买者至多，此类多列肆。

沿街呼卖之冰淇淋。作黑色，买者至多。

炒肝。此类亦沿街呼卖者，为豕肠。

胡子糕团。北京好以山楂作炒红果，山楂之皮与核，另以黑糖渍之，团之成球。铜元一枚，可得其五。卖者存储多日，蝇矢满集。童子利其廉，辄喜买而食之。

糖球。以虫蚀干杏碎之，和以黑糖之滓，团之成球。此类多为打糖锣者所卖。

以上所举不过百一，其他有害卫生之食品尚多，难以枚举。然而北京儿童之食品固至伙，盖北地土质松软，所产瓜果极鲜美，种类亦极繁伙。兹略举其种类，及

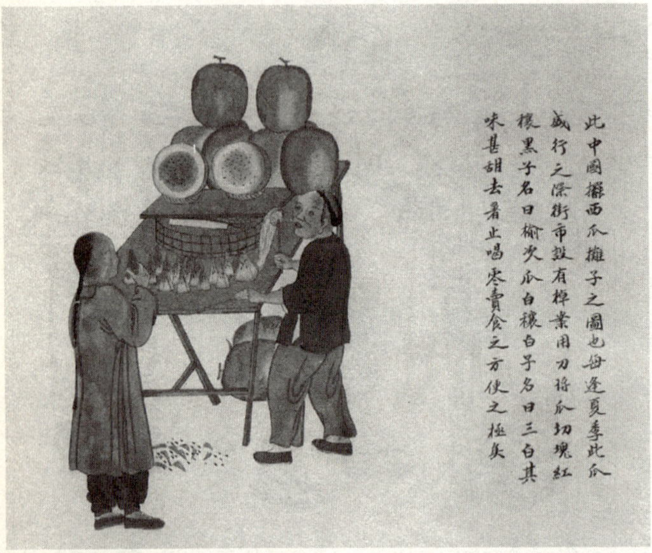

卖西瓜，选自《北京民间风俗百图》。

其习俗相传之异名，列之于后。

枣：酸枣、老虎眼（即大酸枣）、璎珞枣（长圆枣）、嘎嘎枣（两头尖）、黑枣、小枣（干枣）、挂络枣（以枣焙干去核，而以线穿之，故名）、焦枣。

柿：西红柿、高桩柿、大柿子、柿饼（即大柿之饼）、羹饼（即高桩柿之饼）、柿霜。

桃：大蜜桃、五家香、董四木、大叶白、扁缸桃、缸儿桃（又名毛桃儿）、五叶鲜。

李：玉黄李、红李。

苹果：虎刺车（一名虎刺宾）、宾子（一名闻香果）、沙果、秋果（此类近似海棠）。

杏：青水杏、白杏、红杏、关老爷脸、黄杏、八达杏、火杏。

梨：白梨、波梨、鸭儿梨、秋梨、沙果梨、红绡梨、酸梨、糖梨、杜梨、鸭广梨、欧梨。

橘：福橘、蜜橘、红橘、金橘。

西瓜甜瓜：三白、绿皮、黑皮、枕头瓜、沙瓤、肉瓤（以上西瓜）。羊犄角蜜、老头乐、倭瓜瓤、鲜瓜（一名香瓜）、三白旱甜瓜、虾蟆酥、竹叶青、抱猴儿（以上甜瓜）。

葡萄：五子粒、长葡萄（一名牛奶葡萄）、红葡萄、黑葡萄、白葡萄、婆罗葡萄、藏葡萄。

八　燕京百怪

北京社会，光怪陆离，丑态百出。久居京华者，习与之处，渐化而为常。初至其地者，则几无事不奇，无人不怪矣。近人有作《燕京百怪》者，禹鼎燃犀，颇能描摹尽致。惜内有数则，已成明日黄花者。兹为易以近事，录之于后。

訇砉澎湃，飞沙走石。毁庐拔木，惨天晦日。列子不敢御，宗慤莫由乘。怪一。

（大风）

黑漆漆，乌沉沉。风起则人成印度，雨降则地变黑海。怪二。（黑土）

晴天三尺土，下雨一街泥。灰尘卷地起，奇臭阴沟来。行路之难，难于上青天。怪三。（土街）

斋斋皇皇，黍离为伤。共和国家，乃有满皇。怪四。（清室）

朝秦暮楚，随波逐流。审时趋势，惟禄是谋。笑骂由人，忘却廉耻。怪五。（政客）

出必汽车，吃必大菜。夜则八埠，昼则戏园。挥霍自豪，不顾人言。怪六。（阔官僚）

备位充数，永不做事。随班画卯，按时吃饭。尸位素餐，是诚混蛋。怪七。（无聊之官僚）

薪俸不发，衣食无着。儿号妻啼，只好测字。怪八。（穷部员）

盈千累万，断绝交通。手执纸旗，怒气上冲。怪九。（学生游行）

人云亦云，道听途说。主笔势力惟一剪，宗旨抱定是金钱。怪十。（报馆）

高车驷马，翎顶辉煌。舍却东华，取道北上。怪十一。（北上门之早朝）

怪哉此手，有如机械。遇汽车则伸，遇洋车则打。怪十二。（警察之手）

学校虽然号专门，屡次招考没有人。不管上班不上班，入门先要拿洋银。怪十三。（骗人之学校）

下圆而上方，黑质而白章。怪十四。（学生帽：圆帽方顶，上白下黑。）

昼入教室，夜则狎妓。酒楼戏馆，大喝大吃。四年毕业，一无所知。怪十五。（流荡学生）

赤胸露臂，短袖青衣。云鬟高垂，皮鞋耸底。怪十六。（女学生之装束）

一闻登场，观者如市。牺牲色相，心醉神迷。怪十七。（名伶）

旧戏新景，今古一室。纱帽圆领，鞠躬作揖。怪十八。（半新半旧之戏园）

日日听戏，不管正事。所捧者出，怪声四起。笔描口绘，登诸报纸。怪十九。（戏迷）

捧甲者曰：甲圣乙陋。捧乙者曰：乙圣甲低。始以辨论，继以丑诋。意识毫无，只费笔纸。怪二十。（评剧家）

黄衣大袖，肥面油头。怪二十一。（喇嘛）

真是好贵盘，一盘一块钱。喝上两杯茶，久坐狗也嫌。怪二十二。（茶围）

裙光钗影遍西东，无赖少年处其中。品头陟足还不算，要学濮上与桑中。怪二十三。（中央公园）

身高丈二，腰粗数围。呼声如雷，头大如斗。其大人国之遗民欤？抑防风氏之苗裔欤？怪二十四。（万牲园司门之大人）

游手好闲，柔懦无力。穷到尽头，相对自缢。怪二十五。（旗民）

红衣黄帽，长翎高靴。一步一摆，相见必揖。怪二十六。（鞑子）

白者为粉，红者为胭脂。黑而黄老而麻者为面，黑黄老麻而加以红白之胭脂粉者，为旗妇之面。怪二十七。（旗婆子）

头横二尺之小黑板，足踏三寸之厚尖底，言则莺声，笑则燕语，怪二十八。（旗幼妇）

满街乱跑，购油买米。闻人誉之，则夸耀邻里。怪二十九。（旗女即大姑娘）

其粗如指，其长盈尺。见之生畏，食之破腹。怪三十。（摇头面）

面团团大小不一，厚敦敦分两参差。怪三十一。（烙饼）

大肠一根祖如蟒，盘据锅中煮以汤。嗜者争说其味美，混名即叫锅肮脏。怪三十二。（肮脏锅）

油锅煎得响，远避不敢尝。肠中实红粉，也说吃之香。怪三十三。（煎肠）

小如羊枣大如箕，满街争卖沙窝梨。怪三十四。（沙窝梨）

老头年约五六十，面上仍然涂粉脂。腰悬极破壶一把，要好一语一解颐。怪三十五。（说穷词）

无事且到天桥来，阴沟旁边去买鞋。每人摆着数百双，一只一只数千排。怪三十六。（卖破鞋者）

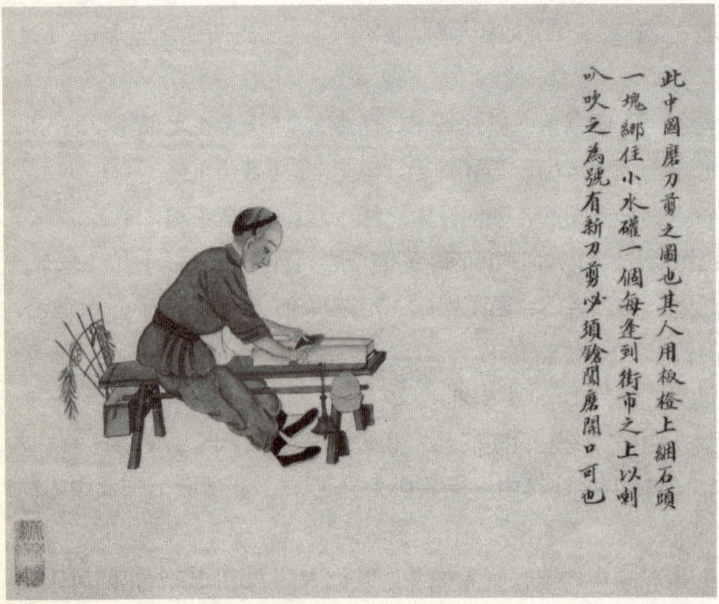

磨刀剪，选自《北京民间风俗百图》。

远闻叫声卖，宛转颇可听。衣服两大堆，件件来回经。怪三十七。（卖估衣者）

手打小鼓肩有担，专走胡同买破烂。怪三十八。（买破者）

肩担磨刀口喇叭，一步一哼哈。怪三十九。（磨刀者）

本铺真正是

王麻，京都唯有我一家。王麻共有数十个，谁是真来谁是假？怪四十。（**卖刀者**）

正月元旦逛厂甸，红男绿女挤一块。山楂穿在树条上，丈八葫芦买一串。怪四十一。（**大糖葫芦**）

有环有团，亦辣亦甜。沿街叫卖，一枚一元。怪四十二。（**硬面饽饽**）

烤白薯，可果腹。十文钱，四两五。怪四十三。（**烤白薯**）

手持铲与斗，列队街上走。海上逐臭夫，修浚与防杜。怪四十四。（**工程队**）

桶一具，刷一把。摇清水，满街洒。怪四十五。（**洒道夫**）

远望秽水池，恶味来的亟。当作三日呕，行人皆掩鼻。怪四十六。（**秽水池**）

木桶背一只，铁勺导遗矢。硼然一声响，桶满心中喜。怪四十七。（**粪夫**）

尚未出太阳，马子刷的忙。十年应不涤，许多人中黄。怪四十八。（**马子**）

拾粪，选自《北京民间风俗百图》。

圆如球，黑如漆。一百斤，四吊七（**四十七枚**）。怪四十九。（**煤球**）

远看似鬼，近观非人。全身乌黑，唯有牙白。怪五十。（**煤夫**）

冷水盛碎冰，大口喝得凶。若要身体弱，遗满厕中坑。怪五十一。（**酸梅汤**）

红水一碗，酸汤一罐。大冰一块，花生一堆。怪五十二。（**山果摊**）

叮当叮当讲演会，摇得铃甚响。只见摇铃人，不见人听讲。怪五十三。（**讲演会**）

今日城南园，明日新世界。出必汽车，吃必大菜。怪五十四。（**姨太太**）

昔日大名鼎鼎，今日怨詈声声。怪五十五。（**新人物**）

触玲一声响，似铃也非铃。肩挑红板凳，还带洗面盆。怪五十六。（**挑担剃头匠**）

血红嘎嘎枣，中粗两头小。怪五十七。（**嘎嘎枣**）

远看似乞丐，近则为邮差。褴褛绿衣服，腰悬信一带。怪五十八。（**邮差**）

各铺门面前，大柱直耸天。若问有何用，毫无取义焉。怪五十九。（**商铺门前大柱**）

剃头，选自《北京民间风俗百图》。

走到正阳桥，无水亦无桥。怪六十。（**前门正阳桥**）

零星物件油盐店，青菜杂货都摆遍。一文二文三四文，此种贵来彼种贱。怪六十一。（**油盐店**）

舶来之品充国货，五月七日早忘过。商人只图目前利，那管后来亡国祸。怪六十二。（**洋货铺**）

眼药久数定州马，应龙元龙非一家。谁敢用眼去尝试，好辨谁真与谁假。怪六十三。（**眼药铺**）

只发钞票不发钱，小民叫苦亦枉然。是谁定下杀人策，追思能不恨梁袁！怪六十四。（**中交票**）

明是十枚票，只作九枚钱。怪六十五。（**铜子票**）

长袍马尾纂，天足不蹒跚。野花插一只，粉脂擦一脸。怪六十六。（**妇人**）

争说茶叶好，只论分量不论包。怪六十七。（**茶叶**）

车夫苦力室中满，狂饮半日一铜元。怪六十八。（**小茶铺**）

大壶一把，中实以茶。一枚数碗，卖与人喝。怪六十九。（**卖茶者**）

门前攘攘总不疏，东亚由来号病夫。惟愿买得韩康药，好使吾民迅昭苏。怪七十。（**同仁堂**）

小菜久推六必居，扁额仍是严嵩笔。怪七十一。（**六必居酱园**）

东安市场，小乐目赏。茶楼酒馆，金碧辉煌。无事消遣，可至球房。怪七十二。（**东安市场**）

劝业场，叫得响。野妓女，署场长。怪七十三。（**劝业场**）

下车请至西河沿，客栈又旅馆。房饭不一定，最坏是小店。怪七十四。（**西河

沿旅馆）

买书要到琉璃厂，真赝新旧细端详。鳞次栉比百十家，也有中文也有洋。怪七十五。（书铺）

风流事业称八埠，金钱抛却不论数。一朝山穷与水尽，净赚一身洋梅毒。怪七十六。（八埠）

不男不女宫内监，昔日亦曾握大权。而今只恨帝制去，犹自盘据后宫园。怪七十七。（宦官）

手握一条蛇，盛将膏药夸。百药无此妙，膏到百病拔。怪七十八。（卖药者）

卖药，选自《北京民间风俗百图》。

门外立缢鬼，门内大鼓吹。怪七十九。（小戏馆前之陈设）

冬日要穿毡棉鞋，蹒跚寸步挨。一双有五斤，非常暖和哉。怪八十。（毡鞋）

大街名一尺，胡同叫螃蟹。大街一步过，胡同横过来。怪八十一。（一尺大街与螃蟹胡同）

首善之区人品杂，高尚亦卑下。交游要小心，恐被杠子打。怪八十二。（社会）

会馆充斥遍寰宇，半为游民之栖止。怪八十三。（会馆）

一城分两县，各归各自管，都不相侵犯。怪八十四。（大兴、宛平）

各省饭馆齐全，不愁莼鲈无餐。故乡风味尝一尝，是否如到家园？怪八十五。（各省馆子）

铺名许多是泰山，此事别处真希罕。怪八十六。（小铺）

买卖破烂赴小市，大半上当事，还是要少去。怪八十七。（小市）

满清改朝，尚戴红缨帽。为人作奴隶，可怜又可笑。怪八十八。（交民巷之夫役）

抱关又击柝，原来是老婆。怪八十九。（更妇）

卖估衣，选自《北京民间风俗百图》。

俱乐部，无有数。怪九十。（俱乐部）

制服制自羽毛纱，有如出了家。飘行大风中，不啻佛释迦。隆九十一。（大学制服）

莫贪估衣贱，不久即破烂。怪九十二。（估衣）

球一枚，捶十根。自隧道而捶，滚倒一根糖一根。怪九十三。（卖糖者）

烹煮都不烂，其味有梅酸。怪九十四。（酸菜）

想是北京多弱症，为何极多卖参茸。怪九十五。（参茸店）

忽闻大鼓声，挽联满街行。不闻丧家哭，只闻鼓手哼。怪九十六。（出殡）

娶妻真是难，大定小定繁。一朝撮合了，即是天定缘。怪九十七。（娶妻）

朔风阵阵寒，生吞硫磺团。只图一时暖，那顾性命残。怪九十八。（乞丐）

圆厢带脚铃，又快又平稳。铜元加一枚，奔走疾如飞。怪九十九。（人力车夫）

黄轮黑轿，巍然高耸。嗷然一声，谨防头肿。怪一百。（骡车）

九 游览会期

（一）三忠寺。在东便门外，正月初二日开庙一日。

（二）精忠庙。在北新桥，正月初二日开庙一日。又正月十三至十七日，开庙五昼夜，名曰灯节。

（三）大钟寺。在德胜门外，正月初一至十五日开庙。

（四）火神庙。在琉璃厂东，正月初一至十五日为庙会，陈列字画古玩，任人游览。

（五）厂甸。在琉璃厂官窑内，正月初一至十五日为庙会。

（六）白云观。在西便门外，正月初一至十九日开庙。

（七）护国寺。在西四牌楼大街，自正月起，逢七、八日开庙。庙中陈列各种货物，供人挑选，并有江湖卖艺杂耍等游艺，实一旧式之市场耳。

（八）隆福寺。在崇文门北，自正月起，逢九、十日开庙，性质与护国寺同。

是两处为北京之两大市会。

（九）西黄寺。在安定门外，正月十三至十五日开庙。

（十）黑寺。在德胜门外，正月二十三至二十五日数日，有喇嘛跳舞布札，俗呼为演鬼。

（十一）香厂。在前门大街西南，正月初一至三十日为会期，商贾戏剧，丛聚于此。

（十二）太阳宫。在崇文门外，二月初一至初五日开庙。

（十三）蟠桃宫。在东便门南河坡，三月初一至初三日为会期。

（十四）潭柘寺。在马鞍山，三月内开庙。

（十五）东岳庙。在朝阳门外大街，三月初一至十五日开庙。

（十六）高梁闸。在西直门外迤北，清明日都人士踏青于此。

（十七）城隍庙。在宣武门内，自清明日起，开庙三日，又十月初一日开庙一日。

（十八）万寿寺。在西直门外广源闸，四月初一至十五日开庙。

（十九）碧云寺。在京西，四月初一至十五日开庙。

（二十）妙峰山。在京西，四月初一至十五日开山，又七月开山半月。

（二十一）丫髻山。在京东北，四月内开山半月。

（二十二）关帝庙。在永定门外十里河，五月十一起开庙三日，跑马赛车，梨园献技，岁以为常。

（二十三）雍和宫。在安定门大街，五月十三日有喇嘛诵经。

（二十四）善果寺。在广安门内，六月初五、初六两日，为晾经之期。

（二十五）灶君庙。在崇文门外，八月开庙三日。

（二十六）白云观。在西便门外，九月初一至初九数日，设坛诵经。

（二十七）五显财神庙。在广安门外，九月十五起，开庙三日。

（二十八）天坛。在正阳门外，阳历十月十日国庆纪念，开放三日。

（二十九）先农坛。在正阳门外，国庆日开放三日。

（三十）白塔寺。在阜城门内，十月二十五日番僧诵经。

十 燕市杂咏

竹枝词之作，多记载地方之风俗。往往绘色绘声，描摹尽致，使读者于该处风俗，了如指掌。且出以谐韵之文，不废风人之旨，亦采风者所必不可遗漏之事。燕京风俗，已尽载于前数章，特恐犹有挂一漏万之讥，兹录近人所作竹枝词数首，以补其阙，想亦阅者之所乐睹也。

巍峨宫殿壮皇都，京泰名瓷贵小壶。宋鼎元瓷矜异品，周彝汉爵出仙炉。

乌金元宝靠头拖，贪看两人眼角梭。更有旗娘横草把，胭脂两颊媚容多。

皮鼓丁东算命忙，沿街瞎子说荒唐。乌都号铳聒入耳，磨剪锋钝亮似钢。

街头喜事闹喧天，先有姑娘坐轿前。喜字大门明表记，团圆今夕欲登仙。

胡同八大噪芳名，潭里胭脂谱凤笙。家素风流朱李蔡，可怜广福老先生。

食青食到打春天，七日刚逢景物鲜。破五旋交燕九会，米团小饼鬻南廛。（注曰：正月五日为破五节，七日为打春。妇女多买萝卜食之，谓之食青。十九为食神仙日。燕九会，二月，一市人以米面团成小饼层，上贯小鸡。）

寺名善果晒经忙，祭马烹猪各履堂。蒿子灯中萤火聚，玫瑰糖拌饼浮香。（注曰：六月六善果寺晒经。五日番僧烹猪供神。六月二十三日祭马。七月七小儿聚萤贮灯为蒿子灯。四月以玫瑰花拌糖为饼。）

供月无男拜月前，白云观里饼尝鲜。黑黄古寺瞻神像，宫建雍和谛秘传。（注曰：八月中秋，男不拜月。九月白云观设九里会，黄黑寺喇嘛诵经。五月十三，雍和宫诵经念咒，祓除不祥。）

寒衣一送起葭灰，白塔番僧近问梅。冬至馄饨夏至面，粥烹腊八酌新醅。（注曰：十月都人为送寒衣节，白塔寺番僧诵经放纸驾。十一月冬至，食馄饨，与夏至食面同。十二月八日食腊八粥。）

正阳门外唤停车，妇孺争持敝帚挝。跣足蓬头尘积寸，求将铜子笑言哗。（注曰：南来车初抵前门时，无数蓬头婢子、龙钟老妪，争持布帚，拂拭人衣。盖车客尘污满身，彼辈故投机也。投以铜币一二枚乃去。）

满目尘沙太混茫，他乡毕竟异吾乡。东西南北多歧路，路上逢人说借光。（注曰：北京人情人指引道路时，辄曰借光，犹南人请问之意。）

异宝奇珍贴地铺，电光争耀月轮孤。长风刮地声如吼，为报今宵夜市无。（注曰：北京摊头市易，皆有定期，于日入后行之，名曰夜市。届期作大风雨，则明日补行。）

地安门外晚烟黄，瘦马残车故故忙。尽有胭脂供点染，可怜犹见内家装。（注曰：后门一带，多旗人居住。每见者妪，既鸡皮鹤发矣，而脂粉痕深厚特甚，令人笑且慨之。）

古迹嵯峨不计年，王侯第宅尽巍然。衣冠上国真堪羡，三尺儿童会打千。

吹残二十四番风，景色前门看不穷。偶向夕阳红处立，车如流水马如龙。（注曰：前门外最繁盛，游人麇集，大有山阴道上应接不暇之势。）

为闻同乐有公园，古柏阴森静不喧。倾国花名天趣足，娱人众妙独开门。

一池清水绿溶溶，锁住相思路不通。未应风光多锢蔽，英雌何必不英雄。（注曰：润身女浴所，在李铁拐斜街。北京有女浴所，实为创见。）

直 隶

津沽春游录

津门为京、保之门户，据有大沽天然之港，势为南北交通、中外贸易之要枢。近则更有铁路经营，贸易往来，益形称便。只以地势偏北，气候严寒，而所谓社会习俗者，亦略异其趣焉。其目情朴厚，为南人所弗及。至若商业，则以他省出产品为多。盖偏北诸省，以气候故，绝少农产。若工则又在幼稚时期，故社会风俗，均甚俭啬。每届旧历新年，商民均仍其旧习，休其业，停其工，而从事于会计长年之盈亏，谋家室之欢聚。至于元旦，宾朋庆贺，聚众饮博。耳目所及，大都是焉。虽租界内之商户，亦多掩扉三日，以一畅其欢乐。兹略记其情景，以饷阅者。

除夕之日，街市商户，多悬灯结彩。交易过至夜午，游者及采办年货者，拥拥挤挤。举凡估衣街、大胡同、北马路、娘娘宫大街等市，随处皆是，车马往来，几弗能过。而乞丐是日之集于道旁求索者尤伙。至娘娘宫大街，则又以焚香偿愿者为伙，香烟通衢触鼻。生意极盛者，首为香烛店，而次则年画铺、风筝纸鸢店、玩物摊，其他如茶食店、广货铺、杂货铺、茶叶店、首饰店、典质店，亦均兴盛。煤气大灯竟每店悬其一，以故照耀街道，无隙不明。至于戏园，向为京津之所尚，随处多有，均于周日前已辍演封台矣。是即除夕日之所以游者为数倍于往日之故欤？至于学界，多如南省，以寒假为名而行给假者。假期通定为一周间，其中亦有不然者。如北洋大学、南开大学等，均于除夕元旦给春节假二日，无甚特别之希望焉。时至中夜，多闻爆竹鸿声，家家已迎迓灶君下界以保平安。团圆之乐，概可知矣。

元旦日，凡极繁华街衢，皆闭门息业，如大胡同、估衣街、北马路、日、法、奥三租界均然。娘娘宫大街，则见有红衣妇女，进香请愿，联袂于途。是日津埠风俗，无地可游，惟娘娘宫一带可以观人而已。其进香者多为窑姐，所谓进顺遂之香者是。

至若乐子馆，为别开生面者。举凡北里乐户，均须到场，打鼓说书。而其装束又甚奇观，无论长幼，均着红花缎衫裤，至于鞋袜，无不红色。加以首插红花，面涂胭脂，真为一红人。满台皆是。园内布置，亦如戏园，甚为新式。有熟窑姐者，必坐包厢，每一人唱一出，或说大鼓书一次。毕后，则上楼去包厢熟客处，周旋道贺一次。其幼者则二人共配一戏，均着花衣，唱做于台上，以艳观者。每逢元旦前五日，各乐子馆均于午前十时即行开唱（平时午后一时开唱，五时半可毕），午后三时即毕，晚间亦辍唱。迟至则无座矣，且有时尝闭门羹之滋味者。

茶园演戏图，清人绘。

京津各戏园，照例每年腊尽辍演休息，是为封台。其封台前，各男女优伶须演拿手好戏。迨至元旦，即行开演。是日无戏报，即街市广告处，均贴一某某舞台或茶园新戏亮台，其意即是日开演之戏，系由各伶自行选择，随意演之也。即各戏园门首，亦不贴明。照例是日多好戏，以各伶多以平日之拿手好戏演之也。各戏园与乐子馆不同，仍于午后一时演唱如常时，惟散戏均甚早，约五时即毕。晚间亦惟元旦日辍演，其翌日即照常开戏，夜戏亦照演焉。

津埠戏园，不下数十计。有优者，有劣者，近于租界者优，内地者劣。如日租界之下天仙，奥租界之东天仙，是虽云优，价亦廉，二、三角即可占一席矣。劣者如三不管之后身草棚戏园，及河北北营门之北天仙均是。无名小卒，且多演秦腔者。此辈得有进步，即进大戏园演唱，戏价仅数铜元耳。

正月元宵日，娘娘宫大街竟日烧香者最伙，且多为大家妇女，与正月初之进香者全然不同。游人倍于月初，略与除夕娘娘宫之热闹等。待至夜间，则有商户住家，自制花灯，共携锣鼓吹打，游行市衢。各式花灯，颇为美观。各商家门首，亦必悬灯挂彩，以示节日。至若各乡间，则尤有别致者。如西沽则自元旦日起，村前多衣红衣妇女，均小家碧玉，其装束有如乐子馆之元旦日者。惟衣非红缎，乃系红布耳。北省人极喜大红，即平素亦多衣红衣者，见之亦不为奇。其在南省，惟于神会时进香始有之。至日用之物，亦多喜红色者。如在津埠住家者亦稍减焉，亦交通风气有以致之也。各村如河北之竹林村、西沽村、丁字村，又杨村，均自正月十三日起为上灯之日。各家门墙，必悬一方牌琉璃灯，直长约尺五寸，横宽约尺八寸，内贴有五色毛笔画，或系《三国》之人物，或依《水浒》内之人物，有绘罗通扫北之图者，各尽其美。灯内有用洋蜡或煤油。家家如是。灯式大小，均略相同。其他如爆竹之声，有至落灯后始不一闻焉。

迎紫姑，清周慕桥绘。

元宵夜，宫门大街游人极形拥挤，车马弗许逾行，游人惟徒步而行。目之所接，几尽系红衣之妇女。轻薄少年，于是利用此大好时机，益逞其挑目摩肩之技，以冀红娘秋波一为顾盼。而怨女荡妇，亦有以进香为名，竟肆其勾魂吸魄之惯技，挑眉弄目，以期天假之缘，得遂其野外鸳鸯之思。一入其境，丑态百出。妇女多小足，其形有如粽子式者，步行既缓，复被拥挤，竟有践其足而叫苦连天者，时闻其声。

娘娘宫略有秩序，以有警察督察，故多顺序而进。庙辟三门，烧香者入其中门，游览者习入其两偏门，以两边均为商店及货摊小商，略如上海之城隍庙，惟宽广较小耳。

津埠大宗贸易，均集丁估衣街。其中以衣庄业为最盛，他如绸缎店、银楼等，无不备设。元宵夜均暂息业，各家陈列纸制花灯，形式新奇，加以增设电灯，光耀夺目。其灯之奇者，如绢制花篮、玻璃制宝莲大灯，及电灯制之飞艇等，五花八门，应接不暇。各店均休息，闹锣鼓，观者可自由进内，伙友均甚谦恭，并招待焉。

天津之社会观察谈

津埠濒海，时有狂风卷地而来，中含沙质，当之者辄感奇痛，较之北京尤甚。至天津道路之宽广整洁，以大经路及各纬路为最。道旁杨柳，亦多长成。此外除各马路稍洁外，其余各小巷内，因北人随处便溺之习惯牢不可破，加以驾大车之马粪堆积道中，与灰尘混合，飞扬空中，致臭秽之气，令人作三日恶。他如南市三不管等处，本繁盛之地、十里洋场，以酒楼妓馆居多。然一入其弄内，秽物灰屑，听其积聚如山，不一扫除，殊与卫生有碍也。

天津商肆之多且盛者，首推酒席馆，茶叶店、鞋店次之。此三业之所以发达，亦自有因。北京名公巨卿，遇有大宴会，辄苦拘束，不能畅所欲为。乃群趋于津埠，呼卢喝雉，任意挥霍。风会所趋，而酒席馆遂应时大兴。高楼大厦，陈设华丽，远胜京师。每当夕阳西下，车马盈门，笙歌达旦。至于茶叶之盛，则由于津人素有嗜茶之名，此可于茶楼戏园书场中觇之。此等处待客之茶壶，巨大无伦，贮茗之盂，均用大号饭碗代之。一人一壶，顷刻立尽，茶房东奔西跑，应接不暇，饮量之大，颇足惊人。茶之销路既大，则业茶者之盛，不待言矣。天津海卫式鞋，久已著称于世。今虽不盛行于社会，而各式靴鞋，仍以津制为佳云。此外各商场，则寥落殊甚。如东马路之东安市场，估衣街之青云阁，金华桥之金华商场，较之北京之东安市场、青云阁，其盛衰有天渊之别。仅北马路北海楼，摊肆林立，游人稍盛耳。

茶肆，选自《营业写真》。

津市业馒首小铺，及负贩零星水果食物者，皆手持签筒一，内贮细签若干，摇之作声，盖赌具也。

津埠又有多且盛之二事，则戏园与落子馆是矣。戏园随在皆有，日夜开台，均男女合演，惜无甚名角。在租界各园，常演淫荡过甚之剧，以迎合社会心理。其戏资之贱，冠于他埠。最贵不过铜元念枚，贱者三四枚（均指正厅池子内），故座客常满，惟人品极杂耳。座位之劣，不亚于北京。惟京戏园系以极粗不加油漆之长桌凳直列台下，与舞台成一直线。津埠则用稍加油饰之木凳横行排列，但无桌。观客茶壶等物，则置于座之前列凳上。遇拥挤时，即置诸地。楼上包厢，男女可以合坐，楼下则划定台上之正面廊下为女座。此亦北京所未有也。园外四周可以任意便溺，加以园内聚集多人，天窗又不常开，致秽气熏腾，稍坐即觉头晕。而有戏迷者，固乐此不倦且叫好连声也。

乐子馆一名落子馆，即上海所谓书楼也。多在南市、日界一带，日夜开台。正厅戏资，在十枚上下。各妓之来度曲者，每园不下三四十人，亦间有声色俱佳者。每唱至半途，例演改装戏一出，与戏园无异。又择雏妓年齿相若者二人，手持檀板、莲花落、折扇、手帕等物对舞，和以歌声琴声，颇有似乎表情跳舞也者。活泼之地，与各妓之呆立铁栏前者，迥乎有别。各妓皆属纯尽义务，自愿前来唱书，借以招揽客人。故各妓院之隶于某园者，某门首即贴有某某部字样，以便游人之听罢雅奏，按部问津焉（如各班书有中华部或权乐部字样者，即知此班内有妓在中华或权乐茶园唱书也）。茶园惯例，台上所备横额及联对，须将其园之名字嵌入。又落子馆内叫好之声，故意造作种种千奇百怪之声音，以博妓女之顾盼。丑态百出，不堪入耳。

津埠头等妓院及二等妓院之著名者，多聚集于南市及日界各里内。北门外侯家后，虽有二等，然颇寥落。三等则各租界及南市侯家后各处，遍地皆是。其标识之名称，颇与北京不同。北京妓院之最高者曰堂（即长三，现仅庆余堂一家），次之则为清吟小班，再次曰二等茶室，最下曰三等下处，四等下处。而津埠妓院，其最高者标为头等某某班（即长三，现亦只有数家），次之为二等某某班（即幺二）。惟著名之妓独立营业者，则冠以己名，而连以"下处"二字（如王金翠下处，任秀文下处等是）。再次为堂，即三等也。倘在北京，对小班妓女称之为下处，必饱吃耳光。在天津进三等妓院，自以为打头等茶围而来，必得"猪头三"之徽号（三等之阔绰者，门首悬铜牌或绣牌芳标，燃大煤气灯，与头二等仿佛）。

各妓院中之跑厅（沪语所谓相帮），津人称之为大茶壶。此种称谓，真是匪夷所思。大约津人既有茶癖，往打茶围时，所时时呼跑厅者，无非索茶水耳。久而久之，一呼茶壶，则跑厅即知提壶而至，而茶壶二字，遂由习惯而为跑厅之代名词矣。

繁盛市面，乞丐亦非常之多，大都聚于各戏园门首及各妓院弄中。在数步前即向人叩头，碰地叮叮作响，或行举手立正礼，尾随于后，必得钱而后去。但此惟华界为然，租界则否。

津地中外辐辏，开通最早，而蓄辫之恶俗，反较他埠为独甚，亦奇事也。无论

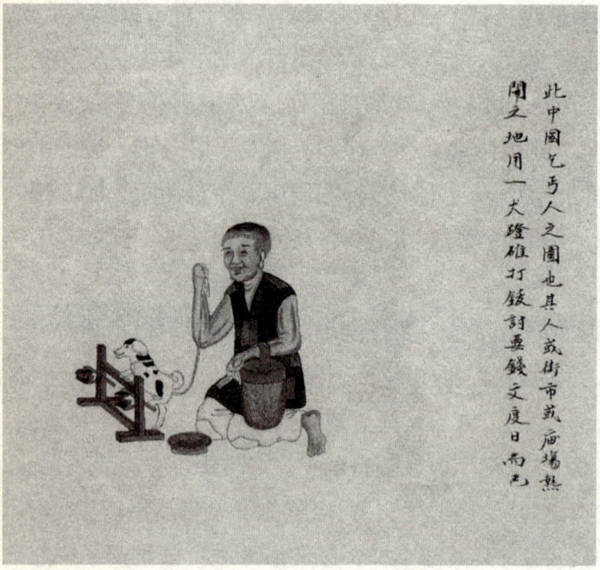

乞丐图，选自《北京民间风俗百图》。

上中下三等人，剪发者殆居最少数。而租界华捕，亦皆脑拖长辫。理发店之生意，尚不及剃头店之盛，此亦可以觇民俗矣。

河北房屋，以二马路（即二经路）之诚安里、庶吉里，三马路（即三经路）之修业里、颐寿里为最佳。房既新，价且廉也。

河北商业，以金刚桥（俗称新铁桥）南、金华桥北之大胡同为盛，商务印书馆、中华书局、广生行等皆在是。过河而南，则一变河北荒凉景况，更变为湫隘污秽之境界矣。

旧日商业，以估衣街、锅店街为盛。今则渐移而南，至日界及日界附近之三不管等处矣。娼寮旧在运河沿岸估衣街后之侯家后地方，以当年漕运未废，商贾群集是间。今已式微，而此业亦迁至日界等处。

天津风俗诗

幽燕胜地产伶伦，技曲而今色色新。谈到须生谁绝调，大家都重“老乡亲”。（注曰：孙菊仙为津伶前辈，土人尊之曰“老乡亲”。）

时调大鼓打莲厢，宾乐中华落子场。听到浪声齐喝采，高呼脸子竞猖狂。

莫道双簧是下流，同声相应气相求。后人高唱前人做，那识人儿在后头。

北里寻春事惯常，入门见客唤来忙。双狮茶碗瓢儿大，习俗于今未改良。

弯弯曲曲小胡同，热度熏蒸臭气烘。嫫母无盐争卖笑，茶资有限几青铜。（注曰：此指老妈堂子也。）

从来天马惯行空，子弟爷台技不同。升降盘旋多变幻，男儿到此尽豪雄。（注曰：津地年少多习皮条杠子，谓之子弟爷台。）

卖冰到处击丁当，新制酸甜梅子汤。路畔车夫汗如雨，抽闲吃碗透心凉。

数到珍羞是食羊，西瓠饺子辣酸汤。今朝供客添佳味，烙饼加摊韭菜黄。

估衣街上古衣多，高喝衫裙值几何。檐外行人一回首，不从里坐也来拖。

出丧大事闹前街，旗伞辉煌夹道牌。底事奢华成俗例，娼优也得用衔牌。

世界琉璃欲卧游，冰床稳坐到滩头。须防青日融和候，不起风波也覆舟。

火烧土坑御冬寒，懒做娘儿把腿盘。未晚先餐同一饱，合家大小一齐攒。（注曰：津俗每日只两餐，故晚膳特早。又小户人家，竟多翁媳同卧一坑者。）

五百铜钱当一吊，口称大话学京城。乡人到此不知算，巨价听来吃一惊。

来自风尘著地蹲，磨光刮垢水盈盆。衫儿脱却兜儿露，血色斑斓刺绣痕。（注曰：津俗多著红兜或绣花，又洗面时多将上衣脱光，抓耳挠腮以洗之。）

棉裤灯笼不著裙，宽红带子两边分。足登半折靴鞋底，缓步街头橐橐闻。

老妈发秃润于油，古样梳妆梁子头。借问孩儿何所似，乌鸦飞集水晶球。（注曰：天津土著老妪所梳之髻，后髻长拖数寸，俗名大梁子。）

新年著个满堂红，颊染胭脂一色同。热闹娘娘宫畔路，香车飞趁夕阳红。

每逢朔望家家面，围坐呼餐个个欢。例菜攒来同祭品，粉皮豆剔两三盘。

天津腊月之腊品

蒸腊米

天津人每当腊月极寒冷之时，用好米，不拘多少蒸之，蒸至极透，然后铺摊于芦席之上，冷透而晒干之，收贮于瓷缸之内，藏于干燥之处，可至数十年不坏。凡年老体弱及有病之人，以此米煮饭食之，最益脾胃。夏季煮食，可避泻痢诸症。惟收藏之缸坛须洁净，倘以盛过酒醋盐碱之缸坛盛之，则米易霉烂也。

碾腊米

腊月碾米，可以久藏不坏，食之最益脾胃。非如春、夏、秋三时碾之米，不但不能经久，且易生虫蛀也。

腌腊雪

腊月下雪之时，将雪贮入坛中，藏于阴处。至来年夏月，用以治馔，蚊蝇不至。

榨腊油

腊月榨清油收藏，至来年蚕室点灯之需，诸虫远避。即妇女以之搽头，亦能使发黑而光泽，不生虮虱。

收腊脂油

腊月以猪之板油一方，悬于壁上，能避蚊蝇。若于极冷之日，熬板油藏存之，可经年不坏。夏季用以治馔，最益脾胃，又可为治涂疮疖之药。

天津祭灶之风俗

阴历腊月二十三日晚间，津俗人家有送灶之举。考灶神之由来，《论语》云："与其媚于奥，宁媚于灶。"《淮南子》云："黄帝作灶，死为灶神。"《五经异义》谓灶神姓苏。《酉阳杂俎》谓灶神姓张。灶神之名，由来久矣。

送灶之举动。是夜人家必备年糕、糖瓜、刍草、清水等物。年糕、糖瓜，意使灶神食之而封口，不能说话，人间恶事，可以免奏于上天。而且祭灶必须男子。俗云"男不圆月，女不祭灶"。祭灶时向神祷祝，无非"上天言好事，回宫降吉祥"等语。祭毕，将灶神像焚化，谓之升天。刍草清水同时泼于地上，意为饲神马之用。以上所云，为津俗祭灶之情形也。

天津烧平安纸之风俗

天津北仓镇，每届阴历腊月，有烧平安纸之陋俗。在未举行之先，须拣选时日，大约以宜祭祀之日为宜。预备食品、香烛、纸锭、爆炮等物，豪富之家，至有杀猪宰羊者。迨至烧平安纸之日，昧爽，全家之人即起身，梳洗已毕，然后在院中供具祭品，焚锭鸣炮，全家叩首。其意之诚，比较祀敬祖宗，不啻倍蓰。据云，系祈天地保佑全家一年之平安也。

天津求雨之风俗

天津农人遇天旱之时，有求雨之举。求雨者，或抬关壮缪之偶像出送，或抬龙王之偶像出送，前引以仪仗多件，锣鼓喧天聒耳，有如赛会一般。另有一人，身披绿纸制成之龟壳，以墨粉涂面，口中喃喃而语。其余随从之人颇多，大都头戴一柳圈，手持一柳枝，亦不知何所取意。每到一处，该处之人皆须放鞭炮，陈列供品迎接。有街市之处，门口皆插柳枝，用黄纸书“大雨时行”四大字悬之，亦有书“大雨如注”，或“大雨倾盆”,或“天降大雨”者。另有儿童等用长木板一条,塑泥龙于上,以蚌壳为龙鳞,黏其上,扛之向街中游行,口中喊曰：“滑沥滑沥头咧，滑沥滑沥头咧，家家小孩来求雨咧。”或又喊之曰：“老天爷，别下咧，滑沥滑沥下大咧。大雨下到开洼地，小雨下到菜畦里。”种种举动，总不出于迷信之一途也。

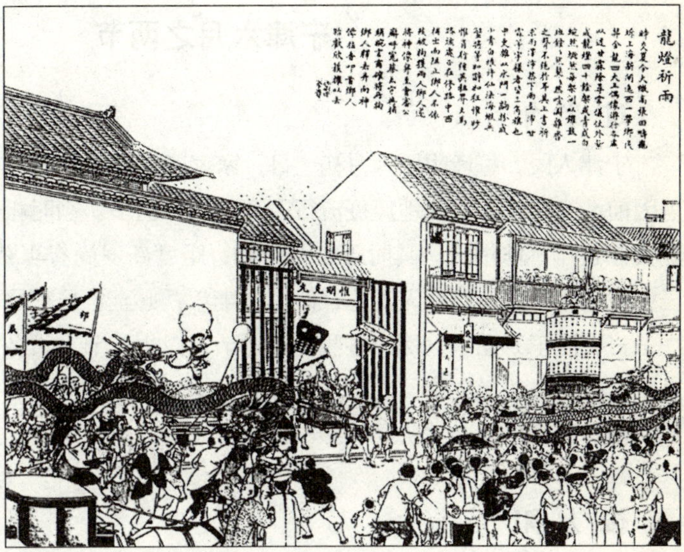

舞龙祈雨，选自《点石斋画报》。

天津小儿跳墙之风俗

天津北仓镇，每年当春夏之时，有一种小儿跳墙之风俗。此风俗之起因，大凡缺少子嗣之人家，忽然生下一个男孩，自然爱如珍宝。但是一方面却时时惶恐，或是多病，或是夭殇。因此，为父母者往往带领小儿，到庙中焚香祷告，求和尚给小儿起一名，俗称寄僧名。其意盖谓自此以后，此孩便算出家。寄僧名之孩，往往作僧人之装束，直至十二岁跳墙还俗之时才能更换。跳墙事前，必须择选一吉日，买簸箕一只，毛帚一把，预备老铜钱八枚。及期，为父母者带领小儿，又向神像前焚香祷祝，一面使小儿持簸箕及毛帚，拂拭香案，洒扫地下。事毕，即令理发匠为小儿留发,随后再使小儿立于板凳之上,左右手各持老钱四枚。旁观之人,喊声“赶和尚”,小儿便将手中所持之钱向后撒去，跳下板凳，并不回头，直跑至家中。此即所谓跳墙还俗也。当小儿撒钱之时，旁观之人，纷纷拾钱，带回自己家中，编成锁之形式，给自己小孩带在身上。照俗谚云：“带了此锁可以长命”，不值一笑也。

宁津六月之两节

过半年

宁津人民，每逢阴历六月初一日，家家皆食馄饨，名为“过半年”。究其源流；盖因前清光绪年间，此地瘟疫流行，死伤之人甚多。当时相传，曾有神仙点化，云此灾非过年不能消灭。其时正五月中旬，距度新岁尚有半载，于是人民益加恐惧，云瘟疫传来数日，已死人无算，倘再过半年，必至合邑死尽。于是大家决议于六月初一日，照正月元旦之例，备些食品过节，以当年节，借免灾疫。自此以后，每到夏季，即有人传说灾疫，大家便照前例过半年，以冀免灾。遂成为习惯，每年六月初一日必过半年也。

接太阳

六月十九日，宁津有接太阳之风俗。每年至六月十八日晚，各村寺庙中锣鼓喧天，颇为热闹。村庄老年妇人集成一会，于是晚住在庙中，念经诵佛，直到天将明之时，排列供案，燃烛焚香，向东致祭，至太阳出来始止。若值天晴，清晨放出阳光，大家欢喜。倘是天阴，便云不吉，异常懊丧也。其俗如何缘起，无从考究。或曰：六月十九日，太阳生辰故也。

东光风俗略志

东光人民俭朴，农务耕耘，女勤纺织，士敦诗书习礼仪。急公好义，慷慨负气者，不乏其人。聚族而居，严尊卑之仪，重男女之别，风俗为半开化。多太古之风，少浮靡之气。学塾甚多，故人民多数识字。盖自幼七、八岁即使入学，其有不愿令其子孙业儒者，则于十六岁以后，即弃诗书而务耕耘矣。且具尚武之风，冬日闲暇，则群聚公益局之把式厂，习练拳艺，春则弃干戈而讲农事矣。其地公益局，以本乡德望长者经营其事，不定额数。往者四乡防御，皆公众轮流，虽非团练，而阖闾安堵。近驻有陆军防营，保卫四境，又有警察局巡察各处，然皆官设，转病其倚官扰民，不如自卫之晏如也。各乡街中有集市，逢一、六日行之（俗名赶集）。各种贸易，于是日皆集市场以应取求。每年又有一会（俗名赶会），于九月底举行，亦贸易之时期也；共需五日，其范围较赶集为大。平时街中亦有店铺，以售日用各物。买卖一律用制钱，亦用银及银元，特纸币铜元则不通行耳。其地庐舍皆平顶无脊，所以便堆物。墙多以坯为之，屋中有炕，可以睡眠。炕中空旷，以便爇火，冬日温暖。

而多有在炕头置锅，中界以墙，于炊饭时，兼热其炕，以资利用。岁时习俗与各处差同，惟贺年叩节，仍重跪拜旧习。设与尊长邂逅于途，亦必顿首下拜，虽泥途不顾也。婚俗尚早婚，女长于男。盖其地妇人非家有儿媳，不能出户，如在外抛头露面，必为亲友齿冷。惟为儿娶媳后，已即升为主母，只身行街市，可免訾议。其择媳年长于子，则赖其助理家务也。

丰润风俗琐记

我国风俗，各地不同，良以东西南北，山川有殊，民性各异。北地民性刚强，世人所知。兹就丰润一隅，略举数端，采风者试将南方习俗一为比较，则南北民性不同之点，不一而足也。

（甲）食物。丰润之人，春季常摘取植物之嫩芽细叶，以供啖食。此种习俗，其与南方人之好食肥鲜相反。试分述如下（白菜、莱菔之类不在此列）：

（一）苦菜。此种植物属菊科，夏初开花，其色黄白。丰地村人，当清明前后，相率从事采集，拌酱食之，以解苦味。

（二）地衣。此为下等植物，根茎叶俱不分明，成薄片状，形如木耳。丰润人常食之，惟须用水洗净，去其土味，以醋和之，乃可食。

（三）榆钱。此物人尽皆知，不必赘叙。丰人取之煮熟，搀于面中，和以油盐蒸熟，食之味甚美，名榆钱糕。

（四）杨花。即杨树之花，去其花瓣及萼，留其花轴，煮熟后，合以酱，可以食之。

（五）椿树芽。椿树有两种，有香椿，有臭椿。香椿嫩芽，煮熟后，盐水渍之，备为下酒之用。臭椿芽煮熟合酱食之。

（六）饭花子。属植物豆科，花似蝶状。采其花煮熟，和粱米作干饭，食之味甚清香。

（乙）时节。丰润当端阳节时，无龙舟竞渡举动，与浙江等处习俗不同。是日在门旁插艾一枝，上悬纸葫芦一枚，借以避邪免灾。至于角黍，大概各处皆有，不足为奇。惟丰县有避灾星一事煞有趣味。当五月朔日，人家都用棉花棉布缝做小狗、小人、小口袋等等形状，带在小孩身上。男孩所带之小人，做成男孩模样；女孩所带者，做成女孩模样。眉目口鼻，描摹清楚，并嘱小孩带在身上，时刻留神保守，不可丢失。俗谓小孩若失却身上之模形，一年之内，必有大灾。其父母引为至忧，焚香拜祷，哀求神灵，其惶恐举动，一如灾殃临其孩之身者。若小孩能保守其所带之模形，则所有灾殃，即由模形小人代受。其迷信殊属可哂。带至数日，至端阳节午前，各家主妇领其子女，齐往河岸或池边躲避灾星。归家时，将小狗、小人、口袋等物抛掷水中。谓狗用以咬灾星者，模制小人用以代小孩受灾者，口袋用以装灾晦者，随水流去，此一年中即可无病无灾矣。噫！如此迷信，其愚不可及也！

（丙）乡土。丰县有一村庄，名大松林庄，人家约二三百户，人民朴实无华。此庄虽一小村落，而披山带河，风景颇有足观者，分述如次：

还乡河。一名浭水，在村之西面。相传宋徽宗北狩，止于丰县之沙岩寺（寺距村四五十里），留诗一首，有“西流浭水自还乡”之句，此河因更名还乡河。河水发源于迁安县境，流至村处，水势渐通。惟夏季雨水连绵，河流涨溢，往往发生水患。现该地人民竭力讲求林业，沿岸植柳，不特可免水患，且足点缀风景。当清和天气，夕阳西下，散步其间，对岸渔舟三五，歌唱悠扬，信可娱也。

城子山。在村之南，与村相接。山不高大，亦无陡绝之险。蓬莱盛长，荆棘丛生。山阴多松树，林木在望。村之所以名大松林者，或因此欤？山顶有城，地广一二亩，真武庙在焉。庙门阶石中有巨人迹。距此十数里有盖子山，顶亦有真武庙，庙门阶石亦有巨人迹。据乡人云：“真武曾由此山往彼山，故两山均有遗迹。”年逢端午或重九，村中无论男女老少，联袂偕来，登高游乐，故城子山亦村中名胜之地。

村东行数武，有史家坟。据县志所载，系明副将史宸之墓。宸系万历时人，墓前有二碑，刊其生前功绩。现村中史姓者最多，系宸之后裔。其碑下镇龟，右龟之颈有裂纹，较左龟低小。相传两龟已活，夜间常潜出窃饮人家之油酒。此种荒谬无稽之谈，殊足见其地民智之固蔽。

史家坟东数十武，地渐隆起，路亦窄狭，即至乱石山矣。满山怪石，或黑或褐，远望之，如恶魔，如猛兽，别有奇趣。山中有小石，其美丽而光泽者，颇可玩赏。石隙有泉，潺湲成小溪，近冬则干涸。故游人多在夏日，至冬则荒僻无趣矣。

自村北行二里之遥，有果园在龙山阳面。园内种有各种果木，春夏之交，万卉齐开，村人多往赏玩也。

（丁）方言。语言为意思之代表。南北人习性不同，言语亦因之而殊。兹将丰润语言之有趣味者摭录如次：

（一）养生话。此类语言纯系俗谚，惟含有警戒之意，且言之中理，不啻圣贤之格言。此节所录者，皆关于卫生语句，故名之曰养生话。（1）饱不剃头，饿不洗澡。（2）吃饭先渴汤，永远没灾殃。（3）早起三光，晚起三荒。（4）不怕瘦，多吃肉；不怕弱，勤动作。（5）心闲长头发，身闲长指甲。（6）饱吹饿唱。（7）疥是一条龙，先从手上行。腰间转三匝，屁股上插老翎（言疥起于手上，而终于臀部）。（8）牙痛眼痛不算病。（9）病怕无名，疮怕有名。（10）祸从嘴吐，病从嘴入。（11）十人九痔。（12）穷生虱子富生疮。（13）少吃一口，安稳一宿；少吃一碗，安稳一天。（14）皮肤病，是洗不净；

肚子病，是吃的棱。

（二）阅历语。此类俗语，含有观人之术，似有经验老者训戒少年之谈，故名之曰阅历语。（1）九斗一簸，不愁就过；九簸一斗，不愁就有。（2）黄牙穷，白牙富；敲绿牙，开当铺（敲绿牙，言牙根带青绿色）。（3）一抓金，二抓银，三抓不笑是好人（抓膝盖骨）。（4）嘴大要唇，耳大要轮。（5）两耳垂肩，骑马做官。（6）手儿小，吃不了；手儿大，剩不下。（7）双手过膝，主贵。（8）天庭饱满多主贵，地阁方圆福不轻。（9）眼有一分病，心有十分歪。（10）鼻不露孔，手不露缝（主有福分）。按古者汉高见奇于吕公，明太祖见奇于郭子兴，观人之术，未始无征。如上所录，虽属俗谚，确有至理存焉。

（三）歇后语。歇后语俗称缩脚语。自唐之郑綮作歇后之语，寓庄于谐，今人谈话，每用歇后语体，露首藏尾。兹摭拾此类俗语，以见丰地之民性。

脸曰嬉皮笑。脚曰转弯抹（角与脚同音），又曰天河掉。虎曰敲山震。狗曰招猫斗。鸡曰时千偷，又曰王婆骂。柴曰上山打。米曰粗粱细。水曰发河长。死曰发昏待。肉曰粉条墩。宝曰招财进。金曰万两黄。银［疑当作“钱”］曰刘海戏。山曰二郎担。打曰连踢再。画曰琴棋书。写曰一笔好。

保定风俗详载

保定，直隶之省会，京汉路之枢纽也。南通汉皋，北达燕京，虽地势偏北，气候严寒，而往来贸易，颇称便利。熙熙攘攘，亦繁盛富庶之区也。至其风俗习惯，虽多与京、津略同，然亦有可得而言者。

保定公园。即古之莲花池也。因清高宗曾游幸于此，遂擅有名胜焉。园中池水碧清，山石玲珑，亭台楼榭，高耸云天，奇花异卉，鲜艳夺目。游人至此，颇有飘飘欲仙之概。每至令节，又常以纸糊各种动物，点缀其间。山穴中兽类狰狞，枝头上群鸟欲噪，观者无不叹赏其手工之巧妙。故一至令节，骚客游士无不群相征逐游戏于其间。然园中除一天津饭店可以小酌外，余无品茗谈话之处，亦一憾事也。

保定戏园。本有三庆、富华、萃仙三处，只以资本轻微，不能聘请名角，以广招徕，只以数个无名小卒，敷衍登场。且多演秦腔，板鼓檀木，声声震耳，以故观者无不厌之。各园戏价，池座卖铜元二十八枚，边座厢楼只十余枚耳。观客之著制服者，除学生外，余均不准其购池座票，此盖仿自京、津者也。

保定东洋车。胶皮者居大多数，车上油漆装潢，较上海之黄包车尤为悦目。价亦较廉，每二三里，只铜元五六枚而已。车夫多忠厚诚实，不若南人之滑头滑脑，专事欺生敲诈也。至于铁轮东洋车，势已在天然淘汰之列。除乡下妇女雇坐外，余几无问津者。且此车体积高大，乡女之穿红着绿者乘坐其上，目标最为显著。初见之，几误为泥观音出巡以收灾降福者，诚一怪现状也。

北人对于商铺主人之称谓曰掌柜；若老板，则为开堂子者之称呼，即龟奴之代名词也。保定亦然。南人初至北方者，往往误呼其所主之店主东为老板，闹出如许笑话，遇激烈者且饱以老拳矣。

保定逆旅，有客店、栈房两种。名目虽异，内容实同。其价目之低廉，为他处所无；且均一律，无甚高下。大房间价，只京钱六百文（即制钱三百文），小房间京钱三百文（即制钱一百五十文）。惟房屋矮小，无高大宽畅者，且多不备伙食，亦旅客之大不便也。

保定居民，辫发未剃者十居五六。乡愚下流等固无论矣，即衣冠楚楚之店主店伙，亦多豚尾后垂。警察亦不加劝告，殊可叹也。

北地风俗，较南省为纯朴。如保定之公园、戏园中，无论闺秀妓女，绝不一见。盖亦警局所例禁也。然每遇国庆令节等日，公园中则兼售一女游券。戏园中亦可男女杂坐，其价较平日增涨一二成（公园游券平日卖铜元二枚）。至于晚间，则仍界限划清。如今晚专售男票者，明晚则专售女票。故虽陶情行乐之地，男女中绝少吊膀子、轧姘头等等丑态也。

奉　天

满洲之婚制

满洲之早婚，在全国可居第一。男子生十三四岁即结婚；至二十岁以上方结婚者，俱为贫人。往年号称刚健之民，而今已瘠弱不堪矣。加之民间惯以年长之女子配少年之男子，十三四岁之男子，必娶十七八岁之女子。盖其目的，在望女子真事妇职母职，并为家庭之看护者也。谚谓“宁嫁穷汉子，莫嫁孩蛋子”，盖不满于婚姻制度者之所谓也。

满洲地方，血族结婚甚多，致有张张氏、李李氏之笑话。在贫贱妇女中愈多。满洲住民之族制甚不严密，无如他省之有宗祠。又无家谱者甚多，因此不能辨别血统之同否也。

光绪皇帝大婚图（局部），清人绘。

沈阳农家之歌谣

此篇所述，系奉省老农通行歌谣，以见奉省天气习俗与内地不同之点。词虽鄙浅，但趣旨甚深，亦经验之谈也。

立春阳气转，雨水融河边。惊蛰鹰鸭叫（白鹭鸟，俗名为野鸭子），春分雪水干。清明忙种麦，谷雨种大田（高粱黄豆等，俗名为大田）。立夏鹅毛住（立夏狂风弗扬，故谚有“立夏鹅毛不起”之言），小满鸟来全。芒种农人乐（此时入田锄地，口唱田歌，为状至乐），夏至小豆拈。小暑天气热，大暑是伏天。立秋忙打靛，处暑动刀镰（处暑禾稼如不秀穗，必为歉年，故俗谓“处暑不出头，割下喂者牛”）。白露齐割地，秋分无生田（五谷登场，田中已无生物）。寒露不算冷，霜降变了天。立冬交十月，小雪地封严。大雪江河冻，冬至不行船。小寒在三九，大寒就过年（指阴历年）。

营口婚嫁之风俗

相　看

男女两家同意，男家可以一人往看。合则留饭，即为定准，不合则不饭而行。某君诗云：“十五娇娃未上头，初闻相看意含羞。装烟（女出为相看之人装烟一袋）低首归房去，早饭谁知留不留。”

挂　钩

相看后，男女两家同意，先放小定。男家遣媒人送耳环一对，金银不拘，谓曰挂钩。某君诗云，“难得佳人赋好逑，无须繁礼事苛求。男媒女妁双双到，挂得金银一对钩。”

押匣子

小定之后，即择吉大定。除各礼外，有匣子二只，一装庚帖，一装银，计女一岁，银一两。某君诗云：“礼仪简朴例相沿，文定依然古俗传。一岁年华银一两，无须论减与论添。”

通　信

大定后，或一年，或二年，男家议娶。即择吉日两个，一过礼，一娶期。遣媒往告，谓曰通信。某君诗云：“学来时样好梳妆，何日于归到婿乡。择得良辰通信息，从今检点嫁衣裳。”

猪 酒

过礼前二日，男送女家猪一只，酒一提，计二十八斤。富者送双猪双酒。某君诗云：“门庭结彩绕烟霞，猪酒分抬到女家。更有一般豪富者，双猪双酒向人夸。”

烧 纸

过礼之后，男家派尊长一人，往与女家尊长同拜天地，烧纸一通，然后筵宴。某君诗云：“衣冠齐楚会华堂，香纸高烧祝上苍。先却新人拜天地，此乡风俗异寻常。”

尝 汤

烧纸后，女家留男家尊长赴席。席将终，上清汤四碗，碗面各以红绳作十字交叉其上，绳脚各坠以铜钱。某君诗云：“笙歌举室闹盈盈，筵席将终礼节生。一样清汤来四碗，红绳十字划分明。”

献 花

尝汤后，厨役以猪蹄四个，刀一把，上插红花，以盘献上，谓曰献花；赏钱不等。某君诗云：“厨夫何事著新袍，四个猪蹄共一刀。插上花枝红似锦，金钱赏处谢声高。”

装 烟

拜天地后，女始改装，各为客装烟一次。客贺以钱，名曰拜钱。某君诗云：“发挽金钗额贴钿，亲劳玉手为装烟。晚来簿子分明记，多少何人出拜钱。”

管 饭

娶一二日，女家约亲友多人，至男家设席待之，名曰管饭。临行迎门，各敬以酒。某君诗云：“华堂今日竞开筵，宝马香车次第连。管饭人回休忘礼，迎门杯酒敬当前。”

铁岭中元节之风俗

七月望为中元节，其俗各地不同。兹述铁岭之俗如下：

七月十三日，俗曰麻谷。凡人家遭丧未满三年者，是日戚友必以纸锞、果品等物，送往其家，以助祭礼。丧家是日亦备各种祭品、纸锞等物，齐赴扫墓。其所以名麻谷日者，因时交初秋，新麻新谷咸将登场，盖示不忘死者之意耳。

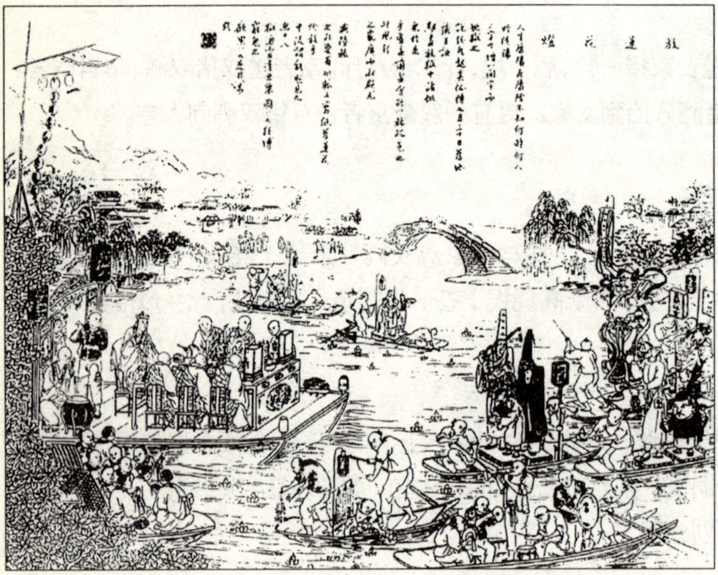

盂兰会上放莲花灯，选自《点石斋画报》。

十四日，晚间慈善人家举行盂兰会。用纸扎各种灯与船，或置路旁，或放河内，延僧道设坛诵经施食。此种举动，俗传能超渡枉死诸鬼升天，是诚奇谈。

十五日为中元正日，土俗必于是日携纸锞果品扫墓。因此野外纸灰飞舞，青烟不断也。居民是日均食馒首包子，乡民更为重视。噫！民国来改用阳历，此种旧俗仍然存在，易俗移风，亦难矣哉！

辽阳之农家谚

风俗各地不同，而谚语每同意异辞，互相吻合。今将辽阳谚语关于农事者录出，以便采风者资以比较他地之俗焉。

（1）八月十五云遮月，正月十五雪打灯。

（2）风刮坟前土，农人枉辛苦。风吹佛爷面，有粮也不贱。风吹佛爷背，有粮也不贵。（清明及四月十八日娘娘会两日，均忌南风。）

（3）云行东，雨无踪，车马通。云行西，马溅泥，水没犁。云行南，雨溅溅，水涨潭。云行北，雨便足，好晒谷。

（4）朝霞不出市，暮霞走千里。

（5）一点雨儿一个钉，落到明朝也不晴。一点雨儿一个泡，落到明朝还未了。（雨著水面，起有浮泡如钉，主久雨难晴。）

（6）一年两个春，黄豆贵如金。

（7）十月电，阎王不得闲。十月雷，人死用耙推。（十月内有雷电，主来年灾疫。）

（8）要种麦，见三白。一月见三白，田翁笑呵呵。（冬至后第三戌为腊，腊前两三番霉［疑当作“雪”］，谓之前三白，大宜菜麦，又主来年丰稔。）

（9）猪渡河，来朝雨儿多。女作桥，来朝雨潇潇。（天河中起黑云片片，状如豕者，谓之黑猪渡河。若黑云堆起，相接亘天者，谓之织女作桥，皆主雨。）

（10）朝要天顶穿，暮要四脚悬。（当中云散，或四周露天，皆久雨放晴之兆。）

（11）天空鱼鳞斑，晒杀老和尚。（空中云片片如鳞，主酷热。）

辽阳人之媚灶

媚灶之俗，各处皆有，所不同者，繁文末节耳。辽阳人之祀灶，亦以十二月二十三日。俗传灶王为一家之主，专司家中一切善恶，每年于是日升天，将所管之家中一切事件奏诸玉皇。上天即凭其所奏，以降祸福于其家。故无论大小贫富之家，莫不供灶，惟奉耶稣教及天主教者不然。祀灶之日，每家购办皂糖若干，以备应用。于晌午时，自壁间将灶王纸像起下，曝之日中，使干而易燃。晚餐毕，孩童拣选细秫秸，剪其细之一端，扎成马与狗之像，据云为灶王夫妇升天时之坐骑。天色昏黑后，取茶杯二，置诸灶突之上，一盛水，一盛草料，持扎成之马狗，以其喙向杯中，作饮食之状。复将灶王供于杯前，燃香致敬。逮至星斗满天，香将燃尽，一人取爆竹一枚，燃放于院中，一人将灶王犬马等物聚于一处，以火焚之。复以皂糖少许，粘于锅灶口上，谓之糊灶王口。盖恐灶王升天，奏出恶事，闭其口不使之言。殊可笑也。

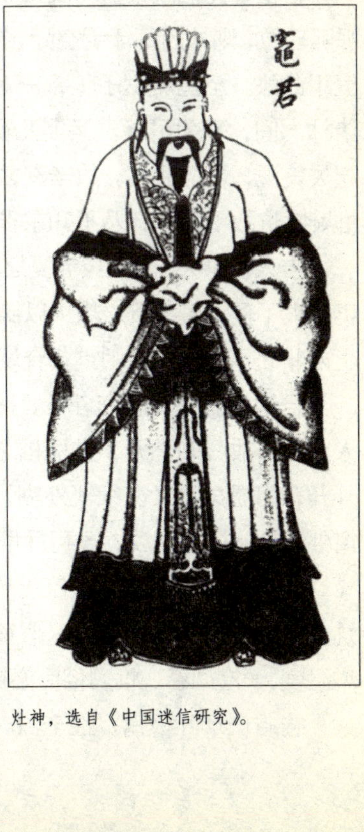

灶神，选自《中国迷信研究》。

又辽阳人每逢朔望，必于灶神前拈香致敬。遇有疾病或远游出行等事，必虔诚祷于灶王前，乞佑其平安。尤可笑者，辽阳地方所供之灶神，均系画于纸上者，花花绿绿，画工之恶劣，木刻之笨拙，大可喷饭。旁绘犬一马一，又刻本年日历于上，然纯系阴历，无阳历及星期日等事。此一片纸之为用，只此而已。其旁所绘之犬，亦与家人之休咎有关。犬之口若张开，则本年所生之孩必不能长寿；口若闭，则婴孩壮旺发育。此辽阳人迷信之一斑也。

吉林

吉林奇俗谈

吉人不讲卫生，枕衾被褥，一年三百六十五日，惟逢秋季一度浣濯之，平时虽黑如墨，光如漆，气味腥膻，仍覆之不顾。又女子持躬谨严，平生入浴只三度，即初生一度，临嫁一度，濒死一度。不卫生极矣。

吉俗婴儿栖以采篮（或用布袱一方，四角系带），惟不置诸地，多索而悬之梁间。呱呱若泣，则扶而荡漾于空际，摇曳若秋千。中下等人家，躬操井臼，无力雇乳媪者，恒用此法。至鱼皮鞑子（系一种开化民族，散处吉黑东北一带），多束缚褓褓儿悬诸林木间，殊为可怪。又婴儿初生，枕以硬枕（枕实以豆），务平其后脑骨，以硬起欠美观，习俗然也。故辛亥之役，摸脑骨以别满、汉，以满人平直而汉人硬起也。惟疑睡炕故平削者，乃不知东省风气之臆测语。近燕鲁流寓者，亦多染此习。

吉人喜烘火，当炎炎赤夏之时，砂砾反射热颇强，挥扇纳凉之不暇，然卧土炕者，仍升火不辍。盖冬日之烘火以御寒，夏日之烘火以祛湿，甚至席焦背赤，炮烙横施。土人非此不安寝，否则觉背脊痠痛云。

吉地房屋，室门向外开，比户皆然。考诸志册，谓昔多虎患，时夜入民家，搜人而去。故门向外开，借槛桔之抵抗力，足以御虎冲撞。惟昔之外开为虎患，今之外开乃习惯矣。又窗纸辄外糊，凡阔桔疏棂、不嵌玻璃者，多糊以纸。惟纸必糊诸窗外，谓一可免积沙，一可斥堆雪也。

吉省气候严寒，寝室筑土炕，占室之半，可容十人。尊卑老少，长幼男女，一炕共寝处。虽外来之亲友，假宿之孤客，亦无上下床之别。临睡时，用木柴烧之以增温度，一室如春。惟习俗卧必裸体，故相率不燃灯（近来中上之家，则稍施以间隔）。

吉省产烟叶极富，性辛烈。吸时喉管受刺激，痰唾分泌顿增，妇女酷嗜之。街市间姗姗而来者，均手携烟袋，且行且吸（妇女足镶鞋，底层三寸许，着衫及踝，而两端无衣叉，顶盘高髻，惟手握三尺烟筒，频频吸之，嘘气成云，顾盼豪迈），亦奇俗也。

吉地白山（一名北山）四月二十八日开庙会，求嗣者诣观音阁。赂庙祝，于莲座下取纸糊童子一，归家后置褥底，俗谓梦熊可操左券。

刳巨木为小舠，两端锐削，底凹弦平，大者仅容五六人，小者二三人，土俗称之曰觚艈。亦有作威弧、威呼、威忽者，盖一语之转音也。松花江畔，时见一人持桨左右掉驶若飞渡。重载非方舟覆板不克济，冰期间以代马槽。入山猎捕者，水则乘以渡，陆则负以行，殊称便利。

有似车无轮，似榻无足，状类于犁者，土人呼之曰扒犁，满语曰法喇。乃取木之性软者，削两辕，前半翘起，后半贴地，上支四短柱，柱周镶回筐，覆以板，引以绳。载重则驾牛马，载人则覆席如龛。驶行冰雪中，速逾于车。驾犬者谓之狗扒犁，鱼皮鞑子惯使用之，即昔之所谓使犬部是也。

吉人以蓬梗为芯，涂以膏及糖屑，顺手粘傅之（逆拈则莫不著），晒干。支之歧木架上，燃以代烛，火光荧荧，结烟若云雾，谓之糖灯，满语曰霞棚。近自朗勃（洋灯）盛行，非穷乡僻壤不克见，亦犹磷寸兴而钻石取火之风渺矣。

狗扒犁，选自《皇清职贡图》。

吉地有一种恶俗，凡盗窃耕牛，惧事主追认，乃以利刃自牛膝以上，划一线通腹下，复以铁钩钩脊，系诸树。牛负痛狂奔，皮遂豁然脱落，谓之活脱衣。然牛不即死，必悲鸣一二日方毙。昔此惨风颇炽，近则间一见之。

吉地有所谓噶什哈者，即剔取獐狍鹿豕之膝盖骨，两面微窝，而一面突出。儿童妇女，抛掷为戏，视偃仰横侧别胜负。或以窝者弹窝者，突者弹突者，中者尽取所推，谓之取噶什哈，亦犹内地小孩滚钱敲砖之属也。

吉省各地产乌拉草，草色深碧，其细如发，长者有四、五尺余。溪谷岩石中蒙丛下垂，入冬不枯，性温暖，能御寒避湿。东人常取以铺卧榻。农工等人均以荐履。履用方尺牛皮屈曲成之，不加缘缀，覆及足背，冬夏胥著以操作。因用此草荐履，故即以乌拉名履，而俗又书作靰鞡（靰字并寓象形之意）。东人谚云："关东三宝，人参貂皮乌拉草。"其利用而重视之也如此。

吉林猎者捕兽谈

满洲古为城郭射猎之民族，与蒙部逐水草迁徙者不同。故吉省人之生活，业狩猎者甚多。兹将其猎兽之法，分述于左，当亦采风问俗者所乐闻也。

（一）吉人呼熊为黑瞎子，以其睫狭而额毛蓊覆，故曰瞎子。大者为罴，小者为熊。熊轻跻而罴猛憨。拔树掷石，力倍于虎。至冬令，熊罴皆入蛰。罴多穴居，熊或藏空树中。气炎熏蒸，冰雪消融，俗称为坐洞。猎者悉其所在，投以木块，熊接入垫坐股下。再投再垫，逐渐增高。俟其顶与树口平，以斧力斫之。若投木块稍大，填塞洞口，乃从旁钻刺以毙之，颇不费力。否则虽弹丸洞胸，血流肠出，尚能掘泥土塞伤口，追击者致其命。故精于枪技者，独力不克胜之。

围猎聚餐，清郎士宁绘。

（二）虎性跳荡，喜居荒山丛薄中。吉人多讳言之，樵采者则直称之曰山神。昼伏夜动，猎者每于冬间伺雪中迹以为掩捕。因虎前行，必寻旧路归，猎者辄于路张机。其法横系一铜线，一端曳于引满之机关弓架入铳机，虎触之，弹发恰中其前胸。既负伤，辄奔越。乃按血迹追寻，恒倒毙在数里外。

猎者蓄狗，大者能搏虎豹，小者则为逐兽之用。每于黑夜中闻虎啸，则放小狗出，谓之送客。狗驱虎前行而吠，虎闻声辄奔扑，将及则旁匿于林。再驱，虎再奔，再匿。如是数回，虎去已远，其狗乃归，安息无患矣。

（三）麝，东人呼为獐，足高毛粗，形如初生之驹。从前无有猎取者。嗣高丽人来此，就丛莽间隙地架一长绳，中系绳圈。麝穿隙过，则颈乃套入焉。大抵野兽属何种类，辄有一定之行径，且往还多出一辙，故与遇必不能免。近今山民效高丽人弋猎，所获殊多。

（四）貂皮为吉林特产。捕貂者用钉碓法，于森林之中筑一碓房，四方钉碓四股，每股长周三十里，于大木下置活木滚棒（支架甚繁，笔难细述），俟貂过触而压毙。以寒露节为支碓期，至霜降后捕貂最多之时，谓之打响草。以貂好捕灰鼠，其时落叶满地，貂踏草有声，恐灰鼠惊遁，故跳身倒木而行，而不知即为压毙也。至大雪节后，则收拾老碓。因雪地无声，貂不登碓，且冰冻碓亦凝滞不灵，乃另组撵貂法。其时森木［林］中，每夜多降雪，貂昵夜出，挨搜树窍中以捕鼠，天明即伏树窍之内。捕者于清晨负一背兜，内插板斧，外带火具硫磺线、风扇等物，于雪中踏验夜间貂踪，必验明有入迹而无出迹者，先以树枝杜塞窍口，恐其出窜，再用烂木屑为火具，取硫磺线燃之生烟，以风扇扬烟入窍熏之。俟熏满，以土和雪将窍口严掩，使貂闷毙其中，然后以斧伐木取之出。近时业此者多用网兜，并蓄养猎犬，闻嗅定巢，较捷易矣，

宁古塔风俗杂谈

宁古塔不知何方舆，历代不知何所属，数千里外无寸碣可稽，无故老可问。相传当年曾有六人坐于阜，满呼六为宁公，坐为特，故曰宁公特。一讹为宁公台，再讹为宁古塔矣，固无台无塔也。惟一阜如陂陀，不足登。

天时北斗在北，较内地微高，月出较早，四时皆如冬。七月露冷而白如米汁，流露之数日即霜，霜则百卉皆萎。八月雪其常也，一雪地即冻，至来年三月方释。五、六月如中国内地二、三月，亦复有裸裎时，日昃则须入户矣。春多风，风烈常十余日，无出户者。入夏多雹，雹下则黍苗殒。

土地无疆界，无城郭。枕河而居，树短柴栅，环三里，辟四门，而命之曰城。中以碎石甃碑丈余，辟东西门，置茅屋数椽，而命之曰衙门，章京刑政地也。碑雨即圮，圮即甃。栅内即八旗所居，余人则散居诸屯。有数屯焉，随所居多寡而大小

之，无旧址，无定名。如曰牡丹者，满言一日往还也。曰沙儿虎，曰沙岭，曰泥浆，曰要罗，皆类斯。山川不甚恶，水则随地皆甘冽，或曰参所融也。随山可耕，官给人耕地四亩一行，如内地五亩，无赋税焉。地贵开荒，一岁锄之犹荒也，再岁则熟，三、四、五岁则腴，六七岁则弃之而别锄矣。有桥垛存而板灭，有城湮轨存而阈灭，有宫殿基础存而栋灭，有街衢址存而市灭，有寺石佛存而刹灭。俗之祀神者动曰鸟禄，岂鸟禄旧封邪？环东京皆腴地，流水残山，颇似江南荒野。四至百余里外，皆有大树林，曰大河稽、小河稽。千章之木，杀其皮以令之朽，万牛不能送，时令人发深叹焉。自鹦哥关凡一千八百里而始至，中惟三屯，一曰灰扒，一曰多洪，一曰株龙。多洪屯各庐屋不满十行，差卒换马之地，多山多水多虾荡。虾荡者，淖也，淖不可度，中有结草如珠，车马履之而渡，失足则陷而倾掀焉。冬则冰。

宫室象鸟兽而为巢，为营窟。木多材而无斧凿，即樵以架屋，贯以绳，覆以茅。列木为墙，而瑾以土。必向南，近阳也。户枢外而内不键，避风也。室必三炕，南曰主，西曰客，北曰奴。牛马鸡犬，与主伯亚旅共寝处一室焉。近则渐分别矣，渐障之成内外矣，渐有牖，可以临窗坐矣，渐有庑庐矣。有一小室焉，下树高栅曰楼子，以贮衣皮。无栅而隘者曰哈实，以贮豆黍。

树畜开辟来不见稻米一颗。有粟，有稗子，有铃铛麦，有大麦。稗则贵者食之，贱则粟耳。近亦有小麦，卒不多熟，面麦亦堪与小麦乱也。瓜茄菜豆，随所种而获，霜迟则皆登于俎矣。丝瓜扁豆较难熟，熟亦不能得子。有撇兰者，结实可斤余，其腴胜长安种。有小菱，有莲子，满人素不识。因游东京者往寻莲坡，土人遂撷之以市。有松子，有榛子。有酸梨大如栗，贮之木罂中令之烂，斯啜焉。有瓯子李，色赤而涩。有麋子尾，即猴头。有蘑菰，有黄菌，有山查子。

川有鱼，不网而刀。月明燎火，棹小舟，见鱼而揕之。有遮鲈者，大可百余斤，有骨而无刺，如内地之鲤，而其味更胜。他鱼亦随地有之。有刺姑焉，身如虾，两螯如蟹，大可盈寸，捣之成膏，清时宗庙祭祀必需之物，届期驰驿而进御。鸡豚鹅鸭，视所畜客至则操刀而割。豕堕地即充庖焉。

无所谓风俗也。既无土著人，谁为遗之？谁为流之乎？八旗非尽满人，率因其种以为风俗。华人则十八省无省无人，亦各因其地以为俗，故曰无所谓风俗也。姑亦就满，汉相沿之久，而言风俗也。不用银钱，有银则买仆妇田庐或用之。钱则他处来交易时，求作头耳之饰。至粟豆交易，或针或线或烟筒，大则布，裕如也。相见不揖，从者皆坐，坐以炕别。每有需则与之，无则拒之，不怼也。受所与必思有以酬之，相遇必歉歉自道。一酬即泰［奉］一脔，酬布帛所不计矣。

妇人多颜色。即贵人亦舄履而步于衢。一男子率数妇，多则以十计。生子或立或不立，惟其意也。其惮妇甚者倍于恒情，有弃妇者亦倍于恒情。结发老矣，曾无他嫌，男子偶有悦于东家女，女父母曰“必逐而妇归”，遂不动声色而逐之。即儿娶妇，女嫁婿，亦不敢牵衣而留。新妇入，儿女遂以事其母者事之。弃妇他日适后夫，过故夫庐而问新妇，相见无怍容、无怼言也。

八旗之居宁古塔者，多良而醇，率不轻与汉人交。见士大夫出，骑必下，行必让道。老不荷戈者，则拜而伏，过始起。道不拾遗物，物遗则拾之置于公，俟失者往认焉。马牛羊兔三日不归，则牒之公，或五六月之久尚能归。惟躏人田则责牧者，罚其值，虽章京家不免焉。

最重力仆健妇，尽一室人争奉之。若大家则择一人为庄头，司一屯之事，惟所指使。炕四时无断薪，薪在五十里外。五更饭牛，日暮乃返。采薪之仆，尤司一家之命，于群家更异数焉。

跳神，犹之乎祝先也，率女子为之。头带如兜鍪，腰系裙，累累带诸铜铁，摇曳之有声。口喃喃，鼓嘈嘈，以竿绾绸布片于炕，而缚一豕，以酒灌其耳与鬣。耳鬣动即吉，手刃之，取其肠胃，而手拚之，亦有吉凶兆。女子韵秀者，亦如歌舞状；老则厌，男子更厌矣。马神则牵马于庭中，以红绿布帛丝系其尾鬣，而喃喃以祝之。跳毕则召诸亲戚啖生肉，酌以米儿酒，尽醉饱，不许怀而出其户，曰神怒也。寻常庭中必有一竿，竿头系布片，曰祖先所凭依，动之如掘其墓。割豕而群鸟下啖其余脔，则喜曰“祖先豫”，不则愀然曰：“祖先恫矣！祸至矣！”

宁古塔无闲人，而女子为最。如糊窗则捶布以代纸，烧灯则削麻入麸糠以代膏，皆出女子之手。不碾而舂，舂无昼夜。一女子舂，不能供两男子食。稗之精者至五六舂。近有碾，间橐粟以就碾。舂余即汲霜雪，井溜如山，赤脚单衣，悲号于肩担者不可纪，皆汉人富贵家裔也，伤哉！

百里往还不裹粮，牛马不携粟草，随所投如旧主人焉。主人随所供不责报，亦无德色。

病不问医，无医安问？死则以敝船为椁，三日而火。章京则以红缎旌之，拨什库则以红布，再下则红纸。俗贱红而贵白，以为红乃送终具也。男子死则必有一妾殉，当殉者即于生前定之，不容辞、不容替也。当殉不哭，艳妆而坐于炕上，主妇率其下拜而享之。及时以弓弦扣环而殒。倘不肯殉，则群起而缢之死矣。

满人不知有佛，诵经则群伺而听，始笑之，近则渐习，而合掌以拱立矣。西达子则知有佛有经，能膜拜，大约与喇嘛教同，与西土异。不祀神，惟知有关帝。亦无庙，近乃作一土龛。

稗子贵人食之，下此皆食粟，曰粟有力也。不饮茶。

无陶器。有一瓷碗，如重宝，然群不贵，遂不足宝矣。凡器皆木为之。出高丽者精，复难得，大率出土人手。匕箸盆盂，比比皆具，大至桶瓮，亦自为之。有打糕，黄米为之，甚精。有饼饵，无定名，但可入口，即曰佳也。多洪有蜂蜜，贵家购之以佐食，下此不数数得。盐则取给于高丽，每十月大宗伯特遣一驿使者至宁古昂邦，檄一牛禄，督市盐者以行，给其仆马，至高丽之会同府。府去王城尚三十里，荒陋犹宁古也。其国亦遣一官受我使，交易盐及牛马布铁而还。凡五六十日而始竣事。闻其国亦以供应为苦，得盐乃高价以售。汉人惟退而自啖其炕头之酸齑水菜，将霜取而置之瓮，冰浸火烘，久而成浆，曰胜盐多多矣。

东山名商阳哈答，极高峻。此山最深远，向出参、貂，今则取尽矣。惟桑树最多，松子采之不尽。其东北一千八百里为非牙哈，总名乌稽，又名鱼皮。因其土人衣鱼皮、食鱼肉为生，故名。其人不知岁月，不知生辰，死以片锦裹尸下棺，以木架插于野，置棺木架上，俟棺木将朽乃入土。

凡各村庄，满人居者多，汉人居者少。凡出门，不赍路费，经过之处，随意止宿，人马俱供给。少陵所谓“马有青刍客有粟”也。如两人远出，年少者服事年长者。三人同行，最幼者服事；其稍长者亦公然坐而不动。

等辈彼此称呼曰阿哥，有呼名者。称年高者曰马发，朋友曰姑促，父曰阿马，母曰葛娘，大伯曰昂邦阿马，叔曰曷克赤，子曰济，女曰叉而汉济，甥曰济须即哈，夫曰喂根，妻曰叉而汉，男人曰哈哈，女人曰赫赫，兄曰阿烘，弟曰多。

流人间有逃妇者，人遇之亦不告，有追及者，讳云自返，亦不之罪。大率信义为重，路不拾遗，颇有古风。今则不能矣。

其人最善于描踪。人畜经过，视草地便知。能描至数十里。但一经雨，便失之矣。有草名乌拉，出近水处，细长温软。用以絮皮鞋内，虽行冰雪中足不知冷。皮鞋名乌拉。土谚云“宁古三样宝，人参貂皮乌拉草”。所产之物，俱异于他处。香瓜极香甜，夏日尽饱，无破腹之患。冬日食油腻及饮冷水亦然。故内地人到此者，无不服水土之患。其水人称为人参水。地极肥饶，五谷俱生，惟无稻米。四月初播种，八月内俱收获矣。农隙俱入山采樵，以牛车载归，足来岁终年之用乃止。雪深冰冻则不用车，用冰滑，或用扒犁，似车而无轮，仍驾牛，在冰地上行，速而且稳。暇则采松子，并取火绒。绒生于木瘿中，取之可盈掬。或开窑烧灰，或砍大树作器用。无瓦器，其盏、碟、盆、盎、澡盘之属，俱以独木为之。油用苏子油，似紫苏子。亦有麻油，稍贵。无烛，点糠灯。其制以麻梗为本，苏子油渣及小米糠拌匀，粘麻梗上晒干，长三四尺，横插木架上，风吹不息。不知养蜜蜂。有采松子者或采樵者，于古树中得蜂窠，其蜜无数。汉人教以煎熬之法，始有蜜有蜡。遇喜庆事，汉人自为蜡烛。满洲人亦效之，然无卖者。

大小人家皆做黄蓋汤，每饭用调羹，不用箸，调羹曰差非，又曰匙子。吃碗菜乃用箸，箸曰差不哈，碗曰么乐。出门者腰带必系小刀、匙子袋、火连袋、手帕等物。

房屋大小不等。木料极大，只一进，或三间五间，或有两厢俱用草盖。草名盖房草，极长细。有白泥，泥墙极光滑美观。墙厚数尺，然冬间寒气侵人，视之如霜。屋内南西北接烧三炕，炕上用芦席，席上铺大红毡。炕阔六尺，每一面长二丈五六尺。夜则横卧炕上，必并头而卧，即出外亦然。橱箱被褥之类，俱靠西北墙安放。有南窗西窗，门在南窗之旁。窗户俱从外闭，恐夜间虎来易于撞进。靠东边间以板壁，有南北二炕。有南窗者为内房，无椅杌，有炕桌，俱盘膝坐。客来俱坐南炕，内眷不避。

其俗无作揖打恭之礼。相见惟执手，送客垂手略曲腰。如久别乍晤，彼此相抱，复执手问安。如幼辈，两手抱其腰，长者用手抚其背而已。如以右手抚其额点头为拜。如跪而以手抚额点头，为行大礼。妇女辈相见，以执手为亲，拜亦偶耳。除夕，幼辈必往长者家辞岁叩首，受而不答。等辈伺叩。元旦，城门必严列旌旗弓矢以壮威武。家家必于半夜贺岁，如迟至午，便为不恭矣。满洲人家歌舞，名曰莽式，有男莽式、女莽式。两人相对而舞，旁人拍手而歌。每行于新岁或喜庆时，凡大小人家前庭，立木一根，以此为神。逢喜庆疾病则还愿。择大猪不与人争价，宰割列于其下，请善诵者名叉马，向之念诵。家主跪拜毕，用零星肠肉，悬于木竿头，将猪肉、头足、肝肠收拾极净，大肠以血灌满，一锅煮熟。请亲友列炕上，不用桌，铺设油单，一人一盘，自用小刀，片食不留，余不送人。如因病还愿，病不能愈，即将此木掷于郊外，以其不灵也。后再逢喜庆疾病，则另树一木。有跳神礼，每于春秋二时行之。半月前酿米儿酒，酿味极甜。磨粉做糕，糕有数种，皆略用油煎，必极其洁净。猪羊鸡鹅毕具。以当家妇为主，衣服外系裙，裙腰上团围系长铁铃百数，手执纸鼓敲之，其声镗镗然，口诵满语，腰摇铃响，以鼓接应。旁更有大皮鼓数面，随之敲和。必西向，西炕上设炕桌，罗列食物。上以线横牵，线上挂五色绸条，似乎祖先依其上也。自早至暮，日跳三次，凡满汉相识及妇女，必尽相邀。三日而止，以祭余相馈遗。清明扫墓，富贵者骑马乘车，贫贱者将祭品罗列炕桌上，女人戴于头上而行，虽行数里，不用手扶，而自不倾侧。即平日米粮箱笼，俱以头戴。有疾病，用草一把，悬于大门，名曰忌门。虽亲友探望，只立于门外，问安而去。

遇婚丧喜庆等事，无鼓乐，无男女傧相。订婚时父率子同媒往拜妇之父母。次日女之父亦同媒答拜。行聘名曰下茶。俱用高桌，上铺红毡，茶果、绸缎、布匹仍用盘放桌上，多至数十桌。贫富不等，羊酒必需。嫁时妆奁，如箱匣、镜台、被褥之类，亦置高桌上，两人扛之。娶亲用轿车，上挂红绿绸。妇入门，

满州人办丧事，清人绘。

满州人出殡，清人绘。

只拜公姑，无交拜礼，如汉人请亲戚扶新人行礼。

满洲人家喜筵宴客，饮至半酣时，妇女俱出进酒。以大碗满斟，跪于地奉劝，俟饮尽乃起。生子满月下摇车，如内地之摇篮。其制以筛板圈做两头，每头两孔，以长皮条穿孔内，外用彩画，并悬响铃之类，内垫薄板，悬于梁上，离地三四尺。用带缚定小儿，使不得动，哭则乳之，不已则摇之，口念“巴不力”，意即哄其睡也。丧事将入殓，其夕亲友俱集，名曰守夜，终夜不睡，丧家盛设相待，俟殓后方散。七七内必殡，火化而葬。棺盖尖而无底，内垫麻骨芦柴之类，仍用被褥，以便下火。父母之丧一季而除，以不剃头为重。

宁古塔地不计亩而计晌。晌者，尽一日所种之谓也，约当浙江田二亩。一夫种二十晌，晌收谷自一石至二石，以土之厚薄为等杀。谷凡十种，曰稗子，曰小麦，曰大麦，曰粟（小米也），曰秫（黏谷也，用以造酒），曰黍（大黄米也，作饧，亦可为酒），曰稷（糜子米也，宜酒，亦可为食），曰高粱（蜀黍也），曰荞麦，曰䵹麦（铃铛麦也），而以稗子为最，非富贵家不可得。

昔年行柳条边外者，率不裹粮，遇人居，直入其室，主者尽所有出享。或日暮，

乾隆皇帝在紫光阁赐宴图，清人绘。

让南炕宿客，而自卧西北炕。马则煮豆麦锉草饲之。客去不受一钱，他时过之，或以针线荷包赠。则又煮乳猪鹅鸡以尽［似当作“赆”］。盖是时俗固厚，而过客亦不若今日之多也。今则走山者以万计，踪迹诡秘，仓卒一饭或一宿，再宿必厚报之。

满洲有大宴会，主家男女，必更迭起舞。大率举一袖于额，反一袖于背，盘旋作势，曰莽势。中一人歌，众皆以“空齐”二字和之，谓之曰空齐，盖以此为寿也。每宴客，坐客南炕，主人先送烟，次献乳茶，名曰奶子茶。次注酒于爵，承以盘。客年差长，主人跪以一手进之，客受而饮不为礼，饮毕乃起。客年稍长于主，则亦跪而饮，饮毕，客坐，主乃起。客年小于主，则主立而酌客，客跪而饮，饮毕起而坐。与席少年欲酌同饮者，与主客献酬等。妇女出酌客亦然。是以不沾唇则已，沾唇则不可辞。盖妇女多跪而不起，非一爵可已。又客或惧醉而辞，则主不呼妇女出，出则万无不醉者矣。凡饮酒时不食，饮已乃设油布于前，名曰划单，即古之单也。进特牲，以解手刀割而食之。食已尽赐客奴。奴席地坐，叩头对主食不避。

俗尚齿，不序贵贱。呼年老者曰马法。马法者，汉言爷爷也。呼长者曰阿哥。新岁卑幼见尊长，必长跪叩首，尊长者坐而受之不为礼。首必四叩，至三则跪而昂首，若听命者然。尊长者以好语祝之，乃一叩而起，否则不起也。少者至老者家，虽贫必隅坐随行。出遇老者于途，必鞠躬垂首而问曰：“赛音。”赛因者，汉言好也。若乘马必下，俟老者过，老者命之乘，乃敢避而乘。宴会必子弟进食行酒，不以奴仆，客受之亦不酢。往来无内外，妻妾不相避。年长者之妻呼为嫂，少者之妻呼为婶子若弟妇。

婚姻择门第相当者。先求年老者为媒，将允，则男之母径至女家视其女，与之簪珥布帛。女家无他辞，男之父乃率其子至女之姻戚家叩头。姻戚家亦无他辞，乃率其子姓群至女家叩头。《金志》所谓男下女礼也。女家受而不辞，辞则犹未允也。既允之后，然后下茶，请筵席，此男家事也，女家惟赔送耳。结婚多在十岁内，过期则以为晚。上元夜，好事者辄扮秧歌。秧歌者，以童子扮三四妇女，又三四人扮参军，各持刀尺许，两圆木戛击相对舞。而扮一持伞灯卖膏药者前道，旁以锣鼓和之。舞毕乃歌，歌毕更舞，达旦乃已。

十六日，满洲妇女群步平沙，曰走百病。或连袂打滚，曰脱晦气。入夜尤多。

正、二月内，有女之家多架木打秋千，曰打油千。

岁除必贴红纸春联，联贵四六，岁易新句，或与旧稍同则不乐。

十月人皆背鹰走狗，逐捕禽兽，名打围。按定旗分，不拘平原山谷，圈点一处，名曰围场。无论人数多寡，必分两翼，由远而近，渐次相逼，名曰合围，或曰一合再合。所得禽兽，必饷亲友。

满人有病必跳神，亦有无病而跳神者。富贵家或月一跳，或季一跳，至岁终则无有弗跳者。未跳之先，树丈余细木于墙院南隅，置斗其上，谓之曰竿。祭时着肉斗中，必有鸦来啄食之，谓为神享。跳神者或用女巫，或以家妇。以铃系臀后，摇之作声，而手击鼓。鼓以单牛皮冒铁圈，有环数枚在柄，且击且摇，其声索索然，而口致颂祷之词，词不可辨。祷毕，跳跃旋转，有老虎、回回诸名色。供祭者猪肉及飞石黑

满州人秋郊大猎图（局部），清人绘。

阿峰，飞石黑阿峰者，粘谷米糕也，色黄如玉，质腻，掺以豆粉，蘸以蜜。跳毕，以此遍馈邻里亲族，而肉则拉人于家食之，以尽为度，不尽以为不祥。

宁古塔烧酒曰汤子酒，斤银四分；黄酒，斤银三分。烧酒家为之，惟黄酒多沽饮。

宁古塔船有两种。小者曰威弧，独木锐首尾，可受三四人。大者曰五板船，三舱合五板为之，合处不用灰麻，钉以木，水渍则以青苔塞之，可受十余人。常责一人执青苔以俟，不遑他顾，他顾则水入船矣。桨长数尺，两头若柳叶而圆其中，人执之，左右棹若飞。五板船，富者乃有之。威弧随处皆有，冬则以为马槽。

宁古塔薪不须买，昔年门外即是，今且在五十里外。必三四鼓蓐食往，健者日致两车，弱者致一车。俗以伐木为第一劳苦事。每年冰雪中运一年之薪积于舍南，若出二三月冻开，不可运矣（冬间合抱之木，一二斧即剖，十余斧即断，他时则否）。富者奴任之，贫者子若孙任之，或无子孙，则雇倩人。间有卖者，大率二钱一车。冬春所烧皆湿木，然入炕即爇，夏秋则不干不爇矣。

童子相戏，多剔獐狍麋鹿前骹前骨，以锡灌其窍，名噶什哈。或三或五堆地上，击之中者尽取所堆，不中者与堆者一枚。多者千，少者十百，各盛于囊。岁时闲暇，虽壮者亦为之。

凡卧，头临炕边脚抵窗，无论男女尊卑皆并头。如足向人，则谓之不敬。惟妾则横卧其主脚后，否则贱如奴隶亦忌之。头不近窗者，天寒，窗际冰霜，晓且盈寸，近窗衾裯，亦为寒气所逼，每不干。乃知头临炕边，亦不得已。近日炕皆外高内低，觉更便；但不甚阔，人稍长更须斜卧，而绝无增广之者。

满洲人见人以鞠躬为礼，别久相见则相抱。近以抱不雅驯，相见与别但执手。年长则垂首引之，少者仰手迎焉，平等则立掌平执。

双城跳神之陋俗

吉林双城人民有一种习惯，即妇女之跳大神是也。习俗相沿，由来已久，人民极其信仰，尤以妇女为最甚，乡间为最多。操是术者，分文武两派。文派者，多系老妪为之，于深夜之际，闭目端坐，须臾之间，浑身乱抖，谓神即附体，信口歌唱，丑态百出。武派者，以青年妇女为最多，于夜静更深，腰悬铜铃一串，争击单面鼓，满屋跳跃，信口高歌。所附之神不一，如济颠僧、杨二郎、猪八戒等名目。间有中年男子，亦系武派者，能当场吞铁钉若干，能喝煤油数斤，若疯若狂，亦不知何所取义。人民即啧啧称美，谓其功夫已到，修炼已深。可笑极矣！城东二屯有王姓妇，年仅二十余岁，于严寒之际，在院内脱去身上衣服，露出胸膊，用铁链将肩窝穿透。

练之两端，悬挂铡刀四口，名曰挂甲。虽鲜血淋漓，毫无痛楚之色。诚陋俗也！

黑斤济勒弥之生活

黑斤费雅喀济勒弥人，在今日吉林省东北边。自依兰以东，如桦富临绥等属，皆有其踪迹（据十年前调查，桦富临绥四属，男女凡七千余人），但血统多已混和。沿河渔鱼者，辄混称为鱼皮鞑子。其傍山林以居之猎人，则称之为打牲人，或混称为打牲索仑。第以职业区别而已。

混同江下游东北海口，有大鱼，长一二丈，大数围，头有孔，行如江豚之涉波，孔中喷水高一二丈，訇然有声闻数里。黑斤济勒弥诸人，通呼为麻特哈，谓此鱼奉海神命送鱼入江，以裕我民食者。是间土人皆不知岁月，特以江蛾为捕鱼徵候。每于江面花蛾变白时（约五月），麻特哈送乌互路鱼入江；及青蛾初起（六月至七月望前），送西里性鱼入江；至江面小青蛾再飞起（八月），送答抹哈鱼入江。皆至特林河口而返。其驱鱼进口也，每三四为群，各去里许，逆流而上，掀波喷浪，势甚汹涌。而乌互路等鱼，则率群前行，若不敢稍止者，日可行三四百里。此三项鱼到时，济勒弥及黑斤人等，则于江边水深数尺处，多置木桩，长二三丈，或四五丈，亦有作方罫形，独虚沿江一面者，名曰闷杠，于水平线下，又系以袋网，须日乘小舟取之。每一闷杠可得鱼数千斤。又或以围网，或以撒网，一举可得数百斤，数十斤。载回小舟，举家各持小刀，临流割之。鱼分四片，穿以柳条，

驾轻捷桦皮船的赫哲人，选自《皇清职贡图》。

支架藏之，作御冬之旨蓄。至麻特哈巨鱼，初济勒弥等人以为海神之使者，故不敢捕取。后见俄人设法竞取，土人亦从而效之。每江中风浪大作，辄扬帆持叉遥掷之。叉尾系长绳，俟鱼力既惫，乃牵至江岸，或售或食，仍不敢携入室中，恐为祟也。若乘威呼持叉取鱼，则以剃发黑斤为最。当波浪平静时，江面认取鱼行水纹，抛叉取之，百无一失。其威呼不用木而用桦树皮，长丈余，宽约二尺，首尾胥窄，才容一人，其快如风。江中鱼类如鲂鳣鲽鲤，土人多生食之。

答抹哈鱼产于江中，长成于海，复回江河而死，故有往来生死之谚，其寿命只一年。每当暮春，江河冰解，小鱼即乘流冰入海，得咸淡混水，长大甚速。立秋后，辄又不食，逆流而上。母鱼追啮雄鱼之尾，俗称咬送。昼夜追接，惟值江中滩石，则泳游不去，俗称巡场。渔者于此恒多获焉。临江县之黑斤人专以斯鱼为衣食，鱼肉充饥，鱼皮染绘作衣，黑斤人故又名鱼皮韃子。是种人不知岁月，盖以来鱼一度为一岁焉。

黑龙江

黑龙江风俗琐记

江省木植极贱，而风力高劲，匠人制屋，先列柱木，入土三分之一，上覆以草，加泥涂之，四壁皆筑以土，东西多开牖以延日，冬暖夏凉，视瓦椽为佳。近年多以瓦为美观，仰而不覆，以水灰嵌合之，否则大风扬去。官廨外无厅堂，或三间四间，俱为房。环三面土炕，燃薪其中以御寒湿，入夏亦然。初时男妇杂坐卧，不相回避，即外来托宿者，亦与共之。嗣奉例禁，其俗始革。而市集稍远处，犹仍陋俗。外垣多无门，夜以大木纵横立之，早起平置地上。近如齐齐哈尔、呼兰诸城仕宦之家，则仿佛内地，高阀厚墙，别设厅事延宾客矣。

江省入冬以后，窗皆高丽坚纸蒙蔽无隙，轨上厚冰寸许，视如积雪。盖屋中之火，与庭中之雪，相薄而成，至次年三月始消。北墙尺许厚，亦然。每雪落地，则散粒如沙，往来徒步，踏之有声，而不滑足。其下坚冻二三尺不等，经春间东风迅起，渐化为水，市中至泥深没马，月余乃平。入伏后，小热数日，然即晚辄凉，当身必须夹衣。冬坐室内，环以火炉，著羊裘，亦不畏寒。一出至庭，则肌骨为悚，须眉皆冰。土人著皮帽，蒙首至颈，仅留目孔出视云。

冬雪外出，耳轮辄以皮囊之，否则冻欲死。然以雪沃之，则回暖如旧，不觉其痛。盖寒气类引而出，反则闭之益甚，谚所谓关门杀贼也。

江省风俗素朴，嗜酒之外，饮馔极菲。然性颛愚，不知计算。又习于游惰，稍近劳力之役，辄避不前。每三五成群酣饮市肆，一日未终，罄诸所有而后已，不知积蓄以贻家也。醉则随路倒卧，亦无人过问之。

新正各业停市，往来相贺，与内地同俗。爆竹之声，年尾年首，亦时盈于耳。惟十五元夕，户以上年积残油蜡聚铁镬中，悬门首燃之，至天明而罢。烟炎涨天，气又恶劣，不知取义云何。

巫风盛行，家有病者，不知医药之事，辄招巫入室诵经。装束如方士状，以鼓随之，应声跳舞，云病由某祟，飞镜驱之，向病身按摩数次遂愈。或延喇嘛治之，亦大同小异。寺观无僧道，行脚者亦鲜，惟呼兰三城，间一遇焉。

俗有丧，树木杆于庭，上挂长幡，以示远近。起芦屋，置柩其中，或数日，或十数日，舁之郊外。亲属服粗白布，无麻，赴吊者亦白冠。初多火葬，或近水置之，随江涨而没。嗣山东回民贩牛至者，辄数代依倚不去，于附城小阜，营域树碑，土著乃渐效。然青鸟方术，五行家言，均不之问也。

旗民不重茶饮，客至则口吸袋烟，手捧以进。或久生［疑当作“坐”］勺，饷白水一盂。市肆商主，则煮茶进客。以故茶贩甚少。

土人著履曰乌拉，制与靴同，而底软，连帮而成。或牛皮，或鹿皮厂缝纫极密。走荆棘泥淖中，不损不湿，且耐冻耐久。市有专肆，力食者入冬皆倚赖之，价亦不昂。各城妇女皆满洲装束，即垦民亦习而从之。

江省牲畜，遍放于野，不以豆料麦肩饲之。至秋后，畜于家厩，则喂以羊草。长尺许，色青而润，经冬不变，郊外随地皆有，四月即生，七八月将枯时，土人争往刈割，堆平屋顶上，约可供牲畜冬春之需。

市酒多自呼兰贩运，味薄同内省米酒，不及奉天牛庄之佳，然同一高粱所酿也。饮者既多，酿者亦遂贵多，市情自然之理。又有黄酒，以糜经宿成之，其甘如醴，以供祀神，余则饷客。

江省牲畜，以牛为多，诸部落初时以为常食，名曰乳牛，又曰菜牛。土人往来运载，多以牛车，轮极笨重，上露无棚，妇女亦乘之过市。又有耙犁，似露车，座低傍轮，前有轭而高，以牛驾之，入冬走冰上如飞，且可施帷幪衾裯御寒焉。

江省鹿类最繁，狍麂为用尤多。呼伦贝尔、布特哈、兴安各城诸部落，每以狍皮置为囊，野处露宿，全身入囊，不畏风雪。麂皮则为衣裈之用，入市出售，印以花纹，极软温耐久。狍麂诸肉，市亦有供食，混与兔相类，腊之颇佳。鹿则茸角为上，而鹿胎为膏，则妇科佳药，鹿尾亦称佳肴。全鹿一只，可值京钱二三十千。以之煎胶成块，利益甚厚焉。

江省无成树花木，西洋菊之类，间一见之。又有以洋菊种入盆者，黄红相间，点缀几席间。树则杨、榆两种，随在多有，清明后始见青芽，原草亦然，八月亦渐枯矣。各城山内，桦树为多，其皮坚致光泽，可为冠履、器具、庐帐、舟渡，而省城不多见焉。药品如赤白芍、防风、黄芩、甘草、车前、五味子、薄荷、黄精、黄连皆有之。药肆中人，随采以归，无人取而供买者。蔬菜入夏始多，如韭菜、菠菜、芜菁、萝卜、土瓜之类。至秋末，则惟黄芽白一种，土人以盐水浸之，贮瓮中，留供冬春之需，谓之酸菜，调羹颇佳。或以芜菁、萝卜两种入窖，随时取食。市肉牛羊为多，豕肉则汉人食之。

娶妇之家彩绸红毡，丧家搭棚所需席片，及盘碗灯笼诸物，无问官兵，皆值月铺户供应。

棉花非土产，布来自奉天，皆南货。亦有贩京货者，毛蓝、足青等布是已，然皆呼为京靛。而江南来者，号抽机布。俗谓一布为小匹，二布为大匹。制一衫，小匹不足，大匹有余，布之尺寸可知。

城内外门前揭笊篱者，旅店也。外来投宿，例报番子房；土人则否。

《盛京通志》称土俗云：行者不赍粮，而鸡黍之谊必笃，父兄对宾客，子弟侍立，执杯杓必恭，今黑龙江一带，过客到门，必留酒食，肴不过猪肉鸡卵，而以双上为礼，如鸡卵二盘，猪肉亦二盘也。酒则子弟执壶侍侧，不尽不去，果如志所云。他城虽不逮，仿佛似之。

满洲宴客，旧尚手把肉，或全羊。近日沾染汉习，亦盛设肴馔。然其款式不若内地，味亦迥别，庖人之艺不精也。所谓手把肉，持刀自割而食也。故土人割肉不得法者，有“屯老老”之诮。

土人过节，上元汤圆，端阳角黍，中秋月饼，家自为之，亦有粥者。惟二月二日太阳糕，九月九日花糕，不见食之者。此与都下少异。

土人以黄米造酒，谓之黄酒。又有名秋酒者，关以东处处卖之。达呼尔以牛马乳造酒，谓之阿尔占，汉名奶子酒。

土人熬饮黑茶，入烛油炒米以当饭。黑茶，满洲语噶喇钗也。茶叶来自奉天，一包谓之一封，又称一个。性不寒，能消肥腻，塞上争重之。亦有瀹香片大叶等茶，啜以盖碗者，满洲汉军数家外，晋商为多。

索伦达呼尔，以狍头为帽，双耳挺然，披狍服，黄毳蒙茸。少见多怪者诧之；然亦穷苦者装饰如此。

商贩春秋毡帽，夏草帽，惟晋商帽皆有缨，夏必戴雨缨。在呼伦贝尔者不然，居近蒙古也。

土人以褡裢布制袍，或用茧绸。色尚蓝，灰酱次之。其缺襟亦有服绸缎者，十仅二三，则其得之不易可知。有衣名哈尔玛儿者，狍鹿等皮之毛落而鞟存者也，服之作苦，最耐磨涅。

夏日妇女多跣足，或划袜行。然野花满鬓，老少无分，故有修头不修脚之谚。

齐齐哈尔人家，门皆高大，可通车。院皆宽敞，可容牛马。屋不过三层，间造重门，设照壁。然墙多及肩，行路窥见堂奥。若墨尔根等处，则几于折柳而樊矣。

草屋南向者三楹，或五楹，皆以中为堂，屋西为上屋。乡居者率称西面为德尔吉，译言上也，盖尚右之意。

草屋一苫，可二十年，土屋须岁岁报墁。土屋谓之平房，列肆者多，居家者少。至以瓦为之，不过佛殿数楹，非仅陶瓦难得也，御寒不如草舍，故人家不用。

屋脊置木压草，以防风摄，谓之马鞍。亦有以砖代者，不多见。

柱埋于地，露二尺许，造屋其上，贮不耐潮湿之物，望之如水榭者，曰楼房。仓库类然。人家亦有。然大风有倾欹之患，故亦不多。

墙有土筑者，垡甓者，泥堆者。垡甓最耐久。垡者，野甸泥块土草结成，坚如砖。齐齐哈尔外城垒此。又有拉哈墙，纵横架木，拧草束密柱横架上，表里涂以薄泥，而占地不大，隔室宇宜之。

窗自外糊，用高丽纸，纸上盬睡水，入苏油喷之，借以御雨。冬月盈窗棂间，层霜内积如树介，稍暖则化点滴如雨。

屋内三面，皆炕绕之，室自暖。不然，虽煨红炉，寒气不散。地下四时坚冻，即三伏，炕必一两日一烧，否则腰膂间易致疾，疾甚须以热炕烙之。

寒贱者两家蹴居一室，仅以各炕为畛域。客来仍许借宿。无问城乡，类如此。

久烧之炕，洞中积有煤炱，往往随烟出筒，延烧庐舍。故炕必一岁一掏，谨修之，方无患。

屋侧烟筒，过檐数尺砖者，望之如堵，一家不啻五六座。亦有土木为之者，卑陋不耐风雨。

烟筒出火曰煤子，疾撒盐一握，或投猪矢于筒，而密堵灶门，其火自熄。

达呼尔屋脊插一小帜，院中树高竿无斗，而缚草一束，与满洲家索摩小异。

满洲汉军及流人家，亦立天灯。然平时点者少。正月点者，十室而九。

满洲汉军女既聘，婿先行叩头礼，然后送簪珥衣服，富者或致羊豕鹅酒，谓之过礼。娶之夜，婿家黄纸朱书“麒麟在此”四字，贴门上。女乘采帷车，前悬筛箩及镜，沿路放爆竹，鼓乐导之。明日设席待亲族，贺者至，饭酒三杯辄去，择日更设席谢之。

达呼尔巴尔呼，以牛马为聘礼，多多益善。礼不备，女不容娶。然婿既得喝喇礼发密礼，许来往女家，与婿同寝处，称夫妇。故有聘逾数载，乃能备礼迎娶者，往往子女成行，随母入门。而翁姑受拜，仍以新妇称之。喝喇礼发密，译言执手。

满洲汉军，皆与蒙古通婚姻，然娶蒙古者多。达呼尔巴尔呼自相婚姻。与蒙古通营站官屯，则满洲汉军娶其女者有之。

土人婚娶，无附远厚别之义。惟汉军果氏，以为系出满洲瓜尔佳，与瓜尔佳氏世不结亲。此外无别，豪族尤甚。

人死三日，既薄暮，其子以纸囊盛纸钱，负入土地祠，即神前曳囊三匝，觉重，曰亡者收去，出而焚之，谓之褡裢。

丧家门内树高竿，揭幡，舁棕用杠，以旗扇舆马为执事，皆与都下略同。然富者为亡人焚裘帽，一火尝抵千百金，较从前焚舆马，侈僭之甚。

人死焚尸而瘗曰熟葬，老人闻［疑当作“间”］有免者，然亦满洲汉军数家。熟葬之法，舁棺至郊野，置柴上，请师举火，火炽尸起，挺而扑之。须臾肉尽骨仅存，然后拾置所谓净匣中，而瘗之土，然师之业苟不精，骨亦易为灰烬。此势家之所以严择师也。

呼伦贝尔布特哈人死，挂树上，恣乌鸢食，以肉尽为升天。世有鸟葬树葬之说，即此俗。

流人死，苟且棺敛城外，往往受狼犬之累。掩骼埋胔之令，惜无行者。而发冢一事，亦时有之。

土无片石，凡葬处，亦有植树，间立碑碣。石皆来自奉天，质粗易泐。

满洲家立索摩竿，春秋二仲行还愿、跳神、背灯、换索诸礼，与都下无异。汉军旧家祭先，有烧香礼，亦春秋举行。余关帝、马神诸祀，满洲汉军，按期举行，尤诚敬。

库雅喇满洲以犬祭，未闻用牛。近则讳犬，而诡言用豕。不知犬曰羹献，古礼以之荐家庙，何讳为？

达呼尔家，尔子兄弟如干人，其西壁草人亦如干，微具眉目，囊具半身。死，去之；生，增之。岁时祭祀，所谓祖宗也。巴尔呼亦然。其祖宗最忌动摇，触之主人必病，病则祭以肉，举家分肥。故下户狡狯者，馋则阴撼壁上囊。可笑也。

满洲清明墓祭，新坟插佛朵，旧坟插柳枝，皆示人有后意。佛朵之式，粘五色纸条如幡，汉名佛花，都下亦用。

水读为髓，柴读为财，土音也。元旦担水抱柴，扣门户问之，答曰送则入之，而置其水其柴釜灶中，大喊曰：“添财添财”。家家如是。

上元城中张灯五夜，村落妇女来观剧者，车声彻夜不绝。有镂五六尺冰为寿星灯者，中燃双炬，望之如水晶人。此为难得。

四、五月，青草初生，载酒牵羊，饮宴于江边林下，号曰耍青。

除夕，人家门外烧马，通店肆门外烧炭，盖都下柏叶驱岁之意。向来爆竹极少，近则通市轰然。亦有销金门神、五彩画幅之类。

俄伦春俗重鲜食，射生为业。然得一兽即还家，使妇取之，不贪多，亦不以负戴自苦。孛伦达呼尔旧亦然，近日渐知树艺，辟地日多。呼伦贝尔依然畜牧为生，富在牛马，力田者寥寥也。

俄伦春妇临产，夫为搭棚寮数里外，送妇居之。既生儿，乃迎归。

达呼尔病，必曰祖宗见怪，召萨玛跳神禳之。萨玛，巫觋也。其跳神法，萨玛击太平鼓作歌，病者亲族和之，词不甚了了，尾声似曰"耶格耶"。无分昼夜，声彻四邻。萨玛曰"祖宗要马"，则杀马以祭；要牛，则椎牛以祭。至于骊黄牝牡，一惟其命。往往有杀无算，而病人死、家亦败者。然续有人病，无牛马，犹杀山羊以祭。萨玛之令，终不敢违。

伊彻满洲病，亦请萨玛跳神，而请札林一人为之相。札林，唱神歌者也。祭以羊，腥用鲤。萨玛降神，亦击鼓，神来则萨玛无本色。如老虎神来狰狞，妈妈神来噢咻，姑娘神来腼腆，各因所凭而肖之。然后札林跽陈新神救命意，萨玛则啜羊血嚼鲤，执刀枪白梃，即病者腹上，指画而默诵之，病可小愈，然不能必其不死。

小儿病，其母黎明以杓击门，大呼儿名曰博德珠。如是七言，数日病辄愈，谓之叫魂。处处有之。博德珠，家来之谓。

喇嘛有跑凳术。人家失物，喇嘛以绳击板凳，挽而咒之，自行如飞。止某家，曰盗也，搜之。无获，则又咒凳，又自行。尝止数家，失物卒无迹，而数家倾筐侧篋，所失转多。然不过乡愚受其惑也。

边俗不甚别男女，出则同川而浴，居则短垣可逾。一二守礼者，往往为荡子所指目，百计刿鹏，务即败行乃已。倡妓之辈，其始流人贱户迫于冻馁为之，近则土人亦渐不失［疑当作"知"］自惜。狂夫引邪入室，公然与母妻杂坐。良家妇女，率好冶容艳饰，出入丛祠闹市间，甚至恣为狎媟，不可问也。

俗呼蟋蟀曰趋趋，络纬曰聒聒，螳娘曰刀螂，蚓曰曲蟺，萤曰火虫，蜣螂曰矢壳螂，蜻蜓曰玛螂，阜螽曰蚂蚱，蜘蛛曰蛛蛛，皆与内地无异。惟夏秋不闻虫［疑当作"蝉"］声，土人亦不识蝉为何物也。

鄂伦春族之生活状况

一 职 业

鄂伦春族之人，以射猎为业，其射猎之目的物为野鸡，为飞龙，为沙鸡，为树鸡，为狍，为鹿，为野猪，为熊，为狐，为狼，为虎，为水獭，为豹，为灰鼠等。常猎之兽，则狍、鹿、狐、灰鼠四种也。

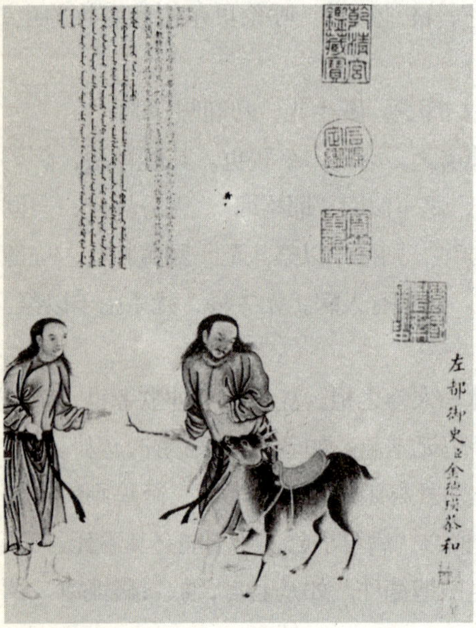

鄂伦春人，选自《皇清职贡图》。

鄂伦春狍皮服装

二 衣 服

鄂伦春族之人，以狍皮为衣服。皮有大毛、青毛、红毛之分。冬着大毛皮袄，春、秋着青毛皮袄，夏着红毛皮袄。鞋则夏穿布筒皮底（底用狍腿皮制成），冬、春、秋三季，则穿皮筒皮底（筒亦用狍腿制成）。帽以狍头皮制成，夏以白布缠头代之。

三 饮 食

鄂伦春族以狍肉为主食品，米面为副食品。米、面、酒、油、盐、布、枪弹等物，由谙达供给之。鄂伦春族之人则以其猎得之狍皮及肉、灰鼠皮、鹿茸、狐皮等物品，以偿谙达之值。

四 居 住

鄂伦春族之住屋，名曰撮罗子。斜搭木为架，上尖狭，下圆阔。夏季，富人外围以布，贫人外围以苇或草。冬季，富人表里都用皮围，贫人在苇或草之外面敷以雪。春、秋季，富人围小毛或狍腿皮，贫人与夏季同。顶上开直径尺余之孔，里面掘地设圆形或长方形之火坑。长方形者长约三尺左右，宽二十一尺左右，内烧以柴，三面铺草，上面铺皮褥为卧处。北面卧处上方，挂皮袋数个，袋中盛八拉罕（神之

鄂伦春人所用的桦树皮器具

意）二三个不等，必待有高贵之客来，方让于此处坐、此处卧也。住所迁移无定，逐鸟兽而居，大都在有山有河之处。此处鸟兽猎尽，即迁移他处。冬季多住于山之阳，夏季多住于河之滨也。

五 器 具

鄂伦春族放置食物之器具，概用皮制成，有方者，有圆者。放置衣物，亦以鞋皮制成之箱子、圆盒子等盛之。上面或有刻以花纹者，颇精致，概出于妇人之手所制成也。

鄂伦春族之风俗习惯

一 婚 嫁

鄂伦春族定婚时，由媒人说洽妥，婿即至岳家，为岳父母及岳家长者叩首。归来后，始将礼物送去。礼物为马两匹，或多至五六匹，野猪一两头，酒四五十斤。

结婚时，新郎及父母再烦数人携酒肉等，一同往岳家迎亲。归来后，新郎为岳家送亲人叩首，新娘拜见翁姑，戚友携钱衣等物来贺，饮宴后始散去。

鄂伦春人的一支——库野人，选自《皇清职贡图》。

二 丧 葬

鄂伦春族人死，即为易衣，放在撮罗子外面地上，通知同族及戚友，哭泣以志哀，焚化纸钱。然后用靰皮将尸体裹起，择日舁出，架于树上。待皮肉腐烂，骨坠下，然后拾起埋之土中也。

三 祭 祀

鄂伦春族父母故去后，雇画工画一幅二尺见方之像，卷起盛于桦皮筒内，供在撮罗子后方桦树上。自制木质皮质之小神像，名曰八伯罕者，盛于皮袋内，挂于撮罗子内之一面。每逢月朔月望以及令节，焚香祭祀。大祭时用野猪、狍鹿、野鸡等，宰死剥皮，供神前。焚香叩头毕，散去，煮熟，再祭。毕，撤而食之，当日食尽。

四 交 际

鄂伦春族遇族戚友有婚事，携钱衣等物往贺；有丧事，携纸与钱往吊。戚友间互相访问，亦时以猎得物相赠遗。与汉人交际，亦赠遗此等物；汉人则别以酒布之属酬报之也。

山东

济南采风记

济南士好经术，城乡绅家，罔不课读；即农夫胥役，亦送子弟受读。学校如云，名里相望。《曾南丰类稿》云：齐为文学之国。又谓齐鲁文学，皆天性者。信然。

缙绅之家，不权子母，以夺民利，其有竞刀锥以兼贫寡者，皆羞为之，故多贫。居常亦罕与仕宦往来，请托夤缘之习，殆不可见。至深山之民，有老死不识衣冠者，其守分可知矣。

历下之民，最乐输将，不俟催科，自然云集。乡民力田者多，贫者樵采佣工，间有贸易，然不远出。东三府则有远去其乡者，殆以滨海之民，往往思动邪？

郡属之民，畏见官长，故健讼者少。妇女尤兢兢以登公堂为耻，即有官事牵及者，辄百计求豁免。故城乡妇女，节烈者多。

乡间妇女，最勤纺织，七八龄女子即优为之。男子冬月无事，抱儿负暄，使妇得不旷织。故布帛之利，不减吴中。

省垣商贾杂居，稍稍奢靡。优伶倡妓，游食颇多。然皆非土人，未足为大邦累也。

郡有湖山之胜，距东南数省，亦复不远，凡宦游于此者，每多侨寓不归，久遂入籍。俗谚有惯发客籍之说，亦非无因。人既杂居，风气遂兼南北。闾阎比户，衡宇相望，月夕风晨，一游街市，富庶景象，实有可观。

婚礼不事繁文。议既成，以亲友为冰人，用柬帖粘红笺，男家书“伏希金诺”，女家书“谨遵台命”，不书年庚。此外则书吉祥等字，以满纸为上，余从皆省。婚议既成，男女家或有事故，或为期尚早，则先用红单书写，命仆从传送，谓之传小柬。

齐俗本不亲迎，间亦有行之者。莱属之诸城，则守礼不衰，竟有不亲迎则不得为妻者。及期，男家用处女二人，俟彩舆登堂，艳妆先出，一执粉盂，一执脂盒，在新人面上作擦摩之势，谓之添胭粉。

新人出彩舆，必从马鞍过，以作厌胜之术。外用一火盆，烧兽炭，俟交拜时，用火酒数瓯浇于火上，以取将来家业兴旺如火也。两新人既入洞房，仆人即用新砖裱以红纸，置大门上。此俗不惟省垣有之，盖风行齐鲁间焉。相传明太祖微时夜行，遇新娶者，煞神随之，太祖尾之入，以砖置其门。次日，有问日者："昨何故与煞神犯？"日者谓明知之，然是晚有紫微入度相救，故敢用之。流俗相传，至今勿替，不知其语之所自来也。

入房坐床之后，例吃子孙饽饽。先是男家纳吉之日，用荤素菜果盒面一盘，上加枣、栗、绒花、鬏髻等件，谓之油头粉面，送之女家。多少称家之有无，谓之合礼。此礼最重，虽极贫者，亦不可少。女家收其素者，而半收其荤者。先期一日，用面包素者，作水角子，以为新人坐床吃子孙饽饽之用。荤者留俟三日，款待新婿。坐床后，女家随送面丝斤许，肉合子数板，稀饭一罐来。盖齐俗三日内新人不食男家之物。次早，女家又送面丝来，谓之抬头面。此后则不复馈送矣。

新人入门后，凡贺客登堂者，皆不令见。入夜，母送其子入房，亲友概不得入，故无南省闹房恶习。此风最佳。

数日后，仆挟红氍毹，新郎具衣冠，往拜各亲友之门。见者甚少，见则叩无算。此风亦遍通省焉。

女若归宁，与婿相遇于家，不令同房。济宁一带，虽生子，在母家并不与婿相见，其严有如此者。赘婿之说，亦惟侨寄者间有之，土著家则决无其事。

既生子，婿家用鸡子染红，先报喜于母家，其多寡亦称家有无。戚谊中惟此最重，数世后犹相亲热往来。若姑姨中表，则不能如此。登莱之间，竟有终世不相往来者。

生日从无肆筵受贺之举。凡登仕版者，在他乡则举行，回籍后，从无收受礼物，亲友亦无登堂拜祝者。

小儿出痘七八日后，亲友送以烧饼油果，谓之结痞瘩，盖取结痂之意。出痘家用寸许宽四五寸长红布，挂于门首，谓之挑红。近亦盛行种痘及种牛痘者。

丧礼颇近古。初弥留之际，即著内外裳衣。始死，孝子披发至院心，呼其亲而号曰"上西南"，谓之指路。三声后，擗踊大痛。盖从古人升屋而号之礼，而少变其仪者。哭踊毕，用瓦罐盛米汁赴土神庙，呼其亲而遍洒之，谓之送汤。三日后止。

赴告与各省同。赴告后，吊客络绎至，十余日方止；绅衿家有月余方止者。七七之说，不甚经意。从无诵经之事。

丧期既择定，复告期于亲友，请其临丧。及期，用红笺书亲友名号，榜于壁，谓之挂榜。凡有执事者，咸列焉。

开吊日，客至灵前，长号三声，谓之举哀。省垣近染官场习，此礼遂灭；各郡尚遵行不替。若客来，孝眷咸举哀，女客犹随同举哀如故焉。

狮子大会，民国年画。

殡期至，亲及最契之友送狮豹。狮豹者，用花毯作身，木作首尾，一人裹于其中。开吊时列于大门左右，及启灵，狮豹先入于灵前舞蹈。丧家先备制钱一千或两千，置于灵几。舞蹈毕，卧于旁，从腹中出小狮讨喜钱，即搜几前钱而去。间有用数人，假戏场衣冠，于狮豹舞毕，演戏一折，然后启灵。此等乡间皆亲友为之，城市有用贫人者。

发引仪制亦同于他省。亲友著素衣冠送，乡间丁少之家，请送者或十余人，或数十人，皆白衣冠相送，以壮观瞻。此则失于太过，近则已不行矣。

丧服以东省为近古。省垣尚有用墨绖者。盖谋生于外者，多不能不少从杀，惟鞋则三年之内，无不用白。旧东三府及沂州等郡，竟服白三年，期服亦服白期年，冠履一色。此风他省人无不讶其太重，而不知古风之仅存也。

葬无过期年者。造坟最为坚固，用砖砌作城门式，前安以门，谓之发旋，砌作池形，上用木板作盖，或用石板，外用三合土筑之。三合土，用黍米汁合沙与土，干则坚过于石，谓之金顶坟。风水之说不甚信，故无论贫富，无停棺不葬者。墓道甚宽广，松楸荫及亩许，碑碣巍然。非独美观，亦使世世子孙祭扫不替。

祭以扫墓为最重。寒食日、中元日、十月朔，皆至墓前，陈祭品展拜，焚冥镪，加土，用土块压纸钱于坟顶而回。无此则人有疑其斩祀者。羁旅见之，不无风木之悲焉。

家忌设祭，房屋狭隘者，亦得展墓，有力者则祭于家。东府以冬至扫墓为最重，谓之冬祭，即蒸祭礼。省垣则罕行之。

除夕焚纸镪于门外，谓之接家前。接后方设祭于家，或供一日，或供三五日，亦有供至元宵后者。设祭焚楮，谓之送家前。

五谷以麦为上，黍次之，蜀秫次之。乡间此种最贱，人食之余，用饲牛马。近水之地，间或有种稻者，然不甚佳。市肆所鬻之米，皆自南来，非土产也。

麦以发面为最上。发面用酵发之，俟面高起成蜂窝，则为合度，加碱用力揉之作馒首，谓之馍馍。此贫富常食之品。用发面作寸许厚饼烙之，谓之锅饼，此则贫而用力者食之。用生面和水作纸厚之饼，谓之单饼。浣面作条或细如线，或宽如韭叶者，谓之面条，此市肆食之者最多。

元旦用面作角子。齐俗用素馅者多，省垣谓之水包子。市肆鬻卖者谓之扁食，亦谓之水饽饽。东府谓之馉饳。此则不独东省为然，北数省皆盛行之。

小米用水浸透，磨推如糊，用鏊摊之，其薄如纸，干而脆者，谓之煎饼。此则通省皆食之，惟武定、曹州较少。省垣亦有鬻此者。夏秋时，用新麦制此者谓之麦子煎饼。乡间贫家，用高粱制成者，谓之红煎饼。沂属一带，夏间晨制而晚摊，味带酸者，谓之酸煎饼。此则仅行于沂属者。

上元灯市，自十三起至十八止，隔五六家即安一灯架。高约丈余，或嵌玻璃，或糊纱绢，彩画各剧，谓之灯牌楼。街衢恒如白昼。

清明日妇女忌作针黹。东府盛行秋千，是日皆艳妆结队出游、打秋千，谓之踏青。此则戏而近古者。

六月六日炒白面，用糖拌食，谓之吃炒面。夏日用小米炒而食之，谓之炒谷。城乡皆通行之。

中秋节作家宴者少。铺户中各出一人，互相邀请，然绝无人来。请毕，闭户畅饮，达旦方息，谓之圆月。

清明日、中元节、十月朔，为三冥节。城隍出巡，仪仗甚丰，妓等白衣白裙，手捧练索，扮作女囚，若戏中所演之苏三者，乘敞轿随行，谓借以谶除罪恶。殊属可笑！此风吴下盛行之，不意此间亦有，甚有莲瓣纤纤，步行竟日者，其愚诚亦自难得。

除夕爆竹之声，达旦不息。年节拜贺，亦同他省，虽雨雪亦不稍止。亦可见此邦人士之诚实矣。

鱼肉之属，不减他省，惟野鸡鸭甚多，则以近山之故，味亦甚佳。蔬品以冬白菜为最，谓之黄芽菜。惟济南所产有包头者。次则瓢儿菜，次则芸苔菜，春初结花，酒肆以为美品。次则疙瘩菜，冬间市肆制作辣菜，即所谓大头菜，无论城乡，皆市为御冬之品。次则瓮菜葱，以章邱为最肥美，男女皆好食之，然其味甚恶。他如韭、蒜、香椿、胡荽之属，皆与他省同。惟郡北德平数县，乡间冬用胡罗卜煮粥加盐，谓之咸饭，稍异他处。用五谷作菜蔬，惟豆为最，黄绿豆芽，为常食之品。用黄豆作粗面，加细切菜丝，夏间则用野菜者，谓之小豆腐。东三府所制与南省同，谓之南豆腐。绿豆以粉皮粉条为大宗，次则豆粉，谓之粉团，次则瘩瘩。市肆所卖者，用小米粉加豆与粉条青菜者，谓之油粉。用小米作细条，夏以芝麻酱作汤，加醋蒜拌食之，冬用清汤，加胡椒芫荽者，谓之米粉。此市间所通行者。

蚕桑之利，厥惟东南。山左亦踵行之。桑以长山为最，他郡所产，皆不能及。沂水织作绢，昌邑织作绸缎，青郡一带织作罗纱，为蚊帐之用。会垣亦有织洋绉、纺绸等类者，然质粗而薄，去南省远甚。固属人力之不齐，亦以天气燥湿，南北不同也。盖蚕桑多借力于女工，东省男女皆尽力于南亩，无暇及此，土复不润，故桑亦不肥，因地制宜，固非可强。棉花东昌最盛，武定次之，往往由海道远售他省。地最宜麻，而种之者，恒与苘相半。苘之用，可作粗细绳。其干劈作数片，浇以硫黄，谓之取灯。此系庄农所用，城市罕见之。麻之用少，每多销往他处也。

男耕女织，清人绘。

齐俗俭朴，衣服不尚华丽，无论贫富，率服大布之衣。间有服茧绸缎者，即昌邑所产，若洋绉大缎，虽极富贵之家，亦罕育作常服者。妇女不穿裙。年少者冬不服裘，夏服白衫裤。男子夏间出门，长衫皆折叠挂于肩背，及门方服之，而入出则仍折之归。其俭亦可见一斑。

东省与都门近，土音亦略同，但稍重浊。其寻常称谓及方言之独异者，略记数则，以广见闻。省垣谓父为爹，东三府谓之爷。谓母为妈，有嫡庶者，嫡曰妈，庶曰娘；外府则谓嫡为娘，庶为妈。谓祖父为爷爷，祖母为奶奶。东三府谓祖父亦为爷爷，然读作去声；谓祖母为妈妈，然读作上声。谓伯为大爷，伯母为大娘，叔为叔叔，叔母为婶。兄弟姊妹称同。弟若与他人言及其兄，亦称几哥，从无有老几之称者，夫妇男称女为家里，此称最古，见《玉台新咏》；女称男为外头。翁姑称其媳皆指子女而言，呼之几嫂，而加以你字。媳称翁姑，从其夫。嫂叔娣姒之称，与他省同。小儿乳名，以意为之。其最俗者，为淘气儿、迷糊儿，及犬马之属。盖命以至贱之名，冀其易养；此风他省亦有之。自谓为俺，谓人为你。

外戚以外祖父母为重，谓外祖父为老爷，外祖母为老娘。舅为舅，舅母为妗子。姨谓之姨，姨丈谓之姨夫。姑谓之姑，姑丈谓之姑夫。中表兄弟姊妹率以兄弟姊妹称之。

岳父母之称不同，有旧亲者仍其旧，否则称其妻之称以为称。兄弟姊妹，各从其称；而与人言，则谓舅姨。然土俗最忌小舅之称，往往有以兄弟呼其姊妹丈者。舅嫂各不相见。连襟谓之两乔，盖本大小乔之义。

雇觅长工，谓之做活的，东三府谓之觅汉。客作谓之短工。女工谓之老妈，东三府谓之办饭的。凡有吉凶事来伺应者，谓之行人，东三府谓之管家。妇女产后，谓之月子里，东三府谓之睡倒了。土棍谓之无赖。土娼谓之苦瓜，又谓之媳妇儿。民妇有外遇者，人皆谓其夫为当鳖。凡妇女往来，送出门后必连呼来字，竟有人去数步，犹呼之不已者；妓送客亦然。

谓物之不佳及事之不成者，谓之不济。按《左传》“我周之东迁，晋郑焉依。善郑以劝来者，犹惧不蔇。”似宜作“蔇”字方合。此山左方言之最近古者。

谓有息之钱为取钱，无息之钱为借钱，此语最古。

形体之属，大略相同。惟谓咽喉为嗓子，东三府谓之吞子，读作去声。谓臀为定，竟有缘《诗经》“麟之定”，谓此语为古称者，殊可笑也。此则与他处迥不相同者。

乡俗以辰时为东南晌，巳时为已饭时。此沿古十时之称而未改者。谓昨日为夜儿，前日为前儿，明日为明儿，后日为后儿，此口头常语，无可考证者。

街市闲游，谓之逛，读作广字去声。相聚闲谈，谓之拉聒，聒字读作瓜字上声。彼此相詈谓之卷，义取言语互相攻击，如席之可互卷也。打人谓之撳，韵本上平声，而讹作去声者。谓饿为饥困。谓未见为没见，没读作觅。山左音韵甚不讲求，东三府为尤甚，竟有平仄互讹，与平仄统为一音者。安得颁发正音，与齐鲁诸生共研求之也！

济南人之特性观

济南人有三种特性，一曰简，二曰质，三曰重保守。出门时较体面者为人力车，余则鸦鸦轧轧之小车耳。摩托车之踪影，迄今尚绝迹。此交通上之简单也。食品寻常为馒头、大饼、猪羊肉，非若南方人士之盘餐精美，珍味罗陈。此食用之简单也。衣服即中上社会之新人物，亦不十分华丽。男子夏布白长衫，加黑纱马褂，女子着白女衫，下围黑裙。此种现象，颇觉古道可风。此服色上之简单也。其地居民不识字者甚多，即商家司帐员亦下笔极艰，其普通一般人之教育程度，于此可见。此思想上之简单也。尤可笑者，他处行酒猜拳，必曰五魁、四喜、三星、七巧，而济南每际灯火初明之际，商埠中之繁盛街市，恒闻极简单之数目呼声，自餐馆中传出。其住民特性之简单，概可知矣。

济南人之第二种特性曰质直，以与南方人士相较，似乎时代不同，盖一则犹商之尚质，一则犹周之尚文也。济南各商店分类，语甚平直，如浴室径名曰澡塘，鲜见清水盆汤、汽水浴堂等种种殊称。客寓径名曰栈，并无饭店、旅社、旅馆、行台等名义上之轩轾。此外各项商业，门类虽不能尽忆，大抵不重浮文套语。西门大街等处各大铺户所陈列奢侈品一类，实远不若南方之多。山东本地出品，若茧绸，若草帽，绝鲜消耗物品。即类似稻香村之南馃店，亦觉其中食物品目，无变幻离奇之诸花式。此又山东人士尚质不尚文之特长也。商店行用大银元及小角，以镌袁世凯小影者最见流通。其原因有二，一则此项银币为民国三年所鼓铸，伪造之举，迄无所闻。二则此项银角，其价值十枚换一元，非若小洋之价值涨落不可靠，而时有亏耗之虞。凡此皆足见济南人之直捷爽快，一种质直之特性也。

至论济南人之保守特性，则入其境即见。沿途诸苦力大抵蓄发为辫。及履阛市，入餐馆，目之所接，无往不遇垂辫广袖之徒。于此见济南人固守旧习，不知改革之特性。其街市有三种营业，最足令人注意。其一为辫线店，高悬黑色之辫线甚多。其二为首饰铺，玻璃匣中所陈设者，大抵皆南方三十年前之古旧银器。其三为售手帕者，大方巾蓝花甚粗俗，小方绢有紫红者，有红而带黑者，亦皆南方三十年前通行之物。不意一国之内，其南北程度之相去竟若是也。尤可笑者，济南各名胜，大抵标有白纸小签，如“休息日女士游览”等语，触目皆是。此又足见济南人保守特性之深也。

惠民县之民情一

惠邑土多硗瘠，民鲜盖藏。四乡之俗，虽习尚各殊，大约质直而鲜文，奉公而畏法。吉凶宾嘉之事，不必尽合于古，而细民安其朴陋，富厚之家亦未尝务为观美，以浮文缛节相矜夸。语曰“沃土之民不材，瘠土之民向义”，不信然乎？近者河患频仍，岁时之景象，信觉萧条，土物之生殖，日形减啬。频兴大役，而怨讟不闻，民情亦可大见矣。

惠民县之民情二

民俗之良驳，视乎缙绅巨族为之倡率。邑内诗书之家，多习文艺，安俭素，尚廉耻，不干有司，不兴词讼，犹然先民之遗。少年子弟间有浮荡者，尚畏人言。农勤耕耘，畏官府。亦有以锱铢起衅者，啬于财也。商贾之业以花布为大宗，其余所需皆寻常食用之物。故货之列于肆者，无所居奇。工尚质朴，故诸匠作及陶冶之类，不习淫巧。

女事纺织，农忙之外，机杼无暇日。间亦植桑，而蚕事绝少。旧志云：东南之民勤苦，西北之民刁悍。今时亦不尽然。

惠民县之婚礼

男女结婚，互易书启。娶期之先，男家送钗币衣服于女家。女家具嫁奁，视家有无为丰俭。及期，婿入门亲迎归，行合卺礼。三日，夫妇同拜父母舅姑，即古庙见之礼。

惠民县之丧礼

父母尊长始殁，具棺衾以敛，朝夕哭踊上食，讣告戚友，戚友往吊，致祭赙。亦有尚浮屠、作佛事者。葬日剪纸为明器，引柩于路，有鼓吹幡幢，男女皆随丧行，葬用铭旌覆棺上。既葬，而虞反主于家。

惠民县之祭礼

缙绅家有宗祠，贫者亦奉主于家。遇时节及亲忌日，皆荐物以祀。清明、中元、十月朔，祭于墓。

惠民县之岁时

正月元旦，鸡初鸣，长幼皆起，祀祖宗神祇，叩拜父母尊长。亲戚乡里交拜履新，互相请席，名曰吃年茶。于是日占风云，卜岁。立春前一日，官府率士民具芒神春牛，迎春东郊。立春日，官吏各执彩仗，击土牛，［似缺一“谓”字］之鞭春。制小春牛遍送缙绅家，谓之送春。元宵张灯火，放花炬，酒筵乐歌，竞为欢会，前后凡三夜。三日内，有风为歉，无风为丰，名曰占岁灯。十六日，男女盛饰游眺，日旰始散，名曰走百病。念五日为填仓日。黎明，罗灰于院中，画地作囷，置诸谷少许于内，名曰打囤。二月朔日为春龙节。取灶灰围物，如龙蛇状，名曰引钱龙。望日为花朝，以日景之阴晴，占果麦之丰啬。清明，各插柳枝，挈牲醴，扫墓，培冢土，挂纸钱，哭新鬼，架秋千，放纸鸢。士女结伴游春，谓之踏青。五月五日，戴彩符艾虎，插艾于户，以彩线系儿童臂，曰长命缕。以竹叶裹黍糯作粽，亲友相馈遗，饮菖蒲雄黄酒，又用雄黄酒洒墙壁，以辟五毒。七月七日夜，妇女陈瓜果，祭织女，结彩缕穿针以乞巧。十五日，祀扫先墓，放路灯河灯，为盂兰会。八月中秋，设月饼瓜果于庭以拜月，亲朋月下相聚醵饮。九月九日，登高，饮茱萸酒。十月一日，祭先墓，剪彩纸为衣裳焚化，谓之送寒衣。是月田事告竣，田家设酒肴，犒佣工，谓之辞场。冬至为履长节，他处以是日祀祖先，惠俗不行此祀。十二月八日，以果实杂五谷为粥，名曰腊八粥。念三日，设糖果，饯灶君，名曰送灶；亦有念四日祀灶者。除夕，易门神，换桃符，春联，插芝麻秸于壁，祀天地祖先，祭品较常丰盛；长幼聚饮祝颂，谓之分岁；围炉团坐，谓之守岁。又清明、七月望日、十月朔，举城隍神像，导以旗仗，至厉坛而还，谓之城隍出巡。

按惠邑风犹近古。四大礼中，冠礼虽废，而婚不计财，丧必尽礼，祭无失时，足征风俗之美。其他岁时节序，间有俚俗不经者，沿为故事久矣。苟无败坏风俗之举，则亦采风者所不废也。

邹县之民情一

周公治鲁，尊贤而亲亲。故鲁俗崇信义，重礼教。邹近鲁，风俗略同。其民椎鲁质朴，士甘寒俭，耻奔竞。缙绅大姓，率多恂谨，不饬边幅。农者什之九，然皆仰借天时。妇女不勤纺绩，坐而待哺，亦不矜冶饰。有年，轻五谷；年不顺成，即室如悬磬，缓急不惮出息称贷，以故殷富者少。间有逐末，不出乡工，不作淫巧。乡曲少长，无渎伦。非大故不敢讼，其词质实易鞫。婚娶相称，不计财。礼揖尚左。好义乐施。急供赋役。时醵金钱，结神社以祀诸望。饮食粗粝，珍奇不登于俎。宴会不尚奢侈。屋宇茅茨者多，雕峻者少。有急分帖设酒，求助于亲友，人乐输赀，故事易举也。

邹县之民情二

四境之人，东近沂泗，多拙实；南近滕鱼，多豪侠；西近济，多浮华；北近滋曲，多俭啬。山僻中，饮泉水之不流者，多生瘿袋，男女有之，甚至有项过于首者。其人物行吁吁而卧如同木石，不辨方向，不识数目。顾乃精耕耨，巧纺织，善栽种，勤牧养，以自食其力。有终其身未尝入城市，无人相往来者。

邹县之岁时

立春：戴彩燕，食萝卜，谓之咬春。先一日，迎芒神，设宴。至期，鞭土牛，观者取土涂灶。

正月元旦：昧爽，设香烛，祭天地，拜祠堂，拜父母，以次而及。进椒酒，戚里相贺。三日：祭墓，宴亲友。

上元夕：通衢张灯结彩，放花炬，妇女群游，曰走百病。女子邀厕姑，问凶吉。

二月二日：画灰为仓图，中实五谷，压以石，名曰填仓。炊糕逆女，女辍针工为异戏。煎饼豆熏虫，逆女归宁。

春分日：酒造醯。

三月清明节：男女簪柳，以柳枝插檐，迎乙鸟，出郭踏青。先一日为寒食，士女登墓，标楮钱焚化，增新土于冢上。

念八日：祀东岳，女子为秋千，男斗百草。

四月节立夏：邑人下乡处就农桑业。

十八日：祀天仙，治农具。

五月五日：书门符，悬艾虎，儿童彩绳系臂，谓之续命缕。戚里馈送角黍，饮菖蒲雄黄酒，书朱符，以驱百毒。

六月六日：晒书，晒针绣衣服。储水造面，渍醯浚井，改水炒面为食。伏日：造酱食冰。

七月七日：女子设瓜果，祀织女乞巧。望日：祭墓，祭冢。

八月中秋：戚里馈糕饼瓜果，赏月，携酒邀邻友，集街衢，夜午乃已。

九月九日：为栗饼菊酒，馈送登高。

十月一日：祭墓，送寒衣。农家设酒肴，燕佣人。

下元日：祀先，毕场功，设醮宴。

十一月冬至：官府拜节，庶民礼废（按孟子卒于至日，邑人哭之，遂废贺冬至之礼，竟以成俗）。

十二月八日：食腊粥，以米豆枣栗杂煮之。念四日：设糖饼果菜，祀灶。除夕：多嫁娶，易门神、桃符，插芝麻秸于壁，辞岁，祭真宰祖祢，设香烛爆竹，家人设酒守岁，春祈秋报。其礼万历年间始废，而坛坫犹存。

邹县之婚礼

为婚不拘六礼，但以媒聘为定。不计财礼，不侈妆奁，必于亲迎，不醮不御，奠雁代以鸡，女必冠髻。始行入门，拜天地。三日拜公姑，谒家庙。入室，行合卺礼，母家馈食三日。其有风之陋者，赘婿一事。婿承岳产，为他人后，永不归宗。又如姑舅兄妹成亲，母女配父子。夫赘妇家，名曰钩拐，为之养老管业。更有服内成亲一事，男家有丧，女以齐衰至期，送丧归，以吉服合房。女家有丧，男以车马，俟于墓间，葬毕，女易彩服归夫家。皆沿习使然，细民行之，士夫亦不以为意。

邹县之丧礼

临危不复，故后哭奠于土地神祠三日。其服制，齐斩、期功有差，腰经其本，男左女右；父母俱亡，然后双垂。其冠制，两耳缀以绵纩，易弁髦也；衣之襞积脱肩，其缝在外，示忙错也。向不崇佛事，輓近颇盛，虽孔、孟诸圣贤家，亦或行之。

邹县之祭礼

元旦、清明、七月望日、八月中秋日，十月朔日，家家祭扫坟墓。无坟墓者，祭于通衢。

高唐奇俗之一种

阴历二月初二日，高唐有一种奇俗，名吃蝎子毒。蝎子为蜘蛛属，长三寸许，色青黑，全身环节而成，尾端有毒钩，能注射毒汁杀人。高唐之人，用黄豆盐水泡之，经二十四小时后，将水滤去晒干，置锅中炒熟食之。其意以为春雷鸣动，万蛰皆起，而此螫人之蝎子，亦将出蛰。故吃黄豆，托名蝎子毒，谓吃尽其毒，可免为其所螫也。

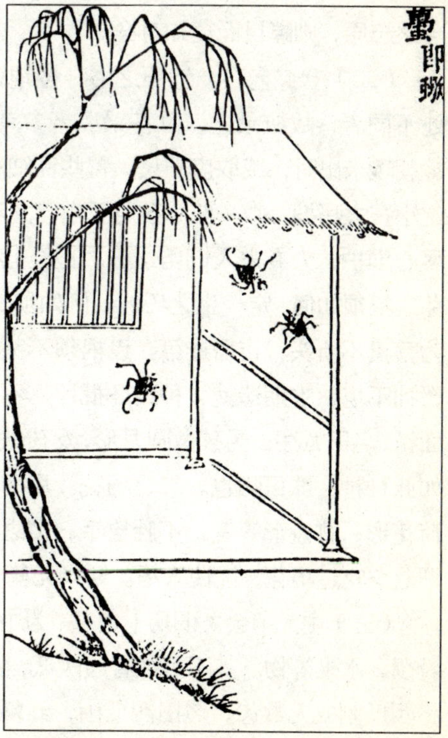

蝎子图，选自《三才图会》。

荣成县之迷信

（一）藤将军会。荣城县之东，距城三十里，有成山。山有成山庙，俗称始皇殿。年届阴历六月初五日，附近各村群趋赛会，名藤将军会。演戏五日，远近人士，咸来赶会。有拈香者，有售物者。愚夫愚妇，贩夫走卒，奔走喧扰，大有人山人海之观。至于行会各村，有一村一会者，有数村为一会者，每会都用“姥姆驾”舁藤将军神位，驾之周围遍挂纸宝，旗锣伞扇，为驾前驱，巡行各村。驾到时放炮相迎，神威凛凛。会将到山，庙中道士，击铙鸣钹，名曰接神。迎神至庙，迨各会皆至，群复燃香，名曰参神。参神既毕，各会舁神驾而回。是日各村午后，大张筵席，名曰吃会。赴会者各出钱若干，名曰会印。每年轮推会首一人，主行会及宴客会客等事。此种举动，在旁观者觉劳民伤财，殊属无谓。而该乡之人，年年行会，不知革除，亦可见其迷信之深矣。考此会之由来，据父老云：昔者荣城东山，海贼出没无常，居民时被创掠。清道光时，登州藤将军率水师前来剿灭，与贼战于鸡鸣岛，右手为贼所伤，将军忍痛，左手刃贼十八人，卒平海贼，将军亦投海而死。后人感之，塑像于成山庙，定每年六月五日行会，原属纪念之意。今则数典忘祖，全为求福求财起见，询以此会之起原，则瞠目而莫知对矣。

（二）七夕乞巧。乞巧之俗，各地皆然，原无足奇。惟荣县乞巧风俗，有与他处不同者，故摭录之，以备采风者参考焉。一、巧芽。七月初一晨间，各家小孩，趁朝曦未出时，咸取盅一只，置些许细沙麦子于其中，名曰生巧芽。视麦芽之好歹，定小孩之巧拙。故一般小孩对于自己之巧芽非常注意，日间灌以清水，夜置露天中，尽心维护，大有宋人悯苗之概。迨至七夕，麦芽已渐长大，于是从盅中取出，视麦芽之根须如何，定一生之巧拙。例如须长而密，于是巧立花名，谓之为佛手，为金钱，为富贵不断头，吉语连篇。设根须不甚长密，或因水泡烂，不甚雅观，于是谓小孩蠢拙不堪，难期造就，种种坏批评，不一而足。或有将巧芽之嫩芽剪下，和糖包以面粉，名曰月芽。男孩做圆月形，女孩做半月形，晚间对月食之，亦乞巧之一事。噫！如此种种，殊可哂也。二、巧花。用面粉制成种种食品。或莲蓬形，或金鱼形，或荷花形、竹篮形等等，不胜枚举，谓之曰巧花。七夕，人家咸须制此食物应景，并谓七夕吃过巧花，能使人巧。斯则无稽之设，不值一笑矣。

（三）中元节会。旧历七月望，为中元节。是日荣县人家皆祭祖先，祭品为饽饽、肴馔、水果等物。其不可缺者为西瓜，故贩西瓜者，是日必高抬价值。晚间致祭时，将西瓜割成无数齿，名曰西瓜山，红瓤黑子，布于案上。祭毕，合家分食果品。以上所叙，为荣县东山之俗。至于城内，是日又有城隍出送之事。俗传城隍出巡，系开鬼门关，放鬼出狱。故一般愚夫愚妇，入庙烧香，求祷福寿。城隍出巡之景况，极为热闹。神坐花轿，众舁之巡行街市，锣鼓开道，旗伞前驱，所过炮声隆隆，神威凛凛。观者填街塞巷，肩摩踵接。神驾至北门外，晚间转回，灯火齐明，照耀满街，俨如白昼。其可笑者，城隍面上，晚间因灯火照耀，反射红光，迷信者遂谓神酒醉而回。是诚愚极矣！计是日香烛费用，耗财不赀，并且演戏助兴，举市若狂，有何益哉！民国以来，此风已渐革除，不可谓非幸事也。

城隍，选自《中国迷信研究》。

（四）年终杀猪。自腊月中旬迄于除夕，荣城有一种杀年猪风俗，每村所杀之猪在十余头以上，一般屠户，忙碌异常。然则村人屠猪如是之多，岂因无处易肉耶？则集上市猪肉者固甚多也。此其故何哉？盖所杀之猪，大半为还神愿。譬如某甲患病，十分沉重，其家人为之在神前许愿，祝曰：如病体得愈，当杀猪以报。设病已医愈，则归功神佑，年终杀猪还愿。用黄纸书疏文一道，叙病人之姓名、住址、年岁以及感谢等语，杀猪蘸血，与黄表同焚，叩头谢神。若贫家无钱买猪，则借别家杀猪蘸血以代。惟闻还愿者，必将猪头留下，方能有效。此则莫名其妙。一言以蔽之，愚民迷信，无理取闹而已。

荣成县之清明节

荣成县人民，在清明节之一日，各家多以面粉制若干小燕，互相赠送。儿童更持香楮、小燕、熟鸡蛋，至土地祠供奉，名曰而煸清。并有一般儿童，匿于土地祠后，伺有人前来，便将小燕及鸡蛋放下，群相夺取，名曰抢清。迨至夜半，方始还家也。

沂州等处结婚借被之奇俗

山东沂州府、济南府及济宁等处，小户之民，严冬皆裹衣而卧于土炕，逢结婚则借诸寨主。寨，土围也；寨主者，大户也，徐海曰围主。北直隶各府亦多如是。

山 西

山西之哑叭教

山西各县，近日盛行一种秘密教，名曰哑叭教。至其传教之手续，极端秘密，往来必于夜间。称领袖名为老掌，或曰上辈掌柜，专司周行各处，密布教义，行祀神祈祷之礼。其下则为执事、引进等职。初入教时，无所要求，年深月久，必纳费用。老掌于每月初一、十五等日，至各处集会行礼。入教者即于此时行之。初入门，必先盥洗，此后服水两碗，跪于神前，静候授教。名为孔子教，实则孔子之道毫无所知。供清水一杯，老掌、引进等职依次跪齐，乃令初入教者誓曰："今有某处某处引进弟子某人，情愿信奉祖母高皇，恪守规戒。如有不守规戒，泄露教义，五雷焚尸，浓血化身，暗刀被杀，土剑伤身"等语，恐吓人民。誓毕，老掌即起而讲道。初语以善恶因果、生死轮回之说，继则杂讲《四书》。其最可注意者，即其所言"明传四书暗传道"一语。岂知道无暗的，暗则非道。至于老掌服饰，仍着前清缨帽补褂，颈带朝珠，至为离奇。信此教者，率多青年无知男妇。其传教也，名为讲好。对坐互谈，名作功。引人入教，必用投机之语：无财得财，无子得子，死后之人，亦能团聚。用此等语惑人，妇女愚夫，最喜入彀。先诱入教，后日设辞要钱。设如青年男妇两人讲好，父母概不干预。老掌讲道，又在夜间，男女混杂，各得遂其私欲，而少年人尤所愿为。或有质以教义者，则限于鸣誓，绝不敢向人泄露。种种秘密，不可枚举。民国九年春间，曾经军署派员密查，一时敛迹。后又故态复萌，日益支蔓，已又由军署通饬各县严密查禁矣。

保德土风拾零

保德县属雁门道，旧为州治，故宋定羌军治所。在山西西北隅，南接岢岚州，东南至宁武府，正东则大同府。形如葫芦，岌嶪山颠，俗名其峰为莲华峰。峰西临大河，为府谷县；稍南为神木县。直北数十里，即蒙古萨拉齐地。环保德之境，皆土山联属，屈曲凹凸，绝少平直。城中居民户千，诸乡屋舍寥寥，而俗尚淳朴，特逾他处。其风俗贱男贵女。年十三四，即适人，妇女不以再嫁为耻，虽儒家之子，亦娶以为偶。饮食非祭祀宾客，不设米饭，居常食胡麻、荞麦而已。服饰尚布素，必富家始具茧袍，妇人亦不以金珠为饰。夫家定聘，熔银珠一十三颗，悬妇项下，自此终身不去。出则跨驴，以纱蒙面，而夫为执鞭。除夕各爇石炭于门外。石炭者，煤也。城中无井，取汲于河。若乃土产之异，则有石华鱼，青黑如鲫，肥美胜常。此州有石燕子，毛羽备具，但不及零陵解飞尔。有龙鳞石，天然作老龙鳞甲，山径间或长至数丈，蜿蜒起伏，望之唯恐雷雨之至，并识于此，以资博物家之参考。

河　南

开封风俗诗

媳妻客女学生儿，坏赖讹音种种奇。主贵果然生总统，谶言早寓俗言时。（注曰：豫俗谓妻曰媳妇，女曰客，儿曰学生，坏曰赖。开口惯言主贵。）

南北风情迥不同，县城不敌一乡中。开门七件无三件，浮出惟多蒜与葱。

畜生唯有北方多，谑语曾闻客说过。今日亲躬临豫省，载涂果是马牛骡。

称呼女仆任雌黄，高奶王妈总不妨。最是豫南尊若辈，举家莫不唤干娘。

修脚由来亦卫身，浴池沐罢唤频频。那知寻遍周家口，南北池中无一人。

闺阁流风尚朴良，除非至戚莫周行。倘然有客相探问，莲步从来不上堂。

官妓名称号马班，高张艳帜南刘删。呼来侑酒原无异，异在招呼到仆班。（注曰：局妓来时，须往仆从班先斟一盏。）

妇女衣妆久不时，裙拖一事更非宜。无端席地翩翩坐，尘土居然不碍伊。

戏班问候闹纷纷，开演无非斗几文。声色倘教京沪晓，定然登报入新闻。

病命房墙地与天，河南三靠久相传。更添一事凭谁靠，遍地豺狼靠没钱。（注曰：有病无医，药店代诊。有梁无柱，以墙为架。地则全无水利之可言。谚云"病靠命，房靠墙，地靠天"也。劫财架票，时有所闻。）

西华之中秋节

西华中秋之俗，不外状元会、馈节仪、赏月三事。详述如次。

（1）状元会。八月初旬，市铺即有月饼出售。购者极形踊跃。商店有假开月饼会、夺状元票、攀桂子香种种名目，以哄人来购月饼，于中博利，其性质殊近于赌博。

得头彩者，即为状元，可得奖品。贪利者趋之若鹜。此种恶风，官厅应加以禁止也。

（2）馈节仪。中秋前二日，各家备用月饼、石榴、栗子等拜谒亲戚，谓之庆团圆。其在外求学经商者，至中秋，亦咸归家团圆。妇女于中秋夜拜访亲友，谓之走月。

（3）赏月。黄昏月上时，各家设案燃香，陈月饼瓜果，名曰礼月。此事多妇女为之，男子不加过问。俗云："男不玩月，女不祭灶。"盖古人称月为阴象，又名嫦娥，故拜月属妇女之事。是晚老幼皆往高处，争先望月，谓为看太阳朝元。又俗谚有云："八月十五云遮月，来岁元宵雪打灯。"又云："雪打上元灯，云罩中秋月。"此谚与中秋节有关，故录之。

郑县采风记

郑县当铁路未通时，仅有土店十一家，在西南关一带。自京汉、汴洛铁路通后，客栈最为发达。争强斗胜，层出不穷。于是有新式栈房数十家之多。当此等栈房初开之时，不过见一二家之发财，遂步后尘，初无若何之统计。迨设立过多，供过于求，倒闭随之，有数日不得一客者。据调查所得，约计各栈之东伙厨役，及其家属衣食于此者，当在一千五百人之谱。此项人开封、湖北居多数，间有土人及湖北人。于今倾家失业者，已有一半矣。

郑县向有铁轮人力车约三百辆。自皮车盛，铁轮车受天然之淘汰，不过余五十辆，而皮轮车反有二百五十辆之谱。车捐所入，日有百千。贫民业此者，除交车主赁价外，每日所入，约在二三百文。

郑县各县物质文明之发达，当以戏园为最晚出。盖自清宣统三年始行出现，未几武汉事起，即行停止。至民国二年，大局初定，乃更重整旗鼓。座客极少，赖当道为维持市面计，准坤角合演。而豫省犹严女伶之禁，一般望慕女伶丰采者，时自省垣专赴郑县流连，赖此稍为支持。

铁路未通之先，无明牌之妓女。偶有到者，随到随去，名曰马班。自四路交通，又值烟土营业发达，土商咸以郑县为中心点。清宣统二、三年间，为神女生涯极盛之时代。调查其捐册，一等九名，二等五十名，三等二百零二名。其漏捐及暗娼，大约尚倍此数。区区一县，有此盛况，亦不易矣。自土业淘汰，大腹贾一律星散，而妓业亦随之凋零，其人数较前已减半矣。此等妓馆多聚于三多里、宏农里之间。一妓居所，约需四五人之借应，名曰内领班、外领班、先生、老妈等名色。盖妓女三百人，附属者约在千五六百人以上。此等人清江人最多，开封、山东人次之，汜水、荥泽人亦间睹一二。捐例一等八元，二等四元，三等二元。其最为社会之害者，为三等妓女。串店嫐客，少年人出外，少不自持，未有不堕落者也。而串店之妓，往往有十四五岁者即藉枕席。盖威迫于领班者之驱使，风餐露宿，盖亦无复人趣，

汲县岁时之风俗

正月元旦，长幼夙兴，放纸炮，肃衣冠，祀神，拜祖先；幼者向尊属叩年；食馄饨，俗称扁食；亲友交贺，市肆不张；自岁前封井不汲，且禁止洒扫，盖取蓄藏之意也。立春，郡人相率往东郊观迎春；小孩裁纸为蝴蝶，名曰春蝴蝶，在市唤卖；乡人食薄饼，名曰春饼；食莱菔，其圆而红者，谓之春萝卜，生食谓之咬春。正月初三日祀祖先，扫祖墓。十四至十六两日为上元节，各处有牌坊鳌山灯棚，食元宵，或举放烟火，扮秧歌。十六日妇女联袂出游，名曰走百病。十九日，俗称是日为小添仓，凡碓磨缸囤皆燃灯。念五日，俗称为大添仓。二月初二日，俗称龙抬头，煎食上元所制之米粉糕。三月清明日，乡人皆祭扫，妇女小儿多戴柳，且插柳枝于门前。二、三月间，有踏青之举，携榼提壶，遨游郊外，然皆风雅者所为，乡愚不与焉。四月朔，妇女率带皂角芽，不知其何所取义。五月朔，小儿手足系五色彩线。至端阳节，堂前贴符，插艾与菖蒲，食角黍，食油果，俗名麻糖；以雄黄涂小儿耳鼻，取避毒虫之意。六月六日，晒衣服，食炒面合以酱。三伏中造面。七月七日晒水碗于日中，幼女浮针乞巧。十五日中元节，扫墓，放河灯。自初一日至此日，人家多以面羊、瓜果馈问外孙。八月中秋节，拜月，陈西瓜、月饼、枣、栗、柿、榴诸果及毛豆角等等；供月毕，饮于月下。九月重阳节，食面枣糕、羊肉，赏菊登高；市人祀财神。十月朔，扫墓。十一月冬至节，食馄饨。十二月初八日，食腊八粥。系以米菽诸果煮成。念三日，祀灶，供饴糖及果饼。念四日扫舍宇。除夕，易春联，祭祖先；晚间，亲友戚族，往来互拜，谓之辞年。

洛阳风俗琐录

一 概 略

洛阳即河南府，九朝建都之区。今改设河洛道，并驻洛阳县。西与陕西交界，南朝洛河，北坐邙山。地瘠民贫，风俗偷陋，城垣不广，市面亦衰；牛马溺粪，处处皆是，一遇飓风，灰沙扑面。既不清理街道，又弗讲求卫生。附近并无著名市场，且乏出品大宗。人民好健讼者颇多。

离城五里有墩，十里有铺。十里以外，每隔五里，即设墩台。四周乡村，苛烟

户稠密者，公同筑围，形式若城，亦有城门城楼、大街小巷，不过较城垣稍小，其名曰寨。最著名之产物，牡丹与野百合两项。牡丹有紫、黄、红、白、绿数色，绿、白最香。百合味干性糯，服之补肺。此外桃、杏、李、樱、梅、梨、枣、柿，多而且贱，每斤仅值十数文，可谓价廉矣。

二　社会状况

居住房屋形式，与南方庙宇相等，无楼，房矮而小，并且有梁无柱，梁椽即架于壁。故谚云"田靠天，屋靠壁，人靠命"。屋瓦有阴无阳，两瓦搭界之处，用泥灰涂之。以土筑墙，砖砌少，有，乡人居土窑最多，故回禄之患少有。

附近罕植树木，所用木质之器，均以竹质代之。桶盆以缶质代之。据土人云："窑中无所谓家具，诸事皆席地而行也。"

牛马骡驴，或驾车，或负物负人，或抬轿，道途往来，络绎不绝。人之苦力，均将牲畜代之。

此处有地无田，杂粮下种，水旱莫策筹防。牵骡耕草一二次，以为事了。问其何不设法灌溉，据言伊洛之河，鞭长莫及，掘井车戽，杯水无几。本地俗语曰："千拨罗，万拨罗，不似老天一拨罗。"所致收成之丰歉，听天由命耳。

人食。粮食类，以小米、小麦、高粱、黍粟、荞麦、红薯为正当。菜蔬类，以葱、蒜、韭菜、萝卜为正当。咸质类，以盐醋为正当。此外大米、鱼、肉、油、酱等物，食者鲜也。

此处男女便溺，不用马桶便桶，即于屋后园中露天便溺，不过筑人高之矮垣，分别男女而已。

娼妓俗呼曰马班子，上等居于客栈，下等住于窑内。其上等品貌装饰，不过南方花烟间相俦，下等不言而喻。然嫖价非常之贵，况除唱之外，别无佳趣。可见北地胭脂，终不及南朝金粉耳。

演戏有三调：二簧、越调、梆子。俱系土音，听之无所区别。衣衫褴褛，面形菜色，诚南人所云"三只破箱子，十个叫化子"者也。而本地人叫好之声，连连不绝，莫明其好处何在也。

沿街乞丐，皆手执檀板，高唱梆调，挨户求乞所与。南方之哀的、强的、弄蛇的、善骗的种种行为，除哀的稍有，余竟鲜有耳。

三　婚　嫁

结婚一事，内容未详。惟外貌无论若大之排场，仅尽一日之长。大门对面必贴"烂其盈门”或“烂气盈门’四字。新娘轿前有两人先行，各持一红毡。每过庙，或大石、大树，均遮掩之，以为恐有触犯神明。新娘出轿，系在大门外，由送亲男人左右扶，新娘俯首屈躬而入。至于打发嫁妆，用人极多，须将其尽有者尽行披露，连粗服旧衣，俱要排出。此处送礼，用竹半桌以代南方之捧盘，非捧系顶也。故发妆之五光十色，亦均分布于桌，以表奁妆之丰富。

四 丧 葬

人死穿衣毕，即由主丧人亲报三党亲族。俟到齐后，由最有关系之公亲问明病源，允准收殓，方可入棺。譬如父死，欲族长允之；母死，欲母党公亲允之；妻死，欲妻党公亲允之。若非经公亲之许可，擅自先殓，则公亲来时，以为必有过犯，群起反对，借此为由，大闹不休。遂致公亲不到，无敢棺殓。殓之一日，无所举动，待至三七或五七，始行开吊成服。以上所述，如年老病久，或贫穷不堪者，则亦不然。至于人死之际，焚毁纸糊车轿，以及开吊出殡时之排场，大致均与南方相同。惟只用吹鼓手，不延僧道，此即异点也。另有一种恶风，如二三岁小孩因病身故，必将其尸骨雇人赴野地焚化成灰，随风而散。其意为除其祸根，以保下胎之安宁。迷信若此，可为惨矣。

五 礼 俗

铺户交易，见客至须起立，迎客请坐。如交易毕，客人付钱，店伙两手已在收入，而口中尚言“带去么，带去么！”其虚伪之客气如此。

送礼之物，猪肉为最高贵、最普通之品。无论婚丧寿节各礼，以及人情酬谢，虽轻重有别，肉则不能缺也。

妇人生产，百日之内，只准饮小米粥汤，此外概不敢食。家属恐产妇偷吃，如防贼然。妇人在甲家受孕，不能在乙家生产。若外来租户，不知其情，一经迁移，则用屋已赁出，乙屋不许住，而临盆在即，只得至庙中或养生堂诞育，俟满月后，始可进屋。故外邦寄居于此者常受其累，诚挈眷旅行者不可不知之事也。

城内及附郭庙宇不下数十处，每处在春夏季时，各演戏三天。三日中之一日，名曰大会。作买卖农器、家具、牲口、花木之市场，并有装扮高跷、抬搁等类沿街演唱，至庙前为止，以为敬神。虽庙屋塌，塑像已毁，而修理不难，戏必欲演也。

男女衣服，穿青、蓝两色土布。洋布极少，绸缎更不必说矣。孩童穿红色最多，甚至上下通红，名曰十二红。

言语减缩，声刚无回音。譬如问其物值，一文则曰一（读音），二文则曰二（读略），一千五百文则曰吊五。诸如此类，无言不减也。

妇女之装饰，衣长袖大，裤脚扎腿，概不穿裙，髻圆足小，面抹浓粉。行路类如风吹柳枝，势若欲跌，老幼均用拐杖拄之。或有用牲口代步。故户外必树骑马石一对，以便上下也。

家家门中，须树夹竹桃一棵，以为能驱一切邪祟。

五月送瘟鬼。十月施寒衣（系纸糊之衣）。腊月三十送穷鬼，与南方送更饭相同。

南阳农人之谚语

凡一地方之农人，对于天时节候，皆有一种谚语。兹就河南南阳农人之谚语略述如下：春雾黄风夏雾热，秋雾连阴冬雾雪。谓春季有雾，必有黄风；夏季有雾，天时必酷热；秋季有雾，必连阴雨；冬季有雾，必有大雪也。立夏不下雨，犁耙高挂起。谓主凶年也。八月十五云遮月，防备来年雪打灯。谓中秋节无月，来年元宵必有雨也。云往北，干研墨。谓无雨也。云往南，下满潭。谓有大雨也。云往东，一阵风。谓有大风也。云往西，观音老母披蓑衣。谓主大雨也。麦收八十三场雨。谓麦只须八月、十月、三月三场大雨，便有大收成也。干冬湿年节。谓一冬无雨，过年必有雨也。天河南北，小娃不跟娘睡。谓暑热，母子须分床也。天河东西，小娃哼唧。谓天时严寒，小儿畏冷。

沘源县之祀灶

皂君府，清代年画。

旧历腊月二十三月，俗谓小年节。是晚，各村各户，无不祀灶神者。名曰祭灶。祭时用香五根，黄表三张，小蜡一对，名曰灶蜡。烧饼二枚，名曰灶火烧。牙饧一块，名曰灶糖。雄鸡一只，名曰灶马。芊草节少许，粮食五种，清水一盂，谓之马草，用以饲灶马者。预买新灶神一张，张贴灶前，谓之换新衣。随带黄纸马二张，约方寸许，亦名之曰灶马。一张黏于灶神额上，意谓迎灶神回宫之马。于元旦日黎明时焚化。其他一张即于当日随香表焚化，意谓送灶神升天之马。主祭之人，必为家长。礼拜时，身后跪一幼童，双手抱一雄鸡。家长叩头毕，向灶神祷祝数语，祝毕，一手握雄鸡之颈，将鸡头向草料内推送三次，一手将凉水向鸡头倾洒。鸡若惊战，便谓灶神将马领受。祭毕晚餐，食时豆腐汤为不可少之物，并食祭神时之灶火烧，谓之过小年节。

沘源县之除夕

自十二月二十三日以后，逐日皆有名称。县中小儿歌谣曰："二十三，点灶蜡。二十四，扫房子。二十五，磨豆腐。二十六，去割肉。二十七，杀灶鸡。二十八，去插花。二十九，去沽酒。三十，刷门。正月初一，俯着髀骨作揖。"一至除夕，人民更形忙碌，如送礼，请神，贴对联，打扫厅堂，种种琐事，不一而足。中等之家，用红纸裹木炭两根，置诸门框两旁。贫穷之家，以棍一条，置诸门槛外，谓之拦门杠。盖俗传一届年节，诸鬼怪相率出外，向人家索食。若见此杠，便不挥自去。院内竖桅杆，上悬灯笼，谓之天灯。相传昔有九头恶鸟，为二郎神杨戬斩去一头，常年滴血，每至除夕，即出而飞鸣。其血滴于谁家院内，其家必遭祸事。惟见有灯光，则远避去。此根据《西游记》之传说也。是日晚餐，皆吃扁食，谓之元宝汤。晚餐后，家长出钱，分散长幼，谓之压腰钱。分钱后，堆木柴于屋内烧之，谓之熬年。复取酒菜，合家团坐饮之，谓之辞年酒。至夜分后，各预备迎新年之礼。先祭祖宗，既往神前行礼。祭神之物，除香表、蜡烛、鞭炮外，有蒸馍、猪肉、面蒸枣山及白果、红枣、核子、栗子、柿饼，排列五筒，谓之贡果。上插纸胜五朵。祭神毕，排列香表、鞭炮、酒肉各物于一方桌上，四人畀起，一人整齐衣冠，向本年喜神所在方位，一直行去，谓之迎喜神。途中凡遇老少男女，或飞禽走兽，即焚烧香表，鸣鞭炮，叩首，意谓迎得喜神，一年内万事如意也。迎喜神毕，凡盥洗之水，扫地之灰，概不许倾于户外，犯之则主一年破财。如有人出入叩门，只宜推敲，不宜高叫。若高叫者，屋中必无答话，其意仍与拦门杠相仿。盖恐此夜有鬼魅叫门，应之者必生灾病也。

沘源县之年节

元旦日早餐，仍为扁食，惟添扁条少许，美其名曰"金丝穿元宝"。面食内预包制钱一文，若食得之者，本年内必有大庆。初三日名曰谷子生日，是日不宜食米饭。初五日谓之破五，一日不宜作事，犯之则主本年内遇事破败。初七日为火神生日，夜间必放花炮，是谓放烟火。初八日为财神生日，各家仍吃扁食。谓为财神所赐之元宝。初九日为天爷生日。初十日为石头生日，名曰十不动，家家向石头焚香致敬。午餐必食馍饼，谓之石落。石落者，沘源土语谓饼馍为烙馍。初十日食此烙馍，一年内任遇何事，必十分落钱也。

沘源县之灯节

正月十四、十五、十六三日，谓之灯节。各家用芊草束缚成把，插纸花于其上，分散各粪堆旁，名曰散花。又以秫秸数根，将一端劈成篾子，每篾尖端，仍扎一短节秫秸，插于户外檐旁，谓之挞鬼棒。晚间以米面制成灯盏，添油少许，点放各处，谓之灯山。儿童辈伺无人时，将面灯偷回大嚼，谓之偷灯盏。意谓此灯系神用之物，食下必能免灾病。点灯毕，男女老少，无不华服靓妆，联袂出游，谓之大观灯，又曰消百病。各村适中之地，皆设一公共神棚，神棚内预购各种烟花玩艺，如手筒花、泥筒花、两响炮、传掷帘、起火箭、炮打明月、炮打五子等名目。繁盛之区，复有花伞、花马、火旗杆等，五花八门，不胜枚举。俟合村人齐集后，共取出四下分放，名曰放烟花。火光耀地，锣鼓喧天，到处人山人海，热闹非常。尚有他种游戏，最要者有三种。一曰撑旱船，以秫秸扎成船形，船上扎一小屋，糊以五色纸，二人立于船内歌唱。二曰赛高跻腿，扮演者至少须四、五人，装成男女各形状，插科打诨，至堪发噱。三曰打狮子，二人蒙纸糊狮子皮，一人作杰士状，手持三股钢叉，与狮子上下争斗，盘旋跳舞，颇为壮观。此灯节内游戏之大略也。

高跷会，杨柳青年画。

沘源县之闺阁游戏

一曰抬石头神。先备瓦罐一个，平面大石一块，麻绳两根，木杖一条，香九炷，表五张，同置灶神前。先以麻绳将石头缚就一套，再将木杖插于套内。焚香毕，将表烧于罐中，口内念咒数句，即将石放于罐口之上，二人抬之直走，罐亦随行。此理系借表之热力，将罐内空气逐去，故罐能粘于石头下。然妇女之作此戏者，则谓有神相助，故曰抬石头神。二曰请鳖姑娘。用杓子一把，擀杖一条，小儿衣服数件，札成如人形。置于阴沟旁，焚香叩首，念咒数句，二人抬至灶神前，以卜一年吉凶。或询以将来之富贵贫贱，问话时杓头若点动即为应允。三曰请七姑娘。与上法略相同。惟所请之地在粪堆前。尚有他种游戏，大约不外神怪之说而已。

江苏

南京采风记

市井丛话

宁垣风俗尚称淳厚。人民安居乐业，奉公畏法。惟固守旧习，不知开放。故工则墨守成规，无新奇之创作；商则利博蝇头，无企业之发展；富者乐居家园，乏远大之思想；贫者自鸣知命，无激昂之奋斗。此则宁人之弊病，不庸讳者也。至道路之不治，市廛之喧杂，在在皆当改革，笔难尽述。

宁地居民众多，实业不兴，无资本雄巨之公司，无出品丰富之工厂。以故无业游民，居大多数，闲居无俚［疑当作“聊”字］，则邀朋引友，茶楼评茗，说地谈天，借资消遣。城内各处茶寮，日见增加，而无不少长咸集，生涯茂盛。其富绅大贾，亦多有以茶寮为怡情遣兴之地，例于每晨或午后一往评茗，习为故常。茶寮生涯以夫子庙一带为最盛。是处接近秦淮，旧有贡院，今已毁其基址，改建商场，名为新市场，茶寮酒馆，为全城之冠。时有三五名花，点缀其间，男女杂坐，佳趣风生。故一般青年（即年事高者，亦复如是）趋之若鹜，钩蜂引蝶，大有上海青莲阁之风味也。

宁人复有一习惯，无事喜往澡堂闲坐。其为澡身者固无论矣，而一般社会交际，商家贸易，往往约定时刻，以澡堂为谈话之地。否则即在茶寮，一若舍此别无酬酢之方者。亦有富商大贾，于茶寮评茗之后，趋往澡堂躺卧多时（时在冬令，夏时则不然也），每日如是，以为快活。其中恶气混浊，有碍卫生，不之顾也。

宁地风气较他地稍为开通，而比诸苏、沪，则瞠乎其后。然风气愈开，风俗愈恶，成一反比例。妇女衣服，好时髦者，每追踪于上海式样，亦不问其式样大半出于妓女之新花色也。男子衣服，或有模仿北京官僚，自称阔老者；或有步尘俳优，务趋时髦者。至老学究之骨董衣服，新学派之西服革履，则各是其是，非局外人所能加以评论矣。

宁人有种种无目的之举动，即俗所谓凑热闹是也。如正月间，群往夫子庙，男女老幼，人山人海，拥挤不堪。其地亦无何游戏场足资游玩者，至其地者，不过肩摩踵接，步行一周，所谓人看人而已。他如正月十六日走城头，清明日登雨花台，亦倾城往游（详“岁时纪事”内）。种种无谓举动，而游者乐之不倦，殊不可解。

宁垣妓院林立，而以城南钓鱼巷一带为最。秦淮河内，花船小舫，首尾相接。每届炎暑之季，夕阳之时，一辈荷花大少，雇花船，挟妓女，放乎中流，听其所止。丝竹之声，皮簧之音，绕于云际。两岸珠帘半卷，红袖飘香，游客兴豪，夜以继日。至城内私娼，秘密操神女生涯者，亦不一而足。其下关一带，竟有妓女晚间在马路拉客者。官厅虽加禁止，亦不过具文耳。

城中高井一带，有所谓晓市者（俗呼黑市）。每日破晓时，有一辈贫人，各持种种旧货，置之道傍出售。而观客亦不乏人，盖以其价廉也。相传满清入关后，明末遗臣，家计益艰，遂将其家中器物，叫卖于市。以白昼羞为人见，故辄于破晓时交易焉。沿至今日，遂成习惯。惟其间售物者，颇有假作伪物，以晨光曦微，不易辨认，肆行欺骗。亦有鼠窃狗偷之辈，乘此时机出售赃物者。流弊滋多。

宁俗每逢时节，人家必互相馈送食物，谓之送节盒。命家中所雇之女媪致送，受者必赏以力金，谓之盒钱。所送除糕饼外，或应时果品，夏则水晶鸭，冬则盐鸭油鸡之类，往往由甲家送之乙家，乙家又送之丙家，丙家又送之丁家，甚有丁家复转送之甲家。辗转相馈，卒至鸡鸭腐臭不可食，徒使一般女媪，博得几许力金而已，诚无谓也！

宁省妇女有种种恶习。如每日傍晚时，多有倚立门外，观望来往车马行人，俗谓之跐门子。不独小家为然，即中上之家，亦往往如是，殊可怪也。又小家妇女，不理家事，常至远近邻家，镇日谈天。除食宿外，几无家居之片刻。往往议长论短，致生口角。此种恶习，俗谓之闯门子。

宁省妇女，有一种少见多怪之习。每闻街坊偶有喧声，则合家奔出观之。如婚事之铺嫁妆及彩舆，丧事之出殡，固在所必看，视为奇观者。即一种游街锣鼓，无谓之举，经过门外，亦必出观。故一般流氓，每于正月间，或逢神会，或届节期，辄聚多人，各执锣鼓等乐器，沿街道敲击，引人家妇女出观，以为笑乐。在流氓固其心可诛，在妇女则其愚可叹也。

宁省妇女，复有种种迷信。烧香拜佛，固所难免。此外如正月间城乡内外，无论贫富人家，必使游街之瞽者，一测算其命运，以占一年之休咎，为先事趋避之方。

于是瞽者乃簧鼓其词，谓某日有某星与某命犯冲，吓以灾祲，诱之解禳，索钱若干，谓之退送。他如平时疾病，遇有感冒、头痛、头晕等疾，则必见神见鬼，谓与家族亲戚已故者之某相遇。于是用箸三支，以碗盛水，立箸其中，淋水而呼死者之名。箸因水淋而直立，则谓果与鬼遇，乃焚香祷告。又小孩偶有疾病，则妄疑为于某地惊悸成疾，失魂某处。乃一人持小孩衣履，以秤杆衣之，一人张灯笼至其地，沿途洒米与茶叶，呼其名（一呼一应）而回，谓之叫魂。至若乡间有疾病者，每不知延医诊治，而从事所谓看香头、走阴差之举，更不一而足矣（详“江湖技术”内）。

岁时琐志

正月元旦至初五日，此数日中，每饭必先祀祖。亲戚友朋，互相贺年。虽民国改用阳历，十年以来，习俗未尝移改。元旦日例不扫地泼水，谓可聚财。

初二日，俗谓米娘娘生日。是日人家煮饭。亦有择吉，为一年中煮饭之第二［疑当作“一”］日。

初五日，为财神日，人家于初四日夜间，或初五日清晨，焚香燃烛，虔诚迎接，而以商店为最盛，且具牲醴，燃放爆竹。迎财后，即于是日开市交易。

初八日，为灯节。有闺女出阁者，送各式灯至婿家。最要者为明角麒麟送子灯。是时夫子庙、评事街两处，灯贩陈列各色纸灯，谓之灯市。

十五日为元宵节。晚间各家燃灯，并以元宵祀神祭祖。元宵节前后数日，城外下关有龙灯会之举。

十六日，士女均上城头，人多如蚁。俗传是日至城上行一周，可以驱除百病，谓之走百病。

二月初二日，俗谓龙抬头。有女出阁者，均于是日归宁。谚云“二月二，龙抬头，家家接女诉冤仇”。

三月初三日，俗谓荠菜花生日。乡间妇女均摘荠菜花插于鬓边，以为纪念。谚云“三月三，荠菜花赛牡丹。女人不插无钱用，女人一插米满仓”。

清明日各家扫墓。如有新丧者，必于春秋社前三日上坟致祭，焚化楮帛，谓之赶社。俗谓过社日之后，如不上坟，死者即为敲扑也。又是日有游玩雨花台之举。倾城士女，咸出南门，登雨花台，举国若狂。甚有远道而来者。人满山巅，如蜂屯，如蚁聚，而山上舍观放纸鸢，别无可游。且游人众多，出入城门，拥挤不堪，往往肇事。在昔虽有踏青之举，从未见人众如是。民国以来，此种举动，年甚一年，殊不可解。

四月初八日，俗传为佛祖生日。是日富家出赀买龟鳖及乌鱼放生，谓是日救一生命，能较平日作十万功德。因此前数日，无赖者多方网得龟鳖以求售。

立夏日，以豌豆煮熟作糕，坐于门槛食之，谓可止作事时之瞌睡。

夏至日，称人，谓可免疰夏。

端午节，饮菖蒲，作艾人，各处皆然矣。惟宁省各家，皆以清水一盂，入雄黄少许，鹅眼钱二枚（鹅眼钱，小钱别名，言其小如鹅眼也），合家大小，均以此水涤眼，谓之破火眼，一年可免眼疾。又将此水遍洒各处。女子带各色草花，谓之五毒花。绒制虎插于妇鬓，绸制虎形负于儿背，并以雄黄酒涂儿额上，作王字形。焚艾于室中，以杀蚊虫。午刻焚香烛敬神，亲友互相贺节。

十三日，俗传为关王磨刀之期，人家相戒不动刀砧。

六月初四日，俗谓荷花生日，凡有池塘植荷者，以纸作灯，燃之放于中流，以为蝦祝。

初六日，相传为晒龙袍之日。凡有藏书者，皆于是日晒书。

十一日，妓女有老郎会之举，俗传为老脸会。每年三次，正月、六月、十一月，皆在十一日。或谓所祀为管仲，以“女闾三百”故。或谓所祀为唐玄宗，以梨园子弟故。（《阅微草堂笔记》谓其为钟三郎，又谓中山狼）。会时诸妓极意修饰，陈设鲜妍，要求平日所欢者为之设宴张乐，谓之作面子。妓女名愈噪者，酒宴愈多。六月十一日之会为尤盛。灯红酒绿，丝竹嗷嘈。是时秦淮河一带，两岸则窗开水阁，鬓影衣香，河中则画舫灯船，往来梭织。五陵年少，意气自豪，一日夜之间，所耗不止中人产焉。

刺绣乞巧，选自《月曼清游图册》。

七月七夕，五更时谓有巧云见于天半，于是闺女皆乞巧焉。乞巧之法，于初六日取净水一碗，置日中晒之，夜露一宵。初七日清晨，折细草，取浮水中，视其下所现之影形状如何，而有种种名称，或戳子，或算盘，或针，或如意，或必定，牵强附会，以占休咎。七月朔，相传地狱门开放，鬼魂求食。各街巷于月望前后，皆延僧诵经施食，即所谓盂兰会是也。而西城清凉山，为地藏菩萨修炼之所。自月初起烧香膜拜，不绝于途。至二十五日以后尤盛，麾汗如雨，游人往来如蚁。各处皆设茶棚，以备烧香憩息之所。装潢之炫烂，陈设之华丽，无不斗胜争奇。至月杪俗传关山门，香火始已。

中秋节，晚间焚香拜月，小儿则以瓜果菱芡之类，供于中庭，供毕仍饱口福。是晚望子者，至夫子庙游后，过桥一行，谓可卜梦熊云。

重阳节，儿童皆食重阳糕。又以五色纸凿成斜角式，连缀成旗，竖之院中，以庆重阳。是时菊花大放，有茶肆招徕生意，用五色菊花堆迭成山，高下参差，颇有可观，动至数百盆云。

寺院施舍腊八粥，选自《中国迷信研究》。

冬至节，宁俗节期以冬至为最重，其次则新春。冬至日谓之过小年。凡工艺及学生均放假一日。谚云"冬至大似年，先生不放不给钱。冬至大似节，东家不放不肯歇"。

十二月亦称腊月，凡腊月逢八日谓之腊八，如初八、十八、二十八等日。有欠债者均须清理，其无力清理者，则百计弥缝。俗云"第一腊八犹自可，第二腊八急如火，第三腊八无处躲"。城内仓巷有卧佛寺，十二月初八日，必施散腊八粥。以米作糜，内置枣栗果仁，沿门散给，谓可得佛佑。然前数日，其方丈必领全寺僧人，身披红衣，手执钵盂，沿街化米，豫为煮粥之资料也。

二十三日，各家祀灶。用灶糖、灶糕祀灶神。又剪草为刍，撒豆作粮，用以祀焉。

二十五日以后，各家皆须祀祖敬神，谓之辞年。并有购纸马供之堂中，视为神之凭依即在是间者。（纸马系以红纸大张，上绘楼阁云霞之形，中坐神像，或财神，或玉皇，或关帝，或如来。）

除夕谓众神下界，又有独足神至人家床榻散病，是晚帏则必须早垂，以免受其侵害。又是夜接灶神回室，先置豆腐一块于釜上，俗谓诸神见是家唯有豆腐在釜，其家必奇贫，冀神生怜悯之心，次年佑之使富。殊可笑也。

婚丧礼俗

婚俗。婚俗繁文甚多，男女两家，各有种种缛礼，兹分述如下。

（一）关于男家方面者。

发草八字：凡男女两家，愿结朱陈者，先将女宅年庚，用粗纸书就，由冰人成双交男宅，压灶前香炉下。三日内家中平安，然后持就星家合婚。三日内倘有碎碗破甑之事，谓之不祥，即托言不合，将草八字退还。

传红：俗谓之下定。男宅婚既合，由双冰人转致女宅，择日传红。女家用泥金全红柬，书年庚八字交冰人（俗称大宾）送男宅。男宅报以金银茶果等物，普通为银一锭，金如意一支（俗称一定如意），果品四色或八色，如龙眼、荔枝、栗子、蜜枣之类，茶叶数十瓶百瓶不等。

送日子：男家欲迎娶，先将男女八字送星家诹吉，必使无冲犯、无刑剋之良辰，以全红柬上记新人沐浴宜何时，水倾何方，新人上轿何时，合卺何时，避忌何人，谓之送日子。

行礼：迎娶有期，约早十余日先为行礼，将所索之衣饰聘金鹅酒靴敬筵席，并有泥金郡名帖二付，又有泥金帖二付，上有红条，不写只字，同送至女家，请其书“允吉登嘉”四字携回，即无改易。

铺嫁妆：喜期前一日，女家将应有之奁具，丰简视家之有无，使挑夫（俗称马头）送之男宅，由伴娘为之铺设。

求亲：迎娶日午刻，新郎乘舆至岳家，谓之求亲（即亲迎）。舆马至岳家门时，必久久于门外，谓之捺性子。门既开，有长班高声赞礼，过一重门，作一长揖，至厅堂。新郎南面，主人北面，两大宾东西面，饮茶三次（俗名三道茶）。次至岳母房中小憩，岳母必嘱咐数语，然后以红封藏之胸际。次则至堂行礼，无论长幼平辈，均须拜见。临行时平辈又敬以酒（俗名上马杯），始令乘舆。

发轿：约申酉之时发轿，鼓乐齐奏，择年轻四人，手执一灯，随彩舆至女家，谓之迎亲。轿到门时，先放花爆，然后舁至厅堂。预请二妇人为搀亲，手持红烛，将新娘扶出，置一鞍子于前，使新娘跨之。新人头搭方巾，搀亲者扶新人立正中偏右，新郎立正中偏左，先拜天地，次拜祖先，再次交拜。地下铺红毡，不足则用梢袋，新人步于其上。使二童子执花烛，引新娘入房。若无搀亲者，即用红绿布二方，约长尺许，男女各引一端，相牵入房，谓之红绿牵巾。民国以来，礼从简约，多用马车。

作富贵：两新人入房，由伴娘扶之，盘膝坐于床头。男东女西，任人调笑，不言不动，约半小时，谓之作富贵。

合卺：坐床既毕，由厨室开小宴入房。仅设四座，正面两新人，旁坐两搀亲，必以新娘新郎杯中之酒，互相倾注，各饮二人以少许，谓之合卺。

开脸：次日黎明，两新人即起。伴娘以一瓯莲子羹进，使二人分食之。然后为新娘梳妆绞脸，谓之开脸。妆毕，伴娘引入舅姑及诸长房中请安。新娘不语一言，一切由伴娘代达，谓之闷声大发。

请会亲：第三日谓之三朝。男宅有于此日请会亲，如岳翁、妻弟诸人。每有一男丁，必有帖一付，不计能来不能来也。然岳家辞谢居多。迟日登门视女，使男家出其不意，免厚款待，谓之会亲。

煎豆腐：此即古人三日入厨下之意。先置豆腐厨刀于灶上，新妇至，卷袖露手，一手持刀，一手执豆腐，划开置之釜中。伴娘连作吉语曰："豆腐煎得黄，来年生个状元郎；豆腐煎得跳，新郎坐八轿。"

分大小：入厨后，复登堂行家庭礼，俗谓之分大小。自尊卑以及亲朋，皆受两新人参拜。受参拜后，各有所赠，谓之见面礼。

（二）关于女家方面者。

说媒：俗云"一家有女百家求"，然必年貌相当，门户相对，方能结婚。说媒者多以妇人说合居多，必先言定聘礼聘金若干。合婚后，男女家另择媒人，谓之大宾。

拜主亲：主亲，即大宾也。传红有日，女宅先拜主亲，届期盛筵款待。俗云："作媒作媒，三十六回。一著有不到，嘴巴子（即掌颊）垒垒。"以故饕餮之徒，贪其大嚼，辄乐此不倦也。

回盘：男宅行礼，衣饰聘金到门后，必筹所以回盘者。除翁姑新郎针线外，另回三代：腰带、钞袋、袜带。近今三代，只行二代，谓女家自留一代。俗例相沿，自为消长，而妇女之见，牢不可破，诚可笑也。

大开门、小开门：大开门者，舅子之靴帽也。小开门者，彩舆至女宅所索之开门钱也。

上头：喜日新娘必镇日眠。及彩轿到门催请，然后新娘起身，沐浴更衣。桌上燃大烛一对，梳妆穿带，则请年轻有全福之妇人为之，谓之曰上头。妆毕，由厨房送饭一碗，就妆台上使新娘食之，极口中之所容，不啮不咽，复吐出，以红纸包之。一半置于母家米柜，一半交伴娘带去，置男家米柜。不知是何取意。

代嫁饭：出阁有日，诸亲朋争制净洁肴馔，以相馈送，谓之代嫁饭。

三请三邀：男宅彩舆来，另有三请三邀帖六付，次第投进。新人上头毕，由父兄抱之上轿，另请少年四人，随轿走送，谓之送亲。半途即回。新人临行时，必纵声大哭，俗谓不哭即不发。彩轿至男宅，入门时，新娘必力仰其首者三，俗云以后可以抬头。

暖位：新人既行，此位必有人严守，不使人坐，恐夺秀气。所怪者，沐浴上头，烛均燃之不息。位旁置一脚炉，上烘新人脱下之鞋，谓新人至男家脚气方好。

元饭：女出阁之第三日，母家即备糯米饭一瓷瓯，鲢鱼两尾，肉饼一盘，送至男家。外具各色针黹多件，分献翁姑尊长，以为贽见之礼。谓之三朝盒。

送夏、送冬、送灯：此系富而好礼者方有之。女出阁后，逢第一夏日，即送婿与女各纱罗之衣。第一冬日，即送炭基火盆手炉等。逢灯节送各式新灯。

丧俗。宁俗丧礼有种种迷信手续，兹详述如下。

烧轿马：亡者病笃，即预备纸扎轿马各一事。易箦即避帐，于门外焚轿马，谓亡者至阴司，即不至徒步以行。

易衣：富者以绸绫之衣十二件，贫者以布衣七件，有官职者则用礼服（在清时即朝服朝冠、蟒服翎顶以殓；女则凤冠霞帔，视夫之品级为高下）。

打狗饼：俗传人死必经恶狗村，故易衣后，必以龙眼七枚，悬于手腕；或以面作球亦可。俗云持之可御恶狗之噬。

招魂幡：死后必以极稀之丝绢一方，藏于亡者胸际，殓后取出，挂之灵幡。俗云可以招魂归来也。

择七单：以亡者年庚及气绝时日，命星者推算，择入殓之吉时，避冲犯之方法。偶一不慎，即犯重丧恶煞，最为不祥。故宁人视之极为重要。

入殓：届时亲人均须环送，即将亡者舁入棺内。棺内诸物，为黄土、石灰、炭屑、雄黄、衾、褥、被、鸡鸣枕、脚炭、纸卷。棺外诸礼节，为兜中、暖肩、分金、收钉、上凳、安位、叫好、正荐魄［魂］幡。

成服：亡者死后三日或五日，全家易凶服。凡有戚畹，均于是日吊唁。富家则铺张扬厉，张燕奏乐，悬挂灯彩，设置诸仪节，为丧篷、吹鼓亭、门吹、门鼓、云板、材吹等等。

作七：每逢七日设盛馔以祭，如有女已嫁者，必于六七日致祭。俗云："六七不食自家饭。"富家则延请僧道，礼忏讽经，以求冥福。

题主：亡者木主，必请当道之显者题之。相传此日为亡者之吉日，故全家均著吉服，鸣炮奏乐，灯彩摇红，见者若不知其为丧事也。俗谓之点主，又谓之在堂，贫家即自书点，谓之求主。

治丧：约在点主后三四日，其奢华较成服尤甚，其仪制亦与成服略同。来吊唁者，均赠赙为奠，孝子惟匍匐灵右答礼，别延相知者应接宾客，谓之司宾。

家奠：治丧者，使外姓之人来吊。家奠者，使族中之人行礼。是日虽贫家亦延僧徒诵经，以求超度。

发引：又谓之出殡。羽葆纷繁，鼓乐导引。丧仪盛者，数十人数百人不等。其仪节则有诰命亭（有职官者）、开路神（赤发蓝面）、方弼方相（身高丈余）、大人（俗呼呆子）、五兽（青狮、白象、独角兽、金毛狲花豹。身躯笨重，下有辘轳，曳之以行）、扬人诵人（身著呢袍，头带暖帽）、杨柳雪柳（以白纸剪成）、铭旌（高四五丈，以红绸书死者爵衔姓氏享年若干）、粮饭亭（七七设祭日，取饭少许置瓶中，发引日移于此亭）、彩凉床（上幂彩布，中悬影象）、影亭、影轿、十二月花神（皆女妆束，手中各持一花）、衔牌、仪仗、僧道。民国来多有增用军乐者。最后则用五彩绸罩棺，谓之棺罩。亲故知交，要于途中设祭，谓之路祭。出城择寺院稍憩，谓之解杠。

镇堂：材既出门，置米一斗，上插尺一、秤一、镜一、剪刀一，秤上挂历本，旁置炽火一盆，谓之镇堂。

安葬：先请堪舆家择定吉地，命圹主掘一深坑，谓之打金井，再择吉时安葬。入穴诸仪节，为定向、暖坑、分金、安位、叫好、兜金、斗宝、掩土。

复山：圹既成，三日后必再临视，设祭哭奠，谓之复山，又谓复三。

神会迷信

（一）茅山会。茅山在句容县西南，上有三茅宫，相传有茅氏兄弟三人，修真于此，而得道焉。正月中，烧香者无间远近，趋之若骛。各乡合数村结为一会，以小木龛为佛龛，龛高约一尺五六寸，广约一尺余，制作屋宇形，雕刻精细，镂金错彩，中坐五七寸高神像。龛前伸小木二，一人负之于肩，随者执锣鼓铙钵，镗镗于后。亦间有旗伞者，游行街市。正月望前，每日均有数起。每人身负黄色布囊，上书“朝山进香”四字。

（二）东岳会。东岳庙在南门城外。三月杪日，为东岳诞辰，好事者遂舁神出巡，谓可以消灾弭患。于是城内各业，各结一会，旗伞灯牌，抬阁秋千，百出其奇，争巧斗胜。舁出之神，有东岳及其夫人、韦驮、善报司、速报司、财神等。更有无知男妇，身披红衣，手带镣铐，扮作罪人状，随于神驾后。盖皆病时许愿于神前也。又有四五岁七八岁之小儿，装作剧场之武小生、武三面、武老生等，腰悬利刃，手执杭扇，指套钻戒，胸挂金表，异样精彩，耀人眼目，手叉两腰，躯干矗直，耸立于大人之肩，毫无倚侧惧怯之态。又有业骨董者，聚极昂贵之玉器珍玩，制一精巧玲珑之担，罗列陈设，价值甚巨，使精壮练习之少年挑之，手不扶掖而叉于两腰，行步如飞，而不倾仆，以示技艺而耸观瞻。此两种尤为会中之特色。

（三）善司会。善司即都天神，主瘟疫，蓝面赤发，狰狞可畏。庙在城西骁骑营。

于三月内出送，云每年出会一次，可去疫疬之患。

（四）城隍会。邑庙城隍，俗谓故信国公文天祥。每年有出巡三次之例，清明日、七月望、及十月朔。相传明季郑成功占据台湾时，由吴淞口直入长江，势如破竹，所向披靡。直至芜湖，始为两江制府祁如虎设伏于金陵神策门，要而击之，死者数万，成功狼狈遁去。自是以后，神策门外，冤魂怨魄，聚而为厉，数十里内，十无安堵，必使城隍至其地亲祭之，其祟乃止。由是一年三次，遂沿为长例矣。

（五）大王会。神为黄河福主金龙四大王。此会主事，为水西门及旱西门外船户为多。每年九月间，例出巡一次。近年因香火衰微，无力再举矣。

（六）拜香会。七月杪为地藏王诞辰，迷信者创为拜香会。或因己身有病，或子女为父母、或妻为夫病，至庙中许愿。病愈后，至七月时斋戒沐浴（女人则发辫解散），身著罪衣罪裙，手执小凳，凳端燃香一支插之，自家中拜起。拜十年者则十步一拜，五年者五步一拜，三年一年，均随其所许而拜。

逢场局戏

（1）摆棋势。夫子庙、朝天宫等处，皆设有棋桌，无事者辄借以消遣。有所谓摆势者，将象棋红黑二部，摆成残局，骤视之似无生路，而不知二部皆有生机，胜负未可预卜，一着失算，其负立见，往往以此赌胜负。

（2）敲五音。在昔夫子庙有之，今未曾见。其法于纸条上书古诗一句，或五言，或七言，将诗中除去一字，写五字于旁，下写一字，用纸筒掩蔽，任文人之推敲中者以一得三，亦赌中之别开生面者也。

（3）红黑筹。年节时，有一种人用竹筹二根，一涂红，一涂黑，使赌者易于认视。持此红黑二筹于手，反覆颠倒，押红则抽出是黑，押黑则抽出是红。贪小利者，未有不落其圈套也。

（4）数莲花。七月半作盂兰会，延僧施食。好事者杂以数莲花四五人，团团围坐，将古今事实折道出一人唱之，众皆和于尾一言，高声连曰："一枝莲花，一枝莲花。"

（5）说黑话。人家有喜庆事，每招能口技者一人，于黑暗中用布围之，作男女老幼声、笑声、哭声、怒骂声、鸡犬声、鼠声。声声酷似，并同时数种声音并作，但闻其声，而不见其物，谓之说黑话。

（6）木人头。古称傀儡，其貌毕肖，其形缩小，衣举冠动，与优伶无二，令人忘其为木偶。往者新年时见之，今夫子庙有以此演戏者，谓之吊戏。

（7）白曲。狎游青年之子，好唱小曲（亦间有京调者），并非以此为业。每届人家喜寿事，招之即至，只须供饮食，不取金钱，故谓之白曲。

（8）丝弦。亦名清音，弹唱时不用大锣大鼓，共三四人，有男有女，均系瞽者。有喜寿事家，常雇以为乐，谓之曰丝弦。

（9）打春。季冬之际，乡人手持一小锣，帽旁插一公文，一似奉官而来者，口中作种种吉语，借此向人家索取钱文，谓之曰打春。

（10）别棍。赌具纸牌也。共一百零九张，四人赌之，首家十张，次家九张，一色为上，杂色次之。此为昔时闺阁消遣品，今则风行麻雀、扑克矣。

（11）十糊。亦纸牌也。共一百二十五张，有荤素之别。二至八条饼万，谓之素张；一至九条饼万，及驴子、千子、枝花、谓之荤张；仁义礼智信，谓之五星。四人赌之，轮流一人作洗，以为休息。首家三十一张，余均三十张，牌不圆而糊，虽多不赢，牌圆而十糊则赢矣。此种赌具，惟年事高者及旧派妇女喜为之。

江湖技术

（1）敲铁板。星相家遨游市上，瞽者居多，手持铁板一块，连敲七下，响声震耳，与弹弦者不同，亦算命中之怪象。

（2）摇串铃。江湖中人，持一物如圆形，中空而有胆，作声震耳，自言能为人医病，活人无算。实则脉理药性，一无所晓，徒以骗人金钱为目的。

（3）牵雀算命。有一种江湖者，左手持雀，右手持盘，盘中安排十二畜。问吉凶者，将八字（即人之生辰）报明，雀即于盘中牵出，丝毫无讹。其知者以为平日教成，不知者以为奇验非常也。

（4）鬼谷数。馆设城内三坊巷。亦瞽者流，问病之吉凶，先将铜钱五枚，手摇倒出三次，再用黑牌摸推，即知病者家中之何物作祟，莫不奇验。

（5）走阴差。俗云人死必有阴差来引，而阴差非阳差领入不可。有一种奸猾妇人，自谓在冥受此阳差职分，往来冥路。人家有久病不愈者，每延请若辈，赴阴查察之。或睡于床，或卧于地，佯为死去，勿令人摇动。一小时后而醒，谓之还阳。睡时信口开河，胡言乱语，而乡愚常信以为真。噫，可笑也夫！

（6）看香头。无知愚妇，捏名仙姑附体，插一股香于炉中，视香头之长短，卜病症之吉凶，信口胡言。或云有冤鬼缠身，或授以药方，猥鄙不堪。乡愚有病，往往不知延医诊视，而听信此辈之妄语，乱投药饵，虽至死不悟也。

（7）管灵哥。阴阳相隔，本不能通，业此者自谓有樟木神，能介绍已死之魂，与生人接谈。喉间作声唧唧，闻者不明，必须其为之翻译，方能明了，谓之管灵哥。妇女多迷信之。

（8）捉魂。病者寒热久而不住，医药罔效，俗谓失魂之故。延请巫人捉之于旷野间，见一虫豸，斯即病人之魂，捉归掷病人床，喃喃数语，病起则有功，病败亦不任咎。此种迷信，惟乡间有之。

(9) 白日串。有一种人，衣裳楚楚，似上流社会中人，而不知阴为无形之贼。或于人家，或于客栈，见人时则伪为寻友，不见人时，则窃取财物，谓之曰白日串。

(10) 扑灯蛾。此偷儿之别称。每于黄昏时，乘人不备，阴入人家，藏躲空屋中，一试鼠窃狗偷之技，谓之曰扑灯蛾。又于清晨闯入人家，窃取财物者，谓之曰露水鬼。

(11) 告地状。穷苦无依，席坐于地，用布以蒙其面，张一纸于地。或书其履历，或诉其冤枉，欲使仁人君子代伸其说，以为猎取金钱捷径，谓之曰告地状。

(12) 掉包。一人伪失物于途，佯为不知，一人见而拾之，一人从旁窥之。拾者遂仓皇失措，先向旁观者摇手，示以勿声，继而曰："包中物与子分之。"当时将包开视，果金银首饰绸绉衣服也。分则恐起争端，不如贱价以售于人。未有见利而不贪者，因有第三者罄腰中钱以予之。还其家开视，皆伪物也。返其处则其人已杳如黄鹤。此种骗局，常有所闻。

(13) 剪绺。一名扒手。各地皆有，惟在宁者尤神乎其技。或于轮船火车上下之时，或于热闹场中，趁人多拥挤，一试其妙手空空之技。佩衣挂件，及衣袋中物，霎时间皆可不翼而飞，谓之曰剪绺。

(14) 圂巴。有一种赌棍，专以局赌为生活。或冒充巨富商人，宦家子弟，一掷千金，在所不惜，于酒肆妓院中百般引诱。至入局后，即施翻天印、倒脱靴之术。受其骗者，莫不荡产倾家，谓之曰 圂巴。

人品绰号

宁俗好以绰号呼人。暴富人家，皆有绰号。如王豆腐，即其家曾业豆腐也；蒋驴子，即其先有人赶驴子也。类此者甚多，不可历举。此外就流品而呼人绰号，亦不一而足，试缕述之。

尖头棒。不循规矩，任事占人便宜者，俗谓之尖头棒。

白马蚁。一事无成，毫无技能者之称。

鳅打混。终日不作一事，游手好闲者之称。

大脚三。有一种大脚妇女，而步履轻飘者，游荡者谓之大脚三。

吃白食。有一种人，逢人家有喜寿事，即往混食；或任人嘲笑，专贪口腹，而不为东道者，俗谓之吃白食。

篾片。此言一种无品之人，投其所好，不抢他人之意思，借此沾取他人财物。所谓篾片者，言其善于刮也。

桃干。儿童在人家店内学徒，未终局而逃回家中，躲避不面者，俗谓之桃干。盖桃与逃同音也。

香瓜。凡乡人初次进城，不知事理，不知人情，俗谓之香瓜（香与乡同音）。

流尸。即流氓之别称。以敲诈为生活，遇事生风，不知情理，俗谓之流尸。

时髦子。有一种人趋赴宴会，不能久坐，半途逃席，一似另与他人作约者，俗谓之时髦子。其服尚趋时者，人亦以此名之。

机包子。此本为织缎匠人之称。俗见人短衣缩首，每谓之机包子，言其品相不善也。

土匪。自光复后，人多呼妓女为土匪。其意盖因土匪为抢取财物者，妓女亦以金钱为目的，其敲竹杠亦等于土匪也，故名。

牵马。男女秘戏结合，而有人为之穿针引线者，谓之牵马，即开设台基者之别名也。

吃仙鹤。赌局之人而外，其与之共饮膳者，谓之吃仙鹤。其义等于吃白食。

尿儿鬼。有一种悭吝之徒，出手及手，凡事但求俭省，不肯错用一文钱者，俗谓之尿儿鬼。

焦尾把。老而无嗣，待人又苛刻，人因从旁詈之曰焦尾把。

避忌笑谈

宁人早出，最恶见尼姑，见之则以为大不祥。

清晨闻鸦鸣，以为不祥，默诵“乾元亨利贞”五字七遍，谓可解禳。早间最忌对人说梦字，有不慎而误道者，人必掩耳而走。

入茶社饭肆饮食，三人一桌，如空一位不坐，谓之关门坐，为肆主所最忌。

凡入店铺购物，设将一足跷于门槛，为铺家所忌，见必呵斥。

晚闻鸡鸣，谓有火警，以为不祥。

狗作怪声，谓之狗吠，主凶丧，必逐出之。

有不识者，乞取火柴，或杯水，必靳不与。盖恐为术者，防其暗算也。

清晨对人作呵欠，人必不愿意。

至人家吊丧，若迟至午后，谓之收鼓槌，以为不吉。

送人出殡，若到时稍迟，而灵柩已经起行，则为大不祥，谓之赶棺材不上。

逢年节时，讳言死字，如购得死鱼死鸭之类，则曰文鱼文鸭。所谓文者，言其不动也。年节时遇亲友丧事，趋往吊奠后，归家时，必先入寺院一行，恐有鬼祟相随也。

宁俗人家讳言狐。家中有狐者，每逢朔望焚香敬祝，且呼之曰老太爷。

于厨房中忌骂人恶语，恐触怒灶君也。

病者延医诊视，药方必正折；如反折则谓药与病反，不得功效。又药渣必倾于门前，谓之投门。

年节及有喜寿事时，如破碗碎瓯，以为大不利。

食品琐录

（1）烧鸭。举叉火炙，皮红不焦，味香可口，谓之烧鸭。

（2）盐水鸭。淡而脂，肥而不浓，初春及仲秋时，最为上品。

（3）板鸭。冬日盐渍日久，呼为板鸭。远方人喜购之以为馈献，居家者亦多备办，以为除夕元旦之用。其煮法，先将鸭用冷水泡二三小时，置釜中沸水煮之，数分钟后，提出于冷水中浸之（名曰洗澡），再置沸水中煮，数分钟后复提出浸于冷水。如是者三次，然后置釜中文火煮之，半小时即透。

（4）桶子鸡。味鲜嫩，与初春盐水鸭同，为冬时之珍肴。

（5）四件。将鸡鸭截其翼足，探其肫肝，零售之，名为鸡四件或鸭四件。

（6）杂碎。将鸡鸭腹中所有之件，葅而沽之，名曰杂碎。

（7）熟切。取猪豚蹄舌尾肠肚，入釜熬陈久之汁，浸之烹之。肉店于晚间列案，零切售之，谓之熟切。

（8）罐肉。取猪肉数斤，置诸小缶入水满之，纳于爨火中，与饭同熟，谓之罐肉。南门桥饭铺中皆具，以供往来行旅者也。

（9）发糕。民间年节祀神及乔迁多用之。取麦粉揉糖为圆式，蒸之，堆迭数层，谓之发糕。

（10）山楂。产于清凉山麓，用线穿之如数珠式。七月杪地藏会，儿童竞购食之。

（11）贴炉面筋。取麦麸揉洗之成小团，炙以火，张其外而中虚，谓之贴炉面筋。旅客购回以为馈赠品。

（12）干丝。此为茶社小品。取百叶干片缕切之，浸以酱汁，点以生姜丝。厥味清腴，南门贵人坊、观音庵僧善制之。

（13）梅豆。一名状元豆。儿童最喜食之。取黄豆以饴糖、红曲煮之，搀以梅子，其色红，味极鲜妍。正月间茶肆皆以之供茗饮。

（14）甑儿糕。削木如小瓶，实籼糯米粉于中，递蒸之使融。人家小儿哺乳不足，每购此糕喂之。

六合之婚礼

婚礼有亲迎，俗废已久。大都币聘既纳，婚者于将娶前数日，具帖往拜诸亲，谓之告成婚礼。诸亲亦即各以仪物馈贺。子女将嫁前数日，亲族以酒馔相邀，谓之待嫁。随以衣奁等物相馈。先一日亲朋聚饮婿室，名为煖房。至期婿家彩舆相迎，灯乐前导，宦家或杂以仪卫，民间止引以花灯。是夕，婿家延请亲友，先舆往女家，曰迎亲。女家亦延亲族，随舆至婿家，曰送亲。次晨，女家送茶果糍糕等物，谓之开门茶。傍午，送酒食肴馔，谓之熟饭。三日后，迎婿女归，名曰回门。亦有迟至满月者。其宴会丰俭，各随贫富，此大略也。

六合之丧礼

丧礼多遵古制。殓后，即具讣文，以告亲友。间有缞服自往告者。亲友闻讣，往唁。继以酒果。至四十九日乃止。讣状载明奄丧之期。奄丧，即不受吊。以孝子或无兄弟，或多事务，不能日日俟宾，故便宜以从俗也。葬无定期，预数日开吊，亲友各赙以吊仪，谓之助丧。昔起于诸生胡大观，今已通行一邑矣。发引日，用僧乐挽歌，以导輀车，亦有陈列纸帛人物、祭章、亭幔，及用方弼、方相者。自初丧以迄终葬，其间或用释道看经礼忏，则各随民便，礼不能禁。

六合之祭礼

岁时有祭，忌日有祭，富家有庙，贫家第设主而已。祭祀之品仪，亦随家之贫富以为丰俭。

六合之岁时

元旦。迎喜神方向，各庙烧香，男女皆盛服，展拜于庭。为酒食以待亲邻，交相拜跪，友朋则多以名刺相投矣。

上元。先数日，鬻灯于十字街，拥塞道路。于十三日起，比户张挂门灯，为鳌山牌坊及灯谜，以供游人猜戏。又为龙虎狮豸各种彩灯，竞相擎举，鼓乐喧阗，往来街巷。姻戚则以元宵酒果，互相馈送。至十六日落灯，夜静，妇女出游，携瓦罐，抛弃于桥梁之畔，以为禳病云。

社日。自城市以及乡村，各醵金具酒醴鸡豚，以祀土神。祀毕，群享祭余，乡邻欢聚，名为社会。

清明。插柳于门上，男女或簪之。祀祖于家，祭扫于墓，插陌钱于墓上。或具尊罍果核，踏青郊外。小儿竞放纸鸢。县知事主祭厉坛于北郊，命属官赍文请城隍神监坛。民俗即具鼓乐、盛仪卫以迎送。至三月二十八日，俗以为东岳帝君诞日，演剧建醮，亦具鼓乐，盛仪卫，舁神舆遍游四境。

五月朔日。民间即互馈角黍。龙津桥上下河内，群造龙舟竞渡。士民灯舫画船，箫鼓竟夜。五日，饮雄黄酒，插蒲艾、榴花于瓶盎，小儿系彩线臂上。是月十三日乃关帝诞辰，官民祭享，演戏建醮，龙舟游舫如五日。

六月六日。俗皆曝书籍衣帛于庭。母家熟腊肘，市花红，以馈其女。

七夕。幼女陈瓜果，穿针乞巧，至夜分不寐，候盼彩云。

十五日。家祀祖先，官祀厉坛，如清明节。里巷为盂兰灯会，乡民女皆于是日归宁，以为此后即各勤农事矣。

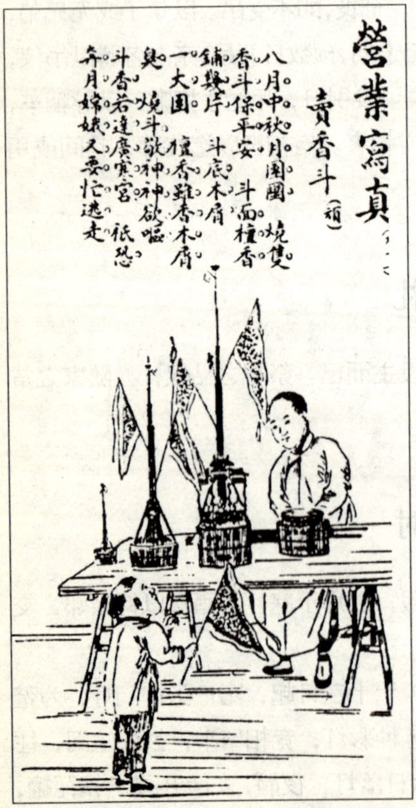

卖香斗，选自《营业写真》。

中秋。家家以菱、藕、蹲鸱、糖饼相馈送。夕则陈以祀月。祀时所焚香，其制周围尺余，高四五层，或六七层不等。以上渐锐形如塔，最上层裁纸为斗贯其上，斗旁插小旗二，谓之斗香。乡村愚妇，有夜分私取园瓜，谓之摸秋，以兆生子。小儿垒瓦片为塔，燃灯其中，鸣锣击鼓，绕塔以戏。

九日。食糕佩茱萸，竞载酒携螯，作登高会。

十月朔。祀先祭墓，官祀厉坛，如清明。

冬至。民间祀祖，渔家拜贺燕饮如元旦。

腊八。食粥，以诸果杂谷为之。

祀灶。或廿三日，或廿四日。祀以茶果糖点，亦有用鱼酒者。剪草杂糟豆，以饲灶马。先数日，卜吉扫舍宇。

除夕。祀众神家庙，换桃符、宜春字。劚五色纸，为钱及花卉人物状，杂粘于门壁间。至晚，以松竹为灯盆，合家团坐欢饮，谓之守岁。家长以钱遍给家人，谓之压岁钱。

夜分，祀井。昧爽，设祭品迎灶。是夜爆竹响达旦。

镇江奇俗之一端

旧历十月朔，为入冬之第一日。镇江是日，无论贫富人家，咸不食米饭，另用红豆与糯米煮饭，名曰红豆饭，合家咸须食之。未食前，先置一碗于桌上，谓给苍蝇饱食。蝇饱食而痴，即不致再相扰害矣。食毕，观城隍神会。俗传是日城隍出巡，意在收鬼。故愚夫愚妇，见偶像前过，噤不作声，惟合十默祝神佑。亦可哂也。

吴中岁时杂记

正　月

挂喜神。新年比户悬挂祖先画像，具香蜡、茶果、粉丸、糍糕，肃衣冠，率妻孥以次拜。或三日、五日、十日，上元夜始祭而收之。至戚相贺，或有展拜尊亲遗像者，谓之拜喜神。

放鞭炮，选自清郎士宁《岁朝图》。

上年坟。携糖茶果盒展墓，谓之上年坟。

飞帖。贺年有不亲往，而遣僮仆投红单刺至戚若友家者，答拜者亦如之，谓之飞帖。

开门爆仗。岁朝，开门放爆仗三声，云解疫疠，谓之开门爆仗。

欢喜团。围炉中烧巨煤墼，曰欢喜团。凡岁朝届元宵而止。吴谷人祭酒《新年杂咏》小序云："欢喜团，杵炭屑而范之，上下合成，圆而有扁势，炭墼之巨族也。除夕，取以埋炉，置寝室中，谓之欢喜过年。"诗云："开炉重得彩，余喜复余欢。火色明通夕，春光聚一团。几人先附热，举室不知寒。笑指青红意，还将儿女看。"注：俗指小儿女之称意者，亦日欢喜团。吴人亦有此口号。

黄连头叫鸡。献岁，乡农沿门吟卖黄连头叫鸡，络绎不绝。黄连树，村落俱有，其苗可食。乡农于四、五月间，摘取其头，以甘草汁腌之，谓小儿食之，可解内热。吴谷人祭酒《新年杂咏》小序云：“吹鸡，揭竿缚草，以处鸡群，口衔箭管，巡街吹卖，其音曰哺哺哺，故名哺哺鸡。”诗云：“晓日一鸡唱，春风正满闾。居然生羽翼，大要借吹嘘。功岂养成候，声疑伏卵余。儿童能起舞，壮志定何如。”

看风云。农人岁朝晨起，看风云以卜田事。谚云：“岁朝东北风，五禾大熟；岁朝西北风，大水害农功。”

秤水。自岁朝至十二日，以瓶汲水，秤其轻重，以卜岁中水旱。自元旦至十二日，当一岁之月，重则其月多水，轻则旱。

烧十庙香。郡县城隍庙及本里土地诸神祠，男妇修行者，年初皆往烧香，必经历十庙而止，谓之烧十庙香。归必炷香于家堂司命诸神之前，曰回头香。

年节酒。元旦后，戚若友递相邀饮，至十五日而止，俗称年节酒。范来宗《留客诗》云：“登门即去偶登堂，或是知心或远方。柏酒初开排日饮，辛盘速出隔年藏。老饕餍饫情忘倦，大户流连态怕狂。沿习乡风最真率，五侯鲭逊一锅香。”又蔡云《吴歈》云：“大年朝过小年朝，春酒春盘立见招。近日款宾仪数简，点茶无复枣花挑。”

小年朝。正月初三日为小年朝，不扫地，不乞火，不汲水，与岁朝同。

接路头。正月初五日，为路头神诞辰。金锣爆竹，牲醴毕陈，以争先为利市，必早起迎之，谓之接路头。蔡云《吴歈》云：“五日财源五日求，一年心愿一时酬。提防别处迎神早，隔夜匆匆抢路头。”是日，市估祀神，悬旌返肆，谓之开市。

看参星。正月初八日，昏时看参星占岁中之水旱。谚云：“参星参在月背上，鲤鱼跳在镬橄上。参星参在月口里，种田种在石臼里。”又以是日参星之隐见卜上元日晴雨。谚云：“上八不见参星，月半不见华灯。”

斋天。正月初九日，为玉皇诞辰。元妙观道侣设道场于弥罗宝阁，名曰斋天。酬愿者骈集，或有赴穹窿上真观烧香者。蔡云《吴歈》云：“七日为人八日谷，谁祈人寿谷丰登。惯闻九日朝天去，香市穹窿第一层。”

点灶灯。正月十三夜，悬灶灯于厨下，凡五夜，至十八夜止。十三日为试灯日，十八日为收灯日。

爆孛娄。乡农以糯谷入焦釜，老幼各拈一粒，曰爆孛娄，谓卜流年之休咎。

春饼。春前一月，市上已插标供买春饼。居人相馈贶。卖者自署其标曰“应时春饼”。

圆子油锤。上元，市人簸米粉为丸，曰圆子。用粉下酵裹馅，制如饼式，油煎曰油锤，为居民祀神享先节物。

走三桥。元夕，妇女相率宵行，以却疾病，必历三桥而止，谓之走三桥。

元宵节娱乐，选自《华夏之路》。

闹元宵。元宵前后，比户以锣鼓铙钹，敲击成文，谓之闹元宵。有跑马、雨夹雪、七五止三、跳财神、下西风诸名。或三五成群，各执一器，儿童围绕以行，且行且击，满街鼎沸，俗呼走马锣鼓。范来宗《锣鼓》诗云："轰连爆竹近还遥，到处喧阗破寂寥。听去有声兼有节，闹来元旦过元宵。太平响彻家增乐，开道声稀巷转嚣。取次春风催劈柳，卖饧时近又吹箫。"又有无名氏《闹元宵》乐府云："童儿放学店未开，家家锣鼓喧如雷。新年风物幸无事，买得元宵灯未试。夹雨夹雪七五三，更将走马为练骖。迎春既过复迎喜，爆竹烧残闹方已。更缚风鸢一尺长，街头又看东风起。"

三官素。上元、中元、下元日，为三官诞辰。俗以正、七、十月，朔至望日，嗜素者谓之三官素。或以月之一、七、十日持斋，谓之花三官。

接坑三姑娘。望夕迎紫姑，俗称接坑三姑娘，问终岁之休咎。妇女又有召帚姑、针姑、苇姑，卜问一岁吉凶者，一名百草灵。乡间则有祈蚕之祭。

验水表。正月十五日夜，月明时，立一尺五寸之表于地，至夜子正一刻，候之以卜旱涝。

二 月

元墓看梅花。邓尉在光福里，去城七十里，因后晋青州刺史郁泰元葬此，又名元墓。山人以圃为业，尤多树梅。暖风入林，元墓梅花吐蕊，迤逦至香雪海。红英绿萼，相间万里。郡人舣舟虎山桥畔，幞被遨游，夜以继日。沈朝初《忆江南》词云："苏州好，鼓棹去探梅。公子清歌山顶度，佳人油壁树间来。元墓正花开。"

惊蛰闻雷米似泥。土俗以惊蛰节闻雷，主岁有秋。谚云："惊蛰闻雷米似泥。"若雷动于未交惊蛰之前，则主岁歉。谚云："未蛰先蛰，人吃狗食。"

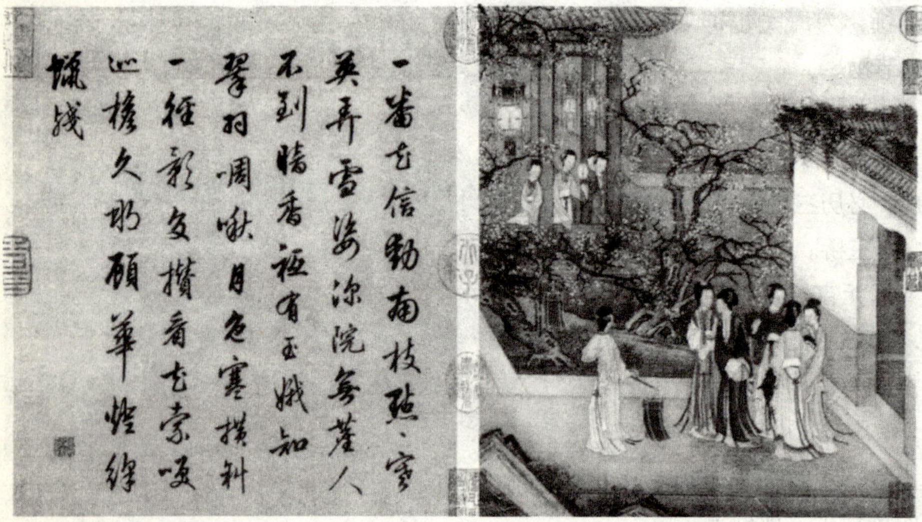

寒夜探梅，选自《月曼清游图册》。

掌腰糕。二月二日，以隔年糕油煎食之，谓之掌腰糕。蔡云《吴歈》云：“二月二日春正饶，掌腰相劝啖花糕。支持柴米凭身健，莫惜终年筋骨劳。”又徐士鋐《吴中竹枝词》云：“片切年糕作豆条，碧油煎出嫩黄娇。年年掌得风难摆，怪道吴娘少细腰。”

冻狗肉。二月初八日，为祠山张大帝诞。相传大帝有风山女、雪山女，归省前后数日，必有风雪，号“请客风，送客雨”，虽天气甚温，又必骤寒。俗有大帝吃冻狗肉之谚。

百花生日。二月十二日为百花生日，闺中女郎，剪五色彩绘，粘花枝上，谓之赏红。

二月十二。土俗以十二日天气清朗，则百物成熟。谚云“有利无利，但看二月十二。”

观音生日。二月十九日，为观音诞辰。士女骈集殿庭炷香，或施佛前长明灯油，以保安康。或供长幡，云求子得子。既生小儿，则于观音座下，皈依寄名，可保长寿。僧尼建观音会，庄严道场，香花供养。妇女自二月朔持斋，至是日止，俗呼观音素。六月、九月朔至十九日，皆如之。

观音山香市。观音诞日，有至支硎山朝拜者，望前后已联缀于涂。马铺桥迤西，乃到山路也。人多赁坐竹舆，资以代步，不帷不盖，两人肩之以行，俗呼观音山轿子。

木林柴。观音山人以枣栗诸木，作盂碗葫芦之属，或以寸木作妆域，上覆如笠，下悬如针，旋转为戏，俗呼转盘图。又以柳木片胶粘作小舫，为小儿玩物。俗有“乖乖乖，观音山罢木林柴”之谣。

老和尚过江。二月二十八日，为老和尚过江，必有风报。若吹南风，主旱。

神鬼天。清明前后，阴雨无定，俗呼神鬼天。或大风陡起，黄沙蔽日，又谓之落沙天。蔡云《吴歈》云：“劈柳吹花风作颠，黄沙疾卷路三千。寄声莫把冬天当，耐过一旬神鬼天。”

春台戏。二三月间，里豪市侠，搭台旷野，醵钱演剧，男女聚观，谓之春台戏，以祈农祥。

解天饷。春中，各乡土地神庙，有解天饷之举。司香火者董其事，庙中设柜，收纳阡张元宝，俗呼钱粮。凡属境内居民，每户献纳，一付、十付、数十付不等，每完一付，必输纳费制钱若干文，名曰解费献纳。稍迟则遣人于沿街鸣锣使闻，谓之催钱粮。有头限、二限、三限之目。盛设仪从鼓乐，载车马，舁神至穹窿山上真观，以钱粮焚化玉帝殿庭，为境内居民祈福，名曰解天饷。

三　月

田鸡报。三月三日，农民听蛙声于午前后，以卜丰稔，谓之田鸡报。谚云：“田鸡叫拉午时前（延先切），大（读作度）年在高田。田鸡叫拉午时后，低田弗要愁。”俗又以是月晴，宜麦。谚云：“三月沟底白，莎草变成麦。”

野菜花。荠菜花，俗呼野菜花。因谚有“三月三，蚂蚁上灶山”之语，三日，人家皆以野菜花置灶陉上，以厌虫蚁。侵晨，村童叫卖不绝。或妇女簪髻上，以祈清目，俗呼眼亮花。或以隔年糕油煎食之，云能明目，谓之眼亮糕。

插杨柳。清明日，满街叫卖杨柳。人家买之，插于门上。农人以插柳日晴雨占水旱，若雨主水。谚云：“檐前插青柳，农夫休望晴。”

戴杨柳球。妇女结杨柳球戴鬓畔，云红颜不老。杨韫华《山塘棹歌》云：“清明一霎又今朝，听得沿街卖柳条。

坟墓祭祀，选自《清俗纪闻》。

相约比邻诸姊妹，一枝斜插彩云翘。”

过节。人无贫富，皆祭其先，俗呼过节，凡节皆然。盖土俗家祭，以清明、七月半、十月朔为鬼节、端午、冬至、年夜为人节。逢鬼节，则祭用麦面。烧纸焚锭，亦鬼节为盛。新丧终七而未逾年者，多招释氏羽流，讽经礼忏，以资冥福。至亲往拜灵座，谓之新清明。

青团�熟藕。市上卖青团炀熟藕，为居人清明祀先之品。徐达源《吴门竹枝词》云：“相传百五禁厨烟，红藕青团各荐先。熟食安能通气臭，家家烧笋又烹鲜。”

上坟。清明时并出祭祖先坟墓，谓之上坟。间有婿拜外父母墓者。以清明前一日至立夏日止。道远泛舟具馔以往，近则提壶担盒而出。挑新土，烧楮钱，祭山神，奠坟墓，皆向来之旧俗也。凡新娶妇，必挈以同行，谓之上花坟。又皆在社前祭扫。谚云：“新坟不过社。”周宗泰《姑苏竹枝词》云：“衣冠稽首祖茔前，盘供山神化楮钱。欲觅断魂何处去，棠梨花落雨余天。”又蔡云《吴歈》云：“柁尾飘飘挂纸钱，出城都是上坟船。荒原落叶何曾扫，胜地名花别有缘。”

野火米饭。清明日，儿童对鹊巢支灶，敲火煮饭，名曰野火米饭。

四　月

立夏见三新。立夏日，家设樱桃，青梅、穛麦，供神享先，名曰立夏见三新。宴饮则有烧酒、酒酿、海蛳、馒头、面筋、芥菜、白笋、咸鸭蛋等品为佐，蚕豆于是日尝新。酒肆馈遗于主顾，以酒酿烧酒，谓之馈节。蔡云《吴歈》云：“消梅松脆莺桃熟，禾麦甘香蚕豆鲜。鸭子调盐剖红玉，海蛳入馔数青钱。”

秤人。家户以大秤权人轻重，至立秋日又秤之，以验夏中之肥瘠。蔡云《吴歈》云：“风开绣阁飏罗衣，认是秋千戏却非。为挂量才上官秤，评量燕瘦与环肥。”

注夏。俗以入夏眠食不服，曰注夏。凡以魇注夏之疾者，则于立夏日，取隔岁撑门炭，烹茶以饮。茶叶则索诸左右邻舍，谓之七家茶。或小儿嗜猫狗食余，俗名猫狗饭。是日虽寒，必著纱衣一袭，并戒坐户槛，俱令人夏中壮健。

立夏三朝开蚕党。环太湖诸山，乡人比户蚕桑为务，三四月为蚕月。红纸粘门，不相往来，多所禁忌。治其事者自陌上桑柔，提篮采叶，至村中，煮茧、分箔、缫丝，历一月而后弛诸禁。俗目育蚕者日蚕党。或有畏护种出火辛苦，往往于立夏后，置现成三眠蚕于湖以南之诸乡村。谚云：“立夏三朝开蚕党。”谓开罢蚕船也。

小满动三车。小满乍来，蚕妇煮茧、治车、缫丝，昼夜操作。郊外菜花，至是亦皆结实。取其子，至车坊磨油，以俟估客贩卖。插秧之人，又各带土分科。设遇梅雨注溢，则集桔槔以救之。旱则用连车递引溪河之水，传戽入田，谓之踏水车。

号曰“小满动三车”，谓丝车、油车、田车也。

麦秀寒。夏初，天气清和，人衣单袷，忽阴雨经旬，重御棉衣。人以时之寒在麦秀之际，谓之麦秀寒。乡人以麦宜寒，蚕宜温，惟同在四月之际，两者必有一偏。尝有歌云：“做天难做四月天，蚕要温和麦要寒。种菜哥儿要落雨，采桑娘子要晴干。”

卖时新。蔬果鲜鱼诸品，应候迭出，市人担卖，四时不绝于市，而夏初尤盛，号为卖时新。赵筠《吴门竹枝词》云：“山中鲜果海中鳞，落索瓜茄次第陈。佳品尽为吴地有，一年四季卖时新。”

浴佛。四月八日，为释迦文佛生日。僧尼香花灯烛，置铜佛于水盆，妇女争舍钱财，曰浴佛。居人持斋礼忏，结众为放生会。或小舟置龟鱼螺蚌，口诵往生咒放之，竟日不绝。

阿弥饭。市肆煮青精饭为糕式，居人买以供佛，名曰阿弥饭，亦名乌米糕。周宗泰《姑苏竹枝词》云：“阿弥陀佛起何时，经典相传或有之。子［予］意但知啖饭好，底须拜佛诵阿弥。”

七日八夜雨。农人以初八日夜雨主伤小麦。谚云：“小麦不怕神共鬼，只怕七日八夜雨。”

神仙生日。四月十四日，为吕仙诞，俗称神仙生日。食米粉五色糕，名神仙糕。帽铺制垂须钹帽以售，名神仙帽。

四月十六。土俗于十六日望晴雨以候岁，晴则水，雨则旱，惟阴云为佳。谚云：“有谷无谷，但看四月十六。”

五　月

修善月斋。释氏羽流，先期印送文疏于檀越，填注姓氏，至朔日，焚化殿庭，谓之修善斋。是月俗又称为毒月，百事多禁忌。

贴天师符。朔日，人家以道院所贻天师符贴厅事以镇恶，肃拜烧香。至六月朔，始焚而送之。有贻自梵氏者，亦多以红黄白纸，用朱墨画韦陀镇凶，则非天师符矣。而小户又多粘五色桃印彩符，每描画姜太公、财神及聚宝盆、摇钱树之类。受符者必至院观拈香，答以钱文，谓之符金。

端五。五月五日，俗称端五。瓶供蜀葵、石榴、蒲蓬等物，妇女簪艾叶、榴花，号为端五景。人家各有宴会庆赏。端阳药市酒肆，馈遗主顾，则各以其所有雄黄、芷术、酒糟等品。百工亦各辍所业，群入酒肆哄饮，名曰白赏节。

采百草。端五日，土人采百草之可疗疾者，留之以供药饵，俗称草头方。药市收癞蛤蟆，刺取其沫，谓之蟾酥，为修合丹丸之用，率以万计。人家小儿女之未痘

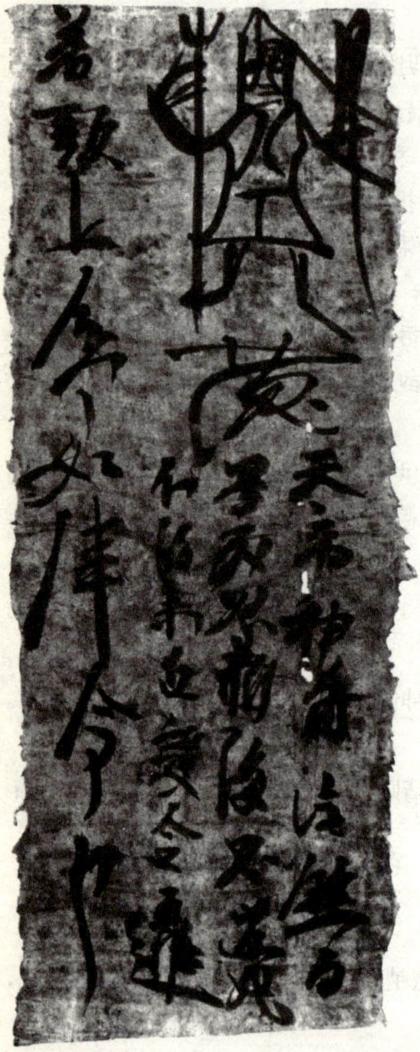
道士符录

者，以水畜养癞蛤蟆五个或七个，俟其吐沫，过午取水，煎汤浴之，令痘疮稀。

黄梅天。芒种后遇壬，为入霉，俗有“芒种逢壬便入霉”之语。而人即以入霉日数，度霉头之高下。如芒种一日遇壬，则霉高一尺，至第十日遇壬，则霉高一丈。庋物过夜，便生霉点，谓之黄梅天。又以其时忽晴忽雨，谚有云“黄梅天，十八变”。又谓天寒主旱，谚云“黄梅寒，井底干”。夏至后遇庚，为出霉，小暑日为断霉，过此则无蒸湿之患。俗又忌小暑日雷鸣，主潦，俗呼倒黄梅。谚云“小暑一声雷，依旧倒黄梅”。农人又以入霉日雨主旱。谚云：“高田只怕迎霉雨。”又以入霉日雨主阴，出霉日雨主旱，谚云：“雨打黄霉头，四十五日无日头。雨打黄梅脚，四十五日赤晧晧。”又以霉日雨主水，“迎梅一尺，送梅一尺”。

梅水。居人于梅雨时，备缸瓮，收蓄雨水，以供烹茶之需，名曰梅水。徐士鋐《吴中竹枝词》云：“阴晴不定是黄梅，暑气熏蒸润绿苔，瓷瓮竞装天雨水，烹茶时候客初来。”

三时，夏至日为交时，曰头时、二时、末时，谓之三时。居人慎起居，禁诅咒，戒剃头，多所忌讳。农人又以每时之末忌雨，谚云：“三时三送，低田白弄。”中时而雷，谓之腰鼓报，主大水，谚云：“中时腰报没低田。”又以时中多雨，及时尽而雷，皆主涝，谚云：“时里寒，没竹竿。”又云：“低田只怕送时雷。”

分龙雨。五月二十日为分龙。俗以分龙之次日雨，谓之分龙雨，主雨旸调顺，岁必有秋。有“二十分龙廿一雨，水车搁拉弄堂里”之谚，又云：“二十分龙廿一雨，石头缝里都是米。”自是以后，分方行雨，俗谓之“夏雨隔爿（读如辨平声）田。”蔡云《吴歈》云：“南阡朗日带长虹，北陌顽云斗疾风。偶凑分龙得新雨，山村水荡说年丰。”

拔草风。梅雨既过，飒然清风，弥旬不歇，谓之拔草风。俗又以小暑日东南风，主旱。谚云：“小暑吹了东南风，四十五日拔草风。”

六 月

黄昏阵。俗以六月初三日晴，主旱。若是夜黄昏有雨，则日日有之，谓之黄昏阵。谚云：“六月初三打过黄昏阵，上昼耘稻下昼困。”又云：“初一落雨井泉枯，初二落雨井泉波（读为普胡切，作溢字解也），初三落雨夜夜阵，初四落雨通太湖。”盖此时农民望泽孔殷，如久晴，则立竿制纸旗以祷雨。街坊小儿出松花会，呼曰“小儿求雨天欢喜”。蔡云《吴歈》云：“六月不逢夜夜阵，满城扯遍七星旗。草鞋人散松花会，正是湖乡雨透时。”

六月不热，五谷弗结。俗谓三伏日宜热，谚云：“六月不热，五谷弗结。”

山糊海幔。俗又以夏中日出时，云雾迟开，主热，谓之“山糊海幔”。谚云：“山糊海幔，晒杀老鹳。”

谢灶。六月初四、十四、廿四日，比户祀司灶。谚云：“三番谢灶，胜做一坛清醮。”祀时以米粉作团，素羞四簋，俗称谢灶素菜。

狗靧浴。谚云：“六月六，狗靧浴。”谓六月六日，牵猫犬浴于河，可避虱蛀。郭麐《浴猫犬》词云：“六月六，家家猫犬水中浴。不知此语从何来，辗转流传竟成俗。流传不实为丹青，孰知物始睹厥形。孰居庄严成坏住，劫前八万四千横竖飞走一一知其名。而况白老乌龙不同族，何以降日物同生。一笑姑置之，听我为媒词：司马高才号犬子，拓拔英雄称佛狸。乌员锦带粉绮丽，韩卢宋鹊尤魁奇。世上纷纷每生者，李义府与景升儿。金钱犀果洗若属，但有痴骨无妍皮。猫乎犬乎好自爱，洞里堂中久相待。伐毛洗髓三千会，会见爬沙登上界。”

晒书。六日故事，人家曝书籍图画于庭，云蠹鱼不生。潘弈隽《六月六日晒书诗》云：“三伏乘朝爽，闲庭散旧编。如游千载上，与结半生缘。读喜年非耋，题惊岁又迁。呼儿勤检点，家世只青毡。”

翻经。又六月六日，诸丛林各以藏经曝烈日中。僧人集村妪为翻经会，谓翻经十次，他生可转男身。

三伏天。旧俗有夏九九，今已不传。但从夏至日起，第三庚为初伏，第四庚为中伏，立秋后初庚为末伏，谓之三伏天。好施者于门首普送药饵，广结茶缘。

雷斋。六月二十四日，为雷尊诞。自朔日至诞日茹素者，谓之雷斋。郡人几十之八九，屠门为之罢市。或有闻雷茹素者，虽当食之顷，一闻虺虺之声，重御素肴，谓之接雷素。嗜斋之先，戚若友必馈馔肴以相暖热，谓之素斋。既开斋，又如之，谓之开荤。

七 月

预先十日作秋天。立秋前数日，罗云复迭，细雨廉纤，金风欲来，炎景将褪，似乎有新凉之意思。谚云："预先十日作秋天。"李福《偶得吴谚成诗》云："梧桐满院绿阴连，引得新凉到枕边。细雨斜风几番过，预先十日作秋天。"

秋瞉碌，收粃谷。立秋日雷鸣，主秀不实。谚云："秋瞉碌，收粃谷。"又以稻秀时浓云大作，中有白虹横贯者，俗呼白鲎，亦主获秕谷，谓之天收。蔡云《吴歈》云："雨洒风飘日又晴，先秋十日借秋声。雪瓜火酒迎新爽，怕听天边玉虎鸣。"

朝立秋，溜飕飕；夜立秋，热吽吽。土俗又以立秋时之朝夜占凉燠，谚云："朝立秋，溜飕飕；夜立秋，热吽吽。"自是以后，或有时仍酷热不可耐者，谓之秋老虎。

巧果。七夕前，市上已卖巧果，有以面和白糖，绾作苎结之形，油氽令脆者，俗呼为苎结。至是或偕花果，陈香蜡于庭，或露台之上，礼拜双星以乞巧。蔡云《吴歈》云："几多女伴拜前庭，艳说银河驾鹊翎。巧果堆盘卿负腹，年年乞巧靳双星。"

砻巧。七日前夕，以杯盛鸳鸯水，掬和露中庭，天明日出晒之，徐俟水膜生面，各拈小针，投之使浮，因视水底针影之所似，以验智鲁，谓之弓巧（砻音笃，吴语弃掷也）。

看天河。七夕后看天河显晦，卜米价之低昂，谓晦则米贵，显则米贱。

斋田头。七月半为中元节，农家祀田神，各具粉团、鸡黍、瓜蔬之属，于田间十字路口，再拜而祝，谓之斋田头。

棉花生日。七月二十日，俗传棉花生日，忌雨。谚云："雨打七月念，棉花弗上店。"

八 月

天炙。朔日，早起取草头露，磨墨点小儿额腹，以祛百病，谓之天炙。

灶君生日。八月初三日，为灶君生日。家户具香蜡素羞，以祀天王堂及福济观之灶君殿。进香者络绎终日，有集男妇嗜斋为会者，谓之灶君素。

八月半。中秋，俗呼八月半。是夕人家各有宴会。以酬佳节。人又以此夜之晴雨，占次年元宵阴晴。谚云："八月十五日云遮月，来岁元宵雨打灯。"又云："雨打上元灯，云罩中秋月。"蔡云《吴歈》云："闷闷中秋云罩月，哓哓元夜雨淋灯。谁知篱豆花开日，养稻正需水满塍。"

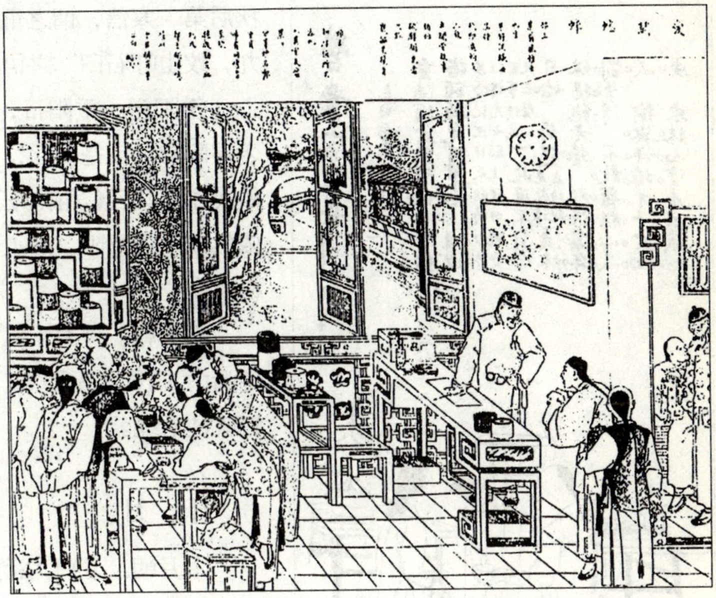

斗蟋蟀，选自《吴友如画宝》。

走月亮。中秋夜，妇女盛妆出游，互相往还，或随喜尼庵。鸡声喔喔，犹婆娑月下，谓之走月亮。蔡云《吴歈》云："木犀球压鬓间香，两两三三姊妹行。行冷不嫌罗袖薄，路遥翻恨绣裙长。"

糍团。八月二十四日，煮糯米，和赤豆作团，祀灶，谓之瓷团。人家小女子。皆择是日裹足，谓食糍团缠脚，能令胫软。蔡云《吴歈》云："白露迷迷稻秀匀，粳团户户已尝新。可怜绣阁双丫女，初试弓鞋不染尘。"

稻生日。八月二十四日，农人以为稻生日，雨则藁多腐。谚云："烧干柴，吃白米。"

木犀蒸。俗呼岩桂为木犀，有早晚两种，在秋分节开者，曰早桂，寒露节开者，曰晚桂。将花之时，必有数月鏖热如溽暑，谓之木犀蒸，言蒸郁而始花也。自是金风催蕊，玉露零香，男女耆稚，极意纵游，兼旬始歇，号为木犀市。

风潮。七八月间，大风陡至，先有海沙云起者，谓之风潮。蔡云《吴歈》云："裂残火伞作罗纹，萧飒声来退暑氛。又恐风潮坏棉稻，东南莫起海沙云。"

秋兴。白露前后，驯养蟋蟀，以为赌斗之戏，谓之秋兴，俗名斗赚绩。提笼相望，结队成群。其虫为将军，以头大足长为贵，青、黄、红、黑、白正色为优。大小相若，铢两适均，然后开册斗。时有执草引敌者，曰茎草。两造认色，或红或绿，曰标头。台下观者，即以台上之胜负为输赢，为之贴标斗。分筹马，谓之花。花，假名也，以制钱一百二十文为一花，一花至百花、千花不等，凭两家议定。胜者得彩，不胜者输金，无词费也。

九　月

重阳信。重阳将至，盲雨满城，凉风四起。亭皋落叶，陇首飞云，人以是为立

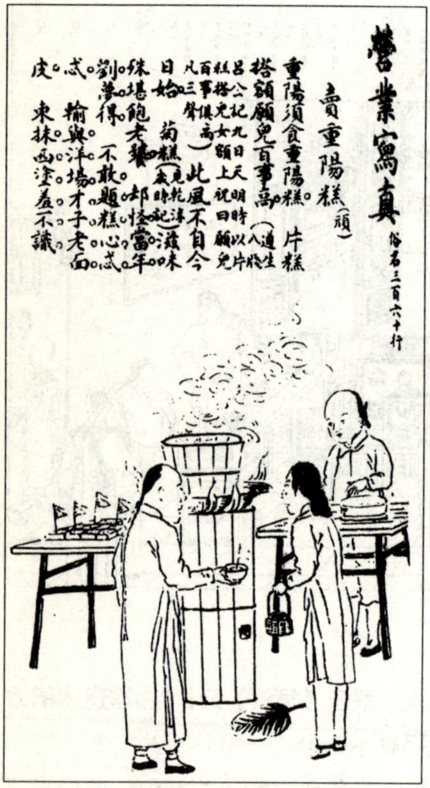

卖重阳糕，选自《营业写真》。

秋后第一寒信，谓之重阳信。俗又有“九月九，蚊虫叮石臼”之语。

重阳糕。重阳日，居人食米粉五色糕，名重阳糕。自是以后，百工入夜操作，谓之做夜作。蔡云《吴歈》云：“蒸出枣糕满店香，依然风雨古重阳。织工一饮登高酒，篝火鸣机夜作忙。”

祭钉靴。九月十三日，俗祭钉靴，占一冬晴雨，晴则冬无雨雪。谚云：“九月十三晴，钉靴挂断绳。”

十　月

十月朝。月朔，俗称十月朝。人无贫富，皆祭其先，多烧冥衣之属，谓之烧衣节。或延僧道作功德，荐拔新亡，至亲亦往拜露座，谓之新十月朝。

天平山看枫叶。郡西天平山，为诸山枫林最胜处。冒霜叶赤，颜色鲜明，夕阳在山，纵目一望，仿佛珊瑚灼海。在三太师坟者，俗呼为九枝红。游者每雇山笄，以替足力。

五风信。檀火斯改，飘风欲来，使人预备御寒之具，谓之五风信。土俗又以月旦之雨晴，占一冬寒暖，蔡云《吴歈》云：“寒衣未办费商量，月旦占晴也大慌。风信五番都过了，棉花须定价低昂。”

冬酿酒。乡田人家，以草药酿酒，谓之冬酿酒。有秋露白、杜茅柴、靠壁清、竹叶清诸名。十月造者，名十月白。以白面造曲，用泉水浸白米酿成者，名三白酒。其酿而未煮，旋即可饮者，名生泔酒。蔡云《吴歈》云：“冬酿名高十月白，请看柴帚挂当檐。一时佐酒论风味，不爱团脐只爱尖。”

煠蟹。湖蟹乘潮上簖，渔者捕得之，担入城市，居人置以相馈贶，或宴客佐酒，有九雌十雄之目，谓“九月团脐佳，十月尖脐佳”也。汤煠而食，故谓之煠蟹。

盐菜。比户盐藏菘菜于缸瓮，为御冬之旨蓄，皆去其心，呼为藏菜，亦曰盐菜。有经水滴而淡者，名曰水菜。或以所去之菜心，刳菔蘡为条，两者各寸断，盐拌酒渍入瓶，倒埋灰窖，过冬不坏，俗名青不老。

十 一 月

冬至大如年。郡人最重冬至节。先日，亲朋各以食物相馈遗，提筐担盒，充斥道路，俗呼冬至盘。节前一夕，俗呼冬至夜。是夜，人家更迭燕饮，谓之节酒。女嫁而归宁在室者，至是必归婿家。家无大小，必市食物以享先，间有悬挂祖先遗容者。诸凡仪文，加于常节，故有“冬至大如年”之谣。蔡云《吴歈》云：“有几人家挂喜神，匆匆拜节趁清晨。冬肥年瘦生分别，尚袭姬家建子春。”

冬至团。比户磨粉为团，以糖、肉、菜、果、豇豆沙、芦菔丝等为馅，为祀先祭灶之品，并以馈贻，名曰冬至团。

连冬起九。俗从冬至日数起，至九九八十一而寒尽，名曰连冬起九，亦曰九里天。歌云：“一九二九，相呼不出手。三九廿七，篱头吹觱栗。四九三十六，夜宿如露宿。五九四十五，穷汉街头舞。不要舞，不要舞，还有春寒四十五。六九五十四，苍蝇躲屋栿。七九六十三，布衲两肩摊。八九七十二，猫狗躺渹地。九九八十一，穷汉受罪毕。刚要伸脚眠，蚊虫猎蚤出。”又谓头九暖主寒。谚云：“头九暖，九九寒。”又谓四九时必多雨雪。谚云：“雨雪连绵四九天。”又云冬至前宜寒。谚云：“冬前弗结冰，冬后冻杀人。”蔡云《吴歈》云：“露宿何曾熟夜眠，太阳照户一欣然。若教穷汉街头舞，还有春寒工廿五天。”又云：“连冬起九验天寒，只怕寒消九九难。第一莫贪头九暖，连绵雨雪到冬残。”

干净冬至邋遢年。俗以冬至前后逢雨雪，主年夜晴；若冬至晴，则主年夜雨雪，道途泥泞。谚云：“干净冬至邋遢年。”

冬舂米。入腊，计一岁之粮，舂白以蓄诸仓，名曰冬舂米。有四糙、发极黄诸名。

起荡鱼。畜鱼以为贩鬻者，名池为荡，谓之家荡。有所谓野荡者，荡面必种菱芡，为鱼所喜而聚也。有荡之家，募人看守，抽分其利，俗称包荡。每岁寒冬，毕集矢鱼之具，荡主视其具，衡值之低昂。而矢鱼之多寡，若有命而主之者，鱼价较常顿杀，俗谓之荡鱼。

窨人。冬末青初，虎邱花肆，能发非时之品，如牡丹、碧桃、玉兰、梅花、水仙之类，供居人新年陈设，谓之窨花。

三朝迷路发西风。土俗以寒冬连朝久雾不开，主西风大作。谚云：“三朝迷路发西风。”

腊雪。腊月雪，谓之腊雪，亦曰瑞雪，杀蝗虫子，主来岁丰稔。谚云：“腊天一寸雪，蝗虫入地深一尺。”又以腊中得雪三次宜麦。谚云：“若要麦，见三白。”又云：“腊雪是个被，春雪是个鬼。”

十 二 月

跳灶王。月朔，乞儿三五人为一队，扮灶公灶婆，各执竹枝，噪于门庭以乞钱，至二十四日止，谓之跳灶王。周宗泰《姑苏竹枝词》云：“又是残冬急景催，街头财马店齐开。灶神人媚将人媚，毕竟钱从囊底来。”

跳钟馗。丐者衣怀甲胄，装钟馗，沿门跳舞以逐鬼。六月朔始，届除夕而止，谓之跳钟馗。周宗泰《姑苏竹枝词》云：“残须破帽旧衣裳，万两黄金进士香。宝剑新磨堪逐鬼，居然护国有忠良。”

腊八粥。八日为腊八，居民以菜果入米煮粥，谓之腊八粥。

年糕。黍粉和糖为糕，曰年糕。有黄白之别。大径尺而形方，俗称方头糕。为元宝式者，曰元宝糕。黄白磊砢，俱以备年夜祀神，岁朝供先，及馈贻亲朋之需。其赏赉仆婢者，则形狭而长，俗称条头糕，稍阔者曰条半糕。富家或雇糕工至家，磨粉自蒸。若就简之家，皆买诸市。春前一二十日，糕肆门市如云。

做年糕，选自《营业写真》。

叫火烛。残年永夕，有击柝沿街高唱“警防火烛小心”者，名曰叫火烛。

打埃尘。腊将残，择宪书宜扫舍宇日，去庭户尘秽。或有在二十三日、二十四日及二十七日者，俗呼打埃尘。

过年。择日悬神轴，供佛马，具牲醴糕果之属，以祭百神。神前开炉炽炭，俗呼圆炉炭。锣鼓敲动，街巷相闻，送神之时，多放爆仗，有单响、双响、一本万利等名。或有置编成百千小爆，焠之连声不绝者，名曰报旺鞭。谓之过年。云答一岁之安，亦名谢年。蔡云《吴歈》云：“三牲三果赛神虔，不说赛神说过年。一样过年分早晚，声声听取霸王鞭。”又云：“饮福叨尝酒满壶，通红火炭就圆炉。年头年尾空还愿，到底钱神有也无。”

盘龙馒头。市中卖巨馒，为过年祀神之品。以面粉抟为龙形，蜿蜒于上，

祭灶，清周慕桥绘。

复加瓶胜、方戟、明珠、宝锭之形，皆取美名，以谶吉利，俗呼盘龙馒头。

念四夜送灶。俗呼腊月二十四夜为念四夜，是夜送灶，谓之送灶界。比户以胶牙饧祀之，俗称糖元宝。又以米粉裹豆沙馅为饵，名曰谢灶团。祭时妇女不得预。先期，僧尼分贻檀越灶经，至是填写姓氏，焚化禳灾，篝灯载灶马，穿竹箸作杠，为灶神之轿。舁神上天，焚送门外，火光如昼。拨灰篝盘未烬者，纳还灶中，谓之接元宝。稻草寸断，和青豆，为神马秣具，撒屋顶，俗呼马料豆，以其余食之，眼亮。蔡云《吴歈》云："媚灶家家治酒筵，妇司祭厕莫教前。剉柴撒豆喂神马，小小篮舆飞上天。"

灯挂、挂锭。厨下灯檠，乡人削竹成之，俗称灯挂。置必以双，相传灯盘底之凹者为雌，凸者为雄。居人既罢新者，则以旧灯糊红纸，供送灶之用，谓之善富挂锭。锡纸糊成，间以绿牌方段玲珑一串，先期置之。除夕接灶，悬于灶神龛之两角，为来年获利之兆。俗有"一事无成,先置挂锭"之谑。周宗泰《姑苏竹枝词》云："残年生计斗喧嘈，挂锭金银贯竹梢。一事无成求利市，腰缠十万意嚣嚣。"

冬青柏枝。摘松柏之枝，副以石楠冬青，乡人残年，札成小把，沿门叫卖，供居人插年饭中用，或借为送神马之需，呼为冬青柏枝，又名送灶柴。或馈自管坟人者，必酬以数十钱，俗目之为打秋风。

口数粥。腊月二十五日，以赤豆杂米作粥，大小遍餐。有出外者，亦覆贮待之，虽襁褓小儿猫犬之属亦预，名曰口数粥，以辟瘟气。或杂豆渣食之，能免罪过。

年夜饭。除夜家庭举宴，长幼咸集，多作吉利语，名曰年夜饭，俗呼合家欢。周宗泰《姑苏竹枝词》云："妻孥一室话团圞，鱼肉瓜茄杂果盘。下箸频教听谶语，家家家里合家欢。"

封井。置井泉童子马于竹筛内，祀以糕果茶酒，庋井栏上，掩之，谓之封井。至新正三日或五日，焚送神马。初汲水时，指蘸拭目，云能令目不昏。

年夜饭，清周慕桥绘。

接灶。安灶神马于灶陉之龛，祭以酒果糕饵，谓之接灶。谓自念四夜上天，至是始下降也。或有迟至上元夜接者。

祭床神。荐茶酒糕果于寝室，以祀床神，云祈终岁安寝。俗呼床神为床公，床婆。

年饭。煮饭盛新竹箩中，置红橘、乌菱、荸荠诸果及元宝糕，并插松柏枝于上，陈列中堂，至新年蒸食之，取有余粮之意，名曰年饭。又预淘数日之米，于新年可支许时，供案头，名曰万年粮米。

画米囤。乡农人家，以石灰书米囤于场，或象戟矢元宝之形，祈年禳灾，谓之画米囤。

听响卜。或有祷灶请方，抱镜出门，听市人无意之言，以卜来岁休咎者，谓之听响卜。

叛花。亥子之交，抱未痘小儿卧爨下，以红帕蒙首，天明始还卧所，谓如是则痘花稀罠，谓之叛花。盖俗呼痘为花也。或撒黄豆于帐顶，或以红绿线穿黄豆三粒，置帏间，俱能禳痘。

节账。土俗贸易场中，以端午、中秋、除夕为三节。按节索欠，谓之三节帐。除夕一节，自昏达旦，虽东方既白，犹络绎道涂，不嫌笼灯入索也。蔡云《吴歈》云：“无地堪容避债台，一年积欠一宵催。店门关到质钱库，还点灯笼走一回。”又徐晋鎔《除夕》诗云：“生计吴中往日虚，到来今日各踌躇。平时浪费知何益，千载奢风尚未除。索负偕来门外汉，救贫谁窃枕中书。阿侬身外无长物，安乐新添一味蔬。”

小年夜、大年夜。祀先之礼，相沿用昏，俗呼大年夜。或有用除夕前一夕者，谓之小年夜，又曰小除夕。俗又总呼之为大年小夜。鸡且鸣，持杖击灰积，致词以献利市，名曰打灰堆。又小儿绕街呼嗷云：“卖汝痴，卖汝呆。”世传吴人多呆，故儿女戏欲卖之。今皆不传。惟是夜家户储水于厨下，埋炭堑于炉，不使焰熄，置寝室中，谓之种火。焚辟瘟丹、苍术诸药，谓之太平丹。街坊爆竹之声，铿鍧不绝，俗谓是夜忌犬吠。谚云："年夜狗弗叫，来年疾病少。"蔡云《吴歈》云："封门小结乌薪社，守岁双垂红烛花。多少风光一场梦，醒来又早换年华。"

吴中之俗讳

民间俗讳，各处有之，而吴中为甚。如舟行讳住，讳翻：以箸为快儿，帆布为抹布；讳离散：以梨为圆果，伞为竖笠；讳狼藉，以榔槌为兴哥；讳恼躁，以谢灶为谢欢喜。按江西人讳饮药为吃好茶，亦有趣也。

吴县之扫晴娘

吴县如遇久雨，则用纸剪为女子之状，名曰扫晴娘。手执扫帚。纸人须颠倒，足朝天，头朝地，其意盖谓足朝天可扫去雨点也。用线穿之，挂于廊下或檐下，俟天已晴，然后将扫晴娘焚去。

此外又有一种求晴之法，以破坏不堪之旧灯笼，取出焚之，颇有验也。

吴县中秋节之俗

吴中旧习，民国来依然如昔，未尝稍移，风俗相沿，竟难期改革耶？试述中秋之俗。是日俗曰八月半，有斋月、步月等事。斋月即用月饼（形圆如月，为中秋节应时物品，是时亲友互相馈送此物）、香斗（系用线香制成，如斗状，其中满储香屑，燃时香烟缭绕，景象可观）置庭前案上，并陈果品，燃香烛，妇孺辈咸对月跪拜。即是日天雨，月光阴而不见，斋月之事，亦必举行也。至步月之举，古诗云"月到中秋分外明"，秋高气爽，明月高悬，市面店铺，亦多张灯烛，以助月色，借为庆赏中秋。故士女三五成群，游行街市，明月灯光之下，极一时之热闹也。店铺中咸供小财神一座，并置楼台、几案、乐器及一切杂物，以资点缀，式样精巧，颇有兴趣。故一般步月者，咸注足而视，拥挤异常也。相传中秋夕之晴雨，可卜明岁上元节之天气。若中秋月光明朗，明年上元节必天气晴爽；若月暗无光，明年上元节必雨。故俗有云："八月十五云蔽月，来岁元宵雨打灯。"又云："雨打上元灯，云罩中秋月。"此种俗语，往往应验，然究其理则殊不可解。

吴县之奇俗

吴县有小儿寄名神佛之俗。此风全境皆然。盖富贵家之小孩，骄生惯养，太半身体柔弱，时膺疾病。其亲乃至庙烧香，用红布制一袋，置小儿年庚于其中，俗名过寄袋，悬佛橱上。自是以后，每旧历年终，寺僧备饭菜，送小儿家中，名曰年夜饭。其亲必给僧以钱。凡送三年始毕。当过寄时，僧为小儿取名，譬如神佛姓金，即取名金生、金寿等类。其亲并携小儿来庙拈香，呼神如寄爷。及至成年完婚后，乃将红布袋取回，名曰拔袋。

吴县月之出没谚

初三夜来月丝丝。（丝丝，即略有光也。古云“初三哉生明，十六哉生魄。”）

初五夜来月当更。

初八、廿三，上落半夜。

十一二，鸡啼没著泥。（二，读泥音。）

月半、十六两头红。

十八九，坐等守。

二十、廿一，天亮月直。（月直，即月在中也。）

廿二三，月上半来在。（半来，即夜十二时也。）

廿五六，月上四更足。

常熟人媚灶

常熟风俗，四、五岁下之孩童，第一次患疟疾，谓之胎疟，须由外祖母家遣人来，向家灶上祭祀一番，病始得痊。其祭祀之法，由外家备灶马二个，香烛、阡阮、素盘、水果、糕饼等物，遣人持至病家灶间，须一径走入，不能和人接谈。将两灶马背与背相接，置诸大镬盖上，各种祭品陈列于前。祀毕，将灶马与阡阮焚化，携饼一个，直向外走，亦不得与人接谈，口中但云：“我以后不再来了。”既出门，将所携之饼掷以饲犬，其意若曰将病传之于犬也。祀灶所余之物，亦须立时食尽，盖谓吃得快，好得快也。

常熟之丧俗

常熟风俗，凡赴丧家送人殓后，归时家人必于门前焚稻草一束，人从火上跨过，而后入内，否则将不利。若自丧家出门后，已经别家，则可毋庸跨火。

丧家出柩时，其邻近各家，均将旧条帚倒竖于大门外，据云为避棺前丧刹神者。

昆山冬至节风俗

冬至前数日，各家备鱼肉，至是日烹鱼肉，煮蔬菜，先祭祖先，然后宴亲友，名曰过冬至节，又名过年节。其中有一种菜，以青菜、山芋、栗子相合而成，名曰安乐菜，为各家必备之品。俗云："吃了安乐菜，从此便安逸快乐。"殊可哂也。又昆地冬至节，无论贫富，皆须丰备酒菜。俗云："有者冬至夜，无者冻一夜。"亦可见社会之状况矣。惟是日出阁之女，必回夫家。盖俗谓女儿已经出嫁者，遇年节如在母家，母家家道即因之衰落也。

吴江县放水灯之风俗

每当夏末秋初，吴江有一乡有放水灯之风俗。先由经理人向人家募捐，约计数十元，择定日期，雇船数十只，夜间游行河中，云可以驱灾去疫。船上皆扎彩悬灯，有请僧人诵经者，有供泥佛像者，另有数只雇请多人奏乐，末后一只则专将五彩纸折成之灯，点着火烛，放入河内。红白相间，倒也可观，但是云可驱疫去灾，则未见有功效也。

黎里赛会之恶俗

江浙人士，夙迷信赛酬神会，处处皆然。其著者，三十年一赛之新塍会，十年一赛之桑阳会，是皆掀动东南，腾为盛事者。其次则年以为例，无虚岁者，如盛泽之童子会与黎里之夫人会是也。

黎里为吴江县属南部之一大镇。其有会也，云始于唐朝，载于里志，盖秋日祓除灾邪之意。年届中秋时，必举行赛会。当八月十二日夜阑时即有鼓锣声，盖赛会之预备也。十四、十五始盛，十六则所谓夫人会矣。

其会之仪仗，金鼓旗锣前导，神像随后。每神像之前各有仪仗，大略相似。先监察神，次安乐神，末为广佑王，即城隍也。相传姓李，唐太子也。全会之后，有善男信女凡数百人，老幼男女，各手执塔香一柄，尾随于后。有穿红衣插犯条者，有手带铐练者，奇形怪状，不可思议。最可骇者，中有一人，伸其右臂，臂上挂香炉钩入皮肤，不知痛楚。其后有一对挂锣，锣重亦十余斤，不仅提锣而走，且须照例击十三记。提者泰然走数十步，保护者一为烹水于挂处，惨不忍睹。此盖曾因事故，许有大愿心者，其遇亦可怜矣。此十四、十五两日赛会之情况也。

十六日夜间之会，为夫人会。仪仗执事，布置与前相仿佛。惟出会之主人，则神之夫人也。会过处，店肆或大家恒以纸花送夫人，喜娘即为之插带。明日取花送大家，谓可压邪。此则夫人会之情形也。

是时市面各店，悬灯结彩，陈设一新，大有火树银花之概。又十三至十六四日，城隍庙日夜演剧。本镇士女，莫不兴高采烈，齐往庙中观剧。剧台密布，几无立足之地。喧阗数日，合镇若狂，恶习相沿。年年如是，迄莫能改也。

武进社会状况

武进自泰伯开基之后，重文轻武，相袭成风。文学代有专家，而乾袁［疑当作“嘉”］最盛。如张皋文、孙渊如、洪稚存、赵味辛、李申耆辈，文名震天下，科第之盛，亦为他属所罕见。此武进所以为声名文物之邦也。惟社会情形，向重个人之财产，近今尤甚，故消极事业多，而积极事业少。试一涉足街衢，银行钱庄，触目皆是。城周不及十里，当铺开至九爿。此外茶楼酒馆，耗费金钱、消磨岁月之处，难以枚举。此武进之所以日见贫弱欤？虽然商学巨子，今已稍稍注重实业，工厂日增，流亡日少，亦武进之好气象也。兹将普通习俗，条列于下。

一 生 儿

凡遇生产，须向舅家送毛米粥，向亲戚故旧家送鸭蛋，三朝请三朝酒，满月请满月面，周岁请周岁酒。凡为之亲戚故旧者，月内须送汤（鸡、鸭、鲫鱼、鸡蛋、糖果等），满月周岁须送礼物（酒面、首饰、衣料、鞋帽等）。然此皆为妇女第一次生儿事，生女则从俭。第二次以下，无此烦文，且有若无其事者。

二 婚 嫁

嘉礼昏仪，犹循纳采问名古礼。但民国以来，旧式未改，参用新礼，往往有借旅馆及青年社行结婚礼者，此亦嫁娶从俭之好现象也。然而踵事增华，且有过于往昔。

奁具必用红木，铺陈必用绸绣，始行之于豪富，近且中人以下，亦仿效之，虽境况艰难而高筑债台，勿顾也。

三 作寿

遇寿辰，亲戚世交，门生故旧，送礼物（面酒、糕团、屏联、包裹），齐赴寿堂行礼。儿孙辈齐集堂前回礼。行礼毕肆筵设席，尽一日之欢。晚间或有特别之赏心乐事，如清曲、髦儿戏、戏法、叫局、唱戏等。座上宾客，或雀戏，或拍克，或猜拳。车马盈门，笙歌彻夜，若人间无忧患事者，亦人生之乐境也。昔年惟六十、七十、八十岁之老人，望儿孙借此作舞彩之戏耳，今则三十、四十、五十岁亦有大开寿宇者。甚且有数人合作八十、九十、百龄以鸣盛者矣。此亦庆寿中之有趣者也。此外尚有冥寿。凡祖先亡故以后，每遇整十，子孙为作纪念，诵经礼忏，以表示后人孝念。亲戚朋友，送纸扎锭，亦有登堂拜祝者。

四 丧葬

凶丧之礼，民国初年，少数士绅，曾有改革陋俗、力从节俭之举（如减少仪仗，不用僧道等）。行之未久，旋即复旧。近今以来，日趋奢靡，中人之家，亦有军乐队、洋八队者。孝子体弱多病，或年高不能远行，在孝帷内，用黄包车代步，前导多直锣，灵柩多用绣花罩，或独龙杠。崇俭黜华，还望地方先进诸君提倡之。

五 祭礼

凡凶丧，除服以后，即将木主请入神龛，朔望焚香燃烛，向神龛礼拜。一年之间，凡遇祖先生日死日，必洁治荤素菜肴供奉，谓之摆供，又谓之过忌日。倘遇婚嫁吉日，特别致祭。其祠堂内，则二分二至，各祭一次云。

武进岁时记

元旦日

商店贴硃笺对联于大门，停止营业四日，以示庆贺。新年各种玩具，沿街兜售。昔年尚有亲朋互相往来贺年之举，今已革除。然家庭中犹未尽废也。儿童贺年，长者须出押岁钱，并有果盘（花生、糕、水果等）。街市中有锣鼓之声，谓之闹元宵。

初五日

俗谓之五路财神生日。各商店开市。鞭炮之声，终夜不绝。乡间农人，有来城掉龙灯者。

十五日

名上元节。元宵锣鼓，声震全城，且有行元宵灯者。是日居民例食糖圆。

清明节

居民插桃花、杨柳于门，以祓除邪祟。城隍神出会。人民于此节前后扫墓。

端阳节

居民例裹米粽，谓之角黍，吊屈原之遗制也。是日龙舟竞渡于白云渡一带，画船箫鼓，竟日通宵。改革以后，废除数载，今又渐渐兴复矣。商店于此日结账，下午停止营业半天。在店伙友，于此夕定去留。

七月半

名中元节，俗又谓之鬼节。前一日夜，全县人民将锡箔折锭，卷入白钱纸，沿路焚烧，谓之结鬼缘。此月中盂兰胜会，遍地皆是。僧人道士，几有应接不暇之势。且有好事者扎成无数奇形鬼怪，排列街市，殊属可笑。是日城隍出会。居民例食茄饼。

七月三十

俗名地藏节。以东郊三官堂为集会之所。农人于是日将田具及木制出品陈列于道，任人购取。日间各坊厢云车络绎于道。晚间灯火辉煌，通宵达旦。并有乡人头戴箬笠，身著布裙，沿途诵经，一步一拜，谓之拜香。光复以后，西郊商人，亦作节于此日。游人如蚁，画舫如云，扬厉铺张，较东郊有过之无不及。其用意所在，则以西门新辟马路，致振兴商业故也。

八月半

名中秋节。各界人士，向有游览舣舟亭，吃熟菱看桂花之说，今亦徒有其名矣。是日各商店结账，晚间备盛筵以饷伙友。而伙友之去留，亦于是晚作一结束。早晨居民例食糖芋头。晚间将月饼、菱藕等物于月下供设，谓之斋亮月。

重阳节

名登高节。城乡人士，有登文笔塔游览者，取登高之意也。居民例食糖糕，谓之重阳糕。是月自初一至初九，设坛拜斗者有六七处。善男信女，多有购香斗入坛焚化者，亦极一时之盛。

十月朝

即十月初一日。城隍神出会。居民于此节前后扫墓。乡间例食饔团。按赛会一事，最为劳民伤财。民国成立，军政府赵不党捣毁神像，停止赛会者五年。民国六年，重新建设，举行赛会，一时风靡，官厅无如之何也。四乡尤盛，往往酿成械斗风潮。其行会时，并有愚民，装作罪犯，及踹高跷、烧手臂香等恶习，实足为武进新文化进行之障碍物。所赖四乡明达君子，有以善化之耳。

冬至节

居民入宗祠致祭。晨起食糖圆。

年　节

是月居民例置米粉团，大者为之人口团，小者谓之送灶团等，异常靡费。二十左右送灶。过年十分忙碌。大除夕接灶。悬祖先神像于堂屋间，香花供奉，至新年初撤去，谓之落神像。各商店于此日作一大结束。晚间通宵不寐，店事办妥，即设筵畅饮，谓之守岁酒。居户亦有至夜半就寝者，惟卧室内必燃红烛一对，谓之守岁烛。天明以后，则顿易新年气象矣。

宜兴之恶俗

婚娶之恶俗

乡民婚娶，最喜装潢，但不伦不类，徒然遗笑大方耳。在满清时，即新郎之目不识丁者，亦必靴顶辉煌，以示阔绰。谚语谓“新郎三日大”，盖此三日中，即红顶花翎，他人亦不得干涉也。民国以来，政体虽改，而新郎之戴顶履靴者仍属有之。然亦有喜学时髦，著大礼服，戴大礼帽，以示特别开通者。最可笑者，新郎高冠峨峨，履声橐橐，在前面视之，固俨然一新人物也，讵知背后豚尾犹存，红丝辫线，坠落及地（乡俗新郎辫线多以红丝为之）。又有所谓陪宾者，新郎之护卫也，多亲友任之，通常四人。此四人中，有西装者，有便服者，有仍服满清时礼服者，形形色色，无奇不有。及新郎奠雁（新郎至女家朝婚帖行四跪四叩首礼，曰奠雁）仍行跪拜礼。其跪拜时，先脱礼帽，交代陪宾后，再听赞礼者之口令而跪拜焉。此种非驴非马之礼制，殊可笑也。至宜兴婚礼，最为繁琐，费亦甚巨。小户寒家，多有年近而立，而犹鳏居独处者。于是抢亲之事，时有所闻。盖婿家贫寒，而女家索财礼过奢（妆奁资至少亦须六七十元），无力应付，不得已而出此野蛮手段也。其抢亲，约亲友七八人，逗留女宅，托词闯进，见女即抢之而去。女家格于俗例，事后无可如何也。

营屋之恶俗

乡间营造房屋，为喜事之一，亲友中往贺者，多肩盒头一担。盒头者，盛礼物之器具也。礼物以糕粽团为大宗，盖取高中团圆之意也。余犹有茶食、水果、鸡鸭等类。故盒头一担，非四、五元不办。亲友遇此，虽典衣质物，亦所不辞。其上梁时，有所谓抛梁者，泥木作以糕粽团数筐，在梁上向四面掷抛，使来观者群相抢拾，盖亦以助观者贺者之余兴也。故建屋上梁日贺客盈门，异常热闹，糕粽团流星满天，势若雹雨。泥木作在梁间作疯狂状，且抛且呼曰："抛梁抛仔高，子子孙孙中阁老。"一般乡儿，争来拾取，图一饱之利，虽击中头面，亦不退让。此种风俗，亦可哂也。

宜兴之七月望

旧历七月十五日为中元节。是日本地城隍出巡至北门外坛上。仪仗前导，继以扮犯人者若干人，著兰色僧领衣服，腰束裙，身备铁链及手枷，手执长香。是皆为小孩因病许愿，特来还愿者。神像过处，威严凛肃，往者城隍神午前至坛，午后宜、荆两县知县咸去致祭，晚神驾回庙。民国以来，神到坛，县长不致祭矣，惟导前之仪仗则依然如旧耳。中元节夜，城内蛟桥上放三大士焰口，超度无祀鬼魂。河中用船三四艘，一放焰口，一载佛婆念佛，一烧锞锭，一放河灯，行遍城内外之河道。

中元节前一日，用纸扎成鬼王头一，判官一，高各丈余，腹中空，点烛。夜间，击锣鼓，舁之行街巷间。一路抬锭烧化，俗谓出鬼王头，即盂兰会也。至十五夜止。

人家于中元节前，选期祀祖先，俗谓过七月半。所用祭品，多系应时物品，唯有两种特别供品。一为西瓜，必须购备，且需红瓤者，用刀剖成狗齿状。一为茄饼，用麦粉或糯米粉制成，形如半月，馅用青菜或豆沙糖。另取茄子柄，剥去外皮插于饼之一端，故名茄饼。是日并邀亲戚午餐，俗谓吃过七月半饭。及晚，取酒、饭菜、西瓜、茄饼等物，于门外祭无祀鬼魂，俗谓做野羹饭。祀毕，将菜饭等给与乞丐。以上所叙，皆宜兴七月望之风俗也。

如皋七月之风俗

乞 巧

初七日，相传为牛郎织女相会之日期。是晚，各处之红男绿女、总角童孩，设香案庭间，跪拜以乞巧。

振 孤

十三日夜，各家以许多纸钱，在路旁焚烧，系给孤魂野鬼受用。

城隍会

十五日，凡有城隍庙之地方，须将城隍像舁出巡行，谓之城隍会，仪仗甚盛。

地藏灯 放河灯

月杪晚间，一般无常识人民，用各种颜色纸剪成荷花瓣形状，贴在碗口上，中用油点火，名曰地藏烛。又有用整纸糊荷花形式，泊在河上，云野鬼得此，可以成仙，名曰放河灯。

施 食

是月自朔至晦，无论市乡，必须请僧尼设坛施食，云系超度野鬼。所以七月内之僧尼，非常忙碌。

太平会

太平会多于乡间举行，城中不多见。系用各种色布，扎成如舟状之花棚，请巫人弹唱小词，云系希望国泰民安。举动颇贻笑大方。

大香台

每当时疫流行之时，好事之人用许多木梢，搭成高台，供纸马于台上。香烟直冲霄汉，男女跪拜台下，云可禳灾，与非洲土人拜火教何异焉？

南通正月望之奇俗

旧历正月十四日，各农家束稻藁数个，置于田中。又用面粉搦成似棉花形之物，凡数百个，缀于秸上，与已放之棉花相似。于是将此假棉花秸遍插田边。月望之夜，用草把柏枝握于手中，燃其一端，旋舞不已，且高声唱歌。歌谱甚多，兹就所知，录其一则于下："正月半，放烧火。别人家菜才栽，我家菜已经上了街。别人家黄豆骰子大，我家黄豆盘蓝大。别人家棉花瘦且低，我家棉花壮了要撑天。"火把烧完后，将棉花秸上之面果摘下，还家入锅炒熟，分给小孩食之。俗说食此面果，可免灾殃。以上所述系南通农家风俗，名曰放烧火，年年正月望有此举动也。

淮安风俗志

迷信之恶俗

（一）赛会。赛会之风，随地皆有，然未有如淮安之甚者。一年之间，赛会次数，不下十余次。其最著者，则为都天会及东岳会。都天会则又分小都天、大都天（小都天庙在河下，大都天庙在河北。大小之称，意殊不解）。都天会之赛期，在每年四月中、下两旬。东岳会则必在五月初一。与会者尽系商家，分米、钱、绸、布各业，共有二十余业之多。每业皆备有执事全副，区别其业，则以某安胜会辨之（如钱业曰文安，绸业曰普安）。执事中价值最高者为样轿（如绿轿，四周镌纹极细，并附灯彩）及玉器等亭。又有所谓花担及鼓乐亭者，亦颇精致。夜间均有灯彩，惟赛都天会时，各业未必尽数与会，以东岳会为最齐（前后衔接，约占十里之遥。）观者途为之塞，一次所费，约数千金，不可谓不巨。光复后已经停赛矣。

（二）借寿。借寿之说，世所罕闻，而淮安独有之。凡家有病者，至医药罔效，自知不起之时，于是戚友中之亲密者，咸有借寿之举。其手续则由戚友自相邀集十人，亲往郡庙，虔心拜祷，各愿借寿一岁，求神延长病者之寿，俾病者痊愈，得以治理家中未完之事。俗传此举定须十人，且必出于借者自愿，若由病家之请托，或系他人之说合，则无灵验。此种迷信，识者非之。然在借者感于平日爱好，但求病者速痊，出此不得已之举动，以冀万一之希望，即减短己寿，亦所不吝，情谊之笃，不无可风。惟事涉荒谬，终不免为世俗之诟病耳。

（三）送子。旧历元宵节后，二月二日以前，此十数日间，有所谓送子者焉。此事亦系出于亲友之所为。盖凡老年无子，及成婚多年而无所育者，亲友知其盼子心切，咸乐送之。然所送者非人，乃一纸糊之小红灯耳。间有用砖代者，此砖须取自东门外之麒麟桥堍，否则无效，盖取麒麟送子意也。其手续由送者先期择一吉日，备柬通知受者之家，临时约集十余人，锣鼓喧腾，乐声大作，持灯或砖送往。受者则远迓于门外，以所送之灯或砖悬于望子者之床中，并以酒筵款待送者，聊答盛意。将来如得子，尤须谢以重礼，在送者亦受之无愧，一若非吾一送，则此子即不能得也。亦可哂已！

婚丧之陋习

（一）闹房。闹房（即闹新房）之风，各处亦有此举，惟俗例所尚，颇有不同之处。淮安闹房之时间，则在黄昏之后，以送房为限制（即送新郎入洞房之谓）。是日婚家须预从男客中择一能言者为招待员，惟闹者约分孩童与成年人两种。（1）孩童之闹房，其目的则在安息香各若干枝而散。（2）成年人之闹房，其目的则在侮弄新娘及伴房者。淫词戏语，信口而出，或评新娘头足，或以新娘脂粉涂他人面，任意调笑，兴尽而止。婚家则百般忍耐，听其所为，而莫可如何也。

（二）闹丧。女既嫁人，即为人家之人，寿夭自有天命，不可以人力强也。惟淮安则不然。凡女已嫁人而死者，母家则尽族中所有亲属，纷至婿家争闹，大有此女为其谋毙之概。甚至奢列殡殓用途，即婿家实系贫乏，亦必尽其财力而后已。且女死后，必待母家亲属到齐，方能殡殓，苟缺其一，擅自成殓，骚扰尤甚。因此母家则故意留难，屡请不到，或由婿家挽出友人，从中劝说，舌敝唇焦，而后始来。来则非指衣衾之菲薄，即谓棺木之值贱，吹毛求疵，不堪其扰。在婿家被扰不休，势必偿其所欲而后止。从此良好姻戚，顿成仇敌，永无和好之一日矣。

（三）丧俗。各处丧俗，大同小异，兹将淮安与他处不同者分别述之。（1）头七（即死后之第七日）。俗谓此日为死者上望乡台之日，凡家中所有之事物情形，无一不为死者所见。丧家多于此日之夜，通宵不卧，穿着孝服，意恐死者不知其在此为之穿孝者。（2）送饭。俗传人死之后，三日内不能即达阎王处所，则暂驻于本坊土地庙内（淮安城厢，以一段落为一坊，每坊必有一土地庙）。此三日间，每夜必往土地庙送饭一次，并多焚纸帛，意似贿嘱土地照应者。（3）起程。三日之限既满，本坊土地则将死者送往都土地庙（在城之西隅）。丧家遂以纸扎轿马，并延僧人及乐手前导送之，谓之起程。并谓轿为死者所乘，马为本坊土地所骑，竟似实有其事者。相沿成习，且为牢不可破之事矣。

阜宁二月二日之三件事

阜宁县于阴历二月初二日，有三种风俗，无论贫富之家，皆须执行。三种风俗者，一打露天囤，二敬土地，三接姑娘也。兹分述如下：

打露天囤

露天囤者，农人收五谷之时，籽粒甚多，屋内到处皆用芦篾做成之折子。团团折囤，房中囤满，然后在农场上随折囤，谓之为露天囤。二月二日打露天囤，并非实有其事，不过表示其希望收成之丰足而已。其俗取灶中炊后剩余之灰烬，在住屋附近，或近场左右，撒成大大之圆圈而已。是日如向村前一望，处处皆是，恰如所画之盛开梅花，另有一种别趣也。

敬土地

习俗相传，二月二日为土地神之生辰。阜宁农人以为土地是管理禾苗之人，我辈希望禾苗之盛旺，应该致敬，祈伊暗中默佐，免受风雹螟蝗之灾。阜宁人对于土地之供奉颇为郑重。大村庄均筹集公款，起造土地祠宇。小村庄无钱力起造祠宇者，则用粗瓦缸一只，将缸之近口处敲成长方洞门，覆之于地，将土地牌位供之于内，权当土地之祠宇。而其所敲之缺处，则祠门也。谚云："土地老爷本姓张，有钱住瓦屋，没钱顶破缸。"即此之谓也。

土地宫，选自《清俗纪闻》。

接姑娘

阜宁风俗，旧历正月，婆家不准媳妇回母家。惟是母女天性，母爱女，往往新年之食品，总须留以款女。故正月一过，到二月二日，无论谁家，均须接姑娘归宁也。谚云："二月二，龙抬头，家家待活猴。有馒头，食馒头，没馒头啮老妈妈头。"活猴即指姑娘也。

扬州老鸦语

扬州老鸦语，产于三十年前。发明者，为某钱庄之总管吴某。始只闻于钱业中人，局外人不得而知也，今则下流社会人多操之。彼等视为一种寻常白话，故茶坊酒肆中莫不有此种声浪。往往他乡人初至扬地，常受彼等之谩骂而不得知。兹择其寻常多用者录述如下，亦考察风俗者所需知也。如谓一曰夜明珠，谓二曰耳朵边，谓三曰散花，谓四曰狮子猫，谓五曰乌梅果，谓六曰隆冬，谓七曰棋盘，谓八曰斑毛，谓九曰舅子，谓十曰省油灯，谓百曰绷子，谓千曰浅水流，谓万曰顽意仗，谓眼曰安南红，谓耳曰耳头边，谓鼻曰并头莲，谓手曰寿州，谓足曰肿头间，谓肚子曰总都府，谓儿子曰奈河桥，亦曰枝子花，谓头曰斗兽，谓眉毛曰昧良心、冒失鬼，谓是曰丝瓜，亦曰出州，谓无曰本色，谓好曰号条，谓他曰托盘，谓你曰泥笔，谓我曰鹅黄，谓吃曰纸糊，谓小曰小鸟，谓大曰打扫，谓狠曰更亭，谓要曰腰刀，谓顽曰弯环，谓多曰哆嗦麻，谓帕曰巴豆，谓父曰闹佛，谓嫂子曰扫帚枝子，谓出阁之姑娘曰古凳盖，谓姘头曰襄阳号倏，谓妓女曰标头，谓来曰癞狗，谓去曰区区，谓吉曰绉皮，谓钱曰欠草，谓大洋钱曰秧蛾，谓茶曰叉头枝，谓饭曰番花瓜，谓鬼或龟曰桂花枝，谓老实可欺者曰亚佛，谓睡觉曰垂头蒿儿菜。

仪征婚葬礼俗记

仪人婚葬，率在冬腊月间。婚期前几日，女家铺房，除床外，木器皆女家备办，谓之一房一屋。帐幔铺盖必双，谓之两铺两盖。而豪家夸富者更有四铺四盖，八铺八盖。铜锡瓷器若干抬，大红箱若干对，房屋陈设必华，首饰衣服，具奁簿中，悉数不尽。捧奁簿者，受上赏；若团圆镜、百年箕帚、百子桷以下，则赏有等杀焉。届期，男家花轿迎娶。向时轿用木，围堆绫绢人物于上。近年用顾绣大红呢软围，极轻便；轿顶及四角花灯，亦比昔隽。轿前全副职司，凡男家官衔，悉注于牌，以盛夸其门第。而女家亦备多牌以送。鼓吹外，又有细乐十番，谓之清音跴街。喜火百子爆沿途点放。媒伴悉少艾，艳服乘舆而来。女家请女眷二人曰上头，男家请女眷二人日搀亲，必夫妇全福而其时未怀孕者。送亲迎亲，则又请男家之全福者为之。过门后繁文缛节不叙。次日请亲戚受拜，谓之拜堂。夕宴新妇于中堂正席，诸多肴列，谓之一吃一看。所来坐客，两壁旁坐，若陪新妇者然。又次日，请亲友看新娘，谓之暖房。少年豪客，必于新房闹酒，索喜香，则其家之富丽堂皇，可不言而喻矣。此婚礼大凡也，若商家犹不止此。

葬前开吊，先一夕觞客，谓之请封宾。门前搭过街棚，挂长幡，树铭旌亭。客人鼓三挝，谓之报门鼓。鼓手作乐，门内百职事排列，中堂摆祭案，设祭品。其案有架，前后牌楼，左右花椒为围。牌楼前两矮绢人，头顶立台盘，盘上插烛，谓之波斯。两长绢人执戟在旁。案前天香几，古铜炉瓶，几下奠池。左廊祭器案，阶下猪羊亭，皆灯轿行职其役，曰前局。司祭者著白绫褂，绅士家著襕衫，襄孝子行三献礼。寝门张幄，内堂柩前垂大幕，幕下设容亭，亭下古鼎三两座，时花几瓶。壁间高涓茶排，列若山幕，外观门长帆排彩檐灯，檐外上札洋楼，下铺棕罽。左右围屏，屏里奏细乐。孝子伏案左，客入拜，知宾者肃之出，揖于众。但见四壁祭幛呢羽绸缎者不一轴，楹上挽联，款尽名贵，峨冠博带，跄济一堂。堂侧有别室，曰官厅。通城文武官来奠，迎之致敬，入门三炮，鼓手摆围，礼生侍旁呼礼，绅士延之官厅，孝子前席申谢。出门，复三炮。倘嘉宾频仍，则迎送者奔走不迭矣。又有送祭筵者，纷来沓至，其新异者以灯代之。孝堂以内，纷纷藉藉。过午稍静，则速点主官驾来煊题，舆马鸿赫，识者知为城中大老也。延二茂才襄之，雍容成礼而去。夕间张灯，肆筵设席。觞毕，得掩灵祭视。五鼓时开灵，尤整肃焉。人家少有资财，务为夸张，否则人诮其薄父母矣，礼之必于奢也。以此出殡各官示牌前导，次铭旌亭，再次则各职事，鸣锣呵道，仪从毕陈，鼓吹交作。又有方弼、方相等纸绢人相望于道，或若干羽士执葫芦灯而导一亭，或若干僧执西方接引灯而导一亭，或灵旖宝盖，声声细乐，或洒花亚字，种种丧仪，而各导一亭。亭上若祭器，若衣冠，若香若容，皆如常仪。魂轿前提炉提灯皆家丁，著白布袍，沿途飞洒纸钱。亲友致祭如列肆然。抬柩三十二人，俗云人抬人，喻其众也。柩用棺罩，或天青缎，或大红呢，皆顾绣者，围之于上。勇字灯若干竿拥其后。孝子匍匐执仗，号泣从之。再后若干白布轿，诸女眷送殡，远望若一群白雁回翔平野间也。茔上请显者祀后土。席棚无数，皆会葬者筵宴其间。舆台仆从，何止千人。其为铺张扬厉可知已。此丧礼大凡也。二者皆立冬以后事，过大寒节则止矣。

仪征岁时记

正月元旦，天未曙，爆竹声累如贯珠，日上三竿乃已。有爆竹表里一色铺地如红云锦者，曰满堂红。人家开财门，接天地，以之意取吉兆，满堂尽瑞色耳。

堂前设宫熏，爇炭墼。其通用者曰旺盆，爇木炭。接天地后，祀家堂福祠、灶径、天官影像，拜父母尊长，望人下拜，故曰拜年。出门神祠进香，遂诣亲戚家拜年。入室，主人肃客坐，献果子茶，九品攒于一盒，曰桌盒。茶罢，进酒，亦九品攒于一盒，曰酒桌盒。数巡后，进馔，陈杂肴于一俎，曰暖锅。馔毕，少坐辞出。再至一家，又如是。有不及至者，命仆投刺，曰拜年帖。或就其家门簿书名，傍夕归来，团圞家宴焉。

绅士宴客，曰请春卮。铺家宴客，曰做财神会。豪者演戏，否则清音十番，说书杂耍，必有一以娱宾。席上嫩韭芽、包荷叶灰、江上鲌鱼，大者为板鲌，时食也。

每值黄道吉日，香舆满街，女眷择吉出行。后此诣亲戚家不忌矣。新妇归宁，夕必返夫家，谓正月不空房。轿内妇孺归来，手持棒枝香，抵家，插炉中；接行灯，悬檐下，不灭。仆妇进糖茶道喜。

元宵前后，龙灯之外，俗尚花鼓灯。其前八人涂面扎抹额，手两短棒，曰大头和尚，与戴方巾、穿红绿、亵曰呆公子者互相跳舞。厥后曰连相，曰花鼓，曰侯大娘，曰王二娘，曰渔婆，曰缝穷，曰疯婆娘，凡女装者，统曰色头。其男装者，曰瘸和尚，曰瞎道士，曰渔翁，曰补缸匠，曰花鼓老。相率串各戏文，于中择喉齿清脆者唱滚灯，所操皆本地时调，名翦翦花。手执莲蓬灯头、小红凉蓬，曰猴子头唱；惟此脚色最多。旁有弹丝弦佐唱者，曰后场。主人延之家，各出串毕放赏。是若干人者，皆在门内饮啖，独后一人，高戴白毡帽，反穿白羊皮马褂，一手摇铃，一手持灯，曰王夸［侉］子买膏药。主人以所卖者不祥，屏之门外。即昔所谓社火也。世俗相沿，由来旧矣。

元夕家宴，啖元宵，以应节气。元宵者，搓糯米粉，包桂花卤于中而为团，所以象月圆也。室自有群灯，又买之灯市，如壁灯秋虫之类，与孩提竹马手灯互相辉映。宴毕，命家童放九条龙、双蝴蝶、线穿牡丹、金盏银台、飞鱼花子诸火药。小孩放滴滴金。花香酒熟，月白灯红，室家团栾，询［洵］可曰乐事。

又有好事者，放洋灯，飘宕天际，随风而游。或有藏头诗句，任人猜摸。猜得者，赠以笔墨笺扇等事，谓之灯社。或为高跷之戏，装各出戏文，下缚丈木于足，步出层檐，则又视花鼓一新矣。

十八日落灯，人家啖面，俗谓“上灯圆子落灯面”。亦家自为宴以志庆。十九日拜藏影像，洗除欢乐。欢乐俗名挂乐，谚曰“家家撕挂乐，人人寻下落”。士人则攻书，工人则返肆，而年事以毕。

二月初二日，土地神诞辰。纸扎铺剪纸为袍，而粉绘之，人家买以作供。大街小巷，供当方土地，张多神于神前。人窃其灯以送妇人不育者，苟怀孕，则来年诞辰，一以奉十，而还灯于神前。县署福祠旁搭草台，演土地戏。是日家家接女，留之过宿，二月空房不忌矣。

十二日花朝，闺中裁红，系之卉木，风来招展，红绿参差，亦春光之小点缀者。

将近端午，僧道送符，外致两盒，如芥菜、萝卜、干蚕豆瓣之类。是节玩物最伙，削艾为人，剖茧作虎，像生店制小龙舟。闺中制各肖生物，襟上佩之，曰老茧人，即俗云端午景也。

初五日端午，楹上贴神符，中堂悬判官，瓶插蜀葵、石榴、菖蒲，小儿背老虎头，戴老虎兜，手腕系五彩绳。人家以腌腊包糯米于芦箬，谓之火骰粽，与鲥鱼、枇杷相馈遗。午时烧午香，爇苍术，点蚊烟，进蒲觞，家宴赏午。小户之家，亦多买黄鱼，雄黄、烧酒庆节。谚云“当裤子买黄鱼”，良不诬。

夏至节，人家研豌豆粉，拌蔗霜为糕，馈遗亲戚。杂以桃杏花红各果品，谓食之不蛀夏。

六月初六日晒经，第丛林故事耳。晚间捣凤仙花，包红指甲，则闺房韵事也。

七月俗名巧月，以七夕乞巧也。人家亦有陈瓜果于庭者，第不多觏。茶食店制巧果人酥以应时。

是月各街道大兴盂兰盆会。街前后扎灯牌楼，前摆斗香架，后设焰口台，中间布幔，下悬各色粗细灯。其新颖者，则西瓜灯、番瓜灯，雕镂而成，极其精巧。两旁扎若干纸鬼，内藏灯碗，如赌鬼、酒鬼、大老官、篾片等，皆讪笑世人者。僧来诵经，必令放小板焰口，其腔调如银纽丝、湘江浪，皆时下俚曲声音，供市人笑谑而已。以云超脱亡灵，恐未必也。此会自朔至晦不断。

九月九日重阳，俗尚糕。昔年萧美人糕名重一时。

小雪后，人家腌菜曰寒菜，烧糯米曰炒米，蓄以御冬。腌肉鸡鱼鸭，曰年肴，煮以迎岁。鱼肉多者曝之，留以消夏。装暖阁，熨寒衣，挂棉帘，手炉汤婆，罔不具备。

十一月冬至节，丛火，祀家庙、福祠、灶陉，拜父母尊长，设家宴，亲戚相庆贺，与元旦一例。谚云“大冬大似年”，即吴中“肥冬瘦年”之说也。

腊月初一日，欢乐店开门，张大小画，画皆刻版人物，涂以丹青。小孩必买多张，贴壁上。有代书春联者，润笔只堪易酒。乡人来城买杂货，曰打年货。各店生意皆兴，而帽店、领店、鞋袜店尤甚，小户人家，莫不买新冠履过年。故除夕之夜，此三店犹扰扰焉。

初八日，煮腊八粥，丛林沿门化米豆煮之，供众僧道。于是时送檀越家烛疏，如端午之送符也。人家择除日扫尘。二十三四日送灶。祀灶日，煮糯米饭，曰灶饭；糖九层如塔式，曰灶糖；糕亦如之，曰灶糕。又有灶馒、灶果，摆列灶台。主人率子弟拜祀，纸马中夹灶疏。爆竹之声，从是日始矣。

择吉酬神，曰辞年。酒醴三牲，香烟缭绕，重檐复壁，烛彩辉煌。堂前丛火，钳火炭于滴醋烧酒中，曰香炭，周旋门户，以示打扫洁净。然后主人焚香肃拜，鸣鞭爆，化纸马，家人齐声叩喜，妇女称庆，洵一门盛事也。

贴春联，清周慕桥绘。

冬至节前后所腌咸货，至是时煮之，曰煮年肴。庖人倩伙来帮忙，曰帮年。祀灶后，开发年事，曰年账。族戚寒素者，送以炭赀，曰年敬。往来馈遗者，曰年礼。神祠烧香，曰年香。正初须吉日开生，预于是时蒸饭，曰饭干，又曰隔年陈饭干。盛以斗，或方或元宝式，上插小旗竿，内嵌诸果品，曰年饭甑。虽柴米，亦曰年柴、年米，莫不冠一年字，以寓傍节之意。

除夕易新楹帖，曰贴对子，亦有贴门神者，若房门曰子儿。内堂悬影像，中堂挂天官，案上左瓶右牌，瓶插天竹、腊梅，镶以蟠松。案前天香几，几上炉瓶烛台，俗谓五件头。案左右花架，分列碧桃、牡丹，堂内桌围椅披、椅垫，皆红缎或红呢，合窗下红毡帘为一色。门头欢乐，雕红刻翠，张之大门外者，纸色尤鲜。

迨夕，门灯高悬，戳灯双峙，火巷鹅头灯，灿若列星。重门洞开，庭宇深邃，遥望厅事，红烛满堂，灯光交错。群仆整冠束带，率领粗使，奔走内堂。婢女兴致勃勃，亦各效殷勤。儿童行乐，买如意丹，放火盆中。子侄辈来辞岁，各兆以吉语。家人请供影像，主人盛服，相率拜毕，排家宴，饮分岁酒。其可人者，小孩牙牙学语，肩随而前，花帽锦衣，承欢侍宴，绕膝之乐，其乐尤真。以红头绳穿钱予之，曰压岁钱。家人予以钱包，曰恭喜封。宴后，逛街看年景。各铺灯火通明，行人往来不断，典铺尤杂沓焉。是时花店价甚廉，见必托消梅桩数盆，归至家，而花已送至矣。厨上收拾既毕，伺候主人接灶。守岁灯将半残，听钟声，已十二，夜过半矣。儿女尚有未寝，而云守岁者。

东台时节之风俗

东台风俗，与苏省各地小异大同。兹将与他地不同者，略为录出，以资参考。

（一）天贶节之俗。阴历六月六日为天贶节。考其由来，以宋代有天书降于是日，定为此名。沿至今日，特虚行故事耳。东台是日晨起，合家老幼咸互道恭喜，名为贺节。并食糕屑，其制法，用麦粉以糖油为馅即成，家中各人咸须食之。故俗有云："六月六，吃了糕屑养了肉。"亦迷信之陋俗也。

（二）十月朔之俗。十月朔，俗称为苍蝇回里之日。是日东台无论贫富人家，咸有食红饭之举。红饭之制法，即用糯米与赤豆煮成。煮熟后，先盛红饭一碗，水一杯，置厨下，其意盖为苍蝇饯行也。口中喃喃祝道："明年再来！"祝毕，将红饭合家食之，或馈送亲友。此种举动，俗名送苍蝇。噫！蝇为害虫，与人生极有妨碍，方将驱灭之不暇，而一般迷信者竟祝其明年再来，是诚愚陋已极。有心人为之兴叹不已。

兴化之新年

兴邑人民固蔽，向不开通，至今迷信未除。新年时迷信之举甚多。最可笑者，莫如送孩儿灯、偷桩二事，兹详述如下。

孩儿灯。此灯用泥制成，俗云此灯系自送子观音迎来，送至不生育人家，即能生子。故望子情殷之人，遇人去送孩儿灯，彼必酒食相待，感谢莫名，且将此灯供于堂前。设此泥偶手足或有损伤，则以为将来生子，必遭残疾。迷信如此，岂不可笑。

偷桩。偷桩一事，用意与送孩儿灯相似。桩之为物，原系小渔舟用以代锚者。愚夫愚妇，希望生子，每于新年中夜间，乘人不备，窃渔舟之桩，俗云偷桩回家，必能育子，极为灵验。但为渔人所觉，虽携之还家，亦无效果。此种迷信，较送孩儿灯更不可解矣。

泰县时节之风俗

俗语云："十里不同风"。意谓相隔十里，风俗即不相同，可知一地有一地风俗。兹将泰县风俗叙述于下，以备观风者采焉。

（一）新年。兹为便利叙述，先从岁暮叙起。岁暮之风俗，如送灶、接灶等事，皆系迷信之举，姑置弗论。其可笑者，除夕日各家咸购石灰，及至夜间，将石灰放蒲包内，将家中各处，满地印成蒲包印，称为元宝墩。殊可笑也！至安寝时，将鞋底朝上，鞋口朝下，俗传是夜神人下界降灾，使神降灾于鞋底上。诘朝起身，著鞋奔数步，灾即脱落。是更足发噱矣！元旦天明时，各人醒来，咸须先食一黑枣，称为开口，然后方能说话。起身以后，无论大小，咸换著新服，亲友往来，互相贺年，说种种"恭喜发财"、"称心如意"等语。儿童则争取压岁钱，买玩物。种种情事，无非表示新年快乐之景象，毋庸详细描写也。唯有二事，殊属无聊。一则新年中掷骰赌牌，呼卢喝雉扰攘不休，伤神费财。一则妇女辈入庙烧香，拜佛念经，求富求贵，迷信神权。二者皆亟宜革除也。

（二）清明节。清明之风俗，如扫墓、植树等事，人所尽知，不必赘述。泰县有一种特别风俗。清明日，乡下农人咸备大船几艘，每船约有二十余人立船之两边，咸执撑篙，在空旷河道比赛，称为撑会船。各船争先恐后，拼命前进，遇岸上孤坟，即焚化纸锭，至晚尽欢而散。究竟此种陋俗，起自何时，有何用意，乡人亦莫明其妙。吾无以解之，谓之为田家作乐而已。

（三）夏至节。年至夏至节，泰县有一种风俗，名吃时果。无论贫富人家，男女老少，咸须吃之以应时节。所谓时果者，即用豌豆洗净放釜内煮熟，吃时用糖拌匀，滋味极为香美，故人咸乐意吃之。惟吃豌豆起于何时，有何益处，则相沿成习，亦无从溯其原也。

（四）七月杪。每届阴历七月杪（月大三十日，月小二十九日），泰县有种种习俗，年年如是，牢不可破。述之如下。

（1）地藏王会。此会系该地寺僧主持其事。年至七月廿日左右，寺僧即遍贴黄纸帖于市。帖上所云，无非"请地方善男信女，届期到期拈香"等语。但对于富绅殷商，则备特别请帖。世态炎凉，勿谓和尚不知势利也。月杪清晨，寺僧在地藏神前设立香坛，邀居士七八人。就坛前礼忏。乡人纷纷携带香烛纸马，并香仪一二百文，来地藏庙拈香跪拜。寺僧备素菜饭，款待香客，而且乘此神会，赌禁大开。噫！迷信神权，伤风败俗，有地方之责者，何视若无睹耶！

（2）斋孤。七月杪前两三日，合境无论贫富人家，咸购办锡箔，折成锞锭。待至月杪晚间，于河边或三叉路口焚化，并说数句鬼话，对空祝祷，如"我家小娃娃，若到河边耍，拜托你们诸君照顾照顾"等语。见神见鬼，诚堪发笑。

（3）放河灯。河灯制法极为简单，用三寸正方厚纸做灯底，然后用芦柴一根，长约三寸，中穿一眼，装竹签钉于灯底。另用红纸折四方形，就灯底四面糊之，即成其所谓河灯矣。放灯人家，事前预备船及吹手，届期船搭布棚，棚中高悬灯彩。夕阳落后，船中灯烛光明，吹手鼓吹声喧，极一时之热闹。船上之人荡船前进，沿河将灯上竹签，装上油纸捻，燃置河中，此之谓放河灯。

（4）碗儿灯。七月杪晚间，市镇人家咸须燃碗儿灯。此灯制法亦甚简易，用彩纸剪成荷瓣，糊于碗之周围，碗中置一酒杯，盛油燃以芯，置诸门前。家家如此，亦不知何所取意也。

泰县人之迷信

江苏省之泰县，亦有一泰山，山麓有和合财神庙一座，香火颇盛。每年正月初四日，庙门外摩肩迭踵，异常拥挤。附近一般乡愚，各斋戒沐浴，来此进香。并有借钱之说，并非钞票银元，只锡箔粘成之元宝耳。一般财迷者，走至庙中，敬神既毕，乃将纸元宝虔诚携回家中，供诸神桌上，每日焚香祷祝。至次年正月初四日，复将元宝送还庙中，谓为还债，另加利钱元宝一个。于是此庙中元宝愈积愈多，遂可堆积成山矣。

高邮之丧礼

高邮人民，凡不幸而遭父母大故，棺殓之时，未封钉之前，孝子必须执杖跪请族长（指父丧而言；若母丧，则请舅父或表伯叔兄弟）执掌斧柄，连敲三下，然后次第实行。富者仍须赠贻执柄者以彩帛。执柄者若贫寒，且视为发财机会，预定封钉礼金，始允代敲。若不满意，或不延其到场，则惹起交涉，谴责频加，甚且打扰不休。噫！执柄职权，何关轻重，而为此跪请之虚文，敲击之表式，无厌之诛求，毋乃过当乎？

封钉之时，必以孝子孝妇发丝缠绕钉尖，谓之挽发。说鬼者流且谓之亮钉，恒以傲凌伯道。争嗣之人，尤以挽发为重大问题。盖发既挽后，继承确有铁证，虽不当继，而亦必强为容纳。夫挽发之制，不知创于何年，俑于何人，闻江南及其他省份并无此制，揣其用意，大抵发肤受于父母，仍还之父母，藉以维系幽明，联络心性耳。今则垂辫不合时宜，趋重剪发制度，有人因无发可挽，刺血以代，其或血液贯注钉隙，以衅灵榇，庶无罅漏乎？又或血统绵延，世世传真，子孙永垂弗替乎？孝子仁人之用心，亦云苦矣。

凡人始死之时，家人必以芦席稻草圈于本村土地祠旁，为魂灵栖留之所，男左女右，谓之铺堂。铺堂之后，家人则按中晚两餐，备具饭一盂，菜两盘，送至祠旁所设之鬼寓；多则三天，少亦两天。其女儿媳妇，沿途呼号，去则哭，来则止，甚且绕越三桥，谓之送饭。

棺殓之夕，必延僧道念放焰口。家人则以纸轿、纸船、纸马，抬至土地祠中，声请土地暂放死者，随其回归，谓之招魂看戏。

死之日起，每一周间为一七，计共七个夕［七］。每七预于前夕，家人团聚灵前，设食供奉，或延僧道诵经，谓之守七。

七期之翌日逢七（例如初七、十七、二十七），该七为摸七。家人以其灵魂回归，预将汤灌水缸空坛之口，完全盖覆，恐其坠入。又将枕簟被褥铺好，衣服鞋帽设放床前，供其服用，谓之闭殃。

淠淮间婚家风俗

淠淮间婚嫁风俗，其礼式与各处不同之点甚多。如男家赍送期单，必媵以带子棉花一袋，给新妇装被，为下子棉。选择吉期，有大利月、小利月之说。谢告叔诗云："无端阿嫂傍香肩，笑语冰人下子棉。九月刚刚逢大利，不寒不暖菊花天。"又吉期既订，男家必倩红叶致问衣服之长短，谓之讨尺寸。谢君诗云："最爱时髦称体裁，个中尺寸费思量。侬家小妹强人意，拣取新衣较短长。"又女家发轿，辄喜延迟，竟有候至深夜者，以早恐客多未散也。谢君诗云："忙煞催妆向蹇修，彩舆何事忒迟留。阿娘别有牵情处，生恐来宾未去休。"又以竹筛一面，羽箭三支，中嵌铜镜，系诸花轿之后。花轿至门，必闭门一小时，始令轿入，谓之劝性子。又婚娶必张红伞。谢君诗云："四人花轿簇莲灯，羽箭铜盘札彩绳。谢罢喜神门遽合，犹撑红伞最高层。"又新嫁娘于临期旬日，必递减饮食，谓之扣饭。谢君诗云："翠绕珠围楚楚腰，伴娘扶掖不胜娇。新人底事容消瘦，闻道停餐已数朝。"又新妇进门，以布袋铺地，辗转更换，令步其上，谓之传袋，犹言传代也。谢君诗云："箫鼓声中笑语哗，两行红粉迓香车。锦裀层迭偏铺袋，为祝绵绵瓞与瓜。"又参堂拜三，客多向新夫妇道喜，故令频频跪拜，往往汗珠欲滴，观者因而取乐焉。谢君诗云："参罢翁姑诸客临，许多同辈礼偏深。更番贺喜都陪拜，故使香肌汗湿巾。"以新房闹房之风气甚盛，以新妇未过三朝，无分长幼，团聚欢呼，毫不为怪。谢君诗云："洞房耳鬓尽斯［厮］磨，未过三朝热闹多。喝酒豁拳叉麻雀，大家团聚乐如何。"又新夫妇三朝必展墓，多数女眷同往，均着红裙，各村闻爆竹声，无不争看新嫁娘也。谢君诗云："双双展墓趁新晴，钱纸烟中爆竹声。一色红裙归去缓，村庄男女各欢迎。"又一月归宁，谓之回门。及往夫家，必以糯米制饼饵相馈遗，谓可粘其婆口云。谢君诗云："琐碎从来计米盐，家庭指导且休嫌。归宁多备连糕饼，侥幸能将婆口粘。"

黄渡镇妇女之求子

青浦黄渡镇妇女之无子者，必往镇东祖师堂之送子观音前烧香告祷，并暗中将送子观音之绣花鞋偷去一只，云即能生子。惟生子以后，须寄给与送子观音为干儿子也。或遇有生子人家之三朝或六朝，祭天生婆婆之红蛋，能偷而食，亦能生子。生子之人家，三朝或六朝，祭天生婆婆以后，焚锭送出时，如有无子者，可命送至其家之门首，云系送儿子来也。再妇人怀孕，倘将雄黄精佩在身畔，云可转女为男。

金山清明之赛会

旧历清明节，金山有赛会之举，其神即为城隍。此种风俗，由来已久。当清明节前一夜，庙中出十数人，手持钢叉（俗称小鬼），周行街市，名曰巡街。巡街已毕，复有收台之举。所谓收台者，有阴台、阳台之别。收阴台，即至荒野，见有朽烂棺木，尸身暴露，即将其骷髅取回。收阳台，预先探明乡人姓氏，及至收台之时，唤乡人名字，如阿三阿四等名，如有人答应，即燃放爆竹，以为收台已著也。迨回庙中，收阴台者，将骷髅抛入土偶座下。收阳台者，将灵魂捉入木桶之中。此种荒谬举动，不合人道。而乡人迷信，且以为灵验也。清明日下午即举行神会，乡人无论老幼男女，空室出往观。人山人海，异常拥挤。当未出会前，有许多劣童至庙中，扮七伤、八将、十二员、疯子等戏，乡人扮刽子手、街队小鬼等。其最惨无人道者，有人袒胸裸臂，臂穿许多钢针，针连绒绳，绳系香炉，炉重有数斤者，有重至十数斤者，系之而行，不以为楚。是盖曾许愿者，今特尽其应尽之义务，以了愿心耳。其愚可笑亦可怜也！出会时，鸣锣击鼓，为神开道，舁神巡游街市，东至杨爷庙，与杨爷相会。巡行一周，还驾入庙，入庙时，抬驾者举步疾驰，名曰抢轿。是时脚步声，呼喝声，铜叉声，声声相应，极一时之热闹也。

崇明时令之歌谚

此篇系录崇明俗谚，虽街谈巷语，词句浅鄙，而以之占时令，测天文，往往应验。摭录如下。

日落胭脂红，非雨便是风。

乌云接日头，半夜雨稠稠。（稠稠，雨声也。）

明星照烂地，天亮落勿绝。（绝读绪音。）

小暑一声雷，倒转黄霉十八天。

东虹日头西虹雨。

东北风，雨太公。（言大雨也。）

云里雨，赫小鬼。（言无大雨也。）

西南出谷，搓绳攀屋。（言寒风自西南来者，其势必大。）

赤脚冷西风。（言寒天西风砭骨，犹赤脚之冷也。）

西风夜静。

青冈红冈，明朝热杀和尚。（夏时傍晚，红日初下，每见云作峰冈之状，呈青或红色，邑人以为翌日热度加增之兆。）

朝伯南云，夜伯北云低。（此二语，谓为将雨之兆。）

日笳风，月笳雨。（日笳月笳，即日晕月晕也。）

东风极雨落，秀才极教学。（言东风迅疾，必下雨也。）

行之春风有夏雨，落之腊雪有河鱼。（言春时多风，春［夏］时多雨。河鱼即河豚也。）

春寒多雨水。

两春夹一冬，无被暖烘烘。（十二月立春，兆冬暖也。）

春雷日日阴，要晴须见冰。（言春雷必冻，风起乃见天晴也。）

惊蛰闻雷米如泥。（言预兆年丰也。）

惊蛰雷声未是奇，春风无雨病人稀。

未蛰先蛰，人吃狗食。（言惊蛰前闻雷，兆凶年也。）

有利无利，只看三个十二。（二音利，言正、二、三月十二日无雨，主丰年也。）

三月沟底白，莎草变成麦。（言三月晴，主麦秋有望也。）

麦秀风来摆，稻秀雨来淋。（麦秀时畏雨，稻秀时畏风。）

小麦不怕人共鬼，只怕四月初八夜里雨。（四月初八夜雨，小麦歉收。）

冬青花未开，黄梅水正来。

小暑日西南风，三车勿动。（三车即油车、轧车、碾米之风车也。是日西南风。主歉收也。）

二十分龙念一雨，水车搁在弄堂里。

二十分龙念一訔（音虹），拔起黄秧便种豆。

二十分龙二十落，车水车得臀肛落。

六月初八西北风，惊动海中龙。

秋孛鹿，损万斛。（言立秋日忌雷。）

处暑若还天不雨，纵然结实也无收。

八月初一难得雨，九月初一难得晴。若还能得晴，皮匠娘子要嫁人。

八月南风两日半，九月南风当夜转，十月南风随身雨。（言必雨也。）

十月南风应小春，十二月里又交春。（交春，立春也。十月南风无雨，乃应春也。）

分后社，白米遍天下。社后分，白米如锦墩。

白露日雨，到一处坏一处。

白露前是雨，白露后是鬼。

白露日西北风，十个铃子九个空。白露日东北风，十个铃子九个脓。（棉实如桃开裂，崇人谓之铃子。）

十月雷，人尸拌来推。（言十月中如有雷鸣，疫疠盛行也。）

南闪火门开，北闪雨洋洋。（夏日黄昏，见电光闪闪，见于南方则热，见于北方则雨。）

冬前米价涨，穷人男女倒好养。冬前米价落，穷汉人家越萧索。

除夜犬不吠，新年无疫疠。

三朝迷雾发西风。

晓雾即收，晴天可求。雾收不起，细雨不止。三日雾濛，必起狂风。白虹下降，恶雾必散。早起天顶无云，日出渐明。暮看西边无云，明日晴明。

午前日晕，风起北方。午后日晕，风势须防。晕开门处，风色不狂。早白暮赤，飞沙走石。返照黄光，明日风狂。

虹下雨垂，晴明可期。断虹晚见，不明天变。断虹早挂，有风不怕。

三月初三田鸡暴。（俗云："田鸡叫得哑，低田好稻把。田鸡叫得响，田内好摇桨。"）

雨落乒乓响，柴米对半涨。亲眷勿动身，只好拿小囝打。（雨落过久，柴荒米贵也。）

男吹风，女吹雨。（婴孩无意之间忽自吹风，男吹必风，女吹必雨。）

早箭风，夜箭雨。下昼箭箭干到底。（群鸭同声而鸣，谓之箭嘴。）

鲫鱼浮头，鲤鱼扛水，天必下雨。（夏日午正或午后，鲫鱼浮于水面，吸取空气，逐水为戏，天必雨也。）

崇明之鼠迷信

崇明人对于老鼠之迷信有三种。一曰老鼠数钱。鼠至夜深时，或将天晓时，吱吱之声，有似数钱。迷信妇女以为听出此声，家中必出祸事，因此日夜愁惧，若大祸之将降临者。必俟数日后不见灾害，始释然。二曰老鼠落空。鼠出外寻食时，或失足落地。迷信妇女以为见者大不吉利，非生疾病，必有他种祸事，必须设法禳解。禳解之法，须见者亲往乡间，沿户讨乞白米，谓之百家米，回家以之煮饭，食下便可解除灾晦。虽富家妇女，亦必装成乞丐样向人乞米，殊可笑也。三曰老鼠咬东西。鼠喜啮物，乃其天性。迷信妇女以为人说不好语言，为鼠所闻，故将东西咬坏，于是禁止家人詈鼠，并不准说之，有时呼之曰“老鼠伯伯”以媚之。

海门人之猜天

海门滨海，其居民对于气候之变化可以预测，有时亦能言中。兹记其相传之俗语于后。一曰：“朝看西南迷，午前必有雨。”言侵晨西南方若有云，则午前必落雨也。二曰：“有吃无吃，只看三个十七。”言正、二、三三月之十七日若无雨，则主丰年。三曰：“车前风，车后雨。”言夜间黑云横于河间，在车水星前，必有风，在车水星后，必有雨。四曰：“上看初三，下看十六。”言初三日晴，则上半月亦晴，十六日阴，则下半月亦阴。五曰：“南虹刀兵动，北虹换君王。”言南方有虹现，则有兵灾，北方有虹现，则朝庭有变动。六曰：“东闪闪西闪闪，明朝干剥剥。”言夜间虽四方有雨势，次早仍无雨。七曰：“蝇荒蚊熟，虾荒蟹乱。”言蝇多年必荒，蚊多年必熟，虾多年必荒，蟹多年必乱也。八曰：“雌迷雾无雨，雄迷雾有雨。”当迷雾时，植物中有水滴下，谓之雌迷雾。雄迷雾反是。九曰：“花是花，四十日，拾棉花。”言开黄花后四十日拾棉。十曰：“要看来年好，只看今年三个十九天气好。”言正、二、三月三个十九日也。十一曰：“西风爽，蟹脚痒。”言八月起西风，蟹必多也。十二曰：“九月十三雨扬扬，稻芦头上出青秧。”十三曰：“九月廿七催懒户，十月无风躲不过。”十四曰：“十月三十日，犁星著地水生冰。”十五曰：“十二月初三牛蘸黄，一粒大麦两人扛。”言十二月初三若有雨，麦之收成必佳。十六曰：“春甲子落雨人无食，夏甲子落雨鱼无食，秋甲子落雨牛无食，冬甲子落雨鸟无食。”十七曰：“二十分龙二十落，扛子水车绕田踱。”言必有大水也。十八曰：“廿二廿三若落黄龙雨，红粉娇娘上踏车。”言必旱也。十九曰：“七竹星上天，花稻完全。”二十曰：“井树花开盖被单。”言天气稍寒也。二十一曰：“秋个落，收蟞角。”言立秋日有雷声，收成必不好。二十二曰：“冬前不冰冻，冬后冻煞人。”二十三曰：“干冬湿年。”二十四曰：“壬戌癸亥，翻天作海。”谓必有大雨也。二十五曰：“月半十六两头红。十七十八，快手婆娘杀只鸭。二十行更，月上一更。廿一二，月上二更二。廿二三，月上半夜间。廿五六，月上四更足。廿九朝，月上黄殿高。”二十六曰：“朝爽一，夜爽七。”言风起自晨，一日即止；起自夜间，七日方止。二十七曰："初八廿三正小汛。"言潮小也。二十八曰："初三潮，十八水，烁烁眼，没到嘴。"言潮大也。二十九曰："月食三朝大雨下。"三十曰："初五夜里勿见月，干干湿湿半个月。"言半月内不得晴也。三十一曰："朝撑不要晒，夜撑不要收。"当日出没时，紫光下照成芒，名曰撑。朝撑必雨，夜撑必晴。三十二曰："日脚冲天，雨在眼前。"日将落时，紫光向上，谓之冲天。三十三曰："东南阵，经过落三寸。"夏日雷雨谓之阵。三十四曰："五月里迷雾，撑船不要问路。"言必有大水也。三十五曰："五月十三青晃，床底下摸蚌。"言五月十三日天晴，必有大水也。三十六曰："六月无晓，种田无靠。"言无晓星，主凶年也。三十七曰："初一落雨进田窝。"言六月初一雨，主旱。"初二落雨连太湖。"言初二雨，有大水。"初三落雨，七十二个连环阵。"言初三雨，必有七十二个阵头。"初四落雨，直直风流到立秋。"言初四雨，将连续落至立秋也。三十八曰："七月七落雨斗量花。"主歉收也。三十九曰："七月七有闪，壁脚眼里皆照去。"言花价必贵也。四十曰："八月田鸡叫，耕田犁头跳。"言种麦时土必干也。四十一曰："话事弗开总有鬼，迷雾弗开总有雨。"四十二曰："芒种便交梅。"四十三曰："小暑一声雷，黄梅依旧归。"四十四曰："夏至搭头时。"四十五曰："夏至三朝，知蜩上树。"四十六曰："好是处暑暴，不好是送死暴。"言处暑遇大风，收成必大减。四十七曰："小满三朝架头响。"言打麦也。四十八曰："蕴藻头对北，虾鱼蟹鸟要哭。"言夏日水藻头对北，虾鱼蟹鸟，必多被捕。四十九曰："白露看花秋看稻。"五十曰："梅里西风时裹雨，时里西风干到底。"

宝山十月朔之俗

十月朔俗称十月朝，是日祭祖先。其祭品为鱼肉、糕饼、团子、果品等类，而团子为其中不可缺者。是日接女儿回家，俗称吃团子。午后出城隍神会，俗称祭团，又名巡查。各家备香烛黄纸，神像过时，即焚香致敬。俗传城隍出巡可保合境平安，亦云迷信极矣。

浦东之婚礼

浦东者，黄浦江东岸之地，包有奉贤、南汇、川沙三县而言，位于江苏之东南隅。民智简陋，风气闭塞，其风俗习尚，与内地大同小异。兹就其婚丧礼节中大要者记之。浦东人之婚礼，泰半沿用旧俗。当男女两姓未订婚约前，男家先遣媒人往女家，索女之八字，即生年月日时也。然后男女二人之八字，请算命者合之，讨论其中有无冲尅，谓之合八字。若算命者谓女命中犯望门寡，或无子息等语，则婚事必不能成就。八字合妥后，由媒人居间说合，得两方家长同意，方可实行定亲。定亲日期，由女家择定，男家请媒人往送茶礼，如金钱、彩礼等类。女家受茶礼后，再写允吉八字一张，定亲之礼遂毕。定亲后距相当日期，由男家择定吉日，请媒人通知女家，谓之报日。然初次通知，女家必不允，必须往复三四次，始得允可。再由男家备礼物若干，如金钱、首饰之类，谓之行盘。女家受礼，谓之受盘。结婚时，堂中先置香案一，案上点花烛及安息香。行礼时，用红绿连接之绉巾，使新郎新娘各执其一端，一切司仪由专营此业之大夫司之。礼毕，新郎新娘并坐于香案正中，大夫高唱吉祥韵语，并取红蛋一枚，向新郎、新娘面上一晃，谓之圆面，然后偕入洞房。婚礼毕，再于堂中设香案，并置酒席若干桌，惟空其坐位。新郎新娘齐出，向香案行跪拜礼，谓之告祖。完婚之第三日，谓之三朝，是日新娘归宁父母，新郎亦同去，岳家呼之为新客人。婿至岳家，先拜见岳父母及其他亲长，继由各亲长给婿以钱，谓之见面钱。是日岳家必备盛席以待婿，筵毕，即日偕新妇返家。其他尚有种种名目，如女子于临嫁之日，将久蓄未剃之额发修去，谓之开面。登舆时，于发髻上满簪花朵，面上遮以面红，谓之上头。当迎娶之彩舆临门，女子别其父母，必大哭，以诉离别之苦，谓之谢亲。新婚之第一夜，新郎新娘同坐首席上，贺客于此时作种种戏谑，以资笑乐，谓之吃暖房。俗谚日“新婚三日无大小”，意谓于新婚后三日中，不分老少，均可往新房中作种种戏言丑态，以博新娘一笑。有故将新娘鞋子脱去，借以掉换果饵者，是谓闹房。

浦东之丧礼

浦东之死丧状况，亦与内地大略相同。一曰暖棺。人死之第一夜，无论已殓或未殓，必延羽士若干向亡者诵读经卷，乃为死者安定魂魄之意。二曰回煞。俗传人死之第三日，死者魂魄必返家一次，故于是日，死者之家族必陈酒设菜，供于灵前，谓之做三朝。三曰念经。富贵之家，每逢七期，必延僧道诵经，为死者超度；普通亦必唪经一二次，方为合礼，否则人将耻笑之。四曰七期。距死期之第七日，谓之首七，以后每七日一祭，谓之二七、三七等称，直至终七，适满四十九天。以后还有六十日、百日之类。每逢上述之日，亲友多来祭奠。死者之家属，亦必尽哀如礼。五曰祭祀。每年逢阴历之七月、十月、清明节及死者之生忌、周忌，均需祭祀。七月之祭谓之七月半，十月之祭谓之十月朝。每次祭毕，必焚化纸锭，以给死者。

超度亡魂，选自《点石斋画报》。

浦东之迷信

乡愚无识者，每遇不意事，或伤风感冒，即至神前焚香祷告，求签以占吉凶，或向测字者卜休咎。如云犯白虎煞，则立请白虎，丝毫不敢违抗。每届清明佳节，路上来往之人，手中均携草囤，向祖宗墓前焚化，谓之烧草囤。又有一种女巫，俗谓之仙人，专以蛊惑人心为事，妇女最易受骗。如新丧之家，因思念死者之故，欲知其死后在阴间之状况，即请女巫来问之，谓之问仙。问时先点香烛默祷一番，须臾，女巫作种种怪态，口中喃喃语，肖死者之口吻，述其苦况。妇女闻者，必泣下沾襟，信以为实。每年阴历正月初一、初三、十五及八月十五四日，各家点香烛，谓之点天香，以敬奉天地。又如设坛、打醮等事，费时伤财，莫此为甚。然而此种陋俗，固非浦东所独有，中国内部各省殆大半有之。其每年耗费之金钱为何如耶！

上海风俗琐记

上海为中国第一大埠。上海人民之动作，几乎可以代表全中国。但有一事，为其他各城所希闻，即南京路浙江路角五龙日升楼下，每日下午及黄昏，簇拥聚立者之多也。谓其为休止，则进占地位，明明有阻碍去路之行为；谓其为进行，则徘徊瞻顾，又忽忽不知其所往。无以名之，名之曰无目的。

上海人民春秋二季之看赛马，亦足表示其无目的之特性。盖在看赛马者之心意中，固绝鲜竞技与尚武之趣味，亦不过凑趣而已。时谐有云："心不在焉"，此四字足以代表之也。

上海人民娱乐之法，以旧历之季节言，如新年十五日内之城隍庙市，二、三月间之龙华桃花，四月初八之静安寺大佛会，十月初一之迎神赛会，及除夕夜之虹庙香火，其足引动大众之游兴者，无非曰赶热闹而已。更以一日中所征逐者而言，如每日午后南京路车马之繁，半淞园游踪之盛，游戏场瞻瞩之娱，无非赶热闹也。又如每夕各戏园之坐位拥挤，与各大菜馆之笙歌嗷嘈，乐园天韵楼之列炬争辉，与福州路宝善弄之香车络绎，亦无非赶热闹也。

节届中秋，月饼为应时之品。上海各糕铺制饼发客，几有应接不暇之势。而斗胜争奇，各出心裁，竟有以电气灯盘作"中秋月饼"四字，高挂门首，以代市招者。入夜则光明灿烂，颇夺游人之目。而稻香村糕饼铺尤遍地皆是。某君诗云："稻香村畔晚来行，节序关心记得清。一色电灯盘作字，中秋月饼放光明。"盖实录也。

近数年来，闺人竞尚吸纸烟。开风气之先者，厥为上海。各地效而尤之，几蔓延全国。推原上海女界吸纸烟之开山鼻祖，实为曲院中人。所吸率舶来品纸烟，其茎绝细，迨不逮纤指之半。一吐吸间，恒耗青蚨二三十翼。大家妇女争试焉，咸以此为时髦。一烟之微，必盛以金盒，配以金斗，兰房粉阁间，几以吸烟为正课。在昔闺中韵事，曰焚香读书，曰然脂写韵，今则悉以吸烟代之。吾人如涉足梨园及游戏场所，可见粉白黛绿者流，十之七必以纸烟实其樱唇，恣吸若狂。而昔人之所谓口脂香者，悉变为烟臭矣。

世界各国大城市，其住民最富同化力者，莫如上海。无论何地主人，一抵上海，不能不染三种习气，一曰趋时，二曰务奢，三曰尚圆滑。苟不如是，似不足以化成完全之上海人也。上海人同化力之可惊，有如是者！

上海人最喜用新字，无论何种店号，何项货品，若冠一新字于其上，遂觉件件皆新，一新而无不新。可惜新字字面虽好，一被大众随意借用，反令人有新不如旧之感。若言书籍，凡属名著，必有人依样仿造。新字之外，更有后字续字等巧好名目，以紫乱朱，迨至数年、十数年后，曰新曰后曰续诸印刷品一概无形消灭。此可见模仿性质之过于拙劣，绝鲜成功之理也。

出版新书之多，以上海为第一，大都投顺俗好，近于滑稽者居多。光复之后，所谓《清官秘史》、《清室轶闻》，以及前一二年间《袁项城轶事》、《徐树铮轶事》、《王占元演义》等书籍，编［遍］陈于书铺之玻璃窗内。今则已成明日黄花，过问者少矣。

前数年某某男女合演新剧社，凡观剧者，皆有赠彩。其最优之品，为杨庆和之赤金戒指及银桌面等物。是亦招徕之一法也。

上海各机关、各铺户，各住宅门前常见之字，当以“大”字占最多数。卖药处所必曰大药房，法律学者必曰大律师，洋行经理寓庐高悬“大班住宅”之牌，寻常西式小餐，亦以英法大菜为号。此外若大行台、大旅社，客栈之变相也。大舞台、大戏院、大剧场，梨园之雅号也。大汤为浴堂中最低劣之一部，大马戏等，殆即外国人江浙［湖］卖艺之生活耳。以上数者，均有大之名，而不必有任何之大规模也。而上海悉以大字自鸣，谓非好为大言之明证乎？

上海住民，一朝幸获温饱，即须另置外妾。寻常一商人，每有额外住宅数处，每处开支款额，俨然成一小康之家。偶尔营业不佳，势必一败涂地。此则一生为妾忙矣。

亦有巨商大贾，因蓄妾多而子姓甚繁，盘剥重利，较量锱铢，积其辛苦所得，而付之子若女，任令挥霍无度，演成种种伤风败俗之举，不啻一生为子女忙。而为之子女者，御钻戒，驾机车，炫饰美服，辉耀人前，而以为甚荣也。扑克之会，缠头之费，一掷万金，不稍吝惜，而以为甚豪也。此辈丧心病狂，更不啻虚掷一生，而专为左右近习者空忙耳。

上海一年之中，必有两次不为死人吊，专引生人笑，惊天动地之大出丧。此诚上海之特别现象，最足证明流俗心理人不为己之奇拙也。次若福州路北、南京路南之夜市笙歌，大半皆应酬场行乐地，每一宴会，主人待来客，前客复待后客，耗费光阴，仆仆为人忙。其所为乐，非真乐也。

上海习惯，在新年中，鲜有出外购备食物者。以为此时购物，必其家庭穷苦而无储蓄者也。于是岁终之时，必择重要必须之物品购而储藏之，以供应用。是以商店中于此时最为忙碌。及至新年，反觉萧条矣。

上海习俗，在元旦日晨，每有至城隍庙中焚香拜佛，求神保佑，俾得一岁平安无事。且诚心者以为必俟天未明时须即往，能第一次至者，求福必多，名曰头香。于是除夕日之半夜，途为之塞。城隍庙中，几无容足之地。盖无不欲思得第一次头香也。

吾国习俗，以为元月五日为财神诞生之日，故必先期迎接，则一年之内，财源必能富裕充足。是以上海每至元月四日之夜，通宵达旦，终夜不眠，爆竹之声，不绝于耳，盖无不欲财神之光临也。惜财神未至，而所费已为不鲜也。

上海自楼外楼创造屋顶花园之后，继之者纷纷，如新世界、云外楼、天外天、绣云天、小世界、大世界、先施乐园、永安天韵楼，遍地皆是。电梯一升，便飞入清凉世界，车马尘嚣，不足畏也。

盲者吴鉴光，卖卜于南京路，素有“三个半滑头之一份子”名。新岁生涯尤盛，大得一般闺阁之欢迎。又有小糊涂，测字于沪上，往问婚姻者，例须拈字双卷，生涯亦甚盛。海上五方杂处，赌风素炽。花会亦赌中之一也。由于无赖之甬人，为之遍设机关于城内外各小肆中，美其名曰航船。一般无识之男女，趋之若鹜。因输巨资，无以为生而自尽者，亦时有所闻。为害之烈，于此可见。嗜此者，迷信甚深，如梦何物，即猜何物，或求梦于鬼神。此中人云，尤以缢死鬼为最灵，求梦者以纸帛焚之，即卧其棺旁，以求梦示云云。花会共分四门，曰青龙，曰白虎，曰进门，曰出门，其中共有三十六名，内除把筒外，余皆可开，惟三槐不能时开。传云三槐系缢死阴魂，能迷弄世人，因其不祥，故会中不愿开此名；必须会中连日大输，方始开之，且猜者亦甚少，必可获利也。开筒之后，会中必须以三牲祭之，并焚化纸锭以报之云。

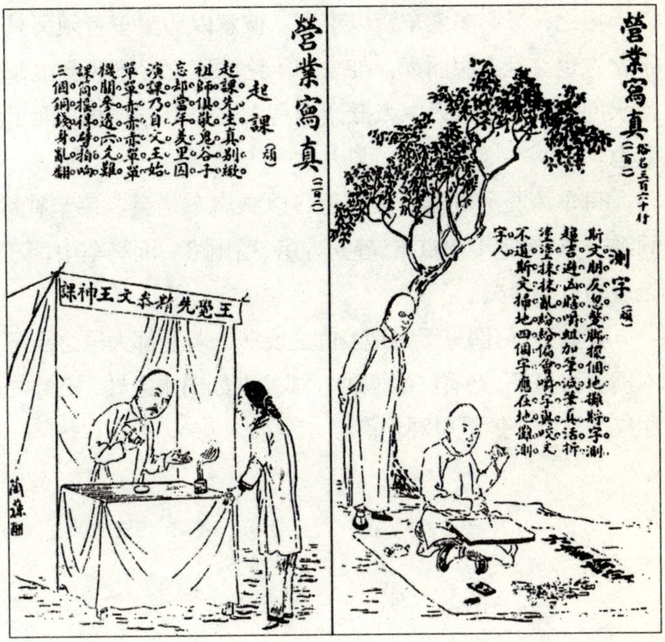

起课、测字，选自《营业写真》。

上海衣肆规例，每晚必将衣服摊喊，名曰卖叫货。此等货物，大都不良者多。观者不察，往往为其所愚。其有察出破绽，不愿向购者，该店伙必多方讽刺，甚且装出一种藐视之丑态。乡愚懦弱，往往有不能忍受痛苦买去者。此类店伙，规模较小之店铺大都有之，固不止衣肆已也。

上海商家习惯，账台旁之水牌上，必书“勤笔免思”四字。考其用意，系以水牌为暂时登记之物，庶事后免费思索者。乃商人不察，竟有书“免”为“勉”者，此勉字下得矛盾可笑。

上海黄包车兜揽生意，除西人外，每向衣冠楚楚者低声问曰：“先生法兰西去吗？四马路去吗？”一种温和气象，出自至诚。而对于衣饰质朴人，非惟不屑呼问，即以手招之，又必多索车资以难人。彼意以为坐车者须另具一副面目，不洽其意，即不之应也。且衣服丽都，与夫少年艳妹雇之，则风驰电掣，瞬息数里。反是，则如逆水挽缆，进步当迟。大抵逢迎富人之心万方一概，而于沪上车夫，其尤显而易见者也。

舟车为交通利器，上海近日以乘汽车为豪。每至礼拜日，必有许多少年男女，同乘一车，疾驰于南京路、静安寺路、福州路。而马车中，今仅见四十许男子一人兀坐，无复向日盛事矣。

穿红著绿，偶见于内地乡间之女子。若通都大邑之女子，无不穿一套缟素衣裳矣。不谓上海男子，乃有红绿两种。邮差则如出水之蛙，扫街夫则如落汤之虾，穿红著绿，往来人丛中，煞是可观也。

浙江

杭州嫁娶风俗

杭州旧式婚娶之礼，先凭媒氏以草帖子通于男家，男家以草帖问卜或祷签，得吉无克，方回草帖。亦卜吉，媒式通音，然后过细帖，又谓定帖。帖中序男家三代职位名讳，议亲第几位男，及官职年甲月日吉时生，父母或在堂或不在堂，或书主婚何位尊长，或入赘，开明将带金银、田土、财产、宅舍、房廊、山园，俱列帖子内。女家回定帖，亦如前开写及议亲第几位女，年甲月日吉时生，具列房奁、首饰、金银、珠翠、宝器、动用帐幔等物，及随嫁田土、屋业、山园等。其伐柯人两家通报，择日通帖，各以色彩衬盘，安定帖送过，方为定论。然后男家择日备酒礼诣女家，或借园圃，或湖舫内，两亲相见，谓之相亲。男以酒四杯，女则添备双杯，此礼取男强女弱之意。如新人中意，即以金钗相赠，谓之放定。若不如意，则送彩缎二匹，谓之压惊，则姻事不谐矣。既已放定，则伐柯人又通好议定礼，往女家报定。若丰富之家，以珠翠、首饰、金银器及绸缎衣裙，加以双羊牵送，以金瓶酒四樽或八樽，装以大花银方胜，或以罗帛贴套花为酒衣，酒担以红彩缴之。男家用销金色纸四幅为三启、一礼物状，共两封，名为双缄，仍以红绿销金书袋盛之，或以罗帛贴套。五男二女绿盝盛礼书为头合，共凑十合或八合，用绿袱盖上送往。女家接定礼合，于宅堂中备香烛酒果，告盟三界，然后请女亲家夫妇双全者开合。其女氏即于当日备回定礼物，以紫罗及颜色段匹、珠翠须掠、皂罗巾段、金玉帕环、七宝巾环、箧帕鞋袜女工答之，更以原送茶饼果物四方回送，羊酒亦以一半却之，更以空酒樽一双，投入清水，盛四金鱼，以箸一双，葱两株，安于樽内，谓之回鱼箸。若富家官户，多用金银打造鱼箸各一双，并以彩帛造像生葱双株，挂于鱼水樽外答之。自送定之后，全凭媒氏往来，朔望传语。遇节序，亦以冠花彩段合物酒果遗送，谓之追节。女家以巧作女工金宝帖环答之。次后择日则送聘，预令媒氏以鹅酒，重则羊酒，至日方行送聘之礼且论聘礼。富贵之家，常备三金送之，则金钏、金镯、金帔坠者是也。若铺席宅舍，或无金器，以银镀代之。否则贫富不同，亦从其便，此无定法耳。此谓之下财礼，亦用双缄聘启礼状。又有一等贫穷父母兄嫂，所倚者惟色可取，而奁具茫然。则议亲者，以首饰衣帛加以楮物送往，谓之兜里。今富家女氏，既受聘送，亦以礼物答回，大抵女红等类。自聘送之后，节序不送，择礼成吉日，再行导日礼报女氏。亲迎日分先三日，男家送催妆花髻，销金盖头，五男二女花扇花粉。女家答以金银方胜、袍靴等物。前一日，女家先往男家铺房，挂帐幔，铺设房奁器具、珠宝首饰动用等物，以至亲压铺房备礼，前来暖房。又以亲信妇人与从嫁女使看守房中，不令外人入房，须待新人入，方敢纵步往来。至迎亲日，男家则克定时刻，预令行郎各以执事，如花瓶、花烛、香球、纱罗、洗漱、妆合、照台、裙箱、衣匣等前往女家取迎新人。其女家以酒礼款待行郎，散花红银楪利市钱会讫，然后乐官作乐催妆，尅择官报时辰，催促登车，茶酒互念诗词，催请新人出阁登车。既登车，擎檐从人，未肯起步，仍念诗词，求利市钱。酒毕方行，起檐作乐，近至男家门首。时辰将正，乐官妓女及茶酒等人互念诗词拦门，求利市钱红。尅择官执花斗盛五谷豆钱彩果望门而撒，小儿争拾之，谓之撒谷豆，以压青阳煞耳。方请新人下车，一妓女倒朝车行，捧镜或青毡花席上行，先跨马鞍，背平秤，过入中间，至一室中稍歇，当中悬帐，谓之坐虚帐。或迳迎入房室内，坐于床上，谓之坐床。房门前先以彩帛一段横挂于楣上，碎裂其下，婿入门，众手争扯而去，谓之利市缴门，争求利市也。婿登床右首座，新妇坐于左首，正坐富贵礼也。其礼官请两新人出房，诣中堂参堂，男执槐柬，挂红绿彩，绾双同心结，倒行，女挂于手，面相向而行，谓之牵巾，并立堂前。遂请男家双全女亲，以秤或机杼挑去盖头，方露花容。参拜堂次诸家神及家庙，行参诸亲之礼毕，女复倒行，执同心结，牵新郎回房，行交拜礼，再坐床。礼官以金银盘盛金银彩钱杂果撒帐，次命妓女执双杯，以红绿同心结绾盏底，行交卺礼毕，以盏一仰一覆，安于床下，取大吉利意。次男左女右结发名曰合髻。又男以手摘女之花，女以手解郎绿抛纽，次掷花髻于床下，然后请掩帐。新人换妆毕，礼官迎请两新人，诣中堂行参谢之礼，次亲朋讲庆贺，及参谒外舅姑。已毕，则两亲家行新亲之好，然后入礼筵，行前筵五盏礼毕，别室歇坐，数杯劝色，以叙亲义，仍行上贺赏花节次，仍复再入公筵，领后筵四盏，以给其仪。三日，女家送冠花、绥彩缎、鹅蛋于婿家，谓之送三朝礼也。其两新人于三日或七朝、九日，往女家行拜门礼。女家广设华筵，款待新婿，名曰会郎，亦以上贺礼物与其婿。礼毕，女家备鼓吹送婿回宅。女家或于九朝内，移厨往婿家致酒，谓之暖女会。自后迎女回家，以冠花段匹合食之类，送归婿家，谓之洗头。至一月，女家弥月礼合，婿家开筵，延款亲家及亲眷，谓之贺满月会亲。自此礼仪可简，遇节序，两亲互送节仪。若士庶之家，贫富不等，亦随家丰俭，不拘此礼。若果无所措，则已之。

杭州育子风俗

杭城人家育子，如孕妇入月期将届，外舅姑家以银盆或彩盆盛栗秆一束，上以锦或纸盖之，上簇花朵，通若贴套五男二女意思及眠羊卧鹿，并以彩画鸭蛋一百廿枚，膳食羊生枣栗果及孩儿绣绷彩衣，送至婿家，名催生礼。足月见坐蓐分娩，亲朋争送细米炭醋。三朝与儿落脐炙囟。七日名一腊，十四日为之二腊，廿一日名三腊，女家与亲朋俱送膳食，如猪腰肚蹄脚之物。至满月，外家则以彩画钱或金银钱、杂果，及彩缎、珠翠、囟角儿食物等送往其家，大展洗儿会。亲朋俱集，煎香汤于银盆内，下洗儿果、彩钱等，仍用色彩绕盆，谓之围盆红。尊长以金银钗搅水，谓之搅盆钗。亲宾亦以金钱银钗撒盆中，谓之添盆。盆内有立枣儿，少妇争取食之，以为生男之征。浴儿落胎发毕，以发入金银小合，盛以色线结絛络之，抱儿遍谢诸亲客，及抱入姆婶房中，谓之移窠。若富室官家，则用此礼，贫下之家，则随其俭。生子百日即曰百岁，亦开筵作庆。至来岁得周，名曰周晬。其家罗列锦席于中堂，烧香炳烛，顿果儿饮食及父祖诰敕、金银七宝玩具、文房书籍、道释经卷、秤尺刀剪、升斗等子、彩缎花朵及一切应用物件，观其所拈何物，以卜儿一生荣辱，谓之拈周试晬。

杭州寄干儿女之风俗

杭州承寄干儿子、干女儿之风最盛，盖唯恐其不寿，而以出姓为名，其实亦不过以有事为荣也。干爷、干娘送礼，以包袱、兜肚二物为重，其余衣帽鞋袜等项，若云取名压帖，此中丰啬不等。其子女送干爷、干娘者，备素菜十碗，并糕桃烛面鞋袜膝一切须用物件，随同本身父母前往，斋供王母寿。至于每逢各节，一年之内，亦如新嫁女儿须送各式节景予子女，除夕又送年饭，三年为满。

杭州之淫祀

杭州清泰门外有时迁庙，凡行窃者多祭之，涌金门外有张顺庙，赤山埠有武松庙，石屋岭有杨雄、石秀庙，此皆淫妄之祀。又有谬误者，温州有土地杜十姨无夫，五髭须相公无妇，于是合而为一，则杜拾遗、伍子胥也。孤山林和靖祠，塑女像为偶，题曰梅影夫人之位。或戏之曰："何不兼塑仙鹤郎君？"世俗诞妄，真是匪夷所思。又凡庙中司事之人，杭人名之曰庙鬼，所作所为，往往戏侮神圣。如关帝手中所执之扇末署款云："云长二兄大人嘱书，愚弟诸葛亮。"真堪发噱！又某年杭郡作保沙会,各庙神像俱迎聚于西湖玛瑙寺前。于是诸神持帖互拜,最奇者大士名帖云"愚妹观世音敛衽拜"。尤堪捧腹。

杭州之迷信

杭州人无论男女老幼，莫不崇信朱天菩萨。每当四月二十三、二十四诞日，满城香火供奉,盛极一时。庙亦遍城皆是,而皆附设于他庙，无一独立者。妇孺尤信仰，四月内必茹素斋戒，谓之朱天素。夷考佛经、《封神》，皆无此菩萨，而又独为杭州所有，异哉！或谓朱天者，谓诸天也。其说不足信。殆清初遗民，追念胜朝，托名崇祀，其说或稍近欤？按民间流行讽诵之《太阳经》，即追念明故帝也。朱天而外，更有所谓青蛙将军者，庙在清波门外。相传有一青蛙，常临民间，有见之者，谓能致富，必以鼓乐亭佛，恭送回庙。否则听其自去，必致不祥，亦有奇验。神鬼之理，已极玄奥，此则尤玄之玄矣！《聊斋》有《青蛙》，所记与此略同，惟形体不及《聊斋》所记之大，约得三方寸大耳。

杭州之传说

百狮池在旧藩署大门外，石桥架其上，四周围以石栏，每柱凿小狮一双。传闻池中水可通藩库，昔曾有人由此盗库银。自后乃于池中畜癞头鼋数十，人遂不敢下。今者池虽荒废，而鼋则犹有存者。

朱养心膏药店，在大井巷内，所造膏药，颇著灵验，因之四远驰名，生意极盛。其屋后临山，有古井一口，相传刘海仙之蟾曾匿其中。汲井水调丹，药遂奇验。并谓刘仙临别，且以水墨龙一幅相赠，悬之可避回禄。其家至今视若拱璧，不与人见；即有见之者，皆假画耳。

杭州游戏场之今昔

梅花碑即古观梅社，在今省长公署之右首园墙外。街道开阔，住屋稀少。十余年前，其热闹不下苏州之玄妙观。凡医卜星相，及捉牙虫，卖草药，各色果点，各式摊场，皆罗列焉。又间以大书、道情、隔壁戏、花鼓调，以及各种游戏。终年如是，无间寒暑。及光复后，旗营辟为市场，遂纷纷迁入。今已萧条冷落，游人不堪驻足矣。

杭州酒家极多，均有当垆小鬟，妍媸不一。风雨小饮，把盏看花，亦一趣事。沽醪稍勤，酬以一二佛，可作登仙想矣。两年前粲者可走马看之，兹则群趋于土娼之一途，惟余黄发乳臭，不足一盼矣。

西湖画舫，桂桨兰棹，容与中流，湖光山色，均揽入胸襟，疏雨明月，咸擅丽致。独西湖工程局置一脚划，脚划为萧绍陋品。以此俗物，乃置于此，游客尤厌其玷污圣雅明隽之西湖，不念其何以必用此手足并陈之脚划也。某君打油诗有云："脚划小船冲波去，直把西湖作鉴湖。"

杭州商业之今昔

杭州营业之著名者，曰五杭四昌。五杭者，即杭扇、杭线、杭粉、杭烟、杭剪也。扇店今推舒莲记为首，张子元次之。线店推张允升。粉店推孔凤春。烟店推宓大昌。剪刀店推张小泉。其余皆不甚闻名矣。四昌者，则素负盛名之四大南货店也，曰顾德昌，曰胡宏昌，曰冯仁昌，曰胡日昌。今所存者仅胡宏昌一家耳。

杭州妇女之生活

杭为浙省之都会，人烟稠密，商业亦颇繁盛。惟妇女生活状况，未能目为完善，兹略述之于后。

甲 工 业

一、络经。业此者，大都皆下城各处妇女。络成后，归诸绸缎庄，每日可得小洋三四角。

二、缫丝。杭地近来织绸工厂林立，其缫丝打盆等诸事，悉召女工充之，每日可得工资四、五角，多者七、八角不等。

三、缝袜底。居家妇女，迫于生计者，皆以此糊口。每双约可得钱五六文。一日之中，少者能缝十余双，多者至二十余双云。

四、制冥锭。俗称锭儿，亦称银锭。妇女皆制以出售，每千可售小银元三角。

五、磨锡箔。上城妇女，多业此者。各箔坊遣人分发各居户黄纸一捆，锡箔一卷。

各妇女将锡箔挑于纸上，一一磨之，即成箔纸。每磨成一捆，可得钱数十文。

六、糊火柴匣。妇女多喜为此，至火柴厂领取匣子原料，携回糊之。大匣每千枚得钱七八十文，小匣每千枚得五六十文。其中有绉纹者，皆被剔出。

七，女成衣。妇女中长于针黹者，或为成衣肆及估衣肆代做衣服，或为住户雇去。其工资较廉于男成衣，每日得工资大洋一角，一切饮食，亦由雇主供给之。

八、织洋袜。各洋袜铺大都皆雇女工，织成出售，每日给工资三四角。亦有自贳机器在家自织者，每月能得洋十余元之多。惟此辈妇女，皆须眼光敏锐，身体强健者，方能胜任。小康家之妇女多从事于此。

九、踏鞋帮。此皆由各鞋铺发给各妇女，以缝纫机器踏之，日得工资一二百文。

十、纺纱。各乡镇村庄多有之，惟所纺者为土纱。现今洋纱盛行，此业渐受淘汰，每日仅得工资数十文。

十一、编草鞋。乡间妇女多编之，由男子负至城市出售。一般车夫苦力咸乐购之，每双可售钱六七十文。

十二、稳婆。俗称收生婆。妇人遇有生产，皆雇往收生。其家居门首，皆悬有招牌一块，大书“祖传某奶奶收生在此”。

十三、拣茶叶。上城下城各茶叶铺，皆招女工，剔拣各种红绿茶叶。各女工自备饭食，日得工价约百数十文。

乙 雇 佣

一、喜娘。此辈妇女，皆系齿牙伶俐，善于词令者。每次所得资无定数，少者能得七八元，多者十余元不等。

二、佣工。是项人大都来自田间者，工资每月至少可得一元五六角。如能针黹，或能为主妇梳头者，其工资当在二元以上。

三、洗衣。老媪或中年妇人，因贫乏不能自存，往往为人洗涤衣服。或欲雇之亦可，日给小银元一枚，并供给饭食。

四、乳娘。乳娘须由荐头店荐来，为家中小孩哺乳，一切寝处饮食，皆须丰美，待遇之优，迥异于寻常佣工。

杭州伏日与冬至之种种陋俗

四五月间，晴雨无定，天气异常潮湿，物件易于霉烂，俗称为黄梅。昔人诗云“黄梅时节家家雨”，黄梅名称，盖有由来也。六月称为伏天，即历书所名初伏、二伏、末伏是也。初伏日，富家咸杀鸡煮肉，合家大嚼，谓伏日食物较平时格外滋补也。并购青蒿六一散等药，冲水令小孩代茶饮，谓能驱热消暑。或有将生姜于日中晒干，名为伏姜，储作药用。遇有人患胃痛，用水冲姜饮之，即能治愈。妇女是时咸往庙烧香，名为烧伏香。立秋节期常在末伏前十日，故谚有之曰："秋里十日伏，伏里十日秋。"立秋日，人家咸备秋桃，分给家人大小，人食一枚。将桃核留藏，俟除夕时置火炉烧烬。惟须守秘密，勿为人知。谓来年倘有瘟疫发生，此法可免传染。其迷信可谓极矣。又六月朔至初六，多有在庙宇礼忏，供奉斗姥，燃黄色烛，俗称拜斗。一般迷信者，于此六日中茹素持斋，戒杀生物，俗称吃斗素。六月十九日，相传为观音大士诞日，一般香客，十八晚间，相率出涌金门，渡西湖，露宿天竺一夜，异常拥挤。更有借题作乐，亦于是晚去游西湖，放荷花纸灯于湖中，飘荡满湖。远视之，几疑为星罗地面也。平时城门晚间关闭，禁人出入，至是日官厅因习俗关系，竟将涌金门开放矣。六月二十三日为雷神诞辰，城隍山雷神殿拈香拜佛者，不绝于途。往时杭俗称五、六两个月为凶月，不结婚，不迁居，民国来此风已渐减矣。

冬至前一日，合境人家，都购包头鱼几尾，全家大小分食。惟鱼之头尾必留下勿食，用碗盛妥放米桶中，谓曰吃剩有余，意取经济宽裕，食物丰多。此俗由来已久，但始于何时，未能考察耳。是日出嫁之女儿，若在母家，如[必]回夫家。因女儿已嫁人家，倘在母家过年节，母家家道便不兴旺。盖杭县人视冬至为一大节，俗谓"冬至大如年"，可以知矣。冬至日，市上年糕即有出售。年糕分两种，颜色或青或白，有成元宝式者，有成如意式者，无论贫富人家，咸购食之，成为牢不可破之习。午时陈牲醴菜蔬祭祖先。祭毕，小孩向尊长行礼，平辈互相拜手，无异贺年景象。是时复有一桩趣事，人家用猪肉和酱烧熟之，称食为冬至肉。其实此种肉亦平常肴馔，别无奇特，而俗传吃过冬至肉，能以身体强健。其与初伏日杀鸡大嚼，同一笑谈也。

杭城冬日杂咏

满城酿雪，南风合冰。分咏消寒，挂一漏万。惟是居乡言乡，以俗道俗，略述杭州之风习耳。

学作西湖宋嫂羹，包头鱼担遍杭城。明朝冬至如年大，早办辛盘话甲庚。(冬至前一夕，杭人遍以包头鱼作馔，又有"冬至大如年"，"过了冬至大一岁"之说。)

赛罢财神借宝忙，五云山上祝华光。香烟一抹云栖坞，田熟隔江开道场。(杭城十月结财神后，又往五云山进香，群谓之借元宝。十一月绍兴人每于云栖作水陆道场。)

分送麻糍驾长差，年汤嫂妹早安排。剪余彩纸无些事，唤个同年抹纸牌。（九姓船泊江干者，男称驾长，女曰同年嫂，同年妹。冬日祀神毕，捣糯米粘黑芝麻作饼，如面饼大，名曰麻糍。杂牲牢作羹，名曰年汤，分送杭人。又剪五彩纸悬舵尾。）

柏叶青青橘壳红，剥黄菱肉插居中。炊成斗米隔年饭，地扫隔年年岁丰。（杭人呼风菱为黄菱，冬至及除夕，以橘与柏枝贯之置饭上，曰隔年饭。是夕扫地谓之隔年地。）

守墓人来分柏枝，金团佃户进城时。人家兴败凭渠看，要好儿孙门户支。（十二月初，管坟人以墓柏分送。佃田户以粉饼相贻，名曰金团。实窥探城中人家之兴败也。）

儿童屈指算昏晨，冬至交来又几旬。理毕年书放长假（杭俗：蒙师十二月朔，复课旧书，谓之理年书。望后散学，谓之放长假），何曾冬学闹比邻。

紫芥含酸咬菜根，切红莱菔俭盘餐。儿童翻笑红缨帽，帽戴红缨要自尊。（杭俗：冬日醋烹紫芥，油炒红莱菔丝，储以待除夕家燕，来岁供客，从俭也。如"无有红莱菔丝儿绕芥菜，红缨帽儿把狗戴"之童谣，偎薄可憎，作此以解嘲，寓讽劝也。）

节节年年高满盘，发财元宝笑声喧。圆炉炽炭团欢喜，吉语多同尽喜欢。（冬至度岁，立春供神。粉餈呼为节节高、年年高，并柴下节物俱呼为元宵。烧柴炭煤饼于炉，呼柴曰发财，炭曰金条，煤饼曰欢喜团，炉曰圆炉盆。）

卜烧年纸挥神旗，遍地钻天奠酒卮。变调送神歌一曲，杭城隐语大离奇。（杭城腊月卜吉祀神，谓之烧年纸。剪色纸作旗，插牲牢上，谓之神旗。又谚云"遍地徽州，钻天龙游，绍兴人赶在前头"。盖谓徽州人作爆竹，龙游人作纸马，绍兴人酿酒。祀神毕先奠酒，次放爆竹，焚纸马灰马，上下因有此谚。）

教侬归去伴郎眠，嫁出女儿卖出田。短至新春都过了，回娘家要月儿圆。（杭俗：出嫁之女，忌在家过冬至度岁。正月十六归宁，谓之回娘家。故俗有"光亮光光，女儿来望娘"之谣。）

竹灯韵协足登调，善富沿街压担挑。卖到城隍山脚下，沈家门巷不萧条。（杭城里巷名有大善富，因康、雍间沈姓居城隍山麓，乐善好施，乡人编大竹灯二，悬门旌之，号曰善富。劫后犹存。每岁十二月腊前，乡人编小竹灯，叫卖善富户尽购之，以图口号。）

小春曾上百年坟，除夕上坟斜日熏。要与儿孙作板样，松揪频扫不嫌勤。（杭俗惟此风为最厚。）

西湖之香市

西湖昭庆寺山门前，两廊设市，卖木鱼、花篮、耍货、梳具等物，皆寺僧作以售利者也。每逢香市，妇女填集如云。孙渊如诗云："丝带束腰锦衬额，游廊叉手走东西。"描写下路妇人，形景如绘。

临安岁时记

元旦日，各族设奠于祠堂，次拜家长。为椒柏之酒，以待亲戚邻里。以春饼为上供。爇列炭于堂中，谓之旺相。贴青龙于左壁，谓之行春。插芝麻于檐头，谓之节节高。签柏枝于柿饼，以大橘承之，谓之百事大吉。自此少年游冶，及时行乐，衣履翩翩，任意征逐。或弹丝吹竹，或斗九翻牌，以及舞棍踢球，唱说平话。任意所之，无论昼夜，是谓放魂。至十八日收灯，然后各执其业，各事其事，是谓收魂。

上元节前后张灯五夜。相传宋时只三夜，钱王纳土献钱，买添两夜。先是腊后春前，自寿安坊以至众安桥，谓之灯市，出售各色华灯。人物有老子、美人、钟馗捉鬼、刘海戏蟾之属；花草则有栀子、葡卜、杨梅、柿、橘之属；禽虫则有鹿鹤、鱼虾、龙马之属；其奇巧则琉璃球、云母屏、水晶帘、万眼罗、玻璃瓶之属。而豪家富室，则有料丝鱼魫、彩球明角、镂画羊皮、流苏宝带等类，品目各殊，难以枚举。好事者或为藏头诗句，任人揣测，谓之猜灯。若祭赛神庙，则有社伙鳌山，台阁戏剧，滚灯烟火。无论通衢委巷，星布珠悬，皎如白昼，喧阗彻旦。市食则粽糖、粉团、瓜子、梗孛娄诸品。构灯交易，识辨银钱真伪，纤毫莫欺。人家妇女，则召帚姑、针姑、苇姑、筲箕姑，以卜问一岁吉凶。乡间则有祈蚕之祭。俗以上元为天官赐福之辰，故多有诵经持斋，不御荤酒者。

二月朔，唐、宋谓之中和节。后虽不举，而民间犹以青囊盛五谷瓜果之种相遗，谓之献生子。自是城中士女已有出郭采青、扫墓设奠者。湖中游舫，倩价日增矣。二月间士女皆戴蓬叶。谚云："蓬开先日草，戴了春不老。"

二月望为花朝节。盖花朝月夕，世俗恒言二、八两月为春、秋之中，故以二月半为花朝，八月半为月夕也。是日宋时有扑蝶之戏，后虽不举，而寺院启涅槃会，谈孔雀经，拈香者麇至，犹其遗俗也。十九日上天竺建观音会，阖邑士女皆往。其时马塍园丁，竞以名花荷担叫鬻，声调颇中律吕。

三月初三日，俗传为北极佑圣真君诞日。佑圣观中，崇修佛事，士女多往拈香。亦有就家建醮，酌水献花者。是日观中有雀竿之戏。其法树长竿于庭，高可三丈，一人攀缘而上，舞蹈其颠，盘旋上下，有鹞子翻身、金鸡独立、钟馗抹额、玉兔捣药之类，变态多端。观者目瞪神惊，汗流浃背。而为此技者，各蝶拍鸦翻、蘧蘧然自若也。是月士女皆戴荠菜。故谚有云："三春戴荠花，桃李羞繁华。"

清明节（自冬至数至一百五日，即为清明）前两日谓之寒食。人家插柳满檐，青蒨可爱，男女亦咸戴之。有"清明不带柳，红颜成皓首"之谚。是日阖城人家咸扫坟墓，南北两山之间车马阗集，而酒食尊罍，山家村店，享馂豪游，或张幕藉草，并舫随波，日暮忘返。苏堤一带，桃柳阴浓，红翠间错，走索飞钱，踢水撒沙，吞刀吐火，跃圈抛钹，及诸色禽虫之戏，纷然丛集。而外方优妓，鼓吹觅钱者，水陆有之，接踵承应。又有买卖赶趣，香茶细果，酒中所需。而彩妆傀儡，莲船战马，饧笙鼗鼓，琐碎戏具，以诱悦儿童者，在在成市。是夜人家贴"清明嫁九娘，一去不还乡"之句于楹壁间，谓如此则夏月无青虫扑灯之扰。僧道采杨桐叶染饭，谓之青精饭，以馈施主。

三月二十八日，俗传为东岳齐天圣帝诞日。杭州行宫凡五处，而在吴山上者最盛。士女答赛拈香，或奠献花果，或诵经上寿，或枷锁伏罪，法音嘈嘈竟日。

立夏之日，人家各烹新茶，配以诸色细果，馈送亲戚比邻，谓之七家茶。富家以侈丽相竞，果皆雕刻，饰以金箔，若茉莉、林檎、蔷薇、桂蕊、丁檀、苏杏，盛以哥汝瓷瓯，鲜艳夺目。

四月初八日，俗传为释迦佛诞日。僧尼各建龙华会，以盆坐铜佛，浸以糖水，覆以花亭，铙鼓迎往富家，以小杓浇佛，提唱偈诵，布施财物。

端午节亦称天中节。人家包黍秫以为粽，束以五色彩丝，或以菖蒲通草雕刻天师驭虎像于盘中，围以五色蒲丝，剪皮金为百虫之像铺其上。葵榴艾叶，攒簇华丽，互相馈遗。僧道以经筒轮子，辟恶灵符，分送檀越。而医家亦以香囊雄黄，乌发香油，送于常所往来者。家家买葵榴、蒲艾植之堂中，标以五色花纸，贴天师或虎蝎之像，或朱书"五月五日天中节，赤口白舌尽消灭"之句揭之楹间，或采百草以制药品，觅虾蟆以取蟾酥，书"仪方"二字倒贴于楹，以辟蛇虺。

六月初六日为天贶节。宋时作会于显应观，因以避［？］观。今会废而观亦不存。自此游湖者，多于夜间停泊湖心，月饮达旦。而市中敲铜盏、买冰雪者，铿聒远近。是日郡人舁猫狗浴之湖中，多有汩没淤泥、踉跄就毙者，亦不知其取义何在也。

立秋之日，男女咸戴楸叶，以应时序。或以石楠红叶剪刻花瓣，簪插鬓边，或以秋水吞食小赤豆七粒。

七夕，人家盛瓜果酒肴于庭中或楼台之上，谈牛女渡河事。妇女对月穿针，谓之乞巧。或以小盒蜘蛛，次早观其结网疏密，以为得者巧多寡。市中以木雕塑孩儿，衣以彩服而售之，名为摩睺罗。

七月望，俗传为中元节，地官赦罪之辰。人家多持斋诵经，荐奠祖先，摄孤判斛。屠门罢市。僧家设盂兰盆会，放灯西湖及塔上、河中，谓之照冥。

中秋节，人家以月饼相遗，取团圆之意。是夕人家有赏月之宴，或携榼荡船，遨游彻晓。苏堤之上，联袂踏歌，无异昼间。

八月间，郡人有观潮之举。自八月十一日为始，至十八日最盛。盖因宋时以是日校阅水军，故阖城往观，至今犹以十八日为名，非因江潮于是日特大也。是日士女云集，上下十余里间，地无寸隙。伺潮上海门，则有泅儿数十，执绿旗，树画伞，踏浪翻涛，腾跃百变，以夸技能。豪民富客争赏财物。其时优人百戏，击球斗扑。盖人但借看潮为名，而随意酣乐，乃其实也。

重九日，人家磨栗粉，和糯米拌蜜蒸糕，铺以肉缕，标以彩旗，向遗亲友。其登高饮宴者，必簪菊泛萸，犹古人之遗俗也。又以苏子微渍梅卤，杂和蔗霜、梨橙、玉榴小颗，名曰春兰秋菊。

十月朔，人家祭奠祖先，或有举扫松浇墓之礼者。初八日则以白米和胡桃、榛松、乳蕈、枣栗之类作粥，谓之腊八粥。月望为下元节，俗传水官解厄之辰，亦有持斋诵经者。

立冬日，以各色香草及菊花、金银花煎汤沐浴，谓之扫疥。

冬至俗名亚岁，人家互相庆贺，一如新年。吴中最盛，故有"肥冬瘦年"之说。舂炊糕以祀先祖。妇女献鞋袜于尊长，盖古人履长之义也。

十二月二十四日，谓之交年。人家祀灶，以胶牙饧、糯米花糖、豆粉团为献。丐者涂抹变形，装成鬼判，跳叫驱傩，索乞财物。并换桃符、门神、春帖、钟馗、福禄、虎头，和合诸图，粘贴房壁。买苍术、贯众、辟瘟丹、柏枝、彩花，以为除夕之用。自此街坊箫鼓之声，铿訇不绝矣。僧道作交年疏、仙米汤以送檀越。医士亦送屠苏袋、同心结及诸品汤剂，于常所往来者。

除夕，人家祀祖先礼神，架松柴齐屋，举火焚之，谓之糁盆。烟焰烛天，烂如霞布，爆竹鼓吹之声，远近聒耳。家庭举宴，则长幼咸集，儿女终夜博戏藏钩，谓之守岁。燃灯床下，谓之照虚耗。以赤豆作粥，虽猫犬亦给食之。更深人静，或有祷灶请方，抱镜出门，暗听市人无意之言，以卜来岁休咎者。市面休业，往来邀饮。盖杭人侈靡，不论贫富，俱竞市什物，以庆新年而光饰门户。妇女衣服之属，更修饰一新。皆故都之遗俗也。

海宁风俗记

海宁为盐官旧治，僻处海隅，俗尚农桑，民风质朴。兹将风俗分志如左。

婚 嫁

订婚之始，谓之缠红。富厚之家，聘物恒用金饰，如手镯、如意、耳环、戒指之类，加以绒线制成五色盆景，光艳夺目，满盛盘中，谓之花果缠红。平常人家，则无如是之财力，或用小纹银一锭，鎏金如意一事，取“一定如意”之义。或用鎏金八吉一对，镀金手镯一付，取有吉局之义，盖谐音也。庚帖由冰人送至乾宅，是否以一月为定，不能过日。一月之中，乾宅须将庚帖请瞽者合婚，或赴神庙求签。如卜之吉，则央冰人向坤宅报告，选日缠红，否则将庚帖送还。间亦有不问卜者，谓之天婚。庚帖送来时，乾宅以米淘箩一只，红筷一把，上覆红巾，供天井中，设香案一，冰人即将庚帖安放箩中，不顾而去。追乾宅已择定吉期，复请冰人向坤宅接洽，谓之话亲。嫁女俗谓出阁，请客设筵，与乾宅同。惟新娘加笄，俗谓开面，等于乾宅新郎上冠，谓之上头也。新娘拜别祖先曰辞宗。新郎新娘共拜祖先曰庙见。上轿时，新娘花冠由父母为之戴上，并叮咛嘱咐，沿古训必敬必戒之意。如无父母，则由伯叔父母或长兄嫂代之。花轿前预设坐椅，新娘袍服端坐，戴上花冠，家长进以肉饭，曰吃上轿饭。然后进轿，轿抵乾宅，停于厅前。良久，由乾宅预邀七八岁之童孩，盛装艳服，携糖汤饮新娘，曰担糖汤。出轿时，用米袋直铺至花烛前，新娘脚踏米袋，曰步步高、代代好。参拜天地，曰拜堂。新人对席互饮曰合卺。以红绿绸新郎新娘各持一端，曰牵红。送入洞房，并坐床上，用果子遍撒，曰坐床撒帐。复以盆盛水，新郎新娘同洗手，曰洗和气手，以甘蔗挑去幛面红巾，曰挑兜巾。妇姑用粉为新妇润面，曰添妆。入晚奏乐，请新娘坐筵，曰坐独桌。未坐之前，先由其姑坐中间，喜娘导新娘进酒，并颂种种吉利语，曰吃蚕花

花轿接新娘，选自《民间精品剪纸》。

酒。新娘稍坐进房，另排一席，与新郎对食，旁无闲人，曰吃小夜饭。新娘归宁曰回门。新亲初来乾宅曰望朝，奢礼繁文，不胜琐述也。

丧 葬

凡人死后，先用水抹身，将帐子撤去，停尸床上，头旁点油灯一，并点小腊烛若干枝，以死者之年岁计（为四十九岁，即点四十九枝）。一面烧草鞋于丧家之左近，盖为死者之轿夫而烧也。另将死者旧时所著之衣服叠成一包，上用纸条书明死者姓名、孝子某某焚化字样，粘封包上，由孝子跪焚，曰烧包。人死后立延阴阳生（即羽士之属），将死者年庚及其家属生肖，推算书成一纸，斜贴于丧家门外，曰批书。上载何时小殓，何时大殓，何日迎神（迎神即回煞，俗呼接眚），以及冲忌等类。未殓之夕，雇尼姑多人，陪夜通宵达旦，曰念夜佛。至戚闻耗，先来拜奠，曰探丧。所以吊死者而慰生者也。翌日安设灵帏，柩停于帏后，衣衾咸备，将尸敛出，安放材盖，谓之小敛。稍待数小时，即敛入棺内，覆以衾被，用五色布纵横环绕，结成槟榔纹，曰结窑，仅露面部。再停片刻，即用红绸盖好，谓之封面。然后盖棺。迎神之日，先于死者原卧处安设灵床，以死者临死时所穿衬里衫裤平铺床上，上用纸锭盘成头形，复用角黍四枚，分置于袖裤管口，成手足形，中用馒首一枚，置肚腹之间，幻成一人形，床下以炉灰平铺。事毕后，验死者魂兮归来否。或云有人迹鸟兽迹显于灰上，亦迷信者附会之说，未可信也。魂亭以纸竹糊成，俗呼座头。自迎神之日起供设。富有之家向冥器铺定造，规模宏敞，俨若楼台，旁嵌楹联，或书“月镜水花，浮生一梦；纸窗竹屋，小住三年”等字样。左右有纸制童男童女各一，手执茗盘烟筒，分两旁。初死七日内，于灵席旁供牌位一，上书“森罗殿上掌首七星官引魂使者之神位”，中插箸一，不知何所命意。七日后即行焚化。清明、冬至夜，家属必哭于其灵。而魂亭俗例不得过第三冬至，必须撤去，谓之除灵，又曰化座。除灵之日，上午铺设尚白，仍为丧事；下午一律易吉，悬灯结彩，仿佛喜事。入晚用鼓乐前导，由孝子等将魂亭扶出门外，家属跪送，追焚化既毕，均穿吉服而进。原设灵席地位，置梯一，上覆红毡毯一，下置炭火盆一，未知何意。翌日设祭祖先，加杯箸一付，谓之热淘羹饭，言此后死者与祖先同享血食也。至于营葬，或未几即葬，或数年再葬，或久停不葬，并无定期。盖惑于风水之说，冀先人遗骸获牛眠吉壤，子孙可享幸福。此种迷信，比比皆是，不独海宁为然也。

节 令

元旦黎明，即须接灶，并供设井泉童子位。初二夜谓之小年夜。初三谓之大年朝。初四夜大都接财神。初七谓之人生日，以秤称人。十三日谓之上灯夜，是夜起至十八日止，可接淘箩头娘子。法用米淘箩一只，倒覆，中插角针，下铺白米，簪以红花，戴以女帽，设香案，年糕、净茶各一杯，旁立妇女二人，以手指抬起淘箩，口中念念有词（茶冷了，糕硬了。淘箩头娘子好来了）。如是者三遍，其淘箩自动。举家即以本年吉凶问卜，亦卜紫姑之类耳。十八日谓之落灯，而新年毕矣。清明夜必备酒菜，谓之清明夜饭。乡间非常注重，盖吃过清明夜饭，大家须育蚕也（俗谚所谓"清明谷雨旺修蚕"）。端午与他处相同，插菖蒲，饮雄黄酒。七月十二日夜接祖先，家家裹甜馄饨。七月半谓之鬼节。八月半谓之人节。十月朔谓之十月朝，须敬祖先扫墓，与清明节同，所谓春秋二祭是已。十二月二十三日送灶。除夕吃年夜饭。无非佞神媚佛，颂吉祥语而已。

禁　忌

年初一不吃汤淘饭，盖言吃了汤淘饭，出门必下雨也。正月十五以前不吃豆腐，盖因吊丧日吃豆腐饭，故以为不吉也。年初一不扫地，盖恐扫去财气也。育蚕时往乡间不准扣门，盖恐冲去蚕花也。小儿种痘，头扎红布，防染天花也。女孩穿耳，须七夕，为穿针日也。此外俗例，均与他处相同，无特殊异点耳。

于潜避疟鬼之迷信

于潜人迷信甚深，对于寒热病之传染不知系病菌之故，云是寒热鬼作祟，于是而有躲避寒热鬼之风俗。凡染有寒热病之人，在寒热未发之前一日，预先向亲友说知，言明日早晨，我须来你家中，请你合家不必问我，迨至次日，天将黎明，即就床上奔窜至亲友家中。亲友知其故，亦不问其所以，只请其盥面，请其饮茶，或请其食饭。坐过片刻，即回到自己家，以秤一杆，草鞋一双，乘无人之时，在路上划数下，跑数个圈子，云如此便不至再发寒热。若是在路上之时，或是在亲友家中，有人问其如何这早起身，其法便不灵矣。但是行之者甚多，而有效验者，亦不多见。亦可见斯事之出于迷信，以就医药为愈也。

嘉兴农民之生活

嘉兴北门外十八里之下睦港，港南港北，泰半业农。衣履俭朴，平时所着者为自织之布，客衣则为锦绸，最华丽者为丝绸，有红、绿、紫、兰等色。女子着布裙，终日不离身。所饮之水自河中汲取，所食之米系自所耕种。贫苦之家，田收不足，始籴米而食。菜蔬亦系自种。故除油盐以外，概不仰给外人。其所居之屋，概用砖瓦建造，惟甚低浅。前面有田场，间有草棚，为养六畜或堆积什物之所。其主要职业为耕种，一年生计，需赖于是。其次为养蚕种桑，此外之副业，为种植杨柳、果树、菜蔬、菱藕及畜牧渔业。妇女除养蚕耕种外，亦从事纺织。其一年中之作业，只正月及十二月为空闲之时。正月上半月往来作客，或从事娱乐，下半月男子垦桑地，女子做鞋袜等。二月在桑畦上芟草，下瓜菰豆菜等种子。三月最忙碌，采桑饲蚕，均至紧要，田地尤须照顾。故农民于此时往往饮食不饱，睡眠不足。四月蚕已上簇，即预备缫丝。缫丝毕，即收豆、割麦、播谷。故农谚云“跨出丝车，踏进水田”。五月须锄田、灌水、插秧、施肥、芟草，男女皆形忙碌。六月秧已插毕，仍须加肥、灌水、除草、驱虫。七月田中只须加水芟草，妇女织绸者亦预备络丝。有于蚕事后即织绸者。八月桑田中须翻垦泥土，播种菜类。种菱之家，于此时采菱。早熟之稻，亦于此时收割。九月稻熟，各人携镰刀往田中割稻。稻割毕，须将田中翻转，作成畦垄，预备种豆麦。十月谷已登场，妇人多入田种菜麦豆等。十一月打谷砻米，且须预备缴纳租税。妇女皆从事于纺织。十二月为农隙之时，男子修补器具，或作小事，女子从事于女红。总之，一年中三时最忙。一曰蚕忙，即养蚕。二曰水忙，即种稻。三曰旱忙，即收获。若蚕事兴旺，五谷丰登，即熙熙皞皞，安度新年。否则愁容满面，奔走告贷矣。其俗至诚朴，重交谊，互助力颇强。邻里有事，必尽力助之。亲戚往来颇密，遇婚丧等事，大率完全出席。

庄稼忙，杨柳青年画。

湖州问俗谈

湖州，前清府城也。民国成立，改名曰吴兴。东北与苏省交界，西北与皖省毗连。山水环绕，离太湖甚近。人民以蚕桑为生涯者，居其多数。出产丝绸为大宗，毛竹、松木次之，笋、藕、鱼、菱、玫瑰花又次之。城系属于水乡，桥梁殊为不少。虽非通商之埠，而市面极盛，人烟稠密。农夫勤耕，故无荒芜之田、不毛之地。惟迷信最多，兹分类录之。

婚娶之迷信

在婚期上数月曰通信（即男家央媒通知女家婚期也）。上数日或十余日曰行盘（即男家将手饰衣服送至女家也）。上日曰行嫁（即女家嫁妆送至男家也）。当日晚曰回门（即新郎赴女家叩见岳父母也）。缓八日或十二日曰望朝（即坤宅至亲来乾宅望新郎也）。至于文定纳采，各礼大致与别处相同，不出《周礼》范围之外，不细录。兹述其迷信风俗如次。

（1）和气汤。新郎新娘回房后，预备莲子桂圆汤一大碗，先从新郎新娘以及来宾，男女老幼，挨次均饮一口，为呈和气之象也。

（2）演飏。新娘未到门之先，于床上下或置袱一条，或扁担一个，俗语曰扁扁伏伏。欲使新娘畏忌翁姑之意（袱，借作伏也）。然新娘进门，亦有立门槛及私坐新郎袍角等事，亦系制伏翁姑并夫之意。此则亦可笑之一事。惟行之者甚鲜。

（3）开库。女家所嫁来衣箱内，均用裤子盖面，俗语曰开箱见库（裤，借作库也）。又新娘初次动针，须先做裤，其义与上述相同。

（4）闹房。新郎新娘，合卺回房之后，至三朝，众来宾时赴新房闹房。或涂脸扮女，装成妖丑之态，戏弄新人，或搦足看手，口讲游嬉之谈。种种兴趣，出人意表，无非意欲引新娘一笑耳。无论如何喧闹，主人不但无言，且以为愈闹愈发，喜可加倍焉。

死丧之迷信

凡衣衾棺殓之奢俭，视其家贫富为之地。逢单日成殓，或一或三，并无一定。如值天热，于当日小殓（小殓者，先将尸身入棺，盖小板一层）。三日大殓（大殓者即钉棺盖而言）。

亲族送礼，近者送素菜一席，或普佛一堂（普佛者，僧道来念之经也），以及大米饭、大米饼之类。远者送棉帛银锭是也。至丧俗迷信，不一而足，分述如后。

（1）孟婆汤。俗传人死后，须食孟婆汤以迷其心。故临死时，口衔银锭之外，并用甘露叶做成一菱附入，手中又放茶叶一包。以为死去有此两物，似可不食孟婆汤，并有杜撰佛经曰："手中自有甘露叶，口渴还有水红菱。"此两句于置放时，家属喃喃念尔。

（2）剥衣亭。凡人死后，俗意须经过此亭。若不预先说明，必受恶鬼所剥。故于临终穿衣时，家属妇女，对死者亦诵杜撰经数句曰："尔件衣裳那里来，我件衣裳家里来。文武织补太监裁，观世音娘娘开领做纽攀，弥陀穿去不回来。"随穿随念，以为死者免遭剥衣也。

(3)血河忏。凡妇女产后而死，家属恐其入血河地狱，为代其超生，塑一死者草像，身穿披挂红裙，挂入僧庙大钟之中，将钟昼夜徐徐而撞之。每至七日加一蒲团（即草做拜垫也），旁有和尚念经。如是者历四十九日，计七蒲团加昼［尽］，然后亲族俱来，延僧数十，即在此庙念咒作法，举放烟火，并造许多纸人纸马，以及城垣、桥池、恶鬼等类，连同所塑之草人，一并焚化。即所谓破开血河池，死者超生也。

(4)靠稳把定。凡人临死时，气尚未尽，而先将其坐于栲栳或巴斗之上穿衣，为后代将来靠得稳、把得定之用意焉（栲，借作靠，巴，借作把也）。

(5)不食肉。儿女殇后，父母有百日不食猪肉之戒。以儿女是骨肉，既已亡，不忍再食也。

(6)买路钱。凡出殡时，棺材前面沿路抛楮，恐野魔拦住死者。此为买路出钱之意。

(7)破法。凡年老寿终，恰遇八十一岁，俗目九九八十一，财数算尽，后代有穷败之意。故用算盘一具，拆散，俟死者将气绝时，隔窗洒出，即谓破法也。

育蚕之迷信

育蚕，于清明获种，谷雨节担蚕，隔七日为头眠，（即蚕脱壳也。）再六日为二眠，又四日为三眠，又隔七日曰四眠，再隔五日曰上山（即将蚕放入草内，做茧之谓也），三日曰回山（即采茧也）。其中有热棚、冷棚之区别。热棚者，棚下生火熏蒸，取其做茧之速也。冷棚者，不用火熏，由其自然而成，为日稍迟也。起收之早晚，眠日之短长，大略相等。即有参差，亦不过三日左右耳。其育蚕之迷信，亦忌讳多端。(1)于清明节后，凡育蚕者，均须接青龙，退白虎。用鱼肉香烛之类，大门口贴纸门神一对，未贴之前，亦必先行斋供，俗谓不如此则收成必

育蚕，清木刻《桑织图》。

薄也。（2）如担蚕之后，除自养蚕者外，闲生人等，概不宜直入蚕室，及大声呼唤，或穿孝服者而进。则恐冲犯外邪，有不吉利也。（3）蚕室内如见有蛇者，不敢惊呼。以为是青龙降临，随即斋供，听其自去也。

生产之迷信

凡妇人怀娠，将于临盆时，俗语云有邪鬼争夺投胎之事。于是高烧红烛以避邪祟。婴孩满月剃头之后，须与舅父怀抱前走，姑父撑雨伞遮于婴孩头上随之，赴街游行一圈，俗意以为将来不惧生人焉。至小孩体弱多病，有用红封纸袋，向熟识别姓人派取钱文，苟满百家，即将所得之钱，购制项锁一环，围于颈际。俗意使带之关煞开通，身无疾病也。

铺户之迷信

店铺中辄有种种无聊之忌讳，如有犯者，生意即不顺适，亦迷信之风习也。录如下。

（1）不许坐于柜上。

（2）不许立于店门槛上。

（3）不许拷［疑当作“靠”］账桌。

（4）不许朝店小便。

（5）不许学徒朝外扫地。

（6）不许店伙朝里坐。

船户之迷信

船户亦有种种迷信，如犯者据言不利。录如下。

（1）不许将筷架于碗上。

（2）不许当船头小便。

（3）不许在哑子桥下开口。（湖属桥梁最多，内中有数条，如船过桥下未能开口，言者必遇碰伤或倾覆之虞，故曰哑子桥。如何出典，未知其详。）

（4）不许两船用铁链并同带住。

（5）不许载死人。

（6）不许男女搭客在船上交媾。

烧香之迷信

妇女进香，不可胜记。如逢某月某日谓系某神诞辰，则相率入庙拈香叩拜，迷信已极。兹录其最热闹者于后。

（1）正月初九日，烧玉皇大帝香。

（2）二月十九日，六月十九日，及九月十九日，烧观世音菩萨香。

（3）三月二十八日，烧东岳大帝香。

（4）四月十四日，烧吕祖仙师香。

（5）六月二十四日，烧雷祖香。

（6）七月三十日，烧地藏王菩萨香。

（7）八月十五日，烧斗香。

视听之迷信

每日所见所闻，亦多忌讳，遇其所谓吉者则喜，遇其所谓凶者则戚。诚迷信之奇谈也。

（1）看见蛇脚，曰须遭病殃。

（2）看见鸡飞上屋，曰有火灾。

（3）看见灯火生花，曰有财气。

（4）看见师姑，赌博者见之曰不利。

（5）听见老鸦叫，曰有口舌至。

（6）听见喜鹊叫，曰报喜信。

（7）听见狗哭，曰有火灾。

湖州岁时纪

正月元旦，乡人晨兴必迟，俗名曰眠蚕花。惟城中则不然。

正月初四日夜接财神，用三牲糕团等类斋供。城乡各铺莫不皆然。倘店主拟歇某伙，是日不令其拜神，即示意不联生意也。

正月初七日，家家吃叠砂团子，俗名曰人口团。食者可一年人口平安。

正月十一日，烧南堂香。离城一站地曰石冢村，有庙曰南堂殿，塑男女神，男神曰南堂广灵，俗呼为亲伯，女神曰太君夫人，俗呼为亲姆。如人家生男女小孩，俱寄名与神像为干儿，可保长寿。在六十岁以前，年年届期至庙拈香。倘已完姻，则夫妇同去，名曰烧团圆香。

正月十三日至十七日，北城外耿家汇，每夜各铺户沿街灯彩盛悬，锣鼓喧闹，观者极多。俗以为若无此举，必遭水灾。

二月十三日，种花之期，爱花者是日将各色花子下种，开则必盛。

三月初三日，凡妇女小孩，头簪荠菜花（即野菜花也），俗云可避一年头痛之病。

三月朔日至月杪，此一月内，人家游东岳庙。乡人来游者，先烧香，后至殿右击鼓数声，名曰蚕花鼓，以期养蚕收成好之意。

三月朔至四月杪，白雀山、道场山两处僧庙，苏省人来进香者络绎不绝。据云白雀山殿后之竹，为观世音所植，食之可以明目，故来者必采一撮而返。然两山之景秀，庙宇之宏敞，树木之蓊翳，道路之平坦，固较他山为佳胜多矣。本地人作游览春景者，最佳之地也。

清明日游显山，即踏青之意。显山离城二里。

四月初八日，有食黑芝麻糯米团者，以为可免毒蚊吮啮也。

四月十三日，游云巢山。上有吕祖庙，是日吕祖诞期，善男信女，结队成群，赴山烧香者有之，一般好热闹游览者亦有之。

立夏日，称人。谚云不称者蛀夏。（蛀夏者，即畏夏之意也。）

六月初六日，俗名猫狗生日。如家畜有猫狗者，均欲替其洗浴一次。同日织绸匠或乡人吃面食居多。按南路乡人去，以为将来死后，可以抵消阴债。而北路乡人则称不然。其中究何用意，尚未深悉。

七月朔至月杪，城厢各村镇均延僧道，沿街搭台念经，名曰放焰口，系追荐孤魂之意。或一家独行，或多数家合举，皆可。举行日期之迟早，则亦不一。总之不出七月，此通例也。

九月初九日，游猎山，名曰登高。山在西北隅，离城甚近。

十月朔日，天气近寒，俗语云："十月朝，十家小户穿绵袄。"（绵袄者，非棉花之棉，乃丝绵之绵衣也。）

十二月二十三日，送灶神上天。用松柏、纸轿、楮箔各物，并将神马呈粘糖一块。按俗意为塞满其口，免上天多言也。

十二月二十五日，吃豆腐渣，俗意可解一年杀生之过。

十二月三十日或二十九日，家家食年夜饭。饭餐之丰俭，碗数之多寡，须视其家主一年来境遇为转移。除必备者外，其余不胜枚举。而有趣者，如食鸡蛋曰元宝，茹菇曰时来，芋艿曰运来。俗云食之则来年可万事如意，交运发财也。

十二月间，无论居家铺户，皆须敬神，俗名曰拜利市。所供者，无非招财、利市、玄坛、城隍、土神像马张也。用猪头牛羊肉鸡鸭鱼虾等类，陈设丰厚。如有财力不逮之家，则备物减少。若有重服在身者，改换名曰拜五圣。然各法同然，不过名目更变，猪头换肉而已。因既已丧人不能利市，故改曰五圣。惟敬神之日，迟早不一，悉听举家者之有暇，而于是月为最多也。

又二、八两个月不造灶，正、九两月不迁屋。

湖州养蚕之迷信

湖州人泰半以养蚕为业。每届养蚕之期，各家购极大花纸二张，贴于门上，谓之门神将军。亦有赴庙中焚香祷祝者，谓之拜蚕花五圣。其用意在乞怜于神之默佑，使蚕花旺盛也。又当蚕初出时，不准生人进门，在置蚕之所，须说吉祥语。蚕长大蜕皮，谓之眠，隔数日为二眠。待至三眠、大眠完全后，蚕即不动，亦不食叶，俗谓起仰。是时用稻草制成之架子，将蚕置诸草上，下用火罐使蚕感热，即可吐丝做茧，谓之上山。

定海人食物之僻性

定海人民之习性，专喜食腌腊腐臭之物。试述之，以见其地风俗之一端。

苋菜之老干，定人呼为苋菜干，用滚水煮熟，置于坛中，以盐腌之，经半月余，觉有臭味，然后取而食之。他如腌茄子，腌冬瓜，腌白菜，亦复如是，不俟其臭腐不食也。俗云“三日不吃臭咸菜，脚步跑不开”，可谓荒谬极矣。又阴历十一月间，定海人家须自做年糕。其少者做一石米，多者做两三石、四五石不等。做成后，置缸中，以天落水浸藏。岁内除送年谢神外，余者俟开年正、二、三月间出以请客。时年糕已有酸味矣。或有藏至对年十一月，年糕已腐烂成浆，而定人食之尚津津有味也。按此风不独定海为然，浙之绍兴、萧山、诸暨、上虞等处，无不如是。其何以喜食腌腊腐臭之物，殊难索解也。

又定海民智固蔽，至今迷信未除，试举其立夏食品，即可知矣。

（一）蛋。鸡蛋或鸭蛋，置锅中煮熟，分送亲友。俗云蛋之形状，白而且肥，立夏日食之，可以使身体肥壮，一如蛋白而且肥也。

（二）笋。每年立夏时期，虽略有早迟，总在春末夏初，是时笋正旺盛。立夏前一日，定海人家咸须买笋，乃至是日，将笋煮熟，合家分食。其用与食蛋相同，俗云笋为竹之嫩芽，竹与足字音相似，立夏食笋，即能健强足力矣。

（三）糯米饭。此饭用糯米杂豇豆煮成。俗云立夏日食之，夏季可免误食苍蝇之害。

盖豇豆在糯米饭中，恰似苍蝇死于饭中之状也。以上种种，纯系出于迷信，毫无道理，吾愿定海人亟革除之。

绍县做平安戏之风俗

绍俗称五六月为凶月，所以每年此两月中，该地必有做平安戏之事。先于五月初间，每乡村中，由一发起人，向各家捐款。款既捐到，于是选一日期，在土地庙开演。该戏日夜都有，日间所做之戏与平常之戏相同，惟一到天色傍晚，便有许多伶人，扮着魔王及小鬼种种可怕的装式，排着队伍，更附以锣鼓旗帜，在村中送游，俗谓召丧。据云系召集一般小鬼去看戏之意。此时更有妇人和小孩去看，头上插遍桃树枝，或桃树叶，云可避鬼云。

召丧完毕，伶人始上戏台演戏，戏目多演目莲救母故事。惟戏剧之外，还要扮许多恶鬼之形状，在戏台之下舞跑。迨至明天，将恶鬼赶到台下，云是将乡村中恶鬼一律赶去之意。近村妇女，呼朋唤友，前来看戏，非常热闹。惟必须看至天明，始可回去。盖若不终局而散，必有真恶鬼随之而去也。

当晚做戏之时，又有多人以冥镪纸钱等，沿路向有坟墓之处焚花，俗称烧孤坟。

绍县之女儿酒

女儿酒者，绍兴乡人于女子初生之年便酿此酒，待出嫁时始开用之。此各家秘藏，并不售人。其花坛大酒悉是赝本，且近日人家萧索，酿此者亦复寥寥矣。

萧山问俗记

萧地风俗淳厚，近来已稍趋奢华，生活程度，亦高于前十年者二倍。东部邻近绍邑，缛节尤多，分录于后。

婚　礼（其他吉礼附之）

婚姻尚媒妁，一切皆父母主之，毫不容子女置喙。设出一言，则戚党族闾，传为怪事。至如自由结婚、自由恋爱，更非梦想所能及。

（1）介绍。有所谓媒婆者，探知某家女当嫁，某家子当婚，则奔走为之说合。或某家知某家有女，与己子年相若，则使若辈为之说合，反之亦然。

（2）请庚。两家既有成说，于是用开合之法，或此请彼庚，或彼请此庚。小家以口传，大家以笔述。命瞽者卜之，即以瞽者之吉凶为吉凶。卜既吉，然后男家具求帖并礼送女家，女家具允帖并礼回至男家。从此正式订定，不能翻覆矣。

（3）发盘。有发三次者，二次者，一次者。第一次定时，男家以干果、喜蛋、纸花、银洋等等送至女家，女家回以回盘糕等，名之曰定盘。第二次，送以匹头、烛面等等，匹头有四件、六件、八件、十二件、二十四件、三十六件以至四十八件不等，皆衣料也。其回以裳也，大家亦必如其衣料之数，普通则四或二而已，不视衣料之多寡也。其尤穷者，则从事贷借，事后两相归还，以偿借主。陋俗如此，作伪如此，不知是何用意也。此次名之曰大盘。第三次，至吉期将近，有以银洋、干果等送至女家，名之曰开面盘。普通曰一盘者指此。但其作用，实包括三次也。其聘金自四百金至数十金不等，视家之贫富而定。甚者视聘金为代价，彼此龂龂断争论，无耻之事，无以复加于此。然此在贫家则然，大家则不甚计较也。

（4）结婚。结婚前数日，女家将所嫁之床桌器具箱笼被褥等等送至男家，名曰发行嫁。其物亦大有等差，有所谓八只八口、六只六口、四只四口、二只二口、一只一口、一顶一箱者。八只八口，八大箱、八中箱、八小箱、八柜，其他桌榻等等称是。余皆以是类推。至于一顶一箱者，仅一箱一柜，他物称是而已。自二只二口以上，则有床榻；自二只二口以下，则无有也（亦有例外者，然大略如是）。其尤贫者，仅一里衣、一床被已耳。大约四只四口、二只二口最为普通，至于八只八口及一里衣，皆绝无仅有也。妆奁既至，乃陈列于新房，任戚属之观览。其桌上陈设者，皆锡制瓷制，间有银者，非如吴门之有金银台面也。后数日，大燕宾客，至晚发轿，以途之远近，定发轿之迟早。发轿之先，长者秉烛持镜，入轿照其四隅，名曰搜轿，盖恐妖祟之入也。搜轿毕，然后发轿，鼓乐旗伞前导。轿至

送嫁妆，选自《豳风广义》。

女家，新妇之母在堂哭之，意盖惜别也。上轿有走与抱之别，走者不复哭；抱者，其兄若弟抱而纳之于轿，其母哭送之。既至男家，有所谓祝寿者，择亲戚中最老而吉者，以杖叩其首，口述吉语，名曰祝寿。祝寿毕，然后交拜。先是，新郎沐浴剃头，择戚中之吉者二，曰顺利人，助之沐浴；以后燃烛者亦以此。既毕，乃吉服以俟。既至，新妇左立，新郎右立，先跪拜，后交拜，鼓乐双烛前导，新郎新妇各持红帛之一端，相引入洞房，意殆红丝系足之谓欤？次日庙见后，族戚以次相见，名曰见亲。然后燕飨，新妇高坐堂皇，盖舅姑燕之也，名曰坐席。新妇虽珍错满前，饥肠辘辘，决不敢尝一脔。下午，以四女郎陪新妇燕饮，亦不一举箸，形式而已，名曰坐头次饭。饭后，乐者鼓乐送一小土偶入洞房，名曰送子。又次日，新郎新妇偕至岳家，乃燕新郎，至晚方回，名曰回门。未回门之前，新郎三燃薪，新妇三炒豆，意盖谓井臼之操，自此始也。回后，新妇居末席以燕舅姑。其余琐事尚多，以无关紧要，故不多赘。

（5）弥月。燕飨设祭以外，无他事。

（6）望节。至节母家备物送之，名曰望节。大家则终身如此，亦有中止者。其首一年之节，尤视为重要。

（7）生子。女未生子之前一月，外家以衣服、鞋袜、饰物、食品送至婿家，名曰催生。既生弥月，又以前所具物减食物而送之。其他戚族之近者，亦视交情之厚薄，而馈物有差。婿家亦饷之以饮食酒醴。设初生而为女婴，则岳家亦以物馈之，惟略减少。至下次生子，而后举行大礼，是亦重男不重女之恶俗也。

（8）周岁。设祭祀神飨祖，岳家戚族，则均以礼物相馈送，乃设燕飨之。其所赠之衣履，较弥月时为大，非曩日一寸之冠、一尺之服矣。

（9）庆寿。约言之，亲族送礼物祝寿，寿家饷之而已。但其间亦略有异点，如十龄多由外家代做，二十多由岳家代做。所谓代做者，代备祀神祖之山［三］牲等物而已，非其他一切开支皆由彼担负也。自二十以上至五十，不过祀神祭祖礼忏而止，非冠冕堂皇如花甲以上者之必受贺也。

丧 礼（凡凶礼皆附之）

丧礼近素朴，然作伪太甚。如举哀有时也，宾至则哭，客去则止，焚帛则泣，祭止则已。居丧者或背人而笑，人亦不以为奇；至时不号，人举以为怪。夫哭泣由于哀戚而发，哀则不时哭之可也，不哀，又何必哭？或曰："前人之定时而哭者，恐多哭徒乱办事者之方寸，不能措置裕如耳。"是诚然，然终非人情也。

（1）殓。人初死，停于床，丧属跪而号哭。既，以三牲向邑庙之方设祭送之，名曰送无常。祭后，乃面西停于堂。至夜，僧或道踵门，各事其事。或由丧家自雇，或为亲戚所赠，铙钹钟鼓交作，至晨始已，意盖散抑郁之气也。如是或一夜、三夜、五夜，以至于七夜，视家之贫富、时之寒温而定。大约何日大殓，则何日已耳。又命门眷合日时以殓。其殓也，或布或绸，皆须全套，不能丝毫混乱。将殓，亲属一二人为之沐浴，著内衣。亲属各人，各为梳发三次，然后加外服。次第为之著就，以衾围之。至吉时，然后殓。最可笑者，将殓之时，长子或长孙衣殓时外服，鼓乐旗伞前导，往最近之河流投以钱，买水以归。归时一人候于宇，至，以衣权于无权，令末高，大呼曰："一称梢，前头还是后头高！"殓后，请礼生呼号于灵前，名曰做祭。从此每日每数时一祭，或孝子，或亲族，或亲友，分别主祭。然名虽戚友设祭，而礼生则由丧家自请。是项礼生，以儒生而善此者为之，非大家则无有也。

（2）成服。既殓，乃择一日，使亲戚等序亲疏，衣凶服，名曰成服。若孝眷等，则死之日已衣凶服矣。

（3）接煞。门眷按照成法，推算接煞日。届期，设如丑时死，即以子时接煞。前列道士，后随孝眷，周行停柩之堂及厨，然后至门外，向邑庙之方，行若干步一回，如是六次，名曰三转六回头，盖状其临死之恋恋也。于堂中设死者衣服，状为人，设菜以祭。接煞之役，与送无常者必从之。不则虽至亲之人，不必与也（惟孝子不然）。

（4）七。每七日一来复，设祭，僧道诵经。首七仅以姜醋豆腐祭之，六七必戚属祭之。谚云"六七不食家乡饭"是也。余七则有赠送忏祭者，然不拘定如六七。

（5）百日。至百日，或诵经，或设祭，其差极大，大抵视丧家之家况而异，最贫者亦设祭焉。

（6）殡。坟地未曾觅得，或以葬期遥远，乃有殡之一法。或殡于家，或殡于野。其在外死者，不复能至家，觅寺院殡之。殡之举，大家多优为之，贫家不为也。然往往以觅地不合，或后裔不贤，蹉跎复蹉跎，不可复葬，以致窀穸难安者，比比是也。

（7）葬。葬之期大有出入，早者在七中或百日内，迟者周年，或三周年，或若干年不等。将葬之数日，大燕宾客，设祭。至期，鼓乐、旌旗、伞扇、僧道等等前导，其仪仗有所谓三件者，五件者，七件者，九件者。三件，即像亭、铭旌、材罩也。五件者，视三件增高灯、主亭。七件者视五件增神亭、香亭。九件者，又视七件增魂轿、敲棚（敲棚亦有易为供船者）。又有种种纸贺，如开路神、回摇头等。孝子以白布围之，四隅以人拉而随之，孝眷则乘轿而从。大家则路中每若干里设一路祭，或自祭，或宾祭，然名曰宾祭，实则皆丧家邀集之耳。其作伪大抵如斯。故其设祭胥在热闹处也。至既葬地，命僧或道设焰口，诵经。至吉时，则葬。所葬之椁，种类甚多。有所谓熟椁者，置棺于地，以砖围之。生椁则预为制成，而以土覆之。又

棺和椁

有所谓石椁者，以石六，形如棺而较大，不复覆土，此仅龛山一隅之大家为然。又有茅坟者，仅贫家为之。鸣锣举柩，孝子执幡前引，至地以稻茎围之，每岁一易。此在乡间则然，城中虽极贫，不为也。亦有棺之外即以土和石灰覆之者，曰灰淋灰葬，城乡之贫者皆为之。

（8）忌日。遇死者之生卒日，邀集子孙，正午设祭。其在大家，则立田亩为祭产，子孙轮流承值其事。贫家则仅死后近数年祭之，余惟四节年暮祭之已耳。

（9）扫墓。大家分三次，正月备肴果香烛等祭之（亦有不用肴果，仅用香烛者）。祭毕而焚锭，仅男丁而已，女口不与也，名之曰拜坟年。至清明前后，则画船箫鼓，男女杂集，名之曰上坟。十月间，则又如正月之例，名曰扫松。贫家则仅上坟一次而已。

（10）中元。七月十二日宵分，以干点瓜果祭之，十三又祭，十五又祭，十七又祭。复择日，或诵经忏，或放焰口。

（11）周年。死者已一年，至死之日，诵经礼忏设祭。其间礼忏亦大有上下床之分，贫家则祭之而已。其他如三周年、十周年皆然。此后惟六旬、七旬、八旬、九旬、百岁、二百龄等等，做阴寿而已。盖于死者，已渐淡忘之矣。

（12）分析。死者有产，或有数子，即须分析。有父母生前预定者，则殁后不甚起争端。至死后邀集戚族为之分析，则大费周章矣。名曰分家。其族戚等各备礼送之，而岳家之礼为尤重。其争执与否，全视子弟贤不肖而定。综观于此，复式家庭之流弊，为何如哉！

（13）承继。死者无后，则生前须预为继定，不则或大起争端。立继有相当人物，须择其支派之亲而贤者；不则其亲必争，讼师乘之，不可收拾矣。

余姚迎礼拜之迷信

余姚县每当旧历二月十三日至十九日，有一种迎礼拜之迷信。据云该日为观世音大士生辰，人人吃素念佛，以期消灾增福。迎礼拜者，系用一种长方形或三角形彩色绸制之旗，大者长丈余，小亦五六尺，上书“观音菩萨”四字，亦有画观世音肖像者。令各手执一旗，敲锣击鼓，吹喇叭，聚集一处排队。迨至队齐，然后各处游行。各处皆有观世音庙，皆须演戏敬神。一般愚民，不论贫富，均需乐助，并须各家办素斋一席，迎请迎礼拜之人。挨户轮流，数日内日日如是，设有口腹不慎，至吐泻，或头晕，或腹痛者。人不谓其饕贪所致，反谓其不虔心敬神，竟设有种种罚规，甚可笑也。

余姚人对于动物举动之迷信

余姚人迷信甚多，视家禽野兽之一举一动，谓皆有主因。如牛打喷嚏，谓主雨也。野鸽鸣如六家埠，亦主雨。如鸣如六家埠红灯，则谓主晴。鸦夜鸣，谓宜访［防］火灾。枭夜鸣，亦主有火灾。家多鼠，主吉。鼠啮物，主物价贵昂。鼠啮人之发，主有喜事。鼠啮人之脚底，主有凶事。闻鼠鸣如数钱声，在前半夜，主得财；若在后半夜，则主散财。狗在物上小便，主物价昂贵。狗挖洞，主凶。狗啮青草，主有雨。狗夜哭，主家有丧事。狗打喷嚏，主晴。萤飞入室，主有客来。红蜻蜓交集，主大水。蝇多，主年荒。蚊多，主年熟。鸡飞上屋，主不吉。牝鸡鸣，主不祥。鸭乱叫，主天雨。鸦鸣，主凶。

上虞农夫之迷信

上虞农人，相传谓豆之收成，与雷有密切关系。雷少则收成好，雷多则收成歉。问其所以然之故，则谓豆花心黑，故遭雷殛。此迷信也，不知豆为天生植物，其花心之黑，本系天赋，天既生之，为何复殛之？且豆之花心，年年皆黑，有殛有不殛何也？盖时当春日，空气湿润，淡气和水分最多。水分乃轻、养二气之化合物，当电流经过时，轻气立与淡气化合为阿摩利亚气，即铔气是也。铔气无色，味极臭，豆最忌之，故雷多，豆之收成必不好。

新昌之立夏节

各地风俗不同，故各地食品，亦当有殊异之处。试就新昌立夏节食品观之，或与他地迥然不同者甚多也。

（一）花饭。立夏节午膳，人家咸食花饭，即用糯米乌豆煮成者。因其为色黑白相间，故名曰花饭。

（二）黄鱼。此鱼多产江中，又名江鱼，体金黄色。立夏时，售此鱼者甚多，盖一种时鲜食品，人家咸须购食，用蒜及酱油烹之，用以佐膳，味甚鲜美。

（三）炖肉。猪肉固寻常肴馔，平时亦有出售，特至立夏节，人家咸须购食，以应时节耳。

（四）盐蛋。盐蛋之腌法，先将稻杆灰浸盐卤缸中，然后放鸡蛋或鸭蛋于缸内，约一月间，蛋已变为盐性，由盐卤取出，洗净盐灰，于笼内烤熟，味甚香美。

（五）健脚笋。立夏时之笋，亦一种时鲜食品。食时，去其外箨，煮熟后，加酱油、麻油，味甚鲜美。俗传立夏时笋可以健脚，故名健脚笋。

（六）蚕豆。蚕豆亦立夏时食品之一种，置釜中，加盐少许煮熟，食之，味颇佳。

（七）酒酿。酒酿味甚甜，人咸喜食之。其制法人尽皆知，兹不赘叙。

（八）樱桃。樱桃之味，初时颇涩，熟时甚甜。新昌产之甚少，故视为无上贵品。

（九）青梅。青梅色青味涩，立夏时人咸食之，其意无非应时赏新耳。

天台问俗记

天台土瘠民贫，风醇俗朴，男务稼穑，女勤织纴，服食俭约，不尚华靡。近年以来，风气亦渐侈矣。其人虽彬雅不足，而厚重有余。学者能以道艺著，仕者多以气节显。男敦孝悌，女慕贞洁，孝子节妇之坊表，名臣鸿儒之祠宇，相望于闤闠阎闾之间（有孙齐氏者，夫死不嫁，手筑翁姑夫婿之墓于赤城山上，而寝处其旁，孤帏自守，垂数十年，以苦节为当道所旌。其人至今犹存也）。台人多合族而居，重宗谊，善团结。族中有为外姓所侮者，则群起而与之争。黠者利用之，遂成械斗之风。往往以一二人眦睚之嫌，各纠族人，约期械斗，鸣炮燃枪，如临大敌，官吏坐视，莫能禁止。迨事后勘验，则伏尸遍地矣。虽严惩重办，其风终莫能革。盖族中渠率，多邑之巨绅，举声一呼，数十百人可以立集。风潮起伏，决于一言，阖族既依之以无恐，其人亦挟众以自重，官吏未如之何也。台人于好斗之外，又复健讼，恒有以雀角细故，涉讼法庭，伪造案情，私设佐证，倾家荡产，以求一胜者。噫！使台人无好斗、健讼之敝俗，可与三代同风矣。天台山多于地，农产多杂粮，若麦，若玉蜀黍，贫民饔飧之所资也。中人之家，日必食麦一次，鲜有终年食稻者。服饰向多朴素，男女皆布衣，鲜有曳罗绮者。惟新婚及节序庆喜，稍加饰。今则红紫缤纷，日尚华靡，少年子弟，亦有纨绔者矣。住屋之壁，多以石为之。天台多山而产石，价廉工省，故多用之。俗严内外，妇女多闺居，生客罕有能见其面者。即节序庆喜之时，阛阓里巷之间，亦无妇女之踪迹，其贞洁有足多者。

婚丧之制，颇循旧礼。厝棺多用石椁，拘忌风水，停棺不葬，以致里巷之间，园圃之内，邱墟之地，道路之旁，厝棺纵横，人与鬼邻。既碍卫生，复乖古制，识者讥之。祭祀，缙绅大家有家庙，细民多从寝堂设龛。四时之祭，元旦、上元、清明、端午、中元、重九、冬至、除夕，各以时物为荐。而上元之祭，尤为一年中之巨典。各家庙皆悬其祖先生像，设笾豆，陈宗器，合族聚祭，以致诚敬。祭后，任人入内观览。一入其中，则追远探本之思，孝友敦睦之心，不觉油然而生。天台居民多卑陋，而家庙则无不轩敞宏丽者。

天台岁时记

元旦夙兴，焚香拜天，次祀祖先，少年拜尊长。燃长寿灯，啜五味粥，以祈五福。旋诣戚党拜贺。城居者妇女晨兴，登城游眺，谓之游城。

元月八日祀神。是日各乡之妇女，连袂进城礼佛。城隍庙、东岳宫，以及大小杂祠，莫不灯烛辉煌，香烟缭绕。妇女拜跪其间，手持念珠，口宣佛号，几于不能容足。即城上之小庙，亦人满其中。妇女年事多高，间有少艾，然甚鲜也。

元夜张灯，自十三日起，至十八日止，官厅弛禁。俗重十四日，是夜先祀祖先，阖宅团聚，男妇在外，苟无他故，例必归家。凡索逋逮捕等事，概行停止。阛阓之间，箫鼓殷阗，游人杂沓，颇有熙皞之象。上元前后，乡民聚众醵资，舞狮为戏。舞狮之后，继以技击，先幼后长，以次递演。每终一剧，恒至二三十人。皆于新年闲暇，延师学习，久练功深，然后出而相竞，以博声誉。各村皆然，相沿成习也。

清明扫墓，悬纸钱于墓上，采茎作饼，以备寒食。

二月十二日俗传为城隍诞，礼佛者甚盛。远方妇女多幞被来城，日夜拜跪，起卧于佛座之前。街市则张灯演剧，凡五日而后止。若夫良辰胜日之礼佛于国清、高明等寺者，则尤不可胜纪。

二月十八日，为国清寺传戒之日。苏杭之人，皆来顶礼，常至四五百人。

端午以角黍相馈遗。儿女系五色长命缕，采榴花簪之，谓可以避恶。用菖蒲、雄黄泛酒速客，谓之泛菖蒲。

中元节（七月十五日），各祀先荐新。僧家作盂兰会，夜放水陆灯。

中秋俗重十六夜，设果饼饵，召宾以观月华。

重九登高饮菊酒，插茱萸，蒸米为糍，各相馈遗。

腊月二十四日以牲祀神，谓之谢年。其夜阖家治筵聚饮，凡索逋逮捕等事皆不得行。其俗盖始于清初，为邑令戴公所创，使贫穷之户，得于是夕优游度岁。台人至今称之。

除夕悬祖先遗像于中堂，少长欢集，共相守岁。

兰溪县嫁俗琐记

婚嫁全凭媒妁之言，文明结婚实属罕闻。女子嫁人三日后必返娘家一日，名曰回门。凡新嫁妇人其第一时节，决不能在娘家过宿。至于冬节，不论新娶与否，亦不能居住娘家。谚曰“过个冬，去个公”，言妇人若在娘家过冬节，来年定害死其家长也。

缠足之风，城区稍懈，乡间则如故，村妇儿女子之天足者深耻之。

虐待养媳及婢妾之风甚盛。凡婆母（兰溪称姑之俗语）及大妇主母残忍者，往往横施毒苦，惨不忍闻。

社会上一般人均视卖女为婢妾为惨无人道，故民家不准卖女子为人婢妾，倘有违者，族人即不承认其为同谱焉（俗谓隔出祠堂）。

临产之妇，必令其速回婆家。否则，至将产时，令稳婆扶至荒野，架铺以居之。然苟先时由婿家付以若干之赁金，立一赁契，则不在此例。

妇女以多缠足故，无习农业者。惟游埠等区，有少数侨民妇女，耕种樵薪，与男子等。

江山县妇人侨居此地者，多习渔业，本地人则未之见焉。

工业有三种。甲、织布。此间产棉颇富，柱阳、永昌等区，多以织布为业。然拘守旧法，销路日形闭塞。乙、织草鞋蒲鞋。殿山、甘溪、平渡等区多事此，比邻诸邑，皆仰给之，且有运往湖州、嘉兴等处者，亦女工出品之大宗也。丙、制冥锭。城区妇人为之，每日可得百余文。

溪西区蚕业最盛，各区亦饲之，惟只有初次两次耳。食料惟桑叶一种。

中年以上贫妇，为人厨役及洗涜买办等事，每月除膳食外，亦可得一元左右之酬劳。

女子教育极为黑暗，欲求一女子高小学校而不可得，故女子智识极为鄙陋。近虽有女子蚕桑传习所及女子模范学校之设，然均在城区，且亦未能发达。乡间国民学校之女生人数亦甚少。

金华城隍散粮之风

金华县每逢清明前一日或后一日，举行城隍散粮。届期，三四人扛着城隍神像，在街上乱跑，后随数十人，手执钢叉或刀剑，面目黧黑，装作种种奇怪之样，名曰小鬼。其时市上做生意之人，无论陈列如何之物品，如被小鬼看见，总须抢完。但是被抢之人不怨言，并云生意可望格外兴盛，可谓奇怪之至。城隍神像在街市游过一周，然后扛至北邙荒冢之处。焚化无数纸钱银锭，意谓城隍即以此散给孤魂野鬼也。焚化完毕，然后将城隍扛回庙中也。

丽水之天贶节

旧历六月六日为天贶节。丽水有一种奇俗，相传陈玄奘自西天取佛经来中国，经大海时，曾堕海中，为水所湿，故天贶节丽邑有晒经之俗，诚奇事也。

晒经之人，大半为妇女。各寺院庙观，咸有妇女晒经。有晒一庙之经者，有晒数庙者，有晒全邑各寺观者。但晒经虽定为初六日，而晒经妇女初五日晚间即群集佛前，喃喃诵经，至旭日东升，即停诵四散，庙中阒无人迹。而所谓晒经者，特其名耳，并无于日中晒经之实事也。吁！此种陋俗，亦可怪已！

丽水食物之习性

食物习惯，各地皆异，即一地于四季之中亦不相同。试述丽邑秋冬季之食物，即可明矣。

（一）腌萝卜根。切萝卜根成薄片，和以盐，约一二时，去盐渍，再入红乳腐汁腌之，用以佐餐，味颇佳。

（二）干萝卜菜。夏、秋时萝卜极盛，将菜干与叶洗净晒干，用腌菜汁煮后，取出复晒之。晒干复煮，至三四次，食之味香爽口。丽人称为菜头阴干。

（三）芋干。将芋外皮刨去，于日中晒干，用腌菜卤煮之。煮后复晒，晒后复煮，经若干次，然后切芋成片，以酱油炒之，味甚香美。

（四）番荠羹。番荠俗名地瓜，味甜，初冬经霜，味益甜。农家以之果腹，有以之为糊羹者。法去番荠首尾两端，置笼内蒸熟，再去其皮，磨擦细汁，和以蕨粉及糖霜，加水搅匀，再用猪肉炒之，即成番荠羹矣。

遂昌迷信之风俗

遂昌居万山之中，交通不便，风气闭塞，民智简陋，故迷信之事极多。兹分述如下，备研究社会风俗者参考焉。

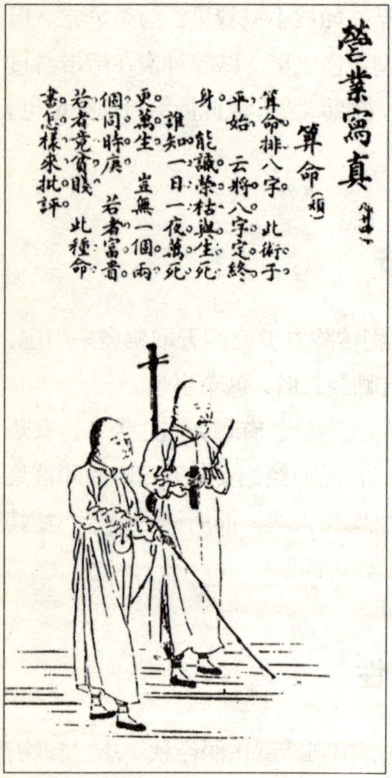

算命，选自《营业写真》。

（1）星算。小儿产生后，一星期内，父母必请星士为之算命。如谓命好，即快乐无穷；倘谓小儿命运有不利之处，则引为至忧。于是拜干娘（所拜者概系贫家妇女，甚有拜石头樟树者）、许愿（即入庙烧香，祈神保佑）、渡关（巫师所为者）等事，以之而起。又凡遇事必先测字，观运气之好坏以定行止。至遇丧葬，必延堪舆者察看风水，如无吉地，即停柩不葬，竟有待至数十年而未葬者。

（2）打醮。打醮通常分二种，有所谓清吉醮者，每年有一定时期，及期举行。各处时期不同，总在阴历正月、二月及七、八月之内。规模大小亦不同，有十余昼夜道场者，亦有二三昼夜道场者。此种打醮，年例如是。至遇荒旱瘟疫之时，亦延僧道建道场，则临时之打醮也。或有丧家为死者超度，借表子女之哀痛，亦延僧道诵经。有七八昼夜者，有二三昼夜者，最少者亦须一昼夜也。此种打醮，俗谓做功德。

（3）赛会。烧香拜佛，邑人迷信极深，无论何事，咸须求签问神。当阴历月朔月望，各庙宇咸有烧香者。每年逢旧历三月、五月、六月、十月此四月中，各处有迎神赛会之举，异常热闹。总计全县为此无谓迷信浪费之金钱，数且巨万。最可慨者，中人以上之邑绅且为之倡也。

（4）鸾仙。此种迷信，为近数年所兴，现迷信者已日见其多。所谓鸾坛，已林立各处矣。入坛者，茹素持斋，终朝跪拜，为鸾仙之弟子。喧传入坛者能洗除以前罪过，将来能登天成佛。以此号召，故愚者趋之若鹜也。

安徽

合肥风俗记

一 概 况

合肥旧属庐州府，为庐州之首邑，地处皖省中央。故其民间风俗，淳朴似皖北，而耿介则似皖南。幅员辽阔，土质肥饶。居民多以耕读为业，四民中以士为最贵，农次之，商次之，工又次之。农人遍地皆是，商业只限于区域内，有大资本及远出经营者少，工业则除金工、木工、土工等徒手工作而外，直无所谓工业矣。西北三乡多冈田，东南二乡多圩田。全境不事生产之人甚少，除少数华贵公子及退伍军人外，余均终岁勤动，各执一业。农家妇孺皆耕。妇女多天足，能耐劳苦，农忙时则插禾芟草，从事于田间，农隙则从事纺织烹饪，抚育子女；其一身所谓之重任，较之男子，有过之无不及。贫家之孩童，五六岁即令之牧牛，家有牛者则在家自牧，无牛者则受雇于人家。其每年工资不过四、五元，至十岁以上，略能从事于田野工作，其工资亦在十元以上矣。

富户田产多者，则招佃户耕治。其收租方法，有论银租者，即言明每年缴纳银元若干，以作租谷。有直接收稻者，亦分两种。一曰揣租，即由佃户于谷将熟时，延请主人及一二乡绅亲赴田中踏看，估计本年可收谷若干，写明租条，俟秋收后，主人即遣人按照租条上之半数量去。二曰场分，即当谷登场时，主人派人到场监视，量而分之。此种分法，最为刻薄，佃户丝毫无好处，然亦惟田产少者，方能行之，多则不能矣。田产少者多自耕之，家中人少田多者，则雇人来家助耕。雇工有长年、短年之分。长年者正月初即须上工，直做至除夕为止，举凡田地间一切事务均倚赖之。短年者二月初上工，至十月间为止，盖此时百谷登场，无所事事，雇工殊不经济也。近年工价昂贵，然长年之工，每年不过二十余元，短年则十余元。长工之外，又有散工，亦农忙时临时雇之，每日工资在二角以内。

合肥县城，旧为安徽省垣。有淝水通芜湖，小轮一日夜可达。城内商业颇繁盛，惟街道逼窄，发展颇不易。城外近轮船码头处，有栈房十余家，供旅客栖息之所。至城内之栈房，则纯为四乡来城涉讼者所居，价目颇廉。年来商务发达，颇有自芜、扬等处运来之流妓，然均秘密营业。官娼尚未实行，土著中亦有操神女生涯者，但均暗中往来，门外汉无从得入也。

饮茶图，选自《中国古代服饰研究》。

肥人有嗜茶之癖，尤以城市中人为甚。每日清晨，各呼朋唤侣，手携茶叶包，向茶肆而去。故各茶肆每至此时，无不满坑满谷，迟来则无座位。此辈茶客，一落座则高谈阔论，喧笑盈庭。有谈各业行市者，有谈收成丰歉者，形形色色，不胜枚举。坐约一小时，必俟碗中茶叶色香味全失效用，始兴辞而去。乡镇间则每逢集期，一般农夫必偷其耒耜余闲，至茶肆中作牛饮。酷暑时则袒裼裸裎，聚坐馆中，虽汗流浃背，臭气熏天，彼辈尚欢呼喧笑，若无此事然，殊可笑也。

四乡之民，多聚族而居，故宗法极重。每族各设一祠堂，族大者多至四五处，祠内供历代祖先牌位。每届清明、冬至二节，族人群赴祠中祭祀。或族中有重要事件发生，亦于祠中开会决之。祠有田房等不动产，每岁有族中年高有德者管理之，其所得之利息，则存放以谋合族之公益。每族均有一宗谱，族人少者则只一挂谱，将族中存殁人名，各依其宗支，作一表式，悬诸祠中。族大者宗谱多至数十册。谱约每三十年一修，修时则预先调查此三十年内存殁人名，及其生年月日时。修谱时最重要者为承嗣问题。盖乡人重视谱谍，以为一登于书，则永不能变，而官中亦认为听讼时证据之一种。故无后者若有财产，则有承嗣之资格及本支中之刁猾而希冀承继者，必力争之，往往至于涉讼。族中规例极严重，颇具自治之雏型。举凡族人争吵沟洫等事，均取决于族中贤者长者。必重大案件为族人调解不开者，始诉之于官。官之判断，仍须参合族绅之意见。族中有不法而败坏一族之名誉者，族人得召集会议，于宗祠中处分之，或罚之以金钱酒席，或责以杖，重且至于绞死。光复时，官吏失其重心力，人民无所羁束。不法之徒，乘机而起，驯至抢劫时闻，闾阎不能安堵。而合肥独能匕鬯不惊、商民安谧者，即奈［？］各族各自约束其族人，不准为非作歹，有逾法轨者，则执行宗法以铲除之。是故宵小敛迹，外盗莫侵，补官之不足，作良民之保障，正不得附和新学家之言，谓为阻碍文化进步，一鼓而废之也。

二 婚嫁

婚嫁礼俗，与各地大同小异，无赘述之必要。兹惟择其特殊之点述之。

古有亲迎之礼，今已废弃久矣，惟合肥尚能保存之。其俗于吉期之前一夜，男家盛设筵席，遍邀族邻及与贺者，并备轿二乘，一为花轿，预为次日新娘乘坐者，一为呢轿，预备次日新郎乘坐者，及大灯笼四对，火把四对。火把系用干篾片所制，燃之可以烛路。俟筵宴毕，设香案，铺红毡，新郎着礼服，先拜祖宗，次拜父母，以次至族邻诸尊长。拜毕，鼓乐喧天，炮声震耳，新郎坐花轿中，另以童子坐呢轿中，名曰压轿。贺客齐送至门外，灯笼火把前导，于是行矣。途中遇村庄，必放爆竹，及至女家门首，女家照例将大门紧闭。于是来人大放其爆竹，名曰催门炮。又有所谓开门封者，系仆婢之胥索，然所求亦不过苛。女家认为兴尽，始行开门。开门后，新郎须端坐轿中，不急于下轿。由女家派一礼生，至轿前相请，必来往三次始出。是夕，女家亦筵请亲族，盛设香案，以待新婿。婿至，必须遍拜诸戚族。有故意刁难者，往往无中生有，使新郎疲于奔命，以为笑乐。然爱婿者，多从简略。俗言云："为嘴伤身，为老婆拜丈人。"盖此数日间，新郎所磕之头，实不计其数。近年新礼制通行，已多以鞠躬代之矣。礼毕，新郎易常服，女家设盛筵于正厅中，请新郎上坐。照例不得多饮酒，多吃菜。盖新婿初至，诸姑姨姊，多隐屏间以窥探新官人之风采，举凡新郎之一举一动，无丝毫得逃其目中，品头论足，议论纷起，甚有吹毛求疵，故造蜚言，以为笑乐者；偶一不慎，则哗笑随之矣。菜上毕，新郎必起立致谢。是夕新郎即宿于岳家，然道远者及礼节烦琐之家，往往大礼方终，东方既白。是夕女家所燃之灯烛，须由男家供给，且每烛燃不及半，即须更新。故男家必多备蜡烛，以供需索。孩童多抢所带来之爆竹，以为戏乐。吉日之晨，来人须多放爆竹，谓之催妆。新娘梳裹毕，由女子兄弟或至亲负之入轿，家人必大哭以送之，女亦呜呜泣，作留恋不舍状。女上轿先行，女之兄弟或至亲二人乘轿随之，谓之送亲。新郎拜辞岳母，岳母授以妆奁中之钥匙，并附以礼物，如珍宝首饰等类，然后上轿随之去。

男家门口陈列耙一张，上置马鞍一。轿至门前时，必依次跨越鞍上而过。又有一人手捧花生、枣子等物，于轿至时撒于地上，口中唱有韵之吉利语，群儿聚而拾之，谓之撒喜果。喜轿停门前，由男家延全福之妇女二人，以灯周绕轿前，谓之照轿。

然后扶新人出，地上铺米袋，直达洞房中。新妇即行于袋上，至房门前，即将新妇之鞋，易以新郎之鞋，谓之同偕到老，盖偕与鞋同音也。新妇在房略坐，即扶至堂前与新郎行交拜礼。其余坐床撒帐、合卺交杯等礼，则大略相同矣。

新妇回门，有于三日后行之者，有另择日行之者。回门时夫妇同行，路近者有本日即归，若宿于岳家，必信宿而后返，盖取成双之意也。

成婚后之第一新年，新夫妇同往岳家贺年，岳家必盛筵以待，其岳家之戚族亲党亦设席相邀，谓之邀亲。有族戚多者，因新郎无暇多耽搁，乃一日赴七、八家之筵席，其应酬之繁忙，几与北京之大人先生相埒。婿宿岳家，不得与妇同榻，每晨于未起身前，必披衣坐床上，食面蛋等点心，俗例然也。

三 丧葬

丧葬礼仪，以贫富而异。富者仪仗挽联，连绵数里，执拂者数百人；贫者则萧然一棺，孝子数人而已。兹择其中人之家所奉行之礼俗述之。

人于将死未死前，家人为之向肆中购纸扎之轿马及轿夫，焚于门前。焚后用物将灰烬遮好，免为风吹去。俟断气时即揭去，云为死者乘之以赴阴间也。将脱气时，即由房中迁至厅前，使卧于地上。迁移时须以伞罩之，不使见天日。又请胆大者数人，将病者全身拭净，然后易以临终之衣。其易下之衣，即塞之棺中，以免尸身移动。尸入棺后，暂将盖盖好，惟不封殓。请僧道一人或数人，按死者之身殁年月日时，推算应以何时何日封殓，何日何时落葬，并书灵牌七单，上载七七日期及忌回煞等事。此等事在合肥有人专司之者，其人非僧非道，而诵经念佛，与僧道略同，俗谓之山人。大约即古所谓阴阳家之苗裔，娶妻生子，与常人无异，惟不事生产，除代人送终外，亦能打醮。

斩衰，选自《三才图会》。

成殓后，合家成服举哀，其服制于亲疏嫡庶均有区别，丝毫不得紊乱。大率亲生之子女均服斩衰之衣，衣以白粗为之，四缘及袖口均不缝，脊缝之毛口翻出，头扎六尺长之白布巾，直垂背后，俗谓之“直拔”，系以麻丝，鞋前蒙白布，毛口凸出。子妇亦如是，惟肩际多白布一幅，露于外，俗谓之“反托肩”。侄辈至孙辈之衣，四缘及袖口均缝好，脊缝之毛口向内，头扎白布巾，横垂于肩际，俗谓之“横披”，系以白线，鞋前所蒙之白布无毛口，尺寸亦较短。侄妇辈之衣亦无反托肩，子之妾亦然，所以别嫡庶也。曾孙之服，四缘及袖口缘以红布，头巾亦缀以红布或红寿字。冢子于行礼时，外罩麻制之衣，头戴麻制之帽，帽前悬小棉絮球数个，所以蔽耳目也。吊唁者至，必给以白布一方，约四五尺，吊者或顶之于首，或系之襟际。

六安之婚嫁风俗

六安婚嫁风俗，其最奇特者，在未迎娶之先，男必须下礼至女家。礼物之轻重，视贫富为差别，大概为包茶、欢团、花生、胡桃等物，并有紫色衣服一套，名曰五子衣。迎娶时，新娘即穿此衣至夫家。夫家必须备公鹅一只，名曰催妆鹅，送至女家，女家配以母鹅，一并送回夫家。此双鹅永远不宰杀，盖以预祝其夫妇之偕老也。

迎娶时，夫家去花轿一顶，其执事则随贫富而定。在轿未发之先，请数位全福之妇女及小姑娘辈，随轿照料，名曰照轿，并有扫帚等物。

花轿至女家，新娘必须大哭一场，然后梳装上轿。上轿时，由新娘之兄弟背至堂前，并先预备米一斗，新妇由米踏过，然后上轿。上轿以后，全家痛哭，以表示惜别之意。当夫家花轿初到女家之时，女家须将大门紧闭，候夫家送过开门封子钱，然后开门。花轿抬至夫家，夫家大门亦须紧闭，有至一句钟之久者，云系折磨新妇之性情也。

洞房，清代年画。

花轿进门，新郎须对花轿行礼，名曰谢轿神。花轿进堂屋，新郎将轿门开开，名曰开锁。

新郎新妇拜过堂后，由全福之妇女伴送新娘进房，房中预备火炉一具，中烧木炭，故意火不旺，黑烟四出，让新娘围火炉圆转，云亦系磨折新娘之性情者。

进洞房，新娘梳洗后，来宾便在新房中闹房。有看新娘子之手者，有看新娘子之脚者，新娘站在床沿之前，闭眼垂头，一任人之玩弄。

新娘母家之兄弟辈，迨至新婚之第三日必来省视，名曰看三。路远者即随同花轿一同来，名曰送亲，至第三日始去。

闹洞房之时，有一种通行之吉语，一人赞读，全体道好。其词云："上高堂，进洞房，灯烛辉煌。大家女，知礼节，就站起来。人人说，新姑娘，可敬可爱。孔圣贤，女四书，读满心怀。夫今日，小登科，悬灯结彩。子异日，大登科，八抚八抬。化一省，众黎民，人人爱戴。三年后，迁调任，父老皆哀。千人上，一人下，权揽四海。七十载，归田园，福寿无灾。十个男，十个女，佳妇贤婿。四男孙，四女孙，绕膝称怀。"

芜湖风俗琐记

鸠江为皖省独一之通商口岸，商贾辐辏，以故土妓流娼，触目皆是。其入大花园（园倚陶塘而筑，虽乏亭台，尚有花木，占地甚广，为芜湖唯一之风景地）也，亦如沪妓之游味莼园，然其状则与雉妓之在青莲阁、升平楼绝相似。每于夕阳西下时，涂脂抹粉之鸠盘荼，结队游行，此往彼来，满口扬州白，乖乖辣块之声，令人生厌，彼辈复故意卖弄风骚，而逐臭之夫，则如蝗附膻腥，品头评足，刺刺不休，诚鸠江怪现状之一也。

芜俗佞狐，商铺几于家家设位供养。闹市中有狐仙堂数处，笙歌祭享，月必十余次。土人不敢直呼为狐仙，奉之为仙姑，称之曰老太。小儿有误呼之为狐者，其家人必痛责之，且为之忏悔大仙之前。各家于小儿种痘时，祀狐最虔，称之为花老太。据云稍有不敬，小儿必无幸免者。

芜湖有七多之笑谈。七多者，街上冢多，小儿痢多，终年雨多，沿途粪多，强讨丐多，私门娼多，说话蛋多。盖此邦人民，说话好加蛋字。例如角口则曰吵蛋，胡缠则曰倒蛋，放刁肆闹曰刁蛋，其余各语常硬赘蛋字，故曰说话蛋多。

丙辰清明，适逢阴历三月初三日，芜人谓之为真清明，为百年罕遇。据故老相传，乏子嗣者，备一南瓜，于真清明日，全瓜入锅烂煮，于午时取出，陈诸案上，夫妻并肩坐，同时举箸，尽量食之，必然得子。故是日市中南瓜极昂，每个有卖至七八元者。按此风不特芜湖有之，长江流域各处，殆皆有此种传说。

歙县纪俗诗

歙人性善机祥，每事必征于神鬼，曰发兆。而求嗣者尤切。兹录其乡村纪俗诗，以见风俗之一斑。

各族祠前爆竹喧，人丁有例记年年。瓣香拜罢低低祝，一万虔输汉口边。

阴历正月初二日，各族祠堂，例放人丁炮。每丁三枚，得子者加百子十挂。是日爇香祈子有验。

喜气宵来溢洞房，影堂（供真处）宝炬灿余光。金盘果与金尊酒，送烛人来哄一堂。

各族宗祠，例以新正初五日收真。筵前椽烛烧未及半，司事者以余烛撒送支下，冀邀福于祖先。受烛者劳以酒果。

元宵灯火闹长堤，舞出神龙振鼓鼙。争向龙头请龙烛，烛笼双引入香闺。

元宵嬉灯，极其喧闹，巨丽龙灯，亘数十文［丈］，舁以数十人，游行村市。请烛者以烛易残烛，得子则加倍酬之。

送子中秋纪美谈，瓜丁芋子总宜男。无辜最惜红绫被，带水拖泥那可堪。

好事者令幼孩戏窃倭瓜入新婚者之房，纳入被中。或以子母芋泥水淋漓，沾濡床褥。真恶作剧矣！平时固禁盗窃蔬果綦严，是日照例弛禁。

盼煞征兰梦有无，丹山不长凤凰雏。邻家昨报添丁喜，多谢擎来粥一盂。

得子者以产母砂锅粥分馈戚好。

水月庵中来许愿，东云岩上去求签。背人偷得筵前箸，要卜佳儿快快添。

乡中有水月庵、来云岩等寺宇，望子者咸往求祷。

礼佛先持数日斋，不将心事诉同侪。爇香悄向莲台上，借得观音一双鞋。

抱子则手自绣鞋，以偿观音菩萨。

莲房少子桂无花，劳尔年年望眼赊。闻说换年真个好，隔年打点住娘家。

女以残腊归母家，新正诹吉，肩舆笼灯而回，曰换年好。

手擎雨盖踏香街，鞋袜裙衫一色裁。入室大家开笑口，望春恰恰共春回。

先春数日归。届期乘青舆，衣青衣，行者必伞，以立春之时入门，谓之望春。

如愿全须佛力凭，珈瑜会恰衍三乘。送来阿树尖头果，摘得莲花座上灯。

焰口法事，设有阿什果树。唪佛之次，则撒而撒之，得顶尖太子果者，宜子。坛有荷花灯七，摘其一归，佛光照澈，梦入熊罴矣。

黟县之中秋节

八月望为中秋节。是日，小儿早起，呼朋唤友，取田中稻草扎成龙形，糊以色纸，夜间插烛于龙身，游行街市。草龙大小不等，大者十余人共舞，小者一人独舞。锣鼓声喧，爆竹满地，极奔走之热闹。有子之家，令其出与舞龙。无子者将龙首上蜡烛换下，谓可得子。迷信极矣。

婺源度岁风俗谈

我国重用阴历，以新年为大节，无论贫富之家，莫不整顿精神，搜集钱钞，以备度岁。有自腊月杪即合家忙忙碌碌，为年事之预备。究其所谓年事者，第一件为饮食问题，其次则衣著。饮食如猪鸡牛羊花生糖果等类，随地而殊，惟婺源之吃年汤最为有趣。婺源风俗，于腊月二十四日以后，各家均有做年之例。做年者于其夜合家团坐，笑语喧哗，通夜不眠。如江浙等处之守岁。其意不过谓一年将尽，老少各增其年齿，且终岁勤动，家人中多在外经商做官，岁底率皆回家，不可不举行一种特别礼仪以纪念之。婺源人于坐年之夕有吃年汤之俗。当夕焚香祀祖后，家人齐集厨房内，各揎拳箣袖，有调粉者，有切菜者，有刷锅者，有洗碗盏者。俟一切齐备，共至厅前谈笑片时。俟至夜分约十一句钟时，将备就之猪头放入锅中，加汤煮之。煮熟后，用铁铲捞起，放入他器中，再将所调之粉搅入猪头汤中，更将肉丁、冬笋、丁香料等，使成糊状，然后盛之以碗盏，合家团集而食，其味异常鲜美。又将煮熟之猪头切成薄片，和年汤同食，亦鲜美可口。有时以之资送亲友族邻，无不欢迎者。吃年汤时，愈吃得多愈好。故四碗五碗，亦不嫌其多。然油腻过重，往往染成腹泻之疾。小儿贪其味之鲜美，尤易多食，不可不慎也。

拜年，选自《吴友如画宝》。

元旦日起身特早，合

家均易新衣，少年妇女及孩童辈装饰尤其讲究，斗丽矜奇，各不相让。儿童辈欢天喜地，梳洗后，长者至堂前点香燃烛，虔诚礼拜，先祀天地神祇，次祀先师至圣孔子，后始及祖宗。礼毕后，家人复相继礼拜如初，再由家中幼辈向尊长行贺年礼，平辈亦分长幼行礼。贺年毕，合家进食茶点，如子糕、裹粽、鸡子等物。各人食毕，整齐衣冠，由家长率领卑幼出门，先向较亲近各族戚处贺年，再至较疏各家。贺年时，各家将大门紧闭，拜年者往敲门，受者在门内以客气话拒之，如“不敢当”、“心领”等语，不绝于口。贺年者亦必故做必须进去之状，以示殷勤。是以往往相持甚久，始有解决。或开门请进，或贺者自去，浪费时间，莫此为甚。然遇至亲者来，即不如是拒绝。贺者至家后，必饷以点心。携孩童来者，必给之以糕果。故孩童对于贺年之事，无不异常高兴者。有时贺年归时，必满载而归。并斤斤较量于各家所给之多寡，果品之好丑。若贺年者不肯食点心，则随即遣人送至其家，所送之物，多则八种，至少亦有二种。亦有不上门贺年，而用拜年签作代表者。拜年签者，以狭小之红纸，上书“某人率子某侄某孙某等顿首拜”字样，贴之族亲戚大门上。门上若所贴之拜年签甚多，红纸飞扬，迎风招展，至为美观。有不用拜年签而代以拜年片者。拜年片即以普通之名片，上书“顿首拜”字样。有特用红纸印就者，各随人意。

元旦道贺，清代年画。

元旦日，若于途中遇熟人，彼此都要行礼。商界中人相遇者，行礼外必互相道贺，如“恭喜发财”、“生意茂盛”等语。贺年者大都成群结队以出。若于途中遇贺年者两队，甲队与我识，则我应与之贺年矣；然甲队中若有与乙队中相熟者，我虽不识乙队中人，见甲队与乙队相贺，我亦必随以相贺，不然人将怪为不知礼。谚所谓“宁可欠人钱，不可欠人年”，又谓“礼多不亏人”者是也。

贺年之礼，不特于元旦日行之，即元旦后数日，若遇亲友未贺年者，亦必须补贺。所谓“拜年拜到三月三”者是也。

婺源中秋风俗谈一

婺源中秋之风俗，有一种特异者，即儿童之堆宝塔是也。造塔之材料为砖与瓦，塔之形状，系七层浮屠，上小下大，中间全空。虽是用砖瓦砌成，却甚有规则。塔砌成后，前面挂帐幔，并悬匾额及对联以及种种之装饰品。又安置小桌一张，上供果子饼饵，为敬塔神之具。迨至夜间，塔之内外，均点齐灯烛，一片光明灿烂，直与天上明月争辉。儿童则坐于塔前赏月，并作种种游戏，以表示其欢娱，实一幅天真烂漫儿童行乐图，惜无人绘之也。

婺源中秋风俗谈二

婺源人于中秋节之一日，必食塘鱼。塘鱼系人家辟塘蓄养之鱼。相传塘鱼迨至中秋，脑髓始能充满，人家食之，格外能滋养。私塾学生，对于先生有送节之礼仪，塘鱼亦为送节礼品之一种也。

绩溪中秋风俗谈

吃月饼

中秋日，每家要需购买月饼，合家分食。盖因月饼圆形，似中秋月圆，又表示合家团聚之意义。

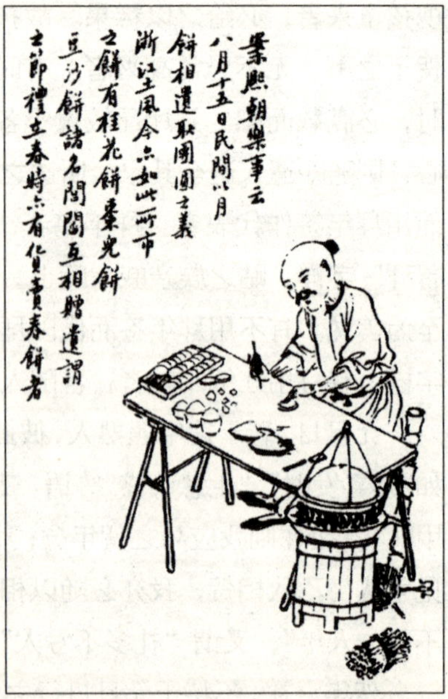

卖月饼，选自《太平欢乐图》。

吃中秋酒

中秋夜，富豪之家，必办酒筵。合家团聚而食，名曰吃中秋酒。贫穷之家，无钱办酒筵者，亦必添菜数碗，以赏佳节。

打中秋炮

中秋节，十数岁儿童，以稻蒿扎成中秋炮。形似发辫，长约五尺，粗盈握，浸于水中数分钟，再拿起向石上打击，如放炮之声，名曰打中秋炮。

游火龙

火龙系用稻蒿扎成，身长约丈余，有头尾，有爪。游时，十数人用竹竿撑之，游行各村，向各家讨香，插在火龙身上。龙后佐以锣鼓，喧哗闹天。游毕烧纸箔，放爆竹，送至河中始已。

泾县之插柳节

泾县清明日插柳。于门簪一嫩柳，谓能解邪。具牲醪扫墓，以竹悬纸钱而插焉，或有取青艾为饼，存禁烟寒食之意。

泾县之浴佛节

四月八日，泾县浮屠是日浴佛，谓之浴佛节。有五色香水。民家采乌桐叶染饭，青色有光，曰乌饭，与之相馈遗。

泾县东乡佞神记

赛会

泾县东乡佞神之最著者有四：一赛会，二舞狮子，三唱目莲戏，四烧拜香。赛会有三月十六日玄坛会，四月初八日五显会，六月初六日会，六月初八日牛王会，十月二十日迎春会。各会有一定之地点，至期与会各乡村，竞出其所备迎神旗伞銮架，佐以锣鼓，扛神出巡各处。其富庶村户，更扮演抬架以娱神。抬架者，以幼童饰剧中人，立于小桌上，使人扛之而行，此外又有马上道（衣冠骑马上背神之印绶令箭），香盘（衣冠手捧木盘，缘以绣帷，上焚檀香），提香炉（大锡香炉一只，缀以铜链，衣冠而提之）等。悉以本村文人充之。每赛会必须演戏，与会乡村轮年而值之。先一二日开演，即迎神来戏场观剧，出巡回来，必抬神在戏场疾行四五周，谓之扛神。间有不及走避而跌伤者，不问也。赛会之夜戏必以通宵，以便远来之观者。就近人家，必接其亲戚故旧来家看会，非待戏演完不去。各业缀工，良莠猬集，金钱虚耗，固不待言；而盗劫之事，亦每因此而发生。且值年之村户，往往因贫而售典产业，以当此门户。一［意］以为若破此例，当犯神谴而触众怒也。就中以玄坛会、五显会、迎春会为闹热。牛王会虽不闹热，然香火则较盛。牛王大帝者，即汉渤海太守龚遂也，以卖刀买牛之故事，乡人讹之，称为牛王大帝。凡在二三十里内之人家，必具香烛往酬神，间有自百里而来者。正戏之外，兼演傀儡戏（以木偶饰生旦净丑，伶人举之演唱）。其戏由特别酬神者出资演唱。特别酬神者，或因病，或别种事实，曾许牛王大帝之愿者也。香烛之外，悉出钱四百文，演傀儡戏一出，又杀鸡沥其血以飨神。此外演戏侫神者，有关帝生日戏，财神戏，老堂戏（猪之神也），蚕娘之戏（蚕之神也）。总之无非虚掷无量之金钱，以媚此荒诞不经之木偶也。

舞狮子

赛会演戏，犹各地所相同。若舞狮子，则为泾县东乡特别所独有也。泾县东乡对于狮子菩萨之信仰，尤高出牛大王之上，故其香火较牛王大帝为更盛。其神非偶像，乃形似的斫木块为狮首，缀以黄布为身，二人顶而舞之，佐以红海公、白海公、判官、娘娘诸神，悉以人戴假面具为之。红海公、白海公，系弄狮子者，一红面，一白面，均满身红衣，作种种不伦不类之怪剧，以引观者之发笑，间作恶剧，以窘儿童。娘娘白面，亦红衣，骑狮子身上而舞。判官黑面绿袍，执笔木立不动。设有人病者，必迎狮子至病人室中，周视一巡，以祓除不祥。初生小儿，将渠含至狮子口中，谓容易长大云云。其期自元旦日始，至三月初三日止，各村轮次而舞，或全堂（一日），或半堂（半日），皆有定例。迎狮子神者，必斋戒茹素，格[恪]诚格[恪]敬，无敢稍怠。舞狮子之人，率本地祠丁；平日被役于人，独此月俨然尊大，一若渠即狮子神也。

舞狮子，选自《聊斋图册》。

目莲戏

目莲戏，演目莲救母故事，皖以南盛行之。泾县东乡，各村不同，或十年一演，或五年一演，每演率于冬季之夜，自日入起，至翌朝日出止；或一夜，或三夜，或五夜七夜，大抵以三夜者为多。间有地方不靖，缢死者多（该乡谓缢死鬼为最凶恶之鬼），于定例之外，得临时加演。每届演时，合村视为重大问题，筹募款费，推举司事，以办此平安神戏（五乡谓目莲戏为神戏，系保佑地方人口平安者）。演戏伶人，大抵为南陵人（南陵，皖南县名，属芜湖道），专业是艺者。先数日前雇至，部署甫定，然后禁止屠宰，择期开演。立坛于戏场半里内外，供奉五倡五鬼神。日将入时，伶人饰五倡五鬼神，骑竹马，在戏场跳舞，谓之起马。起马之后，然后开演。第一夜演目莲之父富相施财济贫事，第二夜演东方亮妻之缢死，第三夜演目莲之母刘氏游十殿。就中以第三夜为最热闹，因东方亮妻之寻死，而有溺鬼缢鬼之争替。因两鬼之争替，而有闻太师之逐鬼。逐鬼谓之出神。闻太师者，纣臣闻仲也（见《封神榜》），俗谓之家堂神，专管人家之冥事。当出神时，台上灯火齐灭，缢鬼溺鬼，浑身冥箔，满台乱扑，作鬼嗥声，状甚幽凄。闻太师手执钢鞭，数其扰乱人家之罪，而下驱逐之令，钢鞭一指，两鬼立即跳至台下；向坛上奔去。闻太师随后驱逐，人声喧哗，炮爆连天，两旁女台（所搭为妇女观戏者，男子无此优待），灯笼高挂，纸扇乱摇，一若以为真鬼，恐其近身讨替也，间有因惧怕而昏晕者。其迷信甚可哂也。正戏之外，加演诸多打诨戏及技术。技术立木柱一支，高十余丈，一人盘旋其顶，谓之盘戳。或札布彩于台前，二人穿而舞之，谓之盘彩。打诨戏多引人发笑，惟小尼姑下山一出多淫荡，有伤风化。而黄妈妈偷鸡，饰老媪混入妇女观剧之台上，尤可恶也。

烧拜香

烧拜香

烧拜香，一名朝九华，率下等社会人为之。九华山在青阳县（旧属池州府治），相传地藏王菩萨肉身成佛处，故山上庙宇丛多，香火繁盛。近二三百里之愚民，均结伴前往朝山烧香。烧香有两种：普通者谓之烧行香，无他特异；特别者谓之烧拜香，草履布衣，散发，顶绉纱巾，手捧香盘，口诵佛号，遇庙而拜，遇桥而跪，心无邪念，目不旁视，苟稍有懈怠者，谓必遭神谴云云。朝山回来，又必斋醮数日而后已，其愚可笑亦复可怜也。

贵池中秋风俗谈

献 新

八月初旬，农人大半皆已收获。凡初次所造之新米饭，均须献过祖宗、家神、灶君、社令，然后方食，名曰献新。

社 令 会

秋社前数日，各家预备做会一切之物品。除香烛纸马外，每家必须做些糯米粑。迨至社日，均携香烛，捧米粑，在社令位前行礼敬神，名曰社令会。

五 猖 会

各乡各村，每到八月十四日，地方首事之人，邀集大众，预备生鸡血酒，五彩色纸，云本日为五猖生辰，名曰暖寿。次日祝寿，一村之人，团聚庙前，爆竹喧天，迷信可笑也。

鹊江风俗志

皖铜陵县有镇曰大通，乃沿江之乡镇，无大贸迁也，夹江一盐舶停焉。江之西岸，一洲突出如荷叶之横浮，再西即滚滚之长江也。荷叶洲即别曰鹊江。清光绪初年，彭宫保雪琴巡阅长江时，改荷叶洲为和悦洲，今人辄称为大通。其实大通在江东岸，长龙山下一乡镇也；此繁盛商场，实和悦洲耳。洲以盐务为大宗，客民分八帮。一曰两湖，即湖南、北也；二曰金斗，即庐州也；三曰大邑，即安庆府；四曰新安，即徽州；五曰泾太；六曰旌德；七曰池阳；八即土著。江西有会馆，曰万寿宫，而不与闻洲政。洲有事，八帮共议之，亲亲为宝，若家人然，从无排外欺生、党同伐异之恶习。山水明媚，人物淳朴。钱庄三，现均收歇。盐行则有胡成美等六家，鱼米均贱，居家颇易。春时野桂花丛生，清芬无比，贫女采折，提筐叫卖，有“红日满窗人未起，隔墙风送卖花声”之韵。夏初必唱目莲戏全卷以祈福。竞渡之戏，亦较他埠齐。有秋后，八帮必赛会，会以城隍为主，在四宫殿集城隍头衔为敕封显忠大王。其会各帮有各帮特色。两湖则以彩船高跷胜，而犹有令人闻之思奋者，则仪仗前之四对招军耳。此招军为他会所无，盖当湘军初散时，湖湘子弟故假招军一吹不平之气。其声哀艳，不异塞上悲笳，呜呜一声，令人执干戈卫社稷之心油然而生。次为泾太驴子会、六邑龙灯会、新安灯会、池阳之财神会，各有擅长。本地帮神前则有黑白无常，戴高帽，极硕伟。小鬼蒙面具如箩筐，助声势，与黑无常斗。惟土地雍雍雅雅，不言不笑，若有深意焉。神前判官须发生动，中人以上者，且顶礼焉。古人神道设教，亦足补薄俗教育之不及耳；今已禁之。洲有莲花禅院，即俗名财神庙者。掌院德风和尚，清修梵行，圆寂后肉身不腐。洲人为之装金身，置香火焉。

寿春岁时记

正月初一日，鸡初鸣即起，栉沐焚香，拜天地家堂，燃爆竹于门前，插桃符于门旁，以趋恶鬼。

正月初四日，接财神，具三牲肴蔌，谓之财神清酒。内设鱼头、茹菇、芋艿等物，以取吉兆。鱼头曰余头，茹菇曰时至，芋艿曰运来。奇想天开，颇堪发噱。又群以香火灼神面，谓之火财神，不知何意。或曰：火财神犹言“活财神”也。

正月初五日，俗谓是日为五忙日，不许动土，动土必有灾害。

正月初七日，以饴糖掇炒米成团，谓之太平团，食之一岁人口太平。且以馈饷他人，谓之饷太平，俗以为“想太平”之意。

正月初九日，妇女相聚迎九娘神，卜将来蚕桑及一切杂事。或曰九娘神即紫姑神也。

二月二龙抬头，清代年画。

正月十四、十五、十六三日，皆谓灯夕。悬灯采于门前，喧鼓乐于庭际，谓之闹元宵。俗谓不若是必遭火灾。城乡男女，皆空户出游，谓之走百病。

正月十九日，妇女以炒米撒墙壁隐僻之处，呼蜈蚣、蛇、蝎等毒虫咒之，谓之咒百虫。

二月初二日，焚香水畔以祭龙神。谚曰：“二月二，龙抬头。”农氓每以是日之阴晴，占岁之潦旱。

清明日，家家门插新柳，俗意谓可祛疫鬼。挂纸钱于墓树，谓之赆野鬼。

三月初三日，士女多携酒饮于水滨，以禊祓不祥。妇女小孩，头插荠菜花，俗谓可免一岁头痛头晕之病。

三月十五日，烧四顶山香。山在八公山东北，离城厢约七里余。山上为庙宇数十间，塑女神曰碧霞天君，俗为泰山奶奶。奶奶殿侧有一殿，亦塑一女神，俗呼曰送子娘娘。庙祝多买泥孩置佛座上。供人抱取，使香火道人守之，凡见抱取泥孩者，必向之索钱，谓之喜钱。抱泥孩者，谓之偷子，若偷子之人果以神助而得子，则须更买泥孩，为之披红挂彩，鼓乐而送之原处，谓之还子。其事最可笑。

四月初四日作豆腐糜，加油膏其上，和之以水泥，埋置门前隙地。俗谓可免疟疾，盖俗谓疟有疟鬼也。

四月间，有鸟曰布谷，自呼其名。农氓呼之曰阿哥，多焚香祝之。谚曰：“阿哥唤，犁耙上岸；阿哥呼，犁耙出土。”

五月初五日，家家贴天师符，俗谓可避鬼怪。妇人簪艾虎，小孩系五色缕，俗谓可免病瘟。

五月俗称恶月，忌盖屋造灶，又曝床荐席，俗谓犯之者不利。

立夏日，称人，俗谓称者不瘦夏。

夏至日，取野菊为灰，以止麦蠹。

六月初六日，家家晒衣服，俗谓是日晒衣可免霉渍鼠啮。又是日落雨，恐有水灾。谚曰：“湿了龙袍，淋破蓑衣。”

六月伏日，家家吃汤饼，俗谓可免暑疫。

七月七日，相传为牵牛织女聚会之期。女子陈瓜果祭织女，穿针以乞巧。若有蟢子网于瓜果之上，则大喜，俗意以为将来必贵。

七月十五日，俗谓鬼节，僧道沿街搭台念经，谓之盂兰会。谓广施佛力，以追荐孤魂，而为饿鬼施食。

八月十四日，妇女小孩，以朱水点头额，谓之天灾，以厌疾。

八月十五夜，妇人设瓜果团饼于庭院拜月。小儿执火炬，相与结队走田野，以摘取果豆等物，谓之模模。

九月初九日，蒸枣糕，插菊相馈遗。

十月初一日，天气近寒，家家扫墓焚纸钱，俗谓之送寒衣。

十二月初八日，曰腊八。取五谷杂枣栗菜豆为粥，谓之腊八粥。俗意祝次岁丰登。又各乡人击鼓扮神，神曰金刚力士，舞流星以逐疫。《论语》曰“乡人傩”。此盖傩之流派也。

十二月二十三日，家家具酒果饴糖，送灶神上天。置刍豆于灶前，以秣神马。其置饴糖者，俗意为塞满其口，使之上天不得多言也。

十二月二十九日或三十日，家家易门神，换桃符，家人相聚，彻夜不眠，谓之守岁。又以此夕为诸神下降之夕，禁恶声谩语及弃污水于地。

寿春迷信录

寿春，古淮南地，前清时为州，民国成立，改为寿县。虽非四通之区，然汉、魏、六朝，赫然重镇。今虽丹井已空，草木无凭，而据冬临肥，为入皖之中枢，钟离乏腰胁，亦皖北形胜之地也。民力耕桑，出产以米麦豆谷为大宗，棉竹次之。惟山川风气刚劲，民俗质野，益以文化浸润未深，故一切迷信甚多。兹特录出，亦采风问俗者之一助也。

凡产妇临盆时，盆中污水，戒随意乱泼。俗有送生娘娘之说，恐污及娘娘之身，遭其谴责也。

婴孩三日后，必为之净洗，谓之洗三朝。置红鸡子床前，使产妇焚香祷告，谓之拜床公、床母。若产妇有病，令洗婆代拜。

婴孩满月剃头后，须请舅父怀抱，游行通衢之上，遇行人，则谓小孩曰：“认得否？弗要怕。”俗意以为将来不致怕生人也。

婴孩周年之日，置食物农工器（系小模型）及小铜刀、铜剑、纸笔等物于案上，使其随意攫取，谓之抓周。俗意以为观其攫取何物，可知其将来志之所向也。

小孩体弱多病，有用大红布袋，向别姓家取粮食，谓之吃百家饭。俗意为免一切灾害。又有舍于寺院，过十二岁始领回。又有认干父者，俗谓之认干爷。认满八人时，八人共醵金为制项锁一圈，加之小孩颈上。十二岁后，则八人复为之去下。俗谓带锁时为锁关，开锁时为开关，一锁一开，则以为可通身无病矣。

婚嫁论门第辈行，重媒妁，通婚启，问名纳采，皆有定礼。当日曰过门，拜堂合卺，三日庙见，弥月归宁。

新娘出嫁时，有以红布制荷包置之怀中者，谓之塞婆嘴。俗意以为可以制伏翁姑也。此事之可笑，与瞒婆豆相等。

新娘喜轿到门时，有将堂门闭起，使之逾时始入者，谓之劝性子。俗意以为可以折服新娘也。

自吉期至三日后，来宾时赴新房看新娘，谐言百出，谑语横生，谓之闹房。主人不但无言，且愈闹愈喜也。

死人三日成殓，天热时则当日小殓，将尸身入棺，惟不钉棺盖。又三日成服受吊，其子过百日始剃发。亲友送礼，或素席香烛，或楮帛银锭。至于衣食棺殓之奢俭，则视其家之贫富为转移。

人死时为之穿衣服者不得悲泣；如悲泣，即涕泪不得落死者之身，谓泪落死人身，恐有走尸僵尸之累。

凡人死后，俗以为必须过孟婆亭吃迷魂汤，故成殓时，以茶叶一包，加之土灰，置之死者之手中。以为死者有此物，即可不吃迷魂汤矣。又三日后，有上望乡台之说，忌家人泣哭。俗以为死者不自知其死，及上望乡台始知其已为鬼物；若泣哭，是使死者之心愈悲痛也。

凡人死后，恐遭野鬼戏弄，有以棉帛银锭等物，向就近庙宇佛殿焚烧，烧残之灰取而飏之，所经过之路追遍，谓之撒金钱。乃行贿于野鬼之意。又以鬼最嗜油，取麻秸涂以油膏，于出殡之前夕，燃之以火，沿途插放，谓之放灯。俗以为野鬼得此佳饷，则死者之魂可所向无阻也。

儿女殇后，父母有戒食猪肉一月之说。俗意以儿是骨肉，既已殇亡，不忍再食，亦追悼之意也。

凡幼丧（即死者尚为少年），值春庚申、夏甲子之日，则以为大不利，谓将来必有僵尸之患。请术者以朱笔画符数纸，贴置棺上。又于临葬时削桃木七根，插于坑侧，谓之镇恶。又有以铁钉钉死者心窝暨四肢者，残忍之行，尤为背绝人道也。

凡搭船时，不许呼船户曰老板（老板者俗语也，即主人之意）。俗意以为老板之音，与橙板相似，故忌之。

凡搭船时，吃饭后不许将筷架在碗上，俗意为碗犹船也，筷犹箸也，箸与“住”土音相似，是谓其住船无生意也。

凡搭船时，不许在船上小便，盖俗语小便之臭味为骚；骚与“烧”土音相混，船户最畏者即火，故有此忌。然此未免可笑太甚，究不知尚有别故否耶？

船内不许载死人，俗意以为不利也。

凡搭船时，不许盛饭（盛平声）。盖讳沉以及盛也。

早起听老鸦叫，俗以为有口舌至。

早起听喜鹊噪，俗以为有喜报至。

早起听牛鸣，俗以为有人侵侮。

早起听沙和尚（鸟名，喜食肉）叫，俗以为须遭病殃。

夜中听鹳子叫，俗以为有水灾。

夜中听狗哭，俗以为须遭水灾。

夜中听驴子叫，俗以为有灾病。

看见狗上屋，俗以为有贼警。

看见狗做揖（狗以前足微离地少许，以振其精神，犹人之伸懒腰，俗谓之狗做揖），俗以为须遭横逆。

看见鸡上屋，俗以为有火灾。

看见鸡身带草，俗以为有客至。

看见灯火生花，俗以为有喜事。

看见出殡，赌博者以为有财气。

看见尼姑，赌博者以为蚀本不利。

梦见银钱，俗以为有口舌。

梦见长虫（即蛇也），俗以为有人暗算。

梦见杀人，俗以为大吉。若十二岁以内之小儿梦见，俗以为其将来必贵。

梦见穿孝服，俗以为有财气。

江西

赣省育儿迷信谈

赣省风俗，每遇小孩初生，为父母者必有种种之迷信手续，如凑百家锁一事，尤为全赣之通行品。其法以白米七粒，红茶七叶，以红纸裹之，总计二三百包，散给亲友。收回时须各备钱数百文或数十文不等，将集成之钱，购一银锁（正面镌“百家宝锁”，反面镌“长命富贵”），系于小孩颈上，即谓之百家锁，谓佩之可以保延寿命云云。凑百家锁一事，如上所云，固为其法之一种，而手续繁琐，更非亲友多者，难以办到（百家锁须百家钱，纵不然亦要有数十家）。故此外有一种凑百家锁最简便之法，其法维何？即任唤一乞丐，以一百余文，或二三百文，易其小钱百文，盖其系从百家讨得者。然后以之凑购银锁，或镀金锁，或纯金锁，佩于小孩腹前也。

凡稍有家资者，每产一孩，有所谓做三朝，做满月，做周岁。倘系男孩，除遍请亲友大嚼特嚼外，又必备书籍、珠算、刀剪等物，置之案上，令小孩自取一种。盖欲占其长大之志也。苟取得者为书，则家人必欢声雷动，以为该孩定能专心向学。其余珠算则为商，刀剪则为工。且在前清时，更加入朝珠一种，若小孩一取此物，家人尤为高兴，必大众贺曰：“某孩长大能做官。”于是为父母者益喜形于色。此种陋俗，到处有之，抑可笑也。

小儿种痘，一经事竣，皆醵钱演戏，答谢神庥，至以南昌县属为最甚。至戏完之日，用纸扎轿马、人物、旗伞多件，送至河干焚烧，名曰娘娘送驾。附近男女观者甚众，几有举国若狂之概也。

疾病不求医治，惟祷之于菩萨，固然大谬也。然小孩有疾病，不但祷诸菩萨，且有求之乞妇者，则尤为荒谬。如挽乞妇拜干娘之举是也。盖误于迷信之说，不曰冲动关煞，即曰遇着生前父母，且均如法禳解。既之无效，最后乃挽一女丐，另嘱人抱小孩拜之。其亲生父母，口称“拜干娘，拜干娘，自今以后与干娘一样”，或曰“与讨饭的干娘一样”，连呼不已。乞妇亦高声以“贱头贱脑”四字答之。幸而该儿已愈，丐妇即以其丐得之饭，每日来喂儿一次，该家须给饭一二碗以为报酬，乞妇亦乐得为干娘焉。此风赣省到处皆有之，于此亦足见父母爱子之心，无所不至，不得以其迷信而笑之也。

临川之中秋节

中秋节之俗，如贺节食果、饮食赏月种种，各地皆然，毋庸赘述。兹述其与他地不同而有奇趣者如下。

中秋夜，一般小孩于野外拾瓦片，堆成一圆塔形，且有多孔。黄昏时于明月下，置木柴塔中烧之。俟瓦片烧红，再泼以煤油，火上加油，霎时四野火红，照耀如昼。直至秋深，无人观看，始行泼息。是名烧瓦子灯。复有一俗，临睡时每人置一针于茶碗盖内，碗盖置庭中，翌晨察针受露水，必微生锈。如锈于针杪，即曰少年晦运；锈于针中，即云中年晦运；锈于针尾，即云晚年不佳。习俗迷信，莫此为甚矣。

吉安婚俗奇谈

吉安婚俗，种种奇异举动，至足令人惊骇。兹详述如下，倘亦采风者所乐闻欤？

新娘乘舆诣乾宅时，无论夏冬，必穿棉袄一件。每当炎夏溽暑，热气避［逼］人，所乘之舆，四周闭塞，乡村交通不便，如有二三里之距离，经时颇久，舆中新娘既受闭塞之苦，益以棉袄之暖，汗流浃背，勉强忍受，其苦与囚禁者相去几希！其俗例必穿棉袄者，盖亦有故。向例当新娘入乾宅与新郎交拜祖宗天地后，新娘不得用自己之足行动，须其长辈如伯父、叔父之类抱负而行。当抱负而行之时，友人亲戚或邻舍，无论大小长幼，皆得任意以木棒击新娘之背臂等处。柔弱女子，谁能任此困苦者？于是无论冬夏，皆预穿棉袄以为抵御之用。问其婚姻乃人生喜事，何取乎击打？则以习俗相沿，莫敢更改云。

尤奇者，新娘于所穿棉袄之上，须加一破烂污浊之衣。此衣乃临时借诸打鼓吹之苦力，其污浊之甚者臭味熏蒸，令人不能忍耐。乃使如花如玉之新娘服之登舆，舆中空气既不流通，其臭味之难受，可不言而喻。为父母者当无不爱惜器重其所生之子女，独于嫁女之时，令服破烂所污之衣，形同乞妇，实令人百思不得其解。问其何所取义，则以习俗相沿，庸众盲从，亦莫知其原因何在；但以风俗难违，亦不得不从众焉。

新娘登舆之前，家中长幼相抱哭泣痛号。欣荣喜乐之时，倏现凄惨悲悼之景，其现象无异属纩之期已至，就木之时将近，可谓奇矣。

吾国闹新房之恶俗，盖为至野蛮鄙劣之举动，然未闻如吉安之甚者。当闹新房之夜，无大小长幼之别，每呼一声，新娘即须向之下跪，受者可不回礼。闹新房者以此为乐，而新娘之腿苦矣。

以上所述，为新娘所受之苦，虽足深为浩叹，尚不及吉安乡人娶亲之男子受害之酷。盖一为嫁人而备受虐待，为时尚暂，一为娶妻而自陷终身，为时实长。其故安在？试详述之。吉安每一村中有一人娶妻，则当完婚之日，无论贫富，必备喜宴遍飨全村之人。全村之人，每遇此等吉日，无不携妻挈子，阖第趋娶妻或嫁女之家，坐待喜宴。一村人口稍大，其喜宴之资已觉浩大，非常人所能任，况此全村娶宴之时，例须连飨三日。苟为素封之家，固不甚足措意；然素封之家非可多得，而乡农村夫多因娶妻而负债綦重，于是有至终身勤劳，尚或弗能尽偿其债，而加其负担于其子若孙之身者。每村中人受此祸者十之八九，莫不痛心疾首，徒以风俗相沿，莫可如何。大抵因娶妻而举债，甚易蒇事。盖村民无不视娶妻为人生第一要事，苟遇有人娶妻而向亲戚朋友举债者，其亲戚朋友无论如何拮据，亦必集合二三十人分资贷之。其心中以为是乃慈善之事，初不知其适足使人终身陷入罗网，莫能摆脱也。为父母者，一见儿子仅逾成童，虽境遇窘苦，亦必筹谋借贷，亟亟为之迎妇，其债累之足使其爱子终身困苦，毫不计及。此例之兴，不知何自而始，习俗相仿，竟无人焉非之。闻往昔尚不仅娶妻之最初三日须设宴飨全村而已，于新婚之明年元宵日，尚须宴飨全村一次。有某村农民于新婚之第一元宵日，一钱不名，计无所出，竟卖其妻，以及所得之资，应此燃眉之急。自是之后，乡人亦大动其恻隐之心，新婚后第

闹房，选自吴友如《风俗志图说》。

一元宵遍宴村人之例，乃尽除焉。然而新婚遍宴全村三日之俗，仍牢不可破也。噫！此种恶俗，宁非咄咄怪事耶！

吉安之中元节

年届七月望，为中元节。是日居民无论贫富，咸备佳馔祀祖先，且焚化纸钱纸锭。锭之花样甚多，系用锡箔折成，而折锭忌孕妇，忌晚间。盖为孕妇折锭，焚化后鬼举之不动，无益于阴曹。洵奇话也！复有一种风俗，自七月朔至七月望，此半月内，富家咸延僧放焰口，诵经度鬼。放焰口之处，大率于路旁搭一高台，台上置神偶、锣鼓、丝竹及包子、水果等物。众僧或击锣鼓，或鸣丝竹，或诵经，喧闹一场，然后将包子水果向台下乱掷。一般迷信者争相拾取。据云妇人抢取包子一个，来年即可得子；小孩抢得包子，一生可不受惊吓。是殊可哂也！

送纸锭，烟画。

安福民风琐记

安福古称安成，山县也，僻处赣省之西部，旧属吉安府治，今则隶于庐陵道焉。于历史上地理上均无甚表见。距吉安一百二十里。吉安旧称曰庐陵，与吉水同为吉安府首县。欧阳文忠、文信国之故里也。高临赣江，为江西富庶之区。距南昌四百八十余里。南昌，江西省会也，距九江三百余里。自九江卸长江轮船，水路附小火轮往南昌，可两日而达。若乘南浔铁路之火车，则一日之程也。南昌往吉安，曩日唯有民船，近亦有小火轮开驶者，计程亦只需两日，惟遇冬令赣江水浅，则难于驶行耳。

安福与吉安毗邻，水陆均可通。水则赣江之支流河浅滩多，需时日。行者多趣道于陆，雇一笋舆，崎岖蚕虫间，一日之程耳。

安福既僻处山隅，交通隔绝，几如世外桃源，故民智暗陋，盲于时势，人生应有之智识，多缺而不备。间有一二由省会学校毕业归来者，庸中佼佼，大有不可一世之概。顾风俗极敦朴，大都布衣，鲜着绸绫，即婚丧宴庆，亦不过一领竹布衫而已。

居民多务耕种，兼及纺织，妇女亦多从事于田间，否则即居家治布，无一旷闲者。阛邑机声相闻，所谓吉安青布者（安福归属吉安府治，故云），为出产大宗，销行广东之南雄、佛山间。全城商铺三百余家，业布业者占三分之一，亦可觇其大概矣。其他特别出产，如橘子，如柚子，如樟树，如马，如猪。橘柚遍地皆是，柚子每枚钱十文，橘子每斤钱二十余文。樟树即制樟脑油者，出产甚富。马多矮小，材不及北省产。猪肥小，全身毛洁白，头及尾梢间黑色，耳小上耸，肉鲜美；其制火腿，不减浙江金华制。虎狼野兽，时有所猎，有扛至市中求售者，虎皮一床，索价七八元。

百物贱易，米每斤钱二十八九文。中等之户，有织机两床，一家七八口即可度日，非江浙所能梦想到也。

教育之事非所闻，顾极重文人。科举时代苟能博得一领青衫者，即能厕身绅界，握地方政事权，为合县所崇仰。城内虽有小学一二所，办理善否，不可得闻，然每遇毕业，学生家必广开筵席，演戏娱宾，门首报帖高张。亦一怪现状也！

近城建筑物之巨者，为东山文塔及凤林桥。东山文塔为三国孙皓时物，在东门内，高十余层，尚未颓废。凤林桥在北关外，跨赣水之支流（忘其河名），计十三洞，上可横列马十余骑，为通萍乡之大道。

房屋矮小，类皆泥墙，内屋无窗牖，顶洞开方五六寸许，覆于［以］明瓦。阴雨时须摸索行，有类牢狱。询之，则以暗黑能纳财对。

迷信之事，各处所不能免，若安福为尤甚。每日市上，必有木偶出巡，扛一小木椅，上座一红面如关壮缪，或白面如韦护，或黑面如赵公明者，立其上。三五人撞锣击鼓，随其后。日必数起，盖病者酬神也。或舍身某家司厨君座下，书纸数十，分贴各处壁隅。最溺信日者言，所谓地师者，供奉若尊长，一事之举动，必就其决吉凶。而婚丧建筑，尤郑重其事，择吉最苛严。

庙宇遍村市。僧道不剃发，有妻子，亦多经生意。为苏皖所未闻。

饮食多生冷，嗜韭蒜，起居不洁，案厨尘封，多不拭抹，晨兴间有不梳洗者。若漱口刷牙，诧为希有之事。

言语初至不谙，经久亦稍习之。其义有可解者，有不可解者，兹录于下。如何曰做债（按即沪上做债之转音），橘子曰柑子，洋钱曰花边，亦曰英光、龙光（即英洋龙洋），铜元曰毫子（按花边毫子为赣省通话），乳曰呆（按即奶之转音），先生曰老师，亦曰师老，鸡蛋曰剥之，饼曰苗，小曰细，儿曰基。

萍乡岁时之风俗

年节之风俗

阴历岁首拜年之事，大约各地皆同。然萍邑风俗，除拜年外，更有所谓赞土地者。如某家接得新客（婿初到岳家，谓之接新客），某人适逢寿旦，固无论矣。即无此二项事故，苟小康之家，平日稍喜玩笑者，即以赞土地为无谓之庆贺。其手续必先日具帖报告当事者，谓"来晚土地恭贺新禧"（于新客则称恭贺新客，于寿旦则称庆祝千秋）云云。至次日黄昏后，锣鼓喧腾，爆竹声声，以一人假装线胡须，翻穿皮马褂，左手持杖，右手执扇，摇头摆尾，自赞曰："土地神，土地神，土地原来天上人"，以及种种庆祝之语，不胜枚举。赞毕，然后酒肉征逐，兴尽而后返也。

端阳节之风俗

龙舟竞渡，角黍投江，相传为屈大夫蹈汨罗之纪念。习俗相沿，年年如是，即各地亦莫不然也。萍俗五月朔早，晨曦方出，一般小儿向母索钱，趋购麦包与角黍（俗名包子与粽子）。盖萍俗是日以面包与角黍为要品，售包子、粽子之斋铺，至五月朔方开市，且开笼之包粽较后出者为大，故小儿赶前往买。城内店户，乡村居民，亦复争先恐后，购之馈送亲友。自初一至初五日此数日中，阖境人极为忙碌。午节早晨，市面各铺休息，停止营业。是日售猪肉及鱼者，利市三倍，转瞬售罄。各家早膳时，将粽子、包子、腌蛋，大蒜各物置于桌上，合家大嚼。饮雄黄酒以解毒，悬菖蒲艾于门前，并于屋角遍洒雄黄，谓能驱邪。或有备三牲酒肴，入庙敬佛，爆竹声声，极为热闹。敬神还家，合家痛饮。午后长幼男女，咸著新衣，纷纷去观龙船。盖午饭后赛船之人咸集龙王庙，焚香

五月五竞渡，选自雍正《十二月令》。

燃烛，祭祷龙王后，披红巾于龙王首上，然后将龙首龙尾迎下小舟，龙首置于船镒[鹢]，龙尾置于船末。水手数十人，泼[拨]桨前进，船末掌舵一人，船首一人持小红旗二面。当二船比赛时，锣鼓大作，船首执旗者，大喊助威，发声极怪，舞旗不已。及至胜负即分，两岸观者亦大声欢呼。赛胜者上岸饮酒，饮毕复作二次之比赛，直至金乌西坠，尽欢而散。

重阳节之风俗

九月九日为重阳节，又称重九。是日原为桓景避难之日，而今人登高行乐，未免数典忘祖矣。萍俗是日阖境人家，咸备办酒肴，恣意饮嚼。膳后至南门外宝塔岭登高。此岭下系一长岬，高约二十余丈。下面植柑成林，登高者咸购柑，自山向岬中掷下。一般贫家小儿争来拾取，因之或起哄斗。掷柑者故意对拾者掷下，借以取乐。而此等贫儿贪此小利，冒死争夺。山下柑如雨下，击其首面，不知痛楚。往者曾有一儿为柑击中眼球，眇其一目；又闻有被柑击中要害，因之陨命者。夫亦大有怜矣！然则掷柑者花费金钱，为此无益之举，果何用意耶？盖俗传人有晦运，逢重阳掷柑，若掷中拾柑之人，晦运即可移至彼身。噫！此种心理，害人利已，其实徒然费钱肇祸，损人亦不能利已，诚愚之甚也！

萍乡婚嫁之习俗

迎接媒介之野蛮

新婚之家，必有媒介。当亲迎之日，为媒介者，峨其冠，华其服，高视阔步，大有唯我独尊之概。主人必先于其大门之外，设方桌一席，席置水果醇酒若干，择饮士二三立待于其前。俟媒介至，一声恭喜，强令痛饮，多者十余碗，少者一二碗，务必达其既醉之目的而后止。因是有吐者，有呕者，有嬉笑者，有怒骂者，种种怪状，相逼而来。然后任情驱使，迎接升堂，款以上宾之礼，为客中之重要人物矣。

调戏伴娘之野蛮

新婚之家，于未婚之前，必央求媒介，寄语女家，聘请伴娘一人或二人，择容貌清丽、歌曲工雅者充之，俟亲迎之日，肩舆而来。于是一般做客者，使酒纵情，任意调戏，甚至偷香苟合，无所不至。少则三五日，多者一二月，随婚家之贫富为转移。至亲好友，微论远近，一闻伴娘之美丽，必连翻[翩]而来。为伴娘者亦志在猎取金钱，乐为应酬，虽声名狼藉，亦所不惜。噫！婚姻本文明美事，而竟以此等最不规则之举动杂于其中，殊可哂也！

萍乡人之迷信

贸易之迷信

贸易之家，必有赵公（俗又谓之招财菩萨）。然赵公之来，必自亲友欢送之。亲友之欢送，又必自盗窃以得之。盖为非亲友之欢送，亲友非盗窃而来，则赵公无灵验，不能保障其发财也。欢送其手续，亦必先行具帖报告，于某日邀集其欢送者，华其服，峨其冠，以一人携赵公，附以爆竹声、锣鼓声（亦有不用锣鼓者），蜂拥而去，磕响头，赞土地，送呈贸易之家。然后猜拳饮酒，作一餐之哺啜，借以索相当之报酬耳。

疾病之迷信

此种迷信有二事，分述于下。

（一）打天斋。设有人偶受皮肤之病，如跌打损伤肿痛糜烂，以及种种之凡关于外科者，经旬日不愈，即央请二三亲故、左右良朋，提筐背袋，嘻脸笑容，至各家请求米粒。多者一升，少者一碟、一瓯不等。此外线香若干，视贫富以分多寡，必充其欲望而后去。如是者多日，积而至米粒三四担以至十余担，如是以其半或三分之二磨成粉质，制作圆形物，向四面抛掷，附近之贫家儿童或穷措大，或乞丐，群来抢拾之，谓之抢天斋。抛掷既完，一哄而散，谓病者从此可庆再生矣。当抢拾之时，如精神疲倦者不敢致身人丛，则所得甚少，其数不满二五以上，必又存而抛弃之，谓得之反足以招病。呜呼！疾病在身，不务医药，而以打天斋为却病之方，可谓迷信极矣！

（二）打菩萨。设有人偶受风寒，发生种种病状，如呕吐也，头痛也，四肢畏寒也，遍体发热也，以及口中作呓语，面目带猩红色，经数日不愈，即于附近寺观中迎接杨泗菩萨（俗又谓之杨泗将军）一位，置之家堂之上。又敦请一道士，花其衣，纱其帽，口诵"齐东集"，时跪时拜，如是者半日。迨黄昏后，以壮有力者二人，肩负杨泗，左右波折，任意播弄，口中作牛鸣，呼呼不已，此外杂以铜锣声，俨如道场。并携小水罐一个，徒步出门，至水畔枯树之处，道士对罐作法。当火光烛天之时，见凡有飞蛾蚁虫等来，即捕捉一二，置之罐中，谓为病者之魂魄。既毕，仍喧嚷返家，但相戒同去之人，不得回首后顾，谓后顾则魂魄来而复去云云。是之谓打菩萨。

萍乡人食物之习性

食物之习性，各地有殊。南喜肥鲜，北嗜生嚼，各得其适，亦不可强同也。兹述萍乡食品，以资参考焉。

（一）辣椒。辣椒之种类不一，有黄椒、青椒、朝天椒、灯笼椒诸类。春二三月时下种，五六月间即可成熟。性极辣，食品中常用以调味，而在萍地则以之为日常必需之食品，常年四季，无日缺之，无论何种菜蔬，咸需和以辣椒。例如鱼一头重量一斤，而烹时至少和半斤辣椒，否则不能下箸。故萍地购椒至少几斤，其嗜椒如此！

（二）豆豉。豆豉有甜苦两种。制造之法，先用黑豆七石半，置小池中浸透，将水放出，用大木桶蒸之。每桶置三四百斤，蒸熟后，布于篾席上，俟其半冷，贮篾盘中，闷于屋内。经七八日，即发长霉，于是将豆爬出，于河中洗净，积成一堆，盖以禾秆。俟其发热，然后用水酒百斤，砂盐五十斤，甘草、茴香各三斤，磨末和入豆内搅匀，贮大桶中，再盖以禾秆。经一星期，取出晒干，即成其所谓五香豆豉矣。其苦豆豉制法与上相仿，惟加青矾、去甘草、八角、甜酒三种。苦豆豉浸汁极浓，甜豆豉味较佳美。萍地专制豆豉者，有十余家之多，因萍人喜食辣椒，椒与豆豉有连带关系，不可缺一也。且无论何种菜肴，咸须和以豆豉，若煮豆腐，更非豆豉不为功矣。故豆豉销路畅旺，大可惊人，即汉口、北京等处亦至萍乡购办。盖其地销场既大，制法更精益求精也。

磨豆腐，选自《营业写真》。

（三）豆腐。其方块者名曰硬豆腐，其水腐者名曰水豆腐，亦名豆腐花，又名豆腐浆。其盐水浸硬豆腐而成者名盐豆腐。萍人食豆腐更甚于食椒，限定早餐食水豆腐，午餐食硬豆腐，俨然赖豆腐以为生活矣。新年中三日，市间无处购豆腐，则先备足油炸豆腐，以为新年中三日之需。闻萍地人云，萍乡咸用煤炭，又嗜辣椒，借食豆腐，亦可祛解热毒，以资调剂。言之尚为近理也。

（四）茶叶。我国各地之人皆喜欢饮茶，不独萍地为然，似不必赘叙。然萍人饮茶，与他地不同。其敬客皆进以新泡之茶，饮毕，复并茶叶嚼食。苦力人食茶更甚，用大碗泡茶，每次用茶叶半两，饮时并叶吞食下咽。此种饮茶习惯，恐他地未之有也。

萍乡之俗语

入境问俗，方言为先。兹将萍乡俗语，就所知录出，亦风俗之端也。

你曰悻，我曰憾，你们曰悻里，我们曰憾里，詈人痴呆曰么气，倒运曰背时，说话是曰铁定，非曰不定，言言曰打野话，又曰扯白，跑曰打飞脚，饮酒曰吃长面，此处曰个里，彼处曰冷里，现在曰该刻仔，如何曰约弟仔，闻人呼唤问以何事曰做榨咧，佣妇曰大嫂，妇人及妻皆曰婆娘，小孩曰乃仔，呼儿曰崽子，父曰爷老子，母曰娘老子，姊曰姊老子，妹曰妹老子，睡曰困窖，今日曰加不，夜晚曰夜不，称人能干曰脚色，詈人无用曰该死，阔绰曰摆脸，流氓曰打流鬼，许久曰蛮久，小曰细，物断曰槖，污秽曰雷堆，奇异曰古里古怪，最好曰刮刮叫，刀利曰飞快，蛋曰架假，茄子曰子瓜，墨鱼曰默鱼，荸荠曰慈姑子，铜元曰毫子，银元曰花边。

德安杨泗菩萨晒袍之风俗

德安于阴历六月六日，俗传为杨泗菩萨之诞辰。杨泗菩萨是日必须晒袍。家家户户之妇女及儿童，皆着新衣新裳迎接杨泗菩萨，须恭恭敬敬，不敢说一句笑谈；如敢有说笑谈，谓菩萨必将降灾于其人之身。并将杨泗菩萨由此屋迎进到彼屋，名曰过案。所供之物，为麦制之发粑，及细茶、猪肉。供过以后，便将物品分给儿童，云食之菩萨必保佑其身体强健。倘是日天雨，大家必云：五月十三日杨泗菩萨既未拿雨水给关爷磨刀，所以今日关爷亦不拿太阳给杨泗菩萨晒袍也。

福建

闽俗琐记

闽省婚嫁之礼极繁。嫁女子之于结婚前一夕，扶女拜于祖先之前，毕则坐于厅事，择一有福之人为之梳髻，谓之试装。斯时女必哭，有真者，有伪者，亦各视其情而已。翌日登舆，舆行后，新人之兄或弟袖中笼箸一把，由大门而入，置于箱中，谓之留福，盖恐新人带福于男家也。新郎先于早间至女家迎亲，女之兄弟多以计戏弄之。及花舆进门，置厅事上，约半小时，始扶新人降舆。盖恐性躁，有意为之，欲使之温柔耳。丧葬之礼，则更繁杂。人死之日，凡来吊者则哭之，死者子孙亦哭，否则不祥。至入殓之时，则以面含于死者之口，谓之吃面。于是置棺于后厅，日必供饭，事之如生。必三年后，始择地而葬，甚至有数十年而不葬者，意谓不忍其亲之死也。及葬后，回主三日，灯笼之上必书吉祥语，如“百子千孙”之类。夜则宴会，亲友戚辈，均来道贺，盖谓此后永无不祥之事也。每逢新年，则有多数船妇携篮往各家唱歌，其家予以年糕，妇乃归而煮食之，谓此一年中可免患难也。正月二十九日，闽人多煮糖粥，杂以红枣、荸荠、芝麻之类，谓之后九粥。凡已嫁之女，必馈之母家。盖因古有一妇坐狱，其女以芝麻之类杂于粥中以奉其母，于是闽省遂为风俗，岁必为之。

闽省岁时风俗记

乞巧节之俗

阴历七月七日为乞巧节。福建俗例，是日陈瓜于庭以乞巧。其普通者，为蚕豆、苹果、藕、菱、黄皮果五种。其乞巧用蚕豆，亦不知用意何在。食时，或以猛火和沙炒之，名曰炒蚕豆、或以水和五香煮之，名曰五香豆。其中苹果、藕、菱、黄皮果诸物，亦无甚取意，特应时赏新耳。乞巧时供牛女二星，供毕，将果品分给儿童，儿童取之亦互相贻赠，谓之结缘。俗云乞巧曰结缘，此后即不致有兄弟阋墙之斗。是诚奇谈矣。

冬至节之俗

冬至节时，福建有搓丸之俗。前数日，用糯米磨粉，置日中晒之，俟冬至前晚，备烛一盒，橘十枚，橘上各插一纸花，箸一双，蒜二株，陈列盘中置桌上。然后将糯米粉（俗呼为粿）用开水调成糊，合家老幼，用粿制成银锭、银元、荸荠等形。当初作时，必先搓小丸，俗称搓丸。冬至早晨，将所制糯米食品，用红糖拌匀，祀神祭祖后，合家分食。考此风之由来，盖往时有一樵者，至山樵采，失足坠涧中。涧极深，无人援救，不能出险，且深山路绝人稀，樵者呼救，力竭声嘶，亦无援之者。樵者居涧中，食黄精姜得免饿毙。历十余年，遍体生毛，身轻能飞，于是高飞出涧还家。性状全变，家人呼之不应。乃用糯米粉和水成丸，与樵者食。樵者以为黄精姜，食之，渐还本性，家人因以团聚。而自此相沿成习，遂有搓丸之风矣。此种奇谈，殊怪也。

闽人佞鬼风俗记

中国人迷信鬼神，崇拜偶像，各地皆有此风，不足为奇。惟闽人佞鬼，想入非非，有出寻常意料之外者，其种种动作，皆足令人绝倒。兹分述如下，以供采风问俗者之参考。

闽人最尚阶级。平民与绅士，其门第身分之相差，不可以道里计。因之闽中神道阶级之俨，亦足为各省冠。每年七、八月间赛会，凡高级之神道其出也必以舆，中级以下，皆步行于街路之中。神道能步行，可谓奇绝！

神道位分愈大，则其象愈小，其位分小者，则神像愈大。高级之神像，其构造与他省无异。中级以下必须步行之大像，皆以轻木雕成，只有上身而无下部，躯轻中空。当赛会时，将此半截神像套于人身（此等人名为神脚，此人非但代神行步，有时且代表神道发言），衣以长袍，于其胸部开一圆洞，名曰大窗，俾腹中人可以瞩视外物。当神之出巡也，最先为十番鼓乐，继之以台阁、彩亭、花担（满担皆鲜花，其香沁鼻）、茶担、卫队、掌敕印令箭之书吏，殿之以晃晃荡荡、高视阔步之神道（有时前驺掌敕印令箭之书吏，反得坐二人肩舆），游行街衢中，另有一种威猛之气概。

闽神位分最大者若武圣庙之五公、瘟部尚书、郭圣王、三仙姑、齐天大圣、东岳帝、炳灵王、包孝肃、省城隍。一切等神，皆有坐轿之资格。其位分之至卑至贱者，莫如长爷、矮爷，盖即黑、白无常鬼也，其身分与皂隶相等。每逢赛会时，横街直闯，皆长爷矮爷也。盖每庙皆有一长爷、矮爷，故此辈发现于街路中者为最多。而闽人谄事长爷、矮爷较他神为尤长。长爷长约九尺至一丈，矮爷头大如巨箩，身不满三尺。凡矮爷之神脚，以七八岁之小孩充之。此等小孩，本极顽皮，一经套上神像，遂至无所不为。矮爷形貌狰狞，其目与手与舌，皆有机捩，可以活动。其目能左右盼视，其舌能自由伸缩，其手亦能伸屈上下，有时径摸小儿之头，或拊行人之背，往往有被惊而成疾者。且矮爷游行道上，最无规则，或前后跳跃，或追逐途人，盖神道中之蟊贼也。闽人生子，往往拜长爷为干爷。有时长爷之后，跟随无数之小长爷，其衣冠亦与长爷无异，皆其干儿也。惟矮爷则无之。

闽省赛会，无一定之机关。当七八月间，城乡各集，皆奉神出巡，有时途中神与神相遇，有一定之仪注及问答之信语。神不能自言，以香头代言之。香头戴羽缨之凉帽，衣葛纱或夏布之开启袍，束以扣带，追随舆神之旁。当神道相见时，香头不啻神道之代表也。譬如省城隍途遇瘟部尚书，则城隍之舆停于路旁，尚书则停舆于路之中央。于是此城隍之香头代表本神，趋前行三叩礼，仍跪启云："卑神不知圣驾到此，接驾来迟，罪该万死。要求殿下恕罪，并赐教训。"斯时瘟部尚书之香头挺胸凸肚而言曰："免罪。今日本爵出巡，到贵城隍辖境之内，家家户户，信奉神圣，一路之上，祥光拥护，疫气毫无，所以散疫小鬼，早已逃避外国，足见贵城隍办事认真，可喜可嘉！本爵明日面奏玉皇，还要保奏一本。"城隍香头跪云："谢殿下栽培。"瘟部尚书之香头云："这是本爵应分之事，不消谢得。此后务须益加勉力，不负玉皇万岁为要。去罢！"有时途遇步行之中级神道，则中级神先在路旁站班，及接近神舆，则屈一膝请安。斯时贵神教训之词益加严厉，彼步行之小神只能"是是是"答应而已。有时东岳之太子炳灵王或武圣五公之太子出巡，遇见贵神，则口口声声称呼"老伯"，执子侄之礼甚恭。此等发噱之事，笔不胜书。香头代神发言，操不规则之官话，尤为可笑。且香头竟能借神权发行威力。有甲乙二人，甲为贵神之香头，乙为长爷之神脚，此二人素有仇隙，猝然遇于途中。甲问："尔游行街道，曾否遇见疫鬼？"乙答："殿下圣驾出来，他们岂能出现？早已远逃到外国去了。"甲问："尔游行路过何处道路？"乙答"某处某处"。甲云："尔这小小鬼役，胆敢胡说八道！本爵适从某处经过，见有五个疫鬼，乃是有名余家五兄弟，最为厉害。本爵当用乾坤如意袋，将五鬼装入袋中。你既从某处来，何以不见五鬼？你在本爵面前尚敢说谎！来！将他用铁链锁起来，带回殿中听候审办"云云。嗣闻此代表长爷之某乙竟被棍责四十。当受责时，身上仍套长爷之神壳，抑何可笑！又有福州知府张某，途遇长爷，直冲前驺。张即命亲勇将长爷拖翻，褫裤笞臀四百。笞毕，谓之曰："你是阴府神班，我是阳间太守，阴阳虽隔，名分则一，不打何待！”闽人亦无如何也。闽人信鬼而畏官，久而久之，将两种心理合而为一，于是呼庙宇之木偶，皆施以官场之制度，致有此特别之怪现状。奇乎不奇！

闽中神道，讲究应酬。有时北涧之武圣五公，晋［进］城拜谒双门楼之武圣。而双门楼之武圣五公，于客神回乡之时，必亲送至城外，名曰送行。对于西涧、芝涧皆然。当拜客及送行时，皆用全部仪仗，十番鼓乐，台阁杂剧。又雇城外南台之白面（即土妓），扮出戏中角色，骑马唱曲，举国若狂，糜费无数。盖城集与乡集竞胜争奇，虽牺牲无量之金钱，亦所不惜。至两神会话之时，各由香头自由发言，或仿官场伪谦之口气，或仿滑头吹牛之声调，往来问答，有延长至三四小时者。武圣五公者，杨灵公、显灵公、振灵公、咸灵公、宣灵公是也。其象皆畜首人身，有猪首者，牛首者，马首者，狼首者，犬首者，光怪陆离，无奇不有，盖淫祀中之最奇者。

溥度亦名普度，每岁七月中元，无论城乡各集，必举行一次。其经费则沿门募集，虽至贫者，亦必想尽方法，筹款以应命。其经理之会首，有因以为利者。谚曰：“普度不出钱，瘟病在眼前。普度不出力，矮爷要来接。”当举行普度时，搭一极大之彩台，台中列桌无数，陈设古董玲珑及种种希奇之物。虽碗箸灯炉，亦必搜求古物之有价值者，其他可知矣。本集神道高坐其上，长爷、矮爷偶坐于下。于是僧尼念经，道流礼忏，钟鼓鞺鞳，震耳欲聋。又有浮浪子弟，吹弹丝竹，搏拊金鼓。有一种异样之乐器，如鼓而长，四周絣以极细之革丝，以手拊之，其声沉雄而悲凉，名曰“狼丈”，盖言其声如狼之嗥也。邻近男妇，携其子女，尽室来观。闹热之情形，有不可以言语形容者。普度七日，乃举行出海之典。

出海一事，较普度尤为重要。以杉板制一船壳，糊以彩纸。船中陈设极伙，综言之，凡人世应用之物，无不备具。惟其物皆雏形之模型，若三寸之火腿，一寸之猪头，酒坛如鼻烟之壶，烟盘如火柴之齿，宁式之床大如翠鸟之笼，沐浴之盆大如印色之盒，种种物器，无不精巧而可爱。又有纸制男女仆婢二十余人，各司其事。有一婢一仆，专司鸦片烟者，一以通条刺烟枪之管，一以挖子爬烟斗之灰，其形状栩栩欲活，阅之令人绝倒。此船身长约二丈四尺，宽约四尺二寸，有帆有舵，有篷有锚。董其事者，预泊船于台中州之大桥下。同时坛董取木桶二，置于身前，顶礼膜拜，至无量数。金鼓杂奏，僧道各念其经咒，遂取猪血、狗血、鸡血、牛血等血暨腐败之肠、臭秽之布，种种恶物，杂投其中。然后以神道签字之印条封贴桶盖，必严必密。彼谓神道用乾坤袋拘捕之疫鬼皆收容于桶中，故其郑重如此。至于出海时，鼓乐前导，长爷、矮爷步行以从，列炬数十，照耀于前。挑桶者必用精壮之少年，绝迹飞行，速如驿马。道中如有人触着此桶者，此人必死于疫。故出海时，行人远观，无有一人敢逼近而观者。既至天桥下，则置桶于船，时潮方涨足欲退，乃解缆令其随潮出海而去。

闽中花会，无处不有，因而鬼卜之风亦盛。花会有三十六门，每门有一名字，每一名目皆有一鬼。如明珠为女缢鬼，必得为男缢鬼之类，土人皆熟知之。凡打花会者，往往于丛冢之中，露宿达旦，是晚所得梦兆与何种鬼相符者，即以孤注博之，必可获中。得中以后，则以酒食祭之。洪山桥附近有官山，丛墓如麻。有一孩尸为野犬所啮，仅余头臂，有一人即以香烛祭祷，用锦被裹之家中，默数由山至家之步数，用三十六之数乘之，余数若干，即打花会第几门，居然获中。南校场行刑时，有人持秤而待。钢刀既下，人头落地，此人赶紧捧其首级，用秤秤之，约若干斤，即打花会第几门。此等举动，无奇不有，而皆谓之鬼卜。有验有不验，其验者则迷信益深，不验者则自怨其诚心之未至。总之花会一日不绝，鬼卜之风亦一日不除也。

闽省上府各县往往有奇案。旅客独行山路，辄为人锯其手，或锯其腿，或挖其心与目，或割其阴，尸血模糊，极为可惨。亦有获犯到案者，问其命意，则以塑血像对。彼谓割活人之肢体，以之塑造神像，灵异非常。此等人以卖鬼卜为业，挑一香担，担上有极小之神龛，游行各村。凡打花会者，闻香担至，必就神前问卜，以定宗旨。每卜一次，得钱十余文。挑神像以营业，可谓商业中最奇者。而担中有血象者，则营业异常发达，然百不得一二也。血像亦有供诸室中者，闽人家家有神像，多或二十余尊，少亦七八尊，皆供于厅堂。

闽人每有疾病，必以打獞为最要之事。打獞者，谓之獞子，赤身红裤，同来有一人，状似道人，以手捻诀，向獞子做种种怪状，口中念念有词。俄则獞子自摇其头，愈摇愈疾，辫发皆散，披乱如卷。俄而獞子大声疾呼，不知做何语，滚地作斤斗无数，或跳跃如猿，或伏如狗。此道士以法禁制之，使勿再发狂，然后置香案于前。病家子弟眷属，皆跪求施救病人。此獞子自表其附身神道之尊号，大抵非二郎神杨戬，即齐天大圣孙悟空之类。然后以不规则之官话，向病家问讯，如呓语，不可尽解。道士进剃刀一把，獞子以刀自劙其舌，以舌血画符数十张，又取极旺之香火嚼之，口鼻皆冒烟缕缕然，不知有何术也。事毕，道士焚符退神。獞子即醒，自言一切都不知晓，舌上割处，亦无痛楚。此等作伪之人，似亦稍有邪术也。按打獞之用甚广，凡打花会者，亦常打獞，以代鬼卜。又秋间赛神时，神舆之前，亦有赤身步行，以钢钻贯其两颐，血液模糊，口中流涎，垂至三尺，或一人，或数人，皆獞子也。

闽侯之拍喜俗

闽侯西门外某乡，风俗鄙陋。其最足令人喷饭者，则乡民娶妇，至次年正月十五，亲邻持竹杖觅新妇打之，谓之“拍喜”。随拍随问曰：“新娘有喜未？”应曰“有”，则挟竹再往他家。设畏羞或倔强不答，则连打连问以逼之，必使答应而后已。妇呼号痛苦，至于身无完肤不恤也。如未经受胎，则后此届期，仍不能免，生子后方脱此厄。故每当元宵节，举乡奔走若狂，竹枝纵横，与火把灯球相挤。新娘拘于例，是日不能避回母家。天甫黎明，问喜之人即鱼贯而至。妇仓皇闪避，如鼠投穴，间有躲入米瓮中者，亦可谓谑而虐矣。顾人心狡诈，种种机械，因此以生，冤冤相报者有之，借此调笑者有之。亦有妇不能忍，与客相打者。曩有某妇，拘执不答，竹下如雨，妇痛难禁，逃入庙中。客追入窘之，妇羞忿无所泄，竟自经死也。

漳州女子之杖林

福建漳州，女子皆小足，必倚杖而行。凡遇庆吊之事，女子偕往，每人皆持一杖，相聚成林。盖初时民俗，淫奔者众，朱文公守漳时，立法命之缠足极小，使不良于行，借革其浇俗，故成为今日之现象也。

宁化民风略记

宁化县属福建汀漳道，连墟连壤，可田可沼，宜稼宜麻，力本自赡，富即不及二万，而带索炊尘者稀矣；庶不及四万，而袂云汗雨，亦几几似之。闾井边幅自好，矜蹈自充，杯酒贰疑，动相进责。士子硁守故闻，吝于权变，至雕虫鞶帨，比挈尺寸，篱壁各封，径绝天海；虽释屩临民者，未忘此习也。大约遇事激发，如风横涛涌，久久刁调寂湍，涨落无力持昼夜。往承平时，白下、阊门之贾，岁再往还。里巷衣冠，必曰京式，器御酒果，非吴产不珍。富翁累铢扃箧、悭吝曰俭者有之，而呼卢调笑、泥沙一掷者，亦踵相接也。岁有十二辰，而迎神之会有五。若夫喜斗终讼，肤受求伸，婚媾惟财，不遴坦腹。至于贺元张灯，饮社上冢，悬蒲竞渡，乞巧赏月，登高守岁，四月八日浴佛，中元祀先诸俗，率同闽中，亦不异海内，毋庸琐书也。

永定农家之乡俗

永定乡中，年至七月，有食新禾之俗。是时早稻登场，村中有人选择日期，布告通衢，略谓“吾辈农人，备历艰苦，新禾登场，理应尝新，酬神酬愿，及时行乐”云云。自布告后，乡人纷纷赴市，购办食物，煮肉杀鸡，以博大嚼。俗有云：“新禾一餐不满足，死也不瞑目。”此种举动，殊可笑也。

永定之方言

你曰悻，我曰艾，他曰渠，你们曰悻大家，我们曰艾大家，他们曰渠大家，詈人痴呆曰死货，倒运曰摸时，是曰契，非曰无契，打官司曰做是非，谎言曰讲仙话，此处曰这仔，彼处曰甲仔，无曰谟，如何曰浪得仔，闻人呼唤问以何事曰做吗咧，佣工曰长年，妇人曰妇娘子，夫曰老公，妻曰老婆，男孩曰大细子，女孩曰大细妹子，呼儿曰团，又曰大细，父曰阿伯，母曰阿姆，祖曰阿爹，祖母曰阿姐，外祖曰公爹，外祖母曰外姐，兄曰阿哥，弟曰老兑，姊曰阿姊，妹曰老妹，昨日曰差不，晚上曰夜不，称人能干曰脚色，詈人无用曰不中用，小曰细，流氓曰打流鬼，最好曰妙妙，又曰顶刮刮，蛋曰春，茄子曰球，铜元曰镭仔，银角曰毫仔，银洋曰花边。

建阳之赌风

建阳僻处万山中，风气闭塞，教育不兴，土著十户中有八户有祭田，每一家最疏，轮值者摊年计谷，亦有五百斤，足资一人之食。因有此病，故人民多坐食，乡民耕者十分之三，半耕者十分之四，余皆坐食之游民耳。妇女无事职业。赌风甚炽，城内二千五百户，终日有四十桌雀牌，即此可见乡间终日有赌，习为故常。业赌博者都万余人，现在妇人赌博至有不能罢者，竟以设庄抽头为生，男子倚以为活，而竟相排设者。廉耻且从此丧尽矣！有长民之责者，何弗加以禁止耶！

邵武风俗记

邵武人性犷直，治生勤俭，惟鸦片流毒，染者迨遍，有终日辛劳只供一时之呼吸者。居民日趋于贫困，岂非以此故乎？

居民迷信未除，信鬼好祠，谣诼纷纭，时多不根之谈。晚近民间风俗日替，夫死再嫁，视为固然。甚有一而再，再而三者（有坐产招夫者，人名其男为白鼻头）。夫可转卖其妻，妻亦可自赎其身。此等陋俗，为民上者宜禁革之也。

湖北

武昌东乡乡里制度

武昌居鄂省东南，为本省首邑，因地势而分东南北三乡。东乡分二里，曰保安，曰永丰。里以下有村正、族正，族支出为房长。族正、房长，协助村正者也。同宗者虽远家千里，族正皆有管理之责。任其事者年有更代。民有争执之事，先经本系族正、房长暨村正与村之贤德者平之；不果，巨绅里保再平之，而后上达。苟直接官府，必罚不赦，理曲者则议罚于宗祠云。

武昌之民情

乡民率以农为业，工、商、渔、猎次之。勤苦俭约，妇女尤甚，以纺织致富者所在多有。男子喜争哄，酷嗜斗牛，虽三尺童子亦习之，往往以细故酿成巨案，官吏弗能禁也。斗牛者，锐牛角，培牛力，而遍身浴血不休。不博彩，不偿伤，惟胜者矜荣一乡，负者另图洗辱。妇女力巨者能举三爪水车；爪者，车头轮齿也，俗以爪多寡辨车大小。力薄者任炊爨、耕溉、插秧、刈禾、采棉、耘耨等事。水中耕作，以缠足故，必著水履。妇女皆擅纺织，善储蓄，尤精刺绣。亦有业丝为商者。暇时男喜角力、击毽、拍球等事，制毽以古式靴钉，扎以羽毛，削木成板击之，以远近计胜负。球团絮而成，绕之以线。女则嗜踢毽、红绳、剪彩等戏，字纹变幻，精心巧虑，亦绝技也。

武昌之佞祀

本地风俗颇笃神道，寺观林立，村必建土地祠，且及他神。即家畜失踪亦祷土地，贿以三牲挂红。病辄神医，谓之降神，附体者曰祃角。最怪者，虽素不知医、目不识丁之人，神若附之，即言吐成章，医理纯熟，剧药良方，源源而来，似非庸医。酬神者立匾挂红，金像修社，紫冠、彩衣、旗伞、执事，无不尽心竭力。年丰演戏，年稍荒亦不废。有庙则年必戏，往往因夺戏酿剧争，夺得者旷野营高台，属村筹戏台款。是时也，昼夜连奏，商贩蝇集，男女蚁附，赌徒及斗牛者亦乘时而兴。又所谓花鼓戏者，状甚猥亵，秋夏之间，夜必有之。虽无斗牛戏，而赌风颇炽，官绅莫之禁也。

武昌之嫁娶

礼娶之事异他乡者数端。男当吉辰，偕媒出发，谓之迎亲。坐女轿返，先坐床席而后礼神，盖先占祥也。女轿入门，必倩儒道礼车马神，读车马文，即祝词也。次日拜亲，三日礼灶，四日后拜邻居族人。女俟男轿去，衣男家衣，先数日不多食，立斗礼神，自首散著四周，合家痛哭，毡地入轿，一别亲族，不履斯土也。时男俟女出，回轿礼拜，谓之谢亲。女于九日一返母家，曰回九天；偕婿曰双回门。后复回，则长居一月，曰住满月。月中备育儿之事，去时馈送甚丰。育儿后首次回母家，谓之讨宝。儿女初往戚家，谓之新上门，遗衣食礼物亦丰。年酒必于东方将白时缓缓食之，取愈食愈明之兆。

武昌之岁时

正月初四曰新婿贺年期。岳家宴客，莫奢于此。妻之嫂弟，往往于食中作种种恶剧，一如迎亲时。

正月十三至十五为龙灯期，俗谓之弄龙。龙竹制，糊以彩纸，连多数竹环成身，身内有灯座，下有柄，人持柄而弄。昼则身披彩衣，夜则具灯火，鼓乐随之。按户循行，户必奉香礼之。年中生儿者必挂红于角，供以三牲，求子者往往许旗炮。弄龙之人遇富户必盘绕多时，以耗鞭炮，富者亦以是奖励之。弄首者非有臂力莫能任。龙长十余节至数十节不等，节约三尺至五六尺。又所谓换酒者，即两村之龙互相请宴也。龙往则全村男子无论老幼皆随之，故往往一日数食。十五日为火龙期，烧其首尾，留身衣以待明年。是夕会全乡龙于庙，争先恐后，持械以卫，结党以攻，往往酿命案。

观者之多，千百倍于演戏，为一岁中最盛之日。

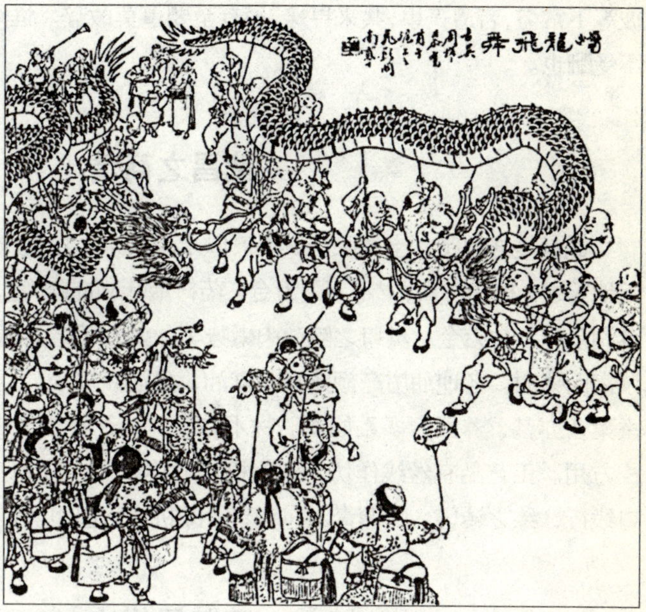

舞龙，清周慕桥绘。

二月二日为土地会。鼓乐喧天以迎土地，家家必礼之，宴会一堂。宴罢继之以博，尽欢而散。会费公派。

五月五日端阳节，有竞舟之戏，以吊屈原也。每户皆于门前插蒲艾，小儿涂雄黄，男女皆饮雄黄酒。

七月七日为七巧，俗谓吃星。是日户无大小，必纯肉食。为塾师者，生家亦遗以肉。谓有见天门开者，神降求必应，惟不逾三事。谬妄甚矣！

八月十五中秋节，一切与各地同，兹不赘。

讨饭，选自《豳风广义》。

武昌乞丐之习俗

乞丐者流，霸道强横，非洞其道者莫治；然亦有道也。大小红白事，必为彼等设席，少不遂意，辄倾席毁具，碎碟破碗，必主家道歉，另为设席乃已。嫁娶育儿之家尤甚，然亦视其家之境遇，贫者不往也。来时燃二五鞭一挂，小鞭也。一丐道吉祥，余皆和之。席中出酬金，谦辞遣去，偿鞭钱也，实数百倍于鞭值。丧家非作吊宴客不临，至一随主人意，不争也。

彼等不常盗，若遭丧事，共来畀榇，虽有至要事莫敢辞。惟须丧族跪而礼之，一饭即去，不受酬也。

武昌之商情

武昌地居温带，土质腴沃，出产以米为大宗，豆麦次之。楚贡之茅，载之史传，无地无之。樵之作薪，岁不下万万金。药材烟叶，亦颇丰富。洪山之红苔菜，名闻各地。各湖鱼产年数万金。樊口之鳊，肉嫩味美，尤为著名。藕则各地有之，以巴湖为佳。浆富而味甜。各地油坊产额颇富，麻油、菜油、棉油、豆油为最，油饼多运销外洋。蚕桑业亦甚，养蚕者多系妇女。林木亦富，砖瓦窑皆仿古法，陶器亦然，所产足供一方用。工艺品有丝线作坊，包头机坊颇称发达，获利甚丰。所制生丝线，倍于夏口线行，练之转售。所谓青水包头者，即机坊所出也。

黄陂风俗志

黄陂为《禹贡》荆州地；春秋黄国，旋为楚并，夷为西陵。明属黄州府，清初改隶汉阳府，此鄂谚称为“黄剥皮”也，谓黄州府剥去黄陂而隶汉阳耳。邑西北为山乡，东南为泽国。农朴士滑，重科第，严贵贱，男子务农，女子纺织。十年以前，无甚极贫者，近者年荒谷贵，洋纱洋布盛行，夺妇女生计，则非当日景象矣。无论茅檐编户，农暇必闻弦诵，父课其子，兄教其弟，然皆八股耳。亦非为求官计，有子弟能作文，即可附入士流，为门户光。所以某词林为冶工，某太史为牧竖，皆实事也。然邑人以王、周、胡、徐为旧世家，若金若萧者，均科第望族，为邑人崇信者。若涂、蔡、黎、蓝、江、龚等姓，亦代有兴者。此外古姓有鄢氏、谌氏，散姓有六十余姓，皆量其家世互相婚媾耳。

邑名黄陂者，陂为水乡之称，其实山水各半，惟黄字则知古人命名之义独确耳。其水土极黄，无论何种人，至黄陂住一月以后者，不但其皮肤黄，凡能受色者无不黄也。

邑南乡为泽国，有湖曰油湖，与武湖通。水阔时，种菜种麦。清明时节，黄花匝地，一望青葱，致足乐也。湖内有秋湖冢，六、七月湖水盛时产银鱼，其味逊于天津，美过巢湖。邑内港汊分歧，惜秋末即涸耳。东达汉口，西抵县治，沿油湖之民，多以操舟为业，流寓江皖间。油湖左行曰陂上。陂上之民多务农，其间萧、王二族，又以书香显。由湖入港而西，曰县河，曰淹成港河，东曰许家桥河、柁嘴河，其余小汊不及计也。由许家桥北行，渐入山乡，其间水寨周、段家岗，皆聚族而居，称世家焉。再西北行，有地曰令古，一曰经古，则世外桃源也。万山丛中，羊肠一线，入其境，忽然开朗，纵横三十余里，别有天地。远代无征，近世如闯、献之乱，红羊之劫，皆未预焉。辛亥之役，邑人纷纷向其迁避。其俗不甚与外通姻娅，无老少皆务农，淳朴多礼，仇视衙役，农毕赴柜纳粮，与外人亦无争。言语又是一种音韵，其俗凿井而饮，耕田而食。春二、三月，野花如绣，其民似羲皇上人，游其境不啻神仙也。若询其邑之某氏富，某氏贵，彼瞠目不知所谓。若曰"若家牛肥，力足善耕，若家狗瘦，难期守夜"，彼则欣欣然乐道焉。

黄陂人称母曰二。询其旧族知礼者，亦数典忘祖也。或曰：天一地二，乾一坤二，父为乾，母为坤，天为一，地为二。然又不称父为一也，与满人称父为亚妈同一不可解耳。习俗重视女婿，荫庇外甥。女嫁后尚有主持娘家家政者，此陋俗以东乡胡氏为最，上下不为非也。女子皆缠足，四寸以外者即为陋，近日此风少息，然世族外仍缠焉。邑人性情，自卫心甚厚，公德心甚弱。其西北乡人多忍耐性，东南乡人多浮躁性。其人物清时继王司马而起者，姚中丞、周制军耳。民国肇兴，尤有盛焉。虽然，啸傲烟霞，仍有人在也。地方自治，能力甚大，各姓有各姓之宗祠，各社会有各社会之董事，不安分之人，由祠逐出，知照社绅，即可处以活埋之刑，故乡里无敢为非者。黄陂四乡无地保，皆董事也。董事奉到县令之日，则必开贺。以炫吓乡人，故其社得一恺悌君子，四邻受福，得一威福小人，受害不浅。因董事皆贡监选充，不比地保可以随时笞责也。儿童入塾读书，学诗敦礼，虽牧竖亦彬彬也。散学后，亦作琢梭、踢球等戏，父兄严禁之。其制法，实以发，包以棉，绕以纱，一掷跳起五尺余，捷者一气能击数百也。读书仍崇经学，重气节，慨然诺。迩者禁私塾，改学堂，学堂不能遍设，私塾又不敢公开，所谓教育普及不及耳。

丧礼，亲年至五十后，必先预备寿方寿衣。临殁日，诗礼之家，举行家祭，寻常之家，则用道家设斋坛。三日至七日不等，锣鼓震地，酒肉熏天，至除服亦如之。

婚礼，分迎亲、求亲两种。求亲婿偕媒同至女宅，女宅闭门，请知宾立于户左右迎婿。婿下舆，鼓乐齐作，佐以炮仗，烟雾迷漫。迟之又久，女宅启门纳婿，婿逢门必行跪叩礼，所谓门下子婿是也。至厅婿行谒岳礼，铺以红毡，毡下必实以三角瓷瓦等类以戏之；岳虽不欲，诸姑伯叔不从焉。拜已升座，进三元汤，取八股时连中三元之意。其三元，鱼圆、肉圆、汤圆焉。必重油汤圆，心必重糖，使难于下咽且取笑焉。食已，新娘上舆，婿向彩舆躬身而置封条。到男宅，婿先出舆行回銮礼，然后进宅交拜。闹房则雅俗不同，亦看其人之境遇，家世如何耳。三日后，新娘入厨，循古礼也。

县无他产，萝卜为天下第一，生息蕃衍，每至隆冬，芬芳扑鼻，其心逾坚。富家和五味贡人，贫者赖以资生。邑人薄参苓而重萝卜焉。

黄陂儿童初生之时，即有媒人前来说媒。如双方面满意，便请媒人饮筵，名曰呷准酒，以表示允许之意。于是就日者择一吉日，排起筵席。席毕，将男女生辰书于庚帖之上，彼此各执一纸，以为证据。至结婚之前一二年，男家每逢时节，必须送妆饰品及鱼肉等至女家，名曰送礼节。迨男女年龄至二十五六岁之时，始择期迎娶。娶之日，男家迎以彩轿。除鼓吹以外，媒人须伴新郎一同至女家，先向女家祖宗之座位叩首，然后大张筵席。宴毕，始同新娘及女家媒人送亲人等，一途而回。轿进男家之门，由人将新娘引出，同新郎先向男家之祖宗叩首，名曰拜堂。拜堂礼毕，同入洞房，有坐帐、呷交杯等之礼俗。至天将晚，亲戚朋友至新房，新娘对于长辈者叩首，名曰见礼，对于幼辈，亦须送茶送烟。新房内可以任意取笑作乐，名曰闹房。三日后新郎同新娘回女家，拜视新娘之父母。

黄陂岁时纪

龙灯会，清彩色套印。

岁底小康之家，起塘鱼，蒸年酒，打豆丝，做粢巴，宰年猪，写门对。凡有亲丧者，必以蓝纸写一“服”字贴于门首，门对用白纸，其对文大半均曰“守孝难还礼，思亲免贺年”。二十四日为小除夕，凡耕具织具均收拾于室户内，祀送灶神。至除夕日，老幼男女，五鼓即起梳洗，手柱香至祖坟，名曰标山，请祖先回屋度岁吃年饭。或家有新丧者，其亲友于是日必携烛一对，冥钱一扎，来灵前叩头辞岁，示哀恋之意。至夕接灶出行后，即行拜年礼，首天地君亲师，次祖先，次堂上。拜毕鸣炮，开门上庙。由庙回，初一拜本家，初二母舅，初三岳家。年前有新丧者，孝子穿白袍墨套，冠无纬空梁冠，以服内昆季二人穿白袍作陪，至戚族家叩首谢孝，名曰管新灵。老农每日必视天气之阴晴，曰一鸡、二犬、三猪、四羊、五牛、六马、七人、八谷、九麻、十豆，何日天阴无太阳落山，即损害何物。元宵节，一村落必有一村落之灯会。虽曰灯会，皆非夜色，其布景殊有可观。其牙牌曰“贺春王正月，庆天子万年”，“风调雨顺，国泰民安”，“五风十雨，万紫千红”。牙牌后，即高跷锣鼓。其龙灯或布绘，或彩绣，视村落之贫富焉。至邻村庄，每户必设香案，以龙首据案享受。随龙有四老者，衣冠立香案左右，察设香案之营业，祝以吉语；户户如之。然后鸣炮舞龙，炮不尽，舞不止，熙熙攘攘，人喜神欢焉。近则龙灯炮仗，悬为厉禁。至二十日后，送灯入庙，嬉事毕矣。

每逢立春之左右，邑役必派人下乡说春，售芒神春牛。说春之人，红袍纱帽，以一人鸣钲。所说皆吉利语，似歌非歌，似谣非谣。说毕酬以米。曾见某贫家见春官来，忙托一板凳与坐，凳缺一脚。春官云：“见了春官把凳托，托个板凳三只脚。不是春官看见快，险险栽破后脑壳。”又某贫家以闭门羹待之，彼唱曰：“一见春官把门闩，交了霜降打脾寒。”诸如此类，亦趣事耳，足引人发笑也。

每年夏至后逢卯日，名曰过半年，亦曰吃新。俗谚曰：“乡里人，两餐荤，过了年，望吃新。”亦农夫之大典也。所谓吃新者，庆新谷已萌也。摘新谷一穗，归而荐之祖，此礼颇含有上古荐熟意也。次日女子已嫁者必于归，名曰赶臭肉。提筐少妇，牵衣稚子，往来红尘绿陌间，点缀升平。此种韵事，近日年荒已不复见；即见之，亦不过褴褛贫女，向母家乞升斗耳。

黄陂迷信谈

邑治之西北，有山曰木兰山，山祀木兰将军，即唐花木兰从军故实也。考记载木兰为豫人，野乘木兰为黄陂人。然邑人之迷信，与五台、九华并重。农事毕，即举行朝山礼。每社香头四人，四人中有一领袖焉。某社于某日上山，住某宫，皆有定期。未上山之前，先期斋戒，祭在如在，无敢做一戏语者。起行之日，沿途鸣锣称佛号。其称佛号，先一人曰“南无阿弥陀佛”，群应之曰“无量寿佛”。远者百余里，近者数十里，必一路呼号至山，方昭诚敬。其香客以农人为多，前清时冠染麻红缨凉帽，草履，天青布单套，其形似沐猿而冠，令人可笑。朝山毕，必携山上所售木喇叭、木刀、木枪、筷子、汤勺之类，馈赠亲友。

邑中道士多，和尚少，道士则娶妻生子，与居人等。道人则蓄发与僧等。所谓道士者，必有职，其职逢斋坛上表玉皇时，亦用全衔称臣某，仍每年度升。其度升之法，集善男信女，斋戒告天：“今某由某职升某职，伏乞恩准。”然后用灵宝大法司印信，呈告江西天师府；然从未见道士革职耳。举动虽无稽，亦从无道士集会酿事者。邑人有一种邪病，曰挂影，其眼见龙蛇等物，道士能治之。此症楚人外无染者，亦奇事也。官顺民情，故官网亦不禁道士耳。此外尚有斋公一途，分大乘、姚乘两门为正宗，仍有清净门，均愚夫愚妇为之。经文卑俗，实佛门之糠秕，常遭官禁焉。人若生有疾病，医药不效，必请道士，做十保福。所谓十保福者，每人出钱百文，由病家延至，款以酒饭，十人出名，向东岳求寿。亦有降神者，其法以一人鸣锣，以一人喃喃作咒，咒毕，其人狂跳，称神附焉，如上海之看香头一班耳。

监利婚丧之礼俗

监利滨江介湖，土膏脉发，颇号沃衍。俗尚与旁邑等，好礼让，崇节俭，然呰窳少蓄聚，常有水患故也。邑俗娶妇，初聘用钗镯酒果之仪，继乃纳币礼。亲迎先一日，设筵邀宾，即父醮子遗意。合卺次日，谒祖父，贽见舅姑，以次及家众。亦有家贫而出赘者。丧事报讣延宾吊，名曰开堂。发引先一夕，凡陈设奠献诸仪，悉准家礼。祭用童子数人，歌《蓼莪》之意，谓之唐祭。延乡党有齿德者，题明族神主。是日用鼓乐导从丧车至墓所，封窆毕，然后归。七日备祭，谓之过七，至四十九日而止。死后朝夕上食，至百日始罢。

监利岁时气候记

立春先一日，官师班春于庙，农人皆趋观焉，以土牛采色占水旱等灾，以勾芒鞋占寒燠晴雨，啖春饼生菜，朋友会饮，谓之春台席。

元日祈年，洁屋宇，陈设酒醴，门外插松柏枝。子妇夙兴皆盛服祀神，男子谒庙，谓之出天行。少长叙拜，戚友相过贺，三日市无列肆，宅内亦不扫除。至初三日，燃烛于大门，将屋檐所插松柏合楮焚于街际，谓之烧门神纸。

上元，至十一日张灯，至十五日尤盛，裁缯剪纸像人物花果鱼龙禽鸟，陈列门首。士女嬉游达曙。元夜，迎紫姑卜问丰歉。各乡村燃炬火以照田间，声彻远近，谓之赶门狗。食粉饵曰元宵。

社日，赛会宴饮，每岁二月朔、八月朔，即春祈秋报之意。

清明，祀先祖，绮纨角胜，歌哭迭应，楮钱满陌，更以纸幡标龙头。

端午，采百草，悬艾于户，食角黍，以雄黄硃砂入酒饮之。用艾茎洒雄黄酒于户舍墙壁，小儿则以其末涂耳鼻，云避百毒。是日竞渡，楚俗皆同，而监邑尤兴高采烈，观者无不鼓掌以助气势。

七月七日，祭祖祢，谓之迓亡。连享七日，焚楮荐之，曰送亡。新死者，则于是月朔迓祭，于此夕奠送。

中元，具酒馔献祭先祖。乡中宰牲尝新，父老子弟，群聚宴会，谓之过月半。寺观作盂兰会，钟鸣达旦。

中秋，设酒果，为赏月之会。以月之明暗，卜湖鱼之有无及来岁元宵之晴晦。

重阳，士子登高啸咏，乡落间蒸饼酾酒，聚众赛会，藉野乡宴。

二十四日，为小除夕，俗谓之小年。扫屋尘，换炉灰，具酒果，祀灶神。

除夕，更春帖，燃爆竹于庭，以松柏枝插户楣，设酒食聚饮，曰团年。子弟向家长拜庆，曰辞年。家中所用器具，均挂纸钱，曰散岁。达旦不寐，曰守岁。饭兼数日之炊，曰宿岁饭，又曰隔年陈。

邑居荆州下游，地多卑湿，三春和煦，仍多寒候。惊蛰前后鸣雷，其寒较甚，谓之冻虫。清明断雪，谷雨断霜，故播种早则清明，迟则谷雨。四月湿气上蒸，础石带润，雨每连绵不已，俗呼梅烂天，亦作霉旺。五月多暴风骤雨，溪涌川涨，谓之端阳水。夏至后始盛热，大雨时行，每村陇相望，雨旸各异。俗云夏雨分牛脊。三伏炎蒸，立秋后尤燥烈，至九月中始解。十月温暖，谓之小阳春，往往桃李再花。十一月、十二月间，降霜雪，雪多则以为年丰之兆。

湖　南

湖南迷信之风俗

（1）除夕打破碗盏，次年必遭凶事。新年打破碗盏，一年事事发财。

（2）除夕将灯油泼地，家中必多疾病，或有不利之事。

（3）除夕将大蒜置各种食物之上，可免瘟神放毒。

（4）除夕于无人时，多置竹筷于摇篮内，来年家中必定多生儿子。

（5）过年时家置水仙一盆，若开花茂盛，家必兴隆，否则衰败。

（6）新年初一至初五日，灰屑不许外倾，一年必可聚财。

（7）元旦出行遇尼姑和尚，一年百事不利。

（8）新年贴红纸于果木上，一年果木丰收，利市十倍。

（9）正月十五焚草把于菜园中，并放鞭炮，一年菜蔬可免虫伤。

（10）炉中炭火炸裂，必有财喜临门。

（11）妇女梳头时，梳忽落地，即有客至。

（12）妇女脚带忽然松放拖地，必有酒色。

（13）男子耳热，次日天必晴和；女子耳热，次日天必阴雨。

（14）剃头洗脚，入赌场必输。

（15）赌钱打牌，不许旁人负肩背，否则必输。

（16）同坐吃饭，不许他人以足践椅栏上，否则食必噎。

（17）鸡飞上屋，家中必有火灾。

（18）犬吠似哭声，其家必有丧事。

（19）夜间一更鸡鸣，必兆焚如；二更鸡鸣，须防盗贼。

（20）鸱鸮夜鸣，村中必有人死。

（21）乌鸦绕屋飞鸣，家中将有口角。

（22）蒸饭时锅鸣有声，须以金器压其上，不然主有凶丧之事。

（23）鼻嚏连作，必系有人咒骂。

（24）眼皮左动，主进财；眼皮右动，主退财。

（25）小儿夜哭不眠，用红纸书“天皇皇，地皇皇，我家有个夜哭郎，路过君子看一看，一晚睡到大天光”二十七字张贴通衢，经路人见之，即可安眠不哭。

（26）小孩多病，将姓名生庚书贴庙内钟鼓上，谓之关帖，可保关煞消除。

（27）病人服药，若将药持过门限，药即不能奏效。

（28）闺中少女，不许足践落花，否则将来育儿时，必致踏花生（小儿生时双脚先下，谓之踏花生）。

（29）幼孩体弱多病，寄拜庙神为干父，可保永年。

（30）每年秋季，男子青衣草鞋，沿街拜跪，赴南岳庙烧香，可保父母延寿。

（31）城隍神迎会，幼年子弟，装作囚犯，奔走烧香，可免一生灾厄。

（32）每日清晨，不许说“龙虎鬼梦”四字，倘有道及一字，闻者争相趋避，谓是日有大不吉利之事。

湘人称呼之奇俗

湘人无论老幼，其称呼总以“芽里”二字。盖其俗喜少恶老，虽遇七十、八十岁高年老人，亦当以芽里相称，若加以老大字样，如他地称年尊者为老人家之语，闻者视为切肤之痛，柔和者掉首不顾，刚强者且怒目唾骂矣。所谓芽里者，乃少年之美名词，盖言其如初生之芽而英茂之意也。又旅馆侍役，在他地称为茶房，在湘中必以拐子二字呼之，彼始乐意，若呼以茶房，则不惟充耳不闻，且退有怨言矣。然为茶房者乐人称为拐子，则其用意殊不可解也。以上所述，皆湘中称呼之奇俗。入境问俗，采风者不可不知也。

长沙新年纪俗诗

长沙新年风俗，其事不一，爰取足资趣谈者，漫吟成句，备采风者考焉。

九方烧烛叩诸天，盘列三牲奉祀虔。拜罢祖宗拜家长，辞年还要押年钱。

除夕烧九方烛，祀天神祖宗。祀毕，合家团拜，谓之辞年。为家长者以红线穿制钱百文，赐与儿童，名押岁钱。

贫家早早掩财门，债主虽临难进行。恼煞商家收账客，无钱反吃闭门羹。

除夕辞年毕，用红纸条书“衡门衍庆”四字，将大门闭固，无论何人，不许出讲，谓之封财门。穷人多有借此避债者。

出行都向喜神方，翎顶官靴奔走忙。路上逢人施一揖，口中犹自吃槟榔。

一般市侩，在前清捐授虚衔者，个个衣冠顶戴，高视阔步，行路赴各处拜年。槟榔一物，商人嗜好尤深，口中时时不断也。

爆竹声中贵客来，香茶奉罢果盘开。槟榔元宝双双赠，恭喜今年大发财。

新岁客来，须放爆竹迎接，入座时送上槟榔两枚，谓之元宝，取发财之意。

纸扎龙灯奉作神，香花处处表欢迎。堂前一度兜圈子，步步龙行百草生。

省城各庙如定湘王、朗公元帅诸神，每岁扎一纸龙，沿街行走，鸣锣击鼓，甚为热闹。家家烧香顶礼，若迎接真神然。

妇女围龙可受胎，痴心求子亦奇哉。真龙不及纸龙好，能作麒麟送子来。

妇人多年不生育者，每放龙灯到家时，加送封仪，以龙身围绕妇人一次，又将龙身缩短，上骑一小孩，在堂前绕行一周，谓之麒麟送子。

龙须此日亦居奇，剪取焚烧病可医。都把生麻作灵药，乡愚何事受人欺。

纸龙用麻作须，浅识者以多钱购剪服之，谓可治一切疾病。

巧把财神红纸裁，乞儿持送进门来。十文竹杠敲虽小，未见招财先退财。

新岁初间，乞儿以红纸印财神像，沿家致送，索喜钱十文，名为送财神。

不道水瓢亦有神，闺中迎接信弥真。姑姑解得儿童意，喜把糕团分赠人。

闺中妇女，每于新年迎接瓢姑姑神。取厨中水瓢一只，上缚一竹筷，两人以手托之，口中祝词毕，瓢上竹筷即能写字，家人可卜休咎。如小孩索糕饼时，瓢能转动竹筷，与案上供品赠之。

前度神龙今又来，沿途收水取钱财。可怜菩萨亦遭厄，炮火重围避不开。

元宵日，各庙龙灯再到各家一次，谓之收水。各将封钱送之，并多备爆竹围绕燃放，不令外出。相传放炮愈多，神愈保佑云。

衡州风俗记

邑人之迷信

衡城南里余有一山，名回雁峰，山顶为寿佛寺，俗呼为雁峰寺，衡城第一僧寺也。俗以二月八日为寿佛诞日，一班善男信女，皆携巨烛，往跪于寿佛前，名曰跪烛。必候烛燃完，方敢起身。厅廊殿阁，为之塞满，后至者不得人，则跪于寺门及路旁。

男女杂处，老幼无伦。城中流氓，见妇女稍美者，亦买烛以跪其旁，名为跪烛，实为调戏，伤风败俗，莫斯为甚！寿佛诞日之先晚，城乡各社团例必送花爆以贺寿，观者数万人。次日各社团又举行玩龙庆寿，龙之首尾，以彩色纸糊成，龙身则以布或绸为之，长约数十丈，每距数尺，则用著彩衣之童以棍顶持之。凡闺阁幼女，轻年郎君之美艳者，例必装戏随龙行，有乘马者，或坐车者，花围锦簇，画态极妍，争胜斗巧。金鼓音乐之声，震耳欲聋，观者途为之塞。每次须费钱数十万缗云。

衡山为五岳之一，距衡城九十余里。其上寺庙林立，以南岳圣帝为主神。每至秋季，各处进香者相望于道，衡城尤多。为戚友进香者，与通常敬神无异。为父母求福者，例必进香三年，以木作小凳，高约三寸，其上插香三，父母在，著红衣（此衣为父母殁后所著者），殁则著青衣。第一年进香，手持凳香，行三步一拜，第二年则五步，第三年则七步，名曰烧拜香。虽头肿膝烂，风天雨地，亦莫之顾。其孝固可嘉，其愚诚可怜也！

佛诞进香，选自《点石斋画报》。

南岳寺，选自《三才图会》。

船户之迷信

湘省各处民船，皆随地而名之，独衡城之船，则名小泼船，意义甚不可解。为数甚多，皆运耒阳之煤，以售于长沙、汉口等处。船中规则甚严，最忌“倒”“洗”等字样，如洗澡必曰筛凉，倒水必曰清水，倒桅必曰眠桅，早晨尤忌“虎”、“猴”、“鬼”等字，稍一不慎，立被呵叱，虽搭客亦不之顾（此习衡城亦盛行）。各船户最信奉杨泗将军（水神也），公立庙以城北，各船开到，例必至庙敬之。清宣统时，有某船泊于樟木市（距衡二十里），夜间舱内忽来一绿蛇，头有黄章，长约尺许。该船户以为杨泗将军显身也，花香供奉，恭运至衡。于是城乡哄动，闻风来观者甚众。邑吏恐民间骚扰，投之于河。是夜蛇复至舱内，于是船户益信其神，恭抬至神座上，演戏玩龙以敬之，自是庙内异常热闹矣。

婚娶之奇闻

衡城亲迎，与各处大同小异，惟闹房之风盛行。稍文明者为抬茶，其姿势不一。有所谓和合茶者，其势为新郎新妇，共坐一凳，新郎以左足置新妇右腿上，新妇亦然，新郎左手与新妇右手相互置肩上，其余手之拇指及食指合成正方形，置茶杯于中，亲友以口饮之。又有所谓桂花茶、安字茶等名称，不可胜述，无非为戏弄新妇而已。此外又有打传堂卦之名目，公举亲友中之滑稽者做堂官，以墨涂面若丑角，著满清式外套，黼黻以荷叶为之，朝珠以算盘子为之，头上冠以大冠，红萝卜为顶，大蒜为翎，旁立差役若干，皆亲友中之有力者。拘新郎、新妇及其翁姑跪堂下，命翁姑教新郎、新妇以房术，新郎新妇必再述一遍，否则以鞭笞从事，顾习俗若是，亦不敢出怨言，惟此事难人过甚，行之者鲜。

中秋晚，衡城有送瓜一事，凡席丰履厚之家，娶妇数年不育者，则亲友举行送瓜。先数日，于菜园中窃东瓜一个，须令园主不知，以彩色绘成面具，衣服裹于其上若人形，举年长命好者抱之，鸣金放爆，送至其家。年长者置东瓜于床，以被覆之，口中念曰：“种瓜得瓜，种豆得豆。”受瓜者设盛筵款之，若喜事然，妇得瓜后，即剖食之，俗传此事最验云。

宁远岁时记

习惯随时代为变更，又或因地土而异。兹将宁远对于节序之积习，略举如次。

正　月

初一日，元旦。清晨，男妇装束一新，列祖先神龛前行礼，复向长者行礼，名曰拜年。是日，农人必不睡，俗云：睡了便要倒田塍。初十日，忌风。农人于是日扎稻草如十字形，用大砖压住，以禳风虐。十五日，元宵。晚间，各家必灯烛辉煌，好事者，扎龙灯游行街市，或到亲族戚友家舞弄，名曰耍元宵。十七日，忌鼠。俗称是日为老鼠嫁女，忌开箱启柜。前一夕，孩提辈将糖果花生置暗处，并将锅盖簸箕等类，大敲大打，为老鼠催妆。次晨，将鼠穴塞闭，云自此以后，鼠可以永远绝迹云。

二 月

初一日，忌鸟雀，俗用粑粑粘枯枝上，遍插田间或园内，俗云：可黏鸟嘴，不致毁伤谷种。春社，禁舂碓。俗云：是日舂碓，必断牛脚。惊蛰，将石炭遍撒墙隅僻处，俗云可避虫蛇。

三 月

初三日，忌蚂蚁。俗以蚂蚁草置桌上及锅灶等处，云蚂蚁即可远避。清明，各家门户上必插杨柳一枝，节前或节后三五日，男子携牺牲纸烛，诣祖宗坟墓前烧奠，名曰挂扫。

四 月

初八日，忌毛虫。用方寸黄纸，上书“四月八日节，洞宾来借歇。仙风吹一口，毛虫尽皆灭”等字样，粘贴壁上，云可使毛虫绝迹。立夏，农人必食鸭蛋数枚，云做事不致脚软。

五 月

初五日，端阳。将菖蒲、艾叶悬门户上，以禳毒气。又饮雄黄酒，并买各种药品，煎水沐浴，云可辟灾疫。妇女制香囊，自佩之外，并赠送亲戚。

六 月

初六日，曝书晒衣。妇女将清水曝热，为孩子洗浴，谓可免疮疖。是月，择黄道之辛日，尝新，且必将新饭先喂狗，谓五谷乃由狗尾所播种。

七 月

初七日，女孩在新月下穿针乞巧，云以后刺绣，必巧夺天工。十五日，中元。

各家购纸烛、金锞、银锞或纸箱及冥包等类焚化。且于三日前，折冬青一枝，置神龛上，并供酒食馐馔，如待大宾。云每年是节，祖宗灵魂必归家一次。

八　月

十五日，中秋。是夜，妇女月下拈香，或围聚唱歌，谓之赏月。节前数日，备月饼糖果之类馈送亲友，谓之送节，秋社，妇女往往为女孩穿耳。

九　月

初九日，重阳。士子多结伴，游览名胜之处，或相聚饮酒，谓之登高。是日，人竞造酒，曰重阳酒。

十　月

十五日，为下元节。迎神赛会之事，多于是节前后行之。冬至，是日多割鸡宰猪，将肉阴干，谓之冬至肉，味甚香美。

十 二 月

二十三日，送灶。俗谓是日灶神上天奏事，必虔诚奉送。三十日，晚餐后，小儿长辈行礼，名曰辞年。是夜多不睡，家人父子，相聚笑语，名曰守岁。

汝城风俗纡记

汝城旧名桂阳，其婚祭丧礼同列郡，稍异者，结婚自童幼，大家无十岁未聘之子。婚日不亲迎，以富贵多子孙老妪为侍娘主赞。新妇交拜堂上，姻族童子怀女贞子、柏子乱掷之。妇之父终岁不见婿。惟西北乡婿于成婚后三日至妇家，同于衡湘，其余则改岁正月诹吉迎新婿。姻族咸在，或以童子象魁星，鼓吹升堂，用朱粉笔涂婿额以为吉云。丧祭大敛，其子解袢衣，入柩枕亲首。七日内葬者不卜日，曰血葬，《春秋传》渴葬也，葬急曰渴葬，血、渴声近，故有此名。葬三日，男女毕上冢。三年岁时必往，尤重春、秋二社日。谚曰："挂六社，辟牛马。"虽远祖，清明则子孙皆上冢，鸣钲炮以行，连月乃毕，墓讼多兴于此。中元烧纸衣钱，自始祖及姻族无主者。谚曰："挂山清坟烧衣青。"人家各有祭田，子孙贫者多资之，最善俗也。邑节候多暖而少寒，然播种莳稻，后长沙半月。岁时景物同列郡。其异者，正月二十为小忌，二月朔为大忌，皆停针不洒扫。小忌日以茅，午交压以石，曰定风。大忌晨，春稻为餈，食竟，以其余缀竹稍，插田中，曰粘雀口，使不食苗，惊蛰则以蜃炭洒户外，数童子洒且祝。祝曰："惊蛰惊蛰，虾虾生日。洒灰作堆，洒盐作团。"以驱毒虫云。清明上冢，邑北乡皆以石灰垩坟顶，每岁增加，余乡不垩也。四月八日，家煮青精饭，曰乌饭。妇女相约为酒食，食鸭卵肥菜。肥菜，萵苣也，岭南谓之生菜。自仲冬至仲夏，以为常蔬。邑旁岭，亦重此菜。其种肥绝，不及南海。立夏，家煮鸭卵，食赢笋。蓝山家家为油茶，以糯及杂果姜茗，入油炒研之，沃以茗汁，客至则设之。出蓝山数十里无此矣。

津市之农谚

"一日黄尘三日雨，三日黄尘九日晴。"谓一日黄沙飞起，必有三日之雨，连起三日黄沙，则必有九日晴天也。"有雨山戴帽，无雨山束腰。"谓雨后山下有雾，若再有雨，则雾在山顶；倘无雨，则雾横山腰也。"一黑一亮，大雨三丈。"谓下雨之日，天气一时亮，一时黑，必有大雨也。"天上起了鲤鱼斑，将有四十八天干。"谓天如有云如鲤鱼斑状，则将久无雨也。"日枷涨水，月枷井枯。"枷谓绕围日月外层之厚云，即日晕月晕；谓日有晕，天必雨，月有晕，天必无雨也。

辰州之迷信

辰州俗供神像，有有头而无躯者，名猡神。一于思红面，号东山圣公。一珠络窈窕，号南山圣母。两人兄妹为婚，不知其所自始，楚、黔之人，皆崇祀之。

辰州之人，信巫尚鬼，皆虚中堂供佛。独不置灶突，炊烟曲屈不得出，蒸而为煤，熏而为涕。更可笑者，门庑厅楼，檐宇逼凑，不露一隙光明，城外旷处亦然。其门户槛最高，门最低。稍长者，必俯首出入，偶一忘怀，必遭磕击，比户皆然。

辰州妇女之装饰

辰州妇女耳坠若番僧铜环。男家聘妇用坠，即表于耳，有重至一两者。嫁女用嫁履盈筐，庙见后，以送其夫族。

辰州之刁风

辰俗动以强奸诬人，教其妻坚执其所讼者，首尾捏造，若有粉本。及视其妻，则秃顶黧面，皤腹巨擘。满堂匿笑，而长舌益厉。官厅重治其一二，其风稍杀。

辰州之溺女

辰州生女多溺死，故女甚贵，再婚亦须三十余金。前夫久而复讼，谓之求敷；讼牒中十有六七。甚有男子仅三四十岁，而女子则六七十岁者，其老死不得娶者，又比比然也。

辰州之弃妻誓

辰俗弃妻不以为异。其退婚券中立誓有云："一休二休，十离九休，高山磊石，沉落深沟。清白亲夫，永不同头"云云。

辰州之称呼

辰俗呼外父曰家公，呼外母曰家婆。妻曰婆娘。婆而系之娘，尊之也，非贱之也。向人称妻兄弟为舍舅。呼叔曰晚，言其晚得也。亦有称父曰晚，晚者，言认为叔之子，易长养，无刑克也。寻常称呼，则称父母为哀爷、哀娘，又有称哀姐者。

麻阳婚丧之习俗

湖南麻阳县某镇，凡红白事，戚友不送套礼，只送分金。始于一钱，而极于七钱，盖一洋之数也。主人必设宴相待，一钱者月准食一菜，三钱者三菜，五钱者遍肴，七钱者加簋。故宾客虽一时满堂，少选一菜进，则堂隅有人击小钲而高唱曰："一钱之客请退！"于是纷然而散者若干人。三菜进则又唱曰："三钱之客请退！"于是纷然而散者又若干人。五钱以上不击，而客已寥寥矣。

陕 西

陕西风俗琐记

陕西之车，惟用一马，车轮较中原宽尺余。故一出陕境，便不合辙。

安定西数站，山高土厚，掘井不能及泉。因作窖于低洼处，凡天雨与人畜诸溺，皆聚之，名曰窖水。

黄河交春令，冰澌泮，土人犹踏冰以渡。葬鱼腹者，日凡数辈，然终勿之鉴也。

河水浑浊，其泥可以粪田。遇河水淹没，岁即大丰。

陕民不知经商，士子亦不能学幕，惟耕读而已。

土人以一人为一娃，生子则称某娃，往往至老不改。又呼妯娌为先后，呼妻为婆娘，呼父为达达。

南人生儿女，用金钱或丝绦作锁索，西土则竟以铁索索之，若囚徒然。

土人逢客至，以酒作茶，却无下酒物，南中所谓寡酒也。

土人睡炕，并无被褥，惟铺笈草席一张，填以马粪。初入室，臭不可耐；久之亦不觉矣。

毡衣用羊毛碾成，不假裁剪，土人无冬夏皆衣之，价廉于布。

以麦秆为冠，形如伞而微小，稀疏不蔽风雨，出入寒暑不少离。

西州风俗俭吝，虽巨富，亦缊袍蔬食，创见者，不知其为富翁也。

土人有喜事，贺客满门，不论冬夏，皆戴白胎凉帽，相习成风，不以为怪。

铺户每逢朔望，晨起于门外烧财神马，复兴隆铺，互相拜揖，口称发财。

土人先一夕，作水黄酒，次早沽卖。即［及］午即酸，不可饮。名曰半天香，可谓名副其实。

省中黄酒，每坛洋十元，或十余元。外府州县，尤踊贵，尚有假充之者。

水族多自汉中来。死者过半，而其值甚昂。惟各官府用之，土人则不能举其名也。

本地惟羊最贱，三百钱可买羊一头，羊皮却可二百钱，则一羊只百钱也。

焠灯，即南边发焠也，一把数十张，白净可爱，只需一文钱，南中勿能胜也。

土人大半住土窑，窑或一层，或二层，即《毛诗》之“陶复陶穴”也。窑上不是原田，即是孔道。袁子才《诗话》载土窑诗云：“雨风不向窗中入，车马还从屋上过。”可以互证。

土人无少长，皆吃水烟。每逢市集，烟气四布，几不见人。

凡插烛，俱以烛就蜡签，由下插上。陕地则将烛台中空，由上插下。

南中熟米，皆用臼舂之，以熟为度。巩秦一带，则直以蒸熟者为熟米。

土人妇女，皆坐敞车出门。服饰鲜丽，面上却用乌纱罩之，可以见人，不令人见。

妇人吊丧，不论疏属泛交，皆遍身缟素，故所见孝服居多。

西安妇女，脚背无隆骨，故纤小胜于南方，亦天工，非人力也。

妇女晨起，皆撒溺于盆，溺温即以洗面，免费柴火。

乡中少女，上衣而不下裳，虽至冬月，私处常见。

土民贫而愚，不知鬻妇为犯法，罪［买］者亦然，官厅亦不必援例断也。

卖酒饭者，俱系妇人，其丈夫则执爨抱孩子而已。

土著不重男而重女，女生方龀，即教舞，为摇钱树之地位。

门首幌子，画一酒壶，即妓家也。酒名酩留子，义不可晓，岂谓饮至酩酊，即可留宿欤？一笑。

辖内当商，不论五家十家，遇节辄互相送礼。顾仪极菲薄，酸醋半瓶、内米一碟而已。

泾阳婚丧之俗礼

泾阳习俗，各随其方，东境多强劲，南境多侥诈，西境多俭啬，北境多斗讼。然士多循循崇礼让，务农力田，不喜牵牛服贾以走四方。且里不朝歌，巷不夜游，依然有古之遗风。冠礼昔时颇重之，今则襁褓之中已冠其首。间有师其意者，则以十六岁为成人，亲族馈遗称庆；为父兄者，则倩人字之，亦古祝醮之意也。婚礼往往以财较量，富者厚其奁具，贫者亦以薄装为耻，故民多不举女，而伉俪为难，不亲迎；女至，设香烛，拜祖先，毕，入房。立男妇于叔前，择年齿相上下者，以赤绳结两卮，转相授受。三日后，出拜公姑，谒伯叔妯娌。逾年或半载，方归宁。丧，沐浴含敛，沿俗成礼。亲族群从，入棺临视，目视饮食，朝夕炷香；每逢七日，或以蔬食致奠，或用师巫诵经。惑于阴阳家言，停柩不葬，甚有二三世不获入土者。子孙愈多，禁忌愈甚，有庙祭，有家祭，有墓祭。冬至庙祀，则有胙肉分颁。元旦，拜谢天地祖宗，越日具火爆纸钱拜墓，即古扫墓意也，纨袴之子，好酣歌剧饮，而樗蒲之声，达于昼夜。俗无水火葬，喜尚浮屠，病则祷巫禳鬼。妇人勤纺绩，攻刺绣，间有垂绡饰钿以嬉游于阛阓阇之外者，亦邑之陋风也。

凤翔县民俗琐记

凤翔县属关中道治，界万山中，群峦耸峙，溪涧环流。人生其间，虽斌雅不足，而骨鲠性成，多以气节表见于时。土瘠田硗，人无甚富，男务稼穑，女勤织纴，虽缙绅家，服食俭约，不尚华靡。近者风气渐侈，少年子弟，亦有纨袴而闲游者，顾俗素称淳朴，乡野之人，有终身不见官府者。妇女亦以贞节自守，女临嫁前数日，行笄礼，拜天地祖宗及尊长，母为训戒，犹有古风。凡议婚，必凭媒氏，纳采、请期、奠雁诸礼，悉以古制，惟亲迎未行。嫁娶日，各择其族之贤者，相与迎送。初丧含敛毕，即成服开丧，姻戚赴吊，贫富称家有无，不用鼓乐，颇为近礼。安厝多用石椁，丰家必请显者题主，亲友执绋哀送。若火化水葬，虽编户亦耻不为也。但有拘忌风水之说，停柩不葬，识者讥之。祭祀，缙绅大家有家庙，细民从寝堂设龛。四时之祭，元旦、清明、端午、中元、重九、冬至、除夕，各以时物为荐。祭毕，子姓享馂余。墓祭用羊豕，或用牲醴，各随其祭田之厚薄，而颁胙亦以是为差。服食室庐，俱从俭素。人不习工巧匠作器用，多取给于他处。鱼盐山海之利，皆他郡专之，惟坐肆售货，觅十一之利而已。至以岁时，元旦夙兴，焚香拜天，次五祀祖先，少者各拜尊长。燃长寿灯，啜五味粥以祈五福。旋诣戚党拜贺。元宵张灯，起十三，终十八，俗重十四夜。祖先五祀，皆设祭。有问卜及召紫姑者，于是夜占休咎。清明墓祭，悬纸钱于家，采豉作饼，以备寒食。端午以角黍相馈遗，儿女系五色长命缕，采榴花、艾叶簪之以避恶。用菖蒲雄黄泛酒速客，谓之泛菖蒲。中元各祀先荐新，僧家作盂兰会，夜放水陆灯。中秋俗重十六夜，召宾以观月华。九日登高，饮菊花酒，插茱萸，蒸米为糍，各相馈送。腊月终旬，用馒首赛神，谓之谢年。除夕悬祖宗遗像于中堂，少长欢集，共相守岁。

汉中风俗略志

陕中地利，首数关中，汉中次之。陆海神皋，沃野千里，河山两戒，自古为昭。

西路自咸阳以迄宝鸡，锦绣平原，一望无际，即古所谓“周原朊朊”也。较之东路，殆犹过之。每值麦秋，道旁所见，丁男作苦，子妇提壶，田间收获，满车满篝，欣欣色喜。所剩者，别有妇孺拾之以去，遗秉滞穗之风，穆然如见。汉中各属，田少山多，与关中截然不同，俨有南方景象。褒城、沔县、南郑、城固、洋县、西乡、汉阴、安康等县，八九百里间，平畴沃壤，带以汉江，环以众流，水旱皆不为害，故在汉中，最为饶富。风县、留坝、略阳、紫阳、砖坪、白河、山阳等县，童山重迭，乱石嵯峨，其石中杂土之山，类由客籍农民开垦成地。其人民生活程度，汉中、安康两处土客杂居，濡染川、鄂风习，渐趋于踵事增华，而礼教荡然，亦缘之以起。汉中风俗，往往有指媳以继子，招夫以养夫。甚且胞弟妻其孀嫂，谓之转房；一女嫁卖数家，名曰放鸽。乱伦灭理，几等苗瑶，颇为客民所为，而土著尚无此事也。

临潼之送穷节

临潼县之人民，以正月五日为送穷节。家家剪纸人，送之门外而掷之。是日人人必饱食，谓之填五穷。

甘肃

兰州之迎春赛会

元旦后数日，市民举行迎春赛会，满街锣鼓喧阗。几许人妆扮若鬼怪，招摇过市。又十余人负大鼓，鼓长形，且跳且击，曰太平鼓。闻此风惟兰州有之，他县所无。有高跷与内地同。红男绿女，填街塞巷。女子多列坐街前，或升屋顶而观。男子则多整束绣鞍，驰骋于荒郊大道，城隍庙屋檐遍悬纱灯，华丽异常。持纸糊如漏斗之器者一人前行，打太平鼓者数人随后，又有扮女相者一人，丑不可言，而妆娇作态，时出谐言，调笑妇女，又有涂黑脸者数人，亦招摇过市。

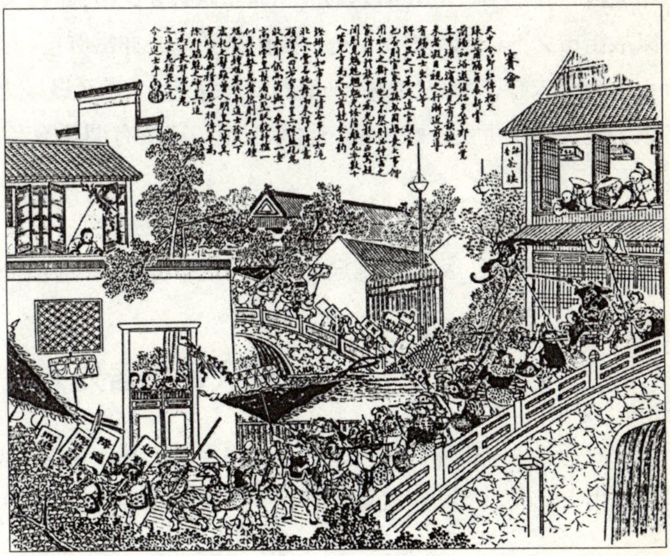

赛会，选自《点石斋画报》。

兰州之回教

甘肃回教往往自己分门别类，有旧教焉，有新教焉，有新新教焉，有再再新教焉，新旧不同，遂起纷争。迨官兵往平，官既不辨其为新为旧，于是遂牵入官回之争。兵火所及，遂独及无教之民。皆甘肃所以多事也。

兰州运输之情形

兰州运输之器，厥惟大车、轿车、骆驼、马四种，而货物则多藉大车。大约西路至肃州十八日，运费需白银三十二两。若肃州至迪化三十六日，则需一百二十两。以出关路难，故较贵也。东路至陕西十八日，大车须三十元。轿车多载人，其价则廉于大车。大车载重自千六百斤至二千斤，大约视驼之多寡而轻重之也。骆驼非本地产，多系经过此地者，马则仅近处有之。

狄道女子之装饰

甘肃狄道县风俗，男女之界极严。女子外出，必蒙布于面，盖犹不失我国之古礼。布之薄，可以见人，然人不之见也。但非遇必要之事，如戚家婚丧之类，女子断不外出。以故街市之上，绝无妇女足迹。外出必乘马，亦常例也。

女子未嫁，一律发辫，故一望而知其为处女。若至既嫁之后，则一律结髻。发辫也，结髻也，实不啻女子嫁否唯一之标识也。苏俗有谓开脸者，彼处则绝未闻有斯项手续云。

女子多缠足，天足者亦有之，但不多耳。白狼之乱，妇女之缠足者，无不备受奸污。既蒙莫大之激刺，故今日缠足之风，为之一变。则白狼之教训，为不可没也。

狄道人民之居处

狄道县天气极寒，八月以后，至翌年之三月，一般居民，非皮不温，非火不暖。宿榻用土筑成，夜间置火盆其中，一睡醒觉，愉畅非常。

狄道人民之饮食

甘肃多山，人口稀少，民食以麦豆为大宗，面包豆饼，不一日或缺。狄道县人民食面，不用油盐，仅具蒜葱酱醋数事而已。

鱼为该地居民所不食，盖亦无此习惯也。无论男女外出，必需二人同行，否则必为狼所害。猎者猎狼，切忌为狈所见，否则狈虽中枪，要必扑杀其敌而毙，每殆十而八九之事实也。

平凉等处之穴居

甘肃平凉府高平关一带，民皆穴居。穴皆穴山而成。地奇冷，出行者必以手拥护其鼻，否则归而鼻脱矣。谁谓上古之风，不见于今耶？

宁夏之婚俗

此间风俗颇有与腹地相异者。婚礼，媒妁既通，必取男子年庚对合，无忌刻为定。世家多不拘。定礼用彩币镯锁之属，贫者梭布簪珥；女家以冠佩相答。婚期已定，必备礼盒酒果，倩宾送期于女家，曰通信，盖古请期之遗意也。先期一日，女家以妆奁送至男家，曰铺床。至日男家又以大蒸饼并果盘随采舆赴女家，曰催妆。倩女宾为新妇插花冠笄，曰冠带。女家亦请女宾随舆至男家，曰送亲。娶妇多用彩舆鼓吹，贫者以车。世族之家，间亦有奠雁亲迎者。新妇三日拜见舅姑，贽以针工。同族长幼各拜见，曰分大小。新妇入门三日不下炕，不食，不排泄，恐污神明也。奇矣！

宁夏之丧俗

丧礼最重缞绖，冠履多依古制。三年孝服，虽已葬，麻巾缞衣必大祥后始易。期功以下，近多就简便，不尽如古礼。七日行大殓礼，亲戚多会吊。将葬，先知亲友。前一日各以酒盒奠仪往祭，丧家备酒食相酬，多至数百人。赙奠之仪，不足以核所费。每进饮食，孝子必出稽颡，谢礼尤烦，身弱者恒不能支。中卫、灵州俗尤尚送葬，多或百人。丧家因须备酒食，恒数十年不能举葬。相传明季近边各堡，黠虏乘人丧出劫，故丧者皆请姻戚为之备，相沿至今，习而不改，转成弊俗矣。

宁夏之生活状况

全城人口一万九千余，回教民约三分之一，计二千三十户。全城大小商户三百二十五家，晋商居十之六。秦商居十之二。

宁夏饶水利，有四大渠，每渠由道署派委管理修渠事宜，每渠岁收水租约二三百吊不等。俗谚云："天下黄河富宁夏"，又云："南京北京都不收，黄河两岸报春秋。"其农事之盛可想矣。

中卫县在宁夏县之南，地气较暖，故春二月下麦种于地，和肥料犁一次，至四月灌水一次，五月、六月各灌水一次，而收获期至矣。稻则先犁，然后灌水散种，不使水干，八月底收获。宁夏迟中卫一月，先犁田，后散种，灌水亦三次，六月收麦。稻则四月下种，九月初收。以地较中卫寒故迟，以土涩故先犁而后散种也。

田亩高者宜种麦、胡麻、莞豆、谷、糜等，低者宜种稻。高者每亩十两至三十两，低者五两至十五两。每亩种麦可获四百余斤。

市面所用之斗，俗称二十四筒，每斗米约四十斤。秤较库平为小（九九折）。尺系官裁尺。工艺品毡毯之外无他，均由工商零星织卖。毯每方尺七钱左右，视纬之多寡，价有差等。最佳者每方尺百二十纬，次百纬，又次八十纬。毡每方尺一钱。织造之家计二十余，绒长花美，胜于包头、新疆之产。

市面通用铜元、制钱、银两，银元不常见。银两换实钱一千八百文左右，银元通常八钱计算，兑换时以七钱五计算。本地兑换机关，只有蔚丰银行一家，汇天津、北京、汉口每千两贴水一［疑当作"二"］百六七十两，西安贴水二百二三十两，平遥、太谷贴水一百六七十两，兰州贴水二十两。

包头往来船价百斤平均约七八钱，车驼百斤约二两。兰州、凉州往来车驼约二两三两之间，西宁同之。石嘴及定远营每百斤约五钱。下水船只可装甘草二万斤，盐三万斤，皮毛三万余斤，因毛容积大，惧风也。上水装货半于下水，故船价亦较少。大约河水开冻时，货物多由水运，约占全年十分之七，而车驼占十分之三。

此间土地肥沃，而荒废独多。汉民之惰，殆无其匹。若于此兴实业，非雇用回民不为功。距宁夏西数里，有废渠及荒地数万亩，索价仅一万余元，是见地价之贱矣。又此间各家均以马粪烧炕，以致全城烟雾弥漫，臭味触鼻。

甘肃农事自达拉拜以南，时见土人于田中掘井深数丈或十数丈，取出沙和细石，铺之于田。问之，即云以当肥料。但莫知其理。据农学家云，此沙乃黄河冲积而成，有动植物腐败之质，可当肥料，一也；又此带田地土壤多粘性，雨水不易渗入，一晒即干，沙石可保护水分，二也。每次铺后，十年一换，土人谓沙老了。俗语又云："父苦死，子乐死，孙穷死。"盖沙铺至十年后，任种何物不得活也。又碱地宜用小石铺，太阳不及，而碱不生也。

土司之制度

土司之制，南方惟云、贵、四川、广西有之，北方惟甘肃有之，大都为明朝指挥使之后，封其地以为世袭。尝有辖地至千里者。狄道县杨土司为甘省最大，其所辖人民汉番各半。赵土司次之，所辖皆汉人。汉与番皆种田，其荒冷之地则放牧。种田之法，先为土司耕种，然后为己种。不为其民则去，不得取其财产。每岁代耕之外，又须交租若干。土司专制殊甚，禁其民读书，恐知识大开，不利于彼也。

甘州之称呼

甘州人谓姊妹之夫曰挑担，其异父之昆曰隔山，名其子女多曰仓曰库，不慧之子曰瓜子。

四川

静越隽求雨之风俗

童子烧香

越隽地方，如遇天旱，必有童子数十成群，向各处人家讨香三炷，到黄昏之时，将香燃起，各持三炷，沿街祝祷。一童子先大呼曰："童子烧香，祝告上苍。天降滂沱，地下焚香。有雨无雨？"众童子齐声应之曰："有雨！有雨！"

耍水龙

天旱时，又有耍水龙者。折杨柳扎为龙形，并以柳圈戴于头上，裸其上身，执水龙沿街沿巷而舞。一人前行鸣锣，家家备水泼淋。

此外或地方长官雇请道士，设坛求雨，一面出示禁止屠宰，一面到坛祈雨，拈香祷祝，并须将南门锁闭。云南方丙丁火，闭南门，自必下雨也。

泸县拜鸡之风俗

泸县有一种奇俗，如人家小孩肚泻，请医生服药不愈，便将家中所养之公鸡母鸡来做保爷保娘。到晚膳后，以香一炷，在鸡面前殷勤拜祝，保佑其子即日痊愈。颇为可噱也！

泸县新正之风俗

旧历正月初九日至月望，此数日晚间，七门五保，竞赛龙灯。其沿行时，前有高照一对，次则纸灯一盏，上书"庆贺上元"四字。后随无数纸灯，所谓云里福灯、斗风车灯、鱼兵灯、虾将灯等等，名目繁多，不可胜举。复有火弹灯球，光怪陆离。其最妙者有两种。一为水捧蛇灯，灯中燃油纸条，二人肩之游行，忽往忽来，灵活异常。一为龟丞相，扮丞相者首冠纸制之丞相帽，背负筲箕，上画八卦，手执木瓢，瓢中燃油，腰挂口袋，袋装松香末，时撒松香于瓢上，烟火闪动，眩人眼目。此后继以龙灯，灯或纸扎者，或纱糊者，灯中亦燃油纸条。前呼后拥，招摇过市，大呼曰："拿花筒大炮来！"好事者于龙灯过处，出花筒、火炮、黄烟、地耗子、滴滴金、地花等等，向龙灯燃放。观者填街塞巷，锣鼓喧阗，火星乱落。戏龙灯者，赤身跣足，盘旋跳跃，口含橄榄，以解热毒。遇人燃放花筒火炮，彼等即戏龙灯。及至龙灯已烧，剩一篾筐，戏龙灯者乘隙潜去，而扮龟丞相者依然往来跳舞，兴致不减也。此系四川旧习，时和世泰，人民逢场作戏，借资寻乐。近者川中多故，土匪蜂起，烽火频惊，人民困乏，此种龙灯，已数年未举行矣。

金川风俗琐记

金川之气候

金川僻在四川省城西南隅，西北通甘肃回部，西南控三藏，与十八家土司部落毗连，犬牙相错。气候一日之间，寒暖顿殊，咫尺之地，阴晴各异。严冬天晴，日中可穿春服；盛夏天阴时，朝晚亦可披裘。四时无大寒大热，然倏忽变幻如此，不必烟瘴为属，稍不自谨，中之立病。

金川夷人之畏痘

金川夷人，终身不出痘。间有一二患此者，辄裹数月糗粮，异置荒僻岩洞中，父母兄弟曾不一顾，惧传染也。以故患痘者十死七八。倖而获免，跰躃以归，举家欣庆。虽窭贫，必延喇嘛诵经数日。

金川之皮船

甘肃邻近黄河之西宁一带，多浑脱（音驼），盖取羊皮，去骨肉制出，轻浮水面，骑渡乱流。李太仆开先《塞上曲》有"不用轻帆并短棹，浑脱飞渡只须臾"之句，其巧便已可概见。然浑脱只可渡一人，且下体不免沾濡，不若金川之皮船工省用溥。其制尤巧，用极坚树枝作骨，蒙以牛革，形圆如栲栳。一人持桨，中可坐四五人，顺流而下，疾于奔马，顷刻达百里，虽悬泉峻滩，曾无触碍。船中人咸相戒不得动，动即颠覆，百无一生。船不能行逆流，辄舣岸负之而趋，轻若戴笠。蛮俗不知刳木之制，大江往来，赖此一物。秋冬潦尽潭清，奔流凝碧，时见皮船，与波驶逸，正如一叶随风。缪清泉锡嘏尝作句云："随波奔荡傍斜阳，万顷舟中一苇杭。太乙莲花应并蒂，杜陵春水正相当。圆如月镜浮沧海，稳想禅杯渡法王。若与浑脱相比拟，未知谁更利中央。"最能曲肖。

金川夷人之房屋

夷俗称土司署所为官寨，民居曰寨子。每一户中，必有一两座碉房，为守望之所。头人土目家，并有经楼及转经楼，俱华瞻精致。碉楼如小城，下临大山颠，有高至三四十丈者，有数十层，每层四面，各有方孔，可施枪炮，家各有之，特高低不一耳。顶上四周，遍竖杂色布旗，旗各印刷佛经，以多为贵。造屋尽用土盖，先砌石作墙，架巨木为梁，以杂木横搭之，盖土于其上，筑之令坚，虽倾盆雨不能漏，惟淫雨连月，须加土再筑。其砌楼及一切墙垣，俱砌乱石，远望作冰裂纹，整齐如刀削，虽汉人工巧者不能及。其所用阶梯，以独木截成锯形，凹处仅容半足。汉人登之，不能动寸步；彼徒负重上下，狷捷如飞。间有木板盖房，上置碎石压之，衙署处处皆然。然陡发狂风，走沙飞板，从空击下，剧足怖人。木板俗称瓦板，以杪木爆［曝］干，用斧劈之，自成片段，无事刀锯。楼中设机轴如车轮，四围刻佛像，罗列经卷印布，手推之即旋转，俗谓转经楼。谓推转时，佛像经卷，尽从身过，不啻诵经宣佛号。又有名转转经者，长三寸许，卷迭佛经数千言，贮以铜匣若竹筒，上有机捩，可以旋转。佩胸前，日夜捻动，以当宣诵，亦即转经之意也。

金川之淫祀

金川多喇嘛寺，大者殿宇如浮屠，中间空洞直上，四旁重檐迭拱。塑释迦象一，如中土。余俱塑欢喜佛，多至千百，皆青面蓝身，作男女交媾状。机捩随手展动，不穿寸缕，或立或坐，丑态万状，却未见有卧像。清净祇园，不减唐宫镜殿。询之喇嘛，云是佛公佛母。然何描摩床第秽亵至此！男女身有璎珞宝玉嵌饰，兼以骷髅作杂佩，或缀垂马缨，身下衬藉者无非骷髅。更有所谓牛头大王者，形如夜叉，独立诸欢喜佛间，瞠目注视，似未得其偶而有流涎之状，下阴翘然，手自捧持。云是护法菩萨。

金川夷人之春秋朝山

金川章谷之墨尔多山，高插云霄，相传释迦佛成道处。上多喇嘛寺，常出异僧。

土人每岁春秋，不惮千里，必往参谒，俗称朝山。山巅一峰，名玉笋峰。天日晴朗，辄有云气迷之，不甚明了，惟天阴时瞭然在望。亦一异闻也。

金川夷人尊卑之严别

金川各土司部落，俱数百年来父子传袭，未尝有变更。其间亦有贪纵淫虐者，百姓至死不敢贰。夷俗上下之分极严也。无论土司，即以头人论，百姓莫不敬之如神明，无一言敢稍拂。居家妻不敢与抗礼，或自远行归，其妇必率家属及百姓男妇跪迎数百里外。观此可见一斑。

金川夷人之刑法

金川土司中最重窃盗，事犯辄捆缚犯人，投诸大江中。杀人者，罚牛马银物入土司赎罪。至奸淫一事，不足为异，未见有告讦者；即或事败，不过私自罚柴数百斤而已。其有规避徭役，不遵土司饬遣者，例最严酷，籍没其家，将其人并家属分卖各部落为奴。

金川夷人之炊爨法

金川土司寨子，正中一间，必挖地炉，置锅为举家炊爨所。或支铁架，或系铁索，下垂数十鼎锅，一时并举，最为便益，地炉四围，男女杂坐烤火，无间冬夏。汉人居夷地久者，虽夏月亦喜煨榾柮。甚矣，习俗之移人也！

金川夷人之欢会

金川夷人俗喜跳锅装。嘉会日，里党中男女各衣新衣，合包巾帕之属，罄家所有，杂佩其身，以为华瞻。男女纷沓，连臂蹈歌，俱欣欣有喜色。腔调诘诎，无一可解，然观其手舞足蹈，长吟咏叹，又似有一定节奏。亦任侏之亚欤？

金川夷人之担物法

黔楚苗瑶及西藏夷人，携带货物，或缠缚头顶，或系绊脊膂，头不得转动，身不得屈伸，肩挑手挽，劳苦尤甚。然彼徒习以为常，乐此不疲。至金川夷人，辄用皮条长数尺作活套，束物系背，仍手持其端。劳顿时，背就蹲石，手松其套，可小憩。盖金川跬步皆山，顽石瘢伏，支撑良便，夹道崎岖，又复盘旋曲折，若用横担，非特上下触碍，抑且转侧多阻。因地制宜，其法尽善。

金川夷人之岁时

金川夷人于正朔长至令节外，复于岁中扣满三百六十日为一周。是日互相往来，登堂称贺，不计闰，不计大小尽，不计冬夏，总以周天为度。特重十月、十一月节令，每年十月十三日及十一月十四日，头人家及土人之在官者，辄聚亲戚男女及其所部百姓，宴饮赏劳，欢笑竟日，倘亦吹豳息蜡之意邪？

金川夷人之教育

金川夷人不知有儒教，读书识字，皆奉藏经为授受，如内地旧时私塾读四书五经然。然字画又与西藏稍异，其有学业深邃者，辄远赴西藏，从班禅喇嘛处，博览群经。十数年后归来，便翘然自异，群以喇嘛目之，抗衡于土司酋长之列。徭役赋税俱捐免，亲戚朋党，咸趋承恐后，不敢于抗礼。有延之诵经者，赠贻倍优。以故民间兄弟多者，必有一二人为僧，由俗所尚也。

金川夷人之徭役

金川夷俗，多力役之征。一家中更番出应，终岁几无虚日。惟喇嘛及土僧得从优免。此外虽头人之弟兄，亦与齐民同作苦云。

金川夷人之迷信一

金川俗尤信鬼。夷人患病，延喇嘛诵经咒，复捻酥油肖病人形，为替身，送诸荒野。或舍身为僧。其室家殷实者，辄雇人作替。岁时傍节，先立土坛，设纸供数事，厚叠薪刍，选两长人蹑肩矗立，高及丈许，蒙以大衣，殆如赤郭，盖取食鬼之义。人各执弓矢，鸣钲鼓，四处寻索，追至土坛，将积薪焚之。俗称尔布斯，犹有《月令》大傩遗意也。

金川夷人之迷信二

金川夷人，俗既信佛，家各有经堂，有事必延土僧及喇嘛礼忏。夫所谓土僧喇嘛者，出家而在家，居处并与人同，特无妻室耳。然口诵佛经，手执牛羊肉脯，咀啮无拘忌。梵筵乐器中，有声似觱篥者，削人胫骨为之。又有小鼓如兆鼓者，截两骷髅，以胶漆粘连囟骨，两面蒙人鞟，取阅之，色微黄，薄似羊皮而腥秽特甚，令人森寒直毛发。吁！彼徒所谓佛法，殆与采土折割者又何择乎？

金川夷人之奇形

金川夷人终身不留髭须，间有留者，卒蜷如佛顶螺髻。更有一种三撮须，最为奇观，两口角及下唇三处，各留少许，如初生榆荚大。虽于思长鬣，仅存数茎，随风飘飏，乍见令人捧腹。

金川夷人命名之奇

金川夷人，儿初生时，辄延喇嘛诵经咒，祈福命名。名字自一、二至六、七字不等，大抵取藏经中绝佳者，以致什伯雷同，甚难识别，竟有父子同一名者。

金川夷人之婚俗

夷俗无问名、纳采诸礼，男女率先私合，然后婚配。男家遣喇嘛拣择吉日，通知女家，其期两家各延喇嘛，诵经礼忏。亲戚邻里，咸集女家，厌饫猪膘，吸杂酒。男家倩一人前往，如媒妁礼。女家亦倩一人，壶浆以迎，酌之酒。男家人长跪而后饮之，女家者端坐不动也。饮毕，群拥新妇至夫家，笑言谑浪，相率跳锅装。跳毕，各侈饮啖。既醉既饱，忽如鸟兽散。自此往来不常，食宿无定所，迨生有子女，然后依栖夫家。

金川夷人之起居

夷人无姓氏，不知有族属，遂至婚媾混乱。即居处亦大可异，男卧碉上，女卧碉下。男女分类杂处，卧无定所。无床枕衾褥，惟毛毡贴地而已。虽新婚夫妇，不同室，夜间鹤步下梯，暗中摸索，未闻有以暗入桃源诋诮者。相沿承俗，犹有弄明遗风，惟土司头人家渐循华礼也。

金川夷人之耐寒

金川夷人儿生不洗浴，以手拭之，寝之地而裸体焉，不知襁褓绷裹；然亦未尝感冒风寒。行旅往来，身携裹粮，托宿长林丰草间，蒙以披毡，虽遇冰雪，坐卧其中，曾不知疾。盖垢腻既多，腠理自密，风寒不得而入；要亦自幼习惯使然也。

金川夷人之装式一

金川夷族，俗喜畜牛羊，春夏日暖，多剪取牛羊毛，绩线作毛毯，男女衣服取给焉。郑康成《尚书注》“织皮，西戎之国”，良不诬也。衣服之外，横披大幅长毯，若释氏袈裟，日以蔽风雨，夜以代衾褥，寒暑不改服。好徒跣，男女皆同。间用革靴，形制诡异。男子穿袍裤，女子短衫长裙，无裤，裙带阔尺许，亦用牛羊毛织成，下垂五色流苏，其重足以压风。

金川夷人之装式二

夷人数十亩之家，必留三五亩种麻苎，阖家衣服，借以取给。近日蛮女下裳，多用白布或藏绸制成，边幅镶红布襞积，细致如百迭裙。头人家妇女衣裙，多用碎锦镶成，临风飘飏，颇似古时舞衣。

金川夷人之装式三

夷人耳饰累坠，大于腕臂间条脱，幸空中不甚重，特讶其耳际垂晌，为地有限，何能衔此巨环？询之土人，始知幼时穿耳，即用桦皮卷塞，日渐增添，后遂可贯拇指。发梳数十小辫，挽结作髻，梳时极难，非半月不办。每月只梳一次，其解发垂髻，即入月洗裙日也。俗不贵珠玉，特重珊瑚、宝石、绿璁、砗磲，用金银镶嵌作首饰。

金川夷人尚武之精神

夷俗尚武，咸工击刺之术，虽妇女亦解谈兵。闻有征调，踊跃向前，临阵奋不顾身。男子喜佩刀，俗称左插子，身衣毯袍，长仅及胫，围帛两端，垂缀尻后如尾，无贫富皆同。独腰间佩刀长尺余，外鞘镶嵌不一，竟有值至数十百金者。佩犊佩牛之说，严禁未能禁革。且多膂力，类能手揽强弓。弓小如箕，弦控牛筋，复粗笨不相称。镞利甚，却无翎羽，是以射近能饮石，不能及百步之远。又善用火枪，枪制亦与中华小异。

金川夷人之字画

夷人写字，用竹筵削尖蘸墨汁，犹有古人漆书遗意。字形如蚯蚓，变化不一，细看之，似有行楷之分，其横写侧读，则在满文回字之间，喜向缯布画佛像，施朱傅粉，仍用画笔。绥靖画手，推土僧羊中尔告为第一。然佛像外，翎毛花卉，俱不足观。

金川夷人之饮食

金川无米谷，夷人日食馇粑，炒青稞磨粉，或用大麦、小麦、碗豆为之，入牛乳酥少许，以手搅和，捻成团子。食毕，铦手及所用木钵，以舌代盥洗。手黑如鬼，终身不浣，无碗箸，亦无盐醋诸物调剂。头人或用盐，然惜之如金。

金川夷人之工艺

夷人亦解造纸，利取楮树皮，入锅煮烂，复用杵椎捣之，澄诸清水中。竹帘木械，并如汉式。随造随晒，顷刻可成。虽极坚韧，然质厚理粗，不堪供书写。其有细薄者，颇似高丽纸。楮树自一二尺至四五尺不一，遍地皆有。二三月间开小黄花，攒簇如桂。

金川夷人之索卦

夷人索卦，即蓍卜之法。地上先布土石杂物，卖卜者手执牛毛绳八条，每绳两端各有散毛如流苏，即于散毛上，随手挽结掷地。卦成，取木或石分行标识，如是者三，以定吉凶。

金川夷人之奕棋

夷俗奕棋有两种。一名板带屑，二人对下，枰内二十四位，人各十二枚，子先尽者为输。一名孔屑，与汉大马赶将军戏同。无象棋、围棋诸戏。

金川夷人之数理

夷俗于数理一道，不知有乘除诸法，所恃惟牟珠一串，曰诵佛所需，亦即用以记数。多一曲折，即茫然不知所为也。

金川夷人之语言

金川夷人，语言诙异，谓水曰答几，火曰突米，称其头人曰达鲁，称其土司曰而甲而布，非通事译字，不能解也。

金川夷人之幻术

夷俗能为变鬼法，或男子，或妇女，变形作羊豕骡驴之属，啮人至死，吮其血。学其术者，授咒日诵之，渐能变化，自后或猫或狗，随其意为之。以盗窃人财物，间有被执及击毙者，辄与禽兽无别，惟齿牙如人，不能致变。然则《太平广记》所载板桥三娘子易饼变驴一事，未足惊异矣。

黑账房生番之生活

绥靖与绰斯甲部落交界，再进十数程，有一种生番，名黑账房。其地不生五谷，性好剽杀，日以搏取禽兽为业，盖亦打牲夷类。家各畜牛羊千百头，毡肉酪浆，所居无屋宇，以牛皮作穹庐荫庇风雨，迁徙无常，月尝数易，率皆深山穷谷中。其俗无头目，兼并凭陵，自立部落，推慓悍者为雄长。虽巉岩深堑，层冰积雪，辄纵马未尝颠蹶。其地无盐茶布帛鼎碗之属。就近番民，结数十人贩卖，可博十倍利。其相失在后，及一二人独行，每被抢劫，俗称放夹霸。所产马，性极骁腾，生番亦常挟以易货。

崇化章谷夷女之异装

布拉克底部落毗连崇化，巴旺都落毗连章谷。两处男妇服饰，犹与金川相同，所异者，未嫁之女子不穿裙裤，上衣极短窄，复用麻线及羊毛线粗细如钱串者千百条，长仅尺许，束腰际，垂掩前阴如帘箔，以兽骨裹护尻后，自股髀以下，竟赤缕无纤缕矣。风吹日暴，色皆类炙脯，严冬亦如之，贫富皆然。乍见令人惊诧，此与裸形国何异？土人云：处女耻言裙，必嫁后始得衣裙，其彰［障］身制度何诡异乃尔！

达围寨土司之状况

达围寨凡三层，其制下以栖夷人；中层之右，土司居之，中［疑当作“左”］为喇嘛诵经所，中供佛；上层则土司妇女所憩也。夷人皆上衣下裳，妇女服长衣，内著裤，辫发作数十条，约之以绳。其衣率罽毯氆氇之属，附以杂色。男女戴喇嘛帽，头目耳缀大环。二瓦寺沃人皆剃发作辫，而金川则多蓄发。

连州八排之瑶风

连地自古无瑶，连志载自宋绍兴年间，州乡宦廖姓者，为西粤提刑，及旋里，带瑶八人防道，见连地皆深山峻岭，易于耕锄，遂不去。始居州境油岭、横坑各山，刀耕火种。及日久种繁，越居连山境内，又分五排，曰大掌岭、火烧坪、军寮、马箭里、八峒，其小排十七冲或二十冲，散处不常。皆居峻岭邃壑之中，历年以来，衍息不可胜数。距县治仅一二十里，县治又当五排之隘口。

瑶之先，相传出自盘瓠，世远代杳，盖莫可考，性犷而悍，缺舌侏儒居高山，刀耕斧种，椎髻跣足。近有入城市者，颇习揖拜，渐次问华风矣。但其人耐寒署，善走险，精药弩，惯捕猎。儿始能行，烧铁石烙其跟蹠，虽践枳棘嵺石，终不能伤。或令儿童著长齿木屐，旋转石碛上，日十数回登山，俾其习惯陟岭，健如猿猱，平民莫能及，而瑶人亦颇以此自持［恃］。良善者重然诺，畏鬼神；奸黠者狡猾难测，奋不思难。逞强行凶，四出劫掠，皆此辈也。远出包裹米饭，虽经时腐败，不以为秽。食毕，掬涧水饮之。窃人牛，刳去其肉，张皮木橛，使中凹可受水，以火煮之，饱餐而去，以牛肉为粮糗。盖其俗使然。又一种，衣食居处与五排稍同，独妇人以三角薄板系髻，名曰带板瑶，住居黄南。又一种，妇人带长笄一枚，名曰带箭瑶，亦居县域。今皆改服饰，守法度，化为良民矣。独大掌岭、火烧坪、军寮、马箭里、八峒五排，未能全变瑶风。

四时之候，寒暑不齐，匝月之间，凉燠顿异。隆冬桃李犹华，盛夏衣不去绵。谚云："不食黄茅粽，寒衣不敢送。"又云："四时皆是夏，一雨便成秋。"每当八九月，寒署相搏，晨起岚气蔽天，薄午方散，俗谓禾黄瘴，一名黄茅瘴。是时有蜂色黄，鸣飞成队，人谓黄蜂瘴。又木樨开时，岚气随香而入，俗谓香花瘴。大抵宜咀姜饮酒，勿饱食，勿眠，若或不谨，便易成疾，旅寓者尤不可不知也。若瑶人则全不畏此，诚异事哉！

曰盘，曰房，曰唐，曰沈，曰李，曰莫，曰冯，曰黄，曰邓，曰何，大略不过此十姓，以行次为名，间有呼其别号者，如青菜、烂酒、憨狗、蚂蚁、鸡臀尖、中山镇、老虎擦、黑毛尖之类，必排中之豪者也。

男子皆大领左衽，裤用青布，裤脚以五色绒横绣之，腰间缚包肚，或皮带。少年衣领下加白布一幅如女子云。肩以绿珠数串缀于白布之上。女衣幅袖以五色绒密绣之，后衣则长过膝，无前襟，余布二幅不绣，左右相交遮肚，转后下垂。女裙前用青布一幅，印白花，名曰裙襬。裙无折，无后幅，用衣遮脚。跣足，素不识履，夜睡亦不洗足。

瑶无冠礼，少年男子以五色彩珠及绵花作条饰髻，上插鸡尾，以为美观。男二十余岁，不剃发，以红布缠头，兼用网巾，穿耳环。女年至将嫁，发长以为羞，择日于私室梳髻，以五色绒绣红布缝为头包，其名曰帕，其状上尖，两角上圆，罩发，昼夜不脱，不令人见。嫁三年后，换白布，不绣绒。

少年男女唱歌山坳，其歌男炫以富，女夸以巧，相悦订婚，宿于荒野。或会度衫带长短相同，遂为婚。次日告父母，方请媒行定。用红纸包盐十二两，又用茶一包，系以红青麻线，银一钱二分为定。近岁间用年庚行定，及娶办银二两四钱，贫者或一两二钱，猪肉四十斤，富者或六十斤，酒一壶，鸡一对，用糯米作圆糍，大如月饼，为聘。女家用一十四人送之，男家各酬牛肉一十二斤。婚日，新郎避出于外，至夜卑幼送回，成婚不告。野合先，婚配后，此为悖谬之甚者也。

凡丧，亲族送楮钱一束焚之，白布一幅盖骸，修斋一夜，次早抬尸至山房，用棺木择日而葬。丧家穿白衣。

凡遇丧，亲族用楮钱一束，酒一埕为祭，婿用草纸一百张，米一斗，酒一埕。

凡贺寿，亲族用肉一碗，酒一壶来庆。惟婿办鸡一只，酒一壶，布衣一件为祝。岳翁以银一两酬之。

至于岁时之令节，正月初一日，鸡鸣，先击米箕，后击锣鼓，放铳，吹牛角；天明，备酒肉糍茶各二碗，箸两双，拜祖宗。是日新郎亲送酒肉至岳翁家拜年。主人请亲族聚饮，计客多寡，婿出钱作封，每客送银二分。越日各客请酒，用生肉二斤为酬。元宵，击锣，挝长鼓，跳跃作态。长鼓头大中小，黄泥涂皮，以绳挂颈，或云亦古制也。男女相杂，至山岐唱歌。三月初三日，谓之开春节，备酒肉，祀祖宗，请岳翁饮酒。清明，凡祭新坟，亲族各送楮钱一束，焚于墓前。主人酬以米糍四块，肉二斤，相聚轰饮。惟婿送楮钱一束，酒一壶。四月初八日，谓之牛王诞节，备酒肉，祀祖宗，请岳翁来饮。七月初七日，谓之七月香节，备酒肉茶盐米糍各二碗，箸两双，祀其先祖。此节瑶人最重，有事于外者，必归其家。每岁至七月，瑶人四出窃牛羊及鱼等物。民国间更加提防。八月早禾初熟，请岳家尝新，又发肉银一钱或五分赠之。十月，谓之高堂会，每排三年或五年一次行之。先择吉日，通知各排。届时至庙宰猪奉祖，列长案于神前，延道士坐其上，每人饭三碗，肉一碟，口诵道经，瑶人拜其下，以筊卜吉凶。富者穿五色绣衣，或袍或衫，必插鸡羽以首，足穿草履或木屐，或赤足不袜，系金银楮于竹篙上，手执之，击锣挝鼓，赛宝唱歌。各排男女来会，以歌答之。至夜宿于亲戚之家。间有以银牌红布作贺者，客回，主各酬以生肉。除夕，备酒肉，祀祖宗，男妇聚饮。客至宜款待者，瑶妇立待左右。

凡相聚议事，必设凳筵以延年老，无凳则以银酬之，名曰坐凳银。此礼犹为近古。

祀神，前用人数队，戴革兜，穿皮甲，持抢链相逐，次以一人抱木像，旋转而行，口作鬼啸。又次老瑶数人，穿红袍或绣衣，皆持白扇，拱手遮面，口中亦作鬼啸。每数步，聚舞喧哗，焚楮放炮。

广 东

广东人之性质

广东人富于排外性，无论政商学界，乃至劳动苦力之夫，莫不抱此思想。属彼乡人，虽甚恶之，不肯扬其恶。苟非其类，虽所爱好，必欲屏斥以为快。如对外交涉，历来争持之烈，均为他省所不逮。其爱国爱乡之忱，均堪惊叹。

粤人性情高亢，不为人屈，酒楼茶肆之役，人唤以伙计则应，呼以堂倌则怒目而视。绅富之家雇用舆夫或男女仆役，均称请而不称雇。其主人则多与仆役共饮食，惟遇有生客则否。

粤人好大而喜新，急功而易动，故为之长官者，遂不易驾驭。彼等对于官厅，其初至也，一事之合，奉之若天人；其莅久也，一事之失，恨之若仇雠。有能以新学说、新主义相号召者，倡者一而和者千，数日之间，全省为之响应，虽以势力制之，此仆而彼起，莫能遏其炎焰。故有利用之以作奸犯科者，有善导之而创建功业者，皆较他省易于措施。

粤人性质既刚，其流而为盗贼者，则更进而为犷悍。粤盗之盛甲全国，劫兵轮，抢军械，掳人勒赎之风，视为司空见惯。但以穿窬派论之，此辈常挟利军器于身，弗愿人见，或瞪目视之，彼恐其相识也，无论如何哀求，决不相舍，必欲制其死命而后已。故老于粤中者，遇此等事，只合合眼假寐，任其胠箧，方能免于难。此亦可见粤人犷悍之一斑矣。

外郡土客，仇杀未已，且不受官劝。乡村族居，多建炮台，县官催科，动必发兵，幸而战胜，惧乃纳税。省中录囚，日署百人，皆无辜之穷老，受钱而代死，子卖其父，如犬羊然。轻命嗜货，有如此者！

广东之赌风

广东地性蒸暖，易生疾疫。民无正业，习为博盗。白昼攫金，雾刃连队，有白鸽标之戏。标主以《千字文》二十句为母，每日于二十句散出二十字，令人覆射，射中十字者，予以数百倍之利，其余依次而降，四字以下为负。其法以二文八毫钱为一标，由此而十而百而千，悉从人便。其名有一炷香、八搭二、九撞一、大板罾、小板罾、河汉百子图等目。谓之鸽者，凡鸟雄乘雌，鸽则雌乘雄，且性喜合，以八十字之雌而十字之雄，最易合者也，义盖取此。此敛财之巧术也。意钱掷骰，割肉悬壶，藏钩压牌，皆供赌输。愚者倾家，智者疲神。

广东妇女之特性

在北京的广东妇女，选自《北京民间风俗百图》。

粤中妇女，向称贞节。女子作嫁后，果系贞节，夫家则多备烧猪分馈戚友，床第之私，守宫之验，明告六亲，夸以为荣。否则父家之人，群起而逐新妇，途中且杖而驱之，使弗能为人。故妇女于能吃烧猪为荣，非是为辱，则父母国人皆贱之。

广东女子，多有犯绿郎以死，男子多有犯红娘以死者。谚曰“女忌绿郎，男忌红娘”，盖皆婚姻不及其时，情欲之感所致也。

广东之妓女

粤中妓女，向称老举。老举二字，不知何所取义。或言老举当系老姝之讹，姝者女子也，老者称谓发语之词，犹言老李、老张也。雏妓则称琵琶仔。粤人言及物之小者曰仔，读音如者；琵琶仔者，或言捧琵琶之雏妓，或言其身躯幼小，绝类琵琶大小也。此等妓女，初见时不问姓名，不通款曲，与之语，正色作答，意尽而止，不多赘一词；苟弗与语，则终席不发一言；或偶触以手，则趋避不遑，若将浼焉。席终，索局资，声色俱厉。畀以毫子，则掷地辨声，苟有铜毫，或不能通用者，当场请易，不稍假借，虽叫至十数次，不改其态。其冰冷之气，直如令人坐冰窖中。然至资格渐老，交情既深，则脉脉深情，常流露于不知不觉之间。或两情契洽，金屋娇藏，又能始终不渝，坚贞自矢。故老于冶游者言：粤妓愈做则愈热，义益深，情益厚。外江妓愈做则愈薄，交益密，竹杠益大。此虽不能概及全体，然大致固如是也。

广东之生活状况

粤省与外人通商最早，又最盛，地又殷富，故其生活程度，冠于各省。而省城地方，则殆与欧美相仿佛，较上海且倍之。房屋一项，自马路通行后，普通每幢每月，亦在百金以上，惟大抵为三层楼居多。若繁盛市场，如长堤西关一带，则更昂矣。寻常日用之需，食米则每元自十斤至十二三斤，菜蔬之价与上海差等，肉食亦然。大抵食猪者多，食牛羊肉者少。然每日宰牛之数，常至二三百头左右。绸缎一项，大都来自苏杭，除先施、大新两大公司外，未见上等货色，而取价奇昂。若土产之生丝织品，则廉而耐久，常供中下社会之需，上等社会所弗屑也。土布之产出，种类亦多，足敷一省之用而有余。

粤人自奉颇厚，虽编氓之户，食必有肉，米必上白，亦他省所罕见。其佣为人男女仆人者，每月工饭亦在五元左右，盖非此不能自生活也。此外舆夫则每名十三四元，车夫亦在十元以上，街车街舆，价亦甚贵，大抵必倍于海上也。此为省城生活程度之概况。香港则与之相等，而澳门、汕头次之，各小商埠又次之。若夫消耗事业之发达，尤有骇人听闻者。

广东汉代陶屋，广州市汉墓出土。

广东之礼俗

粤俗凡婚丧等事，其施放爆竹，最为热闹。甚至国家庆典，欢迎佛人，或新官就任，机关开幕，亦非此不可。

又粤俗，凡遇公私喜庆等事，有舞狮之举。法用大鼓一面，其声蓬蓬，后随刀叉之属，中以一人扮作狮形，沿街舞蹈。此俗以新年为最多，犹之绍俗之龙灯会而较有尚武之精神焉。

广东之戏剧

广东省城有戏院四所，曰河南，曰海珠，曰乐善，曰东关，均演粤剧。惟东关戏院开演京剧。剧场组织，均极简单。平时售价，有贵妃床对号（即上海之特别正厅）及头、二、三等之别，自一毫至一元不等。若遇名伶奏技，则更为昂贵，至戏剧内容，大抵重文而轻武，或武生绝少，戏亦不多。所演各戏，皆从头至尾，一夜演完。近年以来，亦颇注重布景。然戏馆之建筑既不适法，布景亦不能完备，惟伶人所用服装，则争奇炫异，推陈出新，绚丽异常。

广东之宴会

广东之酒楼，可谓冠绝中外。其建筑之华美，陈设之幽雅，器具之精良，装潢之精致，一入其中，辉煌夺目，洵奇观也。著名大酒楼均在长堤一带，而城内亦间有之。其制大抵均为四楼，每家房间约二十余至四五十不等，不曰房而曰厅，厅不分号，而别以杨柳、芙蓉、青梅、红杏、太白、少陵、鸿儒、白玉等种种名色，颇不惹厌。此等厅房之组织，均用极珍贵之品，估其价值，每厅有达数千元者。开销既巨，自不得不取偿于顾客。大约每厅大者可容二席，小者一席。厅有租，大者每天八元或六元，小者四元至二元、一元。若逢年节佳日，有增至数十元者。酒楼规则，例无小账。每客一茶，价目二毫至四毫，面水亦然。席间所用酱醋辣质，每人一份，均另外加钱，不在菜价之内。菜以鱼翅为主要之品，其价每碗自十元至五十元；十元以下，不能请贵客也。翅长数寸，盛以海碗，入口即化，鲜美酥润，兼而有之。然以群乐、南园两家为最，外此亦未必尽能合法。常有以数十元之重价，而得恶劣之制品者。此外若烧猪、燕窝等亦为珍品。至平常之菜，大约自八元至十元，亦颇冠冕矣。酒类甚繁，山西之汾酒与浙江之绍酒，均为社会所欢迎。绍酒价格，每斤常在三、四毫间。

又有土产之酒颇多，其普通者为白糯米、黑糯米二种，味甘而性亦甚烈。若军政两界及巨商富绅之宴会，则多用洋酒，其值更昂。试以普通宴会之价值计之，厅租四元，茶资四元（以十人计），面水四元，瓜子二元，水果一元，干果一元，牌租一元（粤中打牌不抽头，每牌一副，租金五毫），翅二十元，菜十元，杂项十元，洋酒十元，则已为六十余元矣。若更加烧猪、燕窝、点心、汽水，或叫局唱戏，并小账及客人之轿班、差役等堂金，则已在百金左右，犹为寻常之宴会也。

广东之多妻

广东多妻制盛行。社会上咸以妻妾之多寡，视其人财产之丰啬，故往往有纳妾以为虚撑门面者。闻某富豪家，有胡椒树百零八株，每年收入极丰，而竟娶百零八妾，每妾各收一株之利益，以为饮食服饰之费。至于三妻四妾者在在皆有，盖如此方足以维持其中等人家之体面也。

作妾之妇女，大都出自贫家，此外则娼妓为多。然女学生慕虚荣者，间亦有之。作妾者但求衣食无亏，多不离贰，闺房之私，亦不计较。故一男虽有百十妾，绝少醋海风波，亦无桑间濮上之行。有谓广东妇女不好淫欲者以此。

纳妾制既如此盛行，一旦死一男子，即产出多数寡妇。寡妇俗称孤矜，又称鬼婆，人咸目为不祥人，以为其夫主之魂魄，常随妇身，有娶之者，必受其祟，故辄弃置不顾，无人再娶。其多财妇女，或可借以苦守终身，其贫者常作苦力以自活，欲觅琴瑟之好，其惟再世乎！

客籍之旅粤者，多不忌讳，实亦不必忌讳也。每有贪苦妇之财，娶为妻妾，或虽无财而廉其值，亦有娶之者。如欲娶寡妇时，先请媒人，同至妇家，与妇面谈。如以为可，即面议聘金及迎娶日期，书券为信，届期交款迎娶可也。但无论中意与否，须备红纸包银角二毫，为觌面礼，妇得其半，媒得其半，此常例也。

广东之瞽姬

广东有所谓瞽姬者，由营是业之龟鸨，选购秀丽婀娜之女，教之以歌舞，训之以应酬，迨至十四五岁时，龟鸨即施毒手，毁其双目，另装假眼，戴墨色眼镜以掩饰之。于是出而应客之征，卖唱为业，既不辨客之老少妍媸，亦不致有卷逃之虞，惟龟鸨之命是从，亦云惨矣！

广东之妹仔

广东有中年妇女，专以买卖妇女为生活，出其储蓄，选购贫家娇好妇女，盛为妆饰,运往西洋群岛各商埠,贩与当地华侨为婢妾,获利不赀。被卖之妇女,名曰妹仔。故男子被卖，名以猪仔，义原于此。

广东之自由女

迩来妇女解放之声浪日高，粤已有自由女一种产物。女子至成年后，绝不受家庭之束缚，家庭亦不欲束缚之，凡居住婚姻，均任女自由活动，俗谓为自由女。此种女子，甚有竟入巫山之梦，上焉者一宵之缠头费不过十元，其次则五元已足。盖欲借以选择乘龙快婿也,苟两情融洽,即可赋《关雎》之什。此种举动,女不以为羞,家庭亦然，社会亦视之淡然若忘，亦云奇矣!

广东之妈姐

粤俗中人之家，有所谓妈姐者，即佣妇之称，如苏沪之所谓杜姐是也。惟其性质，与别不同，每当黄昏，或夜阑人静，则常见有时装革履者，浑身黑服，头发光鲜（此等装束，粤谓之妈姐装），或三五成群，或独行踽踽，于西濠长堤十八甫一带，出没其间。此种人以一般青年寡妇居多，间或罗敷有夫，而为穷所迫者，亦有乡村少妇，既嫁而不肯归夫家者。闻此等妈姐，尝自立一行，其团体力甚大。有以月得之工资，储蓄为会，或畜少婢，以为货殖者，名之曰妈姐妹。然其中黑幕甚多，一入彀中，弊端百出。

妈姐之性质，不注重于月薪，别具一种思想。其有少年娟秀者，价值亦必较其他为昂。一入主人之家，莫不殷勤侍奉，逾于仆婢，务得主人之欢心。若主人年纪老迈而有少妾或小姐者，则必深得少奶奶及小姐之欢。于是由恋爱而信任，往往有席卷而逃者。否则多方引诱其少奶奶出外为非作歹，一般登徒子多借为引线。若其主人年尚轻而或有少主人者，妈姐必曲意奉承其主人或少主人，日久月累，于是桑间濮上，月夕花晨，而主人不可一日无此妈姐矣。甚或有名为佣妇，而阴为侍妾者。形形色色，不堪尽录。此妈姐对内之手段也。至若公余饭后之时，盛服靓妆，漫游于洋场僻道之中，一般轻薄者，或以语言调笑，作自荐之机，或明讥暗讽，为挑引之资，果属俊俏风流，不难另眼垂青。故粤之嗜此者，谓为淘古井（粤俗以人财两得为淘古井）。此妈姐对外之手段也。相沿既久，甚至有大家闺秀，亦效其装束，盖以其能惹起旁观者之特别注意也。

广东之蛋妇

粤有所谓水鸡者，即所谓蛋妇也，以其居水滨，故名。浮家泛宅，一叶扁舟，日以渡人为业，生涯亦颇盛。顾此等水鸡，则注意于夜市，所撑之艇曰沙艇，装璜美丽，洁净非常。每当夕阳西下，则灯火齐明，沿河一带，如西濠口、长堤、沙基等处，济济溶溶，触目皆是。一般青年蛋妇，盛服艳装，坐以待客，或高唱其咸水之歌，或娇呼其唤渡之声，于是叫艇呀，游河呀，乘凉呀，过夜呀，一片柔脆声浪，乍聆之如春莺出谷，殊令人解颐。遇炎夏时尤多。第见其衣黑绸之衣，长者及膝，着黑绸之裤，短及于胫，赤足盘坐，而露其雪白娇嫩之肤焉。夜度之资甚廉，然多麻疯之症，偶一不慎，则祸立随之矣。

广州岁时记

六月初六日，俗传为龙母娘娘诞日，群趋悦城庆祝之（悦城在德庆县，地濒西江）。是时建醮演戏，异常热闹，多有集会贮款，届期偕往参神者，数日后始返。惟是月西潦正盛，轮渡往来，以载客日众，常遭沉没，官厅每加禁止。又是日人家多检衣物曝之日中，故谚有“六月初六晒衣服”之谣。

十三日，俗传为鲁班先师诞。建筑家及水木工匠最敬奉之，是日休业庆祝，亦有建醮巡游之举。

十九日，俗传为观世音诞日，群往拈香顶礼，尤以妇女为盛。多有联集观音会，醵资为礼神用费，热闹极盛。

六月前后，城西荔枝湾，荷香荔熟，游客扁舟一叶，纳凉其间。夕阳西下，清风徐来，裙屐少年，三五为偶，游宴竟日。

七月初七日，俗传为牛女相会期，一般待字女郎，联集为乞巧会。先期备办种种奇巧玩品，并用通草、色纸、芝麻、米粒等，制成各种花果、仕女、器物、宫室等等，极钩心斗角之妙，初六日陈之庭内，杂以针凿、脂粉、古董、珍玩及生花时果等，罗列满桌，甚有罗列至数十方桌者。邀集亲友，唤招瞽姬（俗称盲妹），作终夜之乐。贫家小户亦必勉力为之，以应时节。初六夜初更时，焚香燃烛，向空礼叩，曰迎仙。自三鼓以至五鼓，凡礼拜七次，因仙女凡七也，曰拜仙。礼拜后，于暗陬中持绸丝穿针孔，多有能渡过者，盖取“金针度人”之意。并焚一纸制之圆盆，盆内有纸制衣服、巾履、脂粉、镜台、梳篦等物，每物凡七份，名梳装盆。初七日，陈设之物仍然不移动，至夜仍礼神如昨夕，曰拜牛郎。此则童子为主祭，而女子不与焉。礼神后，食品玩具馈赠亲友。拜仙之举，已嫁之女子不与会，惟新嫁之初年或明年必行辞仙礼一次，即于初六夜间，礼神时加具牲醴、红蛋、酸羌等，取得子之兆，又具沙梨、雪梨等果品，取离别之义。惟此为辞仙者所具。他女子礼神时，则必撤去。又初七日午间，人家只有幼小子女者，咸礼神于檐前。礼毕，燃一小梳装盆，曰拜檐前，祈其子女不生疮疥。俗以檐前之神为龌龊神也。复有一事，即于是日汲清水贮于坛内密封之，尝久贮不变臭味，曰七月七水调药，治热性疮疥，极有特效。

自七月朔至月望,俗名七月半,又称鬼节。各家皆择日以金银衣纸（即各种色纸，俗以为可制冥衣）、溪银（即冥中钱币）、元宝等冥具，盛于纸囊，加封缄固，称为包袱，书先人姓名官阶于其外，人各数包不等，于午后具酒馔祭祖毕，燃化之，曰烧衣。其夜又以种种冥具及水饭酒菜香烛等祭于门前，以祀无主之鬼魂。祭毕，燃冥具，舍酒饭于门首，曰烧幽。最后掷铜钱于街中，其意原借金声驱鬼，惟顽童多来争拾，闻声预集，喧攘无似。又烧衣亦有延迟至十五日以后者。

七月初六日，俗传为康元帅诞日，群往沙头庆祝之（沙头地名，属南海县辖境，在省城西，有水道可达。礼佛者舳舻往来，衔接不绝）。亦有所谓主帅会，即醵资以供礼神之用。

七月十三日，僧尼寺院有盂兰胜会之举。诵经施食，以祭幽灵。亦有人家附亡人牌位于会中，曰附荐。其妻孥女眷等，日夕临吊，哭泣甚哀，并有口串文语，随哭随道，如歌辞焉（粤俗凡遭丧故，女界多如是哭奠之）。盂兰会至十五日停闭，焚金银纸衣及纸制用物住宅等。

七月十五日，俗称为中元地官诞，礼神者多往观音山三元宫庆祝。

七月廿二日，俗称为财帛星君诞，建醮庆祝，各界皆拈香虔礼之，并有燃花炮、接胜灯之举。

七月廿四日，俗称郑仙诞。郑仙即安期仙，飞升于省城东门外白云山，祠宇在焉，曰郑仙岩，又曰云岩。礼神者皆往庆祝之，谓之游白云。并顺道游览附近诸名胜，如白云、双溪、濂泉、能仁、景乐诸僧寺，云泉、碧虚诸道院，九龙泉、摩星岭，滴水岩、蒲涧、濂泉之胜，有流连数日始返者。惟游玩者终不及礼佛者之盛，虽妇女亦间关跋涉，趋往礼佛。然陆道交通不便，且时有盗贼之虞，非合群未敢轻往。俗以曾游白云者，身体必加强健，故趋之若鹜。又俗以凡游白云，至少必二三年继续往之，甚有每年必往参礼者。又是日俗称城隍诞，廿三夜间，乡人及蛋户等，群往城内惠爱街都城隍庙露宿一宵，曰打地气。庙内外栖止殆遍，几无尺寸隙地，男女杂沓，扶老携幼，流弊甚多。地方官严厉禁之。俗以曾打地气者凡百顺遂，故乐此不倦。又是夜子时祝寿，凡上头注香者，获福无量，故非有权势者不可得。而打地气之流，其初盖为注香较早，后乃失其本旨，直曰打地气。

七月卅日，俗称地藏皇诞。苟是月小建，则地藏皇不开眼；大建则否。各家于是夜燃多蜡炬于中庭，以清香纸宝祭之。

九月初三日，俗称灶君诞，东厨司命定福之神，各家无不牲醴敬祝之，贫家亦必焚香燃烛，勉尽其仪。

八月十五日为中秋节，俗称八月节。节前十数日，市面有月饼出售，饼作圆柱形，高及二寸，径不及三寸，有酥皮、硬皮二种（俗有专以硬皮者为月饼，酥皮者曰酥饼）。酥皮饼其皮为多数极薄层垒，富于脂油，作红黄白赭诸色。硬皮饼其皮仅一较厚之层，以火烘作赭色而已。无论何种，因其馅之材料不同设立种种名目，如味咸者有咸肉、霉肉等月饼，味甜者有甜肉、金腿、烧鸡、叉烧（叉豚肉而炙熟者，俗曰叉烧）、豆沙、豆蓉、莲蓉、麻蓉等月饼，殚于缕述。购饼之店曰茶居，平时售茶，届八月时，其门首悬一挑凿通花之金碧木牌，颜曰“中秋月饼”，他时除去之。又有所谓月光饼者，饼甚小，其表面绘花草人物等，载以宏大华丽之玻面锦盒，其劣者粗加绘彩，纸盒盛之。节前数日，各家以月饼为馈赠之品，配以橼柚鸡鸭等，并以月光饼分遗小孩。节日互相庆贺，名曰拜节。祀神祭祖如仪。是夜以橼柚、月饼、果品及炒螺（石螺、红螺之属炒熟之，味甘可食）、香芋等拜月。夜半设酒馔中庭，宴饮为乐，曰赏月。翌夜再宴饮，曰追月。赏月、追月之宴，有于珠江之滨，雇河道船畅饮者。船宏大，陈设精美，调制肴馔，每有独到之妙。又是夜各家，以小灯联续多数，砌成字形或特殊形，高揭于家屋之高处，曰庆贺中秋，俗曰竖中秋。满城灯火，如明星罗列，即小孩亦有提灯之会，盖取光明之意。俗以十五夜月色明亮无瑕，则是年食用油类必平售，否则价昂。十六日，外嫁之女回母家拜节，亦称钻节罅。

广州之中秋节一

广州每至八月初间，城中各饼店门前挂一挑凿通花金色之木牌，上刻“中秋月饼”四字，很是精致。直到中秋以后，才将除去。店中陈列之月光饼有圆式者，有方式者，有椭圆式者，有多角式者，大小亦各不同，有大似盘者，有小似碗者，表面用种种颜色，绘花草人物等图，装以玻璃盒或纸盒，甚是美丽，人家多买之赠送亲友。另有一种月饼，因馅之材料不同，分甜肉、咸肉、豆沙、豆蓉、莲蓉、蒜蓉、烧鸡、烧鸭、金腿等

拜月同祀，选自《红佛记》。

种种名目，节前人亦多买之赠送亲友，名曰送节。迨至中秋节一日，各商店各工厂均皆休息。是日清晨，各家将月饼柚子及各种果品，陈列桌上，焚香燃烛，祭祖礼神。家中大小，互相庆祝，并有到亲友家去庆贺者，名曰拜节。迨至夜间，在天台或后园旷地，陈设方桌，陈列月饼、柚子、炒螺、香芋等，并燃香烛。各妇女向明月礼拜，拜毕，燃放爆竹，并坐明月之下，谈话、说笑、唱歌、食果饼，并有设筵夜宴者，至深夜月落，才各散去，名曰赏月。亦有在翌夜再宴饮者，名曰追月。赏月追月，亦有在江滨上，雇定河船，在船上举行者，乘凉畅饮，颇甚愉快。各家男女，并有在节前数十天，用竹条扎灯笼，及果品、鸟兽、鱼虫并各种庆祝中秋字样，上糊色纸，绘各种颜色，中秋之晚，燃烛于内，用绳系于竹竿之上，高树于瓦檐或天台之上，光亮灿烂，实与明月争辉。有时并有童子提灯会，沿街游行唱歌者。

广州之中秋节二

广州有竖中秋之举。竖字之义，颇涉不经，亦习惯语也。盖广州屋宇，多有楼台，中秋之夕，咸竖旗于台上，饰以灯笼，富家所悬灯笼或至百数，砌成庆贺中秋等字，年来有用电灯者，高可数丈。家人咸集于台中，聚饮为乐。而中人之家，竖旗一杆，灯笼两颗，亦自乐其乐。是夕若登高远眺，光芒万丈，不啻琉璃世界也。粤谚有云："八月十五竖中秋，有人快活有人愁。有人楼上吹箫管，有人地下皱眉头。"语虽鄙俚，颇得"今夜月明人尽望，不知秋思在谁家"之遐想。

中秋夜相传为月生日，拜月之风，非独粤省为然。其特异者，则礼节及果品也。月姐人称之为女神，故拜月之义务，多属妇人或女子。行礼之时刻，必以夜半，细语人不闻，北风吹裙带，至今思之，粤俗犹古风也。果品多用芋头、柚子、菱角、月饼（其味之精美，为各省所无，上海所销售者，亦远不及之）等类。拜月之后，即将是月所售入之柚子剖食，如柚子中通者，可卜吉兆；否则是年多忧闷（按上等柚子多中通）。亦迷信也。芋头必载以大盘，中藏一大芋，名曰芋头母，其旁则绕以小芋，取子孙众多之义。

月光书之俗，四乡多行之。虽然“月光书”数字，颇不明瞭，惟欲解释月光书之意义，不可不先知粤省之木鱼书。木鱼书者，粤曲之一种，纯用粤语以为弹唱，亦如上海新滩簧之一种也。木鱼书之种类极多，如《客途秋恨》、《三娘教子》、《蒙正拜灶》等类皆是。月光书者，即中秋夜所卖之木鱼书也。是夕玉兔初升，卖者咸集于道，高呼“月光赢”不止。盖粤人讳言输，输与书同音，故然。妇孺多争购，以卜吉凶，如所购者为《客途秋恨》，则有落魄之兆。如所购者为《蒙正祭灶》，则有先难后易之兆。殆粤人无一而不迷信也。

迷童子之俗，本与中秋节无关，惟迷童子多行于中秋最后之数夕，因月明如昼，后有谓必于是日举行，始获灵验，故亦成中秋节之习俗焉。其法先择男子一人，令合眼危坐。作法者乃先烧符一度，其符咒极简单，人多知者。令数人手持香火一大把，向童子前后摇曳，若画圈然。约半小时，童子即喃喃自语。众乃呼曰：“师傅至矣！”复问曰：“师傅喜用刀耶抑剑耶？”问至男子点首，即为合意，众乃以器械授童子，觉飞扬起舞，若有家法。演毕，男子即睡倒，呼其名即醒。或曰：是殆野鬼游神所凭借也。惟中秋节前后，迷童子之俗所在多有，何野鬼游神若是之多也！殆亦精神作用，男子久坐为符火所迷，遂动作于不自觉耳。

又粤俗八月朔日，诸女士树三角小旗于庭院，上缀银铃刀剑诸物，风过锵然，殊堪悦耳。夜则悬红灯三碗于竿头，至月晦始罢，洵兰闺韵事也。

广州之七夕

广州风俗，綦重七夕，实则初六夜也。诸女士每逢是夕，于广庭设鹊桥，陈瓜果，焚檀楠，爇巨烛，锦屏绣椅，靓妆列坐，任人入观不禁，至三更而罢，极一时之盛。其陈设之品，又能聚米粘成小器皿，以胡麻粘成龙眼、荔枝、莲藕之属，极精致，然皆艺事，巧者能之。惟家家皆具有秧针一盂，陈于几，植以薄土，蓄以清泉，青葱可爱，乃女伴兼旬浸谷，昕夕量水，凭炎热天时酝酿而成者。睹此觉中土“谷雨浸谷，芒种莳秧”之说，犹滞古谚，拘于地、囿于时也，广州盛暑时，昼皆衣单絺衣，夜较凉，可衣复絺衣。其天时如此。粤稻岁两熟，七月莳秧，十一月刈稻，以为常。

广州之金花夫人

广东金花妇人庙最多，其说不一。或曰金花者神之讳也，本巫女，五月观竞渡，溺于湖，尸旁有香木偶，宛肖神像，因礼之月泉侧，名其湖曰仙湖。或曰神本处女，有巡按夫人方娩，数日不下，几殆。梦神告曰："请金花女至则产矣。"密访得之。甫至署，果诞子，由此无敢婚神者。神羞之。遂投湖死。粤人肖像以祀，呼金花小娘。后以能佑人生子，不当在处女之列，故改称夫人云。神诞为四月十七日，画舫笙歌，祷赛极盛云。

广州之仔字称呼

粤俗呼泥腿曰滥仔，呼幼稚曰小仔，呼幼女曰柳阴仔，呼使女曰美仔，呼十岁内男女曰囡门仔，呼纨袴曰河官仔。案仔即崽字，音宰，北人以为骂詈之词，与羔子、蹄子等矣。

广州之密蔷薇陋俗

嫁女送亲，所在皆然，广东顺德县为尤甚。凡来者环立门外，主不迎送，亦不供茶酒，名之曰密蔷薇。

广州之飓讯

粤中濒海多风，正、二、三月发者为飓，五、六、七、八、九月发者为台。台甚于飓，而飓急于台。习海道者设为占候之法，或按节序，或辨云物。正月初四日为接神飓，初九日为玉皇飓（此月验也，一年皆验），十三日为关王飓，二十九日为乌狗飓，二月初四日为白发飓，三月初三日元帝飓，十五日为真人飓，二十三日为妈姐飓（即天后诞辰也。凡真人报多风，妈姐报多雨），四月初八日为佛子飓，五月初五为屈原飓（系大台之旬），十三日又为关王飓，六月十三日为彭祖飓，十八日为彭祖婆飓，二十四日为洗炊笼飓（自十二日至二十四日，皆大台旬），七月十五日为鬼飓，八月初五为大台旬，九月曰九降（自初一日起至十八日止，往往风迅发不常），十月初一为大台旬，十八日为弥陀飓，十二月二十四日为送神飓。飓可支，台不可支，盖飓散而台聚也。

广州之娘妈会

旧历三月十七日，广东有娘妈会之风俗。凡值会者，于是日必备具烧猪、红包、棋子饼以及各种之果子，或各种之糖果，一直扛到庙中祭娘妈，俗称做寿。祭毕，全体会友到当值会者之家中，将祭品大家平分，携回家中，俗呼抽肴。与绍俗之子姆会，实大同而小异也。

广州之银洋称呼

粤中所用之银不一种，曰连，曰双鹰，曰十字，曰双柱，曰北流锭，曰镪，皆乾隆初年以前所用。其后外洋钱有花边之名，来自墨西哥。又有鬼头之名，盖外人往往以其国王之像印于钱面也，今民间呼为番面钱；以画像如佛，故又号佛番。南、韶、连、肇多用番面，潮、雷、嘉、琼多用花边。粤中用钱，千敲百凿，率皆烂板。其发江浙者，曰出舱光板，无一椠痕。每圆以广平秤之，足重七钱二分，以寻常通用烂钱易之，每元加二三分四五分不等。

广州之麻蛋烧猪

煎堆一名麻蛋，以面作团，炸油镬中，空其内，大者如瓜。粤中年节及婚嫁，以为馈遗。又粤俗最重烧猪，娶妇得完璧，则婿家以此馈，女氏大族，有用至百十头者，盖夸富也。如不致送，则媒氏随押妆奁，背负其女而归矣。其他赛愿敬神之事，率皆用之。最足奇者，观音诞辰，亦荐此品，岂佛门清净之戒，不至南天欤？

番禺之婚俗

乡间娶妇，大约过礼后三五年迎亲，迎亲后又三五年而新妇乐家，此固习俗使然，而老婆债亦为一重要原因也。盖贫家娶妇，亦须用数百金，其金多由息借或请会执会而来，是谓老婆债。过礼所用，以至迎亲，恰可清还。迎亲所用，以至乐家，又恰可清还。还清老婆债，然后谋所以养妻子。贫人生计，大都如是。

乡中女子，习染归宁不返之风。回软即返母家，及将满月，再回夫家数日。此后则元日、端午、中秋照例须回夫家过节。有不愿者，先时逃避，谓之走节。节后数日，便归母家。亦有终身避匿，不回夫家，亦不回母家者，谓之走密身。迨至夫死，乃如常出入。又有为夫立妾，以遂其不返之愿者，谓之赔银；贫家多有之。

女子出阁后，约留夫家数日，即回软。自是除过年过节外，以在母家之日为多。必俟有子，始肯乐家；否则迟至十年八年者有之。若逼之太甚，则往往轻生服毒死。故为翁姑者，每托词姑病，接妇回家。留三两日，妇又常托词送嫁，仍返母家。谚曰："家婆多病痛，新妇多嫁送。"所谓多者，非真多也，皆托词耳。

乡人因女子乐家迟，故早婚者多。中人之家，大约十七八岁便置家，盖待至新妇乐家，亦已二三十矣。若贫寒之家，则娶者迟，嫁者亦迟，往往四十乃有子。此富家较贫家所以常多一二代也。

俗谓弟妹嫁娶，先于兄姊为跨（读揽去声）头，兄姊不能嫁娶，致误弟妹之婚期者为阻头。阻头不便，跨头不祥，故通常十二三岁即定婚。然有因拣择过严致成阻头者，谓之拣大；父母心急，即草草为之结婚。谚曰："千拣万拣，拣只烂灯盏。"盖指此也。女子自梳，多于此时行之，亦有伺他家男子夭折，往为执丧者，谓之冒贞。总之，自梳、冒贞以及归宁不返之俗，皆"阻头不便，跨头不祥"之说有以致之也。

乡中多有子娶妇，满月后即使之过埠谋生者。夫无怼语，妇亦无怨言。盖徒有夫妇之名，而未有夫妇之实，故皆淡然若忘也。数年之后，其夫归里，而新妇恰亦乐家矣。顾往往有嫌其妇年老或貌丑而买妾者，此则家庭之变，抑亦风俗之羞也！

乡间妇女，视贞洁二字最重，足称节妇、烈妇、贞女者，随处有之；而再醮者则百不一二，间有之，辄为姊妹所不齿，绝之终身；若淫奔更不经见。贞洁自守，相习成风，偶遇干戈，死者无算。闻咸丰间此风最盛，因拒贼而死者甚多，惜文献不足，乡人仅能言其事，而不能举其人，致轰轰贞烈，竟湮没而不彰，真一大憾事也。宁死不辱，今犹及见，间有过激者，因不愿与夫同室，或仰药以死，或乘隙而逃，或罄所积蓄为夫立妾者，视男女同室为大辱，等生命于鸿毛。此为乡间妇女之特性，若能维持之不使太过，风俗之美，何以尚之！顾自富人之势盛，而婢子之廉耻无存，自由之说行，而闺女之风纪渐坏。涓涓不息，流为江河，良用隐忧，曷胜浩叹！

番禺女子之不落家

大抵主张女子不嫁者，当以女子之生计为重要问题。盖女子确能自立生活，不需男子之扶助，即父母之力亦无依赖之必要，夫然后可言不嫁。番禺土地膏腴，居民多以蚕桑为业，家无贫富，其女子皆能采桑缫丝，一日所得，多则可七、八角，小者亦三、四角，乡间生活程度，固不若城市之高，以此自给，绰然有余。彼辈既有所恃，又以嫁为人间最羞辱之事，于是遂相约不嫁。即为父母所强嫁，亦必不落家。不落家者，嫁后不与丈夫同寝处，越日仍归母家，与同党姊妹为伴，谓不失落于夫家之意也。闻彼辈同性相处，情若夫妻，对于背约嫁夫者，虽无一罚惩之专条，然设为同伴姊妹所知，则预先锢之别室，不令返家。故为父母者，对于其女子嫁期，必先守秘密，时期已近，然后预备密室，闭其女不使外出。女之伴侣必相率而来，仍欲劫之他所，使不得应期成礼。或向之声罪致讨，诘责之，殴击之，致嫁者每有哭叫寻死之举。顾此为朋辈私约，不敌其父母之威权、男婚女嫁之通例，于是彼辈之第一步不嫁主义已经失败，则进而行其第二步之不落家主义。于将成礼之日，先将嫁者之衣服脱去，用布袋将其上下体遍加束缚，更密缝之，以为符记。及次日新妇归母家，诸女伴乃验其带裹线缝之封识，若不符原式者，必相聚而痛殴之，虽父母无如何也。以故新婚之夕，新妇每因抗拒其夫之行使夫权，恒至用武，相视如仇，殊足令人捧腹也。虽然，彼辈若果以嫁夫为莫大羞耻，或以不嫁为免其生育之痛苦、室家之系累，则实行其独身主义亦是一种问题。乃彼于桑间濮上，男女杂作，每多自由恋爱之事，又或不愿嫁其父母代择之男子，而必嫁其自识之男子，亦是一种问题。乃彼既不告其父母以所欲嫁之人，又不愿意嫁其父母所代择之人，又非实行真正之独身主义，不过借不嫁之名，以便其桑间濮上、朝秦暮楚之多夫主义，及至春风暗度，豆蔻含胎，深恐泄漏春光，于己所宣示于人之不嫁主义有所矛盾，则不免有绝无人道之堕胎情事。我恐此种行为，虽持自由恋爱议论者亦当不取，尚有何言者！

至于既嫁而不落家之女子，虽居于母家，究因继续宗祧为我国人公认为人子莫大之责任，彼不落家之女子，不敢公然以个人私心，显违宗族社会通例，于是富者输款于夫，俾其娶妾（在别处娶非不落家之女子），然后一己可以自由。否则年时令节亦必裹粮归夫家，住宿一宵而去（粤俗女子既出嫁者不得在母家过节）。在此一宵间男女同处，未免有情，且距婚期已远，同伴之监督已疏，夜阑人静，事可自由，百炼钢或为绕指柔，固意中事。故不落家之女子，与其所天，经此数次之化合作用，往往发生肉体之关系，而成子姓。既成子姓，不得不正式宣告落家，至是所谓不嫁之贞女，遂一变而为已嫁之妇人，已嫁而不落家之妇人，又再变而为落家生儿之当家妇矣。

吾文至此，已无可述，兹再记一二实事，以为吾文之实证，并以助阅者兴趣。顺德某氏女，于田间姘一男子，爱恋有日，父母不知也，旋以女许配某氏子。新婚之夕，女坐洞房中，见夫来，俯首至臆，不敢迎视。久之，夫欲与合。女不从，夫强之，女悉力抗拒，竟至用武。正撑拒间，其夫忽大声曰："汝毋庸徒事拒抗，试观我为何人！"女闻声诧异，急偷视之，即素所恋爱之人也。又某氏女，嫁后即归外家。此女固多所恋爱，念一经落家，则相与行乐者惟丈夫一人，独乐之乐，不若与众共之，朝暮秦楚，政由己出，乐之至也，因亦不落家。而邻右飞短流长，丑声四播。夫闻而侦之，一日，遇女于林中，见与男子戏。夫亦不言，次日，即遣人示意于女，索金娶妾。女积蓄富，立出八百金与之。其其夫乃以五百金别纳处女焉。（编者按：此篇所记，与前篇微有出入，姑存之以供参考。）

顺德女子之金兰契

金兰契俗名夸相知，又名识朋友。其俗不知始于何时，或谓始于丝厂之女工。粤省业丝，以顺德为尤盛。其厂内纺茧缫丝，皆全用女工，其数常至数百人。女工之感情遂日洽，故有择其平日素相得之一人，结为金兰之契，其数仅为二，情同伉俪。后佣妇多效之，浸假而大家闺秀亦相率效尤，遂成风气矣。其内容男界或不能尽知者，其契约成立之手续，必须双方允洽，颇具法律之形式，如双方颇有意，其一方必先备花生糖、蜜枣等物为致敬品，以为意思之表示。若其他方既受纳，即为承诺，否则为拒绝。至履行契约时，如有积蓄者，或遍请朋侪作长夜饮，而其朋侪亦群往贺之。此后坐卧起居，无不形影相随，曾梁鸿、孟光不足比其乐也。契约既经成立，或有异志，即以为背约，必兴娘子军为问罪之师，常备殴辱，几成一种习惯法。按二女同居，虽不能具有男女之形式，实具有男女之乐趣，或云适用磨擦力，或云适用机械的，此言不雅驯，缙绅先生难言之。彼辈更择有后代（即嗣女）以承继其财产，后其嗣女复结一金兰契，若媳妇然，如血统之关系，亦云奇矣。

顺德女子之不落家

不落家之风，与金兰契实有连带之关系。彼女子既有金兰契，遂共约不适人，后迫于父母之命，强为结婚，乃演成不落家之怪剧。不落家者，即云女子已嫁，不愿归男家也。金兰契之风，以顺德为最盛，故不落家之风亦以顺德为独多。女子嫁期有日（粤语谓之知日），必召集一群女子（粤谓之花枝群），作秦庭七日之哭，如丧考妣，其金兰友亦在焉。临过门之夕，嫁者必被带束缚，其状若死尸之将入殓，复饱喂以白果等物，使小便非常收缩。及归宁后，其兰友必亲自相验，若其束缚之物稍有移动，是为失节，群皆耻之，其女必受辱不堪。故顺邑常有娶妻数年，而不识其妻之面者。每岁翁姑寿辰，或度岁度节，非遣仆役至女家恭接数次，不能望其妇一来，即来亦数日即返；见其夫婿，若遇仇雠，夫妇之道苦矣。前十年尝有迷夫教，致其夫于死者，近年此风少戢，但娶妇非数年后，不能望其常来也。

顺德之婚俗

婚礼之野蛮，各地迥异其趣，但顺德尤为特异。迎娶时新娘登彩舆后，必沿途放声大哭，俟将到男家时，其声始辍。彩舆到门，无论冷热，新郎必持一白纸扇，出门时将扇头向彩舆一敲，谓之踢轿门。新娘既入，新郎必先俟于新房门首，门设有竹梯，新郎礼服登至梯之绝顶，亲友群集于梯下，劝新娘以酒，口呼步步高升。俟女仆背新娘至，新娘之高度适与梯等，新郎乘势以手挑其首帕。时新娘带一虎头形之冠，必俟入房后始卸去，且禁儿童遇之，谓煞气急大云。古礼御轮三周，妻至则揖以入，且以宾礼待之，所以致礼也。顺德风俗，竟有绝端反对者。见舅姑时必膝行，庭中置一方桌，新娘膝行于桌之前方，必叩首数次，膝行至桌之后方，又叩首数次，如是周而复始者约数时（粤语谓为跪茶跪酒），新娘多有不胜其苦，而当堂痛哭者。闹房之风则野蛮异常。俗有所谓会友者，其形式又非谱友，盖先未冠者数人联合一小团体，专预备亲娶时互相扶助者也。闹房之际，会友毕集，新娘立于中庭，会友乃多方调笑，或令新娘为不能为之事，稍不如命，则多烧爆竹，新娘面目手足衣服常为火所伤，其情状恍若囚犯之行刑。更奇者，闹房时不许新郎在侧，实不知其目的之所在也。

赤溪民俗纪

赤溪蕞尔片壤，土瘠民贫，居民多以耕樵为生。家食自安，争讼者少。惟风俗虽朴，民情实顽，必泽以文化，渐摩日久，方可化为驯良。

境内舟车之属，制极朴陋。舟无篷，炎暑阴霖，均多不便。陆行肩舆只用两竹夹木板坐其下，下横一木。以为足踏，上无帷帘，遇雨则以箬叶围之。乡间有小车，一人手推之，载货而不能载人。观此种种，可见其地民智之愚陋矣。

圣人神道设教，其俗固有不必尽变者，然末流淫祀野巫，遂炫其术以蛊愚氓，则流弊亦不可胜言。赤溪土人祷祀珓卜，颇致诚敬，凡有兴作大小诸事，必卜之于神。此外复有降童，尤涉怪诞。往往自言神降其身，人遂就其占休咎，决从违，一国若狂，奔角[走]恐后。逾时神去，而降童如常焉。《汉书·郊祀志》谓粤人信鬼，不其然哉！

粤东敬神烧爆，谓拾得爆首，则其人生理饶裕，明岁复以大爆酬神。省城以二月，佛山则三月，赤溪则元宵前后数日，特无其繁盛耳。

正月间复有舞狮之戏，锣鼓阗咽，魅面及执矛盾者随之，超距击刺，与舞狮相间。乡人之傩，兼以习武海徼，熙春之乐，大率类是。

赤溪俗，嫁娶之日，彩舆凡经亲串门首，必小驻片刻。其家妇女，即至舆前送贺，并有馈遗，或银或钱，或花绣果饵之属，杂沓纷投，舆为之满，于施衿结缡之外，复多此礼，亦云奇矣。

居民善牧豕，香山、澳门等处销售颇广。缘粤俗赛神婚礼，概用烧猪，复以尾长者为贵（盖取有始克终之意），而赤溪之豕为最合度也。

曲江之奇俗

曲江之北有大山二，一狮子山，一即象山，两山相接处有石门，乡人称为双石门，为曲江通海之道。一般乡愚呼之为石公。有时小儿啼哭不安，即选择黄道日，备香糕、果品、素斋、纸钱、锡箔等等，至双石门借名。其名必嵌有石字。先用硃纸请道士书“双石成”或“石天保”等名字，至双石门，拈香祈祷后，将硃纸所书之名贴于石门上，沿路呼所取名字还家。俗传如此能使小儿强壮，易于长大。此种举动俗称借名。俟小儿成年嫁娶后，仍备香烛糕果等物，至双石门设祭，称为还名。职是之故，双石门前，几于每日咸有借名还名者，可谓迷信已极。此外复有向他姓人家借名、偷名者，向何家借名，其名即兼某姓字，若向张姓借，则名张。至偷名之举，则先探知某家人丁兴旺，请人向某家偷一饭碗及筷。偷时如为其家所觉，则云不到，复更人去偷。偷名者返时，儿母抱小孩于门前迎接，称为接名。偷名者呼名，儿母即代儿应之，以为偷取名后，自此可无灾病矣。

潮州风俗乐府十咏

粤俗以潮州为最坏，清黄霁青太守作乐府十首。

翻金瓮

戒迁葬也。潮俗溺于风水，妄思趋吉避凶，既葬其亲，复出诸土，水之，火之，兵之，瘗骨以坛，名曰金罐。易其处曰翻。甚有累迁而卒暴露者，是宜戒也。诗曰：翻金罐，何其愚，风水不知有与无。尔祖尔父生何辜，死后窀壤不得安其居。百镒延堪舆，千金买山地。抔土犹未干，掉头旋复弃。发邱斫棺析骸骨，何异狐埋更狐搰。子孙忍为盗贼行，富贵焉能畀凶悖。美哉金罐藏诸幽，夜来鬼哭声啾啾。牛眠吉壤如何求，又有觊觎人巧偷。（潮民往往有以吉地盗换埋骨者。）

螟 蛉 子

斥乱宗也。潮俗人家，以丁多为强，乞养他人子，非独单门然也。其有貌为鞠育，包藏祸心者，更多故矣。异姓乱宗，显有功令，是宜斥也。诗曰：螟蛉子，多奚为，曰以保族撑门楣。老无儿，嗣厥后，吁可怪，九子母。伤人抵罪李代桃，同时豢养同豕牢。给赀行商涉洪涛，割蜜饲蜡酬其劳。性命谬相托，恩义良已薄。一朝反唇乃交恶，此孽由来君自作。（注：凡讼养子不肖者，称螟孽。）

女 儿 布

伤乖离也。潮俗嫁女，以葛布箱装，称家多寡，其极精细者，名女儿布，所以遗藁砧者。婚姻道衰，夫妇相弃，布乎布乎，非以结绸缪者乎？是可伤也。诗曰：女儿布，产绵阳，采葛澡丝凝雪霜。细如鲛绡薄蝉翼，非烟非雾含风凉。富家嫁女多越好，贫家嫁女一匹少。为郎制衣稳称身，服之无斁期偕老。可怜一朝恩义疏，夫弃妇兮妇背夫。犹是箱中一匹布，谁道新人不如故。

打 怨 家

惩械斗也。潮俗强悍，负气轻生，小不相能，动辄斗杀，名曰打怨家。非条教所禁，口舌所谕，势已积重，官则权轻，威克允济，区区补救，奚为乎！是宜如何惩也。诗曰：打怨家，有何怨？有怨何不诉官衙，睚眦辄尔兵相加。壮丁在前老弱后，藤牌鸟枪卒然凑。今日斗，明日斗，彼洞胸，此绝脰。一哄纷纷如怨兽，杀人者谁莫穷究。官来弹压空寨逃，祠堂屋宇点火烧。出此下策真无聊。亦有调停两和息，反复无常旋构隙。小惩大戒终何益！呜呼安得十万糗粱三千兵，制事许以便宜行，三日以往可供［使］蛮村慑伏民无争。

买 输 服

哀被诬也。潮俗非命死者，其家每置凶徒于不问，辄指告懦而富者为索钱计。欲壑既满，大仇亦忘，否则剔黝不已。出钱者命为买输服，弱肉强食，倾家有之。为问司谳而保富者谁欤？是可哀也。诗曰：买输服，鬼头银，锱铢积累多艰辛，乃甘跪献控诉斗杀之家人。杀人是甲不是乙，甲乃穷子乙富室。择肥而噬奇货居，一棺肯盖千金躯。悭囊破出无奈何，强者欢娱弱者贺。岸上饿虎饱，水中饥鲸馋，可怜有冤屈，曲不自直口中石阙碑长衔。

宰白鸭

悯顶凶也。潮俗杀人真犯辄不出，而被诬者又恇怯不自申理，率买无业愚氓，送官顶替，贪利者罹法网焉，名曰宰白鸭。别可悯也！诗曰：宰白鸭，鸭羽何褵褷，出生入死鸭不知。鸭不知，竟尔宰，累累死囚又何辜，甘伏笼中延颈待。杀人者死无所冤，有口不肯波澜翻。爰有已定如铁坚，由来只为香灯钱（注：顶凶类多孤子，所得身价，彼谓之香灯钱，以死后旁人为之接嗣，继续香火也）。官避处分图结案，明知非辜莫区判。街头血洒三尺刀，哀哉性命轻于毛。劝君牍尾慎画押，就中亦有能言鸭。

速吊放

恶掳赎也。潮俗不逞之徒，每结党掳人，关禁索贿，甚有凌虐至死者。被害诉牒，必吁曰速吊放。以人为货，甚于盗贼，是可恶也！诗曰：速吊放，情词长。叩头向县官，火急乡间来。老爷如不来，阿总亦可使（潮俗称官曰老爷，皂役曰阿总），速吊则生迟则死。赎还者多，吊放者少。忍气复吞声，群凶婪肚饱。穷鱼脱网鸷鸟嬉，不如［加］诛殛官何为！诚［试］看被虏人，鸠形鹄面生理摧，虎狼之穴木鹅积成堆。（掳人者每以坚木凿两穴，钳其足，名曰木鹅。）

阿官崽

讽游冶也。潮俗富家子弟，习于浮薄，好弄斗靡，争妍取怜，恬不为怪，土人目为阿官崽。俗以物之小者曰崽，阿官者，少不更事之谓，是可讽也。诗曰：阿官崽，荒于嬉。赵先生，难为师。搔头弄姿兀自喜，柳巷穿来又花市。千金结交游侠儿，六篷密昵婵娟子。香囊紫，裤褶红，金环饰耳摇玲珑。危哉呼娘复呼妹（潮俗小名，率以某娘某妹相呼，若忘其为男也），或色寡人防抱背。

打花会

儆赌博也。潮俗赌风，莫盛于花会。厉禁虽严，旋革旋复。盖诱之厚利，趋之者多，往往败家丧身，曾莫之悔。是宜儆也！诗曰：打花会，花门三十六。三日又翻覆，空花待从何处捉。一钱之利十倍三，奸巧设饵愚夫贪。一人偶得众人慕，坑尽长平那复悟。夜乞梦，朝求神，神肯佑汝，梦若告汝，不知厂中饥死多少人。初一起，三十止，送汝棺材一张纸。（打花会者，写批设厂，并按月存记厂中有开名目，故谚有纸棺材之语，谓好之者必自毙也。）

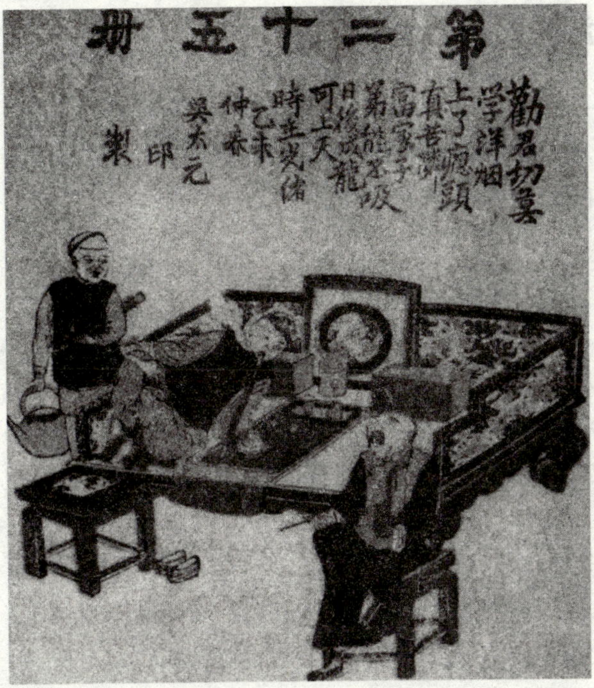

抽鸦片，选自《三百六十行图残叶》。

莺粟瘴

叹鸦片也。鸦片向由西洋来，本取罂粟花脂熬膏而成，后内地亦有种以射利者，流毒日广，有识者目为莺粟瘴。是可叹也！诗曰：莺粟瘴，难医治。黄茅青草众避之，中此毒者甘如饴。床头荧荧一灯小，竹筒呼吸连昏晓，渴可代饮饥可饱。块土价值数万钱，终岁但供一口烟，久之黧黑耸两肩。眼垂泪，鼻出涕，一息奄奄死相继。呜呼田中莺粟尚可拔，番舶来时那得遏！采风者可以观矣。

潮州人之服饰

潮州土人，向属朴质。其所谓素封之家，恒年所服，不过一土布长衣。稍事矜饰，或参与宴会，亦唯一缎制者而已。其地气候温暖，非逾不惑之年，鲜有衣棉衣者。妇女则相沿皆天足。二十年前，惠来县之妇女，有足大假小，无分老少，行必持杖之风，今则悉改良矣。惟其髻发，则殊可怪。如惠来则多将发于脑后结束成小刀形，而旋其末于顶，贯于一红染之竹筒；筒长二寸许，圆径大小如银元，发突出筒外寸许，乃结以红绳，横以约长五寸之针，循下牢插，四围点缀以珠，借壮观瞻，行时动摇不定，如鹭鸶之踣伏颅上，诚奇观也。至潮阳、揭阳、普宁三邑则不同，其梳法虽一若惠邑，惟少一竹筒，而式作菜刀样，夹以金银或竹板之夹，发端束顶，簪金纸花于其上，名曰大后尾；至若两鬓使之耸然如蚌壳，名曰蓬头。迩者风气渐开，除惠邑仍其故外，其余诸邑与各省大同小异。盖如上述之髻，实难于整理，手段灵敏者亦必需一时左右，其钝拙者则非二小时不可，而犹歪斜不定。故人多喜改良之。老者之发，则盘结如元宝，或陀螺倒置形。

潮州妇女之生活

潮属实业不振，工厂缺乏，贫家妇女辈皆以织苎麻为活，按日所得，最巧者百文而已。外人观之，殊属可悯，惟若辈习惯自然，处之怡怡。近年来，潮邑富户多集资组设纺织厂，若是则该地妇女从兹生活或可蒸蒸日上矣。

潮州人之械斗

潮州土人，性悍喜斗，每以坟田风水争夺起见，二姓互相启衅，甚者期延累年累月，犹未少懈。战时情状，令人咋舌。其对垒之间，相距约三亩地耳。既战，枪声隆隆，死亡枕藉。二姓各自戒严，凡往来进退者，必稔个中口号，否则以间谍论，辄遭枪毙。据闻此风以普宁为最，约普邑合八百乡，中以关爷、零仃二派占大多数。遇有战事，两派各自出援，所耗资财，辄以万计，亦不少恤。维时虽有官军径往弹压，然全普之游击队仅九十有奇，以此薄弱兵力，深恐匪徒乘机袭县，故莫能长驻解围，一临即去。官兵既去，而两方之战事仍继续进行，官军虽有所闻，亦无如之何。兵器中大半为毛瑟，余为来福马枪、勃郎林等，莫可计数。官军以武力弹压时，亦惴惴忐忑，盖恐其蛮悍者结队返攻，不若了之以敷衍手段也。

潮州之三点党一

潮邑三点党，盛于满清末造。其初为一二技术家，设帐授徒。潮人好勇，就学者日众,而党势亦蒸蒸日上。时党徒多工商界人,不闻为非作恶,唯有不平辄拔刀相见,慷慨悲歌，大有燕赵侠士之遗风。以是良懦者歌功颂德，借为公理保障，而党徒亦以此鸣高，束身自爱。其后人数日多，良中之莠，稍稍在外招摇，然亦不敢明目张胆，惧党规也。盖党规严厉，凡借势作恶，有格杀弗论之条。不良分子见无利可图，于是别树一帜，名曰新三点。新旧党人如冰炭之不相容，械斗杀伤等事，时有所闻，但旧党中大都执有恒业，薄有资财，安肯铤而走险，与此亡命之新党争短长。其初不过激于义愤，与党史争光荣耳，迨见无赖麇集，新党势焰日张，既不惜背城借一，又不能立事剪灭，唯有知难而退，付诸一叹而已。旧党既失败，新党益无忌惮，为所欲为，党徒均身藏利刃，长四寸许，柄缠红绿布，式样皆同，为入党后发给之利器。三五成群，间行于大街小巷间，绑票拦劫等，视为常事，潮人亦司空见惯，不之异也。甚至潮人言语之间，讳说“三”字，否则党徒闻之，即刳刃其腹，祸可不测。故潮人言三点钟曰“二点六十分”，诸如此类，不一而足。以是人畏之若虎，莫敢与抗，终则群趋入党，以保身家。是以全潮居民，十九登诸党籍，其毒焰有如此者。今小党魁鼓德小毛辈虽先后枪毙，然抢掠之风迄今未息，其抢劫也明火执仗，任意搜索，兵警充耳不闻，一任其所为。党徒抢掠时，全身不挂一丝，丑态毕露，亦不可思议之怪行动也。

潮州之三点党二

潮州之三点党，声势浩大，党人星罗棋布，迹遍全潮。无论贫富，多有入党，秀者借以保障人才，歹者赖而肆行劫掠。党分老三点、新三点派，入党者必循守其规则，及熟谙其黑语。党魁给以随身护票以防路劫者，票宽二寸，长四寸，中涂生鸡血，并写“桃园结义”字样，傍画二剑。不然携物途中，必遭劫夺。是党多年轻敢死之辈，明火执仗，屡见不鲜，作奸犯科，时有所闻。有捕其一而僇之者，则余党必日逐其左右，俟报复而后已。凶悍若斯，人多畏慑，而一任其所为，莫敢与抗。

潮州之习俗

潮民酷信神权，每值元旦，无论贫富，胥集里中，旷场筑棚，从庙中捧泥塑金雕之木偶置其上，像如齐天大圣、三山国王（三山国王，据谓初为妖魁，以其屡拯人于濒危间，民德之，故勒像为祀，以垂不朽云。事实渺不可稽，姑妄听之）、七圣娘娘等。逾时，一人身披红衣，头围赤布，隐语喃喃，跳跃而至，自言为某神某仙。男女一惟其言是听，争询疾病休咎及年禧财运，摩肩接踵，恐后争先。事讫皆旁立，肃噤无声。自号神者遽以剑割舌使破，取血涂书符咒，镇压四境。迨毕，但闻响拍数声，称神者徐摩其眼作呵欠状，若恍然而醒。数辈男子，乃将偶像捆载一兜，而以四人肩之，一人执大旗为先导，遍历里中大小各巷，始返之原处。及夜，则家家出稻草于巷前或场中，堆而焚之。每堆相距两丈余，火光熊熊，烈焰高腾数丈，使肩神像及执旗者跳跃逾其上，偶或失足堕火，众弗顾也。既竟，阖里出斜方形之糖方（即米泡糕）祀神，糕以层垒最高者为胜，继燃放爆竹焰火以为娱乐，二鼓后才四散归宿。好事之徒，则聚而豪饮，至更阑方罢。

潮州之新岁

潮州人于新岁中，富裕之乡，多选其中男女若干，各衣绮罗艳服，弹唱五音，鱼贯出行，名曰大锣鼓。此外有足令人解颐者，即斯地所谓唱莺歌是也。其戏以三十六壮年男子，饰梁山泊英雄，半执两棒，棒长盈尺，半执小鼓，鼓大如碗，举步亦趋亦跳，进退不紊，棒声鼓声，劈劈咚咚，殊可哂也。继莺歌之后，又有所谓“后棚”、“白鸟记”二剧。“后棚”则以若干辈作戏装，沿途演唱，如桃花过渡，拖车子、闹花灯等，但皆淫邪不正之词，伤风败俗，莫此为甚。“白鸟记”一名“打布马”，乃乡中稍谙技击之无赖所组，设围于旷场中，各献所长，互角胜负。此端虽属尚武精神，然往往二姓发生战端，实肇基于此。月之十二，凡一里中客岁新产男孩之家，均于是日备制糖方（即上述祀神之米泡糕），宰鸡豚，备盛馔于室中，打扫洁净，摆牲醴，燃灯烛，遍邀亲朋，颇形拥挤。各事既备，即有老成数辈（乃阖里所举之头目），手捧神炉，继以鼓乐，吹吹打打而入，置神炉于桌上。孩之父母，则抱而揖之，随口作吉祥语。有顷，乃大放喜炮爆竹，家人随给来者糖方，每名四砖，据云谓之探茶，谓不如是，其孩必遭夭折云。是亦陋俗之一也。

潮州人之盂兰会

时届七月，潮民复从事于盂兰会，作台演剧，扎纸糊人物，另筑一座，绵亘二百余码，名曰孤棚，其上满列杂物，除大宗糕饼外，余为器具服饰及鲜果菠萝梨柚等属。戏节凡三。一曰白字，乃其地儿童所演，男女趋之若鹜，唱作有次，颇堪悦目。按所有戏本，乃编于广州之不第秀才，字句清晰，韵调合度。至其服装，与京班无异，旦角之髻，则如上述之大后尾或蓬头为多。一

盂兰志盛，选自《点石斋画报》。

曰大戏，为土人与外省流氓混集而成，语言拉杂，戏皆道白无唱，所演如《三国志》、《前、后唐》、《征东》、《征西》等，妇女几无一涉足其间。以其出台喜打大鼓，吹大喇叭，殊令人厌也。一曰外江，纯属异省人组合，间有男女相杂演唱，形色一若京班。观者虽众，惟多不谙其中情节语言，如不稔英文之流观电影，但见手舞足蹈而已。统计盂兰会所费，大者十余万，小者亦数万之巨。以有用之金钱，弃之无用之地，滋可惜也！

潮州人之方言及教育

潮州土音，呕哟哳节，识者寥寥。若译成文，虽仓颉复生，亦无能为力。如俗言你要去那里，潮音则为捞爱苦丢假，相悖若斯，不值一哂。相传以楼居为不祥之兆，故虽富逾巨万之家，鲜有筑三层楼房者。物产以粟、柚、甘蔗、菠萝、荔枝、薯、龙眼、食盐为大宗。学校自清创办迄兹，规模教法，亦颇不恶。且尚设女校多所，独惜富贵之家，对之漠然，不以培育女子为急务。潮地教育之不振，良有以也。

潮州之迎青龙

潮州土俗，以蛇之青色者为青龙，奉之如神。每岁二月望前，结彩为舆，管弦钲鼓，舆之以行，名曰迎青龙。妓女之未经梳拢者，皆浓妆艳服，扮剧中故事，随神游行，望之灿然，如锦始濯，如花始发，艳心眩目，莫可名言。纨袴子弟，裙屐少年，争备金缯，择佳丽者，以次给之。受者名曰得标，得标多者，声名噪甚，即有大腹贾不惜千金，为制衣饰，与之梳拢。昔邮海阳铁香有观妓诗云：凤城二月好风光，社鼓逢逢报赛忙。百戏俱张全不饮，争围台阁看新妆。又云：一枝花斗一支新，公子王孙逐后尘。夺得锦标载月返，不知春思属何人。盖实录也。

潮安之中元节一

潮安之中元节，须谒祖宗。中饭后，门前悬挂纸钱。纸钱之制法，以长方形之纸数十张，割为连续之纸条，以钱形之铁印打印之，以绳系之，悬于门环之上。至黄昏时，在门外之墙边，点起蜡烛及香。香分三枝，插于墙之周围，如农人所插之田秧，名曰布田。然后将所挂之纸钱及另备之银纸，一齐焚化。另有一般儿童，以香插在柑子之上，做灯球玩弄。一般下流社会之人，抢拾银纸之烬灰卖之，名曰拾鬼屎。事毕，然后各闭门而睡，无人敢出门一步。

潮安之中元节二

中元节，潮地居民门环上咸悬纸钱，富商大贾于铺内举行盂兰胜会，以祭无祀孤魂。妇孺晚间插香燃烛于门外或旷地上，名曰插田。口中喃喃祝祷，向空跪拜。小儿捏土成团，制香球以为戏。好事者更制戈矛狮虎之类，游行各处，极为热闹。闻揭阳、澄海二县，亦有此俗，较潮安为甚，诚无谓之举动也！考盂兰胜会之由来，据长老云，曩者揭阳有许氏子，中进士，恃势鱼肉乡愚。一般社会下流之人，受其欺压，遂生反抗之心，暗中结党，约七月望起事，尽屠揭、澄各地劣绅。潮县是日亦受害。起义之师兵分九路，故后世名曰九军贼之乱，旋为官军剿灭。自是以后，每年七月十五日，居民必设馔焚香烛，以祀冤魂。年复一年，相沿成习矣。

潮安之食品

潮安人有一种特异习性，与他处食品不同，试摭录之。

（1）鱼生。此物在七八月出售，其制法系用鲜鱼（一名鲩鱼，土名草鱼）去鳞及脏腑，切为二片，洗净，用干布擦之极干，悬钩上。食时刮成厚二分许之薄片，再用萝卜切成细丝，羊桃（即五敛子，《诗》所谓苌楚）切成薄片，沃以酱醋，入口冰融，甘美胜于常味。此外亦有用黄鱼者，因其刺骨甚多，皮亦甚厚，故脍作条形，食法亦拌以甜酱。复有用生蠔沃以豉油而食者，此殊不合于卫生也。

（2）蔗虫，此虫寄生于蔗之根须中，冬月收获蔗时，农人取出之，形似蝉之幼虫，大如蚕茧。小儿盛以竹篮，沿门叫卖，百钱可售六七十个。用水洗净，入油煎熟，撒以盐，味香脆可口。

（3）蛇。夏季捕蛇者，捕得后去其毒齿，售之。俗传患湿毒者，食之可以愈病，谓以毒攻毒。然而此种理论，然乎否乎？

（4）苦瓜。苦瓜一名菩莲，又名赖葡萄，又名锦荔。其最奇之名，曰君子菜。盖因其味苦，但与猪肉共煮，则变其苦味，一似君子刻己而不苦人，故有君子之名。潮人甚嗜食之。

（5）苦菜。苦菜一名苦刺，系野草之一种，丛生茂盛。清明时妇女儿童持小竿竹篮，随打随拾，归来洗洁，与豆芽同煮。俗传食之可以清血解毒。

（6）蜂蛹。蜂蛹之状，与蚕蛹相似，惟皮较柔嫩。食时自蜂房取出，以油炸之，味甚芳香。

（7）蝉。五六月时，有人于树上粘捕蝉，在市呼售。人家购之炙熟，以啖小孩，谓食之能消疳积。

（8）香菜。香菜一名香花菜，其嫩叶可包饭（内和杂香）生食。

上述种种食品，或味香，或味苦，或有毒，或生食之，或熟食之，皆潮人特异之性质，恐他地未之有也。

大埔喊太阳之风俗

大埔乡人，每遇小儿夜间不能安眠，其父母即呼太阳以治之，俗谓之喊太阳。其法于日初出或将没时，备香楮等事，向日焚之，口内祷祝，略谓“吾家小儿不能安眠，恳求太阳保佑，一觉睡到大天亮”等语。事毕将纸灰携回，涂于小儿额上，有余则放之床头，据云可保佑小儿安眠。

大埔炒惊蛰之风俗

大埔有一种奇俗，名曰炒惊蛰。每年到是日晚间，家家皆取黄豆或麦子，放于锅中乱炒，炒后并舂，舂后又炒，反复十余次而后已。其原因盖大埔地方，有一种小小之黄蚁，凡人家所藏糖果等食，必蜂聚而食，俗云是晚炒了豆麦等物，则黄蚁可以除去也。炒黄豆及麦子之时，口中并念道“炒炒炒，炒去黄蚁爪；舂舂舂，舂死黄蚁公”也。

广西

粤西采风琐记

粤西诸郡，桂林差无瘴，然民穷地薄。城中江右楚人侨寓者，十之九构竹为庐。贸易不过鸡鱼羊豕之类，锦绣文绮，明珠象贝，实产粤东，此间无有也。土著者居于乡，率皆桀黠傲慢，不畏官府也。

天气炎热，地气卑湿，结为瘴疠，为害不小。有形者如云霞，如浓雾，无形者或腥风四射，或异香袭人。若晓行不饮酒，触之疾必发，夏月烁膏流金，挥汗如雨，终不敢解衣当风。夜卧扃门户惟谨，多焚苍术、雄黄，庶几可免。最畏疟疾，或头痛寒热，俗称瘢麻，寻常医药，不能效也。

寒暄不时，颇难调摄。日出后，方摄衣起，饮烧酒一二杯，粥饭宜少不宜多，饱则易病。禁午睡，食不化，则诸疾皆作。晚更宜清虚。自桂林外，面尤当戒，鸡鸭鲤鱼之属弗充庖厨焉。

粤西以冬为春，不特春花之冬，即夏秋之花，亦花于冬。若梅，若杏，若桃，若李，若梨，若水仙，若月季，与榴，与桂，与菊，同时争放于小雪以后，大寒以前。

蜈蚣、蜥蜴及蜂、蝇、蚊之属，随时而有，不必在夏秋也。最可异者，四月之蟋蟀，与十二月之萤。

粤西气候，不以冬夏别燠寒，而以阴晴分冷暖。腊月晴，单衣浃背；伏日雨，絮被蒙头。若在春秋，则又倏忽不同，朝夕万变，一刹之间，有才裘而忽葛者，两人相对，有此葛而彼裘者。谚云："四时皆似夏，一雨便成秋"，信然。

粤西多雨，在春尤甚。谚云："春无三日晴"，非第谓不能连晴三日，乃统计九十月［日］中，无三日晴之谓也。

相传粤西州郡，其名有木字旁者，即无瘴。桂林、平乐、梧州、柳州、郁林，各处可见。然庆远、太平，虽非木旁，而亦无瘴。有木旁之西林县，则瘴弥甚焉。俗说要未可信，大约腹地则轻，边郡则重也。

粤西土著之民，其姓多僻，除黎、莫二姓最繁外，其地［他］则曰容，曰明，曰蓝，曰银，曰木，曰易，曰兰，曰盘，曰农，曰俸，曰贲，曰闭，曰洗，曰阮，曰义，曰粟，曰蒲，曰宝，曰连。

有男而女名者，若朱妹妹、毛妹妹是也。有人而物名者，若莫鸡之、容黑狗、陈小狗是也。有迭字为名者，若管光光、莫应应、徐细细、朱林林、莫奕奕、阳黑黑是也。又以所生之五行为名者，有李金生、黎木生、寥水生、陶火生、黄土生是也。以五行迭字为名者，又有黄金金、管木木、朱水水、莫火火、苏土土是也。

土人以蜡虫置冬青树上，至春结子如葡萄，内俱细虫。妇女收采，估客买去，遍放山杪，谓之放蜡。其虫食叶，遗脂枝上如石膏，取熬成蜡。

粤西养瑇瑁，饲以小鱼。每至甲子、庚申日辄不食，俗谓瑇斋日。

屋不瓦而盖，盖以竹；不砖而墙，墙以竹；不板而门，门以竹。其余若椽，若楞，若窗牖，若承壁，莫非竹者。

僧道而外，有所谓鬼使者，为其通人鬼之交故名。头戴布巾，又以尺许红布扎头，头上插一小牌，画鬼魅之状，身带青布海青，腰系红布带，不袜，穿草履，手执牛角以吹，声如筚篥。人家有病，则延以跳神，丧事亦用之。凡遇日月蚀及祈晴祷雨，皆令当役。

榕其门，榕其楼，榕其堂，比闽中之榕其城，无多让焉。其大则合抱，土人愚以为有神，往往香火其下。

穴墙为门，仅如圭窦，然而门上必有阀阅，比户皆然，竟无有禁之者。

无荠菜，有苦菜；无甜笋，有苦笋；无甘瓜，有苦瓜。三者之味，其苦如荼，而粤人甘之如饴，岂嗜之不同欤？盖粤人之能吃苦也。

蒙山佞神之迷信

阴历五月二十八日，俗传为城隍神诞辰，又称会期。是日邑人士女，相率来会者，有万人之多，极为热闹。会之情状，有龙有狮有彩灯，与各处略同，不必多述。其间有一笑事。花炮顶装一小竹管，缠以红线，炮燃放后，竹管上所缠之红线因之升高，待落下时，众争夺之，名曰夺炮。俗云夺得花炮为有子之兆。夺得后，至城隍神前声明，方有灵验。故往往争炮酿成哄斗，互相殴打，头破血流也。

罗城打炮仗之恶俗

中国新年风俗，各处不同，惟如舞龙灯、弄狮子、唱小调等事，则各处有者甚多。广西罗城圩中有一种恶习俗，名曰打炮仗。每届旧历正月初一，诸年轻者各向父母索钱，向花炮铺中购买炮仗，如大炮、地雷炮、火箭等，种类甚繁。圩中向有上下街之称，二街小儿，各分党羽，每党各举首领一人，于初更时，由首领指挥进攻。双方小儿，各手执一香，燃炮互掷，响声不绝，为状甚剧，有为炮击中者，重则焦头烂额，轻则焚烧衣服。初时尚系小儿相斗，迨斗至决裂时，一般无知兄长，见其子弟负伤过重，出而相助，于是双方均有兄长混杂其间，攻打愈形猛烈。若甲党势弱，不能支持，则乙党进攻愈猛，即甲党败退入屋，乙党仍不甘住手，纷纷将花炮向屋内掷击。倘甲党闭门不出，乙党在门外喧噪拍手，声震屋瓦，讥诮良久，始各散归。然夜间双方虽如此激战，一至天明，仍不分畛域，嬉笑如故，天黑后复行打斗。如是斗至十五夜，双方始不约而同停止。如斯恶俗，亦殊奇特也。

象县之俗谚

月晕而风，础润而雨，古人经历之言，证诸物理，若合符节。俗谚亦经验之谈，特遍传人口，词句浅鄙耳。兹将象县俗语关于天文者录左。

（一）雷打惊蛰，谷米贱如泥。（谓惊蛰鸣雷，主年丰也。）

（二）夏至鸣雷三伏旱。

（三）雷打秋，晚禾折半收。

（四）重阳无雨望十三，十三无雨一冬干。

（五）东边打闪日头红，西边打闪雨濛濛。

（六）东闪西闪，不见一点。（言东西同时闪电，主无雨也。）

（七）朝虹日头暮虹雨。（俗称虹曰龙杠，早见虹全［主］晴，暮见虹主雨。）

（八）月亮戴帽草头蛇，月亮遮伞雨漫漫。

（九）久晴鹊噪雨，久雨鹊噪晴。

（十）天起鱼鳞斑，晒禾不用翻。（晚云如鱼鳞，主烈日。）

（十一）未曾下雨先唱歌，有雨也不多。（未雨鸣雷，必无大雨。）

（十二）初一落雨初二晴，初二落雨不留停。

（十三）五月小，瓜菜食不了；五月大，瓜菜不上榨。（榨，支瓜蔓物也。）

百色之七夕节

阴历七月初七日，百色县之人民谓是日寅、卯未通光之前，仙姬下河沐浴，此日天水之味，较平时格外清洌甘爽，可以治病长寿。因此人人皆分外早起，争往河中取水，竟有全夜不睡者。三更以后，街市中即有人行走之声及水桶之声，迨至天明，满街水湿淋淋，如下雨一般。所取之水，以净瓮盛之，以待逐月之用。七夕节，百色称为双七节，是日所汲之水称为双七水。

广西土司之妻

广西境内多有土司，虽有降罚处分，例不革职。其废弛不法者，亦必择其子袭之，故俗谓土司曰铁纱帽。土官娶妻，以五色璎络盛印为聘，过门时，乃悬之项下，谓之挂印夫人。娶后印即掌于妻，呼为护印夫人。筑高楼以居之，曰印楼。民间税契者，例价千钱之外，另折钱一百五十文，名印色钱，即护印夫人之花粉钱也。

僮人之方言

广西省钟山花山洞内，居民多系僮人，其语言几全与内地相异。如松曰虫，鹤曰欲毫，升曰郡，锣曰拉，星曰刀会，箭曰颠，绳曰折，簪曰坦，琴曰臣，壶曰侯，锅曰寡，匾曰郎，镜曰克因，灶曰昭，磨曰目，锯曰勾，脚曰顿，猴曰麻娄，缸曰含，牛曰志，鸡曰皆，鼓曰降，灯曰杜翁，鸭曰笔，笋曰杨，羊曰融，枪曰冲，藕曰某，龟曰鬼，虾曰灭瑶，豆曰读，钩曰沤，橱曰家，伞曰冷，蟹曰灭宝，草曰义，砚曰烟，靴曰哑，象曰杖，鼠曰罗，兔曰丢，钟曰种，叶曰白，椅曰唉，筷曰头，城曰孙，鹅曰邯，蛇曰塘，杏曰吓音，虎曰谷，桂曰窥，瓜曰寡，蚊曰灭农，盒曰屋，猪曰摩，衣曰不，窗曰门倪，人曰勿因，床曰般，井曰波，书曰梭鹅，竹曰突，手曰横，荷曰模，李曰泪。然亦有同音者，如尺、刷、笔、表、斗、杯、铃、猫、鞋、菱、塔、桃、梅、蚕、墨、兰、瓦等字，均与国音无异。

云　南

云南社会观察谈

滇南地列坤隅，得土冲气。省会之区，地势开阳，四时协序，气候尤和。环拱之澂、武、楚、姚诸郡，无祁寒溽暑，大略相同。两迤迢遥，每各殊寒热。北鄙风高，故丽江大寒，有长年不消之雪；南维地下，故元江大热，有一岁两获之禾；普洱镇沅，时有炎蒸瘴疠，鹤庆、永北，亦多飞雪严霜。要之寒不至有堕指裂肤之惨，热不至比烁石流金之酷也。至迤东之曲靖、东川、昭通，较省会为寒，开化、临安、广南、广西，较省会为热。迤西之顺宁、蒙化、景东则微热，大理、永昌则微寒，虽有不同，非甚悬绝。谚云："四时多似夏，一雨便成冬。"可因是知其概云。

滇中一岁有十二市，俗皆以市为景。正月灯市，二月花市，三月蚕市，四月锦市，五月扇市，六月香市，七月七宝市，八月桂市，九月菜市，十月酒市，十一月梅市，十二月桃符市。

市肆岭南谓之墟，齐、赵谓之集，蜀谓之场。滇谓之街子，以其日支名之，如辰曰龙街，戌曰狗街之类。其俗每五日一街，村城不同日，土司地方皆然。

滇中用贝，今已渐少，而近边夷妇，常蓄之以为首饰，俗曰䝁。其用以一枚为一妆，四妆为一首，四首为一缗，亦谓之苗，五苗为一卉，卉即索也。一索值银六厘，而市小物可得数十种，故夷民便之。

饮食惟公宴礼会与中土同。其民间所造多糅杂而成，缕切饼饵而暴之。其乱如蓬，曰蓬饵。磨蒟蒻而涚之，曰鬼药。熟糯粉和茅为泥而膏沃之，缀以米糁，曰锡杖。浓煎乳酪而揭之，曰乳线。糅糯及山药，圆而煠之如荔，曰粉荔。至于鱼肉牲畜蠃蚌之属，率生研缕丝，和诸椒桂而啖之，其名曰腥，盖古人斫脍之遗法。今闽广亦间为之，但滇以为常耳。

民间房屋，不过丈许，必用厚瓦而固以灰土，官署亦然，风高故也。大理风多尤甚，自八九月至二三月，无昼夜狂吼，掀瓦拔木，人马辟易。妇女市行者，以十二幅布为裙，多其襞积，以御风云。但风高而不寒，亦无尘沙。金沙江滨，则阴霾涨天，如燕、齐道上矣。

鹤庆之俗，妇帽三尖，以衣为之。知府周赞至，谕令易以簪髻，远近化之。民间歌曰："我周公，蛮夷风。易簪髻，去布幪。"临安妇女旧戴皂笠，坐市交易，近亦稍更矣。

临安之繁华富庶，甲于滇中。谚曰："金临安，银大理。"言其饶也。其地有高山大川，草木鱼羸之产不可殚穷，又有铜锡诸矿，辗转四方，商贾辐辏。其民俗尚奢靡，好宴会，酒肴筐篚，殆无虚日。

云南之节令

元旦、清明、端午、七夕、中秋、长至、除夕，风俗与中土相类。人家咸用赤豆做饭。昔共工氏有不才子七人，死而为厉，性畏赤豆，故作羹以祛之。滇俗犹其遗意也。

元夕家家燃灯，亦有鱼龙走马及鳌山诸戏，然皆染纸为之，无他奇巧。市上结彩为架，作松棚如小屋然，爇灯其中。游人歌舞达旦，然皆自十三至十五而止。至于花炮烟火之属，皆远不逮他处。邓漾有《榆城元夜曲》八首，读之即可以觇其俗尚。其一云：明月怜三五，金波湛湛盈。繁灯如列宿，自古叶榆城。其二曰：闻道龟兹乐，先朝老笛工。今听上元曲，犹有大唐风。其三曰：可怜日东国，也学汉西京。高棚跨广路，火树两边生。其四曰：阿育三千塔，当年尚建灯。青莲纷吐炬，咒钵讶神僧。其五曰：艳唱银花合，香浮金屈卮。游人迤逦处，灯火武侯祠。其六曰：残灯风影乱，明月露华溥。回照苍山灵，千门生夜寒。其七曰：独向繁华候，偏深丧乱情。几家南北巷，歌哭共天明。其八曰：罢戏鳌山侧，初窥鹑火中。道咩今夜月，还与故园同。

火把节即星回节。六月二十五日，农民持炬，照耀田间以祈年，通省皆然。

云南人之迷信

二月八日各郡有迎佛之会，多于寺中舁游城市，长幼云集聚观，或焚香膜拜，翌日送归。句町诸邑，以是日祈求丰稔，各社装演往事，走马戴竿，若迎春然，三日乃止。

银背光金阿嵯耶观音像，云南大理出土。

大理有观音市，设于点苍山下阅武场中。以三月十五日集，二十日散。至期则天下之商贾皆来贸易，若长安灯市然。相传观音大士以是日入大理，后人如其期焚香顶礼。四方闻风，各以货来，至今不改。

七月二十三日西洱河滨有赛龙神之会。至日则百里之中，大小游艇咸集，祷于洱海神祠。灯烛星列，椒兰雾横，尸祝即毕，容与波间，郡人无贵贱贫富，老幼男女，倾都出游。载酒肴笙歌，扬帆竞渡。不得舟者，列坐水次，藉草酣歌。而酒脯瓜果之肆，沿堤布列，亘十余里。禁鼓发后，跟踪争驱而归，遗簪堕舄，香尘如雾，大类京师高梁桥风景。

云南之婚俗

云南僻处西南，山道崎岖，交通不便，故一切风俗，与内地各省多大同小异。本篇所述，只就该省关于婚姻之风俗详细论列，倘亦阅者所乐闻与？篇中共分六项，第一相人家，第二下定，第三过礼，第四亲迎，第五回门，第六满月。兹分记于后。

第一　相人家

婚姻完全由父母或族中长辈所主持，故无论男女，一至十六七岁时，父母即须为之择媳相婿。至其择配之标准，虽各以情形而异，要不外下列各条：（甲）门第相当；（乙）财产相当；（丙）宗教相同（如普通人不与耶教徒结婚，回教徒亦不与他教徒缔婚）；（丁）家庭无劣声者；（戊）男女八字不冲克。此五条中，以末一条最为要紧。

第二　下定

按上列条件择定后，再进一步即为下定礼，亦称拿八字。行礼日期，由瞽者择定，由男家请执柯者两人，将男孩生年月日时书于红金帖之上，外备衣料、果子、喜饼、茶盐、猪羊及金器四五件，统置挑盒内，助以吹鼓手，送往女家，女家对于食物约收大半，衣料随意略收，金器则全部收下，并回以鞋帽笔墨书籍等物，用同样笺帖将女孩生年月日时书上，璧之男家。是日，男女两家各须设筵数席，以饷三亲六戚。此后婚姻，即为完全有效。若男家无故再向别人家议婚，女家可起而质问干涉，甚至因之涉讼。女家若有同样举动，男家亦得而干涉。

第三　过礼

又名鞭猪，于结婚先一日行之。大略情形与下定相仿佛，不过下定时由男家送至女家，此则由女家送往男家。且礼物之中不止于衣服首饰，凡全堂木器、日用大小零星细物，均须齐备。仕宦之家，多从以婢媪者。富有之家，所费三五千不等；按现时普通情形，至微亦须三百余元不办。是日亦设筵请客，与下定时无异。

下定礼节，盖为两造说成之后，或因男女年龄不足，或因他种要件一时不克成礼，特下定礼，以当预约。若说妥后，三五月内即可完礼，则两方面为撙节计，亦可将两造八字书出（俗名草八字），俟至成礼之前一日，于过礼时一并交换，所谓“两场谷子一场打”是也。近年人民生计日蹙，遵斯礼而行者颇属不鲜。

第四　亲迎

前数日即将请帖分送各亲友处。男家亲友，须新郎亲自登门揖请，女家则有女之兄弟辈邀请。故亲友繁盛之家，新郎及女之兄弟繁缛已极。亲友接受请帖后，即须预办礼物，或以喜幛，或以喜联，或以金钱及他种物事。惟送女家者，只限于衣饰，谓之添箱礼。喜期既届，妇女侵晨即往，太半乘轿，以是日轿钱照例由主家开发也。而大班（即抬轿者）亦因之高抬声价，平时只须一角者，一遇喜期则涨至二三角不等。办理喜事之家，必须延数人为之帮忙，专料理此类琐事。

贺客既集，新郎乃按瞽者所算之时刻，乘花轿赴女家，行亲迎礼。沿途鼓乐喧阗，佐以掌扇、日照等执事排列于前。既抵女家门前，女家循例闭门不纳。于是男家将门包递入，或三元，或五元，俟餍阍人之欲望，始将门开放。

云南省会内亲迎之礼，由新郎之母代行。入门时，一拥而进，于厅堂中设椅一座，姑踞其上，新娘出跪于前，将凤冠霞帔着毕，盖以红色喜帕，由其兄弟抱之入轿。新娘照例必哭，于是随来者相率簇拥而归。抵男家后，于门外大放爆竹，特延女客二人为之牵亲。地上满铺红绿布条，直达新房。新人同坐床上，预请福寿双全之老翁一位，手持五子述若干吉祥语，再将五子向四方乱撒，是谓撒帐。五子者，松子、瓜子、莲子、白果子、枣子是也。撒帐后，请福寿双全之老妪一位，持面一碗，先以食新郎，既［继］以食新娘，是谓长寿面；亦有用酒者，是谓交杯盏。食毕行拜堂礼，先天地，次祖宗，再次外客戚族。礼多用跪拜，平辈者须还礼，长辈则直受不辞。晚膳后，亲友必闹房而后归。闹房时，有说笑话者，有扮种种滑稽举动者，然均甚文明，从未闻有逸出范围之举动者。

亲迎之日，尚有小节二，颇觉迷信可笑。一曰子孙灯，须点于新人床下。某家新床系藤制，家人照例将灯点于下，不谓藤易燃，至晚藤被烤断，褥已破烧。幸扑灭迅速，不然遂兆焚如矣。一曰通宵烛，置于床之左右。较通常所用之烛大。据云一代表新郎，一代表新娘，若两枝同时熄灭，即为白头之预兆，

第五　回门

喜期之第三日，新郎新娘各乘轿于侵晨赴女家，早膳毕，遍拜女家亲友，与亲迎日之拜客略同。盖亲迎日之拜客，所以使新娘与男家亲友晤面，而回门日之拜客，则所以使新郎与女家亲友晤面。故男家以亲迎日为正客，而女家则以回门日为正客。是日晚膳毕，即须返男家。尤要者，则抵家时必须在日落以前，所谓“带太阳”是也。

第六　满月

自三日回门后，新娘乃不得任意归宁。俟自亲迎日起，满三十日后，始由女家派人接之归，或十日，或八日，可随意。若夫妇和好者，归宁后亦无何种是非发生。若性情不投者，自此一归后，时哭时啼，一生之幸运随泪俱去矣。

上所述者，多为云南省会之婚俗，外县略有不同。近日有开通者，行文明结婚礼，独出心裁，将旧式中之繁文缛节删去，参以新礼，颇有可观。然亦仅限于省城，若在外县，不特人不肯用，亦且无人识之为何种礼节也。

云南人之生活状况

云南山岭多而平原少，河流多沿山谷纵流，异常激湍，不利于舟楫，交通至为不便。故其平民生活甚为艰苦。兹分类述其生活状况于后。

甲、汉人。汉人多居于平原，就其职业分类之，约可分析为四种。一曰务农者，二曰经商者，三曰从事于工业者，四曰当夫役者。经商者除大资本者不计外，又可分为三类：一开小店或摆小摊者，二赶定期市集者，三走夷方者。做工者又可分为四类：一淘工，二矿工，三木工，四织工；就中矿工又有金属类工、石工、盐工之别。此其大略也。

以交通不便故，人民保守性质极坚。人民多数务农。各地之女子缠足者甚少，与男子同致力于畎亩，农隙之时即从事于纺织或他项工作。其种植之产品，夏季为稻，

小春时种杂粮及鸦片，亦有种茶种棉及养蚕者，但仅为少数。云南天气颇佳，极宜于蚕桑棉茶，放弃天与之权利，殊为可惜。以平原甚少，故杂粮及鸦片多植于山坡上。亦有种稻于山坡上者，名为种旱谷，无需雨水时常灌溉，俟久雨后山腹之水泻出，即用以灌溉田亩。但因争开水道故，往往发生械斗。

住居城市中之人民，多半以开小店或摆小摊为业，专售日常需用之物品，如米盐布烟酒等皆是。业之者须十分勤谨谦和，始可维持永久。大多数县城之街市中，除此类之小店小摊外，竟无一家绸缎店或化妆品店，是足以见其生活之简单矣。

赶定期市集之商人最需耐苦，肩担数十斤或数百斤重之物，一日间须逾山越岭，步行数十里或百余里之路程。例如今日赶鼠街，明日赶牛街，后日赶虎街，或间一二日或数日赶一市集。市集之日期，视各地情形而异。此辈所贩卖之货物，大都运甲地所出之物品以销售于乙地，又购乙地所产之物品以销售于丙地，往复循环，仅沾微利，其苦极矣。间亦有稍有资本者，雇他人挑运货物，自身只料理买卖出入之事。

滇人称夷人所居之地为夷方。其地瘴毒甚盛，汉人往者易染瘴而丧命。然因贩卖于夷方者利益极厚，故贪重利者专从事于此种贸易，名为走夷方，亦商业之一种也。但其人易染烟酒之癖，盖惟烟酒或可以避瘴毒也。

陶工各处皆有。此辈选择土质佳美及柴薪丰富之地，砌土成窑，烧炼砖瓦缸钵碗盏等物。滇省所产泐药（俗名碗花）甚著名，然因陶工株守旧法，故所制之瓷器均甚粗劣。现有留心实业者雇用江西瓷工，提倡改良，将来可望有成效。

黑陶双耳罐，云南通海县出土。

云南矿产极盛，五金之类，遍地皆是。但具大规模而用新法之采矿公司，只有个旧锡务公司及东川矿业公司。除此二公司所雇用之工人外，余均服务于小资本之公司中，用旧法采取铁铅，以供制造日常需用之器具。滇省西部有数县人民，于冬气无瘴毒时赴缅甸做矿工。

大理一带产大理石，驰名中外。采此种石头之工人为数至伙。腾越及省城有专营切磋或雕制玉石（或称翡翠）之工人，称为玉匠。普通之石如俗呼青石、白

开采井盐

石等类，产地甚多。工人数十名即可开一石厂。采出之石，用以铺道路，筑墙基，建坟墓及造家具。此辈工人在一厂中者多同属一族或一乡，工作较矿工为安乐。

云南中部多盐井，为本省富源，如白盐井、黑盐井、云龙井等皆是。居于盐井旁之人民多以煮盐为生，称为灶户。

山中多产良材，从事于伐木事业者甚多。采木之工人，攀援偶不慎，最易丧命。树木斫伐后，即于山中量材而锯解为大小件，以牛马运至城市，供建筑木工随意选择。

省城一带有织滇绸绉纱等物之工厂，然数目甚少，雇用之工人不多。其他各处，虽纺织棉料之工厂亦甚少。然农家妇女，几无一人不善纺棉织布者。

夫役可分为轿夫、挑夫、锅头三种。轿夫或于城市中供短途之迎送，或跋山涉水，作长途之旅行，日行七八十里以至百余里之路程，所得不过五角左右。挑夫代人挑运行李或货物，情形与轿夫略同。轿头［前作“锅头”］为管理牲口，替人运输货物者之别号。餐风露宿，乃其惯事，有昼宿夜行，虽严冬不免者。

乙、夷人。夷人多居于山箐之地，可别为二种，一曰种植之夷，二曰打猎之夷。

云南之夷人种类甚多，有摆夷、野人、傈僳、阿昌、崩童、怒球、古猔、卡辣、蛮子、花苗、汉苗、倮倮等十余种。各有其方言，各有其习俗，中有数种有文字者。昔日本居于中部，因汉人渐次繁殖，遂被逐至高山深箐中。数种有土司管辖，其余则各有其崇戴之酋长。西部及南部之摆夷与汉苗，均与汉人互通婚嫁往来。男女之勇健相差不远。其种植之物，除粮食茶棉外即为鸦片，盖其地毒而且险，历年来虽烟禁綦严之时，亦不患铲除；因此成富翁者比比皆是。

夷人之生活，虽分为种植及打猎二种，然多兼营并进，以种植为主，打猎为副。打猎者多为男子，所用之器械为弩箭，箭头擦以毒汁，名回堂药，甚为利害，任虎

云南摆夷人，选自《皇清职贡图》。

云南夷人狩猎图，选自《皇清职贡图》。

豹等最猛之兽，只须中此种药箭，虽立时不死，逃逸而去，终须踅至受箭之地以死，故曰回堂。夷人获野兽后，将筋肉做食品，皮骨则售与汉人。思茅一带特产巨象，夷人猎得其活者，养驯后用以耕田或拖曳笨重之物。汉人亦多豢养者，因其性灵活，甚为有用，而牙又值多金也。

汉人生活中从事于工商业及当夫役之人，大多数以农业为主，惟趁农事余暇以为之耳。

云南分三迤，曰迤东，曰迤南，曰迤西。迤东一带气候较寒，地土亦较瘠，其人民之生活较他部为困苦；妇人之寡者均须再醮，盖一妇人难独谋生活也，至鬻卖子女，则为常见之事。

摆夷、汉苗二种，与汉人居住相近，接触之时甚多，智识亦略具，有能读汉文者。工艺如织锦、花布、佳酿，素为汉人所种质，故汉人与通婚姻往来，不久即将与汉人同化。其生活状况与他种夷人大有差别矣。

曲靖吊丧之异俗

曲靖丧礼，极为繁杂。即请客一端，大都请全福三天。来客极多，即有混杂不清之弊。惟吊者至，丧家发孝帕，彼等执孝帕然后入筵，如无孝帕者即行逐出。因此相沿日久，即将孝帕表哀情之本意消灭，咸以之为食饭之凭照，于是谓之为饭票者。盖吊者入筵时将孝帕顶于头上，名为饭票，亦名称其实也。此种习俗，诚他地所未有者，亦云奇矣！

宣威岁时之风俗

宣威之人民大半务农，对于岁时之陋俗，极多可笑之事。兹分述如下。

惊蛰咒雀

惊蛰为旧历二月节。是日清晨，农家之家长听见雀鸣，即唤起牧童往田间咒雀。牧童得命，手提铜器一具，急忙跑至田间，顺着田埂而行，随行随敲，随敲随唱咒雀词曰：“金嘴雀，银嘴雀，我今朝来咒过，吃着我的谷子烂嘴壳，咒呕。”其意盖谓今日咒过，迨到谷熟之时，鸟雀便不敢来啄。必须将自家所有之田埂走遍，始可回家。若田地众多之家，须至日没，才能返家。

立夏占年

宣威人民，每以立夏之阴晴，而占一年之丰歉。谚云：“立夏不下，高田不坝。”又云：“立夏无雨，碓头无米。”盖谓立夏无雨，将主干旱，秋收必需减色也。

天贶闹会

旧历六月初六日，向称天贶节。宣威之地方，早已农毕，放牛于山林之中休息矣。惟山中多豺狼，每为所害。于是在天贶节之一日，杀猪宰羊，为土地公婆祝寿，盖俗有“土地不开口，老虎不吃人”之谚，求其保护耕牛，不使豺狼食也。

立秋禁忌

宣威禁忌，以立秋为最大。是日农家禁止家人在田间行走，否则秋收必不佳。略识字之人，多用红纸一条，书“今日立秋，百病俱休”八字，贴之壁上。至妇媪之辈，则以红布剪为葫芦形，缝于儿童后裙之上，用以祛疾也。

择日尝新

稻穗初黄之时，预先摘回荐祖敬神而尝新。此种习俗，各处皆有之，宣威则必择一定之日。谓猴有嗉囊能贮食，牛能挽车，马能驮谷，蛇为顺；猴于十二支为申，牛为丑，马为午，蛇为巳，必择此等日方能尝新也。

霜降卜岁

霜降卜来年之丰歉，以有霜无霜为断。谚曰：“霜降无霜，碓头没糠。”盖犹古人所云雪兆丰年之遗意也。

哈瓦土人之风俗

距思茅第三四日路程之边界名坝子者，有一种土人曰哈瓦，全体黑如煤炭。其食物也，则以右手送至口内，因此其右手之拇指、食指、中指略有白色。性爱食盐。居住无房屋，多藏身于所掘之土洞内，或以茅所搭之草篷中，或爬至大树上抱枝干而睡。小孩初生，为父母者买钢铁百余斤，藏于田中，俟至小孩十五六岁时，然后掘出打成一把腰刀，给与小孩，名曰坝子刀，非常快利。又有一种比牛角之风俗，尤属可笑。凡两人竞争、是非不分之时，各人出牛角比赛，甲牛角长，便是甲理是，乙牛角短，便是乙理屈，自家退让，不敢再争。所以该地藏有长牛角之人，势力非常之大也。

云南元江等府的哈尼族人，选自《皇清职贡图》。

哈尼人踏歌图，选自《皇清职贡图》。

哈瓦之祭谷地奇俗

思茅迤南之地方有名坝子者，该处有一种惨无人道之风俗，名曰祭谷地。每到正二月之间，该处之哈瓦人挟携弩箭，在靠田亩之林间藏伏，时时看望田埂上预先撒下之米圈。过往之人，看见退走，伊即停弩不射；白面无须之人，即走入米圈之内，亦不射。伊最欢迎者，系有连腮胡之人，只要踏着米圈，即可被伊用弩箭射死，将首级割下，抛在田间，看日后生蛆之多寡，以卜本年之丰歉。并将尸身斫为数段，以泥土糊之，放于火中烧熟，大家分食，迨至田间之首级生蛆，便取回家中，供于桌上，用茶斋供献，并以斋喂于烂头颅口中，一面祷告，一面捣蒜磕首，名曰祭谷地。实惨无人道之奇俗也！

石屏之请七姑娘

石屏县每当旧历正月，闺中有请七姑娘之风俗。系用一枝有枒叉之樱桃木，或柳木亦可，有叉之头，当七姑娘之足，无叉之头，上扎葫芦一枚，用白纸糊上，画以五官之形，涂抹脂粉，为七姑娘之首。首之项下，横扎弯竹片一支，为七姑娘之手。手之两端，以尺长之头绳连拢，绳上穿铜线数枚。叉之一头，又用布片扎成小足之形，穿着花鞋，随后穿着红衣绿裤。装式完毕，预先藏之厕所，并先觅七家封门纸七张、迨至临请之时，不令男子窥看，悄悄将封门纸焚化，又以纸制金银锞七对，黄钱七分焚化。然后将七姑娘由厕所请至堂上，以两人挟着，所有在坐之女伴齐声念道："七姑娘要来快快来，大家都是姑娘伴。爱玩爱耍请你来。后门鸡儿叫，前门狗儿咬，骇着姑娘也不好。关了鸡，拴了狗，让开姑娘才好走。姑娘来，喜满怀，姑娘到，大家笑。姑娘发，什么发，又光又滑青丝发。姑娘脸，什么脸，又白又嫩桃花脸。

姑娘眼，凤凰眼。姑娘眉，蚕蛾眉。姑娘鼻，悬胆鼻。姑娘口，樱桃口。姑娘什么牙，三十六颗御米牙。姑娘什么腰，风吹杨柳腰。姑娘什么脚，三寸花鞋二寸脚。”念过数遍之后，七姑娘之神果然而来，跳跃不止，手中之铜钱亦锵鎯锵鎯响过不止。命其筛米，伊便做筛米之状；命其作揖，伊便做作揖之状。当七姑娘跳跃最急之时，扶七姑娘之手倘将两手放开，七姑娘亦能跳跃，惟易跌倒，仍须人扶。亦奇闻也。

腾越之火把节

阴历六月二十五日，腾越县谓之火把节。是日，家家以松枝扎成狄把，至晚间燃之。使七八岁之儿童，敲击铜盘、簸箕、木板或毁烂之铁盒等，口中高声喊曰：“撵打老暮佛！”先是端午节之时，凡一二岁之小孩，均制有虎头、猫头、小儿头戴于头上，至是晚一齐剪下烧弃。又有农人等持炬照跃田间，用以祈年。至于火把节之起源，相传当年孔明征南，擒获孟获，即是六月二十五日。进城之时，人民设香案，燃火把迎接，遂相沿至今。或谓系汉时夷人曼阿奴被汉将郭某所杀，曼阿奴之妻阿南颇有姿色，郭某欲纳之。阿南伪允之，云：“必须先将曼阿奴之尸体焚烧，然后始成亲。”郭某允之，立即燃炬，讵火焰既起，阿南即投火而死。滇人哀其贞节，特设此会以吊之，如五月五日吊屈原之故事。或又谓系唐开元年故事，其时云南分六诏。南诏皮罗阁欲并吞五诏，某年六月二十五日，召五诏到松明楼会宴。邓赕诏之妻慈善，知南诏之伪计，劝邓赕诏勿往。邓赕诏勿听。慈善不得已，将铁驯［钏］束于邓赕诏之臂。后南诏焚死五诏，慈善得因铁臂将夫尸寻回归葬，已亦闭门而死。三说不知孰是。据谈者言，“撵打老暮佛”一语，暮佛为孟获之转音，当以前说为正，然乎否乎？

腾越之中元节

七月初二日清晨，腾越人民家家皆须接亡。俗传祖宗亡，在外已久，此时须接回奉祀。惟接亡之礼仪，无非在门前焚化香纸，跪拜磕首而已。

接亡以后，直到送亡，每餐必须祀祖，然后始食。送亡分新旧两种。新亡之人家七月十二日即须送，送归日则在十三日。送亡之时，供具饽饽果品蔬馔。祭献毕，送至门外而再祭而送之，并焚化小锞锭，上书“子某某或孙某某奉祀某人之金银锞锭”字样，并诵读一遍，名曰包。又用黄瓜一只，剖之成二如船形，曰黄瓜船，与包一齐焚化。中元时又有放阴、放活灯及散蜡烛之风俗。放阴者，俗传此时祖宗亡魂皆已回来，于是愚妇之辈，于是有眷恋亡夫者，于是有思想亡儿者，生死隔别，未免悲伤。于是师娘端工［公］之类，趁此煽惑人心，云可以放生魂至阴间与鬼相会，并可请鬼附他人与亲人相谈，名曰放阴。放活灯者，在送亡之后，用颜色纸制成莲花灯，晚间燃之，置于路旁，或浮之水中，其意盖谓可使冤魂抢去投生也。俗云：灯放之水中，如沉没，即有冤魂抢去，倘不沉没，则无冤魂。散蜡烛与放活灯同一意义，惟放活灯系使冤魂从速投生，散蜡烛则用以照往来过路之鬼魂也。蜡烛以枯竹剖成细片，上包以纸蘸之以油，燃之插于路旁也。

腾越之腊八节

腾越某处有一大池，曰龙池。该处人民，于阴历腊月初八日之一日必须腌菜，名曰腌腊。而腌腊必须至龙池汲水，大家互相争抢腊，云是日所制之腌菜经久不坏，能留至数年之久也。

龙氏土司之婚礼及家仪

滇黔之间，有宋家、蔡家、罗家、龙家土司。四家之冠裳服饰婚丧祭一秉周礼。以十一月建子为岁首。婚姻重婚妁，备六礼，然后成。龙家世为诸土司之长，至今第宅宏大。四家世为姻好。嫁嫡长女为嫡长妇，必一媵八人，古诸侯一娶九女之遗

丽江木氏土司府

意也。然所媵或养同姓，或选良家，或庶产，嫡女则不能卖，其俗淳庞，大有三代遗风。第轻杀，重奸罪，犯者男女皆斩，即亲子弟毋赦。其所属部落，有作奸犯科、魇蛊劫杀汉人者，长官即率众掩而斩之，俘其子女以归。女子尚短衣，衣齐腰长裙，裙百折或二百折，富者穿五重，贫者亦两三重；男子亦然。其衷衣及裩，冬夏皆纻。处女夜卧，不脱不沐，临嫁方沐，既嫁日一沐。沐毕，涂以苏合油，贫者涂以羊膏，故肤如凝脂也。其衷衣与裩相接，皆联金扣以百数。裩口与罗袜相接，亦密以扣。扣皆圆而扁者，贫者家以铅锡为之。合卺之夕始解，既定情，复起穿如故，生子然后去。惟仲家牯、羊苗黄、毛佬佬、白倮倮、黑倮倮五种苗，以跳月为婚者，皆不裩。跳月为婚者，元夕立标于野，大会男女。男吹芦笙于前，女振金铎于后，盘旋跳舞，各有行列，讴歌互答，有洽于心，即奔之。越日送归母家，然后遣媒妁、请聘价焉。既成，则男就于女，必生子然后归夫家。长官女有缚足者，民间多不缚，便于工作也。其缚也甚易，山中有草曰威灵仙者，取其根汁煎濯之，不数日而步步金莲矣。苗种类甚多，而习俗各异，婚礼亦不同。惟宋、蔡、罗、孔四姓得其正。其条节甚繁。不用乐，三月庙见方作乐，大会亲戚。新郎君见长者，用斑竹箸、雉羽扇为贽，长者赠以硃砂、石青、牛马犬豕。新妇见尊者，用枣栗榛松为贽，尊者赠以峒巾、苗锦、金宝、簪珥。娶时杂用汉礼，用乐器兼苗中铜鼓亲迎，至门，外舅趋立阼阶，揖婿及傧相入。相者引婿升堂，布席南向，请外舅坐，外舅辞焉。婿八拜，外舅受四答四。婿下堂，奉雁币陈上奠之。再拜毕，婿与相者东向坐，外舅北向坐，进桂子汤者三，鞠躬者六。相者引婿入后堂，请外姑。少顷，外姑率媵出，坐帘内，婿八拜于帘外，亦受四答四。即命坐帘外，进梅花汤者三；饮毕，帘内一绯衣老姬出，以软红罗丈许束婿腰，牵者［入］帘内；相者不得入。外姑引入三堂，再拜讫，又遍拜诸媵母，母皆跪答。引婿南向坐，外姑西向坐，诸媵母皆退。外姑一等坐，进玫瑰汤者三，毕，又进枣栗莲子汤者三。每进汤，必再鞠躬，毕起再拜谢。外姑出赠金玉杯各一对，金象箸二十双，金银镇纸仿圈各一对，金二条，银二锭，命绯衣媪送出大堂。坐席演剧，饮三爵，散席更衣，上攒盘，又饮三爵，起复衣公服，相者引之堂下，再拜谢。外舅乃出缎纱绫罗各十二束，黄金十二锭，玉碗两只，古炉二座为赠，婿再拜谢。引婿从后堂，历三堂，由书楼至妆楼，凡门，相者必唱礼再拜，谓之拜门。将见其女，故重其门而劳婿也。相者出，外舅引婿见外姑，又两揖两拜，诸媵母亦两揖两拜。乃引婿中堂，北向立，奏苗女乐。数十小婢衣绯，击诸葛铜鼓震天，盘旋环绕于庭中，讴苗歌，抑扬宛转，如莺啼芳树焉。俄而衣绯媪以朱丝一缕系婿左臂，引丝入室，系女右臂，牵出。女以锦蒙首，与婿并立，拜其祖宗神位，凡八拜。毕，夫妇交拜，次拜外舅姑，凡八拜。命坐，外舅姑北向，诸媵母皆侍，婿与女东向并坐。绯衣媪揭女绣盖示婿，诸媵母皆作苗语，啧啧颂女曰："吾女不辱婿也！"送粉团汤同牢，婿与女皆侍，女引匙进食毕，外舅引婿出，女送婿出妆楼，至书楼中堂止。绯衣媪解婿左臂丝，引女还。绯衣媪者，女傧相也。已而呼相者入，更苗锦衣舞蹈，击铜鼓，讴苗歌，请新人登车。引车入，举家涕泣以送。媵母拥女登车，诸媵女皆涕泣就车内。击铜鼓、吹芦笙送之，乐奏天鹅声，外发炮，开中堂，外舅送婿至堂下，鞠躬者三，上马奏乐，驰归第。少顷，鸾车至，诸女亲于门外设香案，焚楮帛，送家神毕，迎入书楼。相者诵词，三请新妇，绯衣媪持钥启门，引新妇右臂朱丝付新郎君，牵新妇下车，侍女扶诸媵出，共拥新妇归卧房。相者出中堂唱礼，夫妇交拜，诸媵皆随新妇后行礼。不坐床，席地而坐，饮交杯，诸媵皆雁行列坐，新郎君新妇各一饮，挨递诸媵。饮毕，相者击铜鼓，歌喜词，撒红豆，为祝多男。奏乐毕，相者请新郎君安诸媵室，乃与诸媵皆出。绯衣媪即合房门，为新妇更衣履，进香汤，凡三沐焉。相者引新郎君，先从右，奏乐安屋。其俗尚右，故先右。侍女扶媵者参新郎君，新郎君坐受二拜，答二拜。老媪进媵者酒，手奉新郎君饮半，媵者接跪饮毕，起鞠躬者四，侍女扶入帏中。相者复引新郎君安第二室，亦如之。西四毕至东四，俱如右。相者引新郎君还正室，更衣毕，相者出，新妇出迎，鞠躬者四，新郎君答以四揖，相携入绣帏。诸媵者新沐毕更衣，俱来帏中，亦鞠躬者四，新郎君新妇答礼毕，告辞各归房讫。鸡初鸣，诸媵俱栉沐至新房，递茶道喜，候新妇妆毕，偕新郎君于姑寝门外递茶。姑受不接见，令婢辞焉。新郎君新妇率诸媵于寝门外再拜而退。新郎君即公服策马，诣外舅家谢。先于大堂拜外舅，毕，入后堂拜外姑。留饮，陪者皆其娣姒姑姊之属，以百数，俱各再拜，饮毕归。日暮，新郎君新妇率诸媵递酒核，姑亦辞焉，如前行礼而返。如是者五日，第六日，张乐设席于后堂，新郎君新妇先拜天地，次祠家神，次祀灶，次拜姑，次女亲，次小姑；诸媵者俱随新妇后行礼。南向一席坐新妇，东向八席坐媵者，西向四席坐诸女亲，西北向一席则姑、小姑主焉。姑递杯箸，新妇跪辞，小姑代行礼毕，新妇跪递姑杯箸，次女亲，次小姑。饮三爵，撤席更衣，再饮三爵，新妇率媵下堂拜谢。讫，随姑入室，为姑进帏帐衾枕衣服首饰，奉沃盥。候姑寝，乃率诸媵退。自是每鸡初鸣，必起栉沐，率诸媵至姑寝门，如未醒，即默候，既醒，即呼内侍女启门，入为姑著衣履，栉沐，进早膳，讫，乃退。中午亦率媵奉饭，每日以一媵侍其役。日暮，为姑涤溺器，整衾枕，候寝然后退。日日如是。如疾病，必令媪请假，俾诸媵奉事如前。三月请设三代祖宗神主，夫妇率媵谒焉。盛设酒宴，大堂会男，后堂会女，夫妇执贽，遍拜长者，各受贻赠，而成妇焉。各媵女独处，室老（寡居有德之妇，土司富家聘以掌一室之事，举室听其指挥）皆有法，不许偃仰纵横，既覆以衾，外加绣袱，四角镇以铜兽，重或至二三斤，若不令其转侧者。寝后即禁复起，溲溺帏外。张灯彻夜，榻前每夕轮一婢伺值，室老时行潜察，一闻发鼾呼声，辄排闼入，捉其发而扑之，即侍女亦不得有鼾声也。每二鼓即寝，鸡初鸣，室老辄击铜板者七，各房室媪亦击铜版以应之，俱促诸妇起栉沐。栉沐毕，皆集正室为主妇治妆，妆毕，则偕往候姑。凡有身者，立稍不端，坐不止，卧或偃仰纵横，及酣酒茹荤者，室老辄戒之。诸媵与主妇常同坐起，或嬉戏投博，皆勿论。见主人，则不敢坐，常侍立终日，不敢生怠傲心。总因室老之严，举家从无喧哗声，侍女森立左右，屏气似不息者，肃然如三军之禀大将军令也。主人欲与诸媵坐，必其卧榻；若于椅，室老闻之，必加挞。媵者或逢怒主人，室老必勒媵者去其下衣，当庭而痛挞之，毋赦也。凡为姑涤溺器，浣衣服，治裳履，整衾枕，进饮食，生子者连三日，女者二日，未生者一日，次第以行，无敢或紊，皆室老主之。即主妇亦不敢假手侍女。如有身及疾病，必请假始免，次者行产后，病痊复入。此真三代之礼也，不意中原绝响，乃在边徼！古语云："礼失而求诸野。"今野不可求，乃在苗蛮之中，亦可慨矣！

贵 州

贵州之中秋节

贵州之中秋节，有一种特别之风俗，为各省所无者，则偷瓜送子是也。偷瓜以晚上行之，偷之时，故意使被偷之人知道，以讨其怒骂，而且愈骂之利［厉］害愈妙。将瓜偷来之后，穿之以衣服，绘以眉目，装成小儿之状，乘以竹舆，用锣鼓送至于无子之妇人家。受瓜之人，须请送瓜之人食一顿月饼，然后将瓜放在床上，伴睡一夜。次日清晨，将瓜煮而食之，以谓自此可以怀孕也。

贵阳女子之生活

家庭作业

妇女之职务在家庭内者居多，然乡村妇女则不尽然。盖其家庭组织，既极简单，家政毋须整理，每日只早晚在家中，故其家庭作业不外煮饭、烧茶、引小孩、喂猪等事。有于夜间捆束菜蔬，预给男子次日入市贩卖，或于晚饭后绩麻，为赶市集之交易品。

田野作业

乡村妇女之生活半在田野间，故其作业不仅为补助男子之副业。每日早餐后，将孩驮于背，曳锄具，至田中割草、挖土、播种、施肥料。暇时又须上山伐薪，或赴水边洗菜。女孩则放牛牧豕。各事其事，无一闲者。

赶市集

家庭及田野作业外，尚有赶乡场。会集日期有定，如双日赶某场，单月赶某场，或于一月中十日一赶，半日［月］一赶，依习惯而行。邑中大乡镇，若打鱼寨，若鸡场，若狗场，每逢场期，赶集者人山人海。妇女辈至是日亦不惮跋涉，各携物品，如鸡蛋、果实、干粮之类，来此求售，或与城市商贾兑换布匹盐油等类，至散场后各自归家。

盘县十月朔之俗

十月朔，俗传为牛王神生日。乡农各寨，捐资举牛王大会，爆竹之声，各寨相应，极一时之喧闹。各家并出新糯米制饼，先取一团喂牛，一团挂牛角上，牵之至河畔饮水。俗传牛饮时于影中见角上之饼（俗名粑粑），格外喜悦，知人酬其劳也。然后将余饼分送城内亲友，借答中秋受其果饼之情，为投桃报李之意。斯为牛王大会中之举动也。

盘县节序之宜忌

立春日宜晴；是日晴，则以后常有雨也。谚云："立春晴一日，四月农人不用力。"惊蛰日不能闻雷声，闻则夏季毒虫必多。谚云："惊蛰有雷鸣，虫蛇多成群。"清明日天阴，则谷雨日不雨。谚云："清明不明，谷雨不霖。"立夏日宜有雨，否则主旱。谚云："立夏不下，犁耙高挂。"六月宜热，七月以后不宜热。谚云："六月秋，点点收；七月后，班班收。"八月十五日夜如有雨，则次年元宵日亦必有雨。谚云："八月十五日［月］不明，正月十五雨打灯。"十月宜有霜，十一月宜有雪。谚云："十月无霜，碓头无糠。冬月无雪，田中无麦。"正月不宜闻雷，闻则二月必多雨。三月不宜有大风，有则四月必旱。谚云："正月雷打雪，二月雨不绝；三月吹大风，四月田开裂。"又初一日晴，初二日阴，初三日初四日必有雨。九月下霜，十月下雪，十一、十二两月必奇冷。谚云："初一晴，初二日阴，初三初四雨漓淋。九月霜，十月雪，冬月腊月冰为铁。"

盘县小孩之撞名

盘县初生小孩，除寄拜干父母外，有一种撞名之风俗。倘有时小孩有疾，以箸占卜，许以撞名。于是择黄道吉日，在大路之畔，陈列果品，焚香烧钱，而后静伺行人。第一经过其畔之人，便以为小孩之干父母，享以果品，以求认继。而其人无论如何，不能推却，只得承认为干父母，并为小孩易以姓己之姓，并另更一名。又须以钱物给与小孩，以当贽见。如彼此相邻近，以后便各［如］亲戚之来往。若相住太远或贫富相悬大差，成礼以后，便即完结也。

新　疆

新疆之民智

新疆全省人民二百万余，汉民仅二十分之一，缠民居十分之七，专诵《可兰经》，不读汉书。故凡官厅布告，须用缠汉合璧文字，方鲜隔阂。印花票面分数，未用缠字表明，彼遂无从分晓；示之以颜色，则误赭为红，以蓝作绿；告之以数字，则当时了解，过后茫然。益以头目乡约（犹内省之团总地保）相习愚民，对于国家征税规程尤秘而不宣，以便上下其手。民国以来，经地方长官痛加涤除，虽风气一变，而积习过深，未必全无漏网。

迪化人之生活状况

迪化府当全盛之时，屯戍相望，华戍［戎］商贾，挟资斧往来，聚族列阓，而错居以万数，百货玩好，奢侈骈阗，嘉、道之际，称为盛焉。其民或以关内下贫，或以报怨过当，而学士大夫之遣戍者往往出于其间，故其俗杂驳，或侈靡相高。清光、宣时，湘、楚人为最多，而秦、陇亦无虑数千户，惰游失业逋贫者半之。仕宦数湘，楚、滇、陇，大贾推津沽（有天津八大家），秦人多负贩，今之大较也。缠商列市南郭，其俗奉十叶教，即天方教在东土者，礼拜诵经。汉装回率徙自关内，执贱业，屠牛羊，深目而耸准，好勇乐祸，宗教与缠回同而稍变其礼数。南郭之外，则俄商所集，皆受成于领事。而蒙、哈冒险之迁引者尤众，故其种族杂厝，风俗不齐。又冠盖辐辏，浮食者多，民去本求末，竞趋巧伪。妇女戴金玉，羞不相及。尚巫鬼，饰寺观。每岁四五月，晴燠少雨，即赛神树下河滨，征歌演剧，男女杂坐，车服炫奢。缠民男则卖浆，张帟幄，拊杜达（状类阮咸，以木为之，铜弦二）、探布（铜弦四），鼓敦巴克，讴胡曲。佐妇女数人，曳绮縠，振袂赴节，偎乐［郎］以为乐。偎郎者，缠女跳舞之名，犹蒙俗有背柳也。其游氓之逋荡者，则聚而博奕，强者拔刀相向，弱者或破产，吏不能禁。每七月中旬，出城隍行象三日，盛陈卤簿，设鼓吹杂剧，来往通衢，观者如睹［堵］，否则多夭折也。

缠民之迷信

吐鲁番缠民，其祖先多由汉族、吐蕃、回鹘、蒙古诸种人混血同化而来，故质性较他处缠民特异。他皆巽懦恭谨，此则刁顽，好犯上作乱；他则颛愚固陋，此则开通，颇能模仿新式工艺，其阿浑（教主）恒与官吏交通，亦他处所鲜有也。吐鲁番全部人口二十三万余丁，坎井八百余道，官井七道，熟地二十四万余亩。缠民迷信摩罕默德，深不可拔，居恒争走土耳其朝汗，牺牲财产生命不少惜。当朝汗时，必以黄白敬献寺中，以为功德，富者耗数万金以为常，贫者亦数千或数百。及至讽经，又必多屠牛羊，施给附近穷民，富者二三千头，贫者亦必一二十头。新疆缠民之岁往朝者，络绎不绝于道，现金之输出，平均每年约达五六十万两。自欧洲大战发生，道途梗塞，莫由而前，新疆无形中不知增存几许流动资金矣。朝汗之地有二处。一麦加，即穆罕默德降生之地，彼教均称为圣地，教徒以得瞻拜为荣。男女朝者谓之阿吉，在死者为获神佑，生还者谓之假阿吉，俗不以为重也。

哈萨克人之生活

新疆有哈萨克者，汉康居种人也。散处阿尔泰山、塔城、伊犁诸地，无城郭，鲜庐室，逐水草游牧。四时结穹庐，其地藉以诸色绒毯毛毡。卧则铁床木榻，各异其式。铁床购自俄国，木榻皆自制用。茵褥重迭，厚至数尺，多褚以驼毦。枕则方圆各一，著以天鹅之毳，眠时覆以薄被。入门嬴三尺设火炉，傍置铜罐铁锅，烹茶煮食。燃料少用柴薪，多以

哈萨克人，选自《皇清职贡图》。

牲粪，羊粪为上，驼粪次之，马粪最下，以其一燃即烬。其俗喜食熏肉，而马腊肠为款客上品。马腊肠者，杀马驹三四岁者，切细脍以五味和之，实诸马肠，长三尺余，以筋束其两端，烤而干之者也。

哈萨克人之衣饰

哈萨克人男女所服之衣，贵贱不分，名曰袷衦，圆褷褑，不结纽，长施于膝。男敞前衿，以左衽掩腋，以皮带嵌金银、珊瑚、珍宝，左悬皮小囊、佩刀。妇衣较长，当胸多以金丝编绪，缀以环纽，衣之前后，繁系小囊，盛零纤什物，便于取用。男女衣皆以黑色为上，白次之，虽盛夏恒裨襦襂复，以蔽日光。春冬则外袭皮裘，厥名曰惘。富者以貂、獭、狳猁诸皮，贫者羊裘泽身，衬白布及五彩禅襦，有袖而无衿。女之褊衣，下围如绕领，其长曳地。男子箸帔高帽，内衬幞头。女子皮帽，方顶阔檐，嫁后则以花巾斜扎头上。逾一二载，其姑为换戴白布面衣，名曰雀洛什。其制以白布一方斜纫如袋，蒙首至于额而露其目，上覆白布圈，后帔襜襜然下垂肩背，长二尺余，见者知为妇装也。皮靴谓之玉底克，皮袜谓之黑斯，皮鞋谓之克必斯，皆以牛革为之。妇女较窄小，踵底之木，高二三寸，连锐铁钉，踏地铮然作响，斯为美耳。其入室也，脱之门外，室中人数，视履而知。妇女出门必骑，以花巾为帹，此古礼之仅存者。富女发辫，金宝缤纷，而不施脂粉，喜着臂钏，左右各具一式，不必成双。

哈萨克民贡马图，清人绘。

女子耳贯珠环，妇人有面衣，去之不复着，多以宝石珍珠嵌为约指，有一指四五枚者。其头目人以银制约指，镌回文名字其上，书立约券，多以加盖为证，若日本普通人之用图章者然。

哈萨克人之冠礼

哈萨克婴孩四五岁，父母择日，遍告戚友，延毛拉诵经，行割礼，即割势皮一周也。诸亲友相率馈物致贺，富家大族则杀羊马飨宾客，为赛门跤之乐。婚姻丧葬，佥以此为盛举，过此无恙，始得论婚学骑马，教之控纵坐蹓诸法。五六岁时，骑之马上，以小袋插股于鞍鞯两傍，上下以带括之，执缰者导之骑法。至十几岁衔勒缓急无不娴熟。故其部人以善骑著名，纵马疾驰，率能起立马上作盘旋舞，耸身拾物于地，其仡捷如此。俄国可萨克骑兵称强，即自此项天然马队训练而成者也。少年即不剃须，惟常剪唇髭，便汤饮。十日一剃发，三日一削爪，同于西俗。儿童小帽，谓之克摆什，以五色绒丝组织之，上系驯狐之毛，名曰玉奄尔，避邪祟也。十三四，则以金丝缎及杂色绸布制为小帻，四时均加皮帔高帽，谓之突马克。其式六方，顶高三四寸，后帔长尺许，皆皮里也。戴时露口眼于外，冬日御霜雪。夏亦帽，无露顶者。大小头目进谒官长，皆戴祝帽，胸悬政府给予徽章（如嘉禾章、名誉褒章等）以示尊异。

哈萨克人之婚礼

婚嫁之礼，惟同乳不相妃。妃者不问门户年岁，视聘资多寡，富人往往致马千蹶、牛千足、驼百峰、银二三千两。媒妁入女家，议定财聘，偕其父若母或其昆弟为踏水之礼。踏水者，至河干跃水而过，示无悔心，有因此跌折肢体而不恤者。过此则女家时时往索银畜，交偿逾半，其婿得朝夕入女家同寝餐为夫妇。交纳财礼之数如已逾［疑缺“半”字］，其婿即入女家拜见外舅外姑，留食留宿，夜间由嫂氏送女于婿卧处，家人伪为不知者。一宿之后，其婿随时往来，俨成夫妇，不复顾忌矣。财礼交未过半而情急者，以羊十五头购衣料，驮以马，又银五十两，二岁马驹一匹，携往女家，至其近处，谁见之，即将马驹馈谁。受者即为治餐，呼女来同食，唱歌为乐，入夜偕往女家，以银与外姑，以马与外舅，以衣料与女，亦可如前式同寝。惟不交盈数，则终身不得迎娶；女如有身，设法堕之。亲迎之日，媒携新婚纳采帛，次第进见女父母伯叔兄弟，握手鞠躬为礼。婚家男妇联骑而行，犹汉俗之伴郎，肉食而后返。其见外姑，则别以良马奉之，酬哺乳之恩也。女子将出门，辞父母，握手接吻，

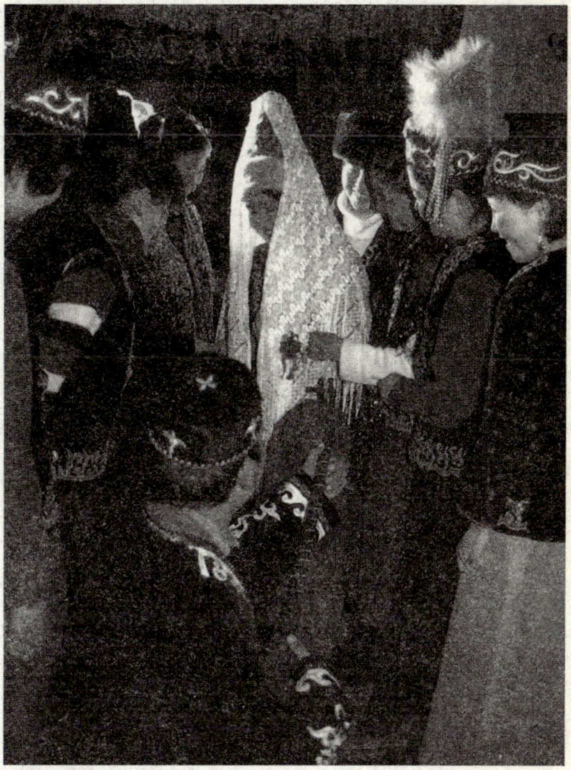
哈萨克婚礼

以至亲之人抱持上马，红巾帱面首，并骑以行。至门，扶入毡房，毛拉高捧洁水一盂，口喃喃诵经饮新郎新妇，犹汉俗之饮交杯，并普饮同座者。夜则诸男妇杂沓调笑，吹弹唱歌跳舞为欢乐，犹汉俗之闹新房，尽兴乃各散去。次日嫂氏为改妇装，梳合十数小辫为两大辫，稍［梢］结红绳，长垂齐足跗，一彩巾帕首拖背后，服黑色袷袢，系红裙。嫂氏扶见姑，新妇握生牛油掷炉中，光焰满室，以为吉祥。鞠躬就座，姑置木盘堆积肉食，嫂氏操刀代割奉姑，复遍敬座客，环匝而食之。敬听姑训辞，俾躬亲洒扫诸事，姑率新妇周历家中，先使洒扫火炉，为妇职之始。此后入姑室，揭毡帘问安，入门倚左右问安，至火炉侧问安，出门则以红巾幕面去。其俗以翁媳不相见为礼，遇则背立，以帕掩其面；贫者亦三二年后始得相见。男子娶妇不得过四人，嫡妻执家政，诸妾同操作，以生子为尚，不严嫡庶之分。夫妻反目愿离异者，则延头目戚党论是非曲直，其夫指应出条事，赔家资遣之去。其妻请离异者，则一切什物概不得持取。众反覆论之不听，乃立离书，摹手足，头目用戳印为据，谓之土耳。儿若女均归其夫，妇不复问也。夫死，妇不得嫁异族，其夫之兄弟娶之。不愿醮者，亦弗之强也。

哈萨克人之丧礼

哈萨克人亲死不居丧，不奠祭，惟举哀而已。死则速葬，不逾宿。人病，延毛拉诵《依满经》耳侧，经言死后复生善地之意。既殁，取净水洗尸，以阿和乃哆（即细白布）密缴而坚括之，奠板上，幠以常服之衣，毛拉率其家人往供不耳（犹汉人之义园），窀地为长方穴，舁尸入其中，头北而足南，面西向，西向者朝汗之意也。亦有旁开一穴，安放尸身，墓门闭以木板者，巉门迭土为墓，会葬者诵经而后返。其墓或圆如蒙古式，或长如棺形，或作方塔高三四级，无定式，而方塔形特多。其礼未葬众不得饮食，即葬始大嚼，毛拉且攫死者衣服以去。葬后四十日以内皆诵经，毛拉多者至二三十人，少亦三四人，竣事各酬五岁马一匹，亦有报以银者。富者初周之年，设宴会亲友，杀马驼以敬。至者赙货财，赙牛马羊骆驼，量力大小。自拮毡幕联结墓左右，为骑马示捷之戏。是日也，童子不盈十五者，跨马至会所报名，以次编列，萃集数十里外，整鞍按辔而立，闻角声起，驳骆飞驰，疾如惊矢。先至者居第一，以次至四十骑而止。第一酬银畜值千金，其下奖各有差，远近羡慕，以为矜宠。其俗夫死妇皆毁容，戚友吊唁者对之痛哭，以抓面流血为戚，否则鄙笑之以为无情。妇之于夫，子女之于父母，丧服无定制，类持服四十日，不出门，不宴乐；无慕［墓］祭，然时延毛拉诵经以荐亡人，盖亦追远之意也。

哈萨克之宾礼

哈萨克人诚朴简易，待宾各有加礼。戚友远别相会，必抱持交首大哭。侪辈握手搂腰，尊长见幼辈则以吻接唇，呼喋有声。既坐，藉新布客前，设茶食醺酪（新布呼打斯搭拉干，相传为古时一少女之名，其人佳丽，且善敬客，后世以其名名新布，义取敬客）。贵客至，则系牛羊户外，请客觇之，始屠以饷客。马以菊花青、白线脸者为佳，羊以黄首白身为上者。杀牲先诵经，血净始烹食，然非其种人宰割，亦不食也。每食净水盥手，头必冠，倘事急遗忘，则以草一茎插头上，方敢就食，否则谓为不敬。食掇以手，谓之抓饭。其饭米肉相瀹，杂以葡萄、杏干诸物，纳之盆盂。列布毯上，主客围地，席座相酬酢，割肉以刀不以箸。禁烟酒，忌食豕肉，呼豕为乔什罕，是即避之。性尤嗜茶，以其能消化肉食也。客至门，无论识与不识，皆留宿食。所食之肉如非新割者，必告之故，否则客诉于头目，谓其寡情失主客礼，以宿肉病我；立传其人责而罚之。故宾客之间，毋敢不敬也。

巴音布拉克人之佞佛

巴音布拉克人，大半为回、蒙之众，春冬出山中插帐都河岸，呼曰冬窝，夏秋则还牧大小珠勒都斯河源一带，是曰夏窝。迁居时不及建造民房，其王则环帐而居，仅办公官吏与喇嘛数十幕而已。环帐内喇嘛整日铙吹，喧唱佛号。官厅房舍皆供佛像，大小员役，各手念珠。迷信之深，埒于缠、哈之信回教，而洁勤信义则又十倍逊之。佛教之徒，人格败坏若此，宜其祖国印度之见墟于英吉利也。帐南里余，小山屹立，曰巴音布拉克。上有乱石叠成之塔，蒙语达格尔恭，蒙族神庙所在也。每年阴历六月初二、十六两日，土尔扈特南部落四旗五十四苏木皆来致祭，祈福禳灾，音乐歌唱，蹪跤驰马，繁华热闹，盛极一时。

帕米尔人之生活

帕米尔恒年积雪，土瘠风高，不产五谷，民资游牧为生。食以牛马乳及乳饼为常品，间宰羊食之，麦面则珍甚矣。无树木，炊以粪蒿；无房宇，居处蒙古包；无市集交易，游牧人所需食用，非东逾赫色勒，购自萨雷阔勒，即西下山，购自什克南。山间产铜，苗不甚旺。有温泉十数处。居民极鲜，哈萨克、布鲁特诸部游牧人，皆夏往而秋归。人性愚而多诈，俗无可采。

准噶尔风俗记

新疆风俗，最重黄教，凡决疑定谋，必咨于喇嘛而后行。喇嘛坐床者为西勒图，坐床即掌教也。人生六七岁，即令识喇嘛字，诵喇嘛经，病则先延喇嘛诵经，然后服药。若大台吉有事讽经，则其下争输货物于喇嘛以为礼。众喇嘛聚而讽经之室曰都纲。噶尔丹策凌时，曾于伊犁河之北、固尔扎河之南海努克建立都纲，三层缭垣，周一里许，聚集喇嘛，令其五鄙拓克轮值供养之，谓之塔本集赛。塔本言五，集赛言轮值也。岁首、盛夏，其膜拜顶礼者，远近咸集，往往捐珍宝，施金银，以事庄严。庙之宏壮，甲于漠北。

准噶尔人不习耕作，以畜牧为业。饥食其肉，渴饮其酪，寒衣其皮，驰驱资其用，无一不取给于牲。欲粒食则因粮于回部，回人苦其抄掠，岁赋以粟，然供酋豪膳粥。其达官贵人，夏食酪浆酸乳，冬食牛羊肉，贫人则但食乳茶度日。畜牧之外，岁以熬茶为要务。其酒缝皮为带［袋］，中盛畜乳，束其口，久而酿成，味微酢，谓之挏酒。每岁四月，马湩新得，时置筵酬神，斩马为庆，谓之玉醴斯。蒙古亦然，但不如其盛耳。庐帐方位，以东为南，南为西，西为北，北为东。户必东面，犹内地之南向也。饮食用碗用匕而不用箸，其匕之制，大小不同，以木与皮为之。其地有树如桦，取其油以为灯火。

冠无冬夏之别，但以毛质厚薄为差。白毡为里，外饰以皮，贵者饰以毡，或染紫绿色，其顶高，其檐平，谓之哈尔邦，略如内地暖帽，而缀缨只及其帽之半。妇人冠与男子同，带以丝为之，端垂流苏，其长委地。妇人辫发双垂，约发用红帛，在辫之腰，帛间缀以好珠琴瑟之属，望若繁星。呼袍为拉布锡克，台吉用锦缎为之，饰以绣。宰桑则丝绣氆氇为之。贱者多用绿色。御冬无棉，以驼毛为絮，名库棚。亦有只衣羊皮者，皆右衽平袖，四围连纽。男子衣不镶边。妇人衣用锦绣，两肩两袖及交襟续衽处镶以金花。其民妇则以染色皮镶之。台吉靴以红香牛皮为之，中嵌鹿皮，刺以文绣。宰桑用红香牛皮，不刺不绣。民人曳衣屦，或黑或黄，无敢用红者。妇人靴贵贱视其夫。有都尔布锦者，以羊皮织成，若内地之坐褥。

其文字谓之托忒，共十五字头，每字头凡七音，共得一百五十音。其法直下右行，用木笔书之。或削竹为笔，长四寸，上阔而下锐，取墨以作书，谓之鸟珠克。台吉、宰桑所居，皆建旗纛，或以绿缎，或以杂色布幅为之，书喇嘛经咒于其上，遇风展动则种福，与讽诵等。台吉之印，其形圆，范金为之。宰桑以下之印，或以银，或以铜、铁、锡五金备用，各视其职掌以为差等。四时不知甲子，只以十二物纪年，如岁在寅则为虎年之类。每岁元旦、四月八日、五月望日、十月二十五日为四大节。礼佛讽经，不杀生。春月女子有踢踘之戏，秋月酋长有马射之棚，长夏亲朋有马潼之会，三冬稚孩有泼水之乐。积年置闰，亦同中国，但不拘月分。届当闰之年，宰桑等请于大台吉，随意之所欲，置闰于某日。遇小建之月，亦不必定无三十日，随台吉之意，而中去一日焉。自寅至丑，每月俱可闰；自晦至朔，每月皆可虚也。其地亦无二十四气。星家之书名珠露海。

男女婚姻，以羊马为聘礼。婚之日，婿之女门，女家讽喇嘛经，婿与女共持一羊胛骨，拜天地月日，夫妇交结其发。女家为设蒙古包以成婚。明日婿先归，别择日以娶。妇乘马至婿家，讽经亦如之。

人死不立丧制，子孙亲属丐延喇嘛讽经。检珠露海所载，有应五行葬法，则以其法葬之。如应金葬则置诸山，应木葬则悬诸树，应火葬则焚以火，应水葬则沉诸河，应土葬则埋诸地。若不应五行葬，则撤蒙古包弃尸道旁。自亡日起讽经四十九日，不杀生，不剃发，有剪发以为孝者。每忌日设果食潼乳以祭。遇草青时，子孙思其祖父，亦酬［酹］奠于野。至从军失伍者，冠以纸冠，并令其妻服短布衣，游行示辱，

盗马者罚九牛或九羊、九马给事主。无牲畜者，则以盗者之妻给事主以偿之。无妻则鞭其腰。其刑罚若此。

所用钱名普尔。回人所输，制小而厚，椭圆而首微锐，中无方孔，面铸准部台吉之名，背附以回字，凡台吉新立，辄更铸，旧钱皆销毁。

其乐器多以马鬣尾为弦，无用丝者。弦之大小，以鬣之多寡为差。亦间有皮弦者。

乐音大抵以丝为主，而竹附之。其鼓曰铿格尔格，喇嘛诵经用之。有曲曰逊雅布图达尔者，皆彼中颂祷之词，欢会宴饮所用也。

乌鲁木齐风俗记

乌鲁木齐旧城卜东山之麓。富商大贾，聚居旧城南北二关。夜市既罢，往往吹竹弹丝，云息劳苦，土俗然也。

根忒克西北，凡峻坂七层，最为险厄。悉人过此，必肃然下马，如见所尊，或曰畏博克达山之神也。博克达山列在祀典，岁颁香帛致祭。山距城二百余里，每年于城西虎头峰厄鲁特旧立鄂博处，修望祀之礼。鄂博者，累碎石为蕞以祀神，番人见之多下马。百礼略如内地，惟未举迎春之典。

乌鲁木齐之民凡五种。由内地募往种耕及自塞外认垦者，谓之民户；因商贾而认垦者，谓之商户；由军士子弟认垦者，谓之兵户；原拟边外为民者，谓之安插户；当差年满为民者，谓之遣户。各以户头乡约统之；官衙有事，亦多问之户头乡约。故充是役者，事权颇重。又有所谓园户者，租官地以种瓜菜，每亩纳银一钱，时来时去，不在户籍之数也。

西人嗜饮，每岁酒商东归，率携二三万金去。

此处惟神祠以瓦为之，余皆作瓦形而覆以土，岁一圬之，云砖瓦皆杂沙砾，易于碎裂。诸州商贾，各立一会，更番赛神。剃工所奉曰罗祖，每赛会则剃工皆赴祠前，四五日不能执艺，虽呼之亦不敢来。

西人嗜水烟，游手者多挈烟箱，执花筒，逢人与吸。不即取值，朔望乃登门敛资。火神庙计费千余金，乃鬻水烟者所醵，则人众可知矣。

有病必祷，祷必以夜，唱歌击鼓，声彻城中。

娶妇论财，多以逾壮之男而娶髫龄之女。土俗类然，莫喻其说。

凡立竿于户内，皆女闾也。或曰以祀神耳，非有他故。无从究诘，莫得而明。

土俗以卒伍为正途，以千总、把总为甲族。白［自］立学始解读书。

流人子弟，多就食城中，故小奴甚众。

二三日［月］间，田苗已长，商家以钱给农户，俟熟收粮，谓之买青。

商民流寓，往往不归，曰此地红花，土语谓繁华也。其内地父母呈请移牒拘归，官为解送，岁恒有之。

遣户有妻者，秋成之后，多侨往旧城内外，开春耕作乃去。人民各逐所种之田，零星棋布，虽近邻亦相距半里许。户民入籍已久，然自某州来者，官府乃谓之某州户，相称亦然。塞外之田，更番换种，以息地力，从无土著之说。田惟拔草，不知锄治，伊犁将军牒取手铲，一时不知何物，转于内地取之。

家家喜畜犬，暮夜多升屋而蹲，一吠百和，满城狺狺然，颇聒人睡。

布种时以手洒之，疏密无定，南插北沟，所不知也。

新年客至，必陈馓饵皿器，佐以烧酒，比户类然。近能以糯米作元夕［宵］粉团，其他饼糕亦略如京师所制。

土俗嗜博，比户所同。

库尔喀拉乌素三屯，兵丁、遣犯皆孤身，恐狂且佚女，或酿事端，自玛纳斯河以西不许存一妇女。

城中小巷，谓之墙子，夜设逻卒，以禁淫奔，谓之查墙子。诸屯则日暮后驱逐外来男子，谓之搜墙子。

遣户男多而女少，争委禽者，多雀角鼠牙之讼。后为立官媒二人司其事，非官媒所指配，不得私相嫁娶也。

鬻菜者谓之菜床，瓜菜必极老乃采以鬻，否则人嫌其嫩。惟官种之园乃有尝新之事。土俗实不可解。

塞外旧无风鸢之事，近有蓝旗兵士能作纸鸢，遂相习成俗。

地本军营，故以长褂为亵衣，以短褂为公服。官民皆用常色，为商贾多以紫绿氆氇为之。

佳茗不易致，土人惟饮附茶，云此地水寒伤胃，惟附茶性暖能解之。附茶者，商为官制易马之茶，因而附运者也。初煎之色如琥珀，煎稍久则黑如医大磬。一切海鲜皆由京贩至归化城北，套客转贩而至。所谓银鱼，即卫河之面条鱼也。

土鲁番卖果者虽多,而土人惟重内地远来之果。榛粟［栗］楂糕,有力者始致之。俗贱谷而贵麦，故纳粮以麦不以谷。

城门晓起，则煤户联车入城。北山煤可供熏炉，焚之无烟亦无气，易炽而难烬，灰白如雪，每车不过银三星余。西山之煤，但可用之炊煮，灰色黄赤，每车不过银三星。其曰二架梁者，石性稍重，往往不燃，价更减。亦有石炭，每车二星，贫家用之。元宵灯谜，亦同内地风俗，而其词怪俚荒唐，百不解一。元夕张灯，妇女毕至，遗簪堕珥，终夜喧闻。内船之戏，与内地仿佛。春社扮番女，唱番曲，侏儒不解，然亦靡靡可听。元夕各屯十岁内外小童，扮竹马灯，演昭君琵琶杂剧，亦颇可观。

酒楼数处，日日演剧，数钱买坐，略似京师。梨园数部，遣户中能昆曲者又自集为一部，亦有所谓歌童者。

塞外丰盈，鬻技者麇至。畿南马解妇女，亦有万里闻风而至者。

热 河

热河风俗琐记

热河虽为特别行政区域之一，然币制之紊乱实无以复加。全境无一专司兑换银钱之处，欲得一元之小银币，须连问数家，始得零星凑成，然又非现金，所使用者皆纸币耳。铜元亦缺乏异常，制钱颇多，而制钱又分虚真二种，每虚钱若干，必须再核实钱若干，始可成交。初至是地者，殊多不便。

热河除岁风俗与南方略同。年前择日扫除尘土，名曰扫屋。除夕夜，家家妇女必插戴花朵。年初五以前，妇女均不能出门，如贸然前往，必被痛恶。盖彼间以妇女为不祥物也。

新年中春联春额用红纸写就，家家换帖一新。尚有一种花纸，印有五色人物，极粗极俗，然居民大半喜购贴壁上，以为美观。

灯节前后，无论大家小户，咸满挂灯彩。灯以绢制者为多，纸制及玻璃制者次之。灯上满画人物，间有工细者。又有一种冰灯，于腊月最寒之日，预先制就木架，或六角式，或四角式，取水淋之，随结成冰，然后悬于地窟内。至灯节，乃取出挂于檐际，中燃以烛，颇觉新颖有致。

热河之民情风俗尚觉朴实，银钱纠葛之事，终岁罕觏。然土人性质，一言不合，即攘臂而起，故命案独多。而热民之穷苦者，往往饿不得食，即铤而走险，一旦被获，亦直认迫于饿而出此，其情实至足悯也！

绥　远

归化绥远之风俗

归绥旧为土默特蒙古属，自昔汉人均以为贸易转运之场，迁徙无定。嗣后商务日盛，土地日辟，始渐有编户之氓。惟多属燕、晋之民，故其俗多类内地，无足记者。然紫塞荒漠之区，其人赋椎鲁犷悍之性，则其俗遂亦简陋祖率，举有可质为谈助者试略述之。

归绥之婚俗

婚姻媒妁既通，男家送三季衣裳于女家，谓之下聘。届期又送以礼物，如羊肉、彘肩、烧饼之类，以彩舆载新妇归。先入新房，男之姊妹为之易笄而钗，然后合拜天地祖宗。宾客先一日来贺，飨以酒馔，归去，至日又来，及晚始散。结缡次日，婿偕新妇至岳家，拜见毕，款以酒，同席咸戏狎之，使新郎羞涩不安以取乐。晚偕归，三日又往，夕又偕归。新妇三日入厨下，学切面，曰试刀，家人争尝之，以觇妇工之优劣。端午馈女家核桃白米，中秋馈烧饼及西瓜。得子，女家赠衣料。子生三日始浴，女子则恒终身不浴，谓守礼也。然失节者不以礼闲，奇矣！

归绥之庙会

庙会，妇女盛服以赴。小妇席地前列，老者居后。城中纨绔子，携帐幕支于空野，妇女来观，则命之坐，饮酒歌笑，肆无避忌。夏令妇女多袒胸，秋收助男子下田亦然；路人指手讪笑，不怪也。

土默特人之婚俗

土默特蒙古旧属游牧，穹庐毳幕，习尚迥殊。自汉、满人入居其地，其俗遂变。妇女多效旗装，操汉语亦圆熟，现室居者十之四五，幕居者十之五六，婚姻丧葬，大同小异。惟婚礼迎娶之日，男家亲族骑马往迎，女家亲族亦骑马相送，中途互相竞赛，夺帽为戏，夺得者即夸以为荣。又婿到女家，须跪地问岳母姓名，必使答而后起。次日归宁，众先引婿入见外父母，然后互抱新人接吻，饶有欧风焉。

归绥之杂俗

归化空气干燥，寒暑均烈。夏季七月间华氏表最高达九十度以上，冬季最低至零度。八九月为温和时期，四月为解冻之期，十月以后乃骤入寒境。惟西北气候变动甚速，一日之间具有四时气候，故尝有"早穿棉皮午穿纱，怀抱火炉吃西瓜"之谚。惟其人耐冷，往往于严冬时破冰入水，视若坦途，观者莫不为之寒噤。我国劳动界之所以能特别耐苦者，诚以自然界及社会恶习惯有以致之。即如此种现象，亦天气之变幻，及外界之境遇使之然也。

大海滩，因四面皆崇山，故形成盂地，积水潴为咸湖，周约一百余里。湖岸之土经日曝晒，盐质尤富。土人聚之，下通小孔，水淋其上，流出卤汁，即以熬盐。每日一锅，可得盐三百余斤，需炭同之，需人工五六人，月须纳税三十余元。每年自三月至九月为止，此外天寒水冻不能举火。附近计四十余锅，每年可产二百五十余万斤，销售于丰镇、大同、归化各处。炭产大同山脉之兰山嘴，距此二百余里，盐价每斤约三千文，除炭、工资、税项外得利甚微。当盐熬成时，取出置筐中，余水下滴，筐底结晶如豆芽，取以开水冲服，可清理肺肝。

鸠鹄山，在绥远西北，山势巍峨，颠建娘娘庙。相传蒙女炼形，委蜕于此，真身即塑洞内。每岁四月八日，妇女纷集祈祷。

天门山，在县东北，山高峻。夏令游人涉［陟］其巅，俯视四郊，苍翠之色，有如绿水。

满清平准噶尔及察哈尔以后，即于归绥险要驻重兵。至怀柔羁縻之术，乃又专重黄教，是以梵宇绀宫，此地独盛，喇嘛之数多至二万余，岁发库款，以给口粮。民国以来，口粮断绝，佛规日弛，华严伽蓝，日就寂寞，甚可慨也！其间庙宇之最著者，曰大招、小招、博什克招、五塔招等。招者，蒙古语丛林也。博什克招在市西塔石河之右岸，今甚荒废。相传圣祖参拜此寺，时呼图克图慢不为礼，从者怒，挥刀杀之。沙必纳罕等大愤，擒从者寸磔之，全城哗然，圣祖乃宵遁至张家口。其事正史不详，惟今俗有奉祀白马将军，谓即当时被磔者云。

毕察镇之杂俗

毕察镇住户千余家人，口二万余，汉人十七，土默特蒙古十之三。沿途人烟亦较归、丰之间稠密。有耶稣教堂一所，附设小学一所，信徒仅七人。此间迷信甚深，然无正宗，惟崇拜所谓大仙者，有事皆乞灵于此。该处无回教。附近出产以麻烟叶为大宗，田地多属蒙古，向纳地租，惟性质多系永久租借，无异汉人所有也。上等地亩值百吊，每吊合制钱四十文。每亩种高粱、小米，可收一担半，麦可收八斗。无烟煤炭产于距此四十里之地，土人取以和泥烧坑，每斤十余文。

麦达桥之杂俗

居民三百余家，皆向蒙民租地。上上每亩租价千余文，下下每亩租价四百余文。租时须向清理地亩总局取据，上上纳地价三千文，下下纳地价千余文。除麦以外，以种小米及胡麻为多。村西三十里水涧沟产大炭，质仅中材，每斤售钱八文。

萨拉齐县之杂俗

地势适中，商务颇盛，市面现洋、小洋、铜元殊为罕觏，所通用者惟北京中交票一种。其价殊觉京中为高，现洋二吊七百，中交票一吊四百，每吊八百文，此外则制钱而已。至钱票信用颇佳，能适用于归化，至归化钱票亦通用于此间。

本处有耶稣教徒六七百人，有附设小学校，多幼年子弟，居民颇为信仰。

此间田地多赖山泉，黄河虽近在南面四十里，然水低不能灌溉。故城北之地多膏腴，而城南则否，以城北可得山泉之益也。地价每［疑缺“亩”字］自百吊至数吊不等。居民向蒙古领地租用，上地一顷租三两，下地数十百文。自去年起，又加官租一种，上地每顷三元，次二元，又次一元，人民负担乃愈巨矣。

五原县之杂俗

土地肥美，多赖黄河开渠以灌溉。渠之大者有八，可灌地二三十万亩。遇争水案件，即属水利局判断。水利局昔日收水租，每顷四两五钱，须任开渠之役；近不须开渠，仅收一两五钱。恳［垦］务局当前清时代颇有意经营，近乃奄无一息。其所属地均属永租，即由政府向蒙古永久租地，重租于民而收其息。每顷年收地租十五两，分若干于蒙古。若县署所征之地，则系蒙古报效于国家，与蒙古脱离关系矣。民间有向蒙古租地私垦者，今中央禁止之。地之佳者，每顷地价百二十两，次者或一二十两。全县人口固定者约五千户，流动者两倍之；回民不过数十家。多山西之河曲、府谷、沁州，陕西之榆林及山东、河南等处之人，春间来租地，种植一年或半年即行他徙，往来无定。蒙古即乌喇特旗、达拉半旗、杭锦一旗。其诉讼原应归县管理，以蒙人狡而多疑，不肯听命，历年屡有入其境而被杀害者，故若无公文，殊不易履其地。此间有社长，军队所到之处，草料粮食均取于社长，发官价，然后摊之于民。沿途少店，故往来者多住民居，饮食取供不问偿。故关内之无赖者，多集于是，借以糊口，久之遂流为匪。居民多隶晋籍，有从天津一带来者，土人称曰京东人，农牧兼半。

自五原至中国堂，沿途均属蒙古杭盖旗界。汉人向之租地，年纳租每亩一二吊，未种时不以顷亩论，待水上地后始丈量亩数，交纳租金，无水不以田论也。

此间妇女皆天足，与纤纤不能步行者大异，闻系天主教所化。沿途无处无基督教势力，殊可畏也！

阿拉善属笔架山一带山二百余里，均产甘草。交租三千两与阿拉善王，每岁采取二次，由清明至夏至一次，由立秋至大雪一次。工人由商号发给面油等物，待采毕交草而扣其值焉。有广庆泰甘草商每年在此采甘草二十万斤，收入时粗者六分，细者四分，运至河口，粗者一钱，细者六分。

旅行此间者，多烧岌岌草以御寒，火龙遍野，煞是大观。

磴口之杂俗

居民约百六十家，其三分之二为回民，汉人皆山西沁州、府谷、河曲人，回民则来自宁夏属平罗一带。商店二十余家，从事手工业十余家，皆为蒙古贸易。中有大栈四家，即运转东西货物者也。米、面、油、酒、洋布、茶砖（皆三九茶，即每箱装三十九块，故名）、粗布为大宗。春冬以骆驼载货至牧地，秋令易皮毛以归。

此间有湖出盐，盐在土内无定处。官盐局岁交租一万元与阿拉善王，雇工八十人捞取，由蒙古驼户运至磴口。每驼脚价一两三钱，其脚价银即向商店支取曲［面］米茶油，又以盐须在商店加一钱五分店租，故商店遂向盐局领现银一两四钱五分。旧日商店对于蒙人故意抬高货物之价，蒙人吃亏不少。阿拉善王塔涓翘曾禁止不准以货物代脚价，然事实上诸多窒碍，又以此间现银少，官盐局不能应时给付为最大原因。

土人生活颇易，工人每日可得工资三钱左右。有蒙古衙门，置总管一，管理民事；至刑事即归之王府。惟原被告均为汉人，即归平罗县处理。原告汉人而被告蒙古，汉人诉之平罗县，而由王府派员会讯，原告蒙古人亦然，颇似租界上会审制度。阿拉善王在此间亦时出告示，禁止赌博娼寮及不卫生之事，俨有官厅气象。

此间土人向娼妓寻欢，均给以茶砖为代价。盖此地犹在物物交换时代，砖茶无异于货币。

牛羊成群，土人将牛羊马各置一处，以红柳编成圈，四围周密。人行其中，如别有境界，妙不可言。

石嘴子居民多嗜鸦片。以牧畜为业，或在皮毛洋行梳毛，日可得工价三钱余。以附近无垦地，故粮食多由平罗县属之皇渠桥来。

石嘴子运脚。一驼价：走包头者每驼三两，走宁夏者一两五，走镇番者七八两，每驼载重二百七八十斤。二船价：走包头春夏五六十两，秋间六十两，走宁夏春夏二三十两，秋四五十两，走宁夏、包头、中卫三处每船装运三万斤，因上下水而有多寡之别。

蒙　古

内蒙古风俗志

蒙古族之起源

蒙古环处朔漠，部落各异，其先若匈奴，若蠕蠕，若鲜卑，若回纥、奚、契丹，上下数千年兴废绝续。自铁木真崛起漠北，抉欧亚之藩篱，忽必烈入主中夏，吸中土之文化，于是举部之民族，一跃而登世界之舞台，进化之速，有非人力所及料者。其名随族以命，盖太祖成吉思汗出自蒙兀族，西人曰 mongolia，今匈牙利尚有其苗裔焉，当时蒙族之势力可想见矣。乃继起无人，控御无力，使震铄欧亚之民族振而复蹶。然而慓悍之性，尚武之风，虽至今未灭焉。论人种，则五族为华，悉称华人耳，细分之，为乌拉尔阿尔泰统系蒙古族之喀尔喀族也，头形稍广，面貌扁平，眼形倾斜，故有“直眼鞑子”之称。颧骨高突，因有“丑陋蒙人”之讥。近来移民日增，血统混化，边城北带，业受汉族之同化力，而与北部以及沙漠南带之俨然有太古风者迥不同矣。名上多冠汉姓，命名亦取汉字之义。姓氏以吴、白、

元代蒙古人形象，榆林、敦煌壁画描摹。

岳为多，岂为由游牧而农耕进行之过渡时代欤?

蒙古人之言文

蒙古初无文字，成吉思汗时代习用土耳其族之维伊奇哥尔文字，是为蒙古用文字之始。及世祖时，西僧帕克巴变化藏文，制蒙文字母四十一个，是为有蒙文之始。彼此互相并合成音，缀合之法与罗马文相似；惟现今之蒙文为元末所确定者，字头一百零四个，盖孳乳浸多也。西藏经典之蒙文译本，尚为元初古本，文自左而右。文章以其为添着语附于语根，用种种之助辞。排列方法，先名词，次助词，最后为动词。数目字不如汉字之简，文语仅能述政治之大略，而不能演译科学，此蒙人所以昧而不进化欤?

语言之组织，颇与日本、满洲语同。母音有七，子韵有十七，二重韵五，音声低濡，喉音气音颇多，由复音而成。其方言种类甚多，纯正者为蒙古喀尔喀语，而内蒙地方口语稍有变化。喀尔济克语亦同为蒙古语之一脉，口头颇异喀尔喀语，彼此不相通之处甚多。布莱语亦然，虽同属蒙古语，与喀尔喀有大异之处。至吉尔思人所用之语则为土耳其之一派。兹举蒙语之读法之例于左。

汉语：	蒙语：
天	腾格里（天山一名腾格里山）
地	拿林
日	生及
月	沙林
先生	巴个斯
学生	协心

蒙古人之阶级

内蒙人民可分为三级，一台吉塔布囊，二喇嘛，三黑人。台吉者，太子之转音，其始惟蒙古王公子弟称之，明清代则变为爵位之名以授元裔，位次辅国公。秩分四等，头等台吉秩二品，次三品，最下为四品，即襁褓中亦皆为四品秩。布囊为元代贵戚之裔，位与台吉同，惟土默特、左翼旗、喀喇沁三族有此爵，余均称台吉。二者皆系贵族，最有权势，清代每岁均轮班入京。富家蓄奴三四百户，牧畜数千头，贫者亦有奴婢二三户云。蒙民迷信，视喇嘛为神圣。蒙俗一入僧籍，即免差徭，于是剃度日多，而喇嘛之繁盛为不可思议矣。盖各旗必有一庙，一旗或四五大庙，小庙无算。大庙之喇嘛多至七百人，少或四五百人，大约一旗总在千数以外也。而高级之喇嘛，

御马刨泉图，图中是清康熙皇帝会见大召喇嘛时的情形。

且于教务之外兼领政权也。

蒙语谓平民曰黑人，凡满、汉之土著，及往昔贵族奴隶之裔与蒙人之非喇嘛者皆属之。举动悉听王公、喇嘛之指挥，毫无知识，有若上古之民然。

蒙古人之性质

蒙古踞兴安之山脉，故其人种躯干高大，丰颧广颡，日习骑射（马多不施鞍辔，十岁童子驰马如飞），伏处丛莽深箐之中，狙伺𪕭鼭䶈鼪以为食，有事则赛马掼跤以为乐。又以地畏苦寒，大地旅生綦少，故能耐劳受苦，而炼成刚固不挠之精神。此其有刚健之性质，一也。蒙人之视其县官皆尊若帝天，见官则屈足，典礼则膝行。故不善用之则成奴隶，倘施以良好教育以诱导之，则其性质纯净，必能得其用，如手臂之从心焉。此其有服从之性质，二也。蒙古无书契，无文牍，其诉讼以口相

塞宴四事图，清代绘画，图中再现了蒙古族青年摔跤的盛景。

慓悍的蒙古骑兵，清人绘。

述，上官断之，不留底稿，而亦无翻案。汉人之与蒙人交易也，汉贷物于蒙不立券，仅于簿上书蒙文数目，至期无爽约。台吉之家，倩汉人为打毡织毯，必俟秋稼登场而后给价，至期无弗给者。可见塞外质直之风，由于天性未漓；若近边一带，则狡诈骄侈，畏事苟安，良由智识日开，人心日薄，正负相生，天演使然也。此其有信实之性质，三也。

蒙古人之衣服

内蒙人民之居边城北带者，衣服多仿汉式，渐北则渐粗野矣。兹分述男女服制如下。

（甲）男服。王公着补褂袍套，各色顶戴尚沿用勿替。至冬裘夏帛，惟富人为然。平民服用棉布，宽领大袖，腰束条带，而系以烟袋食刀等物；冬着老羊皮褂，不制面（张家口一带人民沿用之），暑天多赤足，间有不着裤仅围腰裙一袭者。喇嘛衣均着色，红黄为多。高级喇嘛

蒙古人燕居图，内蒙古自治区赤峰市元墓壁画。

蒙古妇女画像，敦煌壁画。

黄衣黄帽，小喇嘛紫衣布靴。另有所谓偏衫者，则喇嘛诵经时披于肩上之布包也，色或黄或紫，两端下垂，其制得非佛徒之袈裟所变者乎？

（乙）女服。按《汉书》浑邪王既降，祁连、焉支二山皆入于汉，匈奴人因作歌曰："亡我祁连山，使我六畜不蕃息。夺我焉支山，使我妇女无颜色。"盖焉支山产红蓝染料，匈奴妇人辄抹之，是则胡女之好修饰在古已然矣。宽服阔袖，裙辄拖地，环佩粗笨，几类苗制。处女编辫，嫁而束髻，饰以金碧，则犹中国之帼步摇也。靴鞋底颇特别，法用布折数层，实以绳实，极精致，号千层底。冬日踏雪，则长用内地输入毡鞋云。

蒙古人之饮食

内蒙地域广大，故食料亦因地而殊。边城北带，逐渐开垦，食料以谷类为多。大岭附近，群山纠纷，食料以乳品为主。戈壁南带，间有水草，牧畜繁盛，故人民多食兽肉矣。总之蒙人食料，以肉类乳品、面粉为大宗，有奶茶、奶酒、酸奶子等以供饮料，奶油、奶豆腐、奶果子等以供食品。此在富贵之家为然，若中人之家，则专以羊肉充饥，以羊汁解渴。至牛与驼则定日月而择杀，近时畜价日昂，即牛羊亦不常宰割，多以糜子、炒米果腹而已。他如水族鸟类，则视为不洁之物，绝不沾唇。鹿尾、驼峰、山兔、野雉等，则称为珍味，非宴会不用也。更奇者为饮砖茶而和以黄油、咸盐，全羊席一昼夜竟尽一头，胡饮胡食，亦可哂矣。食品制法如下。

（1）奶茶。以新鲜之牛奶、咸盐等和于茶，为夏日之饮，亦称奶子茶，又名蒙茶。

（2）奶酒。以做奶豆腐所磨之浆覆之，俟其酵酶，蒸之于铁锅，涂以牛粪，使闭其气味。俟流出蒸气，即为酒。其味酸，饮之有味，能薄醉，惟不克耐久云。

（3）酸奶子。以新鲜之奶和以水，俟其微酵，略带味，视为美品，且云夏饮可以却热。

（4）奶油。挤奶出，盛之于器，使静约一时许，浮面生油，取出滤以布囊使净，而后煎以文火，使色黄如蜡。其

蒙古大宴图，图中再现了蒙古人举行宴会时的情形。

佳者不亚西洋品，蒙人款上客始用之。

（5）奶豆腐。奶油既去，其下沉如豆腐汁者，煎既热［熟］，盛木使成方块大如砖，即以花纹切作长条或小方块。味淡略酸，若和以糖亦可食，再以浓茶调之，以淡盐和之，则化为流质，饮之甚耐饥云。

（6）牛酪。色清澈若水，制法先置牛乳于器中，及腐败，水分溶解，然后入金属罐中，以土泥封之口，徐煎之。罐上有细管，管之一端下垂入瓷碗中，乳经火煎，自管端下滴入碗，即为牛酪。和炒米食用之最佳，蒙人多用为赠答品。

（7）炒米。将穄子（即糜黍黍属之不粘者）置锅煮热［熟］取出，曝以日光，使之干，或炒干之，然后去其皮糠，所余之粒，即为炒米。经久不坏，行商兵士，视为珍品。

（8）薪材。内蒙牧畜既多，粪粕到处多有，蒙人取为薪材，而以牛粪之火力为强。惟边城附近多用秫秸，扎赉特地方则用木材，漠南水草之地则有灌木，天然配剂，亦云巧矣。

金碧辉煌的寺庙，西藏市布达拉宫壁画。

蒙古人之居住

蒙古榛狉未化，起居极为简陋，加以地域广泛，人烟稀少，故楼阁宫殿，未入蒙人之目，穴居陋室，乃其通常住所。然自汉蒙交通，逐渐进化，家屋庙殿，亦习用砖瓦椽梁矣。而扎萨克所住之王府，俨然雕漆蟠蛇，大喇嘛所居之沙蒙（蒙语喇嘛庙之意，普通庙称曰召），亦极宏壮华丽。富者设炕，贫者铺毡。盖物质文明，天演公理，固不仅汉化力也。兹考其居处，分类述之。

（一）喇嘛庙。蒙语曰沙蒙，灵域之意也。构造极宏壮，庙墙粉黄色或红色，檐瓦间有饰黄金者，故经久不锈。中建正寺，周设偏殿，殿周筑土壕，上树小竿，竿悬白布幡，经文书焉，所以别圣地于俗界也。

（二）王爷府。内蒙自民国来，虽改隶特别区域，但蒙民仍自为政，集村为旗，集旗为盟。盟有盟长，旗有扎萨克（以塔布囊头等台克充之），断狱收税，俨然王制，居屋住所，亦类富殿，俗呼之为王爷府者，美其居之壮丽也。其建筑概用木石砖瓦，堂中并设暖阁，画栋雕梁，绣座绒毡，元旦且于此受朝贺焉。然在乌珠穆沁部迤北之王公，其居也不能若是之华丽矣。

蒙古包，选自《西域图志》。

（三）土屋。内蒙东部多满、汉移民，故建筑家屋，颇同内地，惟规模狭陋，辄污浊不洁。猪牢马棚，即建在门外或近旁，棚外且积粪如山丘焉。

帐幕，清人绘。

（四）蒙古包。蒙古包亦帐幕之一类，分转移、固定二种。前者在锡林郭勒盟为多，后者在昭乌达盟为多。大小不一，构造略同，皆圆形，通常度约在十尺与十五尺之间。周围立十余木柱，用木棍纵横组织之，柱顶上架木为梁，成伞形之盖，全部包围毛毡数层，以马尾绳束之。顶上毡子系以绳，得自由启闭。中设烟筒，南面置门，高约三尺五，宽二尺余，垂毡帘以蔽风雨。男女分左右居，间设佛龛法器，龛前家长住焉。蒙地无旅店，故行旅辄投包而宿，每包约值三十余金云。

（五）帐幕。沙漠南带，蒙民多逐水草而居，故穹庐毳幕，于此地见之。构造略同兵幕，仅足蔽风雨而已。

（六）穴居。察哈尔部蒙民多穴居野处，俗谓土窑。形式方圆互异，穴外葺藁为盖，穴内铺毡以居。考其构造，尚不能如苗族土穴之精致耳。

蒙古人之礼节

近内地一带颇沾染汉人习气，风俗均仿内地情形。近东省多采满州制度，而聘嫁皆须银块，礼仪概沿清制。至丧葬祭祀，则仍其迷信之旧习惯，与汉族殊有径庭之别矣。兹分述之如左。

礼仪。蒙人交际，其礼仪多沿清制，一递哈达，二递烟壶，三问安，四装烟，五打签。哈达以白帛或蓝绸为之，其长短不一，长约一尺五寸或一尺二寸，两端有拔丝约半寸许。其长短均视受者分级而定，如长三尺，则非王前或佛前勿敢滥用。考哈达二字，实为西藏名词入传蒙古及内地者也。烟壶递于见面时，平等交相递送，彼此均双手高举，或双手略低，鞠躬相易，各举向鼻端一嗅，互相璧返，一如递状。尊长向卑幼，则微欠身以右手授之，卑幼两手接，以一足跪，敬谨领受，捧举鼻端，仍如接壶状，还纳之尊长。卑幼向尊长则反是。若王前则双足跪，双手举，王上座，身略俯，受之一嗅而授之，不答，递者礼毕，无一言而退。蒙人无论男女，必斜插旱烟袋于左胁，挂火镰荷包于后腰。晤面时，行其应用之礼仪，或请安，或递烟壶，再行装烟之礼。用客之烟袋纳诸主之荷包装烟，燃火后，以布拭烟嘴，用双手或右手送诸客，客受之，亦如法还之。老幼尊卑，略分先后，若平等则互换云。又蒙人见面之时，必曰"门德"，犹西人之于早晨会晤辄云 Good moming 之敬语同一礼法也。蒙人亦有握首点额打签等礼，以重其至敬之意。他若入人屋包时，必置马鞭于户外，既入室须坐左边，客去则家长及妇人齐出欢送。此外琐屑礼仪，更难尽述，兹从省略。

嫁娶。蒙人有早婚之恶习，男子十二即娶，十八岁之处妇已少见。配合不拘行辈，大率父母主之，问名纳采无聘物，以家之贫富定牛马之多寡。牛羊之数以九为起点，自一九至五九、六九，至多不得过八十一头，取九九长寿之意。极贫不能具九数，则尚奇数，自一头至五、七头不等，与内地对偶之意绝异。亲迎之前，婿穿方马褂，戴红缨帽，履官靴，腰束白带，执弧矢骑马而往，凡亲朋随诸其后，必招一台吉以壮观瞻。鼓乐繁简，以同往之人数多少为率，多或数百数十人，少必十余人。至坤宅，佯作闭门不纳状，延亲友再三关说，始延入。入则婿以哈达进谒岳父母，岳父母尊之上座，烹全羊席，进奶酒，宾朋醵饮极欢。宴毕，女子背面端坐，姨姑姊妹陪其四围，男子向女子背跪地下，问女子名，女子佯不答，陪坐者多与男子谐谑。三四小时后，由其姨姑或自已语其名，男子谨记之，然后起立，是为讨小名。宿一夕，宾朋先归，翌晨，女子出户乘马，绕宅三匝，随男子往。至乾宅，亦作闭门不纳状，必俟女子之亲友再三关说，始开门延入，行婚礼。此时院中置木桌，桌旁生火一盆，桌上放弧矢羊骨，或于桌旁置一羊，夫妇二人向之跪拜毕，始及翁姑。登堂不交拜，入户不合卺。饭后则与戚友为礼，或送哈达，或送布烟袋，送亲者乾宅飨以酒食，信宿而去。其母则居十数日而返，临行必哭。赠嫁之物极简单，无妆奁，无箱笼，无衾裯，衣服随身而已。富者赠以车辆牲畜，略备四时衣履，并有媵奴婢者。新妇之装束不异常人，惟衣履略易鲜洁而已。未婚之女均辫发，根束红绳长寸许，至嫁日亦如之，成婚后始梳髻高盘。贺仪以贫富论，以赠牛马为厚仪，平常则羊数头，银数两，布一匹。而平时无男女之嫌，交际极自由，父母丈夫知之亦毫不呵责。客至男女杂坐，调笑戏谑无界限，故不知贞节，尚天然人群世界焉。

丧葬。蒙古丧礼极为简单，无灵床，无供献，不用音乐，不著丧服，并无棺椁衣衾。富者以木板制方柜，锐其上，著常服，缠以白布，坐尸于中。贫者以柳编筐，裸体或略蔽以布，纳诸筐中。富而贵者，择地作坟，砌以砖，亦极草率（札萨札克或筑以小屋，周围不露气）。富而不贵者，则浮土掩之（乌珠穆沁则不许人入土，即王公亦浮厝，相传块诸土中，则触怒龙王，有伤牲畜）。至贫则以牛马车疾驰荒野，俟其颠扑至地，即为安身之所，三日后视之，已为鸟兽攫食，则以为生前无罪慝所致，否则子孙有戚容，大有上古委诸沟壑、死欲速朽之遗意。节序亦无祭奠，此通例也。至火葬一法，则惟大富贵始行之，当请喇嘛诵经毕，洁其尸，缠以棉布，涂以黄油，筑砖于葬所，架以干柴，乘尸于内，投以烈火，炽为灰烬，送入五台山，非献多金，山僧不纳云。亲友吊唁，亦有财襚，富者或赠牛马羊及布匹，较婚礼略减。至寻常交际，则递一哈达。无论贫富均须延喇嘛诵经，富者酬以牲畜金帛，即贫者亦答以一羊，最富者则于全部之活佛处各献一牛，以资佛法护庇云。

银质骨灰屋，内蒙古自治区哲里木盟元墓出土。

祭祀。蒙民拜宇宙间自然之现象，以为天地日月星辰高山大川雷鸣电光等皆神之所凭也，不祭必遭灾劫。

蒙古鄂博，即敖包。

故蒙人门首，或院中树木，或蒙古包木棚以内，必悬布旌，多白色，亦有红色，旌长方形，间有方角形，大小不等，密书经卷，皆蒙字，倩喇嘛书之。家中必供四五龛，近东省及沿边并有关帝画像。富家佛像以金银制造，面以铜质镀金者为多，贫者泥制或画像。其供佛之处，多在室西隅，随大门为向（木龛华朴不等）。供奉无长物，净水五杯，或炒米五碗，盛器均以红白铜制，略大于酒卮，形亦似之，惟酒杯稍扁厚；香炉一，素香一炷，以杯盛牛油灯，颇有供旧瓷及洋瓷花瓶者。凡供佛之室中，必置火一盆，长明不断。蒙古家室无洁净处，惟供佛屋略整洁耳。鄂博随在皆有，或一屯子共之，或数屯子共之，亦有一家私有者。石山多垒石为之，沙漠中以柳条为之，其形圆，其顶尖，颠立方角蒙经旗，其上下则埋哈达一方，粮食五种，银数钱。每年必一祭，其祭之先，宰牛羊，倩喇嘛念经。附近居民皆礼拜之，分其馂余而食之。罢，争以角力，胜者有贵宾，由主祭者颁之。平时望见鄂博，必下马膜拜。

岁时。蒙古位于塞北，荒鄙未化，向以鸟兽孕乳而别四时，无历法之可言。清代每年由北京颁发黄历四十本。宣统元年，满历停发，蒙民靡所适从，直有“寒尽不知年”之概。近则交通便利,华文历书多输入塞外,蒙民之识华字者（沿边城一带）率遵用汉历，惟以阴历为标准，而不知阳历之为何事。正月会亲友、会年会殆同华俗。初八日晚间祭星星。十五或十八日为大喇嘛庙会期，举行跳鬼。与唱戏同，亦有出幕，至庙期，喇嘛饰以龙头、鹿角等假面具，衣彩色衣，手执武器、铁器或木器，械斗歌跳；即吹喇叭、鼓铜锣者亦涂其面，望之不似人形，故曰跳鬼。该鬼卒接近买食品者，即夺而食之，不给价。观者如云，商贾麇集，任意赌博，无人禁止，实蒙古一奇观也。三月三日，或招喇嘛诵经祭祖。五月五日休息饮馔，男妇多登山打猎，但无食角黍之风。七月十三日祭鄂博，十五祭坟墓。以岁冬十二月终日为年，年前

蒙古草原驼队，清人绘。

半月余，或乘马车，或驱骆驼，络绎不绝，率赴市镇购买过年一切应用物品，谓之办年贺。近来沿边一带，蒙民一意模仿贴楹联、放鞭炮等习气，殆近全化矣。

蒙古人之宗教

蒙民崇信黄教，深入骨髓，故每家三丁必有一人或二人为喇嘛。各旗皆有活佛，甚有一族而四活佛，一庙而两活佛者。而蒙民皈依，仍视为神圣不可侵犯，磕头之礼，不远千里而往。有守四五日不得见活佛者，必抚躬自责，决不敢于活佛有所怨恨。若活佛出而抚摩之、足蹴之者，是不啻登天堂、入仙界矣。盖蒙人以一切患难幸福委心于佛，故患病则诵经，忏悔则诵经，丧葬则诵经，幸事则嗪经以谢佛，嫁娶则嗪经以祷告，几无日不嗪经，即无日不请喇嘛也。虽中资之家，亦必月诵小经一二次，延请喇嘛一二人，富者且数十人以上矣。故喇嘛之势力，在蒙古有无上之尊权。兹就其由来宗派详记之。

（一）喇嘛之意义。汉书无喇嘛二字，元、明史都作喇马，蒙人呼喇嘛曰喇阿玛，又曰喇嘛突谟。西番语上曰喇，无曰嘛，喇嘛者，无上之意，即梵语兀呔喇，亦犹汉语称僧人曰上人之意耳。今之高级喇嘛且自称活佛，而不以喇嘛自称也。在初本其教僧正之称，习用既久，遂为普通喇嘛僧之称号矣。

（二）喇嘛教之由来。南北朝末叶，西藏盛行蓬教，为一种崇鬼神之邪教。唐

蒙古人崇信黄教，图为蒙古俺答汗迎接黄教领袖索南嘉措活佛来传教时的情形。

初叶，宗弄赞君临西藏，遣使赴印度求佛典，是为印度佛教入西藏之始（时太宗贞观四十年，西历六百四十年）。其玄宗天宝六年，西藏王玑尔孙惕安时，有北印度乌仗那之僧散汰喇嘛葛希塔，及巴突玛敬摩叭都者，至西藏传密教（此教属于豨叭密教之一派，最崇拜三头六臂之豨叭神，故名），后与其地固有之邪神教混合，而今之喇嘛教出焉。及蒙古侵入西藏，挟喇嘛教以归。厥后后元世祖忽必烈统一内外，利用宗教以服民心，遂委大喇嘛以西藏之政权，崇为帝师法王，广布教于大陆，蔓延传布，及于全蒙，即在此时，后以蒙民诚心皈依，浸濡愈甚，遂有今日迷信之程度焉。

（三）喇嘛教之分派。喇嘛之宗源于佛教，本在超凡出俗，尝艰茹苦，积善根于现世，冀成道于未来，故巡礼迎佛乃其本务，烟酒娶妻在所严戒。然历年久远，思想渐变，而破戒之徒于以出焉。分述如左：

（1）宁麦巴派。此为最旧之派，以僧侣衣帽皆用红色，故又名红教。许肉食娶妻。自开宗至今日，教义上绝少革新。今在西藏占绝大之势力，于蒙古虽至今亦未甚发展也。

（2）嘎达谟派。此派起于宋仁宗皇祐之时，后三百五十年有宗喀巴者，见当时红教之腐败，旧［奋］起革新，严戒律，整仪容，大受群众之信仰，而为黄教之先辈。

（3）萨斯喀派。此派约后于嘎达谟派二十年而兴，乃由宁麦巴派分离而独立者也。然自额尔哥叭派既兴以后，其势逐微。

（4）额尔哥叭派。此派僧侣则黄衣黄帽，故又名黄教。初称加达门派。自明永乐时，僧杰宗喀巴倡义革新，因有此名。以旭日升天之势，流布于蒙、藏等处。因历代活佛多属于此宗，遂常压倒各派，他派多派宗之。自明迄今，未尝稍衰。内蒙极大寺院，亦多属此派云。

（四）喇嘛之称别。喇嘛虽为蒙古僧侣之通称，但阶级不同，称号因之而异，兹按级序述之：

（1）佛爷喇嘛。通称曰活佛，本限于前藏之达赖喇嘛、后藏之班禅喇嘛及北京雍和宫之班呼图克图，及多伦鄂尔呼图克图等数人。然蒙、藏各处大寺院，巡锡中之大喇嘛，往往僭称活佛，自居佛爷喇嘛之尊号，以图蛊惑人心。究竟孰真孰伪，则不可得而知矣。

（2）多伦鄂尔呼图克图。此亦佛爷喇嘛之一，其称为呼图克图者，则创自大慈迈达里呼图克图。当时由阿巴岱汗之恳请，转生于蒙古。其在当时为全蒙人民所崇敬，今住外蒙库伦之呼图克图即其后裔。而呼图克图之坐床于内蒙多伦鄂尔，乃始于清代圣祖康熙三十年四月，哲布尊丹巴呼图克图率土谢图等喀尔喀七族来归，帝因幸多伦鄂尔。五月大宴诸汗台吉，赐土谢图、车臣二汗称号，对［封］扎萨克图汗之弟策妄札为亲王，依次袭汗号，并封诸部之济晨诺颜以王公、贝子、贝勒等号，凡三部三十七族授札萨克。又为收揽蒙古民心计，建汇忠寺于其地，命内外蒙古各送喇嘛一人至，更由西藏迎第五代达赖喇嘛大弟子章嘉呼图克图，使主持焉。内蒙多伦鄂尔之有呼图克图自此始，至今犹称呼图克图云。

蒙古高级喇嘛服饰

（3）扎萨克喇嘛。位次于佛爷喇嘛，其权力无异于扎萨克。北京雍和宫佛爷呼图克图下有扎萨克喇嘛二人，其一掌内务，专理寺内诸事，其一掌外交，专理与政府交涉及其他外来各事。职掌各殊，互不相犯。小库伦（即绥东县）有锡呼图克图喇嘛，又其一也。至喀尔喀青海等处，其数尤多云。

（4）大喇嘛。不问其宗派品级如何，但为一寺之座主者，通

喇嘛做法事的法器

曰大喇嘛。向例须参拜西藏之总本山一次，方能就大喇嘛职，否则自西藏招聘高僧充之云。

（5）庙喇嘛。此等喇嘛，平时受扎萨克喇嘛之指挥，平日奉佛事，并参与民间冠婚丧祭一般之礼式。凡旗民子弟，除有嗣继关系之男儿外，皆于七八岁时送之入庙，王公、台吉之子弟亦然。以其动作之勤怠、修业之多少为升级之标准。间有终身不能脱喇嘛庙者。

（6）黑喇嘛。凡俗人之鳏夫寡妇，因为亡者祈求超度，不着法衣袈裟，不修经文，惟日常手持念珠，口诵“唵嘛呢叭咪吽”者皆属之。蒙人谓此语有无量之功能云。

（五）活佛之定法。以抽签之方法，决化身转生之佛陀，实为世界教主之所未有而创见者。考“化身转生”四字之起，实始于明初黄教之始祖宗喀巴。此后每于生存之时巡锡各地，察美好圆满之儿童，默识于心，至于死时预言而遗嘱之。后日弊端丛生，蒙古王公欲使其子弟为转生者以扩张其势力，增进其财产，多有赠金宝货物于达赖、班禅以博其欢心，而转生者大半为蒙古王公子弟，殆与世袭无异。所谓圣童者，纷然群出，互相竞争。故第七代达赖时，清廷为防遏弊害计，定抽签法。置金瓶二，一置中藏之大招寺，定达赖喇嘛者也；一置北京雍和宫，定蒙古之呼图克图也。法由许多圣童中择活佛死后十个月内产生之小儿十二人，渐次剔除，至剩三名为止，是为活佛之候补者。书此三人之姓名于纸上，投入金瓶中，在佛前读圣经后，任抽出一签定为活佛。抽签时，理藩院及扎萨克大喇嘛均到场。惟清廷所定政策，使呼图克图之呼弼勒罕转生于西藏，故其抽签不在北京而在西藏，由达赖、班禅、诸汗及驻藏大臣举行之。新呼图克图当选后，送之特建之寺中，由高位喇嘛监督，住寺年余，经清廷发给新呼弼勒罕之认可证及移送蒙古之许可书，然后由蒙古诸王筹备典礼迎之入境云。

（六）喇嘛庙。已见前“居住篇”，兹将内蒙著名喇嘛庙及所在地并喇嘛人数举于左：

庙名：	所在地：	喇嘛数：
葛根庙	扎萨克特旗	一〇〇〇
井哈庙	图什业图旗	一〇〇〇
柯列庙	西乌珠穆沁旗	一〇〇〇
多伦诺尔喇嘛庙	察哈尔部	一〇〇〇
国公庙	土默特左翼旗	三〇〇〇
小库伦喇嘛庙	绥东县	四〇〇〇
帽儿庙	达赖罕旗	五〇〇〇

蒙古人之家庭

昔费孙云：蛮夷以牝牡之合为天赋与生俱有者，故一群之中，无孤愤之男，无寡居之女。男子于所婚之女同妻行者，皆其妻；女子于所嫁之男同夫行者，皆其夫。而独于再醮之妇，不得在夫家改嫁，必还至母家而后可。寡嫠之妇，叔可使嫂治床，伯可使娣当夕。胡俗胡礼，极可哂也！室中对设长炕，全家坐卧于上，即客至亦招之同榻。而父子舅姑之间，亦颇有礼节。晨起诸妇女群挤牛羊乳酪，受［授］诸冢妇，冢妇与冢子长跪献诸舅姑，食已始群食。有贵客至，则先贵客而后家长。如有大典礼，则长者上坐，子妇亲刲牛羊，或捧牛茶，或捧奶酒，次第食已，始醵饮。若有死丧，亦哭泣，无丧服，以去帽结百日为制。惟扎萨克薨，则其属下

蒙古贵族夫妻燕居对坐图，内蒙古自治区赤峰市元墓壁画。

蒙古包内的家具及餐具

均百日不剃头云。

内蒙奴婢，所在多有。虽中户之资，亦有奴婢三四人。至大喇嘛之耕种收获，则概资恃奴婢。如库伦之大喇嘛庙，畜奴婢竟至数千人。上行下效，成为风气，惟工作年深者，主人或由众奴中选年龄相当者配为夫妇，赐以姓名、土地、房屋，令其自居。主人有事，尤须格外勤劳。所生子孙，俗呼之曰奴羔，仍不脱其世袭之奴籍。奴婢之于主人，须绝对的服从，每值年节，必虔诚叩拜云。

家常事极为简单，大半日入［出］而作。男子出外牧畜，若遇天气忽变，则女子赴牧场，与男子同力驱逐。所谓内助二字，庶乎不愧。女子或缉包屋，或治内馈，至于针线女红则间或为之，而榨乳一事反为其专责也。蒙人日入而息，不喜燃灯，聚眠包内，颇极天伦之乐事焉。

蒙古人之娱乐

（一）跑马。蒙民以跑马为日常生活，无论男女孩童（十岁以上），皆能骑乘。每当大喇嘛庙会期，凡四近之娴骑术者，必引走马（良马之称）赴场比赛。其控驭之精，世少伦比。胜者王公必给奖品以示鼓励。当兹武装和平时代，民强则兵强，兵强则国强，蒙人体力健壮，独擅骑兵资格，若能善利用之，则吾中国之哥萨克也。

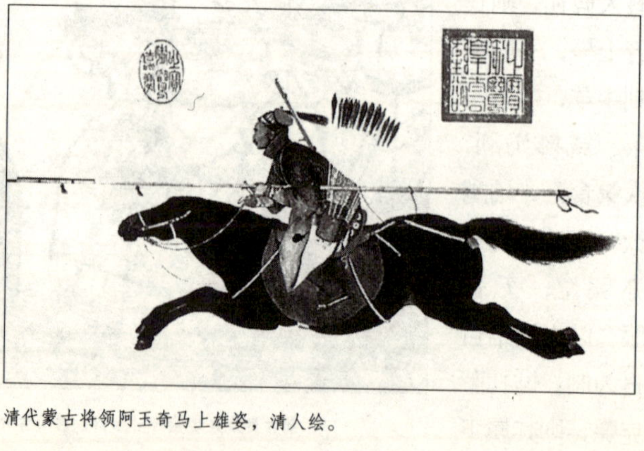
清代蒙古将领阿玉奇马上雄姿，清人绘。

（二）角力。蒙人嗜好摔角，颇有古罗马人之风焉。每于鄂博祭日为正式举行期。角者着短衣或袒身登场而斗，以推倒对手为胜。王公或本村绅士，授胜者果品布类，以资奖励。此风盛行于大漠南带及山岭地方，边城附近罕见之。

（三）舞蹈。蒙人富于感情，颇有团结之心，舞蹈一事，恰为其表现。每当春秋晴日，晚间聚数人或数十人于屋包附近，高声歌唱，手舞足蹈，闻之亦有韵调，但莫解其意义云。

（四）乐器。蒙人之乐器甚为简单。其着[？]者为喇叭（大者长七八尺，短者尺许）、单槌大鼓（打时用一木槌）、胡弓、月琴。前二者喇嘛诵经时用之，后二者常人多用之，尤以胡弓为最普通。音律颇低，常集合数人，共同弹唱，此即其团结心之一种表现也。近来日益交通，内地乐器亦渐渐输入，而笙管笛箫等蒙人多有通者，尤以喇嘛为娴熟云。

蒙古人舞俑

（五）棋术。蒙古棋与内地之棋不尽同，不知其所自始。局纵横九线，六十四罫，棋各十六枚，八卒，二车，二马，二象，一炮，一将，棋面圆形，将刻塔，象刻驼或熊，众棋环击一塔，以无路可出为败。此亦蒙古之特别文明也。

蒙古人在下棋，选自《事林广记》。

（六）临时娱乐场。蒙地喇嘛庙所在多有，庙附近各有广大场所，常于正月举行庙会，以三天为通例，多则十余日，有种种娱乐事情可资消遣。

（七）宴会。蒙地除边城北带地方市镇外，概无包席饭庄。故

大宴，清人绘，图中再现了蒙古王公举办大宴会时的情形。

其宴会，王公则于公所行之，一般人民多在家庭举行。大抵每逢年节，必宴飨宾客，五月五日、七月十三日（即鄂博祭日）、八月十五日前后，常有宴会。其食品通常为炒米、牛羊肉、麦面、牛乳、乳酒等，王公富豪则或用驼峰、野雉，近来交通地方，亦渐知用内地之山珍海味矣。

蒙古人之牧猎

蒙人因天然之便利，以牧畜为生涯。畜牲有牛、羊、马、驼四种，羊最多，牛、马次之，骆驼又次之。产额之多寡因地而异，大抵自东南组于西北，其次渐增。边城附近，开垦逐渐发达，颇有游牧而农耕之趋向。锡林郭勒盟人民不解耕稼，生活端资牧畜，实为内蒙畜产最富之区。就中尤以乌珠穆沁为巨擘，浩齐特阿霸垓部次之。哲里木盟达赖罕旗及西拉木伦河北各旗，畜业亦盛。至于苏尼特附近，黄沙无垠，水咸草稀，为蒙境之不毛地，牧畜事业有逊色焉。兹将家畜之种类述之如左：

（1）马。蒙马素有良骥之称，产额以乌珠穆沁部为最多。库伦与郑家屯二地，为著名之马市。卅年前，马一匹价银不过二三十两，日俄战后，价格腾贵。而沿边一带，渐次开垦，故马政日形颓落，即从前产马区如哲里木盟等地亦见衰败。且其形相亦不及从前之俊伟，身躯复不及从前之高超。究其原因，则良好马种，殆尽于日俄战役之故也。

（2）牛。产额以哲里木盟为多，卓索图盟次之。乌珠穆沁部之牛，其体格比内地之牛为大，约重四五百斤。统计内蒙产牛总数，约百五十万余头云。

（3）骆驼。内蒙交通不便，转输概用骆驼。惟发育较迟，三岁以下，不堪负载，七、八年后，方能胜任。沙漠之地，商人载运货物，必结队而行，夏季常昼息夜行，能供使役五十余年，产额以锡林郭勒盟为最多，昭乌达盟次之，察哈尔又次之，东南部则较少。统计产额达万五千余头。

（4）羊。有山羊、绵羊两种。羊毛甚丰，可作毡幕，亦为蒙人之主食品。故高羊之数亦较多，计达四百三十余万头云。

蒙人颇善于狩猎，射飞逐走，性命以之。每于丛林灌莽之中，迹禽兽之所住，虽冒至险，历甚劳，所不计也。故见兽辄喜，击鲜指动，为蒙人之特性。其于狩猎也，又可得分类而言之焉。

（1）个人狩猎。蒙男最好狩猎，所得以狼、狐为最多。舍其肉而取其肝胆，以献喇嘛做药剂，取其皮以易米布，往往有逐一狡兔而死一走马者，此足证蒙人之富于毅力也。

蒙古人射猎图，清人绘。

（2）部落狩猎。由佐领或台吉等，集合一村落或数村落之兵勇举行之，每年至少有二三次云。

（3）旗内狩猎。由扎萨克集合旗内之兵丁举行之，每年一次。

（4）盟内狩猎。由盟长集合盟内务旗兵众举行之，或联合一二旗举行之。今日此风已稍衰。

（5）钦临狩猎。清代咸丰以前，皇帝御驾亲临，召集内蒙各旗王公兵士于一定区域（热河围场县周千三百里，四面皆有界限，曰柳条边，八月行围肄［肄］武），与野兽博胜负，与实地战争相似，颁布赏赉，整军经武，实于其中焉。民国以来，此风渺矣。

蒙古人之生活

蒙人以茹毛饮血之遗风，无宫室衣服观念，故面目黧黑，有终身不知沐浴者。小儿初生，以雪洗之。沿边一带，颇有药店，然皆采运祁州者居多，供本地之日用

蒙古人制做毛毡图，清人绘。

者绝少。如有疾病，多延喇嘛诊治，或诵经，或针灸。种痘尚旧法，至兽医则各庙喇嘛间有擅长刀封之术者，惜知其术而不知其理耳。

蒙民以骑射为常事，其身体之锻炼，匪伊朝夕。人民喜饮食熟乳及乳制品，故一般人民多体态魁梧，具有军国民之资格焉。且以地广人稀，民无奢望，故衣食足裕。边城一带，耕有余食，高粱大豆之属，产额与东省相伯仲，每年由京奉路输入内地，南满路输入日本，东清路输入西伯利亚者不少。大漠南带，多逐于水草之间，一届冬寒，则闭包门，聚天伦之乐事矣。

蒙古人民之教育

蒙古专事游牧，不知教育为何物，以为养人有禽兽，养牲有刍薪，日用无匮乏，人足以自给，亦已足矣，奚事教育为？是故无论男女老幼皆委身于畜牧，无设学校、育子弟之观念。由是人智未开，教化不行，举止动作，悉太古草昧之风，沉沉焉，昏昏焉，不知世界竞争日剧，将成天然淘汰莫之能救也。虽各部落扎萨克所在地，或人烟稠密处，有仿汉地村学式办一二学校，然只教满、汉、蒙古三种文字而已，若一切普通科学则无有焉。且生徒甚少，而平民子弟又不与列，所肄业者惟王公官吏子弟。夫王公官吏之使子弟就学，非欲其磨练知识，高尚志愿，亦不过为将来服官地步耳。若非王公子弟而就学者，其惟出家庭入寺院之僧徒而已。然边城北带，如喀喇沁、土默特、敖汉、奈曼、翁牛特等旗，开垦发达，与汉人接近，通华文华语者颇不乏人。就中以喀喇沁为内蒙文化之中心，有崇正小学堂、守正武备学堂、毓正女学堂。附近各旗亦拟仿办。惟大漠南带，尚为天幕生涯，不知学堂为何物，若与言声光电化，尤非其梦想所及矣。

蒙古人之交易

蒙民交易，多用食物交换（如鸡卵五枚易盐半碗，羔皮一张易剪子一把等），或以砖茶为准，或以皮张计算，一般人民尚不知货币流通之妙用也。惟边城附近与汉人亦[交]通，渐用钞票。颇重视银块，谓之元宝，王公富豪或大喇嘛庙率盛以器埋藏地中。汉商因其不谙世情，动多欺以数量，有用布一匹易牛犊一，仍归原主喂养，四五年后，买主取之，可卖八九十元，取利不为不厚，而蒙民反以为寄养能得其乳为计之得，亦可哂矣！

蒙汉互市图，清人绘。

蒙古人之消亡

蒙古无统计学，其户口实数，最难稽核，虽旗申报，盟长汇报，而形同具文，并无实数。三百年休养生息，非惟未臻繁庶，抑且日见凋零。卓索图、昭乌达二盟，尚有衡宇相连者，然问其谱系，太半为明季防边兵卒所遗，其实匈奴遗种，百不得一。至锡林郭勒站道之旁，有三百里无人烟者。哲里木盟则穹庐与土屋并处，然亦无数百家成村落者。近汉人处，则蒙人较多，可见文明与人种大有关系。蒙古户口之所以见消亡者，其原因盖有四焉。

（一）喇嘛之影响。蒙人三分之一或三分之二为喇嘛，有还俗继宗祀者，亦必本支无人，始准离庙。其有男女之欲，亦不敢明目张胆娶妻生子，则生育之机关闭矣。

（二）妇女之遭殃。男子既为喇嘛，则女子之数必浮于男子，而妇女无琵琶改抱之嫌，男子尚有众身鳏居之苦。实因牌合既无节序，则妇多隐疾，且产后不知调养，故往往因产而死者，实繁有徒也。

（三）婴儿之夭折。蒙人既无抚育之术，而初生之儿，绝无襁褓，眠之于毡，烘之于火，故窝棚左右，罕见儿女成行。

（四）卫生之不知。蒙人饮食起居，无一合度（见前），故享大年者固稀，而壮丁亦易澌灭也。

以上种种原因，结成如此现象，大约与移住汉民较，有十与一之比较。此后若不限制喇嘛，调养妇婴，讲求卫生，数十年后，恐靡有孑遗矣！此则观风者不禁感慨系之！

蒙古东部与西部风俗略记

内蒙古辖东西六盟，幅员辽广，在东者为哲里木、卓索图、昭乌达、锡林郭勒四盟，当东三省及直隶边外；在西者为乌兰察布、伊克昭二盟，当山西、陕西、甘肃边外。东四盟与汉人接近，其俗稍开化。西二盟僻处荒漠，其俗较野蛮。语云“十里不同风”，况东西千里相暌乎？爰将蒙古东部与西部风俗分述之，以见其不同之点，详前编之所略，略前编之所详，亦采风问俗、有闻必录之意耳。

蒙古东部之风俗

（1）衣食住。衣服大似华服，用赤、紫、黄、青等色，一经新制，则不复加洗濯或修理等事，食后之污手及食器，皆以衣服拭之。至饮食多用乳茶、羊肉、黍、高粱、粟、杂谷、小麦粉、干面条、野菜等，至干鱼则仅限用于某地。其在兴安岭之东南开拓地方之人民，虽用高粱、粟及杂谷、野菜，亦用牛肉。自此入于邻接开拓之地，则以黍、粟为主要食品，混牛乳或兽肉，亦用野菜。其在兴安岭麓则用牛乳与其制品及黍、兽肉等，鲜食野菜者。然在兴安岭西北锡林郭勒盟，鲜植杂谷及野菜者，黍颇贵重，每人每餐仅食一撮，其地之所谓美食者，则为菜乳及羊肉，至小麦粉、干面条，非属贵客或富豪，鲜用之者。虽其地荒僻，远于海岸，交通不便，而各地盐湖，多产山盐，生活上毫无不自由之感也。论其居住，其在纯游牧地锡林郭勒盟中，有所谓移转式部落者，因牧畜之宜，四时迁居。一部落自十户至二三十户，夏则移河川沼泽之边，以逐水草，冬则避风而雪，迁居于山腹。又有所谓固定式部落者，散见于农牧混合地。其周围绕以墙壁，家屋附近有耕地若干。其接近于汉、满人移住之地，有土屋之制。而在兴安岭东部殆无移转者，则以水草沃润之故耳。其在满洲附近及长城附近，汉蒙杂居，则有数十户或数百家之大小市街。至其境内，以牧畜为主，仅见二三户至二三十户之部落耳。

（2）行政。行政大体分官治与自治二者。官治属于中央理藩部之直辖，依派遣官及道、府、县等机关，以统御满、蒙人民。自治则蒙古各部酋长之王公司之，且各旗得自募军队，并可施行刑罚权，而中国驻官仅监督王公之施政而已。其财政无公私之区别，至王公、台吉每年除所受政府之俸币及赏赐之外，复征旗内蒙民以若

蒙古人乘毡车逐水草而居，16世纪绘画。

干之家畜，又税移汉、蒙人中以一定之地租，除生活之资外，以之充朝贡费、军队费及救恤、赏赐等之用。虽王公之收入，每年亦仅自一二万元至二十万元云。

（3）民性。蒙人率有轻视商业之风，以牧畜为唯一本业，以羊牛马为终身之伴侣，利欲淡泊，更无他念。见人则以互语牧畜状况为无上之乐事。虽其地喇嘛多数破戒丑行，无所不至，然蒙人以出家为名誉之事。医药祈祷为喇嘛之兼业。蒙人迷信颇深，有以兽骨为卦而断吉凶祸福之习惯。至耶稣教虽在开垦地方，蒙人亦无信仰之者。以如此对佛教之信念热，故利欲之观念较淡，鲜有为盗贼匪徒乞丐者。至郑家屯及小库伦，蒙人虽有投向匪徒者，则以华人开垦土地，而失去本业之畜牧，生活以之困难，其大部移往兴安岭，小部分遂入匪徒之列矣。

蒙古西部之风俗

其衣服饮食居住状况，上编已述，兹从略。述其法律行政诸大端如左。

（1）法律。其地各旗有所谓王公、台吉者，一切事务，皆归王府办理，别无裁判之所。法律与内地不同，以其习惯为准，旗王操生杀予夺之权，裁判案件，无敢违抗者。王府有都统、副都统、参领、佐领等官，都统、副都统参议政务，参领、

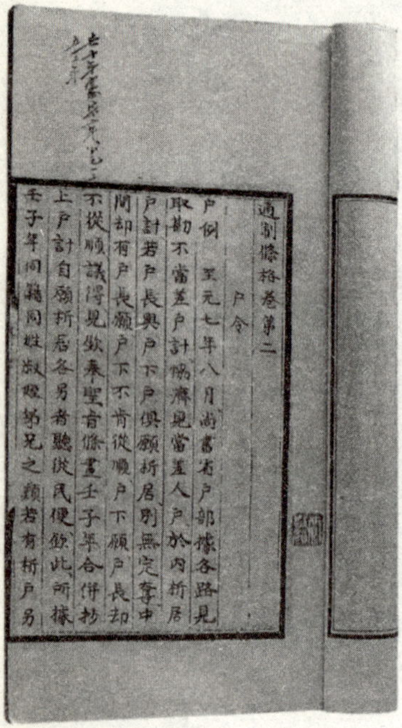
通制條格卷第二
戶令
戶例 至元七年八月尚書省戶部據各路見
取勘不當差戶計協濟見當差人戶於內析居
戶計若戶長與戶下戶俱願析居別無定奪中
間却有戶長願戶下不肯從順戶下願戶長却
不從順議得見欽奉聖旨條畫壬子年合併抄
上戶計自願析居各另者聽從民便欽此所據
壬子年同籍同姓叔姪弟兄之類若有析戶另

《通制条格》书影

佐领司掌审判，皆有特权，而一总于旗王。其刑罚较内地衙署之夹棍、天平架为尤酷，凡拘获盗贼，轻者鞭挞，骨摧肉消，犹必系之以遍游数旗，以示惩戒；重者以香火炙背及类于天平架者，必问出口供而后已。若获内地之人，且不问罪之轻重，以身缚诸牛皮包中，暴之烈日中一二日，无论死与否再弃之山涧。呜呼，可谓酷矣！

（2）赋税。其征收赋税无定额，视每年王府用费之多寡，使其民按牛马羊之比例以摊纳。故其左右翼参领、佐领等官，概由巨富充任，于秋间征收时，有不能完缴者，该参领等必先垫纳以完赋课；如不能垫纳，立予革职另委，不问其贤与否也。故富豪多规避充职官，而常人恒奖励为喇嘛，职是原因也。

（3）民性。其地无学校，一以喇嘛为主。清康熙时所颁译之圣谕十二条，不过供各旗文件政牍之用耳，常人无习之者。语以唐古特字则皆能识，及语蒙字则茫然不解。视喇嘛若神圣，视藏经若救符。牲畜被狼虎噬啮死，则念经以解之。人有疾病，亦念经解之。死亡不埋葬，弃荒野，以待狼食；倘数日尚存，则举家蹙然曰：“人生食肉以还肉，理之常也，今乃尔，得毋生前不善，而遭鬼神忌乎！”其迷信如此！

蒙古婚嫁及杂俗

游　牧

蒙人依山而居，无房屋，结毡帐，以细木编为墙顶，盖如伞，外用羊毛毡包围。牧畜为生，不事耕种。某君诗云：“蒙地风光迥不侔，依山毡帐自优游。而今莫议农家事，牧得羊归学贩牛。”

洞　房

蒙俗以毡帐为洞房，女家属多人寝时，即守于新夫妇之旁。某君诗云：“伯姊诸姑则婿家，指天画地故喧哗。洞房偏喜多人住，那管今朝待破瓜。”

闹洞房

蒙古贵族妇女服饰

蒙俗亦闹房，拘新郎作囚，奉新妇为承审员，以洞房为法庭，令新妇[郎]跪而听审，新妇须说哥哥请起。某君诗云：“人人博得醉颜酡，拘到新郎作犯科。假借洞房当衙署，更教樱口唤哥哥。”

抢亲

蒙俗新婚到女家，迤新妇置之马上奔回，谓之抢亲。女家备多人，故作争夺追赶。某君诗云：“新郎一马着鞭先，舅氏昂然奋老拳。劫得美人归去后，笙歌华烛盛开筵。”

妇装

蒙妇饰用小珊珠连实多缕，垂于额际，并用大珊珠穿之，挂两端于左右耳际发辫上，悬垂胸前为饰。某君诗云：“二九娇娃体态柔，长衣拖地步轻浮。珍珠连实垂于额，浸[漫]道群雌效冕旒。”

僧娶妇

蒙僧分红、黄两教，红教衣红，黄教衣黄。黄衣僧可娶妻，红衣僧则不能。某君诗云：“蒙僧向别红黄教，两教兴衰迭长消。唯有黄衣僧娶妇，而今徒叹世风浇。”

跑马会

蒙古祭鄂博时，例须跑马，用十五六岁儿童，乘无鞍马跑十余里为率，先到者得旗受赏。某君诗云：“儿童惯乘无鞍马，逐电驰风意气扬。夕照一肩鞭影急，彩旗夺得共称觞。”

佛像，清代唐卡。

佛菩萨

菩萨二字，藏语译音活佛尊妇之称。库伦活佛有妇，前清康熙帝到库伦，为看菩萨几肇祸。某君诗云：“唐僧谁说到西天，宗教由来自藏传。菩萨本为活佛妇，世人那识此源渊。”

打鬼

蒙俗打鬼，除不祥也。每年六月为之，在庙内用喇嘛带假面具跳舞，挥长鞭打人，着鞭者不怒也。某君诗云：“头角狰狞面具装，怪衣飘拂舞如狂。长鞭挥处无人避，打鬼除灾好致祥。”

青 海

青海番族之状况

青海番子有生熟之分。生番中最蛮悍者为红倮㑩，枪剑之精，殆无其匹；惟胆小，见血即逃。故虽以番子之众，而以河州少数回民制之而有余。亦惟回民之强狠，故能与番子相抗。若蒙古则屡受欺凌，强劫时闻，无可如何也。熟番有王子二十四员，岁祭青海，钦差大臣及镇台均亲往。王子向阙谢恩，又向钦差等谢恩，行三跪九叩礼。钦差直受不辞，以官阶论，诚失礼制也。青海境内，产良盐，海中有岛，冻冰时始可达，平时无敢渡者。宣统间俄人格登罗夫以汽船往，一日达岛上，喇嘛以为天神，骇报。此事闻后，各国游历家均致电贺成功，盖前此所未有也。年大将军征青海时，人以为青海神，以年到青海水暴涨，群遂谓海神来贺也。旧闻番子每年以面粉制成人形拟年羹尧，以枪击之，借报宿恨。又云非也，是乃击石神，祓除不祥之意。西宁有送秦桧之举，亦仿佛类是。

番语数字，如二曰仉、三曰森、四曰雅、六曰族苦，以及我曰雅、人曰聂，均切近汉音。番子居松山，人众数百，以牧畜为业，产牦牛甚多。距平番是［县］东北二十里。番子善汉语或蒙古语，旧属茶马同知，今属茶马委员。此系熟番，与青海红倮㑩不同。

番子造舟，以木制框，以牛皮张其表，以血及石灰涂之，水不能入。又番俗亦有跳舞。

西 藏

西藏呼毕勒罕之承继法

达赖喇嘛者，喇嘛僧中至大至高全国所最尊重者也。宗教上有无限威力，殆如欧洲之罗马法王，士民以达赖为保护国家、维持佛教而出现世界、代表佛陀者。其政治悉委之驻藏大臣，实不能专生杀予夺之权。班禅额尔德尼，世在后藏之扎什伦布传灯承继者也。统治后藏全权，虽隶属达赖喇嘛，然其人民对于后藏国王兼法王有至大尊敬之意。达赖喇嘛为宗喀巴之大弟子，班禅额尔德尼为宗喀巴之二弟子。宗喀巴以明永乐十五年生于西宁卫，得道于西藏之噶尔丹寺，成化十四年示寂，遗嘱二大弟子，世世以呼毕勒罕转生，演大乘教。呼毕勒罕者，华言化身也，皆死不失其道，自知往生之所，其弟子辄迎立之，常在轮回，不昧本性。其所指为呼毕勒罕者，不限于一地一族，一世二世出后藏，三世出前藏，四世出蒙古，五世出前藏，六世出里塘。行之日久，弊窦渐生。清乾

一世达赖喇嘛像，布达拉宫壁画。

宗喀巴像，西藏自治区阿里札达县托林寺壁画。

用于转世灵童掣签的金瓶

隆末年，转生者类多其兄弟叔侄，或蒙古汗王之贝勒子弟，递相传袭，与世爵无异，甚至有女子转生者，以致呼毕勒罕多如牛毛，时启争端。盖宗喀巴经言，达赖六世、班禅七世后，不复再来，故登座者亦无复真观密谛，清高宗深知其弊，创须金奔巴瓶一，送往西藏。设遇达赖或班禅示寂时，则由驻藏大臣行文各路，民间有生子灵异，呈报确有征验者若干人，择日以金瓶使掣签。先七日，各寺喇嘛虔诚诵经，传书各呼图克图喇嘛等齐集佛前，驻藏大臣亲往监视。凡一呼毕勒罕出世，则写名签一枝，又写空签一枝，入于瓶内，如法诵经。若对众掣出空签，则名签之呼毕勒罕认为不确，其合格者始具奏于朝，入呼毕勒罕之册。达赖、班禅以下至各大呼图克图之承继法亦然。

西藏喇嘛僧之等级

喇嘛爵秩有十数等，其最尊者曰国师，曰禅师，其次曰扎萨克大喇嘛，曰副扎萨克大喇嘛，曰扎萨克喇嘛。以上给印，余给札符。其次曰大喇嘛，曰副喇嘛，曰闲散喇嘛。扎萨克喇嘛之徒，有德术齐格、思规格隆、班第等。

西藏喇嘛僧之服装

喇嘛服装着袍子袈裟，戴僧帽。虽因服色而分教派，然有崇尚黄教之僧徒为红色之服装者。同一黄教，有两种服色，盖年老者用黄，年少者用红，其习尚然也。故现时不能据服色而分教派。其 平素所著衣服，毫无异于常人，惟于仪式上服法衣。维西之僧徒用阔袖长衣，虽严冬常露两肘，帽子冬季戴平顶之方毡帽，夏季戴平顶之竹笠。

六世达赖喇嘛像，清代唐卡。

西藏喇嘛寺内之状况

喇嘛寺内状况，殿堂在寺院中央，设佛坛一，以供每日之礼拜。殿堂之内，彩色奇丽，壁有图画，梁施赤色，画莲花等花卉，转法轮画于玄关前。佛坛上有三宝，即佛、法、僧，礼拜时以佛像代表佛，以书籍代表法,以宝塔代表教旨。喇嘛之本堂，每月模造各种物品，以资供奉，概以麦粉及米粉造成，敬谨供于佛前。供毕，复颂祷祝曰：“愿降福于万物，愿使我等脱离烦恼之域。”堂内坐次整饰，通堂之僧及新参之僧设席本堂两侧，右端有僧院长法座，其次则役僧之座也，其后有营造此物之管理者，及其佐助人之坐席。无论何斋，门内有礼拜室，再进有祈祷筒，在拜室之侧有祭坛，祭坛上置水、米、花及供佛经典二三册、金刚、御水钵、金境［镜］饶［铙］钹、法螺贝、号角、人腿骨制成之喇叭等。大鼓置于架上，或悬于空中，小鼓有以人之颈盖骨制成者。

扎什伦布寺全景，清代布绘唐卡。

西藏尊贵喇嘛之敛礼

八相佛塔图，西藏自治区阿里札县古格王国都城遗址红殿壁画。

达赖及尊贵之高僧圆寂，敛尸棺内，塞之以盐。盐水满于棺底，则以黄土和之，作小佛像，名盐水佛，最为贵重，得之甚艰，若得之者，异常宝重，永传于家。国中到处见寺院堂塔，虽山林湖水中亦有之，名曰佛国，洵不虚也。

西藏喇嘛教育之程式

习法众僧图，西藏自治区阿里札县托林寺白殿壁画。

喇嘛教育之年限甚长，管理极严。八岁入寺院之学校，检查体格，使暗记古人格言。如是十二年，称试验生，由保证人介绍登姓名于僧录，给以银徽章，使附袈裟，削发行宣示式，始得法名，更进而为住职。又经十二年，课程渐增高，学祈祷，习经典，频以问答论难试验其修行之功效，若能解决问答论难各题，得列众学僧之前。但实行研究者甚少，不过循例举行，视为具文耳。谚云：“吃喇嘛之食，须具铁鄂。”其艰苦可知也。

藏民教育之状况

藏民小儿长成，教以吹火汲水，制餐物，采薪炭，及家政之一部分。渐长，则令监视家畜，此平民之受教育者也。若中等以上之子弟，则使入学校。惟其学校皆不规于正，在拉萨之法王宫殿及扎什伦布之外者，皆如私塾，所教者背诵、习字、算术等课。背诵为经典之一部，及单纯文法、修辞学，不就学于书卷，但依喇嘛口吻为无意味之暗诵而已。习字用木盘，其法用黑板，布满白粉，用木笔运于板上，剥去白墨，现其黑地。算术用小石、木屑或贝壳教授。待儿童极严，不合格者，教师以革鞭鞭儿童胸部以惩戒之。女子教以识秤量、习商贾、纺毛线、织氇氇而已。

藏民之刑法

西藏大召之傍有狱室，名黑房，黑暗不能辨视。凡犯法者，不论罪之轻重，悉拘禁其内，以绳缚四肢，令待裁决。其刑法根于藏地之习惯者，有四十一条，今示其大概如下。凡争斗而致死者，弃尸于水中，杀人者罚锾，并令贴费尸族以念经，或罚牛羊若干，其有力不能者，缚而弃之水中，籍没其家。抢夺劫杀者，不分首从，皆处死罪。其法缚犯人于柱，以枪或箭较射死，否则斫头悬示，或生缚送往蝎子之洞穴使螫之。盗人财物者，监禁其一家，追比倍数，待进完则抉盗者目，劓其鼻，或断其手足。犯奸止罚银。特由贫富而异，有仅责而释之者。但犯罪者无论男女，悉褫衣责之于市中，亦有架号者。凡犯重罪者，先以绳缚之，挞以皮鞭，复浸于水，逾时再挞二回，再拷问；不以实告，以沸油浇其胸，用利刃割其肉，或缚使坐水中，以绳分其发从左右引之，以白布掩面，浇以水，或刺热油于指甲内。若坚质无辞，受酷刑而死，则弃尸于水中。

藏民之历法

以西藏历比较中国本部阴历，稍有不同。西藏不以天干纪年，惟用地支。以十二月为一岁，以元旦日为岁首，此与中国阴历同者。然必以寅为正月，遂至参差。三年一闰，亦同阴历，惟置闰之月则不同。如前清雍正十年壬子闰五月，十三年乙卯闰四月，西藏则于十年闰正月，十三年闰七月。又每月无小建，以三十日为一月，必有朔、望、晦。记日以金、木、水、火、土五行配之。最奇者，一月中除却一日或二日无称呼之日。例如一月之中，除却第二日，则不以一日二日之称计算，自一日直算至三日；

中国人则以此日为闰日，其实日数之减少耳。此等乃与中国阴历互异之较著者也。

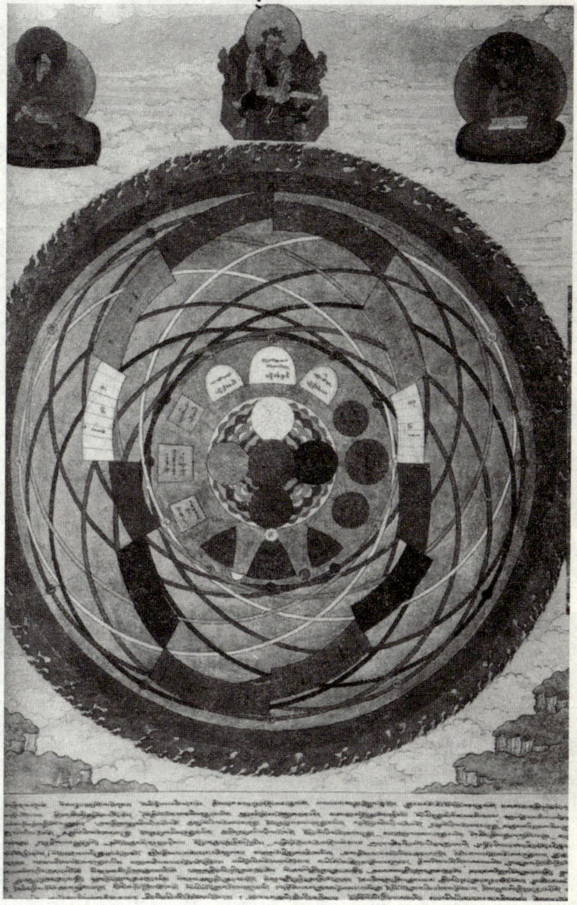

天体日月星辰运行图，清代唐卡，现藏西藏自治区拉萨市布达拉宫。

藏民之租税

西藏租税或征粮（麦豆、小麦、荞麦等），或征哈达、氆氇、藏香、木棉、盐、茶、酥油、奶渣、羊腔。其远处寨落，如以藏钱折交。又有牛群羊群者每牛两头，交藏钱一；羊十头，亦交藏钱一。税关纳珊瑚、珠、宝石、布、纱、绢及干葡萄、干枣、干桃等类。远方贡皮或宝鹿之血角，沿途得征发驿马。又番民身故者，例交服饰物件一半。其布施罚赎等项无定数，向由达赖、班禅自行收用，后由驻藏大臣总司稽核，禁噶布伦等任意侵渔，惟达赖、班禅自用及公用，仍听其自行支用也。征收地方租税之处有二，一为寺院，一为地方官。受寺院管辖之人民纳之于寺院，受地方官管辖之人民纳之于地方官。地方官即营官。视其地方之所出，征收谷物或哈达，其中除扣取自己官俸外，所集物品或银币，汇解于上。其支出费之重者，为寺院修辑费、灯明台及购置什器费也。

藏民之信仰一

藏民笃信佛教，所生子女，出家者居多数，男子为喇嘛，女子为觉魔子，犹如比丘尼，其数当以五六万计。即豪富如噶布伦，家拥巨资，其女子亦为觉魔子。人民所最尊敬者为之佛。达赖第一，济中及第穆次之。三佛所住，庙宇壮丽，而以布

佛教信徒，西藏自治区阿里札县古格王国都城红殿壁画。

佛像，清代唐卡，现藏西藏自治区日喀则市扎什伦布寺。

达拉为至。计其建筑费不下几百万，多系蒙古、青海、西宁及北京外藩诸部捐助。其热心礼佛者，至不远万里而来拉萨，向达赖宫殿长跪待达赖出，若得见者，荣幸无比，不吝献千百金；其不得见者，则望宫殿礼拜而回。更变家产，兑金银缝衣服内，沿途行乞至西藏，曰朝山，又曰朝活佛。其达拉萨也，捐助金银如初，归家则父母亲族知己等极口赞美。人民见达赖及高僧时，匍匐于地行敬礼，达赖以木头板较击所上，或抹以手，则欢喜几狂。凡世界各国掷金银于佛寺而祈冥福，未见有如此之盛者也。

藏民之信仰二

拉萨宫殿之廊壁，尽绘佛像，信徒至此，以头摩之，故黑而生光。宫殿内外道路皆石砌，信徒匍匐过之，以头贴地为尽敬礼，故石道腻如油滑。宫殿周围约七里，一周名曰转格栏，可以祈福除灾。妇女每至午后，共向转格栏一周，每行三步，全身伏地，口诵经语，叉手于顶，右手持牛骨，向头上一画；起行三步，复如前，数日方能一周，始终须三十余里云。

藏民之信仰三

藏民均带护符于身，以丝束经典一页，或置之金属小匣，藏诸怀中。旅人以马及金刚系犬两种画品为护符，遇猛犬时，携金刚系犬图可免；或遇暴风雨时，飞散画马之纸可免。另有咒语。又民家中更藏有护符，以佛像之衣服或所持孔雀羽，包以魔纸，缠以毛线（以狗毛、山羊毛或羊毛捻成），否［？］更以鼷鼠皮包其全部，谓可祈家族兴隆云。

藏民之信仰四

西藏更有一种魔术家，托神言以哄众者，每岁至拉萨府，预言年内丰歉及他未来事。达赖以下，须就而问之，藏人视为国家经济上必不可缺之人。若请其判断一事，须呈谢金十太克，竟有至一万太克者（太克，西藏币制名）。

藏民之信仰五

腾吉里湖为西藏第一大湖，在拉萨西北，高于海面四千六百四十米突，东西长而南北狭，周围七十七里。湖水极净，与四围雪峰相映，最为奇观，藏民谓之灵场。佛教信徒以一周此湖为哥拉，相传最易消灭罪障；虽犯杀人罪者，以哥拉二回得赎之；虽杀父母者，以三回得为无罪云。一周此湖，当费八日，多或十二日，每年各方信徒结群巡拜者，恒络续不绝也。

藏民之咒语

陀罗尼文，又称六音之咒，即内地释家“唵嘛呢叭咪吽”六言也，其义为“呜呼莲华上之宝珠”。然原语意味，仅可读为“呜呼莲华上之”，语意未完。顾藏民则视为消除灾难，增长知识，祈求冥福之撮要语。僧侣信徒，异常尊重，正合内地信佛教者诵“南无阿弥陀佛”，常不绝口，甚至岩头树梢，墙壁石碑，各种器具，断片零纸之微，无论大小，无不记此语。盖此语为喇嘛教之骨髓，经典之根元，成佛入道之门也。

藏民之佛珠

水月观音，甘肃安西县榆林石窟壁画。

藏民念陀罗尼，以佛珠默识其数。西人形容其声，谓如猫念佛。佛珠初本浑圆，因轮数不已，久久遂磨成薄小之管，甚有消灭者。佛珠之种类不一，或以内地树木制之，或以产于外部喜马拉雅山某树之种子制之，或以人之头盖骨制之。俗谓如［各］种佛菩萨，当因其所好，佩带佛珠。观世音菩萨则以贝壳制成白色佛珠瞻拜之。死者以头盖骨制成之佛珠，为之诵经。尚有玻璃、水晶、蛇脊骨、象脑中硬物质、赤檀香及胡桃等种种制成者。

藏民之性质

西藏人赋性朴实，风俗犷悍，惟深信喇嘛教，喇嘛所言，不问是非，奉如法律，莫有抗之者。西部高原人民，性更朴质，东部则以其地接中国本部，习尚既化，秉资亦异。甘巴、干罢二种，素为著名种族，性愉快而好游戏，能忍所不能忍之境。其奉佛教之心甚浅，子弟无舍身佛寺者。此种族初由喀木移住，性好转徙，无一定之居处，家居从事农业者甚少。

藏民男女生活之奇异

西藏男子怠惰，女子强健。普通男子所操之业，在藏中大抵为妇女之职务，或耕作田野，或登山采樵，或负重致远，或修缮墙壁、建造房屋，凡普通男子所为概为之，贸易亦多属妇人。且在家自庖厨、纺绩、裁缝及老幼之梳发等亦为之，并不以为劳。

殆习惯使然。男子间亦耕作，不过为妇女之辅助。使牛马负载货物，亦非得女子之助不能。诚异闻也！然西藏妇女有外遇，则明告其夫，夫亦怡然不之咎。悦则相守，反目则更适他人，固无所谓贞淑节操也。

藏民男子之服装

西藏衣冠之制，各因人民等级而异。达赖及班禅之冬帽以氆氇羊绒制之，上尖下大，色尚黄。夏帽如竹笠形，以金色皮为之。衣服则有内衣，有外衣。内衣制以氆氇，如坎肩儿。外衣则为紫洋绒之单衣，以帛交缚其上。足穿锦靴或皮履，腰部以帛结束。冬季常露半臂。其余喇嘛之服装皆相似，唯有精粗之别。噶布伦、戴臻、第巴等官，不绾头发，垂于后背，缀以短缨，戴平顶之帽，顶上或覆以獭皮，手持佛珠，腰束皮带。如遇令节或公事，则噶布伦两分其发，于顶之左右各绾一髻，身着蟒衣，上着细缎之褚巴（大领无衩之袖衣）。第巴与绾发成一髻，戴无翅之白纱帽，左右两耳穿耳环，以绿松石或珊瑚制之，大如桃，形如鸟喙，身着大领窄袖之绿锦短衣，下着黑褐之百褶裙，足着皮靴，束以红色之花缎，佩刀一。自噶布伦下至士民，皆手佩骨玦，盖西藏之风尚然也。平民著大领无衩之褚巴，服质则氆氇细绒等，依贫富而为制；其帽亦然，或有戴白帽者；腰部以皮或毛褐结束，置小刀、顺刀、皮袋、火镰等物；各怀木碗一，与蒙古人无异。

藏族男子服饰

藏民女子之服装

西藏妇女之妆饰，两分其发，束之如绳，垂于脑后，以细为佳。女子未嫁时，脑后分一辫，辫上戴宝石、珍珠、珊瑚之类。若已受夫家之聘，则头上戴夫家所聘之物。已嫁，则不打复辫，以示区别。家居戴红绿尖顶之小帽。脚着布靴或皮靴。衣服则

藏族女子服饰

上着小袖之短衣，与腮相齐，其质以绫缎、细布、毛褐等为之。短衣之上，披一小方之绒，恰如袈裟，下着卍字黑红褐之裙。所戴耳环、指环、手钏等以金钱及各种宝石制之。其带于右手者，谓之砗磲圈，自幼时即带起，从无堕碎者，至磨断则以为不迷于死之后途云。无贵贱尊卑，皆挂佛珠一串于项，制以珊瑚、青金、砗磲、珍珠等为之，各以贫富而异。耳环之后有小钩，串缀珍珠、瑚［珊］瑚等而挂于发，又垂于两肩。胸部必挂银镶之珠石环，长约三寸，宽寸许。身上带有银盒，装贮护身佛及药。富者戴珍珠帽，以木为胎，式如笠而较厚，里以朱红漆之，外则以金镶之，以绿松石为顶，周围密缀珍珠，其价有值千金者。老妇则额上戴金镶之绿松石一片，其形如镜，谓之白玉。凡戴白玉之时，其亲友必前往致贺。妇女见喇嘛时，必以红糖或乳茶涂之于面，否则恐妍露媚迷惑僧人而致罚也。然现今此俗，不独见喇嘛为然，即家居时亦为之。

藏民之职业一

藏民之职业，因种族而各异，然大半为游牧之生活，逐水草而转徙于四方，虽妇孺小子，皆从事于畜牧。贫富视畜之多寡为断，衣食日用，皆取给焉。据欧人之说，则亚细亚中央部之农业发达最早，现今藏民之从事农业者无多，以东部比较西部，而西部尤甚焉。

藏民之职业二

自克什米尔移住拉萨之回教人民，其人容貌秀丽，不改旧风。戴土耳古帽，蓄长髯，言语庄严，虽同在佛教国，不出入佛寺。同教之外，不通婚嫁，专从事于布帛及银之贸易。此种住民，当为喇嘛法王认可，另设总监以管辖之。

藏民之职业三

自尼泊尔、不丹等处移住拉萨之民，专业金银铜锡玉石及妇女首饰等细工，制作极精巧，至于人物花卉，雕镂逼真。惟其习尚稍异，然普通礼节，无异藏地之土人。

藏民之职业四

此外藏民之从事工业者，有陶器师、铸造肖像师、木工、石工等。三百余年前，有技师某以铁锁架设八座吊桥，法极精巧，今犹存其一二，藏民奉之为师。殿堂屋盖，所用之黄金板甚多，其制亦精巧。拉萨府有梵钟铸造所及卖佛像之大店铺。陶器以洛隆宗所制为最佳。毛织物有氆氇、茧丝、栽绒、细毯、毯子花、细花布等，其中以羊毛制成之种类尤多。又有以诸种香木制成绵香，名曰藏香，多输入于内地。

美轮美奂的丝织物，清代唐卡，现藏西藏自治区拉萨市布达拉宫。

藏民日常之食物

藏民日常所食之物，为糌粑、牛羊肉、奶子、奶渣等。茶为社会普通所嗜好，不拘尊卑贵贱，饮食皆以茶为主。烹茶之法，俟其沸后变成红色，投以黄油及盐，搅而饮之。常食糌粑或米粥牛羊肉，但多不煮而生食之者。食无定时，饥则即食。凡饮食，不用刀箸，多以手掬之而食。或用木碗，食毕以舌舐之，藏于怀中，略如蒙古人。酒以青稞酿造，味淡而微酸，名之曰呛。

陶制青稞酒壶

或以青稞制烧酒，男女老少多嗜之。醉后男女相携手笑唱，逍遥街市，以为乐也。

噶伦卜宴客之仪式

宴会上歌舞的藏族女子，西藏自治区阿里札达县古格王国都城红殿壁画。

藏地凡遇岁时令节，代达赖喇嘛理事之噶伦卜必大飨宾客。或于家，或于柳林中，中央铺方形褥数层，噶伦卜自坐，前面稍低，置方形之桌一二张，上供面果及生熟牛羊肉、藏果束、藏杏、藏核桃、葡萄、冰糖、焦糖等类，各一二皿。其焦糖系黑糖所制，用黄油熬成者，长一尺，广三四寸，厚一指。牛羊肉则一腿或一片。又两傍铺长坐褥，其前设低桌，摆列果食等。噶布伦、巴浪子、沙中意等（均西藏喇嘛僧）列坐两侧，或二人为一席，从者各在席后。每人给果食一大皿，食时先饮油茶，饮土巴汤，次奶茶、抓饭。抓饭有黄白二种，以米做饭，淅之于水，再入以沙糖、藏杏、藏枣、葡萄、牛羊肉、饼食等物，盛之以皿，以手抓而食，继饮蛮酒。遇大节盛会，即选出妇女十余人，戴以珠冠，着以彩服，唱歌佐酒以为乐；近有能度汉曲者。又令八九岁至十二三岁之小童十数名，着五色锦衣，戴白布圈帽，腰勒锦绦，足系小铃，手执斧钺，前后相接。又设鼓十余面，司其鼓者装束同小童。进食一巡，小童每进相舞，步法进退与鼓声相合。食毕，则肉果等物品各携去以为例。

藏民宴客之仪式

藏民宴筵，则男女相聚同坐，彼此相敬，歌唱酬答，终日始散。散时男女围聚，携手跌坐而歌，至于门外，歌唱于街中而散。富者每月二三回，贫者亦必一次云。

藏民之住屋

藏民之住屋，土著与游牧之民各异，自四川省打箭炉至拉萨沿途，屋壁皆以石砌为之。屋顶扁平，覆以上石，名曰碉房，有二层三层至六七层不等，各依贫富而异。家畜占屋中之土间（即牛羊圈及鸡埘），人居其上部。以寒气过甚，故窗户不多，光彩亦少，仅于屋上穿小空，兼光线与烟突之用。室内极污秽，异臭扑鼻。富者室内饰以彩画，屋外壁上画寿星图。碉楼则叠石如浮屠，以梯上下，其坚足御炮弹。至于山庄僻村，皆石居，傍山而筑，以便樵汲，但甲贡地方则用草盖。若业游牧者，则天幕为家，即以兽皮蔽遮，住于陋室中者也。或以犁牛毛织成鱼网形，为黑天幕。所称天幕者，六角形，谓之黑帐房云，蒙古种游牧之民多住之。拉萨境内，大厦颇多，可住数百人。如大召之兴厦，内供铜锅，可贮水百十余石（一万一千余斤），大读经之际用以煎茶云。

藏族民居

藏民上等社会之婚俗

藏民上等社会之风俗，必择门户。男子以识字为佳，女子以善贸易、识物价、理家务为善。结婚之法，男家欲娶某女，则先以哈达托亲友至女家通意。亲友至女家云："某家男子，欲求汝某女为妇。"彼此投意，即期日再来。至期妇家遍招亲友俟之，某媒携男家之酒并哈达至，述其子弟之品行年岁，女家为母亲友喜，则饮食受哈达，并将聘定之金银、绿松石戴女头上，而以茶叶、衣服、金银、牛羊肉若干为答聘。若不允，则男家之酒一滴不饮，哈达亦不受。此定婚时之礼式也。至近［迎］娶时，男女两家必先招延亲族知己。应其招者，各赠衣服等以助妆奁。父母赠以田地、牛羊、衣饰。至婚期，女家于门外盖大棚，室内中央高铺蒲团，撒布麦以为花，女坐其上，父母坐女之左右，亲友等亦雁行而坐，桌上列果物糖枣等数盘及茶酒米粥。女［？］皆食毕，两家亲友扶女步行至男家，所距道路若远，则乘马。亲友各获青稞麦向女撒布，女家赠哈达于亲友。送至男家，亦不行礼，直使女与婿同坐，饮茶酒，亲友等各与哈达于男女，喜则挂之于头上，亦有堆置坐前者。至亲友饮食毕，各携果肉而散。至翌日，新夫妇父母及亲友共着美服，戴哈达，拥新妇绕市街问候于亲友之家，宴三日乃止。

藏民下等社会之婚俗

藏民下等社会之风俗，不必用媒妁，男女各适其所好，有多夫一妻之弊。其法甚奇，例如男子欲娶妻，则先谒女之父母，述己之愿望，且为定约得许可者始为婿，起卧女家，列为家族之一人。如他男子欲分受此艳福，则亦来为盟约如前夫，同列于家族为副夫。三人四人来，皆可如此。时有因嫉妒而一人独归者，然甚绝少。大抵一家亲善，诸夫竞争从事职业，汲汲焉务得妇人之欢心。若妇欲择定一人，则更为盟约，悉礼他夫而退去。其夫于他夫入家时携带之金，当加息偿还，其多少则争议之后始决。若女已生儿，则不复为此。此习俗盖迎娶无力者为之。其尤甚者，兄弟三四人共娶一妻。里塘近旁妇人，一夫则冠银髻一枚，多夫则冠三四枚，所生子女，兄弟分养之。其妇合三四兄弟同居，以一家亲睦为善治家，人皆称其贤焉。

藏民之育子风俗

藏民以生育女子为幸，不尚男子。产时不浴，母以舌舐之，至三朝以黄油涂其全身，晒于日中。数日即以炒面调汤食之，不饲以乳。女儿产后二日，男儿产后三日，亲邻来悉相庆，称为呛酒，祝幸福而送哈达也。以哈达一缠儿头，余与两亲，次张祝宴，或歌或跳，人皆醉倒，彻夜鲸饮。若其母为聪慧者，不至醉酗，稍尝酒即就寝。

藏民丧葬之仪式一

藏民死后，则用绳缚之，使膝嘴相连，两手交插于腿中，以平日所着之旧衣裹之，盛以革袋，更悬之于梁上，抬［召］喇嘛读经，并为熬茶送大小召点灯。尽出死者所有物品，以一半布施达拉寺；以一半为延请喇嘛读，并为熬茶及一应施舍之需。即父子夫妇，亦不敢存留一物。其家族则坐于死者周围号哭。如此数月，然后送于剐人场葬之。其葬之仪式，有天葬、地葬、水葬三种之殊别。地葬者，缚尸于柱，碎剖其肉，使犬食之，而置骨于石臼，捣为粉末，和炒面搓为团子，又使犬食之；肉骨尽残，以毫无一剩而后已。天葬与地葬稍别，掷尸肉于空中，使喂鸢鸟，肉尽则碎其骨，同于地葬。肉骨皆尽，然后家人互相庆贺，以为死者升天矣。其相异之处，唯有禽兽之别耳。水葬则投尸体于河中，以饱鱼鳖。天葬及地葬皆为富者之葬式，贫者皆从水葬。而决定此三种之葬礼，必先问以喇嘛，喇嘛亦察其资产之有无而定之。又有挂尸体于墙壁而风干者，其状恰如傀儡云。

藏民丧葬之仪式二

藏民又有以解剖尸体为业者，谓之剐人。剖割一尸，大抵要银钱数十。故地葬、天葬非富者不能办，而土俗又以水葬为至不幸云。

藏民丧葬之仪式三

藏俗凡人死，则亲族知已吊之，贫者助以银钱，富者则与以哈达而慰问之，亦有送茶酒等敬者。其有制服之家族，男子百日间不着美服，并不梳沐，妇女则去耳环与念珠，他无所忌。富者时召喇嘛，一年之间，使读经以祈冥福。其俗恶病死，以战没为第一荣幸。

藏民之医术

藏民有病，重则医治，轻则涂酥于全体而曝于日中。若天阴雨，以绒覆病者，烧柏叶而熏其烟。医生诊病者之脉，一时并诊左右手。其药饵与内地不同，有产于本地者，有购自他处者，不炮制，皆用丸散。凡罹疾病时，不拘病之轻重及医治与否，必招喇嘛僧为之诵经，或使垂仲（道士之类）为之祈祷，又或使童男女为之唱歌，以退病魔，三者必用其一也。

藏民之占卜

藏民深信占卜，其术不一，有画八卦于纸，书番字以占者，亦有以青稞排抽五色毛索而占者,或数佛珠以占,或画地以占,或烧羊骨以占,或验水碗以占。其法不一，颇有奇验，信之者极多。皆喇嘛僧为之，妇人亦有通其术者。又有筮者，翻检其经以告占者，吉凶俱详注于经上，其辞义与内地之《神签玉匣记》相类。

藏民之交际礼一

藏民交际，哈达视为必需之物，正与中国古时用束帛之礼相同。凡交际时，必互赠哈达。访亲友，结婚姻，或办某项事；互须协议之处，均以此物为结纳或约束之惩［征］凭。赠此物时，以袋封固用之。其制以白色或淡青色长方形绢一片，薄如纱，边为折襞，大小不一。

藏民之交际礼二

藏民相见，以一揖为普通之礼。西部阿里地方，见官长不脱帽，但以右手指额，念“唵嘛吽”三度。土人遇官吏之时，脱帽垂两手，立于路旁而拜。土人之官吏，对于中国派驻之官吏，礼亦如之。而最奇之礼，莫如伸舌，此为土人之最敬礼。土人上自官吏，下至齐民，谒达赖喇嘛或班禅喇嘛时，则诣法座前，脱帽合掌，长伸其舌于外，顶礼三度，垂手聚足，鞠躬屏气。此时达赖、班禅以手拂其头，或以手摩其顶，则以为至大之荣誉，幸福之预兆，人家皆羡慕之也。

藏民之岁时令节

藏中岁时令节，竞为种种游戏，若一一记之，事涉繁冗，兹略述一二于左。

正月元日，有跳舞之戏。土人着红绿之衣而为跳舞，演种种技术。此日达赖喇嘛坐于高殿观之，大小官吏皆来布达拉陪观。有所谓跳月斧者，童子演之，足系小铃，手执斧钺而舞，有进退之法，合缓急之节，颇足观也。

初二日，演飞绳之戏。以后藏之人民供此役。法用皮绳四条，长各三四十丈，一端系于山上高殿之后，一端系于山下之石柱。一人着短衣，以生牛皮束于胸部，两手持白旗倒悬其身而下溜，快捷如飞鸟，凡三四回而止。亦异观也！

西藏节日庆典，西藏自治区扎囊县桑耶寺壁画。

初三日，有翻杆之戏。于谛穆佛寺前立一高杆，番人自鸣锣鼓，唱歌曲，而上下于高杆，其轻捷不让猕猴。

自初六日至念一日之间，于拉萨宫殿为人布施。此日甘丹、别蚌、色拉、桑鸢四大寺及各处喇嘛僧，悉来读经。其在庙内者内招，在外者外招，众僧跏趺坐地上，行列极整肃。此等每日给三餐之外，人或数人与以银钱一枚，外招者则给其半。有时或散给衣帽布匹木碗等物。出入之僧，不下十余万人。布施之叹［款］，大抵以蒙古及各方信徒寄附金充之。或无施主时，则达赖喇嘛愿舍之，其费用每年达数十万两云。

十八日，集唐古忒骑步兵三千，戎装而执械，绕大召三匝，至琉璃桥之南，发巨炮以驱鬼魅。炮之大小不一，其内最大者铸于唐时，刻"威剿除叛逆"五字。演毕，出金银绸缎布茶等劳之。各寺之喇嘛聚集大召内，拥达赖喇嘛下山，谒佛登台，讲大乘经，谓之放朝。士民越数千里而来者踵相接，以金珠宝玩陈列炫奇，举首跪而献之达赖喇嘛。达赖喇嘛受之，则以麈尾拂其首，或以手摩其顶三度，其人必夸得活佛之降福。

上元之日，于大召内悬灯。立木架数层，安设大灯万余盏，缀以五色油面，作人物龙蛇鸟兽，极为精巧。自夜达旦，视天之阴晴雨雪及灯焰之晦明，占年岁之丰歉云。

二十四日，有扬武之式，即观兵式也。此日达赖坐于宝殿之侧楼，驻藏大臣坐于正楼阅之，文武诸官皆着礼服集于楼下。番兵着盔甲，马亦穿铁叶甲，仅露两眼，手持金炉，中一人操大铃；更有喇嘛六十余，列于两边，各打大鼓；又有执大铙及银笳者各四人，或吹或敲，极为喧嚣。各色旗旖数十对，又次持之者，皆白袍白帽；又次则魔像，喇嘛僧抬之，又有童子五六十名，皆为鬼装从之，状最奇怪；次有护法神披白袍铠，盔上插鸡毛，口流涎沫，为痴愚之状，若有凭附之者，送至市外，各番兵以放铳焚草毕送礼。总之行装奇异，如百鬼夜行之观。

二十五日，为竞马竞走之戏。其距离凡二里余，马皆慓壮骏逸，骑者为十余岁之少年。服此役者，举动活泼，扬鞭驱逐，最足令人起愉快之念。虽时有堕马陨命者，绝不复悔。按其先后而判胜负，胜者达赖喇嘛戏赏赐以绸缎手帕等。而第一先到之马，例当献于达赖喇嘛，达赖给以银五十两。凡供此役者，其家免一年之差役。竞走亦如竞马，远近大小不一，赏亦从同，捷足者先得之。

二月二十九日，送瘟神。又名打牛魔王。相传西藏系瘟神地方，经达赖坐床后驱逐之，故历年预雇一人，扮为瘟神。受雇者于数日前，向各番官民暨街市铺内敛钱入己，蛮家亦各乐输，每年不下千金，一切应用行李，皆山下支付。自大召逐出，即行起鲜［解］，营官护送，悉以王爷称之。解之山南地方，安置桑业寺石洞内。洞在寺之大殿旁，阴风惨烈，寒慄异常，居此洞者，死期甚速，极壮者亦不出年余之限，故得钱虽多，实为卖命，均视为畏途。后寺经火重修，洞虽仍是，而今昔不同。乃蛮家踵行旧事，谋扮瘟神者，到处夤缘，始得到手，逐解如前。解到后略住数日，即行潜回，蛮家亦置不问，人又视为利薮。然所敛者较昔年大减耳。是日大召前蛮官及兵均如扬兵状，一人扮达赖喇嘛，与扮瘟神者先后至召，各色旗帜不一，击鼓吹笳，亦如前状。十数人花衣黑帽，帽上各插鬼头，衣之前后悉绣鬼形，在召前跳舞诵经。扮达赖者铺垫坐召前，与一戴鬼形之法师对坐。须臾瘟神出，面涂黑白，与达赖互相结［诘］难，词屈，复赌掷骰定胜负。达赖之骰，以象牙为之，面面皆六。瘟神之骰，以木为之，面面皆三。掷皆枭，负而色赧，意欲另斗法术。达赖与法师及揭谛神明斥其非，瘟神负隅不行，即遣五雷立逐乃去。众喇嘛送至河干，焚草堆如前。

三月初一日，挂大佛亮宝布达拉山上。所有各宝玩及前清御赐物件，均在大召陈设。各喇嘛分列成行，穿花绣袈裟，扮种种神鬼外，余各分对执旗幡宝品，自大召徐行至山上。达赖喇嘛坐楼前黄伞下俯视，汉番各官，均在盛宝房前向北支帐房游观，男妇不下六七万，山坡无隙地。有绸画大佛像，自山上第五层楼悬挂垂至山麓，约长三十余丈。宝玩内有达赖袈裟一袭，系历传之物，均以珍珠穿成，珠之大者，皆如指顶，光华射目，真无价宝也。

西藏自治区拉萨市布达拉宫的晒佛场面

四月十五日，龙王塘大会。塘在山下，庙在水中，周匝水环，须以舟渡。庙塑神像极多，而正殿旁特塑一大秘戏像，即俗所谓欢喜佛，喇嘛云是佛公佛母。四壁四画，亦皆此式，甚为不雅。吁！元顺帝演媟儿法，甚至男女裸处，不以为亵，其误于西僧，不亦甚乎！

五月十五日，工布塘蛮家大会。即噶布伦之柳林相连数处，以此为最，碧影遮天，绿阴满地，中引藏江之水，映带左右，有楼台亭榭之胜可以憩息游人，洵消夏之佳境，亦流觞之胜地。是日倾藏妇女，临水祓濯，饮歌竟日，亦中国修禊遗风也。

七日，唱蛮戏。系后藏娃充当此役，装成男女，头戴纸扇面两个在耳上，手执竹弓一张，群相跳舞，是即为戏。其所唱者，大约唐公主时事为多。各噶布伦家唱一天二天不等，大会亲朋，日耗数百金不止。

六月三十日，别蚌寺及色拉寺挂大佛，亦装神鬼等类，降垂仲神。土民男女，皆美服艳装，或唱或歌，为翻杆子、跌打各种跳舞，二寺之大会也。

七月十五日，别以故牒一人司农事，其地头目牒巴陪之游街，佩弓挟矢，旗幡引导，遍历郊圻，看田禾而射饮一日，以庆丰年。

七月十三日至八月五日，各携天幕至河岸，遍招亲友，不分男女，同浴于河。俗称七月浴于此，可除疾病云。

七月二十五日，为宗喀巴成圣之日。各家寺院窗棂墙壁间皆点灯，光如白昼。其灯焰依于天色，视岁之吉凶云。

十月十五日，为唐文成公主之诞辰。士女盛装参贺，家家饮酒。

十二月二十九日，木鹿寺有跳神逐鬼之戏。喇嘛装各种神佛鬼怪，傍晚达大召寺，放铳呐喊，以驱逐邪鬼。此间各寺院共会，男女皆盛服华装，群聚歌饮，带醉而归，以度岁节。

倮倮风俗琐记

倮倮之种色

倮倮自西藏东部至四川、云南边境，金沙江流域，皆其部落。构居于山间崖腹，从事于牧畜农业，西人目之为高地族。此种人皆古时九黎三苗遗裔，为我国内地最古之土著，自黄帝胜其大酋蚩尤于涿鹿，逐渐窜入南岭一带之深山穷谷，湘、黔、两粤之地皆有之，名称所在而异，倮倮特其一种之名也。其人往来于山间巢窟者，异常迅速，跋涉绝险，如履平地，虽猿猱不能过也。时出抄掠近邻诸部，而西藏土人被其害尤甚。其人躯干较中国本部人长大，殆不亚于欧人，身体正直不屈，四肢细长。但其性怠惰，耽于安逸，厌操作，故肥满而大。其面椭圆，带褐色，眼大，颊骨突出，鼻弓形而稍广，口亦寻常，惟上唇稍薄。俗有拔须髯之风，齿牙甚白，又极整齐，虽年老不脱，此土人所最夸耀于人者。推究其故，以不食熬肉，无他术也。然其人生皱纹甚早，其纹满面，且达于额。额甚大而高，其发橙黄色，总括为一束集于头上，覆以绵布，状如犀角，长及九寸，故一望而知其种族。其头饰最为尊重，不可侵犯，土人非常重视焉。

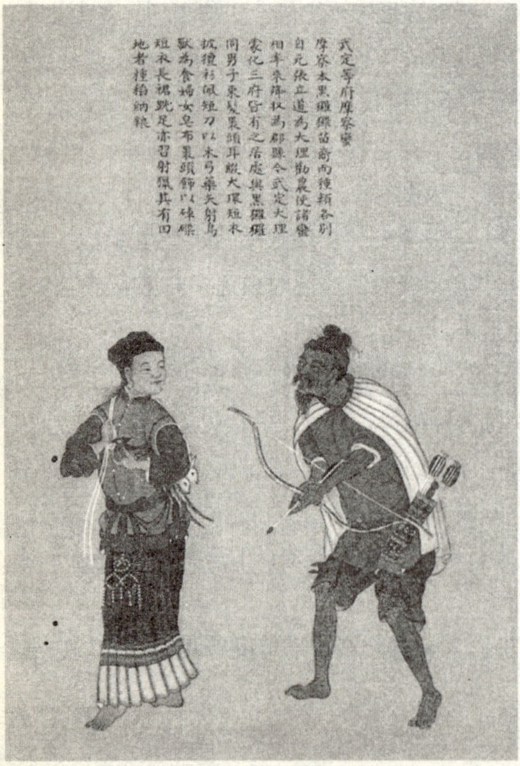

黑倮倮，选自《皇清职贡图》。

倮倮之服式

衣服着无袖之上衣，以灰色或黑色毛布制之，而以纽集于颈之周围，长达于踵。富者多着美服，裳之缘饰以种种绵［锦］织物。骑马用之上衣，制法亦同，惟背后开岔，其开处以下衣之裙掩之，裙下垂及马之腰臀，此上衣着之可以不受小虫之害；夏季以绵布代毛布。其帽以竹为之，上覆毛布，为圆锥形，大者可用以代伞云。

倮倮妇女之装束

倮倮妇女色较男子白，其发编为二条，束于头之周围。衣短衣，装饰美丽，上衣前垂，裙长委于地。履绣箔，颇美观；小女徒跣不着履。其容色胜西藏女子，窈窕者殊不少。

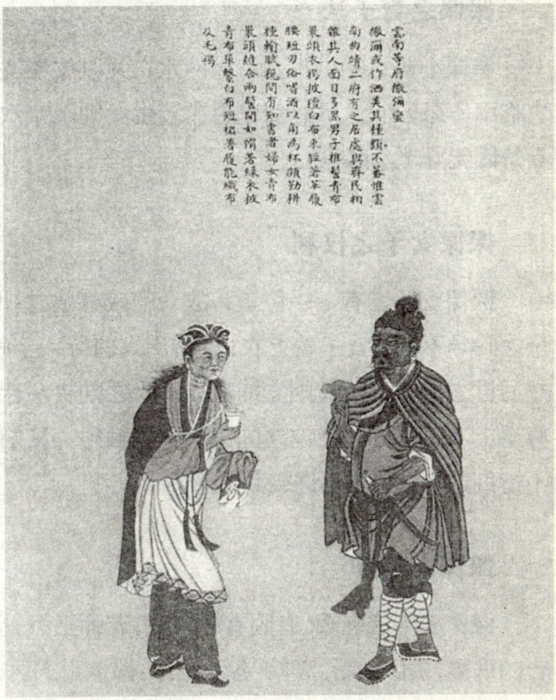

云南撒弥倮倮服饰，选自《皇清职贡图》。

倮倮之婚俗一

倮倮同族之外，不通婚姻。结婚之法，互择门第相等者。新郎赠以品物，订约词。诺否视女家收品物与否，收者为成约。婚嫁之月，新郎于邱冈张祝宴，迎新妇，并飨其亲族知己。宴毕，新妇伴其友共到夫家。然飨宴不及三回，不能亲睦也。订约时有互赠物之礼，惟其物品自新郎所赠者为多。娶妻有定例，酋长三人，次长二人，平民一人。

倮倮之婚俗二

倮倮又有一种结婚之法。至婚期，妇家遍招亲族知己行离别之式，俟亲族毕至，侍婢悲歌一曲，大约为哀别离之词。女多欷歔呜咽，若不胜悲，强放声歌而和之。其词半为谢缺乏孝道，半叹生别之苦，句之长短，各随其意。夫婚姻为人生大事，最当祝贺，及至放不吉之词，悲哀离别，抑亦奇矣。然据土人之说，则全无理由，互哀诀别者，所以教戒新妇之姊若妹使将来孝顺于父母也。既而新郎之兄弟亲戚等来迎新妇，新郎负新妇于背，使之乘马，疾驰至家，最贵神速。自旁人观之，殊形粗暴，然为之不如此，终不能迎娶。盖是日妇家亲族侍婢等，悉持棍棒以拒迎娶者，男家亲族等亦防之，至于撒面粉木炭，所以表亲迎者敢于前进之意。虽拥新妇，一有疏虞，辄被殴击，此其习俗之不可索解者也。

倮倮之育子法

倮倮小儿之初生也，浴以冷水，又以牛屎洗濯其头，俗传能长大小儿胆量，使之临事不恐云。土风尊女卑男，若生女则一家欢悦，生男则淡漠视之。盖其族重视女子固无异于西藏也。

倮倮女子之权利

倮倮女子皆有上级位置，故众庶咸尊敬之。外人欲游历其地者，非以女子为安全之向导不可。女子着上衣，随游历人前行，若途中遇灾厄，女子脱上衣，铺以地上，然后诉之酋长。酋长则立捕匪徒，为之判决。若事无落着，决不收取其上衣。此时尊重上衣，正如公使馆之国旗，不能触犯。又妇女有临战地之权，凡女子出战，手不持剑戟者，男子不许袭其不意。

倮倮之信仰

倮倮族不信佛教，有固有之宗教，若师巫然，受众庶之敬爱，事无大小，皆依赖之，吉凶祸福，由伊判断。师巫各为团体，保护土人。亦有稍事文学者。其占卜方法不一，有投木棒于空中，视其下落之方向而判断者，有烧羊骨，视其灰烬之迹以知吉凶者。避凶事者，以竹片插鸟翼，投之屋上，以卜凶事所至之万，则屠牛马羊以代之。如遗失宝器什物，穷搜不得，师巫则驰使四方，召集土人，每人与黑米一握，限以一定时间，令置口中啮碎吐出，米中现血点者，即指为行窃人。故不幸有血点时，实陷于无实之罪也。

倮倮酋长之袭职法

倮倮酋长袭职之次序极奇。酋长之死也，最少壮者代之，少者死，最年长者代之。此种倮倮族普通承袭之法则也。

倮倮之食品

倮倮食物，为主者牛羊及豚，不食马肉狗肉。其食用小刀肉叉，酒以大小麦及稷酿造。

倮倮之言语

倮倮之言语与中国相异，亦与西藏不同，非久居其地者，不能谙悉之也。

苗族

峒溪诸苗奇俗纤志一*

苗人散处滇、黔、楚、蜀、两粤。三苗出自缙云，据鬼方。苗始五溪，出自槃弧，延于楚粤，称瑶。当日以有功，免其徭，曰莫徭，后讹为瑶。

花苗在新贵、广顺，衣花布，故曰花苗。其衣无衿，窍而纳诸首，青布裹头。少年缚楮皮于额，婚乃去之。妇人敛马鬃杂人发为发，大如斗，笼以木梳。其人有名无姓，有属无长，不知正朔，以十二辰属为期。无文字，刻木为信。魋结侏㒧，陟冈蹦枣，捷如猿猱。散居山谷，架木为巢，寝处与牧畜俱，无卧具。炊爨爇柴以炙，虽赤子，率裸而进火。食以麦稗，杂野蔬，终身不稻食，以待正供或享客也。孟春合男女跳月，扑平壤为月场，皆更服饰妆，男编竹为芦笙，吹之而前，女振铃继于后，以为节。并肩舞蹈，回翔宛转，终月不倦。暮则挈所私归，

贵州安顺等处苗人，选自《皇清职贡图》。

---

* 此节原不分段，今为便阅读，分为若干条。

比晓乃散。聘资以妍丑为盈缩，生子然后归婿。以季夏为之岁首，屠牛祀天。丧则宰牛，召戚属，葬则不用棺，卜地以鸡子掷子，不破为吉。病祷于鬼，巫曰鬼。动作必卜，或折茅，或熟鸡取胫骨与脑验之。

东苗、西苗，男髻，短衣髽，色浅蓝花布，束发；妇花裳，衣无袖，俗与花苗同。

牯羊苗好居高处，悬岩洞穴峻百仞，不设床第。

青苗服饰尚青，竹笠草履，强悍好斗，同罗罗，然不为盗。

白苗服饰尚白，转徙不恒，为人佃，负租即逃。

谷蔺苗凶顽善击刺，出入持枪弩，蛮党畏之。

平伐司苗男草衣短裙，女长裙绾髻，祭鬼杀犬，死瘗以木槽。

九股黑苗青服凶恶，处深穴，披铠挽弩，名曰偏架，一人持之，二人蹶张，常啸集为乱。

紫姜苗与九姓苗同类，嗜杀尤甚，狠诈饕波；以十一月朔为节，元旦忌门不出，二七而解。

短裙苗以花布一幅，掩骭。

天苗一名黑苗，缉木叶为上服，衣短裙；女年十五六，构竹楼野处，死以藤束树间。

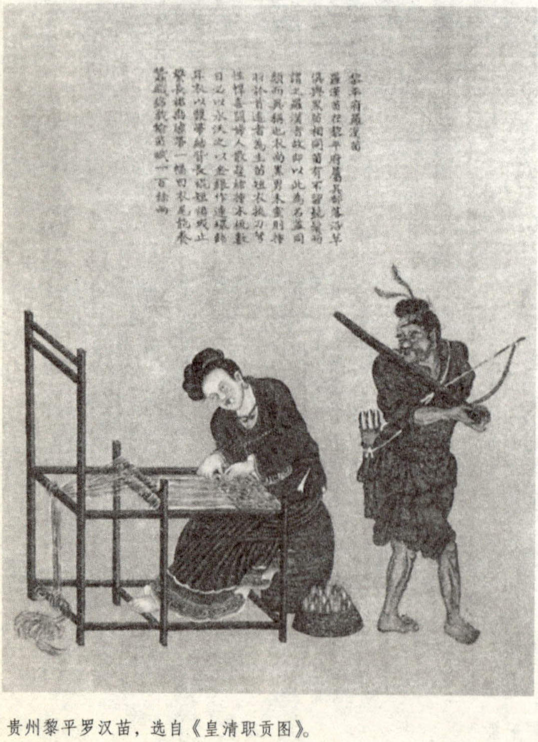

贵州黎平罗汉苗，选自《皇清职贡图》。

生苗、红苗有吴、龙、石、麻、田五姓。衣用斑丝。掊牲畜，火其毛，带血而食。丧棺；歌舞名曰调戏。五月寅月，夫妇各宿，以避虎鬼。卜用梳。同类仇杀，妇劝乃解。凡出劫，富者出牛酒集众，有获中分，遇杀偿以银；被掠索赎，少则刑酷之。

阳峒罗汉苗，妇能蚕织，短衫双带，胸前方绣，以银钱饰之；婚先外家，后则他族远者。生苗短衣佩刀，小隙则操戈。

罗罗本卢鹿，有黑、白二种。居水西者黑罗罗，亦曰乌蛮，黑大姓，白则其所役也。俗愚而恋主，即虐之至死，犹举其子姓名妻妾，戴之不敢贰。勒为四十八部，部之长曰头目，其等有九，曰九扯。最贵者曰更苴，不名不拜，镂银鸠杖，僭拟师保，凡有大政取决焉。次则慕魁、勺魁、罵邑，以至黑乍，皆有职守。其人深目长身，黑面白齿，青囊笼发而束于额若角状。悍而喜斗，谚云“水面罗鬼，断头掉尾”。文［又］有文字，类科斗书。然无几席，与人食，盘饭盂水，食已，必涤朧刷齿，作酒盎而插于管，醉饮之。男剃髭，女以青带缠发。疾不医，惟事巫号大奚婆，事无巨细皆决之。妻曰耐德，非耐德所生，不继立。其长死则聚千人，披甲驰马，以毡段被尸，焚于野，招魂葬之，张盖其上，盗邻长首以祭，不得则不能祭。期会用木刻，尚盟誓，剥牛以谕，领片肉，不敢背。善造戎器，置毒矢末，濡血即死。

八番服食居处同汉俗，妇人直项作髻，业耕织甚劳，而男颇逸。盖八番徙自粤西，犹故俗也。妇娩三日，即出昏作，而夫坐蓐，啄菴不出户，率以为常。其获稻，和秸储之。刳木作臼，曰椎塘，临炊舂稻而作食。寅午日为市，燕会腰鼓为乐，以十月望为岁首，葬择日，夜静出之。

白罗罗亦曰蛮，与乌蛮同而为下姓，食无盘杅，以三足釜，灼毛齝血，鼠雀蚳蝝蠕动之物，总攫而燔之，攒食若彘，死裹革焚之。

阿和俗同白罗罗，以贩茶为业。

打牙仡佬，女嫁必折二齿，恐妨夫家，故名打牙。矫而善奔，轻命，死党触之则靡烂。得片肉卮酒，即捐躯与之。死用长木桶为棺，葬之路旁。

花仡佬衣花布，红仡佬衣红布，各有族属，不通婚姻。死敛以棺，置千仞悬崖，或临大河，不施蔽盖，树木主于侧，曰家亲殿。

剪发仡佬，蓄发寸许，死则焚之。

猪矢仡佬，身秽，与犬豕同牢，得兽即咋食如狼。

木老性狡悍，善制刀，初娶分寝，既生子，然后同处。祀鬼用五色旗，遇节鼓歌迎祭。

定番州八番，选自《皇清职贡图》。

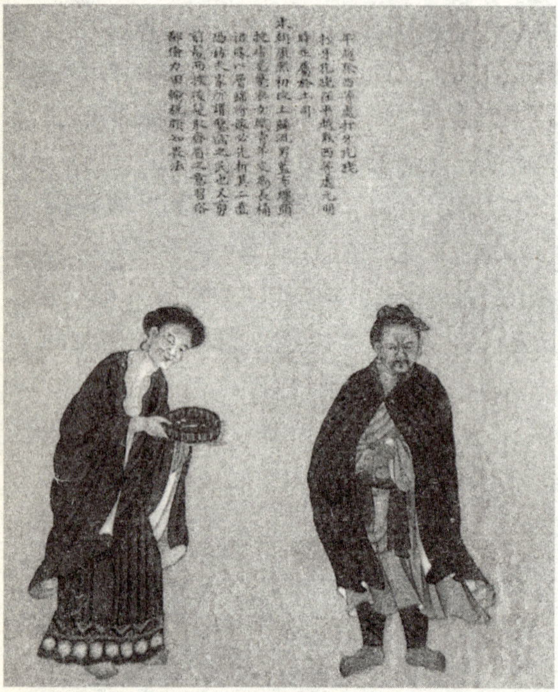

水仡佬，选自《皇清职贡图》。

仲家以帛束首，蹁履，好楼居，妇多纤好而勤于织，青布蒙髻若帽絮，长裙褶多者二十余幅，挖腰以彩布一幅若绶，以青布袭之，短仅及腰，蹑履。孟春跳月，编花球，视欢者掷之；在室奔而不禁，嫁乃绝之；以姿色为定聘，多至牛三五十头。丧者屠牛召亲，以瓮贮酒，执牛角遍饮，必倾泻淋漓而后快，醉或至于相杀。习阴阳家言，葬用棺，以伞覆上，期年火之，不上冢。以十一月为岁首，和米糁牛马鸡牲骨作醅，酸臭为佳，多者为富，畜金蚕蛊为奸。《黔书》称仲家险谲嗜杀，出入带刀，聚众出劫，逋为盗薮。今诸苗中惟仲家聪明，能读书，颇有仕宦，然其习俗险谲，苗中尽畏之。姓字衣饰，多与汉同，不尽用苗饰也。

狗耳龙家，居深林荐莽，衣尚白，束发不冠，善石工，妇人辫发螺髻，上指若狗耳，故因以名。衣斑衣，五色药珠为饰，贫者以薏苡代之。春立木于野，谓之鬼竿，男女旋跃而择对；既奔，则女党与牛马赎之，方通媒妁。死以杵击臼，和歌哭葬之幽岩，秘而无识，以七月七日祭先茔。

马灯龙家，妇人缁冠若马灯，故名，多张、刘、赵三姓，多尚白，丧服以青。

大头龙家，男以鬃尾杂发，盘之若盖，以尖笠覆之，故名。

宋家，通汉语，识文字，勤耕织，男帽而长襟，妇笄而短襟。

蔡家，男衣毡，女以毡为髻，饰以青布若牛角，高尺，用长簪绾之。丧礼杀宰，吹笙跳舞，曰作戛，土人所在有之。与军民通姻，礼节皆同。男贸易，妇耕种。田歌相答，哀怨可听。在黎平曹滴者，多思播之流裔也。

狰犷一曰杨黄，其种亦多，居万山中，荆壁四立而不涂，门户不扃，出则泥封之。

杨保播州之裔，性奸狡，俗同汉人。

僰人男女冠片毡，不沐浴，与倮倮同。

峒人今称峒家，衣冠如汉人，亦自讳其峒人。习汉俗者久，子弟多读书，但妇女不缠足，春秋场期男女会歌为异耳。《黔书》称其多异喜杀，出入夫妇必偶，挟镖弩自随，饮食辟盐酱，冬以芦花为絮御寒。

苗人散处滇、黔，虽部落各异，而俗习大概相同。悫者居多，担物一肩，终日不转换，或惎之，曰“祖宗所传，不敢变也。”其他倮夷、焚夷、黑蛮、白蛮、黑倮㑩、白倮㑩、濮落、倭泥、貉猔、蒲刺、黑角、茫施诸蛮，名虽各殊，俗不相异。

瑶名傘客。五溪以南，穷极岭海，迤逦巴蜀，蓝、胡、槃、侯四姓，槃姓居多，皆狗王之后。时节记狗。以桃枨面为吴将军，先献之，祭毕，择女之巧丽者劝客，极其绸缪。十月祭多具王，联袂而舞，其定婚媾，多于此时。四姓髻鬟，有美芙蓉、望仙、怀人、双蛇、孤凤、浓春、散夏、燠侬、万迭、手妆之名，其下者椎髻垂鞭，盘蛇鹿角。豪家髻鬟不称，群笑之，目为丁妆。锦之美者，曰鹅头，曰花蕊，曰蛇濡（以蛇膏泽之，辟毒雾，入水不濡），曰蝶簇（以熟金为之）。布之异者，曰勾芒，曰红蕉，曰弱锡，曰火浣（有三种，毕方麻者一端数金，祝融木者百金，火鼠毛者千金），曰桐花，曰琼枝，曰婆罗，曰吉贝（又名白斑布），曰桃花（千叶桃花穗长尺许，织穗而成文，胜火浣）。其织鸟毳而成者，精曰锁袱，粗曰鹅阙。四姓，瑶之贵者，下姓则生丁、白丁、黑丁，其妇谓之丁妇。峒丁椎结斑衣，儿时烧石烙跟蹠，沁以蛇油，重趼若鞟，穿青［荆］走棘，若履坦涂。丁妇绣［？]回，嫁则荷伞悬履以戒涂。其炼刀也，儿时选精铁如儿重，药水渍之，长则咒时炼日，刺态冲坚，软可为带，服以终老。毒槊无刃，状如朽铁，著人无血而死。

粤东瑶率盘姓，有三种，曰商山，曰花肚，曰平地。平地者差良。七月十四日为岁首。其俗犹粤西罗旁瑶，驯者与齐民无异，而其桀黠者常为寇，号为五花贼。出劫则祷罗旁石，隔江呼之为“石将军”，应则出劫，不应则否。

其雪榄、云洋诸瑶，率短小矫捷，无事射猎为生，有事则蜂起。

曲江瑶惟盘姓八十余户真，余则伪瑶。男子耳环，衣绣，首裹花帕，腮［腰］刀挂弩。女重裙无裈。

其戴板者曰板瑶，油蜡胶发，裹于板上，光闪似蜻蜓，夜以物度首而卧。七月望日祀狗王，以小男女穿花衫歌舞为侑。

连山八排瑶，最犷悍，臀微有肉尾，脚皮厚寸，自号瑶公。称瑶丁曰“八百粟”，言其众也。官长曰朝廷，有瑶目八人司约束。仲冬十六日大会于庙，男女分曹坐，唱歌达旦。女得意就男坐，媒氏乃将其衣带度量长短相若，则使之挟女还，女父母乃送牲酒成亲。女已字，顶方板，犹板瑶也；未字，则戴箭竿，分发盘之，曰箭瑶。其领袖则花绒垂铃钱数串，初嫁垂绣袋。

德庆有楷瑶山、楷翁山，皆熟瑶所居，瑶曰楷瑶，瑶之长曰楷翁，其人曰楷马。瑶多以其人为马，谓多力善走也。

僮人出湖南溪洞，后入粤西佃耕，其众稍多，占据乡落，延入粤东。其人性质粗悍，露顶跣足，花衣短裙，鸟语鹄面，自耕而食，谓之山人。其聚而成村者为峒，推其长曰峒官。

峒官之家，婚姻以豪侈相胜。婿亲就女家，五里外，采香烛花萼结为庐，号入寮。男女并至，盛兵为备，小有言则相鏖，婢媵偶忤，即手刃之，杀多者，妻方畏惮。半年始与婿归，盛兵陈乐，名出寮舞。婿归，止三十里外，令瑶毦脱妇中袒贮篮中，曰收魂，盖欲其妻悸畏，无他念也。

峒官之女，号曰天姬。春秋胜日，布花果笙箫于名山，五丝同心，结百纽鸳鸯囊，选少好者伴女，名天姬队。余则三三五五，采芳拾翠于山椒水湄，歌唱为乐。男亦三五群歌而赴之，解衣结带，相赠以去。三月之歌曰浪花歌。

僮妇善蓄蛊，天姬能破之。凡中蛊者，颜色反美于常，天姬望之笑。因叩头乞药，啖以一丸，立吐怪物，白矾浇之，其物立死，否则复还其家。凡蛊夜出有光，熠如曳彗，是名飞蛊。光积生影状如生人，是名桃生影，积生形，能与人交，是名金蚕。于是任意所之，流毒乡邑，杀人多者家益富。

峒俗贵壮贱老，染发剃须。凡有攻掠，乃推渠长，峒官把酒，赐绿熊练䙓（臂衣）、锦雉氉毷（戟衣）、绿尘群尘，厚给其家，曰枪头钱。攻峒劫瑶，报仇雪耻，占其田庐，徙老幼而居之。性极耐饥，啖盐数颗，凡草木皆可啖食。极惧狼人，狼兵至则走。

狼人俗同瑶，以言语相别。其兵最劲，性驯畏法。

大良与僮同类，而性稍异，人至其家，不问识否，辄具牲醴饮啖，久敬不衰。同类有无相资，一无所吝。

仡人山田墝埆，十岁九饥。纤仇必报，或误杀人，则以牛畜为偿，曰人头钱。

僚俗略同僮，而嗜杀尤甚。居无酋长。深山穷谷，积木以居，名曰千栏。射生为活，杂食虫豸。相斗杀，得美须者则剜其面，笼之以竹，鼓行而祭，竞以邀福。山中推有力者曰郎火，余止曰火，最下者曰提陀（犹言百姓）。以大木一株，埋地作独脚楼，高百尺，五色瓦覆之，烂若锦鳞，歌饮夜归，缘宿其上，曰罗汉楼。岁首，郎火以土桮十二贮水，按辰布列，祷之经夕，启视有水，则其月不旱。

峒中所出物，蚳醢（大蚁卵如蚌，为酱甚美）、蜜蝍（蜜淹鼠子）、蜗中脍（蜗大如升，米水去涎，竹刀脍之，角尤甘脆）、无头鲊（又名地蚕，大者长十九丈，为鲊食之，令人不寒）、插翘春（山獭骨）、龙盐（一名紫稍花。二者皆媚药），皆奇品也。

鼻夷僚族，鼻如垂钩，隅目好杀，深明水脉，采瑶臂鳄牙为笛，吹作龙声。与之酒，鼻饮辄尽。

白棍僚子，采白木为棍，寝处不离，用之但闻风声，形影双灭，其艺精乃尔。

佯人亦僚类，嗜杀过于僚，父子有隙，狺狺反噬。得犬谢母，母亦不恨。

峒人亦僚类，不喜杀，善音乐，弹胡琴，吹六管，长歌闭目，顿首摇足，为混沌舞。

峒瑶善御虎，虎当日午，眼盲无见，辄群息重岩或深樾下。僚伺之而得其处也，取臭肉贯于竿端以饵，虎闻臭，辄张口食，竿入口而钩锋发，枨其口不得喷。牵之归，缚之大树，剥落牙爪，饲以豆渣，初不食，已饥甚，辄食之，与僚习。久之，虎瘦甚，乃纵之去。虎奔逸入山，则獐兔易之矣，无所得食，乃念僚复来，虽驱之不去也。就豆渣槽，甘如肉食，半饱，僚辄禁之，縻以绳索，虎亦甘就不辞。僚坐其背，驱之如飞行，十里即力竭。虽百棰不怒，行似驽牛，曾不与骡争先矣。

斑衣山子，散处横州震龙、六磨诸山，无板籍定居，斫山烧禽，射生轻死。夫妇野媾，插青路衢，以断行路，不知误入，张弩射之，媾精入地，是生短狐。

斑衣种女，俗同山子，垂手善舞，蹋蹋歌，短裙及膝。坐则双膝齐跪，执礼甚恭，有盘古风。

黎人居黎母山，有生、熟两种。当额作髻，纵簪者，生黎也；横簪者，熟黎也。妇人率著黎桶，其裙百折，椎髻大钗，面涅花文，号绣面女。临嫁乃绣其花样，男家与之，古所谓雕题也。

黎多符、王二姓，非此二姓为长则不服。欲立长，则系牛射之，矢贯牛腹而出则得立。无文字，借贷结绳为券，虽百年皆可执绳而索。力不能偿，为之服役。父母死，敛所遗财帛，会黎长瘗之，谓恩深无以报，不敢享遗资，而旁人亦不敢窃，惧其鬼祟也。俗重复仇，先期椎牛会众，取竹箭三，刃其干，誓而祭之，齐矢告曰："某日某时，幸利刃锻矛以待仇。"谋于同里，亦椎牛誓众。两阵相当，此一矢来，彼一矢往，必毙一而后已。或曲在此，曲者之妻呼曰："吾夫之祖负汝，勿杀吾夫，杀我乎？"直者妻亦呼曰："彼妻贤良，是亦可解。"即释之。若力不敌，率同里去之。报者至焚其宅，曰："是惧我也，可以雪耻凯还也！"

峒溪诸苗奇俗纤志二

苗人，盘瓠之种也。帝喾高辛氏以盘瓠有歼溪蛮之功，封其地，妻以女，生六男六女，而为诸苗。尽夜郎境多有之，有白苗、花苗、青苗、黑苗、红苗。苗部所衣，各别以色，散处山谷，聚而成寨。睚眦杀人，报仇不已，故谚曰"苗家仇，九世休。"近为熟苗，远为生苗。熟苗劳同牛马，不胜徭役之苦。男子椎髻当前，髻缠锦帨，织布为衣，窍以纳首。妇人以海吧铜铃，结缨络结饰，耳环盈寸，髻簪几尺。以十月朔为大节岁首，祭盘瓠。揉鱼肉于木槽，扣槽群号以为礼。其见流官，无论尊卑，皆称曰“老皇帝”。见内地人，皆称曰汉人，以汉始通道而南，故称犹旧也。

九股苗在隆兴、凯里二界。又有九姓者，在独山。以十一月朔为岁首。八番苗多楼居，衣青衣，妇女被细折裙，折如蝶版，古致可观。以六月六日为正旦。尚鬼，善治蛊毒。身带刀弩，多为盗贼。亦有识字充胥役者，苗而近汉者也。丧食鱼虾，而禁禽兽之肉。葬则盖尸以伞，期年发而火之。

宋家、蔡家，春秋宋、蔡二国之裔也，流而为蛮。性朴不诈，惟事耕凿。风俗略同，宋家稍雅，惟椎髻当前，衣冠尽废，宛然苗类矣。

夭苗多姬姓，周后也，尚行周礼。祭祖，推其家长，唱土语为赞祝。

紫姜苗，装束与汉人同，行事与夭家类。多力善战，亦晓读书。嗜杀尤甚，得仇人，生啖其肉。夫死则妻嫁而后葬，曰丧有主矣。

卖爷苗在白纳，贱老贵少，老则拽而卖之，虽其自父，在所不免。

克孟、牯羊，乃二种也，处于金筑。择悬崖，凿窍而居，垂竹梯或缘藤上下，高者百仞，栖同猿狖。

西苗尚勇好斗。葬不用棺，不知拜扫。饮醉相杀，醒复欢好。

东苗性悍。衣短衣，尚蓝。妇著花裳，无袖，遮覆前后而已，细折裙仅蔽其膝。

陇氏之裔，死用棺木，以石作坟。以七月七日祭先，甚敬。

四龙家尚白衣，丧服易之以青。有张、刘、赵三姓。一曰大头龙家，男以马牛尾鬣杂组发中，盘之成盖，覆以尖笠。一曰狗耳龙家，妇人作髻，状如狗耳。一曰小头龙家，一曰曾竹龙家，俗与龙家无异。

土人在新添司者，与卫人间通婚姻，渐染汉俗。在施秉者，播入流裔。在邛水者，斗狠轻生。

里人亦名天苗，身衣木叶。

苗人性犷戾，以鱼略［猎］为生，衣蓑衣。以十月朔日为节，居新添、丹行之间。

峒人以苗为姓，好争喜杀，片言不合，即起干戈。在石阡、朗汉二司者多类汉人。在永从者居常负固。在洪州，地颇膏腴，然不事耕作，惟喜剽掠。粤西有峒人者，好弹胡琴，吹六管，女善汉音楚歌。生女还之母家，曰“一女来，一女去”。

八番，其俗女劳男逸，勤以耕织，长裙曳地，白布裹头。以十月之望为岁首。葬不当昼，必于静夜，曰不忍使其亲知之也。

仡兜衣青，左衽，身不离刀。

休老与西苗同俗，死则俯尸侧葬，云为死者避压［魇］也。

佯犷，生理苟且，荆壁无门，出则以泥封户。父母死，焚其衣冠，有如赠鬼。

棘人号十二营长。倮鬼仡佬，言语不通，棘人为之传译。披毡衫。女吹篾，有凄楚声。六月二十四日，祭天过岁，朔望日不乞火。性悍好斗，卢鹿同风。又好佛，手执数珠，善诵梵咒，有祷辄应。

倮僰人后住元谋。女负担，男抱儿。最洁，日杵米，不食宿粮。其人善咒咀，变幻报仇家，又善变犬马诸物，破其法，即不验。又有二形人，上半月为男，下半月为女。按《异闻录》，广南苗民，其妇人能变羊，夜出害人，有能为幻术易人骨肉者，此得非倮之类乎？

仡佬其种不一，有花仡佬、红仡佬，赤脚善奔，不知惜命。布围下体，谓之桶裙。敛百物之毒，以染箭锋，当之立死，受其气者亦死。死则有棺而不葬，置之崖穴，或临大河。有打牙仡佬者，父母死，子妇各折二齿投棺中。竖眼仡佬，蛮人之尤怪者，两目直生。恶人衣青，云遇之有祸。去麻阳百余里，亦不常见。又有剪头仡佬者，男女剪发，仅留寸许。有猪屎仡佬者，喜不洁，与犬豕同食。

竹林地之苗，信鬼好诅，射猎为业。衣用虎皮，以虎尾插首为饰。黎州蛮，白马氏之遗裔，其类凡十一种。曰西箐蛮、三王蛮、邛部蛮、风琶蛮、保塞蛮、净浪蛮、阿宗蛮、乌蛮、白蛮、两村蛮、山后蛮。交易不用银钱，汉以绢帛茶布，蛮以盐马红椒。其俗尚鬼，称其长曰都鬼王。

建昌土广人稀，有青草黄茅之瘴。俗陋性刚，与黎州相似。

松潘，古冉駹地，积雪凝寒，盛夏不解。人居累石为室，高者至十余丈，名曰碉房。亲戚斩衰布衣，五年不浴。奸淫事，输金请和而弃其妻；惟处女嫠妇勿禁。有罪者，树一长木，击鼓聚众杀之。富者贯死，烧其屋，夺其田畜。部落甚众，无统属，各推一人以为长。麦坌住白沙，牝牛聘妇，吹笙饮酒，刻木人祀祖，负薪荷篑，治生辛苦。

水仡佬，选自《皇清职贡图》。

倮倮本名卢鹿，有黑白两种，

为大族。深目长身，面黑齿白，故名㑩鬼。谚云："水西罗鬼，断头掉尾。"男女贵者，寝不同席，至夜半密通之。男去须，女辫发。毡衫为礼，鸡骨占年。死不用棺，招魂以葬。女以喜善名者，人争取之，以为美。

白㑩住麻地，迎春吹笙，跌足而贺。僄苏居茂连山，种菽而食。

㑩缅在铺西、硝井等处，采薪拾菌，携柴棍，乞醴酒，醉卧中涂，可供一笑。

金齿，古哀牢国，其苗人皆九隆之后也。散处荒域，其人有数种。有以金裹两齿者，曰金齿；有漆其两齿者，曰漆齿；有刺面者，曰绣面蛮；有刺足者，曰花脚蛮，以采[彩]绳撮髻者，曰花角蛮。惟居诸葛营者，衣冠礼仪，悉如中土。

八百媳妇，相传其土酋有妻八百，各领一寨，故以为名。其人性缓，刺花鸟于眉目之间以为饰，俗同缅甸，相见以把手为礼。

木邦一名孟邦，相传其人多幻术，能以木换人手足，人初不觉，久之行远，痛不能胜。有不信其说者，死之日，剖股视之，则果木也。又能置污秽于涂，人触之者，变为羊豕，以钱赎之，复变为人。有知之者，易置秽物以他方，则其人反自变为异类。其俗男衣白文身，髡发截髭，女饰金图象镯。居皆竹楼。男贵女贱，民皆奴视其妻，役之耕织。

老挝，其民性悍，遍体花绣，俗同木邦。其为宣慰者曰招木弄，居高楼，其上宽广，部属见之，所至之地各有等限，通事引之，不差尺寸。

瑶一名畬客，其种有八，曰天竺、咳首、焦侥、跋踵、穿胸，儋耳、狗轵、旁脊，是谓八蛮。又有飞头、凿齿、鼻饮、花面、白衫、赤棍之类，岭表海外有之。瑶俗，童时烧铁烙足，沁以蜡油，重研如鞕，易登险峰。妇人黥面成花，嫁则荷伞悬草履，归于夫室。山田瘠埆，十岁五饥，故恒劫掠。然犹信鬼畏誓，可以要结。外有打寮山瑶、挖亲山瑶。

僮人居五岭之南，冬缀鹅毛，木叶为衣。能用毒矢，中之者肌骨立尽，虽瑶人亦且畏之。

獠人亦民[名]山子，处于岭表海外，射生为活，吞噬昆虫。子如恶父，即加手刃，走避于外，以一狗谢母，即释然矣。妇人孕七月生子，置之水中，浮则养之，沉则弃之。报仇相杀，必食其肉，披其面，而笼之竹本，鼓噪而祭，谓可迓福。或谓飞头蛮即出其地，与尸致鱼及虫落同类。

蛋人以舟为宅，频[濒]海而居，其人目皆青碧，能辨水色，知龙所在。引绳入水，采螺蚌以为业。能伏水三日，手持利刃，以拒蛟螭。又曰龙户，又曰昆仑奴。其人皆蛇种，故祭祀皆祀蛇神。

马人居于林邑，伏波戍卒之遗种也。其人深目猳喙，以采藤捕蛎为业。散处南海之间，或以之为卢循遗种，故又名之曰卢亭。

狼人多在南丹三州，鸷悍天下称悍［？］。用兵能少击多。军令最严，故能胜敌。婚以木担聘女，有扇歌担歌，以为酬唱，相合即为夫妇。

犵人生崛岘中，形似猿猱，语呷［咿］嘤不可辨，性忠慤，蛮僚役之。采片脑、鹤顶、犀角、象齿以输主，遇人夺之，死亦勿与。畏近烟火，遇烟火，泪目至死。滇、黔、蜀、粤，皆间有之。

斑衣山子，一曰莫瑶，散处横州震龙、六磨诸山，无定居。斫山种畬，射生为活。有斑衣种女，亦其类。

伶人生广西奥谷之中，状如猩狒，不室而处。饥食橡薯百虫。附近瑶人，瑶人亦莫能译其所语。

黎人生儋、崖、琼、万之间，即鸣人也。相传太古之时，雷摄一卵至山中，遂生一女。岁久，有交趾蛮过海采香者，与之相合，遂生子女，是为黎人之祖，因名其山曰黎母山，黎人环山而处，内为生黎，外为熟黎。黎山极高，隐于云雾，海气清廓，时见其人于碧岚翠霭之间。生黎所居绝远，外人不能至其境。至黎母之颠，其上有人，寿考逸乐，不与世接。虎豺为之守险，无路可攀，但觉水泉香美，虽生黎亦不能至其境。熟黎变服入州县，日晚鸣角结队而归。多符、王二姓。生子周岁，即文其身，不则以为祖宗不目为子孙也。黎人见客至，未相识，于隙窥之。见客矜庄，始布席相接，坐久不交一语。置酒，先以恶臭味进，客食不疑，则喜，更以佳肴进，遂相亲狎，否则遣去。与人结仇，则射箭于梁上。与客会饮，顾及梁间羽镞，即奋报仇之志。醉即豪作狗嚎，自云狗种，欲先祖闻其声而为之垂庇也。中锋镝死，密埋不哭，恐有人知，以为不勇。男女幼时，至晚驱上栏房，听其自相偕偶。至于婚媾，仍用讲求。黎人死，其孀妇则共养之。黎人担负，一肩竟日，谓祖宗如此，不敢更担。皆善咒鬼祟人。恒兴兵报先世之仇，敌人若令其妻车前谢过，即曰"彼贤如此，可解此围"。或徙寨避之，曰"彼惧我，可凯旋矣"。

遐黎生婺岭以北，椰瓢蔽体。父母过五十，则烹而食之，云葬于腹中，谓之得所。

木契者，木刻为符，以志事也。苗人虽有文字，不能皆习，故每有事，刻木记之，以为约信之验。

苗人欲举兵攻杀，先期集众，插牌于山，侦知得以预备。

苗人不忘九世之仇，往往相杀无已。惟恃流官开诚劝谕，能为息争。

峒苗仇杀之后，汉官为之讲歹。两造各积草为筹，每讲一事，举一筹，理诎者弃其筹，筹多者［此处缺一字］负者以牛马赔偿之，纷乃解。

讲歹之时，两造苗民，各踞两山之上，而立牛于其中。讲既明矣，一苗持刀，从牛颈下屠牛，易如委土。于是两山之苗，呼躁而集，各割牛肉一块，归而祭祖，若相誓曰："有负谕者，有如此牛！"

蛮僚有事，争辨不明，则对神祠热油鼎。谓理直者探入鼎中，其手无恙。愚人不胜愤激，信以为然，往往焦溃其肤，莫能白其意者。此习土著之民亦皆从之，少抱微冤，动以捞油为说。

各峒歃血誓约，缓急相救，名曰门款。战斗进止，以发喊助威，曰鸬鹚号。朱漆牛皮，以护头颈，名曰固项。六月二十四日名火把节，苗相聚啖牛豕。

苗人把忌，以元日为始，二七而解。佯犷以三月为忌，二十五日而解，俱不容人犯忌。午日，苗尽闭门把忌。先二日，锁钮所掳之人，善逸者于是日走，苗不敢追，追惧不吉。鬼方之民，信鬼惟诚，椎牛而祭，谓之做鬼。初夏徙居数日，让鬼居之，谓之走鬼。平居寝不解裙，亦恐犯鬼故也。

仡佬谓席地而居，则近鬼矣，为屋宇必去地数尺，架以巨木，上覆杉叶，有如羊栅，故名羊栖［楼］。

僮人之室，缉茅衡板，下畜牛羊，谓之麻阑。

苗童之未婴［娶］者曰罗汉，苗女之未嫁者曰观音，皆发插鸡翎，于二月群聚歌舞，自相择配，心许目成，即皆好合。

僚人夫妻异宿，惟于晴昼牵臂入山为乐，于路口插松枝，以断往来，谓之插青，见者即避。如或误入，刀斧相加。

溪峒男女，相歌于正月朔、三月三、八月十五。三月谓之浪花歌，尤无禁忌。

龙家苗立木于野，谓之鬼竿。春时男女旋跃其下，以择配偶。

罗鬼之俗，新妇见舅姑不拜，裸而进盥，谓之奉堂。

苗人取鸡蛋画墨，祝而煮之，剖视吉凶。又有将死其亲，以鸡卵掷地，视卵不碎之处，即以为吉，于焉卜兆者。

苗人臈祭曰报章，祭用巫，设女娲、伏羲位。祀神多书孔明天子之位。

苗人亲死，则聚亲族笑呼歌舞，谓之闹尸，又曰唱斋。至明年春月，闻杜鹃声，比户号哭，曰"鸟犹一岁一来，吾亲不复至矣！"。

苗人每遇令节，男子吹笙撞鼓，妇随男后，婆娑进退，举手顿足，疾徐可观，名曰踹堂之舞。

八番之蛮，每临炊始舂稻，谓不得宿舂，宿舂则头痛。臼深數尺，相杵而下，其声丁东，抑扬可听，名曰椎堂。

苗人醉后，以长木杴跳舞，名曰舞杴。

僮人远归，止三十里外，家遣巫师，提竹篮贮其里衣，前导而还，谓之收魂。

僮人亲死，恸哭水滨，投钱于河，汲水而返，用之浴尸，谓之买水，否则以为不孝。

播州苗所歌，十数辈连袂而舞，以足顿地。节歌名曰水曲。

葫芦笙大如盂，长二尺，止六管。此六律初起，六同未备之制也。以依歌曲，韵颇悠扬，古穆淡岩，可于此求元音之始。

瑶人之乐，状如箫，纵八管，横一管以贯之。即古凤箫之制，以应八风者欤?

铜鼓多马伏波及武侯所制，故称曰诸葛鼓。大苗峒方能有之，其大如钟，长筒，三十六乳，重百余斤，中空无底。亦有十一中握得如土墩者，周簇细花纹极工致，四角有小蟾蜍，两人舁行，以手拊之，声如鞞鼓。琵琶止二弦，弹之应律。

苗人合乐，众音竞发，击竹筒以为节。

峒民为笔，率用鸡毛。溪源有鸭毛笔，可见毛皆可以作笔。书彼虫鸟之文，想有非此不可者。

苗锦大似苎布，巾帨尤佳。其妇女衣缘领袖皆缀杂组，藻彩云霞，悉非近致，谓之花练，土俗珍之。黎人取中国彩帛，拆取色丝，和吉具织之成锦。

南蛮豪家，以鹅毳毛为被，温丽胜于纯锦。仡佬诸种，则以茅花为被。

苗人年十六，无不带刀。其铁自始生时炼至成童，故最銛到［利］。以黑漆杂皮为鞘，貌虽不丽，锋不可当。能者掷刀空中，接之以手，曰跳鸡模。

苗人之弩，名曰偏架，其弓似中国猎人射生弩而差大。苗人以毒蛇含其矢镞而烧其尾，毒气聚于镞尖，中者必死，治法，先掘土坑，用火烧温，将人纳其中，以瓷片划碎其体，久之，遂有小蛇迸出，方得无患。掉枪长二丈余，用以护弩。战则一弩一枪，相依对敌。火器有过山鸟者，能打越重山，绝无障碍。

蛮地多楠木，刳以为舟，为绝大者。

瑶人截大竹筒，以当铛鼎，食物熟而竹不燃，亦异制也。

瑶僚睡无床褥，冬夜以三叉木支阔板，燃火炙背，板焦则易，名曰骨浪。处以瓦屋，居之温室，则病而不安。

溪峒中，收蚁卵陶［淘］汰为酱，非尊客不以供馔。

粥杂鱼肉蛆虫丛嘬，以为珍美。谓之曰醅。凡矜苗人之富者，曰其家蓄醅几世。

咂酒一名约藤酒，以米杂草子为之，以火酿成，不刍不酢，以藤吸取。多有以鼻饮者，谓由鼻入喉，更有异趣。

富峒以九月一饮，群苗请之，大设牛羊肠脏，略一摆，洗煮以飨客，臭不可近。必欲客尽之，乃喜，曰不乃羹。凡杀牛者，以牛骨浸之渊泉之中，历久乃苏，取出食之，以为至美。杀牛多者，将牛角挂之屋上，以矜豪富。

苗人请客，先到者上坐，子先赴席，子居父上，到迟者立饮。

苗人渠帅，谓之精夫，其相呼谓之姎徒。僚人尊有力者，谓之火郎。僚人之百姓，谓之提陀。洞酋妻，皆名媚娘。苗人同类，称曰同年。苗人幼稚，谓之马郎。能通苗汉语者，谓之客语。为苗人论判是非者，谓之公卿。汉人潜入苗峒者，谓之汉奸。熟溪洞移文者，谓之专事。仡佬之随行者，谓之队小。伶佬之为佣者，谓之奴狗。

苗人买人，量人以拳，每一拳价一金。

诸苗负物不以肩，用木为半枷之状，箝其颈，系于额，背笼以行。苗之猾者，坐茂草中，见孤客过，暗出钩枪，曳入篁箐之中，绑之货贩。苗人掠得汉人，藏之洞内，恐其逃逸，以木靴著之而不（音墩）锁，使之终身莫出。并于六月曝日中，曰晒日。冬月去衣使露处，曰晒霜。

苗人能为蛊毒。其法五月五日，聚毒虫于一器之中，使相吞噬，并而为一，乃诸毒之尤者也。以之为蛊，中者立毙。然造蛊之法多端，如有所谓金蚕蛊、蜈蚣蛊者，其术不可思议。大约其用蛊，恒在冷茶冷酒中及蔬菜肉食中第一块上。行其地者，虑为所毒，宜带甘草，嚼而咽汁，中毒即能吐出。仍以炙甘草三两、生姜四两、水六升，煮二升，一日三服。或用都淋藤黄藤酒，煎温常服，则毒随大小便去。若含甘草而不吐者，非毒也。又三七末、荸荠皆可解。又白矾、细辛为末各五钱，新汲水调水，得吐即止。又蛮人解蛊毒药，有名三百头牛者，土常山也；有言三百两银者，马兜铃藤也。皆宜佩带。有中蛊而卧病者，烧病人所卧之箦，则病者能自言下蛊者为何人也。蛊祟有神，夜出摄死者之魂，光如拽彗，流入人家，当知防御。又下蛊之家，其居必洁，盖蛊死之鬼为之拂拭，故窗牖之上纤尘不染也。觉之者，为女字坐，则其蛊不灵。又蓄蛊之家，鸡辄飞去。彼或蛊我，方食时，窃其少许，密埋十字街心，则蛊神反为彼祟。又蛊神喂猬，取猬入养蛊之家，其蛊立擒。数说皆有征验也。

苗人之跳月结婚

苗人之婚礼曰跳月，跳月者，及春月跳舞求偶也。载阳展候，杏花柳稊，庶蛰蠕口。箐处穴居者，蒸然蠢动。其父母各率子女，择佳地而为跳月之会。父母群处于平原之上，子与子左，女与女右，分列于广隰之下。原之上，相宴乐。烧生兽而啖焉，操匕不以箸也；漉咂酒而饮焉，吸管不以杯也。原之下，男则椎髻当前，缠以苗帨，袄不迨腰，裈不迨膝，裈袄之际，锦带束焉。植鸡羽于髻颠，飘飘然当风而颤。执芦笙，笙六管，长二尺，盖有六律无六同者焉。女亦植鸡羽于髻如男，尺簪寸环，衫襟袖领，悉锦为缘。其锦藻绘逊中国，而古纹异致，无近态焉。联珠以争［为］缨，珠累累扰两鬟。缀具以为络，贝摇摇翻两肩。裙细褶如蝶版。男反裈不裙，女反裙不裤，裙衫之际，亦锦带束焉。执绣笼，编竹为之，饰以绘，即彩球是焉。而妍与媸杂然于其中矣。女并执笼，未歌也，原上者与之歌而无不歌。男并执笙，未吹也，原上者语以吹而无不吹。其歌哀艳，每尽一韵三迭，曼音以缭绕之。而笙节参差，与为缥缈而相赴。吹且歌，手则翔矣，足则扬矣，睐转肢回，首旋神荡矣。初则欲接还离，少且酣飞畅舞，交驰迅逐矣。是时也，有男近女而女去之者，有女近男而男去之者，有数女争近一男而男不知所择者，有数男竞近一女不知所避者，有相近复相舍、相舍仍相盼者。目许心成，笼来笙往，忽然挽结，于是妍者负妍者，媸者负媸者，媸与媸不为人负，不得已而后相负者，媸复见媸终无所，负涕洟以归，羞愧于得负者。彼负而去矣，渡涧越溪，选幽而合，解锦带而互系焉。相携以还于跳月之所，各随父母以还，而后议聘。聘以牛，牛必双；以羊，羊必偶。先野合而后俪，反循蜚民之风，呜呼苗矣！

苗人之婚丧风俗

清舒铁云《黔苗竹枝词》云：马郎房底好姻缘，偻指佳期不计年。插遍青山黄竹子，哝哝还索鬼头钱。注：俗结婚于邻建空房，曰马郎房。合卺三日，女归母家，或半年一返。女父母向女索头钱，不与，或改嫁。有婿女皆死，犹向女之子索者，则谓之鬼头钱。凡人死，其生前所私男女，各插竹于坟前祭焉。

山房缥缈祭青天，百尺梯头踏臂眠。才到三更青梦觉，泪花一斗听啼鹃。注：克孟牯羊亲死不哭，跳舞浩歌，名曰闹尸。至明年闻杜鹃声，则举家号恸，悲不自胜，曰“鸟犹岁至，亲不返矣”！

人文中国系列

中國風俗

〖下编〗

中国第一部风俗全志

胡朴安◎著
黎元洪◎题字 于右任◎题签

九州出版社
JIUZHOUPRESS

下 编 目 录

江苏

安徽

浙江

福建一

福建二

湖 北

湖 南

广 东

广 西

云 南

顺天

总志

顺天府属州县二十有四，星罗棋布，壤接趾错，风尚不殊。然谚云“百里不同风，千里不同俗”。霸、文偏于南，与保定、河间相似；昌、密偏于北，与宣化、永平相似；宝、宁富庶，俗尚奢靡；平、怀狭隘，民情弇鄙。大同之中，不无微判，爰甄其岐尚者著于篇，以备在位者问俗采风，于以补偏救弊云尔。

顺天户口繁富，民风笃实。加以地多硗薄，人近朴陋，距京师数十里，即栖茅啜菽，一如穷乡僻壤。西北多山，民习勤苦；东南多水，民忧泛滥。惟通州、武清，下接津沽，近年各国通商，轮舶翔集，大艑长舸，百货荟萃，民食其利，富厚日形。然华而不靡，勤而不惰，知得于观感者深矣。州县志类多追述前徽，有可讽世劝民者，如《宝坻洪志》曰：知县洪肇楙适军粮城，失路，见一樵者，遣役问之。掖至舆前，问曰：“此何地名？”曰：“不知。”“尔住何庄？”曰：“不知。”“尔何姓名？”亦曰“不知”，蚩蚩木立。洪笑而释之。去数武，复伫望而笑。洪叹曰：“甚哉，民之醇也！其不见官吏也久矣，宜其始则茫茫然惊，继则嘻嘻然乐也！美哉俗乎！”《范书》载刘宠为会稽太守，狗不夜吠，民不见吏，庞眉皓发之老未尝识郡朝。史之所称，岂不懿哉！若夫役繁讼多，终岁之勤，半在官府，虽欲其愚，不可得矣。《永清周志》曰：东乡滨河，河东韩村、陈各庄一带，地土硗瘠，多沙碱，不宜五谷，居民率种柳树。柳之大者伐薪为炭，细者折其柔枝，编缉柳器，贫民往往赖之。凡采柳在夏秋之交，早则液润而夭，迟则疏燥而强，皆不中于束缚。大者为筐，可容石许，小者或类盘盂，方圆径二寸，量其工力繁约而计其值。业编柳者，窨地为室，篝火其中，不知时日早暮。盖治柳枝，必先柔之以水，剥其青肤，莹白如荑，乃可屈曲。见风则脆而折，故就窨室成之。老幼男妇，穷日所为，八口乃可给也。横上居民专以织柳为升斗量器。器良易售，云是有巧术，乡党相约，不得授法于女子，恐女子嫁别村转授夫婿，争其业也。《东安李志》曰：俗尚文雅，人多技艺，沈鸷而有材力，重许诺，矜豪侠，质性厚重。《香河刘志》曰：丧家延僧众作佛事，以荐亡者。道场或三日，或五七日毕。送僧衬钱，僧必以十分之二送还主家。凡土木工匠日久亦然。至今如此，亦醇风之一端也。《三河陈志》曰：宾至则壶酒盘餐，绝无兼味，即缙绅富室，亦略无靡丽，其习俗使之然也。《宁河丁志》曰：宁邑人多朴拙，然终岁勤动，游手好闲者绝少。各项工作，所操艺事，仅能成器备用，无有以近巧名者。而沿河庄户，皆以结鱼网为业，得微利，少可自赡。耕种之区，亲馌饷，佐耘耔，率以为常，碱薄下湿地，昼取茅，夜索绹，不减豳风景象。迩更勤于纺绩，司中馈毕，聚家之老幼，姑率其妇，母督其女，篝灯相对，星月横斜，犹轧轧纺车声达户外也。《昌平宋志》曰：士则务实学，尚朴质，贫者多耕以自养。旧志所谓足迹不入公庭，耳目不交市侩，非虚语也。农则山居之民，以果树为业；山外者，专务力田。然素鲜盖藏，一遇凶年，支绌立见。《房山佟志》曰：城内不乘舆马，无贵贱少长，出则于郭外乘之；入则至郭外下舆马步入。婚姻不择财势，惟择舅姑与婿之贤者相缔。迩来有尚财势，而晚多败弃者，邑人每以为戒。遇丧葬，务尽哀合礼，不以观美为悦；祭奠尽诚，不以牲醴错陈为丰。宾客会饮，将敬而已，不以华绮重簋互相炫耀。但醉狂豪呼，时露悲歌慷慨之概。不特贫贱单族，服饰不尚侈靡，即富贵之家，只期庄雅为佳，较京师之繁缛，良、涿之浮夸，称最朴焉。一切器物，但取坚质适用而已，不以雕镂金玉相竞尚。浑噩之气，独留于岩邑。《霸州周志》曰：州西地皆平衍，民树桑枣，勤耕织。然当诸河之冲，频罹水患。东多水乡，饶鱼盐席苇之利。南汙下沮洳，不得耕播，民多业渔。其俗朴野，愚钝倔强，不肯屈折。每秋水泛滥，多弃业携家徙别所。郡北沙薄不宜谷，民种榆柳，植瓜果，与诸屯接壤，有军卫风。《保定成志》曰：敦好礼义，崇尚廉耻。婚姻以时，随其贫富；丧祭惟礼，称其有无；钱粮如期而纳，诉讼输诚而理。不事浮靡之习，颇有笃实之风，其事均有足传者。

冠礼 士大夫家，子弟十六，父命加冠，或岳丈为婿加冠（《良乡杨志》）。

婚礼 先遣媒妁问名，取女年庚合婚。亦有男女亲长作保亲者，不以合婚，谓之撞婚（《通州高志》）。择吉具红柬，央媒衣冠上门，四拜献柬（《蓟州沈志》）。行定礼，用钗钏钿帛及羊酒果饼等物。将娶，行聘礼，用衣饰及羊酒果饼等物，俗名下茶，又名过礼。将娶，先期婿家备礼物及鸡席送女家，曰催妆；女家送妆奁，仍以鸡席归婿家，曰铺床。妆奁丰俭，各称其家。前一日曰花烛，男女家俱有戚友备礼称贺，各设吉席款待(《通州高志》)。娶之日，男子亲迎，陈设灯烛，鼓吹至女家，女家为备酒醴敬迎，谓之喜筵。燕毕，女至婿家，夫妇同拜天地，行合卺礼(《固安陈志》)。娶之次日，女家送果品等物，曰点茶。三日复送席，曰馊饭。娶后几日，行庙见礼，女家亲戚，咸往婿家，曰会亲。九日，女家迎婿女至家，曰回门。九十八日，女家亲戚，咸往婿家，曰作双九。或女家复迎婿女至家，曰回双。回九及一月，女家迎婿女至家，曰住对月。或婿先返，择日送女归(《通州高志》)。

光绪皇帝大婚图局部，清人绘。

丧礼 初丧辟踊哭泣，扶尸于床，覆衾其上，悬纸马纸钱于门（《固安陈志》）。诣五道土地等庙，焚烧纸求魂。三日始殓（《良乡杨志》）。属纩含敛，男括发，女去头饰，乃成服。告于乡社之庙，日三次，三日乃止，谓之报庙。书死者姓氏年月榜于门，谓之殃榜（《固安宋志》），讣告亲族。饭用不熟者含。孝子衰麻，哭无时。一日，合家不举火、不食。孝子浴亲尸，而置米盐钱物于棺内，殓入棺，柩停院中，上覆以棚。亲友皆临吊，孝子稽颡答拜。每逢七日，必备筵奠，谓之做七。七者，戚也（《固安陈志》）。世俗多修佛事，士大夫家亦有遵行《文公家礼》者（《东安李志》）。逾月而葬，或有停丧至数年者。及筮葬，富者盖席为棚。家祭，请题主，祠后土，以文武甲第主之（《固安陈志》）。发引前一日，戚友赙吊，曰封灵。士大夫家，延庠生行迁柩礼。发引日，丧家或用僧道，士大夫家或用庠生于途，行遣奠礼。戚友束帛素服送殡，或设路祭，或设祭品于墓所，曰山头祭（《通州高志》）。丧家散孝，有孝袍、孝帽。贫者设奠而已，亦设孝帽（《固安陈志》）。葬实土，或坟封而不树，三日孝子增筑新土，谓之圆坟，亦谓之暖墓（《通州高志》）。至清明日必填

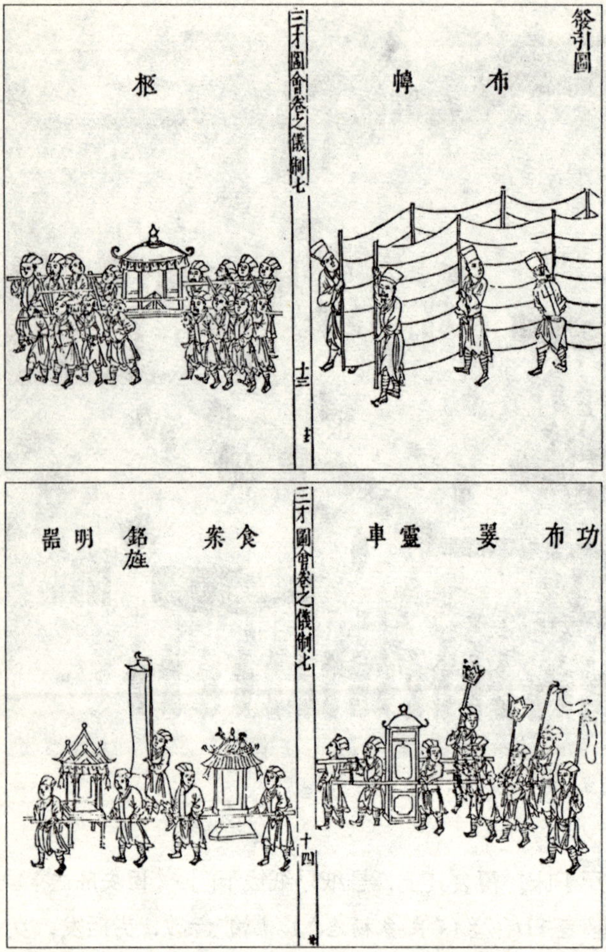

送葬，选自《三才图会》。

坟。持丧二十七月，百日不薙发，遵制与京师同（《固安陈志》）。送丧，有拟司会，以其法度整肃拟于官司也。乡人或二三十人，多寡不等，各为一朋。每朋推年尊者三人为长，次又推一人为主事者，司出纳，众咸听约束。一会各出银钱，主事收掌。遇各人及亲识有丧，则约齐于晡时往吊。量出会钱，以为奠赙，谓之坐宿。发引时，各具幡幢会送，凡行礼坐立皆以齿，拜跪参差者有罚。冠裳秩秩，少长随行，殊可观也（《顺义黄志》）。

祭礼 士大夫家，凡有庙堂者，祭于庙堂；无庙堂者，室中设一龛，奉神主。逢节祭拜，朔望焚祝，出入祗告，四时供鲜，生子娶妇诸事，必祭之(《良乡杨志》)。清明节，祭扫先茔，悬挂纸，放起花，奠于墓所，比户皆然。回集家庙，广设几筵，合族会食，欢洽竟日。亦有取次分门，在家会饮者。七月十五日献麻谷。十月一日送寒衣。除夕、新节、元旦悬象设供，家家致祭。遇祖先忌日，请主在堂，具牲醴，举家拜奠。三年服阕，肃傧相，备献仪，祝告先灵，易凶从吉。不烦不怠，犹有古风（《宁河丁志》）。

岁时 正旦五更时，农家秫秸一节擘开，依次挖十二孔，以配十二月，即以大豆十二枚置其中，线缠合之。质明开视，数至某月，豆涨大，则某月多雨，无不验者。清晨，牵驴一头，随喜神方位驱之，谓之迎喜神（《固安陈志》）。祀神祇，先换新衣，谒官师，拜尊长，亲识往来交拜。候阴晴，观日色，以占年岁丰歉。预治肴蔬，三日内不煮生，不煎炒，迎喜神、贵神（《良乡杨志》）。初二日，每家于祖茔焚纸钱，行四拜礼（《固安陈志》）。初七人日，携酒登高（《良乡杨志》）。自一日至十日，以阴晴卜六畜人谷菜果之丰耗（《三河陈志》）。元夕，好事者先期按户敛钱，为灯烛费，谓之灯会（《固安陈志》）。十五至三十里，二泗娘娘庙，有庙场香会（《通州高志》）。十六日为耗磨日，宜饮酒，忌开仓库（《东安李志》）。久患眼疾，以艾灸瓦窑即愈（《房山佟志》）。二十五日，俗以为仓官诞辰，用柴灰摊院落中，为囤形，或方或圆，中置爆竹以震之，谓之涨囤，又谓之填仓（《永清周志》）。二月初二日龙抬头节，人家以石灰引白龙，入以小灰，引黑龙出。亦有以小馅食祀者（《宁河丁志》）。以水和面如粥，置油于釜，熟食之，名曰煎饼（《固安陈志》）。自初一至初三，各置土地庙演戏祀神。十九日，北坝菩萨庙有庙场香会（《通州高志》）。三月三日，病创者多以长流水洗之，即古人修禊遗意（《涿州吴志》）。初二日，孤山庙有庙场香会（《通州高志》）。清明，各祭于先茔，加新土，供牲醴，焚纸钱。祭毕，乃馂馔享馂余，少长咸集，谓之清明会（《固安陈志》）。有丧之家，三年内于春首戊寅日以前祭新坟，不过天赦日也（《通州高志》）。自十七至十九，杨富店娘娘庙有庙场香会（《通州高志》）。二十六日俗称为本县城隍生日，相率赛会奉神像，导以鼓乐旗幡，迎于街，及庙而止（《永清周志》）。二十八日俗为东岳诞辰，州人诣北阙东岳进香（《涿州吴志》），留台光三元宫庙会（《房山佟志》）。自二十七至二十九，东岳庙有

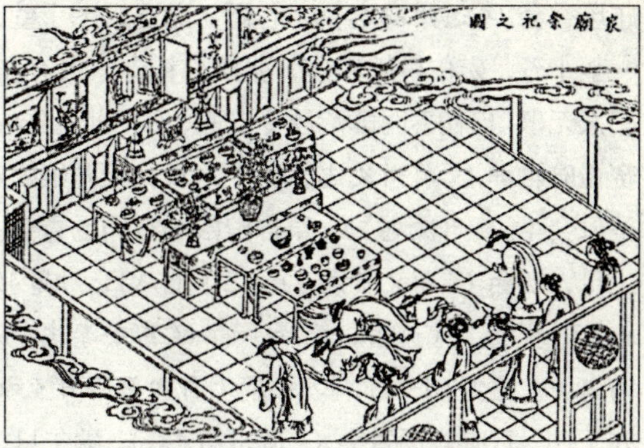

家庙祭祀，选自《清俗纪闻》。

庙会，选自《传统版画源流特展》。

庙场香会（《通州高志》）。谷雨，贴逐蝎图于壁以压之（《东安李志》）。四月，自初一至十五，宏仁桥娘娘庙、张湾广福寺，俱有庙场香会（《通州高志》）。俗不养蚕，妇人无事，自初春时即治秋令衣服，必于此月告竣（《固安陈志》）。初八日登崆峒山，赛崔府君神（《蓟州沈志》）。十八日，天开娘娘庙会（《房山佟志》），登五名山，赛圣母会（《蓟州沈志》），草寺娘娘庙有庙场香会（《通州高志》）。二十六日本县城隍生日，赛会（《顺义黄志》）。二十七八日，城内外四处药王庙有庙场香会（《通州高志》），男女上庙进香，络绎于道（《东安李志》）。北阙九神庙，有庙场香会（《通州高志》）。五月初一日，本州城隍（自四月晦日至初一日）庙场香会。里二泗娘娘之庙，亦于初一日有庙场香会（《通州高志》）。端午日，城邑皆佩艾叶，饮雄黄洒，食角黍，亲友交馈，村中第食角黍而已（《固安陈志》）。系采丝于小儿背，谓之长命缕（《东安李志》）。十三日为关帝诞。自初一至晦日，王恕园关帝庙有庙场香会（《通州高志》）。夏至，戴蓖麻子叶、长命菜，即马齿苋也（《涿州吴志》）。六月六日，汲水浸物，经久不坏（《三河陈志》），曝书及衣服。为冰雹会（《固安陈志》）。曝衣（《通州高志》）。农家以土谷神挂于地头，名曰挂土地头（《香河刘志》）。十七日俗称本州城隍诞，有庙会（《通州高志》）。二十三日赛火神庙（《蓟州沈志》）。二十四日为分龙会（《固安陈志》）。七月七日妇女乞巧，投针于水，借月影以验工拙（《良乡杨志》）。至夕，设瓜果酒脯祭织女（《固安陈志》）。十五日作盂兰会，放河灯（《固安陈志》）。或于衢路，曰旱道灯（《东安李志》）。携楮钱，登陇墓祭奠（《固安陈志》）。八月二十八日城隍诞辰，赛会（《蓟州沈志》）。九月九日，乡农散工，开六畜栏，牧于田野（《三河陈志》）。冬至日，行释菜先师礼，悬象或设主，师生以次肃拜。奠献毕，敬撤象，主则跪焚之。弟子拜先生，窗友交拜，谓之拜冬（《固安陈志》）。腊月八日腊八粥，必于五更以前食之。俗传食粥早，则五谷之收成亦早（《固安陈志》）。除日，各随家之贫富，预备酒肴果物，以给新岁之需。易门神桃符，贴春联，以祓不祥。居丧之家，必登门拜之，谓之拜孝年。至朝，则日高三丈，犹闭户不出也。

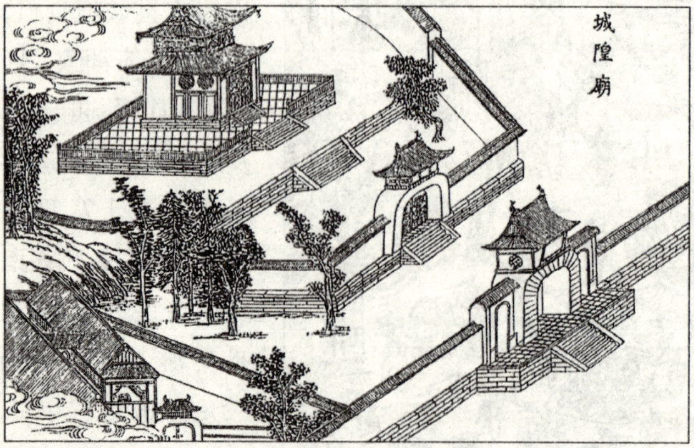

城隍庙，选自《清俗纪闻》。

山东

济南

泰山之阳则鲁，其阴则齐，带砺山海，高壤数千里，宜五谷桑麻，多文采布帛鱼盐。其俗宽缓阔达而足智，好议论，地重难动摇（《史记》）。俗弥奢，织作冰纨绣绮纯丽之物，号为冠带衣履天下（《汉书》）。齐部舒缓养名（《汉书·朱博传》）。水道遒劲而急，故其民粗而好勇（《管子》）。齐郡风俗，男子多务农桑，崇尚学业（《隋书》）。齐固为文学之国，然亦以朋比夸诈见于习俗（曾巩《齐州诗序》）。济南人敦厚，阔达多大节（元程□《遂间堂记》）。

历城县　重农桑，崇学业，乐输将，敦气节，其大较也。而四乡三关风尚各异：南乡务耕牧，椎鲁畏法，而近关杂处，人多剽悍；东乡习耕读，聪察善讼，俗号殷富，士多出仕，而近关者，稍朴鄙；西乡亦务稼穑，知诵读，近关之士，多雅秀而文，然稍失之华；北乡则专治畦圃，敦朴无他营，最为近古（《邑志》）。

章丘县　关厢士民杂居，商贾辐辏，营机利，多驵狯。西锦平旷，俗勤耕作。东北为清平乡，多业桑。蚕成，织纱绢，为利不赀。南则东锦淯河上下，菱芡苇蒲均资其利。西南夹山而居，即依山为业。士知读书，好吟咏。女勤织纺，奋节义（《邑志》）。

邹平县　民业农桑，士知礼义，性俭朴，居处不事商贾。妇女蚕桑之外，兼务纺绩。婚娶视家丰啬为礼。丧葬颇崇外饰（《邑志》）。

淄川县　自昔崇尚经术，敦励名节，今其俗犹循礼让，急租赋。爵名词翰，甲于他邑。岁时伏腊，尚不失先民遗义，而丧葬则专事繁华（《邑志》）。

长山县　民无游惰，务农桑而轻贸易。士绝奔竞，尚文学而重婚姻（《邑志》）。

新城县　文学彬彬，甲于他邑。民朝免襁负，夕秉耒耜，无敢淫佚。妇则布襦蓬首，操作恐后。士耽咿唔，严尚师友。薄婚娶，而厚于丧礼；重交际，而俭于居恒。

殆古风之犹存者（《邑志》）。

齐河县 士大夫崇尚礼让，不事干谒。庶民男耕女织，茹藿被毳，少有牵牛服贾于远方者。嫁娶丧葬之礼秩秩由旧。士□□□不务纷华，□修之暇门外□力于南亩。淳朴之风亦概可见矣（《邑志》）。

齐东县 贵礼尚义，长老有勤俭之范，子弟多弦诵之风（见刘敏中《齐东学记》）。妇女务蚕绩，一切公赋，终岁经费，多取办于布绵（《邑志》）。

济阳县 士好经术，矜名节。民务农桑，负意气。婚丧相助，奖善嫉恶，不遗余力，犹为直道而行者（《邑志》）。

禹城县 祝阿县俗，宾婚大会，肴馔虽丰，至于蒸脍，尝之而已。多则谓之不敬，共相诮责，此其异也（见《隋书》）。作息随朝暮，耕凿供饮食。农余恣歌谣，击壤忘帝力。恍如唐虞民，那知齐鲁域（见任宗美诗）。

临邑县 生齿繁盛，习尚淳庞。地无遗利，人惯贸易。邻里亲党，洽比一堂。疵贱不受非笑，尊富不事矜夸。诗书之业，比屋彬彬；弦诵之音，皦于丝竹。士多知耻，罔事干谒。男耕女织，外内克勤，急公趋赋，无用督责（俱见《县志》）。

长清县 淳厚不佻，男多愿悫之行，女无艳冶之饰。荐绅多高尚，士厉廉隅，甘退让，有古礼教之遗。民务樵采，种菜茹，勤纺织，皆有事畎亩，以自食其力，无轻去其乡者。又其俗急公赋，而拙于生殖。冠婚丧祭，各成礼，弗为鄙啬，而财用较他邑独贫。古所称士敦工朴，商悫女□，庶几近之（《邑志》）。

陵县 平原故址。其地无高山危峦，其野少荆棘丛杂。马颊高津，径流直下，无委蛇旁分之势。故其人情亦平坦质实，机智不生。北近燕而不善悲歌，南近齐而不善夸诈。民醇俗茂，悃愊无华（见《邑志·序》）。

德州 当水陆之冲，五方杂揉，语言嗜好，亦区以别。齐鲁风教犹存，故士重廉耻，敦礼义，庸人妇女亦知尽孝仗节。人文飚起，名卿蝉联，实甲山左（俱见《州志》）。

德平县 人尚忠勇，家业农桑，风俗淳厚。惜其小民，犹有顽梗好讼者（《邑志》）。

平原县 崇孝悌，惜廉耻，畏刑辟，习俭素。乡之长老，多厚重谨愿，读书敦本，实其仕进，卒砥砺名节。农工商贾，皆务敦笃，不敢犯非分。妇人亦慎内闲，而修女职。无论贫富，于古盖庶几焉。惟婚嫁丧葬，专事华靡（《邑志》）。

兖州

周以少昊之墟，封伯禽为鲁侯。其民有圣人之教化。濒洙、泗之水，其民涉渡，幼者扶老者，而代其任。俗既益薄，长老不自安，与幼少相让。故曰："鲁道衰，洙、泗之间，龂龂如也。”孔子乃修“六经”，以追述唐虞三代之道。弟子受业而通者，七十有七人。是以其民好学，尚礼义，重廉耻。地狭民众，颇有桑麻之业，无林泽之饶，俗俭啬爱财，趋商贾，好訾毁，多巧伪，丧祭之□□备实寡。然其好学，犹愈于他俗（俱《汉书》）□人重织作，机杼□□□（唐李白诗）。人务耕桑，朴而不华，有古风趣（《图经》）。兖州旧界，介于河、济。地非险固，□杂数国。秦汉以降，政理混同，人情朴厚，俗有儒学（《文献通考》）。

滋阳县 士风和厚雍容，不事奔竞。民亦畏法，为狙诈习。婚丧从俭，衣服布素，有先王之遗（《邑志》）。

曲阜县 韩宣子谓周礼尽在鲁，汉高祖谓守礼义之国。今时代虽远，而冠婚丧葬，一禀《曲礼》。古道犁然，宛乎周情孔思焉（《邑志》）。

宁阳县 士敦礼让，勤诗书，不事虚名。非公事不履县庭，衣冠咸尚朴质。尤急公输税，以为齐民倡。民多椎鲁，家务耕菑（《邑志》）。

邹县 邹人东近沂泗，多质实；南近滕鱼，多豪侠；西近济宁，多浮华；北近滋曲，多俭啬（《邑志》）。

泗水县 周孔之教，衣被独多。士廉而朴，不习进取。民质而惰，不善盖藏。四民之业，农居六七，贾居一二。婚姻称家，烝尝宴会，奢俭得中（《邑志》）。

滕县 自齐封田文于薛为孟尝君而好士，招天下任侠奸人入薛中六万余家，故其俗多桀骜子弟。汉兴，叔孙通明礼乐，诸弟子共□，于是翕然大变，彬彬乎邹鲁之旧矣（《邑志》）。

峄县 简朴务稼穑。士亦循循慕学，有古风。峄故鄙小，春秋以降，逮于明季，变更不一。其质直怀义类鲁，其宽缓阔达类齐，其轻剽任气类楚。虽洙、泗之教，犹在人心，而迁染于诸国者，亦多有之（《邑志》）。

金乡县 地大人稠，俗朴风古（见《方舆胜览》）。士专弦诵，民务耕锄。厚重似西北，而不伤于僿；文采似东南，而不伤于侈（《邑志》）。

鱼台县 古之方舆，壤接丰、沛，在漕河之旁，地多沈斥。其俗谨厚畏法，词讼甚简。嫁娶省约，不论财贿（见《郡邑志》）。

济宁州 士俗古远，风流清高，贤良间生，掩映天下。君子以才雄自高，小人则鄙野难治。青衿向训，黄发循礼。耒耜就役，农无游手之夫；机杼和鸣，织罕嚬哦之女（俱唐李白《在城厅壁记》）。

嘉祥县 弦歌旧地，圣泽犹存。文学蔚兴，名贤辈出。俗尚淳厚，民多务本，椎鲁文少。宁野之风，犹有取焉（见《邑志·序》）。

汶上县 汶俗宽博，易直不为小，文有大国之风。负山而居者，守桑麻之业。

其余瘠土，亦勤于稼。而濒汶一带，擅水土之饶，气盈计广，奢诡互用，近漕比庐，仰食机利。西乡则宜木绵，纺车之声，闻于四境。距城二百里许，土旷民悍，视负郭者，如异地然（《邑志》）。

阳谷县 土多厚湿，半为沙砾，无山林之沃。邑少科甲，士民勤俭，无所纷华，惟居城者稍侈靡。良民早输租赋，重犯法。士大夫尤为近古，□讪上好□□（俱见《邑志》）。

寿张县 邑僻而狭，壤多泻卤。士风俭朴，与阳谷同。而仕宦之族为盛，亦多在张秋云（《邑序》）。地虽偏小，实近圣居，其被洙、泗杏坛雅化更切。户口虽少，男耕女织，忮求奸慝之念不作。学校诸生，义路礼门，夤缘请托之事不为（见《邑志·序》）。

东 昌

周末有子路、夏育，人民慕之，故其俗刚武，尚气力（《汉书》）。汉韩延寿为东郡太守，表孝悌，修治学宫，间行县，召长老，问以谣俗。因与杂定嫁娶丧祭仪品，数令文学校诸生皮弁，执俎豆，为吏民倡。是时政教大行，最号易治。旧传太公、康叔之教，亦有周孔遗风。今其人尚多好儒学，性质直怀义，有古之风烈（《隋书》）。人尚劲悍，民事渔猎（元《方舆志》）。俗近淳厚，知礼逊。习俗节俭，人多读书，士风彬彬，贤良宏博（俱明《一统志》）。

聊城县 近邹鲁之乡，沾孔孟之化，初尚夸诈，后变淳良。务稼穑治生，不喜为吏。嫁娶不论财币，丧葬不尚僧道。百姓急公趋赋，虽有讴告，而无健讼者（见《郡邑志》）。

堂邑县 士风娴秀，善唇齿。婚丧颇循古仪，虽华弗佻。小民勤身服鎛，不业非分（《邑志》）。

博平县 丈夫力耕作，妇女勤纺织。经生勤诗书，雅尚名节。重齿让，畏刑罚，邻里和睦，讼讦稀有（《邑志》）。

茌平县 地近圣居，重礼教而尚名节。人多淳厚，好文学而务农桑（《邑志》）。

莘县 士渐邹鲁风，民习莘郊俗。穷达不变，贫富相周，风俗之厚，有自来矣（《邑志》）。

清平县 居民鲜少，土坦茅屋，平沙曼衍，俗近朴约。城以西多士族，多磊落阔达（《邑志》）。

冠县 土薄俗俭，大与莘类。士风倜傥，耻尚龌龊。人知孝义，丧祭以礼。不竞淫巧，不事告讦（《邑志》）。

临清州 俗近奢华而有礼，士虽务名而有学。文教聿兴，科第接踵，衣冠文物，甲于东方。舟车毕集，货财萃止，服贾之民，亦什居其六焉（《邑志》）。

馆陶县 风气淳和，士驯雅好文。密迩临清，服室侈华。自监兑境上居民，馆中州富户，而利其奇赢，俗争弃农矜贾（见《郡邑志》）。

丘县 邑错广平而治，士谨愿朴野。百姓务稼穑，有垂白不涉公庭者。但俗猛悍，大类燕赵气习（《邑志》）。

恩县 恩为齐赵之交，人多直率，负气节，好恶近直道，盖自有慷慨悲歌之遗。丧葬如古礼，婚嫁类骛侈靡，冠时祭间能行之（《邑志》）。

高唐州 台表弦歌之化，地维礼义之邦，圣贤之遗迹可寻，邹鲁之遗风未泯（元阎复《重修庙学记》）。风土醇沃，物产森茂（明梁□《儒学记》）。百姓攻苦力穑，无声伎狗马之好。士大夫笃行谊，耻浮薄，机械之巧不足，而忠信有足尚焉。古爽鸠氏之墟，风俗朴野。降及中世，风气渐开，贤才迭出，蔚为中原文献之邦（俱见《州志》）。

夏津县 民务耕稼，士习诗书。节俭之风，自古而存；浮华之俗，逮今而革（《邑志》）。

武城县 邑故文献之薮，士风微重矜节，耻与时俯仰。小民以蚕绩耕稼为业，奉法远罪，俗在刚柔之间（见《郡邑志》）。

青州

季札闻歌齐曰：美哉！泱泱乎大风也哉。表东海者，其太公乎？国未可量也（《左传》）。以太公之圣建国本，桓公之盛修善政，以为诸侯会盟称霸，不亦宜乎（《史记》）。初太公治齐，修道术，尊贤智，赏有功，故至今其士多好经术，矜功名。其失夸奢朋党，言与行谬，虚诈不情，急之则离散，缓之则放纵。临淄，海、岱之间一都会也，其中具五民云（俱《前汉书》）。物饶三服丽，居乐五民游（唐柳宗元诗）。商农阜通，儒侠杂居（李承之《知青州制》）。民俗富完，而凿井耕田各安其业（宋欧阳修《知青州谢表》）。锦绣絺纻，皆兴于齐，景公喜奢而忘俭，幸有晏子，以俭率之，然犹不能胜。齐俗之侈，盖自景公始（《困学纪闻》）。人情变诈，好行机术。逮于汉世，儒雅盛兴，今古风俗颇华，亦有文学。性缓尚儒，仗气任侠（俱《文献通考》）。

益都县 士有退让之习，民无告讦之风。阛阓以居，正而不谲；杼轴其空，贫而不怨。其奉上也严，惴惴以礼自持。非公正不入令署，俗至厚也（俱见《邑志》）。土厚水深，家给人足（宋王曾对真宗语）。

临淄县 临淄甚富而实，其民无不吹竽鼓瑟，弹琴击筑，斗鸡走狗，陆博蹹鞠者（见《史记》）。人勤稼穑，家鲜盖藏（《邑志》）。

博兴县 地朴民淳，男耕女织。无奇技淫巧以荡其心，亦无游人异物以迁其志。泽以诗书，则为文物之邦；敦以礼教，则成信义之俗。大非夸诈之比（《邑志》）。

高苑县 土硷民贫，性刚好义，尤重婚丧之礼。业儒者十之三，服耕者十之六，鬻贩者十之一。君子则朴茂少文，小人则冥顽无知（俱见《邑志》）。

乐安县 濒海瘠卤，民务耕桑，终岁竞竞不给，盖北偏穷处然也。士夫矜名节，而多建白。士朴亮，民憨直（《邑志》）。

寿光县 平原沃泽，桑麻翳野。人皆力农，逐末富者少，大约皆本业之民。俗事搜猎，秋菽涤场以后，臂鹰旋置者，常错交于道。其犹间《卢令》之遗风乎（《邑志》）。

昌乐县 生计艰，故无纷华；托业薄，故无远大。士习愿朴，民务农桑，间亦逐什一之末。冠婚丧祭，犹见古风（《邑志》）。

临朐县 朐界岩邑，浑拈未漓。其缙绅恬退，子衿诵读，不事奔竞。农勤耕桑，习织纴，赋税乐输。冠服遵制，婚娶近古，丧祭宴会稍奢华（《邑志》）。

安丘县 地界潍，汶之间，风俗朴鲁。其世家好礼文，富人商贾为利，里井务本。士矜功名，女敦节烈。丧礼靡侈，用音乐（《邑志》）。

诸城县 敦淳朴，习礼义，崇俭约，婚丧交相为助。好学尚儒，勤生啬施（《邑志》）。至今东鲁遗风在，十万人家尽读书（宋苏轼刺密州诗）。

博山县 民风朴愿，士有学行。瞻颜文姜之祠，孝思兴起。然而本业不足，治末有余。至于凿山煮石，蹈水火而弗息，则以其土瘠也（旧《颜山志》）。

登 州

英雄豪杰之士，甲于京东，文物彬彬，而豪悍之习自若（《舆地记》）。登、莱、高密，负海之北，楚商兼凑，民性愎戾而好讼斗。大抵东人皆朴实纯直，甚者失之滞固。然专经之士为多（《宋史》）。人淳事简，地瘠民贫（苏轼《登州谢表》）。民多朴野，性皆犷直，犹有古风。凡有施为，质多文少（《元志》）。苏轼游宦之邦，文章所熏染，礼乐所渐摩，士风之秀，如亲登坡老之门（《图经》）。

蓬莱县 蓬莱介乎山海之间，土疏水阔，人性刚强。蓬故齐之东鄙，民淳而俗简，犹为近古（《邑志》）。

黄县 濒海之民，淳质易治（见《学宫记》）。娶妇之家，不举乐，宴客，衣服不绮靡。男耕女织，以逋赋为耻，讼狱不事先情之辞，不世役奴婢（《邑志》）。

福山县 民俗敦厚，无异邹鲁（福山《庙学记》）。宦无异于士，士无异于民。

民之为农者什九，为吏者什一。以急公家完赋税为先务，以崇廉耻重敦睦为本□（《邑志》）。

栖霞县 人淳无寇盗，地卤少桑麻（栖霞尹李惠诗）。田多砂石，耕获完官不足糊口。山阜草丰，间事樵采。滨海之利，七属皆资，惟栖不与。地产木绵，无论绅士及农家男妇，皆纺织以自衣被（《邑志》）。

招远县 四民有常业，六礼有常仪，岁时有常节。宁朴无华，宁俭无奢（《邑志》）。

莱阳县 民之气习醇雅，为士者敬慎而好礼，且勇于为义（见邑《儒学记》）。

宁海州 宁俗尚节义，化重闺阃，贞女烈妇，不胜旌表。缙绅节俭，崇礼让。为士者衣布食蔬，不事华耀。农务耕田，间治蚕桑。无田者佣作疏圃，劳过于农。什物器用，亦朴质无奇（《邑志》）。

文登县 士好经术，俗尚礼义（见《庙学记》）。近海早寒，商贾不通。传习圣人之书，男耕读，女纺绩，人罕逐末。俗尚幽贞，质掩其文，有葛天氏之风（俱见《邑志》）。

海阳县 民俗醇朴，士习娴雅。岁时伏腊，斗酒相劳，彬彬乎质有其文（旧《大嵩卫学记》）。

荣成县 近山者，土瘠而鲜盖藏；近海者，网利而无常业。惟诵读之声，犹与机声相间，文之余也（旧《成山卫志》）。

莱州

东莱人尤朴鲁，故特少文义（《隋书》）。人性刚强，志气缓慢。语声上，形容大，此水土之风也（《寰宇记》）。莱夷作牧，贡篚以时，莫怠莫违（扬雄《箴》）。京东东路，西抵大梁，南极淮、泗，东北至于海，有盐铁丝石之饶。其俗重礼义，勤织纴（《宋史》）。胶西东并海，南放于九仙，北属之牢山，其中多隐君子（宋苏轼《盖公堂记》）。男通鱼盐之利，女有纺绩之业（《元志》）。

掖县 凭负山海，民殖鱼盐以自利。道里僻阻，商旅不通，其俗质胜乎文（见《邑志》）。

平度州 封域尚富强，人民多文采。太公封于齐，修道术，尊贤能，赏有功，劝女红，极技巧（俱见《邑志》）。

潍县 民务农商，有富庶之风；士勤诗书，多科贡之选。人文接踵于贤科，节义光昭乎简册。岩廊事业，闾巷弦歌。沨沨乎，太公表海之遗（俱见《邑志》）。

昌邑县 俗尚质朴，敦本抑末。邻保相周恤，吏民鲜告讦。士类崇行谊，遵礼法，无把持请托之习。农家男妇，皆耕获纺绩，但濒海财乏，无复业商者（《邑志》）。

胶州 人民朴野，躬勤耕织。士重风流儒雅，克敦志节。生理阔疏，民贫俗俭，颇尚节气（俱见《州志》）。

高密县 土地颇僻，人多务本。婚丧称有无以为礼。民习刚劲而任质直，士修行检而崇科目。岁时乡会，犹有礼让遗风（俱见《邑志》）。

即墨县 樵苏为业，鱼盐为利。淡泊自足，不尚文饰。士好经术，人务耕织。礼义之风，有足称者（俱见《史记》）。

武 定

太公以齐地负海舄卤，少五谷，而人民寡，乃劝以女红之业，遭鱼盐之利，而人物辐辏。周道四达，礼乐交通，数千余年。俗尚耕织，士崇经术（俱《汉书》）。多才能重许，可任辛苦（唐杜牧语）。劲勇而沈静，椎钝而少文（宋苏轼语）。

惠民县 人性朴质，而敦礼教；士尚节义，而励德行；民重廉耻，而畏刑罚。居城市者事商贾，服畎亩者力农桑（旧《州志》）。东南之乡，地苦沮洳，然其民勤力作，而恶游惰，故多富饶之家；西北之乡，人多强悍，每习刁健，而好斗狠，遂为逋逃之薮（元张起岩文集）。

青城县 多才力，重许可（见《三齐论》）。民醇俗厚，号为易治（见《儒学记》）。丧葬有序，不泥形家（《邑志》）。

阳信县 风俗朴俭，男耕女织。饥者弗食，而忧田赋之不完；劳者弗息，而忧丁徭之无措。急公好义，古道存焉。近亦稍事侈靡，弃本逐末。丧葬婚嫁，为费不赀，闾里亦间多强暴（《邑志》）。

海丰县 逼处海隅，物产不繁，无艳佚骄纵之资。试经术者，笃忠勤；务力作者，敦本业。冠婚丧祭，一循礼度，盖古风尚有存焉（《邑志》）。

乐陵县 多务农桑，崇尚学业。朋比夸诈，见于习俗。其蔽也，或失之舒而缓，侈而丽（《邑志》）。

商河县 民务耕桑，而好靡费；士多聪敏，而鲜笃学。婚姻丧葬，互相周恤，绰有古风（《邑志》）。

滨州 自泰山属之琅琊，北被于海，膏壤二千里。其民阔达，多匿知，其天性然也。俗好儒，备于礼，故其民龊龊。地少人众，俭啬，畏罪，远邪（俱《史记》）。闾阎礼会，而百姓亲睦（《汉书》）。尚气鸷戾（元《方舆记》）。习尚敦厚，民皆务本（明《一统志》）。衣服多朴素，饮食不尚珍异，居室极草陋，卤土渥涂，聊蔽风雨。然不浸不烁，尚亦有利交游，亦减烦仪（见《州志》）。

利津县 僻在海滨，土地硷薄，生理鲜少，惟土物是爱。故其俗浑浑朴朴，不见异物而迁。男妇自耕织外，不事操奇盈，以逐什一之利。士大夫不以朱紫相夸诩。喜庆贺饮，浊醪雅会，薄暮言归，不作长夜欢，盖有太古之风焉（《邑志》）。

沾化县 沾与邹鲁同风，故其民敦庞愿朴。尚行谊，力稼穑，尊吏肃法，而习于俭。且僻处海陬，不通商贾，曾不知坐列转贩操奇赢以乘时之急。士安于庠，农狎于野，相助相望，至老死不识官府，其浑闷之俗乎（俱见《邑志》）。

蒲台县 户有盐利，人习渔农。盖穆陵、无棣之间，一小□□也（见《邑志·序》）。地苦沙盐薄，人勤纺织良（王玑诗）。

沂 州

家家颜闵，人人求由，读先王之书。文质彬彬乎过人，弦诵洋洋乎盈耳。皆圣人之遗泽也（《图经》）。俗尚清虚，人无争斗（《方舆胜览》）。民淳物阜，桑土繁滋（《沂州沿革记》）。在山川之间，地多狭隘，风气劲急。青、徐两界，其俗纯驳不一（原《州志》）。

兰山县 地广而民聚，俗敦礼让，好名誉，犹有古风。虽功名人物不逮汉晋时，而风气之厚，人情之朴，未改也（旧《州志》）。

郯城县 疆域广博，水土深厚，民俗质朴，勤于稼穑，有淳古之风。士习于庠，子衿无佻达之风；农耕于野，田间无游食之众。工安于肆，不作淫巧；商集于市，不鬻异物。亦几于淳朴矣。而轻悍刁讼，尚鬼信巫者，亦强半焉（《邑志》）。

费县 山居谷汲，田多荒弃。向有长吏，加意垦辟，化为沃土。他邑就食其中，赴之如市。俗朴而劲，人物秀美，科第颇少，仕籍益寥寥焉。地善畜牧，有毡毳之利。操山茧，为压丝以自食（俱见《邑志》）。

莒州 莒之为地，近于鲁，夙被周公、孔子之化。而曾子、子夏仕于其地，又树之以笃信诚悫之风。迄今士习民风，犹为近古（见《州志》）。其地襟海带河，饶五谷薪蔬。士重礼节，耻奔竞。民朴而愚，不见纷华藻饰之习，素称易治（载《州职题名记》）。

蒙阴县 土瘠民贫，附庸于鲁，有鲁遗风。民无商贾，专务本业。家重礼教，户重仁义，从鲁也。士好经术，俗贱仆佣，从齐也。婚姻不论财，祭葬必竭力。士多质朴，不谙浮夸；民知急公，鲜逋赋税（俱见《邑志》）。

沂水县 其俗朴而俭，其民勇而直。修之以仁，则相爱。教之以礼，则相让。

驱之以义，则力足以胜私。惕之以威，诱之以诈，则郁隐忍而不校（见县署碑）；近俗最为质鲁，民多椎少文，衣布食粟。安环堵茅茨之间，不知世间有淫冶靡丽之事。游士不入其乡，豪强无所容足（《邑志》）。

日照县 濒海之民，尚朴素，务素读。工不作奇巧之器，商不蓄浮靡之货。士子闭户读书，以德行文章相推重，奔竞事则羞称之。近亦急于谋生计，争锥刀。女流饶刚正，矢柏舟，慷慨赴义，不以为难，盖亦风俗之善云（俱见《邑志》）。

泰安

邹鲁遗风，英贤不绝（梁高祖美羊侃语）。邹鲁旧邦，临淄遗俗，俱沐二周之化，咸称一变之风（唐骆宾王文），风俗淳朴，而尚俭素（明张从仁《文庙记》）。士尚诗书，民执常业（明李锦《州志》）。浸淫于贸易之场，竞争于锥刀之末（《邑志》）。

泰安县 人才□□岳灵，其地多谈经抗疏之士。士大夫循□笃行，行古风者什之二三。而庶民之家，莫不骛纷华、美冠履以相矜夸（旧《州志》）。

肥城县 土俗质直，犹有圣人之教化。地介齐、鲁之间，其俗互类（《邑志》）。

新泰县 尚质朴，勤稼穑，崇节俭之风，薄浮靡之习。岁时社会，贫富相资。丧葬有序，不泥风水（《邑志》）。

莱芜县 齐俗阔达，或失之侈，鲁俗忠信；或失之啬。莱介齐、鲁之间，其气质所生，习染所锢，亦若在齐囿齐在鲁囿鲁者（《邑志》）。

东平州 其土沃衍，其民乐阜。其君子好礼，其小人趋本。其俗习于周公、孔子之流风余教，可驯以诗书，故多士族。宫室壮丽，其俗浩大宽舒，不为促狭，亦不至华侈。而尚气任侠，不能匿情自饰，短长易见也（《州志》）。

东阿县 地近邹鲁，士知自重。俭不中礼，弛或逾绳，性澶漫少虑，不工生殖，虚浮，鲜盖藏。士朴而民侈，讼狱希简，不能为浮词。土壤瘠薄，山水峻急，鲜有千金之宝。其俗俭朴深沉，崇尚文雅，以风节相高，耻为奔竞。冠服居室，不慕鲜华，而礼文有不足焉。守礼畏法，租税无逋（《邑志》）。

平阴县 古卢县地，城郭甚狭，厥壤南境峣崅，北境平衍，膏腴居半焉。民力耕耘，禾蔬肥茂。其士风质朴厚重，好兴礼让。而山谷之民，颇称狙犷（《邑志》）。

曹州

昔尧作游，舜渔雷泽，汤止于亳，武王封弟叔振铎于曹，故其民犹有先王遗风。

重厚多君子，好稼穑，恶衣服，以致蓄藏（《前汉书》）。

菏泽县 陶天下之中，诸侯四通，货所交易。矜廉隅，耻干谒，驯谨易治，赋税早完。男子专务耕织，不事商贾；女子治丝枲，纂组无惰。其醇朴大略不异古风。民间子弟，间习骑射，尚义勇（俱见《州志》）。

单县 地广而辟，闾井繁庶。以耕桑为业，不通商贾。风俗俭朴，车服简素，赋税易完（见《郡邑志》）。

城武县 民俗坦夷，厚重多君子，无机械狙诈之习。婚娶不论财，棺衾务从厚。妇女不尚膏沐，食尚俭约，无故不杀鸡豚。宾客馈遗，稍近奢侈，故民多虚耗。士重名节，轻势利，有败行者，众非笑之（俱见《邑志》）。

巨野县 士颇读书，重廉耻，不事外饰，交情尚平淡。民务耕织，不好远游，急公奉法，颇驯良。女子重节义。丧葬礼仪，侈靡特甚（《邑志》）。

郓城县 地居鲁、卫之间，二国之风各半。民务稼穑，多读书，士风彬彬。聚会则相欢，守望则相助，重儒雅而轻势利，存廉耻而羞苟得。衣冠之家，相让无争，是以人物间出，土沃民淳，鲁西名邑（《俱见《邑志》）。

曹县 曹风深醇和厚，男耕女织，风俗可观。地饶而沃，生息蕃庶，故多世族。声名文物，号为华侈（俱见《邑志》）。

定陶县 邑颇狭小，而居民稠密。上壤平羡，实夷衍蕃息之区，近时稍务炫耀，然婚丧有不能举者，亲友共助之。二曹皆然，此为淳风耳（《邑志》）。

濮州 野王好气任侠，有濮上风（《汉书》）。其敦笃诚悫，文质适中，故前贤有卫多君子之言（《图经》）。膺高阳之淳化，袭卫武之流风，渐被礼义之俗，共称仁厚之乡。学术日兴，民风日美。郡古颛顼之墟，风土深厚，其人皆博大魁梧，工藻翰，经学多师传。里中诸隽，间遇胜日，分曹赋诗，极文墨之乐。俗以门族相夸，田园宫室之奉，甲于山左（俱见《郡邑志》）。

范县 士多阖门自守，非公事未尝登有司之堂。仕宦家不肯挟贵骄人。细民兢兢畏法，税课及期。虽贫者，悉贷钱以输，以故县无逋负。婚丧称家有无，宫室衣服宴会量乎贫富。若夫轻薄奸顽拂众忤俗之辈，间亦未免焉（《邑志》）。

观城县 邑不满千户，俗慕儒雅，缔姻贵显，以是冒殷富名。今萧然靡敝，弦诵不辍响。士多雅秀，文风振起（俱见《邑志》）。

朝城县 朝邑风俗尤可观，士习诗礼，民务农桑，邻保有相助之风，乡党无偷薄之俗。礼际多从厚道，胶庠有体，闾阎急公。间有佻冶，亦不能为风俗玷（俱见《邑志》）。

山西

总志

河内曰冀州，其山镇曰霍山，其泽薮曰扬纡，其川漳，其浸汾潞，其利松柏，其民五男三女，其畜宜牛羊，其谷宜黍稷。正北曰并州：其山镇曰恒山，其泽薮曰昭余祁，其川虖池呕夷，其浸涞易，其利布帛，其民二男三女，其畜宜五扰，其谷宜五种。（郑康成注：五扰，马、牛、羊、犬、豕；五种，黍、稷、菽、麦、稻也。贾公彦：云五扰，马、牛、羊、犬、豕者，六畜中鸡为缓，故去之。云五种，黍、稷、菽、麦、稻者，若馈用六谷，则兼有苽，若民之要用，则去苽。故知是此五者。）

季札观乐，为之歌唐曰：思深哉！其有陶唐氏之遗民乎！不然，何忧之远也。非令德之后，谁能若是。为之歌魏曰：美哉！沨沨乎，大而婉，险而易行。以德辅此，则明主也（注：晋本唐国，故有尧之遗风，忧深思远，情发于声。沨沨，中庸之声。婉，约也。险当为俭。大而约，则俭节易行。惜其国小无明君也）。

魏国风七篇（“葛屦”刺褊，“汾沮洳”刺俭，“园有桃”刺时，“陟岵”孝子行役思念父母，“十亩之间”刺时，“伐檀”刺贪，“硕鼠”刺重敛）。

唐国风十二篇（“蟋蟀”刺晋僖公，“山有枢”刺晋昭公，“扬之水”刺晋昭公，“椒聊”刺晋昭公，“绸缪”刺晋乱，“杕杜”刺时，“羔裘”刺时，“鸨羽”刺时，“无衣”美晋武公，“有杕之杜”刺晋武公，“葛生”刺晋献公，“采苓”刺晋献公）。

魏国风谱（“葛屦”，“汾沮洳”，“园有桃”，“陟岵”，“十亩之间”，“伐檀”，“硕鼠”。魏无世家，其诗当在平、桓之间）。

唐国风谱（“蟋蟀”，晋僖侯时系周惠王世。“山有枢”，“扬之水”，“椒聊”，“绸缪”，“杕杜”，“羔裘”，“鸨羽”，晋昭侯时系周宣王世。“无衣”，“有杕之杜”，晋武公时系周厘王世。“葛生”，“采苓”，晋献公时系周惠王世。周成王封弟叔虞于唐，至六世孙僖侯，唐之变风始作。唐之地尧都。诗人本其风俗，故云唐自僖至献公有诗者四，惠公已下无诗）。

魏地狭隘，其民机巧趋利，其君俭啬褊急，而无德以将之（诗小序）。

唐风土瘠民贫，勤俭质朴。忧深思远，有尧之遗风焉。魏地狭隘，民俗俭啬，盖有圣贤之遗风焉（诗传）。

河东之地平易，有盐铁之饶，本唐尧所居，诗风唐魏之国也。周武王子唐叔在母未生，武王梦帝谓已曰："余名而子曰虞，将与之唐，属之参。"及生，名之曰虞。至成王灭唐，而封叔虞。唐有晋水，及叔虞子燮为晋侯，云故参为晋星。其民有先王遗教，君子思深，小人俭陋。故唐诗"蟋蟀"、"山枢"、"葛生"之篇曰："今我不乐，日月其迈"；"宛其死矣，他人是愉"；"百岁之后，归于其居"。皆思奢俭之中，念死生之虑。吴札闻唐之歌，曰："思深哉！其有陶唐氏之遗民乎？"魏国，亦姬姓也，在晋之南河曲，故其诗曰："彼汾一曲"，"寘诸河之侧"。自唐叔十六世至献公，灭魏以封大夫毕万，灭耿以封大夫赵夙，及大夫韩武子，食采于韩原，晋于是始大。至于文公，霸诸侯，尊周室，始有河内之土。吴札闻魏之歌，曰："美哉！沨沨乎，以德辅此，则明主也。"文公后十六世，为韩、赵、魏所灭。三家皆自立为诸侯，是为三晋。赵与秦同祖，韩、魏皆姬姓也（《汉书》）。

赵地昴、毕之分野。赵分得赵国，而有太原、定襄、云中、五原、上党。上党本韩之别郡也，远韩近赵，后卒降赵分也。自赵分后九世称侯。四世敬侯，乃徙都邯郸焉。太原、上党多晋公族子孙，以诈力相倾，矜夸功名，报仇过直，嫁娶送死奢靡，《汉书》号为难治，常择严猛之将，或任杀伐为威。父兄被诛，子弟怨愤，至告讦刺史二千石，或报杀其亲属。钟代、石北（师古曰：钟，所在未闻。石，山险之限在上曲阳），民俗懻忮，好气为奸，不事农商。自全晋时，已患其剽悍，而武灵王又益厉之。故冀州之部，盗贼常为它州剧。定襄、云中、五原颇有赵、齐、卫、楚之风，其民鄙朴，少礼文，好射猎。雁门亦同俗，于天文别属燕（《汉书》）。

昔舜耕历山、陶河滨。禹菲饮食，恶衣服，卑宫室。此俭约之化，于今犹存（郑康成《诗说》）。

北土重同姓，并谓之骨肉。有远来有投者，莫不竭力营赡。若有一人不至者，以为不义，不为乡邑所容（宋《王仲德传》）。

晋有唐虞之遗风，其俗节财而俭啬（北齐《刘子》）。

河东、绛郡、文城、临汾、龙泉、西河，土地沃少瘠多，是以伤于俭啬。其俗刚强，亦风气然乎。太原山川重复，实一都之会。虽后齐别都，人物殷阜，然不甚机巧。俗与上党颇同，人性劲悍，习于戎马。离石、雁门、马邑、定襄、楼烦，皆连接边，郡，习尚与太原同俗。故自古言勇侠者，皆推幽并云。然涿郡、太原，自前代以来，皆多文雅之士，虽俱曰边郡，然风教不为比也（《隋志》）。

冀州尧都所在，疆域尤广。山东之人，性缓尚儒，仗气任侠（太行、恒山之东）。而邺郡高齐国都，浮巧成俗。山西土瘠，其人勤俭。而河东，魏晋以降，文学盛兴，闾井之间，习于成法。并州近狄，俗尚武艺。左右山河，古称重镇（韩信谓陈豨曰："代，天下精兵处。"后汉末，天下扰乱，高干为并州刺史，牵招说干曰：并州左有恒山之险，右有大河之固）。寄任者，必文武兼资焉（《通典》）。

晋之故封，太行犄之，首阳起之，黄河迤之，大陆靡之。以稼则硕，以植则茂，以牧则畜，以鱼则庶，而人用是富，而邦以之阜（《晋问》）。

昔魏君俭啬褊急，近秦晋，日见侵削。平、桓之世，变风始作（《诗叙》）。

唐俗勤俭，故其民间终岁劳苦，不敢少休。及其岁晚务闲之时，乃敢相与燕饮为乐（朱子诗注）。其风俗之厚，而前圣遗风之远如此（同上）。

自尧而至于周，盖千余年矣，而其风俗流传，固结于唐人之心。故其民间质实勤俭之习，亲爱和乐之思，警戒忠告之情，备见于诗。此其俗之所以为厚也（安城刘氏《诗说》）。

克勤克俭，所忧所思，虽无唐虞君臣之德业，而其发于诗者，与伯益告戒之辞，同条共贯。信乎前圣遗风之远也（同上）。

唐俗勤俭，勤者生财之道，俭者用财之节。圣人教人，不越，乎勤俭而已（丰城朱氏《诗说》）。

河东路，盖《禹贡》冀、雍二州之域。而冀州为多，当觜参之分。其地东际常山，西控党项，南尽晋绛，北控云朔，当太行之险，地有盐铁之饶。其俗刚悍而朴直，勤农织之事业，寡桑柘而富麻苧。善治生，多藏蓄，其靳啬尤甚。朔方、楼烦，马之所出，岁增贸易，以充监牧之用。太宗平太原，虑其特险，徙州治焉。然犹为重镇，屯精兵，以控边部云（宋《地理志》）。

昔者唐室之衰，燕赵之人，八十年之间，竭力致死，不顾败亡，以抗天下之兵，而以为忠臣义士之所当然（苏轼《燕赵论》）。

战国之时，秦晋之兵，弯弓而带剑，驰骋上下，咄嗟叱咤，蜀汉之士所不能当也。然而天下既安，秦晋之间，豪民杀人，以报仇雠，椎埋发塚，以快其意，而终不敢大变也（苏辙《蜀论》）。

其民倜傥，而无所顾，负力而傲其吏。吏有不善，而不能以有容也。叫号纷呶，奔走告诉，以争毫厘曲直之际。故夫秦晋之俗，有一朝不测之怒，而无终身戚戚不报之仇也（同上）。

全晋未分时，在春秋世，最为强国。其俗用意深远，有古帝王之遗风（唐庚《悯俗论》）。

昔人论五方之俗，以山西馍忮而好气，慷慨毅武，奇节之士多出其间（唐顺之《序》）。

古之帝王，更都三河。读“园桃”“园棘”，故其民至于今忧国而忠于主；“有枢”“有榆”，故其民至于今喜乐而愉；“瞿瞿”“休休”，故其民至于今长虑而却顾；“陟岵”“陟屺”，故其民至于今孝；“闲闲”“坎坎”，故其民至于今力穑；且“葛屦”见隘狭焉，“彼汾”见贫俭焉（郭子章《晋论》）。

陂塘潴，灌溉通，原隰垦，稼穑同（《晋赋》）。

士尚谦恭，民多醇古，恍不识不知之氓，一让畔让居之度。去华存俭，则素题越席之遗；忧深思远，其暑雨祁寒之故（同上）。

方　言（附）

汉扬雄《方言》：自关而西，秦晋之间，好曰妍；哀曰矜，或曰悼；凡大人少儿，泣而不止谓之咣；忧曰惄，或曰湿；凡物壮大谓之嘏，或曰忱；凡人之大谓之装，或谓之壮；凡相敬爱谓之亟；凡人语而过谓之過（于果反），或曰佥；凡取物而逆谓之饕（音馔）；凡大邈谓之朦，或谓之庞；美色谓之好，或谓之窕；凡细而有容谓之魏（魏魏，小成貌），或曰徥（度皆反）；凡物小者谓之私小，或曰纤；凡病不甚曰殗殜（音厌叶，半卧半起也）；物力同者谓之台敌；凡全物而体不具谓之倚；凡愧而见上谓之赧；痛曰憭；猛曰撊（呼旱反）；息喙坚曰锴；凡取物之上谓之挢捎；炊薪不尽曰荩；凡人兽鸟而双产谓之缍子（音犛）；骂奴婢曰侮（言为人所轻弄）；无缘之衣谓之裗裾（俗名褔掖，音倔）；陌头谓之络头；桮谓之盃（音雅）；罂之大者谓之甀，其中者谓之瓿甊；相劝曰耸，或曰投，心不欲而由旁人之劝语，亦曰耸；凡相被饰亦曰投；聋曰䁠（音宰），聋甚者曰䀹（五刮反）；所疾曰可恶；言相责让曰谯让；暴五谷曰晒；凡以火而干五谷之类，谓之聚（即鬻字创渺反）；鼅鼄谓之鼄蝥（音无）；蛴螬谓之蠹，或谓之天蝼；蛴蛈谓之蝶螺；簇谓之箄（篾古筥字，箄方氏反）；冢谓之坟。

逆妇（《左传·隐公二年》纪：需儒来逆女。又：宋督目逆而送之）称父曰老子（庚亮曰：老子于此兴复不浅。《宋书》：大范老子，小范老子）；呼小儿曰娃（吴有馆娃宫，后宫人美者皆曰娃，盖爱惜之称也）；人愦愦曰不中用（《史记·外戚传》：武帝择宫人不中用者，斥而归之），斗争曰挞拳（石勒曰：我时饱卿老拳。杜陆曰：

巨颡折老拳。李袭吉《为晋王谕梁书》：毒手尊拳交相于暮夜）；缙绅曰官人（杜诗曰：剑外官人冷。韩文志铭云；处士士吾一女，怜之必嫁官人）；转风曰飑风（长吉诗：旋风吹马马踏云）；合人曰伙伴（《史记：陈胜传》曰：伙颐，涉之为王沈沈者。《木兰诗》：出门看伙伴。杜陵诗：青春作伴好还乡）；妒人曰不分（唐诗：不分桃花红胜锦），人无赖曰恶少年（《汉书·昭帝纪》：发三辅及郡国屯辽东。师古曰：谓无赖子弟也）；忆旧曰往年（《黥布传》：往年杀韩信），曰先日（《邹阳传》曰：吾先日欲献愚计）；子招人家曰赘（《贾谊传》：家贫壮者则出赘）；妻元配曰结发（师古曰：结发，言始胜冠也。《新婚别》结发为夫妇）；勉人曰努力（《翟方进传》：努力为诸生学问）；人壮大者曰魁梧（张良《赞》：魁梧奇伟。应劭曰：魁梧，壮大之意也。苏林曰：梧曰悟）；人懦退者曰不长进（晋王夫人云：女何以都不复进）；呼亲家，亲作去声（唐卢纶《王驸马花烛诗》：人主人臣是亲家）；娶妇曰索妻（《蜀志》云：吴孙权遣使为子索公女。隋《房陵王传》独孤后曰：为伊索得元家女）；兄弟妻曰先后（《郊祀志》：见神于先后宛若。孟康曰：古谓娣姒，今关中呼为先后）；小儿曰好儿（牛加反）；长身曰軂（土了反）；短身曰遳（七禾反。《唐书·王伾传》：伾貌遳陋）：谓人粗蠢曰笨材（晋《中兴书》史畴以肥大为笨伯）；临事愦愦曰糊涂虫（宋吕端小事糊涂，大事不糊涂。杨用修云：本馨浊虫，此古语也。《周礼》有壶涿氏掌除水虫。涿音浊，是其证也。宋《吕端传》作糊涂，《朱子语录》作鹘突，皆非）；打呼曰鼾睡（宋太祖：卧榻之侧，岂容他人鼾睡）；责人曰数说（《左传》：乃执子商而数之。《史记》：范雎数须顿食黄鱼）；恶味伤口曰蜇（《列子》：蜇于口惨于腹也）；多曰够，少曰不够（居侯反。《魏都赋》：繁富伙够不可单究）；受人之物曰赗（慈盈音晴）；以物予人曰归（归孔子豚，齐人归女乐）；霞曰烧（语云：早烧不出市，晚烧行千里），电曰闪（《大人赋》：贯列缺之倒景。服虔曰：天闪也），雹曰硬雨（宋吕居仁曰：绍兴初，临安大雨雹，大学屋瓦皆碎，学官申朝廷修，不可言雹，称为硬雨），酒帘曰望子（见《广韵注》）；牛羊不生子曰犗（昌来反）；马不鞍而骑曰骣（令孤楚诗：少小边州惯放狂，骣骑番马射黄羊）；孔曰窟拢，怎么曰左（皆反切成声也）；来读曰厘（本属古协）；飞读如希（不出微韵）；缚为缚，羊为乐，惊为戟，明为觅，养为乐，上纺为缚，上境为戟，去命为觅去（王恭先曰：周德清《中原韵》声分孑仄，字别阴阳，以入声派入平上去三声，今乃驱三声而就入声。使德清有知，应为揶揄喟声之病有以哉）。

农家月令（附）

立春喂耕牛，雨水摅粪土。惊蛰河半开，春分种小麦。清明前后种扁豆，（又云）二月清明草不青，三月清明道旁青。谷雨种豌豆，立夏种谷。小满前后，安瓜种豆。芒种忙种，黍子急种谷。（又云）芒种见锄刃，夏至见豆花。（又云）夏至不种高山黍，还种十日小糜黍。小暑吃大麦。（又云）小暑当日回（豌豆此日高雨即回），大暑吃小麦。立秋一十八日，寸草皆齐。处暑不出头，割得喂了牛（指梁有）。白露吃小谷，秋风见谷罗。寒露百草枯，霜降不赔田（甚言野之无禾）。立冬不使牛。小雪冻大河，大雪冻小河。冬至不开窖。小寒寒不小，大寒不加冰。

太 原

好乐无荒，良士瞿瞿（《诗·唐风》）。

晋阳王武子、中都孙子荆各言其土地人物之美。王云：其地坦而平，其水淡而清，其人廉且贞。孙云：其山崋巍以嵯峨，其水泙渫而扬波，其人磊砢而英多（《世说新语》）。

士穷理学，兼习辞章，敦厚不华，淳俭好学。工贾务实勤业（《太原图册》）。

人物辈出，代不乏人，皆有文武全才（《图经》）。

庄京既好俳优，又知音，能度曲，至今汾晋之俗，往往能歌其声，谓之御制者，皆是也（《五代史》）。

宋韩琦知并州，河东俗用火葬，琦为买田封树，刻石著令，使得葬于其中，人遂以焚尸为耻（《本传》）。

古晋名区，西藩首郡（《祝志》）。

山川雄邃，风气绵厚，城郭坚完，原隰沃衍（叶砥《府治记》）。

民敦质朴，士守礼义，告讦绝无，生计甚鲜（《祝志·阳曲》）。

在乡多质朴，城中军民杂处，或尚机诈。服饰尚华，喜作玩具。性气刚劲，小忿辄投岸跳河。遇凶荒，则负担之外境，谓之赴熟。然尊卑有序，内外有序，亦庶乎知礼者（《旧志》）。

省会男子不务蓄积，数金之家，尽炫耀于服饰之间，叩其家无有也。妇人白髻而妖服，不蚕不织，而习于呰窳（周永春《复古序》）。

士风淳笃，民性鸷悍（《祝志·太原》）。

风土深淳，民物茂雅（吕思诚《源涡书院记》）。

力田亩，务纺织，其性刚（《祝志·榆次》）。

邑之生齿繁众，隶籍者五万二千户。侨居而末业者，不可胜数。河东之邑最为大，啧言控诉，庭无虚日，敏政而莅之，犹惮弗及（宋文彦博《思凤亭序》）。

上下惟农，负耒纺绩务本，日夜矻矻。而巨室大家，又躬先俭质，以为之的（《旧志·榆次》）。

男职耕，女职织，素封之家，华不掩实（张国儒《藏经楼记》）。

土厚风淳，时熙化美（元呼延伯起《太谷宜圣庙记》）。

尚气好讼，斗丽夸多（《祝志·太谷》）。

士急进趋，好经术，尚节义（《穆志·太谷》）。

农力于野，商贾勤贸易。无问城市乡村，无不纺织之家，可谓地无遗利，人无遗力矣。迩来竞尚奢靡，已非“良士蹶蹶”“好人提提”之旧。而婚娶重财，又有甚焉（《太谷县志》）。

尽力耕稼，留心织纺（《祝志·祁县》）。

俗尚勤俭，男耕女织，殆无遗力（《穆志·祁县》）。

务本节用，尚质守勤（《祝志·徐沟》）。

其民淳朴，用度节俭。闾阎勤纺织，士类尚节义。第地多沙碱，差役烦重。贫民皆习逐末，夙号冲疲，不虚也（《徐沟县志》）。

强悍好斗，勤俭少文（《祝志·清源乡》）。

成化、弘治间，轻生好讼，近年民知务本，士知勤学（清源）；

农末相资，俭啬多盗（《祝志·交城》）。

俗尚俭啬，人性朴实，农末相资（《穆志·交城》）。

土膏气秀，而丰于财。性悍情乖，而喜于讼（《祝志·文水》）。

劲而轻生，俭而趋利。浇朴相半，勤则其性也（《文水县志》）。

地贯七乡，民逾万户，土膏气秀，财丰俗淳。西山横列，而壮其形势；东汾环流，而为之襟带。风物繁华，英豪间出（石为楷《龙堂记·文水》）。

□朴无华，务稼穑，尚骑射（《祝志·岢岚》）。

□山土瘠，人有朴直遗风。服勤茹淡，多质少文，乡井专务稼穑，不牵车牛以远游。父子亦佐耕耘，未谙纺绩为何物（《岢岚州志》）。

魏民旧俗，以正月十五夜为打簇戏，能中者即时赏帛（《尔朱荣传·岚县》）。

其性悍，其习陋，山多地少民贫《（祝志·岚县》）。

勤俭朴陋（《穆志·岚县》）。

朴实不浮，稼穑是务（《祝志·岚县》）。

士闭户自守。农夫力穑，崇岭峻阪，无不耕植。工无奇技淫巧，地僻不通舟车，乏富商大贾，是以事节俭，务盖藏（《兴县志》）。

平 阳

帝尧强于行，啬于志，以养天下之形。是以庶政惟和，万国咸宁，民皆迪吉，莫不振动服化，比屋可封，而跻仁寿（《路史》）。

昔庸人都河东（徐广曰：尧都晋阳），殷人都河内，周人都河南。夫三河在天下之中，若鼎足，王者所更居也，建国务数百千岁。土地小狭，民人众，都国诸侯所聚会，故其俗纤俭习事。杨、平阳陈西贾秦、狄，北贾种、代（《史记》）。

比屋可封者，尧舜为之堤也（《杨佟传》）。

欲作千箱主，问取黄金母，谓多稼厚蓄，耕土所致也（汾晋间语）。

魏丰乐侯杜君畿为河东守，开置学官，亲执经教授，郡中化之，自后河东特多儒者（《通典》）。

平阳，尧之所理，有茅茨采椽土硎之度。故其人至于今俭啬，有温恭克让之德；故其人至于今善让，有师锡佥曰畴咨之道；故其人至于今好谋而深思，有百兽率舞、凤凰来仪、于变时雍之美；故其人至于今和而不怒，有昌言儆戒之训；故其人至于今忧思而畏祸，有无为不言垂衣裳之化；故其人至于今恬以愉。吴子曰：俭则财用足而不淫，让则尊分而进善。其道不斗谋，则通于远，而周于事，和则人之质，戒则义之实，恬以愉则安。而久于其道也，至乎哉（《晋问》）。

汾水之曲，巨河之滨，故魏之国都，旧晋之疆土。其俗富庶，接秦雍之郊；其民忠厚，被虞夏之教（宋真宗《汾阴记》）。

太行山之高处，平阳、晋州、蒲坂山之尽头，其地硗瘠，人民朴陋俭啬，惟尧舜能都之（《朱子论》）。

河东地瘠民贫，风俗勤俭，乃其风土气习，有以使之。至今犹然在三代时可知（《朱子诗辨》）。

平阳往圣所都，气温土沃，河东殷实，汉唐同称。吏能茹冰蘖，可鸣琴治也。

崇礼义，多勇敢（《图书编》）。

君子忧深思远，小人俭啬，甘辛苦，薄于滋味，勤于耕织，服劳商贾（《平阳府志》）。

人好力田，喜雨苦旱（同上）。

其民甘粗粝，力稼穑，俭朴不奢（《祝志·临汾》）。

居不近市，女不向衢，士民有分，男女无杂，勇于纳赋，耻于游食（《旧志·临汾》）。

尚朴鲁，力田亩，勤纺绩，崇享祀（《祝志·襄陵》）。

力稼服田，勤于纺绩，享祀报本，虽费不奢（《穆志·襄陵》）。

民尚俭而务耕织，士勤学而耻骄奢（《祝志·洪洞》）。

惟尚质实，不事商贾（《祝志·浮山》）。

俗尚节俭,不事商贾。男耕女织,各执其功。尤重婚丧,有无相须(《穆志·浮山》)。

勤于耕织，简于自安（《祝志·赵城》）。

民性俭啬，士知读书（《穆志·赵城》）。

男力畎亩，女务纺织。信鬼神，喜祭赛。婚论财礼，丧用浮奢（《祝志·太平》）。

君子尚礼义，小人勤稼穑，里闬之间，雍雍如也（《太平县志》）。

质而少文，俭而不侈（《祝志·岳阳》）。

人民性质而朴素，财用节俭而不侈，文武鲜尚，商贾不通（《穆志·岳阳》）。

鲁成公六年，晋人谋去故绛。韩献子曰：不如新田，土厚水深，居之不疾，有汾浍以流其恶，且民从教（《左传·曲沃》）。

晋诗："素衣朱襮。"孔颖达引《释器》以释之曰："黼领谓之襮。"孙炎曰："绣刺黼文，以褐领是"（皇祐四年礼院奏）。

重迁徙，服商贾，颇好神而喜讼（《祝志·曲沃》）。

士洵洵礼法，矜谭气节，即人不尽然，亦善钧从众。民朴直急公，贡赋不敢后。而竞利好斗，或亦地气使然也。土狭人满，每挟赀走四方，所至多流寓其间，虽山陬海澨，皆有邑人。（赵彦复《沃史风俗序》）。

士民有分，男女不杂，近颇奢靡（《祝志·翼城》）。

水深土厚，故其俗朴质。地多刚壤，故其民武悍。有先王克俭之风，故其习纤啬（《翼城县志》）。

民淳讼简，有礼让风（《祝志·汾西》）。

重礼义，不事浮末，近颇惑于鬼神（《祝志·灵石》）。

灵石僻在万山中，货财不通。其人勤苦，多至盖藏。弟子员皆守章句，不敢背师说（《灵石县志》）。

岳阳，尧都所在。其民勤且俭，犹有遗风焉（明《一统志·霍州》）。

好儒少讼，薄于衣食，而好置产业（《祝志·霍州》）。

潞安

民俗淳古（《潞安志》）。

上党多晋公族子孙，以诈方相倾（《汉书》）。

潞州山川高险，人俗劲悍（《旧五代史》）。

宋时潞州，民死多不葬。通判宋昭玘，斥官地，画兆窆；具官衾，作文风晓之，俗为一变（《潞志》）。

上党之间，士或带经而锄，有不待风厉而乐为之者（元好问《学记》）。

地险而民悍，物饶而俗强（张仲贤《府志》）。

其人纯质节俭，勤稼穑。其民宜黍稷，气候迟（《五州志》）。

民多俭质而务农，士尚气节而务学（《图书编》）。

人习机杼，俗亦俭朴。

民多勤俭力农，士尚气节务学（《祝志·长治》）。

永、宣、成、弘之时，士敦行务实，农商亦简素朴野，罔敢凌肆自恣。迨其后渐致华靡。俗尚巫觋，凡联姻缔交营葬，不无少变于前（《长治县志》）。

淳朴节俭，循循守礼（《祝志·长子》）。

淳朴而力田，节俭而尚礼。娶妻必亲迎，亲丧少佛事（《长子志》）。

节俭务农织，不事商贾，士风颇振（《祝志·屯留》）。

土瘠民劳，习尚俭素，有尧之遗风（元皇甫本《屯留记》）。

其地在万山之中，险狭而硗薄，民力田勤苦，岁获不及他郡之半，故土俗自古称纯俭，其势然也（刘健《屯留记》）。

崇俭务本，力学好儒（《祝志·襄垣》）。

其俗悲歌慷慨，而尚气节；俭以自奉，而急于正供（《襄垣县志》）。

力田而知克勤，守己而耻犯法（《祝志·潞城》）。

地瘠民贫，土寒风肃，勤俭力田（《潞城县志》）。

田亩能勤，财用知俭（《祝志·黎城》）。

其民淳俭，好文力田（《黎城县志》）。

安贫守俭，力田务本（《祝志·壶关》）。

壶俗淳古，惟俭惟勤。岁时伏腊，罔敢有即于戏者（《壶关志》）。

朴直而少文，俭啬而不华，勤于农桑，短于商贾（《祝志·平烦》）。

石厚土薄，地瘠人穷，婚姻丧葬，交相为助（《平顺县志》）。

汾 州

夫西河魏土，文侯所兴，有段干木、田子方之遗风，凛然皆有节概，知去就之分（杨恽《报孙会宗书》)。

地高气爽，土厚水清，其民淳且重。桑麻之沃，粳稻之富，流衍四境（宋谢悰《清虚观记》)。

汾州古台骀地，阻金岑，倚阳泉，潆汾如带。俗尚俭，重文义，近其人勤俭（《文献通考》)。

汾州风俗，重厚尚义（《地舆综要》)。

其民重厚知义，尚信好文（明《一统志》)。

其地商贾走集，民物浩穰。俗用侈靡，讼狱滋烦（冯琦《府治记》)。

古西河地，人民繁庶（《祝志》)。

性质淳厚，俗尚俭约，勤于稼穑，守礼好义（《通志》)。

人民繁庶，强毅质朴。农务耕牧，士习弦诵，有忠厚之风（《穆志·汾阳》)。

其民重厚知义，尚信好文，近流于奢侈（《祝志·汾阳》)。

务稼穑，事织纺，但风气刚劲，颇难治（《祝志·平遥》)。

多商贾，喜华靡，世禄者众，知礼者鲜（《祝志·汾阳》)。

地瘠薄，气刚劲，多耕织，少商贾，健讼尚侈（《府志·平遥》)。

士之童，入党塾，壮游胶泮者，犹荆璞未剖，蓝石待凿，悃质纯干，得全于天（纪云鹤《平遥学记》)。

周举，汝阳人，为并州刺史。太原旧俗，以介子推焚骸，有龙忌之禁。至其亡月，竞言神灵，不乐举火。士民每冬辄一月寒食，莫敢烟爨，老少多病死者。举乃作文吊推，言盛冬去火，残损民命，非贤者意。宣示愚民，使温食，众惑稍解，风俗顿革（《杂记》)。

《潞公祖铭》云：文氏嘉是山水，乐其风土，乃自河东之同果里，徙居于此（《潞公家乘》)。

人多业医尚俭，素勤稼穑，好勇义，隆于祀先，虽费而不惜（《祝志·介休》)。

万历间，邑令史记事云：每嘉士大夫敦朴有古风，独虑于奢，几不可训，且崇佛重祷，市利轻生，而少知教（《介休县志》)。

俭啬健讼，且好鬼神（《祝志·孝义》)。

民性敦厚，婚丧周济不吝（《郡志·孝义》)。

勤于商贾，勇于输纳，民颇畏法，士知自守（《祝志·临县》)。

土阜平丛，川流迅厉，其民悍而不奸，感而易从（《临县志》)。

敦厚俭啬，不事商贾，惟勤农亩（《祝志·石楼》)。

其性醇，其俗俭，朴略少文。男不经商，女不纴织，惟农是务。栋宇不饰，民多穴处（《石楼县志》）。

土瘠民贫，愚鲁俭朴（《祝志·永宁》）。

土瘠民贫，野旷人稀。士多慷慨，民亦质直。勤于业农，拙于服贾。衣冠文物，颇有古风（《郡志·永宁》）。

朴鲁少伪，礼节不愆（《祝志·永宁》）。

地瘠俗俭，无奇饰，无逐末（《郡志·宁乡》）。

大 同

质直朴野（《汉志》）。

后魏乐府，有《北歌》，亦曰《真人歌》，都代时命宫人朝夕歌之。周隋始与西凉乐杂奏。至唐存者五十三章，而名可解者，六章而已。一曰《慕容可汗》，二曰《吐谷浑》，三曰《部落稽》，四曰《钜鹿公主》，五曰《白净王》，六曰《太子企喻》也，其余辞多可汗之称，盖燕、魏之际鲜卑歌也。隋鼓吹有其曲而不同。贞观中，将军侯贵胄，并州人，世传《北歌》，诏隶太乐，然译者不能通，岁久不可辨矣。（唐《乐府·序》）。

自代北至云朔等州，北临广野，封略之内，南北错居（《寰宇记》）。

质直淳厚（《地舆综要》）。

俗尚武艺，风声气习，自昔而然（明《一统志》）。

大同虽涉边缴，商旅辐辏，以浮靡相炫耀（《祝志·大同》）。

云北边大藩镇，其土沙瘠，其俗骄悍，军民杂处，号称难治（布政李承式记）。

士人劲直率，矜名节，饰廉隅，犹存忠厚之风（《郡志》）。

地土沙碛硗薄，风高气寒，丰岁亩不满斗，故中人日仅再食，俗多俭啬，恒存“蟋蟀”之风（《郡志》）。

士习谨愿，绝无武断告讦之行。簪弁子弟，服习弓马，给事麾幕，以列车骑材官之盛。且地近虎山，土著从戎者十室五六，少小边庭之习气尔（《大同县志》）。

无负气健讼之风，有务农勤本之实（《祝志·怀仁》）。

地土沙硷，人性朴直，虽穷乡僻里，亦知崇尚诗书，人文视前颇盛（《怀仁县志》）。

俭约朴素，惟务农桑（《祝志·山阴》）。

民务农，士敦本，服食崇俭，婚丧如礼（《山阴县志》）。

吾里唐虞故壤，犹存俭啬之风，燕赵多豪，羞作轻佻之态，颇知礼而畏义，不随俗而习非。乃顷衿弁之中，间有纨绔之子，众方指议而窃笑，彼且腼面而根淫，荡而无成，悔之何及。尚其衣锦而存尚絅之心，被褐而珍怀玉之守，貌思作肃，服戒不哀（山阴《王文端公集》）。

人民淳厚，垦田为生（《应州图经》）。

其民淳，其事简（《祝志·应州》）。

俗尚武艺，少事商贾。其地干燥少树，宜雨不宜旱，尤苦霜旱（《应州志》）。

四民气禀淳厚，各守所业而不变迁，以俭勤相能（《浑源州图经》）。

以淳厚相尚，以勤俭为本（《祝志·浑源》）。

据云中奥区，山川秀异，哲人辈出（万安《浑源州学记》）。

民知勤农，士颇向学（《祝志·灵邱》）。

先秋陨霜，深春犹雪，终岁勤劳，习尚俭陋（《灵邱县志》）。

地肥饶，人喜争好斗，颇为北方风气之囿（《祝志·广灵》）。

广灵西北之区，地硗而民朴，勤于稼穑。如太史公《货殖传》所云：代北之民，任侠为奸，不事农者，盖亦少矣。虽有武健之习，民尚雀角之争。而赋质淳悫，不失古风（《穆志·广灵》）。

地隶蔚州，民性质无谄，去华从俭，以耕织为生（《元志·广昌》）。

耕樵为业，亦事商贾。地近边陲，赋性勇悍（《祝志·广昌》）。

其风朴略，其俗劲遂。勤耕耘，务牧养（《阳高县志》）。

地临边塞，人情朴鲁。男务耕牧，女不纺绩。天寒地瘠，民贫俗俭（《天镇县志》）。

朔 平

风俗惟淳，民物尚朴（宋李文焕《平治甸城碑记》）。

风气刚劲，人尚勇敢（蒋廷梁《显明寺碑记》）。

人习战斗，忠勇素具（《郡志·右玉》）。

其民敬老慈幼，节用恭俭，勤于耕耘，务于牧养（《元志·朔州》）。

其民敬老慈幼，节用勤农。士耻奔竞，务淳实（《祝志·朔州》）。

民贫土瘠，崇俭黜华（《祝志·马邑》）。

民性浑朴，惟事耕耘。饮食衣服，多尚简易。至于慷慨轻生，刚毅任侠，信鬼好祈，犹不免西晋之故俗云（《马邑县志》）。

好胜负气，慷慨磊落（御史蒙诏《鄂国公庙记》）。

士知闭户，农思力田，各安其业（《郡志·左云》）。

习尚勇敢（《郡志·平鲁》）。

人多逐末，不思敦本（同上）。

宁 武

代北之人武（柳芳《姓系录》）。

性愚鲁，尚射猎（《祝志·宁武》）。

地多沙陡，人尚强梁，从军者众，竞事奢靡（《祝志·偏关》）。

居万山之中，地多沙碛，而务农者鲜。人尚戎马，而从军者众（《穆志·偏关》）。

习兵好射，尚朴少文（《祝志》）。

俗悍而喜斗，民轻生敢死，有燕、赵之遗（高文《荐学碑记》）。

邻于边鄙，务俭崇朴，衣惟韦布，食鲜膏梁（《神池县志》）。

山高风烈，土瘠民贫（同上）。

尔朱羽健魏登国初，为领人酋长，居秀容川。诏割方三百里封之，长为世业。道武初，以南秀容川原沃衍，欲令居之。羽健曰："家世奉国，给侍左右，北秀容既在划内，差近京师，岂以沃瘠，更迁远地？"上许之。自是给复百年。至曾孙新兴，太和中继为酋长。牛羊驼马，色别为群，谷量之。每春秋二时，恒与妻子阅畜牧于川泽，射猎自娱（《魏书》）。羽健家近祁连池，即芦茅山巅池也。地瘠牧蕃，此五寨之俗（同上）。

泽 州

人性质而好学，其气豪劲（《元志》）。

其民俭朴而敦本，有唐晋之遗风（同上）。

力勤耕种，淳而好义，俭而用礼（《古志》）。

人习机杼，俗尚俭朴。

勤于力田，多嗜文学（《穆志》）。

民被唐风，故多俭朴。地接舜畔，故多务农（《穆志》）。

泽跨河朔隶冀南，为巨郡，其民俭质而力耕，有尧舜遗风余思。士亦劬于文学，无外慕焉。鵷翥鸿渐，后先接武（张鹏《学记》）。

其民勤直忠俭（御史熊迴《志序》）。

近太行之麓，水土深厚，性质朴，气豪劲，多文雅士，衣冠礼让，为诸郡先（《祝志·风台》）。

风尚少浮，不失原本（《泽州志》）。

淳本好义，俭而循礼（《祝志·高平》）。

昔称勤俭，今渐侈靡，竞奇斗巧，恪于奉公（《高平县志》）。

士重名节，民尚俭朴（《祝志·阳城》）。

境邻中州，故语言辨正；教崇邹鲁，故士多文学（《旧志·阳城》）。

士多廉耻之风，务名节，惜行检。民尚节俭，近虽稍奢，犹不失古意（《穆志·阳城》）。

质朴乐于趋善，丧祭不用浮屠（《祝志·陵川》）。

君子守礼勤俭，小人尽力耕织，妇女不街行，入城不驰骡（《陵川县志》）。

廉俭尚义，悃愊无华（《祝志·沁水》）。

士夫居乡朴直，民耻淫盗，少争讼。房地屡世不相弃。敬神信巫，少有不平，必质之神，故乡多庙祀，醮赛纷举（《沁水县志》），

蒲 州

仪度冠冕，容止闲雅，良田仕宦之家，陶染成俗（隋文帝《幸蒲州诏》）。

蒲地，虞舜所都。其地硗瘠，人民朴俭（《朱子论》）。

仰德而执敬，闻风而兴义（《首阳记》）。

风土刚劲，豪杰辈起（《方舆胜览》）。

民淳而串简，有虞氏之遗风存焉（赵孟頫《送田衍知河中府序》）。

唐虞治迹之所经行，夷齐清风之所渐染，宜乎有熏而善者，陶而化者（《河中志》）。

蒲坂为有虞故都地，界秦豫。其形势之丽崎，中条鼎峙，黄河亘流，秀淑之气，扶舆磅礴，郁然三晋冠。故生其地者，粹然淳古，人文辈出，忠孝相仍，有虞氏之遗风在焉（杜笃祜《志序》）。

容仪闲雅，服饰鲜丽，仕宦之乡，人文称盛（《祝志·永济》）。

民性质朴，好尚节俭，力田纺绩，多事商贾（《穆志·永济》）。

男女尽职，士多节义，近好讼，婚姻论财（《祝志·临晋》）。

士刚而躁，其人往往负气好斗。至男业耕耘，士子不废；女勤纺绩，巨室亦然。斯则“蟋蟀”“葛屦”之遗焉（《临晋县志》）。

地称膏壤，民亦勤谨畏法（《穆志·虞乡》）。

民务桑农，士嗜文学（《祝志·猗氏》）。

秀者为士，朴者为农。士虽嗜［读］不废耕耘，而农“瞿瞿”“蹶蹶”，终岁靡宁。

即欲不俭，孰与为奢（《猗氏县志》）。

语不饰伪，服不厌恶，多以气节自高（《祝志·万泉》）。

地僻邑小，无故家巨室，以变其俗；无豪商大贾，以广其业；无明师通儒，以发其趣。故儒林欲伸士气，而失之过甚。氓隶亦重使气，而不善变通云（《穆志·万泉》）。

务农少商，好神健讼（《祝志·荣河》）。

勤劳稼穑，弗敢奢侈，惟务节俭（《穆志·荣河》）。

辽 州

其民信实纯厚（《元志》）。

刚悍朴直（《地舆综要》）。

山川险绝，其民信实纯厚，其俗刚悍朴直，力耕作而无织纺（《祝志·辽州》）。

辽阳地少平沃，商贾不通，民多穴居，以糠薤为盖藏，缙绅之家亦用之（《舆图志》）。

辽居太行绝顶，四月冰解，八月飞霜，风气大寒，耕者鲜获（《穆志·辽州》）。

昔尚朴实，近颇强悍（《祝志·和顺》）。

俗尚朴实，近颇强悍。士宦不乘车马，婚丧不事靡丽，赋税乐输，近亦知好文艺（《和顺县志》）。

介万山之中，其地瘠，其民贫。士生其间，勤朴简素，且耕且读之外，无多事焉（白如梅《和顺学记》）。

喜谦恭而鄙骄谄，好良善而贱豪强（《祝志·榆社》）。

行事多愚憨，不为绮语（《榆社县志》）。

平坡沙薄，田有四等，大率硗确，不可耕者，十居六七。民之终岁勤劬，办租纳课惟此（同上）。

沁 州

其俗勤俭朴实，专力耕农，少事商贾（《古志·沁州》）。

居万山之中，其地硗瘠，气候暖迟而寒早（《祝志·沁州》）。

耕织为生，婚丧相助（《祝志·沁源》）。

风气刚劲，民性犷悍，好胜喜斗。平居尚齿德，患难多气悍（《穆志·沁源》）。

民多质朴，俗尚勤俭（《沁源县志》）。

稼穑是重，廉耻为先（《祝志·武乡》）。

地瘠民贫，性刚气悍，不事商贾，地宜谷黍（《武乡县志》）。

平 定

郡小民淳，俗重端午，其风清简，好尚文章（《元志》）。

其土瘠，其民勤，其俗朴质，其风悍尚，有陶唐氏之遗风（吕思诚《风土记》）。

榆关地僻而要，故州人虽处山林涧谷之中，而达于四方。故其为士者，亦纯明而朴茂，疏通而谨恪。吏兹土者，虽惮于送迎之烦，然亦幸其民易使，事易集，而政易成也（文鸿儒《学记》）。

士勤于学，农务于耕（《祝志·平定》）。

士古习《尚书》，师授家传，比屋皆是，多以经魁省闱。市井便作生理，男子不远游，妇女不交易，士夫不衣文绣，不乘舆马（《穆志·平定》）。

勤于稼穑，寡于贸易（《祝志·寿阳》）。

勤俭朴实，无异唐风；劲风少文，犹存晋旧。居民耕农之外，别无生理，近代兼资纺织。但户多佞佛，人易轻生（《寿阳县志》）。

其俗勤劳，少壮而材者，多挟弓矢，跨鞍马，习骑射之事（宋李毅新《学记·寿阳》）。

民俭俗淳（《元虞集《文庙记·孟县》）。

山多地少，民尚勤朴（《祝志·孟县》）。

秉性躁劲，赋气果决（《祝志·乐平》）。

淳厚而勤俭，力田而少文（《乐平县志》）。

忻 州

华表俯窥于双鹤，连冈雄镇于九龙。弦歌绝井邑之哗，章甫易弓刀之旧。是以太原文风之兴，自忻州始（元好问《修学疏》）。

民性质朴，士尚文雅（《古志·忻州》）。

粗心猛气，健讼轻生（《祝志·忻州》）。

务诗书，重稼穑，淡泊自安（《祝志·定襄》）。

疾病信巫，丧祭用释（《定襄县志》）。

士守廉耻，民好争讼（《祝志·静乐》）。

刚劲质直，与人交倾倒肝膈，羞称套数（《静乐县志》）。

代 州

民淳讼简，务实勤业，无游惰之习，绝浇薄之元（《元志》）。

质直朴野，鄙啬勇悍。地无平原，人多武艺（《祝志·代州》）。

男不务耕，家无蚕桑，女不务织（《雁门志》）。

俗尚戎马，少事文学。弘正以来，二史并芳，三卿鼎立，文武称彬彬矣。而仕宦骑马中，不入闾里。婚嫁耻于论财，风尤近古云（《代州志》）。

山高风烈，地俭约，务耕读，而少贸易（《祝志·五台》）。山川秀异，士生其间，积学者代不乏人。但民依山阜，艰于为业，鲜有商贾，惟力耕凿（《五台山县志》）

土瘠民贫，士多守礼（《祝志·繁峙》）。

其俗勤俭，朴直少文（《穆志·繁峙》）。

少经营，尚俭啬，地瘠民贫（《祝志·崞县》）。

男务耕耨，女谙织纺。地寒不花，鲜所习见。士尚诗书，亦喜弓马（《崞县志》）。

保 德

善治生，多藏蓄（《保德军志》）。

土瘠民贫，莫不尚义（明《一统志》）。

质朴而尊卑相序，刚直而内外有别（《祝志·保德》）。

民性刚强，少不相得，辄诟詈攘臂。独不好讼，越诉尤鲜（《穆志·保德》）。

民贫，鲜生理，耕种而外，或佃佣陕西，贸易邻境（同上）。

地近沙漠，寒多暖少，春多风霾，秋霜早降。且郡临大河，当河冰开阖时，居民多感寒疾，如南方之瘴云（《保德州志》）。

不好词讼，惟务耕耨（《祝志·河曲》）。

解 州

境接古虞芮之国，其民质朴力耕，而习俗崇礼让之风（《解梁志》）。

魏晋以圣人所都之故，而淫奔之俗不闻。圣人之化，入水深如此也(《黄氏诗话》)。

勤俭禹德所型，忧思唐风之遗。士大夫质直无谲险，百姓朴淳畏公，尽力南亩，妇女织纴亦勤（《舆地志》）。

向善而服勤，守俭而知礼（房希文《学记》）。

务耕织，尚节俭，游惰好讼，婚娶论财（《祝志·解州》）。

其民质朴，力耕耘，勤纺织。第邑近盐池，颇趋盐利（《祝志·安邑》）。

向义服勤，守俭知义（《祝志·夏县》）。

俗忠朴，力稼穑，好积蓄，知读书（《夏县志》）。

重农事，勤纺织，淳朴俭约（《祝志·平陆》）。

魏地狭隘，其俗俭啬而褊急（《朱子诗注》）。

宽裕者其流长，急迫者其意短，魏地狭而褊急如此（庆源辅氏《诗说》）。

魏地无淫诗，犹有圣人之遗风（华谷严氏《诗说》）。

夫子谓：与其奢也宁俭。则俭虽失中本非德，然而俭之过，则至于吝啬迫隘，计较分毫之间，而谋利之心始急矣（广汉张氏《诗说》）。

民鄙而俗陋（宋邵泊温《芮城待济亭记》）。

朴实直憨，更多务耕织，市井少居商贾（《祝志·芮城》）。

饮客衣冠，争奢斗靡（《芮城县志》）。

绛　州

晋霸之余，人性刚悍，多勇敢。然勤稼穑，好积蓄（《古志·绛州》）。

魏晋后，工机纤，意态百出，俗益俚弊，人益脆弱，不复沈鸷刚中（杜牧论）。

刚俭尚义气，有三晋余习（元王恽《夫子庙记》）。

重廉耻，尚道义，勤耕织，好蓄聚，近入于奢（《祝志·绛州》）。

城市之民，无寸田，多贸易，盈难而虚速。乡民务耕织，悬崖崎陉苟可种，无闲旷。抱布贸易，殆无虚时。土狭而瘠使然也（《穆志·绛州》）。

尚节义，重名检，男耕女织，朴实近古（《祝志·闻喜》）。

俗多节义，士大夫不以官势骄人（《闻喜县志》）。

农亩并无贸易，丧葬不用浮屠（《祝志·河津》）。

男不纳赘，女不招婿，妇不闲游，宅肆不相通；男女不贸易（《河津县志》）。

后稷播种之地，崇尚节俭（《祝志·稷山》）。

尚节俭，喜祭赛，勤耕织，知向学（《稷山县志》）。

其性颇淳，其俗尚俭，间有刚愎好讼者（《祝志·绛县》）。

民勤生业，尚义好俭（《府志·绛县》）。

勤稼穑，好蓄积，不喜事佛（《祝志·垣曲》）。

厚葬祭，敬神明，不谙商贾，不事华靡（《垣曲县志》）。

吉 州

士知谦让，民无告讦，婚姻死丧，邻保相助（《祝志·吉州》）。

州境僻处万山，土瘠民贫，俗尚勤俭。男耕女织，不事商贾（《穆志·吉州》）。

郑康成曰：祖乙居耿以后，奢侈逾礼，土地迫隘，山川常圮焉。至阳甲立盘庚为之臣，乃谋徙居汤旧都。民居耿久，奢淫成俗，故不乐徙（《书》疏）。

王肃曰：自祖乙五世，至盘庚之兄阳甲，宫室奢侈，下民邑居垫隘，水泉泻卤，不可以行政化，故徙都于殷（同上）。

皇甫谧曰：耿在河北，迫近山川，自祖辛以来，民皆奢侈，故盘庚迁于殷（同上）。

王柏曰：土气有厚薄，风俗有盛衰，冀之为都，天下之形势也。山河险固，沃壤迫隘，民淳俗隘，足以自固。后世人民文物，渐至繁阜，风气日耗，遂自北而南，势使之然也（同上）。

王柏曰：滨河之地，近古帝都，地壤土丰，民稠物饶，人所共趋。常人之心，知利而不知患，虽数有水祸，时圮时坏而不悔者，政以厚利，奔其避患之心也（同上）。

无纺绩货物之利，有勤俭礼义之风（《祝志·乡宁》）。

山中垂白之老，不履县境，目不识官胥（《乡宁县志》）。

隰 州

民风俭而不陋，朴而不野。其间人物，举止有体，出言有章，郁然有吾儒之气象（金宋元吉《兴儒里碑记》）。

吉隰之地多山，其人质朴信实（明《一统志》）。

任质而不狂，能守而鲜乱（《祝志·隰州》）。

民性质直劲勇，不事商贾，勤于耕牧。妇事蚕而不能纺织（《穆志·隰州》）。

界于峻山，不事商贾（《祝志·蒲县》）。

四境率多穴处，士民率多力耕（《蒲县志》）。

土壤雄硕，风俗勤俭（元续执中《修大宁学记》）。

僻在万山间，其人多朴鲁（《祝志·大宁》）。

士以礼义为贵，民以耕菑为业。但信鬼而尚巫，亦陋习也（《祝志·永和》）。

民皆穿土为窑，曲折而入，如层栖复室。每过一村，自远视之，短垣疏牖，高下数层，缝裳捆履，历历可指。山路崎岖，老翁驱犊，少妇汲水，登降甚捷，不以为苦，有太古之象（《穆志·永和》）。

河南

《记》称广谷大川异制，民生其间异俗。风俗之不同，由来久矣。班固谓刚柔缓急，音声不同，系水土之风气，故谓之风，好恶取舍，动静无常，随君上之情欲，故谓之俗。然则风俗者，固山川地气使然，亦主治者之好尚，实有以转移之欤。豫省居土之中，受气之正，其天性朴茂，殆所谓难动以非，易感以义者乎！然古太师陈诗，以观民风，而十五国风，豫居其半。《汉书·地理志》周、魏、韩、赵、宋、卫、楚之地，豫皆有焉。其间习俗风尚，固亦有不同者，亦采风问俗者所当习知之也。

开封

梁，魏之墟，人多俊髦，好儒雅，杂以游豫，有魏公子之风，难动以非，易感以义（汉《地理志》）。地居土中，物受正气，其人性和而才慧，其地产厚而类繁（杜氏《通典》）。魏俗刚强（《玉海》），地为四战，其俗右武；人具五都，其气习豪（唐刘禹锡《汴州刺史厅壁记》）。重礼义，勤耕纴（宋《地理志》）。俗尊年齿，学尚经术（《寰宇记》）。物产富饶，习俗侈靡（《方舆胜览》）。好祭祀，用史巫（汉《地理志》）。旧俗刚毅，里多壮士，任侠尚气，闻义则畏。甲第星罗（并宋扬侃《皇畿赋》），比屋农桑（唐诗）。士以节义自重，而羞干谒；民以敦睦为良，而耻告讦。平原修野，故其人坦易；巨涛大河，故其人结博（并《祥符县志》）。

归德

睢阳古郡，犹有先王遗风，重厚多君子，好稼穑，恶衣服，以致蓄藏(汉《地理志》)。

重礼文，其风不变于古（隋《地理志》）。人皆有忠义之风，其本于张巡、许远之表倡（《异闻集》）。人情朴厚，俗有儒学（杜氏《通典》）。习俗淳厚，喜勤尚质（元《地理志》）。重本而轻末，贱释而贵儒（《郡志》）。其俗激昂而奋厉（《山堂考索》）。观其英豪之域，冠盖相望，元勋隽老，五姓实昌（杜正献、赵康靖、王文忠、蔡敏肃、张文正，寓睢阳者凡五族）。其原野，则田畴弥望，不可计数，浸以曜渔之源，被以沃壤之土，举趾即云，荷锄乃雨。美哉邈乎！土地之沃，人物之夥也（并宋王仲敷《南都赋》）。

彰 德

魏郡邺都，浮巧成俗，雕刻之工，特云精妙。士女被服，咸以奢丽相高，其性所尚习，得京洛之风（隋《地理志》）。物背窳而就工，不鬻邪而豫贾（晋左思《魏都赋》）。魏地狭隘，其俗俭啬而褊急（《诗》注）。俗陶淳，古之风尚，英雄之习，地险人豪，民淳事简（并《图经》）。朴厚肃和，人皆君子，有古逊畔寝刑之风（《方舆胜览》）。土狭人稀，习尚淳厚，雅重儒术，而耕凿其勤。民知立本，而羞争讼；士多务学，而厌浮靡（《郡志》）。其俗劲悍勇毅（崔铣论）。人民淳朴，俗尚礼义，而务耕桑，有廉、蔺遗风（《武安县志》）。

卫 辉

季札闻卫歌，曰："美哉渊乎！忧而不困者也。吾闻卫康叔、武公之德如是，是其卫风乎（《左传》）？"卫多君子（《史记》）。周末有子路、夏育，民人慕之，故其俗刚武，尚气力。刚强多豪杰（俱汉《地理志》）。重谊疏财，有先王遗风（《舆地志》）。民情颇事商贾，地饶俗淳，勤于播种。孝悌之行，有闻于时（元《地理志》）。性缓尚儒，仗气任侠（《文献通考》）。其俗纤俭习事（汉《货殖传》）。地滨大河，故其人气浮，故其人质柔，故其人心惰（《诗·卫风》注）。人知向学，彬彬有文（《续郡志》）。土地饶美，物产阜盛（宋詹文《学碑记》）。山水明秀，人民殷富，睿圣武公之遗泽存焉。人人知劝为善，而耻为不善（并元程大本《元圣庙门记》）。士民敦尚节行（元王公孺《殷太师忠烈公庙碑》）。男尚节介，女多劲烈，有共、姜之风（《辉县志》）。

怀 庆

其地险要富实，其俗朴野易治。服寇恂平易之化，熙熙向风，不靡不暴（汉《地理志》)。风土得四方之正，是以习俗好尚，奢俭得中，熏染许鲁斋道学之化，皆好性理，崇礼义（并元《地理志》)。民多敦本好学（《河内县志》)，力耕桑而鄙贩鬻，尚清谈而多寿考（《郡志》)。其地负山面河，士旷民淳（刘健《文庙记》)。男耕女织，村落连延，颇尚节俭之风，自得恬熙之乐（《修武县志》)。

河南

气禀中和（周《礼记》)。季札闻歌《周南》、《召南》曰："美哉始基之矣！犹未也，然勤而不怨矣（《左传》)。"河南亦豫州之域，豫之言舒也，言禀平和之气，性理安舒也。洛阳得土之中，故周公作洛，此焉攸本。其俗尚商贾，机巧成俗，故《汉志》云：周人之失，巧伪趋利，贱义贵财，此亦自古然矣（隋《地理志》)。忠义迭见（宋《邵氏闻见录》)。郁郁刑河（《豫州节注》)，士向诗书，民习礼义，务本立业，有周、召遗风（《宋志·表》)。性行淳朴，不事华侈（《一统志》)。洛阳古多士，风俗犹尔雅（宋苏轼诗）。其俗和柔而宽缓（《山堂考索》)。周人善贾趋利，而纤啬（杜氏《通典》)。女修织纴，男务耕耘，器用陶匏，服尚素元。耻纤靡而不服，贱奇丽而弗珍（汉班固《东都赋》)。

南都

夏人忠朴，有先王遗风（《史记》)。尚气力，好商贾。去末归本，群以殷富（并汉《地理志》)。南阳古帝乡，缙绅所出（隋《地理志》)。南阳被召父黄韩之化，易商贾为本业，转争讼为笃厚（《玉海》)。淳朴尚农，士皆为道德性命之学（并元《地理志》)。俗有武断之风，人勤农桑之务（《方舆胜览》)。土沃俗淳，民知向学（元王睿《邓州学记》)。过质少文（旧《郡志》)。土地之广衍，人物之繁盛，产育之丰腴，风土之淳质（杨应奎《南阳府碑记》)。人尚淳朴，少夸诈（《郡志》)。务稼重礼，人多寿考（《裕州志》)。古称淳厚，敦尚诗书，专务耕桑，有东汉遗习（《方舆胜览》)。

汝宁

汝颖多奇士（《史记》)。其俗剽轻，易发怒。地寡薄于积聚（《史记》)。汝南之俗，皆急疾有气势（汉《地理志》)。人性躁劲，风气果决。尚淳质，好俭约，丧祭婚姻率渐于礼（并《隋志》)。人性清和，乡间孝友，男务坠辟，女修织纴，士风习尚，文质彬彬（宋《地理志》）。多事农桑，不尚华丽（《信阳图志》）。习尚俭素，士风淳笃，犹有申伯遗俗（《元和志》）。汝宁在汝、坟之间，文王化行之地，人重信义，士尚质文，性情质直，礼义疏简（并《郡志》）。慷慨而尚气节，文雅而多学问。好品藻，喜讥评，有许邵之遗风焉（并《汝阳县志》）。

汝 州

士尚端悫，民甘勤劳，有巢由清节之风（《方舆胜览》）。伊川游宦之邦，道学渐濡者众（旧《总志》）。士为道德性命之学，民有丝绢细絁之富（《风土志》）。垦田颇广，民多财富，亦由俭啬而然（宋《地理志》）。民性淳厚而少夸诈，俗颇俭约，而尚耕织（《郡志》）。农务稼穑，士风淡泊，伊洛遗风，尚有存焉（《伊阳县志》）。山川清远，土壤膏腴，得天地中和之气为多，故古今人物，知名于时者，前后间出（宋令狐相如《读书庵记》）。民物阜康，礼让兴行，汝民庶几古俗矣（谢迁撰《沈侯去思碑》）。

陈 州

重礼义，勤耕耘（宋《地理志》）。崇祭祀，多尚史巫（《通志》）。高节义，尚廉耻，重丧葬，谨婚姻，俗为近古（《州志》）。

许 州

士风端愿，民俗勤劳，推诚相接，耻狙诈（《风土记》）。好尚稼穑，重于礼义，其俗近古（《隋书》）。民淳讼简，土厚水甘，务本业，不习末作。即遇凶荒，宁死不弃乡井（《襄城志》）。颖川人尚忠，其弊朴野（《长葛志》）。笃厚善学，重贤敬宾，士女勤朴，不务华饰。疾病多尚鬼信巫（《临颍志》）。

禹 州

俗尚朴鲁，称谨愿，有唐魏遗风（《州志》）。陉隗环拱，溱洧襟带，风藏气聚，世多君子（《地理志》）。崇俭抑侈，教诲艺殖，东里氏遗泽未替（《新郑志》）。居万山之中，俗淳朴，重义急公（《密县志》）。

郑 州

季札闻郑之乐曰："美哉！其细已甚，民弗堪也（《左传》）。"好稼穑，习礼文，士风都雅（《隋书》）。习淳尚贤（汉《地理志》）。气质冲和，有忠厚礼让之风，无狙诈横争之习（《汜水志》）。

陕 州

刑讼简省，民安生业（《陕州甘堂记》）。好讼而负气，不忍睚眦小忿（《阌乡志》）。民尚豪侠，士敦礼让，介秦，晋之间，染其余波（《灵宝志》）。

光 州

俗美风淳，异材秀民，业儒术以自见于世（《州学志》）。士尚名教，礼崇俭约，古意未漓（《光山志》）。少长安于朴，俗食给于田蚕。男女婚嫁，养生送死，质而有节（元马祖常《光山志》）。俗好禨祥（《息学记》），斗星之分，其性轻扬，江淮之交，其风躁动（《固始志》）。

豫居四方之中，其风土之刚柔，习俗之淳漓，服食器用之奢俭，较之邻省，差得其中。近其地者，率染其俗，势使然也。然亦有习尚不异者。如元旦祀先，卑幼以次拜尊长，亲邻交贺。上元张灯。清明日拜墓，插柳于门。端阳日戴艾虎，食角黍，饮雄黄蒲酒，以彩线系小儿腕。六月六日曝衣。七夕乞巧。十月一日拜墓，焚寒衣，农民报赛。除日易桃符，放爆竹，男女守岁。在在然矣。至于祭必四代，祀以仲月，婚不论财产，葬不饭僧、不举乐，士大夫家行之，余不尽然也。

江苏

江南本句吴旧俗，左思所谓率土论都，独端委所彰，高节所兴者也（《汉书·地理志》）。以为东海淮、泗之间属鲁，沛楚、山阳属宋，其民有圣人之教化，近先王之遗风。又以为吴粤与楚接比，数相并兼，其俗略同。盖其文辞之失巧，与呰窳不求积聚者，自古已然。然风俗者，教化之所移易，非独其水土之性殊，气习之所尚不同也。吴中君子尚礼，庸庶敦庞，风俗澄清，而道教隆洽。史册所传闻者，庶几征信于今兹矣。

江宁

君子勤礼恭谨，小人尽力耕殖（《祥符图经》）。其人士习王谢之遗风，以文章取功名者甚众（沈立《金陵记》）。南方水土柔和，其音清举（颜介之）。永嘉以后，衣冠萃止，文艺儒术，于斯为盛（《通典》）。俗英且毅，士清以迈，地大而才杰（宋杨万里）。风流文物，冠映古今（汪藻）。建业自六代为都邑，民物浩繁，人才辈出，实士林之渊薮（杨演）。山川浑深，土壤平厚，华而不佻，淳而不俚（《戚氏志》）。生人之性，亢朗冲融，重义而薄利。风俗之美，喜艺而厌凡鄙。乡邻婚丧，贫乏者互相资助之。金陵，文献之邦，以故寰宇推为奥区。士林重其清议，弹射臧否，剖析毫厘，擘肌分理者，至今犹然（俱《旧志》）。

苏州

因士类显名于历代，而人尚文；因僧徒倡法于群山，而人尚佛（汉《第五伦传》）。泰伯逊天下，季札辞通国，德之所化者远矣。更历汉、晋以来，风俗清美，俗多祠宇(《旧图经志》)。山泽多藏育,风土清且嘉,泰伯导仁风,仲雍扬其波(晋陆机诗)。郊无旷土,多勤少俭(《吴郡志》)。君子尚礼,庸庶淳庞(《隋书》)。当赵宋时,俗益丕变,有胡安定、范文正之遗风焉。及后礼义渐摩,而前辈名德,以身率先,又皆以文章振动。今后生文词,动师古昔,而不梏于专经之陋。矜名节,重清议,下至布衣韦带之士,皆能摛章染墨,其格甚美。惟夫奢侈之习,未能尽革(《旧志》)。

松 江

文物衣冠,蔚为东南之望。经学词章,以至书翰,咸有师法(《府志》)。吴中族姓之盛,自东汉以来,有闻于世,逮魏、晋而后,彬彬辈出。左太冲所谓高门鼎贵、魁岸豪杰、虞魏之昆、顾隆之裔,居于华亭者为最著。故士奢于学,民兴于仁(宋魏了翁记)。儒官翼翼,不异邹鲁(元赵孟頫。四方名流,汇萃于此,熏陶渐染之功为多(何良俊)。负海沈江,水环山拱,自成一都会。民生其间,多秀而敏,其习尚亦各有所宗,以至田野小民,皆知以教子孙读书为事。土膏沃饶,风俗淳秀(俱《旧志》)。

常 州

人性佶直,黎庶淳逊,敏于习文,疏于用武(《寰宇记》)。建自泰伯,宣于延陵,高节所兴,由克逊以立风俗(左思赋)。颖异之材,挺生此邦(《风俗记》)。地偏俗俭(宋苏轼《卜居记》)。县人学子,知所向慕(朱子《宜兴学志》)。能振颓风,以激衰俗,非好贤乐善未易能尔(《府志》)。人秀而文(葛郯《贡院记》)。不事浮华,少为商贾,耕稼自给。士尚儒术,缙绅代不乏人。男子不远游,女子不交易,士夫不衣文绣,不乘舆马,俗多尚吟咏(《旧志》)。士大夫皆知绳趋尺步,纳身轨物,以为士民标准(《宜兴志》)。

镇 江

本泰伯之化,有谦让之风(《旧图经》)。其礼逊谦谨,婚姻丧葬,杂用周、汉之礼(《寰宇记》)。士大夫崇静退,贵气节。民庶循礼乐业,而不好竞(《嘉定记》)。人性柔慧,尚浮屠,而少积聚(《宋志》)。土风质而厚,士风淳而直(《咸淳志》)。士习诗书,敦简素。民闲故土,力耕稼,而不急工商之利,啬于自奉。妇人耻出门户(《金坛志》)。京口为舟车络绎之冲，四方商贾，群萃而错处，转移百物，以通有无(《旧志》)。

淮 安

人多轻剽，士任气节(《隋书·志》)。重礼教，崇信义，阛市或杂浇伪。至于农氓，颛固极矣(《地理志》)。士勤学问，民务农商，有淳厚之风，礼让之俗(《中都志》)。书轨新邦，英雄旧里(宋苏轼《淮阴庙碑》)。渐渍圣化，绰有余风(《图册》)。喜学问，从教化，虽兵革之余犹是心(《元志》)。淮安之俗，淳实尚义，男悍习战(《旧志》)。地大物众，细民弃本务末，豪右亦颇崇华黜素(《南畿志》)。土沃生蕃，河患丰歉不常(《安东志》)。

扬 州

土俗轻扬(《孔子六帖》)，疏寓无定憩(梁柳世隆)。扬州之俗，号为繁侈(《元和志》)。地分淮海，风气清淑，俗务儒雅，士兴文艺(明王倎《学记》)。俗尚侈靡，其士多明秀俊伟(彭时《学记》)。俗从约而易化，士循理而多文。海陵之民，惟事耕渔，性多朴野(俱《郡志》)。土高而广于水，俗廓而勤于稼(《高邮题名记》)。

徐 州

徐方邹鲁旧国，汉兴犹有余风(杜氏《通典》)。人颇鸷悍，其士子挟任节，好尚宾游，盖楚风焉(《隋书·志》)。霸者之余，以武为俗(宋陈师道《学记》)。萧，风俗浑厚，多智虑，务农生财(晁端中)。沛，地邻邹鲁，务稼穑，尚礼义(《沛县志》)。沛以勇宕为俗(李蔚《美政记》)。砀邑之学，弦歌方盛(元《大成殿记》)。丰熟可抵三州。民事农桑，乐输赋役，而其俗亦淳(《丰县志》)。俗多楚音，朴直舒徐(《地理志》)。风俗高迈，迥出等伦(《旧图经》)。士愿民朴，重廉耻，崇信义(《邳州志》)。

太 仓

正统以后，太仓始立学校，仕进者辈出，文物渐盛于前(明陆容)。太仓气习风类，耿拔自树。财赋攸出，政重农官(周凤岐)。弘治以后，竟名大邦，峻城深池，文学显于天下（张溥）。俗尚气节，好清议，少不检，即私相非笑。且安土不好远游，无故未尝适百里，纵商游不至经岁（《旧志》）。嘉定风气沉厚，其君子务读书行义，以古人为师（王衡）。崇明越在海表，其土风古，其性劲，其人驯扰（《旧志》）。

海　州

海州，古郯子国也，孔子尝游焉。其地密迩邹鲁，昔为东海郡，号称多材（《海州志》）。赣僻在海隅，人性颛朴，无机利之习（明王典）。闾阎殷富，人物焜煌，山川草木润媚而韶秀。淮平以北，称美土焉（董杏）。沭汉之厚丘，治居淮朔，壤接东省，有洙泗之遗风。家诗书而户礼乐，弦歌之声，不绝于闾巷草野；忠义［孝］节义，时见于愚夫愚妇（《沭阳志》）。

通　州

文采风流，衣被到今，称为淮南书院（《旧志》）。鱼盐之利商贾。弦歌之声，章甫亦众（宋《学记》）。通阻江滨海，盗稀讼简（《通州志》）。如皋水土清淑，自胡安定以经学倡率东南，闾巷秀民皆知向学，弦诵之风于今为盛（《如皋志》）。

安徽

盖闻系于水土者，谓之风，化于君上者，谓之俗。风俗与化移易，其积渐然也。古者太史陈诗，以观民风；命市纳贾，以观民之所好恶。安徽为东南都会，水深土厚，习尚敦丽。生其间者，咏仁蹈德，日迁善而不自知和亲。康乐安平，为一书，于以徵郅治同风之盛焉。

安庆

江南之气，躁劲厥性轻扬（《晋书》）。

人心躁劲，风气果决，其旧风然也。自平陈后，俗尚淳质，好俭约，丧祀婚姻，率渐以礼（《隋书·地理志》）。

土壤膏沃，人性轻扬，善商贾，廛里饶富（《宋史·地理志》）。

风俗清美，天性忠义（元余阙记）。

民勤而壤沃，俗俭而事简（元欧阳元《望江学碑》）。

风土清美，有粳稻之饶（《图经》）。

安庆人物忠敢，不愧于古，怀宁易，桐城达，望江悫，潜山毅，太湖净，宿松直。大抵江北风气近厚，故其习高，多类中州（明胡宗缵记）。

六皖山川美瞻，弦诵力本，其礼教信义，闻之熟矣（《府志》）。

荆楚饶劲士，吴越多秀民，皖介两服之间，沉潜高明，盖兼具矣（《府志》）。

徽州

地杂瓯骆，性刚强，君子务为奇节高行，而羞不义，异才间出（宋朱子《新安道院记》)。

休宁山峭厉而水清激，故禀其气者，性情习尚，不能不过刚而喜斗。然其俗难以力服，而易以理胜（朱子《新安道院记》)。

自昔多以材力保障乡土，其后寖有文士。山限壤隔，民不染他俗，勤于山伐，能寒暑，恶衣服（《淳熙志》)。

地隘人稠，力耕所出，不足以供，往往仰给于四方（《江南通志》)。

大江之东，以郡名者十，而士之慕学新安为最。新安之地，以县名者六，而邑小士多，以绩溪为最（《旧志》)。

父老尝谓新安有数种风俗，胜于他邑：千年之塚，不动一抔，干丁之家，未尝散处；千载之谱，丝毫不紊；主仆之严，虽数十世不改，而宵小不敢肆焉（《旧志》)。

山多田少，以货殖为恒产。善识低昂时取，与贾之所入，视旁郡倍厚。其家居也，朴啬而务积蓄，女人尤称勤俭，多贞洁（《府志》)。

家多故旧，自唐宋来数百年，世系比比皆是。重宗义，讲世好上下六亲之施。村落家构祠宇，岁时俎豆其间（《府志》)。

冠冕之伦，多尚气节，矜取予，有《唐风》“瞿瞿”之意（毕懋康《里居四则》)。

绩溪隶于徽，而田畴不逮婺源，贸迁不逮休歙（《乾隆志·小引》)。

宁 国

民食鱼稻，以渔猎山伐为业。饮食还给，不忧冻饿，亦无千金之家（《汉书·地理志》)。

川泽沃衍，有海陆之饶。其人君子尚礼，庸庶敦庞，故风俗澄清，而道教隆洽，其风气所尚也（《隋书·地理志》)。

舟车繁会之乡，风俗和柔之境（唐尉迟枢《新安禅院记》)。

清凉高爽（唐韩愈《与崔群书》)。

陵阳奥壤，土广人庶，其地有险，所寄非轻（唐白居易制)。

地产气序之平夷，江汉冈峦之襟带（唐陈势《大宁塔记》)。

宣州故秦鄣郡，其俗佻而侈，其人劲而悍。有裴耀卿者为刺史，端本重学，宣人始服化矣（唐陈简甫《开元良吏记》)。

阻山带江，颜谢流风（《玉海》)。

东南自古非用武之地，大率民俗阜安，不乐攻剽，号为淳而易治（宋周紫芝《移建宣城县治记》)。

淳雅尚义（宋谢谔《南陵永丰陂记》）。

深山穷谷之间，风声气习，争尚简朴（宋徐锐《旌德县学记》）。

淳古易治，民相安于无事（宋邵康《旌德县学记》）。

地狭山多，县庭简讼（宋李瞻《旌德县厅壁记》）。

田土硗确，民无盖藏（宋赵必法《平粜记》）。

地广而僻，人质而文（元梅震记）。

古称气劲，躁性轻扬。自永嘉之后，衣冠避难，多萃江左，艺文儒术，斯之为盛，盖因颜、谢、徐、庾之风焉（明刘槃《成化记》）。

山水清胜，民俗敦朴，自昔多秀民（明杨溥《南陵进士题名记》）。

宁之民士淳朴，有适道之资（明邹守益《县学记》）。

邑介黄山、麻川之间，其钟于人，小人则好刚使气，喜以讼胜；君子则劲直自遂，不为不义屈（崔涯《众乐亭记》）。

所产多材故秀，民悦诗书，好礼义。闾巷田塘之氓，悉有以自资，而无慕于外（《旧志》）。

池 州

民淳气和，众货毕给。虽人物稠夥，而有讼不嚣，虽租赋浩穰，而闻令必集（宋盛约《中和堂记》）。

质而勤业，鲜有为非（明刘天锡《忠勤堂记》）。

田土硗瘠，民少积蓄，乐居乡井，不事远游（《广舆记》）。

其人类野而近淳，其俗务本而崇俭（明陈良器《东流学记》）。

其地狭而瘠，其民寡而贫，其风俗多啬而褊，故其好尚，务疾耕力食，而以弦诵为缓（明宋邦辅《东流志·序》）。

壤地褊小，无物产之饶。其民自农亩外，无贸易于四方者，故岁给常不舒。即名巨家，亦无厚蓄（明赵锦《铜陵新城记》）。

人性便利喜动，经生学士，文雅彬彬（《秋浦志》）。

以渔猎为业（《秋浦志》）。

刚柔既殊，雅俗亦分。人志怀刑，衣冠济济（《旧志》）。

大概士夫崇恬退，尚气节；妇女亲蚕织，工纺绩。土著之民惮远行，不事贸迁，甘心贫窭。以故六邑之利，权半归寄客；百家之末艺，尽出游民矣（《旧志》）。

人性机敏，往哲熙熙（《旧志》）。

太 平

水耕火耨，民食鱼、稻、蠃、蛤，故呰窳而无积聚（《汉书·地理志》）。

姑孰饶旷，荆河斯拟；良田美拓，畦畎相望，连宇高甍，阡陌如绣（《陈书·宣帝纪·诏》）。

其民安，其物阜（《郡国志》）。

当涂城跨姑溪，井邑虽疏而开溪，物产余懿（宋张舜民《南征录》）。

田利之入，倍他壤有余，鱼、虾、竹、苇、柿、栗之货，足以自资（宋曾巩《繁昌兴造记》）。

姑孰本江东道院，民淳不浇（宋洪迈《贡院记》）。

其民浑然太朴，惟土物是爱，故能臧厥心，惟本业是崇。是以无末作，尽力田亩，收功钱鎛，其勤苦易足。衣食给，故多知廉耻；习俗厚，故罕事争角（宋吴渊《江东道院赋》）。

士质而静，民俭且淳（宋牟子才《七先生祠记》）。

芜湖首附长河，尾距高麓，舟车之多，货殖之富，衣冠文物之盛，殆与州郡埒（元黄礼记）。

当涂附郭，逼处大江，四郊无他产，惟稼穑园廛、垂竿举网是务（元黄礼记）。

当涂土沃民淳，号称易治（王鉴之记）。

溪山清远，土风淳厚，生殖繁多，人物颖秀（韩膺胄记）。

质而不华，俭而不侈，务耕读之业，绝淫博之风（祝銮记）。

当涂扬州之地，汉时不过一大县耳。地既分则风俗异，讵可以轻扬目之（刘子澄《太平图经》）。

庐 州

人性躁劲，风气果决（《隋书·地理志》）。

封略阔而土田瘠，贱商务农（唐罗珦《巢县德政碑记》）。

人物语音，风土明茂，皆胜淮左诸郡（《太平寰宇记》）。

俗醇讼简，民勇而好义，务农力学，嫁娶以时，丧葬循礼（元揭傒斯记）。

风俗淳朴，事耕桑，崇俭重名务学，贤才汇兴（《旧图经》）。

其民质直，而无二心；其俗勤生，而无外慕之好；其才强悍，而无孱弱可乘之气（元余阙《修城记》）。

山川高深，风气完密，有中州质愿之美（元虞集记）。

人物清修苦节，廉介忠义（黄宗载《府治记》）。

其民质朴，不好争讼，而风俗淳美（王志英序）。

衣冠文物之懿，视昔有加，生民俎豆婚嫁桑梓间，弦诵之声接于四境（朱镛序）。

其俗朴茂，刚健而少文；其地衍沃广袤，有水泉之利；其民勤力稼穑，而多殷富（明王章记）。

土厚水深，士生其间，刚劲笃实，足以任重（杨溥记）。

风气果决，赋性质朴，鲜事工商，专务稼穑（《庐江古志》）。

人性淳厚，好学务本，畏犯法而少斗讼，无吴楚劲悍之风（《无为州图策》）。

凤阳

尚淳质，好俭约，丧纪婚姻，率渐于礼（《隋书·地理志》）。

土壤膏沃，有丝帛之利。人善商贾，鄽里饶富，多富赀之家（《宋史·地理志》）。

凤阳性率真直，其食粳稻，其衣绝［絁］布（《太平寰宇记》）。

濠水之上，江淮之间，惠庄隐士昔所游处。淮南宾客，集而著书。流风所被，文教并兴（宋钱文子《修学记》）。

在城务商，在野勤穑，无告讦之风（《濠梁志》）。

俗慕学问，才产文武（方舆胜览》）。

务俭勤农，知慕孝行（《寿州图经》）。

土俗俭朴，民生淳厚，力农务本，逐末者少。乡里无争斗之习，彬彬然有古之遗风（《临淮记》）。

宿地辟民聚，风俗淳美。

钟离风俗，号称近古（《凤阳志》）。

颍州

汝南之别，皆急切有气势（《汉书·地理志》）。

旧传其俗傲荡，今则好尚稼穑，重于礼文，其风皆变于古（《隋书·地理志》）。

豫州之分，其人得中和之气，其性安舒，其俗阜，其人和，今俗多宽慢（《太康地记》）。

民性安舒，多衣冠旧族，土地褊薄，迫于营养，洛俗然也。汝阴在二京之交，颇同于洛邑（《宋史·地理志》）。

民淳讼简，而物产美；土厚水甘，而风气和（宋欧阳修《思颍诗·序》）。

汝阴人率性真直，贱商务农（《太平寰宇记》）。

里巷敦扶持之教，男女别饮食之筵（《元史·地理志》）。

尚气安愚（《风土记》）。

汝颍固多奇士（贲嵩论）。

人性质朴，惟务农桑，今则工商交作。词讼简少，俗尚礼义，视昔为盛(《异闻录》)。

风俗清丽，人备文武（《旧志》）。

平原旷野，土壤饶沃，水陆四通五达，而无崇山峻谷之险阻（《旧志》）。

仁厚之俗，勤农事，恶衣服。人皆忠义，本于张巡、许远之表率（《亳州志》）。

滁 州

地僻讼简，其俗安闲（宋章衡《重修醉翁亭记》）。

滁介于江淮之间，舟车商贾、四方宾客之所不至，民生不见外事，而安于畎亩衣食（宋欧阳修《丰乐亭记》）。

虽风俗淳厚，而尚气节，易以德化，难以力服（吕元中《紫微泉记》）。

习尚勤俭，专力农桑（《郡志》）。

和 州

楚越之地，饭稻羹鱼，不待贾而足；地势饶食，无饿馑之患。以故呰窳偷生，无积聚而多贫（《史记》）。

历阳人性躁劲，风气果决。自平陈之后，俗颇尚淳，质好俭约（《隋书·地理志》）。

女工尚坚全，男工尚垦辟。市无蚩眩，工无雕彤。无游人异物以迁其志（唐刘禹锡《厅壁记》）。

四民各安其业，而儒雅之风尤甚（《州志》）。

广 德

力于南亩，不务商贾（《汉书·地理志》）。

民淳事简，号江东道院（《桐汭志》）。

境大壤沃，食货富穰（宋曾巩《鼓角楼记》）。

人性直好义。君子业儒术，而尚质朴；小人崇节俭，而务农桑。妇女不出户阁，富贵不服罗绮（曾巩《鼓角楼记》）。

六 安

淮右名州，沃野千里（明朱子奢）。

舒六之贡，利尽荆楚（晋伏滔《征淮论》）。

率性真直，轻商重农（《图经》）。

民淳俗朴，安于稼穑，士谨愿右文（《旧志》）。

民力田疾作，输纳以时，庶几家给人足（《旧志》）。

六地界南北，刚柔适中，文业武功，彪炳史册（《州志》）。

民勤稼穑，士崇气节，皆以礼让相先，无复嚚讼（《州志》）。

泗 州

士习诗书，民尚孝悌，力田者多，争讼者少（《隋书·地理志》）。

田稻丰饶，俗慕儒学（《方舆胜览》）。

其人好学，尚礼义，重廉耻（《太平寰宇记》）。

民性率直，贱商务农。其食粳稻，其衣絁布（《太平寰宇记》）。

民性淳直，词讼简少（《中都志》）。

文教诞敷，人才辈出，敦行务本，闾里相让（《中都志》）。

力农者多，逐末者少，学校有英俊之才，乡里无争斗之习（《临淮记》）。

古称壮县，民强而易驯以义（元揭傒斯记）。

淮泗之间，惠庄隐士昔所游处。《汉书》云：自淮南王安招集宾客，而文词并兴（宋钱子文记）。

天长民朴而愿，士质而文（《县志》）。

地接齐鲁，民尚淳朴，以信义为先；与洙、泗通源，雍容揖让，有古君子风（《旧志》）。

泗人性舒缓朴直，城市之民不为商，乡落之民鲜识字。士习文雅，清恬愿悫。学校畏清议，仕宦顾名节（《泗州志》），

浙　江

总　志

《周礼·职方氏》：东南曰扬州，其民二男五女，其畜宜鸟兽，其谷宜稻。《吴越春秋》：水行山处，以船为车，以楫为马。《汉书·地理志》：吴越之君，皆尚勇，故其民好用剑。左思《吴都赋》：士有陷坚之锐，俗有节概之风。《隋书·地理志》：江南之俗，火耕水耨，食鱼与稻，以渔猎为业。信鬼神，好淫祀。君子尚礼，庸庶敦庞。《宋史·地理志》：人性柔慧，尚浮屠之教，厚于滋味。善进取，急图利，而奇技之巧出焉。葛礼《钱塘赋》：歌唐诵虞，咏仁蹈德，长者皆不厌不倦，幼者亦克岐克嶷。升降以齿，人遵长幼之序；渐摩有素，俗安礼义之守。学古者不知力农之劳，通鬻者不知奇巧之法。熙熙陶陶，含哺鼓腹，沐浴皇灵，优游化图。咸淳《临安志》：有车船橇樏之迹，故其人至今忠以勤；有苗山封爵功德之会，故其人至今劝于为善；有犀贝橘柚之贡，故其人至今知尊君而爱亲。《志雅堂杂钞》：两浙上直天市垣，故市易浩瀚。周起莘《雷琴记》：两浙人文区薮，浙以西之文华而靡，浙以东之文清以淑。《旧浙江通志》：浙东多山，故刚劲而邻于亢；浙西近泽，故文秀而失之靡。

杭　州

钱塘县　《后汉书·张霸传》：郡中争厉志节，习经者以千数，道路但闻弦诵之声。《隋书·地理志》：山泽沃衍，有海陆之饶，珍异所聚，故商贾并凑。欧阳修《有美堂记》：其民富足安乐，其习俗工巧，邑屋华丽。苏轼《上执政书》：三吴风俗，自古浮薄，而钱塘为甚。虽室宇华好，被服粲然，而家无宿舂之储。苏轼《表忠观碑》：其民老死不识兵革，四时嬉游，歌鼓之声相闻。晁补之《七述》：杭俗尚工巧，家夸人斗，穷丽殚好。八方之民，车凑舟会，角富而衍宝。秦观《雪霁记》：其俗工巧，羞质朴而尚浮华，且事佛为最勤。葛澧《钱塘赋》：俗享再稔之利，妇蚕八育之绵。《梦粱录》：杭州湖光山色之秀，钟为人物，所以清奇特杰，为天下冠。《方舆胜览》：市列珠玑，户盈罗绮。湖山信美于他邦，狱讼亦烦于诸郡。《武林旧事》：制度礼文，彷佛东京之盛。戴表元《学古堂记》：三吴之州，莫大于杭，其地水秾山妍，其人机慧疏秀而清明，其俗通商美宦，安娱乐而多驰骊。万历《杭州府志》：省城士夫，多爱惜名检，不敢以贵势凌人；乡人以事争竞来质者，多闭门谢之，无敢武断。凡置买田宅，皆平价贸易，若度越疆界，公行占据者，辄为清议所摈。山泽舟航之利，世业在，人不忍攘之，以自封殖。盖虽无公仪拔葵风度，而自放于礼法之外者鲜矣。至于大夫守令有恺悌宜民者，同声颂之无异词。其执持公道，崇让清议，为列郡称首。庶民虽日觐上官威仪，至以狱讼造庭者，匍匐不敢出气，其驯良畏法如此。万历《杭州府志》：乡先达有于肃愍之戮力王室，不顾私家，故其民尚奇节，而耻言势利；有胡端敏之慷慨致身，见形察影，故其民长虑却顾，而务抉幽微；有王佥、宪琦之清介绝俗，故其民知廉洁而好义；有项郎中麟之力却馈遗，故民多检饬而恶贪。近世如江大参之世笃忠贞，惠宪副隆之杜门扫轨，张少参铨之不昵贵幸，翁太守相之静退自甘，许右史应元之内外修洁，高文端仪之正色立朝，江学宪圻之纯孝清修，此数君子者，大则成功于再造，次则义烈于乡邦，次则行修于一己。斯皆足以激励士心，敦厚风俗，为杭之表式，彬彬盛矣。徐之夔《告乡贤文》：兹邦以德行、文学、事功、风节，显者代不乏人。《钱塘县志》：妇女虽喜华服饰，而闾阎之习尚勤率作，每日络丝绩纸及箴纫履袜之类，日可入钱糊口。《仁和县志》：地无旷土，田无不耕。

海宁县 胡理《儒学记》：盐官地并海，民逐鱼盐为生，列肆负贩。自张九成师弟，以儒学显一时，三年之间磊落相望。陈昱《盐官县厅壁记》：耕桑之地，足以衣食；鱼盐之利，足以资给。刘基《送张知县序》：大民儒儒，小民愉愉，朝出暮归，讴歌满途。张安茂《儒学记》：盐官地滨东海，盖僻壤云然。人文之盛，甲于四方，邑之隶武林者，九弗能尚也。《海宁县志》：风俗俭简，农耕妇织，家给人足。俗尚敦悫，鲜有游民。其民操牢盆者，输盐租；治桑麻者，任土贡。

富阳县 杨维桢《曹侯惠政碑》：富阳无沃土美壤，以当大府之需，故民劳而贫，俗讦而浇。宣德《富阳县志》：富阳虽滨江，居民不以渔盐为业。男力耕耨，女勤蚕织。田野朴厚，士习礼让，慕高逸，亦专科举之习，有弦诵之风焉。《杭州府志》：业诗书者，崇气节；居畎亩者，敦朴素。《富阳县志》：邑人率造纸为业，老小勤作，昼夜不休。村落多种柏树，参差成行，采子为膏，以应造烛之用。

余杭县 刘希贤潜公并记：尊爱长吏，有两都余风。徐一夔《县学记》：余杭山水之邑，其民多秀而知学。嘉靖《余杭县志》：早作晏休，开斗种艺，务尽地利之所有。男务耕作，女勤织纴，尤善御蚕。闾阎童稚，皆知服业。百工技艺，旧皆外郡之人，今多出本邑。嘉靖《余杭县志》：俗近还淳。富室子弟，循循雅饬，崇朴素而去浮华，远诈伪而近礼义。差役乐于趋事，士大夫皆崇尚名节。婚嫁丧葬，一从简约。《余杭县志》：山水清佳，风气朴茂，孝悌力田，有太古之遗。

临安县 孙觌《县学记》：居大山谷中，桑麻丝枲之富自足，而无贫民。徐一夔《县学记》：风俗淳固，其人素知诗书。黄汝亨《县志·序》：其俗简朴而勤。嘉靖《临安县志》：民尚朴素，争讼寡少；士知学问，礼义渐兴。男务耕桑，女勤蚕织。疾病多信巫鬼，丧葬多尚佛老。《临安县志》：俗重迁徙，数十世不忍析居，故著姓较他邑独蕃。山多田少，鲜巨富，只竭力农桑，以给公输。乏劳产，无奇技淫巧。妇女缫丝，北工于南；商贾贸茶，南多于北。

于潜县 邵文炳《兖绣堂记》：俗俭而质，民劲而武，难服而易化，受敬而不忘。《于潜县志》：男务耕桑，女务纺织，治生之勤逾天下。山多田狭，赋税不及省会大县十一。朴鲁尚质，务本寡讼，笃信巫鬼，丧葬多用佛老。

新城县 方廉《县志·序》：新城为县，僻处山间，地瘠而产薄，俗啬而用俭，敦厚朴茂之风，未始或泯。山居野处，不竞纷华，男耕女织，不习浮旷，君子以俭，小人以啬。万历《杭州府志》：讼简民安，闾阎之乐，可想见也。《新城县志》：草莱尽辟，机杼声闻，有淳厚之风。士民冠服布素，礼汰繁文；仕则廉谨持法，不苟荣禄。

昌化县 陈居仁《县学记》：僻在岩谷，务本力田。教明俗化，俊秀辈出，衣冠相望。钱钺《谯楼记》：民朴以茂，恒事耕作樵采，以自食其力。□争斗讼讦。万历《杭州府志》：刀耕火种，力殚于山；菑畲刈获，山尽于地；楮漆薪炭，货殖于商。勤生啬用，视弃一钱如拱璧。家延经师，争自磨淬，章缝之盛，倍于往昔。民有疾，辄巫祷，故知医者少。《昌化县志》：环山而处，敦土为安，俗尚淳庞，多至性。

《杭州府志》：冠礼：男子年十六，筮吉日，选宾僎，告诸家庙，三加训戒。女子于归日，母为之加笄，重婚媾也。婚礼：士大夫家以门第相尚，谋诸媒氏通柬问名，佐以簪珥彩币，谓以传红。彼此持帖往还，又谓拜望。次行纳采，咸尚丰美。又次纳徵，复以羊酒果饵相馈，谓之加笄。婚期：尚行亲迎古礼，间用彩轿，华灯鼓吹前导，迎至中堂，婿、妇行交拜礼。合卺后，盛服出拜翁姑，次及尊长。至闾巷细民，多从简约。丧礼：始卒，男免女髽，分计受唁，亲友多致奠赙，犹存古意。七日一祭，好作佛事。葬前灵輀前陈列方相铭旌，导以鼓吹仙梵，墓所亲友执绋毕集，合窆始归。阅三日，展祭新阡，谓之覆墓。祭重生辰讳日，牲牷酒醴，备极丰洁。清明各携肴核香烛，亲诣封茔展拜，酹酒焚楮，十月扫墓亦如之。立夏祭先，荐陈时物，较他府为独重。至岁时伏腊，或祭于家，或祭宗庙，丰俭不一，皆借是以展追远之敬也。

《梦粱录》：元旦，士大夫交相贺，细民男女，亦鲜衣往来拜节，游玩琳宫梵宇，竟日不绝。《西湖游览志》：正月朔，为椒柏酒，以待亲戚邻里。以春饼为上供；爇栗炭于堂中，谓之旺相；贴青龙于左壁，谓之行春；插芝麻梗于檐头，谓之节节高；签柏枝于柿饼，以大橘承之，谓之百事大吉。自此少年游冶，翩翩徵逐。至十八日收灯。然后学子攻书，工人返肆，农商各执其业。《杭州府志》：元宵前后，五夜张灯，通衢委巷悬额缀彩，皆以锦缎采绣为之，如入万花谷中，终夕鼓吹不绝。乡村妇女，于十五日夜，召□姑以卜一岁吉凶，并蚕田丰歉。《梦粱录》：二月朔，中元节，民间以青囊盛百谷、瓜果、子种，互相遗送，为献生子。花朝，都人往钱塘门前，至玉壶、古柳林、云洞，嘉会门外包家山、张太尉园，玩赏奇花异木。包山桃开如锦障，极可爱。《杭州府志》：二月花朝以往，士女争先出郊，谓之探春。画舫轻舟，栉比鳞集，先南屏，次放生池、湖心亭、岳王坟、卢舍庵，后入西陵桥、放鹤亭，北来皋亭山、刘坟村，每当春日桃花盛放，一望如锦，游人多问津焉。《武林旧事》：清明，

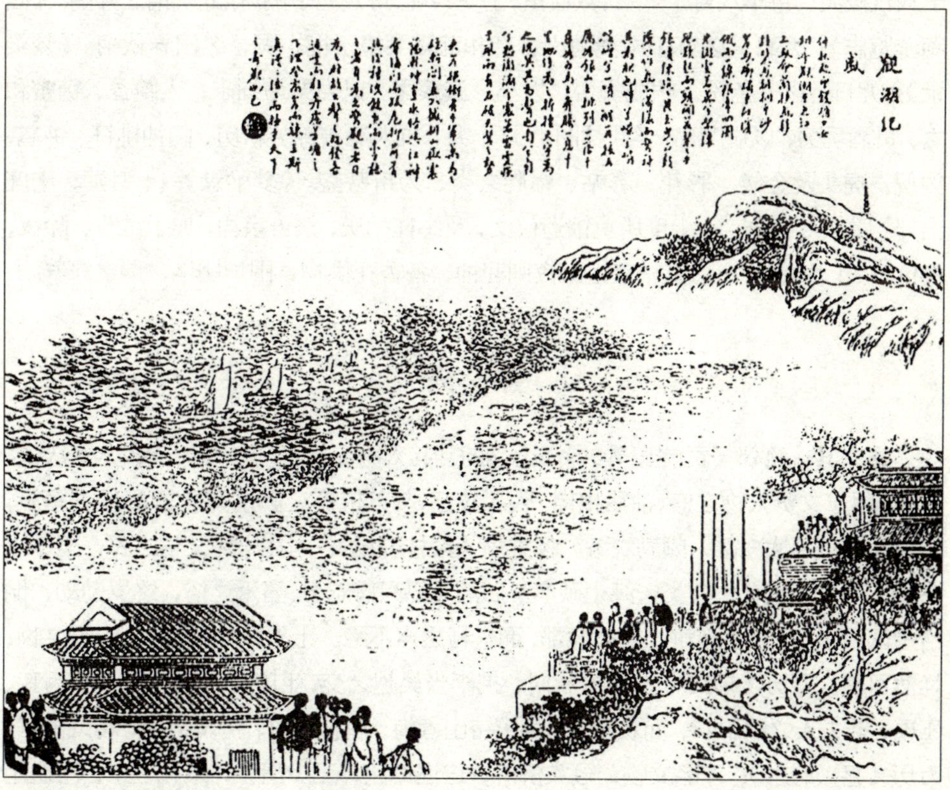

观潮纪盛，选自《点石斋画报》。

人家上冢，南北两山间车马纷然。而野祭者尤多，如大昭庆九曲等处，妇人淡妆素衣，提携儿女，酒壶肴核，村店山家，分馂游息。至暮，则花柳土宜，随车而归。《钱塘县志》：上巳，出游西湖，士女皆带荠花。《海宁县志》：四月立夏日，以诸果品杂，署茗碗，亲邻彼此馈送，名曰七家茶。《西湖游览志》：四月八日，俗传为释迦佛生辰。僧尼各建龙华会，以小盆坐铜佛，浸以糖水，覆以花亭，铙鼓迎往。富家以小杓浇佛，提唱偈诵，布施财物。《昌化县志》：四月八日，寺僧以楝叶染米作乌饭，供佛或分送檀越。《梦粱录》：端午日，家买桃柳、葵榴、蒲艾、并市茭粽、五色水团、时果、五色瘟纸，当门供养。佩赤灵符，采百草制药，以辟邪。《杭州府志》：端午，祀神享先。毕，各至河干湖上以观竞渡。龙舟多至数十艘，岸上人如蚁。近日半山龙舟争盛，俱于朔日奔赴，游人杂沓，不减湖中。《西湖游览志》：七夕，市中以土木雕塑孩儿，衣以彩服，号为最摩睺罗。《梦粱录》：七夕，女郎望月，瞻斗列拜。次乞巧于牛女，或取小蜘蛛以金银盒盛之，次早观其网丝圆上，名曰得巧。中秋登楼，临轩酌酒高歌，为竟夕欢。《元和郡县志》：江涛常以月十日、二十五日最小，三日、十八日极大。每年八月十八日，数百里，士女共观，舟人渔子溯涛触浪，谓之弄潮。《西湖游览志》：九日，以苏子微渍梅卤，杂和蔗霜梨橙玉榴小颗，名曰春秋菊。《梦粱录》：九日，以五色粉，塑成狮蛮，以小彩旗簇之。以熟栗为细末，入麝香、糖蜜和之，贯酒玩菊，以应节序。《武林旧事》：十月，杭人竞售锦装新历、门神桃符、钟馗、狻猊，虎头及金缕、彩花、春帖、幡胜之类，为市甚盛。《梦粱录》：十月朔，士庶出郊扫墓。冬至岁节，士庶所重馈遗仪文，及举杯相庆，祭告宗禋，加于常节。除夜，换桃符、门神、钟馗，祭祀宗祖。夜则迎神，备香花供物，围炉团坐，谓之守岁。

嘉 兴

嘉兴县 葛邲《贡院记》：得江山之助，其人秀而文。《方舆胜览》：土膏沃饶，风俗淳秀。文贤人物之盛，前后相望。百工技艺，与苏杭等。至元《嘉禾志》：罕习军旅，尤慕文儒；不忧冻馁，颇勤农务。杨维桢《聚桂轩记》：秀在宋为文物之邦，至今士多兴于学，处廛者，亦类皆鸿生硕彦。弘治《嘉兴府志》：嘉禾之俗，终岁勤动，饷给于国，而尺寸之土必耕。衣被他郡，而机杼之声不绝。士人好文而崇学，衣冠文物，焕然可观。万历《嘉兴府志》：春秋时，携李当吴越之交，自越王甲粢、乙黍、丙菽、丁粟，非夫人之织不衣，而农桑重；吴王铸山煮海，而盐铁重，务本节用，寝以富强。万历《嘉兴府志》：声名文物，冠裳济济，逡巡揖让，无少惰容，秉礼之家，不逾矩矱。萧子鹏《思乐堂记》：章甫缝掖之士，阊阎秩秩。李贞开《烟雨楼赋》：城郭森罗，市廛错列；高门纳驷，甲弟连云；红粟流衍，礼乐孔殷。蒋静《黄田港闸记》：富商大贾，长桅巨舶，夷蠙海错鱼盐米布之属，辐辏城市，居民富饶，市邑繁盛。李日华《秀水百咏·序》：赋税日增，生齿日盛，才杰辈出，为时名乡。第宅宫庐，不让两京。陆无险峨，树艺得食其膏；水无衡激，艅艎得以走集。黄洪宪《县志·序》：邑人士多饶秀，娴文章，接轂传圭，弁冕吴越。《秀水县志》：秀邑人士，斤斤自好，以孝悌力田为本务。

嘉善县 钱福《水利成功碑记》：嘉善膏腴之壤，平铺如席，无高山大泽，赋税户田，最为繁盛。弘治《嘉兴府志》：士慕文儒，沃土腴壤，民不劝而耕，乐从乎上，视他邑固易易也。然而信巫鬼，崇异教，岂旧习未革欤？胡洁《表贤录·序》：邑之俊造，皆师古好学，其民淳朴易治。章士雅《县志·序》：人文郁勃，风气淳庞，土沃而民饶。莫大勋《儒学序》：魏塘忠孝节义，甲于嘉禾；理学科名，声高东国。麟麟炳炳，自昔攸闻，谓非教育涵养者深欤。姚宏谟《筑城碑记》：乐田亩，重兴作。

海盐县 李正民《盐学记》：海盐地形高仰，潮汐之至，非有山谷堤防，而人居以安。其土黄壤，其井泉甘，鱼盐之利既溥，又沟洫之水不可潴蓄，故民皆服田力穑，利于早熟。市廛编户，家给人足。喜教子弟以诗书，士大夫之裔亦各世守其业。地既斗绝一隅，舟楫人迹罕至，无奇货异产动其耳目，故能安习而不远。李棐《小学记》：里巷间弦诵之声相接。《许氏贻谋》男胜耕，悉课农圃；女胜机，悉课蚕织。弘治《嘉兴府志》：海盐素习渔盐之利，俗朴而好文，俭而知义，安土而不乐商贾。士大夫丧葬率用古礼，闾阎多化之。《海盐县志》：盐邑斥卤，民率煮海为盐。田圃之间，所产者禾麦麻枲而已。其他多资之旁邑，易之商旅。

石门县 □□《儒学记》：稻蟹之利，转徙数州。朱德润《乡贤祠记》：士美民秀，夙称多贤。贝琼《西郭生传》：俗质而尚文。陈履《县志·序》：崇故良邑，以易治称。陈允坚《学田记》：御儿故称饶庶。《石门县志》：石邑接壤杭湖，士大夫尚文学，习礼义。然射利近华，信鬼重巫，习未尽革也。至重桑麻，勤稼穑，民多淳朴。

平湖县 弘治《嘉兴府志》：平湖多秀民，天性巧慧，重文学，尚气节。其居田野者，夫耕妇织，最为勤苦。然信巫鬼，重淫祀，习奢侈，挟智斗讼者，往往有之。年来文教渐盛，而风俗亦渐移易矣。朱维熊《义学碑记》：湖邑大海回环，生其地者，多钟九峰三泖之秀。以故名臣辈出，科名甲七邑。《平湖县志》：邑既僻处东偏，工作无他技巧，枲多于桑，布浮于帛。士大夫家，勤女工，犹什之七。《平湖县志》：其境僻无丛奸，其习朴无窳货，其去乡重，其射利惬，故男不逋亩，女不下机。

桐乡县 至元《嘉禾志》：兼并胜，挟□□善斗，楚越之□□。莫光朝《青镇徙役记》：青镇介湖秀之间，水陆辐辏，生齿日繁，富家大姓，甲于浙右。弘治《嘉兴府志》：俗务农而习朴。高原树麻桑，下隰种禾麦，尺寸无旷者。《桐乡县志》：桐处古吴越之疆，泰伯逊让之遗风，夏禹勤俭之遗习，渐渍既久，兼而有之。

至元《嘉禾志》：冠礼：男子十六始冠，亦有婚而冠者。女子于归乃笄，聚族张筵。凡冠、笄，皆炊大糕，馈遗亲里，始讳其名而字之。婚礼纳采、纳徵、委禽、亲迎，多遵古道。丧礼始卒，以《六轮经》辨生肖所忌，曰批书。男免女髽，敛用绵及帛。敛毕，设铭旌，宾始吊。每七作佛事，七七谢孝，衰服拜其门。葬日，姻友至墓所饯祭，具方相器铭旌，梵音交杂流响。葬后三日，子孙至墓所，曰覆墓。

万历《嘉兴府志》：元旦，整衣冠，焚香拜天地，祀宗祖，男女聚拜，饮椒柏酒，亲朋互相投刺，曰贺节。人日，女子上彩胜于祖父母。元夕前，乡人束刍于木末，燎以祈年，曰烧田蚕。城中揭灯于竿，鼓吹游行，曰迎灯。清明，挂纸钱于墓。立夏，以百草茅揉粉为饼，相馈遗。端午，艾旗蒲剑，悬于门，饮葛歜酒。七夕，瓜果杂陈，曰乞巧。八月望，以百果为大饼名月饼，以百果和糖名俸糖，赏月达曙。九月，造栗糕，插菊花。十月朔，祀祖先扫墓。冬至，合祀宗祠。腊月，乡人以朱墨涂面，跳舞于市，行古傩礼。除夕，易门神桃符，写春帖，井硙俱封，爆竹燔柴，设酒肴聚饮，锣鼓彻夜，谓之守岁。《海盐县图经》：元宵，先结锦绮为竹棚，夜放火树，纵游人观灯，远近百里毕集。《桐乡县志》：三月三日，农家妇女出避于外，曰避青；晚食螺蛳，曰挑青。《嘉兴县志》：八月朔，食鳗鱼。八月二十四日，藁生日。除夕，燔柴于门外，曰烧火炉。《嘉善县志》：孟冬朔日食米团。《海盐县图经》除夕，家置炒豆米，元旦且食且祈曰：凑投凑投。

湖 州

乌程县 杜氏《通典》：永嘉之后，衣冠萃止；文艺儒术，斯之为盛。虽闾阎贱品，处力役之际吟咏不辍，盖因颜、谢、徐、鲍之风扇焉。苏轼《墨妙亭记》：吴兴民足鱼、稻、菱、蒲之利，寡求而不争。张方平《府学记》：吴兴山水发秀，人文自江左而后，清流美士，余风遗韵相续。王十朋《湖州谒庙文》：湖学之盛，东南鲜伦，风似邹鲁，民同蜀闽。李直方《白苹亭记》：其人寿，其风信实。张世昌《崇顺庵记》：由吴兴而东，皆平沙沃野，其俗敦庞勤俭，故治业易滋。养生送终，得以尽心而无憾，有古之遗风焉。程郇《新复青塘堤岸记》：民淳俗厚，政化易施。李心传《南林报国寺记》：乌程之南林，耕桑之富，甲于浙右。土润而物丰，民信而俗阜，行商坐贾之所萃。赵孟頫《吴兴赋》：家有诗书之声，户习廉耻之道。商辂《湖州府学记》：土田膏腴，居室庶饶，学校人才之盛，称于历代。杨慎《跋＜岘山图＞》。地则粳稻交畴，里实桑榆荫道。赵时春《送张湖州序》：地腴而民质，佣租易给。王穉登《喜留亭记》：其产多蚕桑竹木鱼稻果窳之利，俗号殷富。茅瑞徵《吴兴掌故·序》：吴兴风俗最近古朴，其士人雅称率素。阔达而峭直。其里闬力本务穑，惟斤斤以勤俭。长子孙无敢傲康，以堕先业。《西吴枝乘》：湖民力本射利，计无不悉，尺寸之限必树之桑，环堵之隙必课以蔬。富者田连阡陌，桑麻万顷。而别墅山庄，求竹木之胜无有也。《吴兴掌故》：会集止以契阔，庆吊不为戏游饮谑，陆博棋奕，鲜所藏设。范应期《县学记》：炳灵发祥，代钟名哲；诗书弦诵，等于齐鲁；魏科朊仕，甲于旁邑。《乌程县志》：俗朴风恬，恂恂儒雅。婚姻论财，虽士大夫不免。衣服饮食，向多野朴。布衣之外，间以绸绢，不尚绮饰。上十区之民多贫，下十三区之民稍富。田之厚薄分，而所入亦殊焉。《归安县志》：仪雅而周以巽，语剽而轻以浮。《归安县志》：东乡业织，南乡业桑、菱、畜、渔，西乡业薪、竹，北乡业蔬、靛。

长兴县 史岩之《进士题名碑》：吴兴士风之盛，甲于浙西，而长兴视旁邑为尤盛。士由科第奋兴，肩背相望。刘焘《进士题名碑记》：水逶迤而清深，山连属而秀拔，人才之生，是以似之。杨维桢《韩侯去思碑》：地临奥区，农多艰食。其土俗浮呰，好盘游，喜气势，竞讦讼。熊明遇《箬溪书院记》：天目、苕水之间，邹鲁之风在焉。《长兴县志》：山水雄壮，故人多尚气。士习较郡中，差为淳朴。

德清县 蔡汝楠《赠郝令序》：德清本山水之邑，山乡山樵苏泉壑之利。处水乡者，引水灌溉，辄成腴田，其民饶乐久远。金明时《熊侯去思碑记》：邑介山泽之间，俗瘠而役烦。许孚远《县学记》：德清山川清丽，民俗淳简。为之士者，有敦朴谨愿之风焉。《德清县志》：冠婚丧祭，悉敦礼让。议姻则严氏族，举葬则急茔兆。故立葬社，以周贫行。多婚于凶岁，皆事之近古者。

武康县 桂华《乡贤祠记》：武康邑小地偏，不迩商贾货利。故其民性愿而近道，习醇而敏于为善。《武康县志》：务农商，而无旷土；乐敦朴，而无顽民。所事山蚕，蔼有邠俗之遗。

安吉州 刘希仁《县令题名记》：鄣南赋繁事剧，尤为难治。蔡汝楠《州志·序》：吴下文盛，淳风久漓，州之山中，尚不失敦庞古始之意。吴珑《明伦堂记》吴兴文明，上郡独安吉为州。而人士举业，且蔚乎纷郁矣。《安吉州志》：其土瘠薄，故鲜富室，罕积聚。其小民不出境事商贾，不习工艺，故多贫。妇尚贞节，郊外绝无游女。婚娶不亲迎，居丧不按《家礼》：病不医药，多事禳禳。

孝丰县 黄朝选《县治记》：林篁僻邃，易服难驯。孙在丰《杨侯建学诗·序》：人士大都视听闲静，未尝驰骛声华，代有隽望。《孝丰县志》：东地沃而侈，近浮；西地瘠而鄙，且险。好鬼而务讦，尚诈而蔑礼。近则寿考相望，儒业顿起。宫室率务坚朴，无雕刻垩黝之饰。男妇服常不制，夏则衣苎，冬则木棉，俭素之风居多。富家燕饮，多事丰腆；山村俭朴，有污樽杯饮之风。

《吴兴掌故》：湖族婚时，遇暮夜，亲知家各助以灯烛。有亲丧者，赗奠之礼举不敢受，云不敢以亲累及人。丧葬送者云集，其费一出于亲知，所办随其力之大小，以邀送客。终制之日，出外服素青服，而家居素服，若新丧者，过三年方通用吉服。

《吴兴掌故》：元旦，家具糕胜香烛，供三正堂，三日或至半月。祀门户神甚谨，不敢以家鬼先之。《孝丰县志》：社日，各村率一二十人为一社，屠牲洒酒，焚香张乐，以祀土谷之神，谓之春福。《乌程县志》：二月二日，士女皆摘蓬叶插于头。谚云：蓬开先日，早戴了春不老。四月立夏，家多祀灶，以火德王也。时蚕已三眠，稍叶者，三日后任从采摘。梅雨，农家赖以种田，俗名烧鹅汁。其时有雷，则多鱼，无雷谓之哑黄梅。立冬日，以野菊花、金银花、茄根、姜杆之类，煎汤沐浴，谓之扫疥，《西吴里语》：清明，居民各棹彩舟于溪上，为竞渡，谓宜田蚕。始于寒食，至清明日而止，谓之水嬉。《西吴枝乘》吴兴以四月为蚕月，凡官府勾摄征收，及里闬往来庆吊，皆罢不行，谓之蚕禁。《归安县志》：四月八日，以楝叶染米，啖青精饭。《吴兴掌故》：七月望日，盛为［盂］兰盆会，好事者，浮水灯，为水陆会。常以膏泛粥，事神祀礼重。十月朔，墓祭与清明略同。霜露感情不能自已，正今古同。

宁　波

鄞县　陆士龙《答车茂安书》：火耕水种，不烦人力，举锸成云，下锸成雨，官无逋滞之征，民无饥乏之虑，衣食常充，食库恒实，荣辱既明，礼节甚备，为治甚简，为民亦易。《三国志》注：会稽典录：山有金木鸟兽之殷，水有鱼盐珠蚌之错，海岳精液善生俊异。《隋书·地理志》：川泽沃衍，风俗澄清，海陆珍异所聚，人杂五方，俗类京口。王应麟《七观》：世族蝉联，重圭累组，庠声序音，洋洋邹鲁习；乡尚齿，少长有序，俎豆秩秩，章逢楚楚。钱彦远《衙司都目序》：田瘠且隘，鲜廛错出。王应麟《鄞县学记》：诗书之乡，礼节恭谨，县之子弟，夙以衣冠鼎盛。延祐《四明志》：浙东七州，明为厄塞，户版物产，清风旧德，与昔之高闳巨阀，属于宅里者，犹可考也。陆深《楝塘翁传》：鄞甬之东，山水清嘉，人喜种植，务农功。嘉靖《宁波府志》朴茂醇实，农勤于耕，女勤于织，商贾鬻鱼盐，工供日用，绝无四方奇邪之习。男女皆衣布素，即高赀厚藏，不曳绮纨。冠婚一从简朴，仅取成礼，宾至则撷蔬炊粝以为饷。邻里不相侵窃，外户辟而不扃，龙不夜吠，捕吏不入于乡，虽王化所熏，大都其习然也。青衿之士，亦皆甘于菲陋，不羞韦葛。昏日闭户读书，绝鲜他营。五邑大抵皆同。嘉靖《宁波府志》：鄞之风散缓，其俗迂阔而善妒；慈之风矫厉，其俗尚文而善党；奉之风鸷健，其俗负气而矜高；定之风脆弱，其俗习劳而寡营；象之风朴直，其俗好竞而服义。李璜《府学记》：人才英拔，比他郡为甲。后进缝掖，往往冰玉秀整，廉利好学。陆世科《义仓记》：鄞县介处海滨，风俗近古，四民各食其力。《鄞县志》：神禹东狩，及于会稽，而鄞属在封内，被圣人过化之泽，既而无余建服，胄衍神明。历商、周之际，渐被声教，勾践崛兴，事钩盾，驱长鬣，力争于上国，而民遂感愤赴敌，不耻斗力，风尚少变焉。

慈溪县 王安石《县学记》：慈溪小邑，无珍产淫货，以来四方游贩之民。田桑之美，有以自足，无水旱之忧也。无游贩之民，故其俗一而不杂；有以自足，故人慎刑而易治。而吾所见，其邑之士，亦多茂美之才，易成也。杨守勤《潘侯去思碑》：慈滨海而遥，负山崺峛。四民仅守常业，无他营。士大夫彬彬，相率以礼义。以故无桀黠梗化之患。颜鲸《杜白二湖碑记》：慈弹丸邑也，厥土涂泥，宜粳稻。□稑之饶，三农九谷，水泉是资。其东西南，表里江河，去海未远，借潮汐便利，往往股引自给。《宁波府志》：唐房琯建县，取汉董黯孝养之迹为名，盖立教以孝云。嗣后张无择、孙之翰继之，称三孝乡。宋治平中，得杜醇为学者师，士皆兴起道义。建炎南渡，衣冠氏族多卜居焉。庆元以来，慈湖杨简得象山之学，又有文洁、黄震宗朱子之传，以训迪后人。人益敦伦尚行，知廉耻而畏清议。名师先达，悃悃相将，忘其贵势，与里党相齿让，绝无侵渔暴横之风。儒生率俭约自守，小民以耕织为事。虽风气固然，亦物力有所制也。《慈溪县志》：其士子往往以德业淬厉，底于成才。衣冠文物，雍容典雅，尊德乐义，有士君子之风。百姓止纳税粮，横差暴敛，一无所干。乡村之人，至老不识城市。

奉化县 楼钥《县学记》：六邑，奉化为望，秀士尤多。陈造《县丞厅壁记》：奉化民夥事丛，号不易治。陈著《县学记》：尚气而畏法，好义而知分，诗书礼义之泽，一变可以近古。王应麟《县治记》：其俗纯如，其士纷如。戴表元《于伯颜去思碑记》：奉之为州，山疏而水迅。疏，故土居者，清勤力业，而少余赀。迅，故仕游者，惝怳外顾，而无留心。张时彻《城垣碑记》：性虽易抵冒，好斗讼，然皆狎于耕桑，守在四境。嘉靖《宁波府志》：奉化地不夷衍，兼艺山坡海卤以食，而民常劳。水不潴渟，外方境内之物不得转输，而民常啬。《奉化县志》：土狭民稠，日以垦辟为事。仰事俯育，仅仅无人，窘于财，亦惮于为。非富家大族，皆训子弟以诗书，故其俗以儒素相先，不务骄奢。濒海小民，业网罟舟楫之利，出没波涛，变化如神，习使然也。

镇海县 吴敦复《县治碑记》：渔盐之聚，土瘠民贫。王应麟《儒学大成殿记》：挹秀涵清，俊人魁士，含章挺出。王存之《镇海县碑记》：居山者，以耕凿为生；濒海者，以鱼盐为业。王震《岱山书院记》：士生其间，往往多钟山海硕大之气。陶恭《县治形胜赋》：其气善柔，其文郁郁彬彬。迄今龙翔凤举，后先相望。嘉靖《宁波府志》：滨海斥卤，其土瘠。其俗甘勤苦，务织作，温柔敬爱，有古遗风。何愈《贡举题名碑记》：环海而邑，扶与清淑之气，孕灵毓秀。贤哲之士，生于其间者，蕴蓄为道德，彪炳为文章，树立为勋业，千百年来盖属有闻也。

象山县 嘉靖《宁波府志》：民多刚劲而质直，利鱼盐，务稼穑，乐于家居，惮于远出。吴学周《县志·序》：硕儒名德，彬彬辈出，衣冠文物之乡。《旧浙江通志》：大抵五邑之民，樵山渔海，衣食自足。惟缘海之地，兵民杂处，礼让文学，不无少衰矣。《象山县志》：俗俭而民易治，事简而赋易供。黔首守献亩，跬步不出里巷；妇人耻入市，即穷檐陋室未尝望见颜色；士尚切偲，鲜欺傲乡；荐绅班荆问旧，未尝以骄贵闻里中，服食恬素，不御绮縠。吉凶从有无，婚嫁严良贱，其贫与富弗计也。

定海县 吴莱《甬东山水古迹记》：昌国人家，颇居篁竹芦苇间，或散在沙墺，非舟不能往来。田种少，类入海中捕鱼、蝤蛑、蛇母、禅涂、杰步，腥涎亵味，逆人鼻口，岁或仰谷他郡。胡宗宪《舟山议》：五谷之饶，鱼盐之利，可以食数万家。《定海县志》：其民自读书服贾外，大半以力田樵采为业。凡居服饮食婚丧宴会，以及享祀伏腊，悉尚省节。盖力勤而用俭，比户皆然。

《宁波府志》：冠礼：男子年十六，择吉日告庙，始冠。亦有及婚而冠者，三加请戒之礼，习俗久略。女子则当嫁时加笄焉。婚礼：士大夫家缔姻多重门第，先凭媒妁通柬，将币如古问名礼。至纳采纳征，俱崇俭约，不以金币相炫。女家具奁，亦不以纨绮珠玉相耀。亲迎后，翌日，出拜姑嫜，献以女红榛栗，其风犹古。丧则始卒及含殓，多遵《文公家礼》。或五日，或七日，服成受吊。宗党姻友，各以香楮申奠。俗好浮屠，每七必作佛事。葬用石椁，贫者用砖，三日展祭新茔，标插纸钱。祭祀特重宗祠，春秋二分，冬夏二至，在祠合享。清明及十月朔，则祭于墓，祭毕共饮馂余。其岁时令节，各祭于家，行三献礼，丰俭则称其有无云。

嘉靖《宁波府志》：元日，设香楮、陈果礼，祀神祇宗祖、序拜尊长毕，出拜戚邻里，谓之贺岁。里社祈年。元宵，各坊乡之民，集众祀里祠，设醮诵经祈福，境内名雨水会。清明，各家为青糍黑饭，牲醴祭墓，封土插竹，挂纸钱于颠。立夏，炊五色米，为立夏饭。端午，为角黍骆驼蹄糕祀其先，亲戚各相馈遗。三伏，寺庙皆设醮，妇女走礼神佛。八月，各乡祠庙，为会祀神；以龙舟竞渡，谓之报赛，与各处端午竞渡不同。九月，在城各坊，□舆祠庙神像游行街市，导以兵仗彩亭金鼓杂剧，各相竞赛，观者塞路，谓之社□。《象山县志》：元宵，四街各设竹棚彩幛，悬灯其上，或以火药，为锦树之戏，至十六日乃止。《定海县志》：人家多以八月十六日为中秋，中庭陈设酒馔，赏玩达曙。《象山县志》：重阳，士人登高燕赏，以茱萸泛酒，各家制牡丹糕、方粽，亲戚转相馈遗。《象山县志》：岁除换桃符，写春帖，易门神，谓之从新。制辛盘，燃爆竹，爇苍术辟瘟，谓之辟邪。

绍 兴

山阴县 《越绝书》：性脆而愚，见清知浊，见曲知直。《越绝书》：春祭三江，秋祭五湖，大越海滨之民，独以鸟田。《史记·货殖传》：楚越之地，地广人稀，饭稻羹鱼，或火耕而水耨，果隋蠃蛤不待贾而足。地势饶，食无饥馑之患，以故呰窳偷生，无积聚而多贫。《后汉书·第五伦传》：会稽俗多淫祀，好筮卜。《三国·吴志》：忠臣系踵，孝子连闾。《晋书·地理志》：其地循循。《宋史·地理志》：商贾工作，皆著本业。嘉泰《会稽志》：建业初尝驻跸于越，山川之所形见，风化之所渐被，其儒风士业，流闻彰布，益以昌大，非余郡可比。嘉泰《会稽志》：登秦望探禹穴，其委蛇盘礴之观，温厚粹美之气，钟灵孕秀，云行川流，胚胎酝酿，发为英杰。好学笃志，尊师择友，弦诵比屋相闻，不事奢靡。士大夫家，占产甚薄，缩衣节食，以足伏腊。重离别，笃交亲，迎则聚间阔，送则惜暌异，豆觞迭进，往往竟日。宝庆《会稽续志》：越州物产之饶，鱼盐之富，实为浙右奥区。余阙《均役记》：越地无甚贫甚富之家，山谷之间，有一夫而居十亩之田者，祖宗相保，至累世不失。又其土瘠民贫，小人勤身而饬力，其君子尚朴俭而敦诗书。韩性《儒学碑记》：会稽儒风之盛，冠于东州。徐渭《赠潘公序》：嫁女者，以富厚相高。归之日，担负舟载，络绎水陆之途；绣袱冒箱笥如鳞，往往倾竭其家。《于越新编》：膏壤沃土，民物广饶。《绍兴府志》：谨祭祀，力本重农。下至蓬户，耻不以诗书训其子，自商贾鲜不通章句，舆隶亦多识字。家矜谱系，推门弟，品次甲乙。妇女无交游，虽世姻竟不识面。不鬻男女于境外。大家女耻再醮，大抵于俗为美也。《山阴县志》：其男女屏浮靡不事，严内外以礼，贞烈之行，史不绝书。《会稽县志》：民有四，耕耨而诵，其业；丝布，其服；鱼盐与稻、果窳而蠃蛤，其食也。

萧山县 王祎《棣萼轩诗·序》：萧山为县，地偏而俗尚质。田惟祐《县志·序》：江海襟带，湖山奇胜，风物之阜厚，才士之德望，甲于诸邑。陈敬宗《科甲题名记》：萧山山水之秀，会聚英华，钟灵贤才。其硕德雅望，英声伟烈，表表在人耳目者，前后相望，人物之盛，习为风俗。男女有别，而耕织惟勤；炫诵相闻，而文风益振。宦游如杨龟山以道化倡于前，游定夫以德教阐于后，罗豫章讲道既去，而李延平复来，延平之去未久，而朱子提举浙东又至。人才之造就，良亦有所矣。李遇春《县志·

序》：山川之秀，钟为人物。如钟离意操行绝高，张孝伯参谋大政，朱宪使独持风裁，魏文靖德望尊重。如此者实多，高名美誉，脍炙人口。《绍兴府志》：西乡稍尚缛礼，东乡乃近朴，顾善议论，或信浮说。《萧山县志》：民以耕读为事，士以气节相高。

诸暨县 商辂《庙学记》：山川清淑，士生其间，伟然秀出。萧鸣凤《厅事记》：诸暨地阻而俗美，田于湖山之间，灌泄甚艰，故岁无常稔。《绍兴府志》：有陂池灌溉之利，丝布鱼盐之饶。其商贾工作，皆习简朴，不事华丽。《诸暨县志》：民性质直而近古，好斗而易解。力稼不事浮费，科举第间出一二人，辄能侃侃自持。

余姚县 贝琼《北山书屋记》：姚江邑居野墅，井然棋布，重华文命之德，犹在于人。贝琼《复古堂记》：余姚山石林木皆古，民务本而不争多。至百岁往来，阡陌间熙熙然，如无怀、葛天之徒，风俗古矣。嘉靖《余姚县志》：其民知耻，好修善让。俭而不陋，华而不费，勤而不匮，质而不俚。其思深，其虑远，非有虞氏之遗风，其能若此。嘉靖《余姚县志》：其人敏柔而慧，尊吏畏威，其教易成。占产至薄，缩衣节食，以卒伏腊。输赋以时，其政易敷。地多山林湖陂，小江大海，鱼盐材木之利颇饶。其民易足，无环奇之产以来四方之游贩，其民一而不杂。《余姚县志》：余姚愈贫寒者，愈兀傲自矜。士大夫类有节概，然亦往往恃气不相能，故服食视诸邑为奢。《余姚县志》：民知礼让，士风大振。君子以读书为本业，小人以技艺为耕作。

上虞县 葛棆《县志·序》：上虞山水形胜，不后于他邦。所产人物，忠义盈朝，节孝连郭，非偶然也。郭楠《县志·序》：俗尚淳古，素亲耕读，犹有舜禹遗风。《绍兴府志》：居会稽、余姚之间：地狭而好矜名。类能饬廉隅，笃孝让。然喜生事，意气多发扬，少含蓄。《上虞县志》：尚节义，而耻习漓浇。君子好文学，丘民理穑事。

嵊县 王洪《乡贤祠记》：山川钟灵，名贤辈出。《绍兴府志》：嵊与新昌本一邑，在万山中。其士子知好学砥行，嵊尤近质不浮，不作无益。《嵊县志》：俗尚勤俭好古，严尊卑之分。然而市民轻薄，乡俗鄙陋。

新昌县 王畿《甲科题名记》：溪山环丽，似朴而文。吕光洵《县志·序》：新昌邑台、剡之间，地瘠民俭，其财赋不足以当上邑之十二。独其俗淳厚，先民之流风善政犹有存焉。《新昌县志》：以读书尚礼为美事，不远行商，不尚华丽，无淫乱之风。然好歌舞，明法律以绳人。

《绍兴府志》：男子年十六以上，告庙行冠礼，多于冬至或元旦。婚必择门第，多士大夫为媒。“六礼”遵古制，亲迎，杂用踏藁、牵红、传席、合卺诸仪。即日拜翁姑，以次及家众。三朝庙见，张倚席，合饮宗戚。丧大率用《家礼》：惟不用小敛，不用布绞。其圹茔多砌砖为椁，家饶者乃以石。既卒，哭舍苴绖，更用细麻，布服出谢吊客。祭以四时，或用四分至日，或元旦、端阳、中元、冬至，忌日必素服祭，终身不废。清明及十月有墓祭。

嘉泰《会稽志》：元旦，男女夙兴，家主设酒果以奠。男女序拜。竣，乃盛服诣亲属贺，设酒食相款，曰岁假，凡五日乃毕。立春先一日，郡邑官僚毕出迎春东郊，通衢游观，相饮乐。至期，用巫祝祷词，谓之作春，亦曰烧春。元宵前，前后三夕，比户接竹棚悬灯，朱门华屋，出奇炫华，豪奢相矜。社日，乡有社祭。三月二十八日，俗传东岳诞辰，萧之蒙山、余之黄山，皆有庙焉，男女竞往烧香罗拜。大姓皆楼船载箫鼓，鸣榔游饮，姚人谓之游江。端午日，以角黍相馈遗，设蒲觞，磨雄黄酒饮之。女子以茧作虎，小儿则彩绳系臂，缀绣符，簪艾叶。采药炼丹者，率以是日。夏至，祀先以面，萧山各供茶，曰夏至茶。六月天日观荷，亦乘画舫，多集于梅山本觉寺。同时又游客山项里六峰，观杨梅。八月十八日，萧山有观潮之念［会］。重阳登高，蒸米作五色糕，佩萸泛菊，府城剪彩旗，供小儿嬉戏。诸暨饮茱萸酒，必配以豆荚。是日俗忌不相过，必有丧者，乃往哭，且致祭焉，不知所始，越中当三夏旱甚时，有迎龙之赛，不斋虔祈祷，惟饰优伶及小户少年为诸神佛怪异，或扮故事。《绍兴府志》：诸暨元宵，士女出观灯，名过桥，谓可免一岁疾厄。新昌街市张灯，谓之欢门。二月二日，始开西园，纵郡人游观，谓之开龙口，指卧龙山也。新昌立夏，则炙昌鱼薤菜。除夕聚杂柴爇于庭，古谓之籴山，今曰笙盆。光焰烛天，爆竹口口之声，相闻不绝。《会稽县志》：正月十四日，用巫人以牲醴祀白虎之神。祭毕，以红绿线钉画虎于门，谓之遗白虎。

台 州

临海县 《晋书·地理志》：火耕水耨，渔猎山樵，饮食颇给，民无千金之家。陈公辅《台州风俗记》：台介东南之陬，里无贵游，百姓乐业。但食鱼稻，习樵猎，而不识官府之严。洪适《通判厅记》：壤僻民愿，牒诉简少，输调有常。《赤城志》：台士皆激昂奋厉，以礼乐廉耻为先，以行检名节为贵。民皆质直愿悫，以耕凿刍荛为生，以安土重迁为业，非贫困无聊，不肯自堕于商贩胥徒之役。《赤城志》：州负山濒海，沃土少而瘠地多。民生其间，转侧以谋衣食，寸壤以上，未有莱而不耕者也。乡户不足于财，而有余于行。其真朴敦厚，里党多化焉。胡荣《文庙记》：地应上台，士秀而文质均。王士琦《平赋碑记》：浙以东，濒海诸郡，利饶鱼盐，商舶辏集，民逐什一，而拥厚赀。独台途错孔道，无末业而鲜盖藏。金贲亨《台学源流·序》：台古荒域，历汉及吴，二三君子，始以幽操正行，有闻当世。晋、唐之际，节概文章之士，亦斑斑见典籍。吴时来《志学书院记》：成弘间，人才最盛，其存立皆足表表于世，其登科者岁至七八人，与浙以东相雄长。王昌平《图记》：土瘠人窳，然其先多贤，俗尚忠孝，嘉廉让，无豪暴欺诈，故浙中称乐郊。《临海县志》：临海山川峭厉，人皆秉性坚贞，百姓务本力农，无兴贩境外。素封家惟积粟，艺柏麻，以资饶足。仕者侃侃立朝，以言利为耻。

黄岩县 《晋书·地理志》：气躁性轻，好佛信鬼。王士琦《明伦堂记》：扶舆磅礴，气日益久，士日益奋，家诗书而户弦诵。《黄岩县志》：其民秀而敏，人人殊异，皆以文艺相应，有邹鲁风。

天台县 车若水《平价仓记》：天台邑治，去江百里，木舶无至，而为闽瓯入京孔道，往来扉履，增饔其间。市井贵籴，扇及村落，数日辛勤之佣，不营一饱。孟梦恂《县学记》：天台为邑，山蕴水融，民淳物茂。前修之典型具存，文华之颖发踵进。《赤城新志》：天台以山水擅名，域内隋梁间多栖仙释，故有洞天福地之说。及晋唐来，俗尚诗书，人敦孝弟，而人文渐蒸起矣。《天台县志》：土瘠民贫，室庐俭素，人不习工巧，匠作器皿多取给他处。鱼盐山海之利，皆异郡专之。惟坐肆售货，觅什一之利。朝贵还城，不乘车马。深山穷谷，稚子皆知读书，牧竖樵夫亦识字。守分者多，抗法者少。

仙居县 《赤城新志》：仙居枕山趾海，虽若蚕丛，其风俗与首邑不少异。《仙居县志》：山川秀美，土风朴茂。贤士大夫多光明俊伟，能世其业。即编户之民，类不能具什一，以来［求］尺寸之赢于四方。

宁海县 吴子良《县学记》：井聚僻寂，迫山海，民力耕钓，安赋输，产悭食啬。陆瑜《县学记》：名儒辈出，甲于他邑。薛三才《林公祠碑记》：宁邑僻居海隅，其民执固勇敢，志多颖质。胡献来《胡侯德政碑记》：缑城故忠节礼义之乡，素称易治。金学贤《葛氏族谱·序》：其大家，多优裕和雅，喜学而好文；其小民，力业寡求，罕争而鲜讼。其俗最为得文质之中。《宁海县志》：男耕女织，有勤俭风，力本右文，无浮靡习。故家尚清议，士矜名节。婚嫁择先门第，庆吊罔敢失礼。营室必作家庙，燕享以时。妇女不出街市，此其俗之美者。

太平县 鲍复泰《三台采风诗·序》：风俗敦庞，习尚简质。《台州府志》：连山滨海，舟楫不通。其地止农渔，不习上国之奢华，故其民尤朴茂近古。《太平县志》：明初，地旷人稀，土田不过亩一金。是时法尚严密，缙绅士庶罔敢侈肆。衣不过细布土缣，仕非达官不得辄用纻丝，女子非受封不得长衫束带。居室无厅事，高广惟式。至宣德、正统，法纲渐疏，奢侈竞起。成化、弘治间，役轻省费，生理滋殖，田或亩十金，屋有厅事。正德以来，贫耗而无高赀，鲜所借贷，民由是困。

《台州府志》：男子年十六以上始冠，亦有及婚而冠者，此礼惟士族间一行之。

女临嫁前数日行笄礼，口口训戒。议婚必凭媒氏，纳采、请期、奠雁诸礼悉遵古制，惟亲迎未行。嫁娶日，各择其族之贤者，与迎送，以成姻礼。初丧，含殓毕，即成服开丧，姻戚赴吊。贫富称家有无，不用鼓乐，颇为近礼。葬用石椁，亲友执绋哀送，不事梵音仙响。祭祀，大家各有宗庙，细民从寝室设龛。四时之祭，元旦、清明、端午、中元、重九、冬至、除夕，各以时物为荐，子姓享馂余。墓祭，或用羊豕，或用牲醴，各随其祭田之厚薄，而颁胙亦以是为差。

《台州府志》：元旦：长幼夙兴，拜天地宗祖，因相庆贺。元宵，张灯五日，俗以十四日为重，室内皆燃灯，妇女行百步，以去病。清明，采菁草杂米面为饵，谓之寒食。家无贫富，必携酒祭墓，且插柳于门，或簪之，谓之驱香九娘，盖指螯虫云。四月八日，浮屠于是日浴佛，人家取乌桐叶染饭，作青色，以相馈，谓之送乌饭。立夏，拭面为薄饼，裹肉葅啖之，谓之醉夏。六月六日，各晒衣与书籍，老者食鸡粥，谓时极阴以补阳云。中秋玩月酌酒，俗以十六日为重，犹元宵之重十四也。腊月二十四日，扫屋尘，谓之除残星。夜祀灶，谓送神上天。除夕，先期备牲醴，祭赛天地。是夕祭祖，饮馂余，分岁或燃灯达旦，又谓守岁云。

金 华

金华县 王柏《跋八行家传》：习尚忠厚，公论坦明。宋濂《吕东莱祠堂记》：俗勤耕织，士知所学。王一宁《送张宗原赴金华序》：其民淳，其讼简，其丰裕虽不及于浙右，而易理过之。章懋《县志·序》：男勤生业，女事妇工。不出闺门，鲜钻穴逾墙之行；务营田宅，无声色狗马之好。庆生吊死，礼尚往来，嫁女婚男，择先门第。《金华府志》：民朴而勤，勇决而尚气。族居岩谷，不轻去其土。以耕种为生，不习工商。其富人雅好善，喜延儒硕。士爱诵读。历产名贤，巍科执政，踵相接也。登仕者，多尚风节。

兰溪县 陈子峦《县学记》：兰溪山川朗爽秀拔，故其人往往有穆叔所谓三不朽者。《兰溪县志》：兰溪风俗古今凡几变：宋南迁，中原文物之渐渍，诸贤礼乐之讲明，蔚然为文献之邦，气习醇厚，此其俗之可取者也。但居市者多夸诈；处田里者或粗鄙，或轻诺而致讼，或论财而鬻女。此其俗之未尽善者也。

东阳县 成化《东阳县志》：士爱读书，大家子弟无不从师受学。有志者习举业，迟钝者亦求通章句，知礼义之方。农知服业，父子力作以耕植为事，故衣食恒足。妇人女子，深处闺门，虽亲戚邻里亦不少接，专以纺织为事。日用饮食，服饰器具，一以简素为尚，不事文饰。其声色游燕玩赏花石之乐，举不崇尚，有商人尚质之风。

隆庆《东阳县志》：俗居岩谷，不轻去其乡。以耕种为生，不习工商。富人雅好义举，大姓重门第，崇祀谱。士人能谈性命，登仕者多尚风节。

义乌县 《隋书·地理志》：风俗澄清，道教隆洽。黄中辅《忠孝堂记》：人物风流，孝行卓异。刘濬《登科题名记》：俗尚儒雅，甲于他邑。万历《义乌县志》：男子服耕稼，妇女勤织纺，商贾鬻鱼，□工习器械，以利民用，无淫巧奇邪之物。

永康县 洪垣《县治厅壁记》：永康旧俗，重俭啬，好强戾。张元桢《永康县樵楼记》：俗故谨厚，士民乐业。《永康县志》：宋淳熙间，先儒晦庵朱子与东莱龙川二先生，设讲席于五峰洞，天永之人士，其得沾先贤风教者，有由然矣。明初，承旧俗，为士者多乐田野。及成化、弘治间，文采蔚然，倍于往昔。正、靖、隆、万之际，不惟掄科擢第，比肩林立，而议论政事，亦往往可观。《永康县志》：永之溪，漂悍而冲激，易涸而不沉蓄；其土重实而刚燥，寒淡而硗瘠。民生其间，遂有勇悍夸诈之习。民鲜淫巧，工多粗劣。持斧凿者，不及雕镂；操机杼者，不及锦绮；秉针线者，不及组绣；攻泽饰者，不及文章。而县治四境之俗，亦复不同。东边东阳，南边括苍，西边武义，北边义乌。东阳之俗文，其弊也饰。括苍之俗武，其弊也悍。武义之俗质，其弊也野。义乌之俗□，其弊也黠。

武义县 吕祖谦《徐公墓记》：负山之民，气俗敦悫，乐亩田而畏官府。遨嬉侈丽之习，独不入其乡。许谦《送逯公平赴武义教序》：地狭而土肥，其民富庶，而风俗劲急。旧为东莱讲业之地，流风余韵，犹有存者。士大夫能道诗书，通今古。杨本《儒学记》：其民刚悍，不相下，故其俗犷猛，号难治。《武义县志》：男勤生业，女工纺织，家尚俭朴，而安质素。无狗马踏踘之戏，鲜绮绣戴胜之观。无论村落僻坞，即城市之民，无不笠纠钄黍，稼穑是事。

浦江县 陈亮《县志·序》：浦江山邑，非宾客商贾之所奔辏。民生其间者，往往朴茂质实，以不欠租赋相尚，以不历公庭为常。长吏至，则相与安乐其俗而已。柳贯《明伦堂记》：介然下邑，无名山大泽以发舒其奇，无珍货绝产以阜通其利。民业稼外，以俭啬自全其生。戴良《浦阳人物记·后序》：人物之生，不一而足，以忠孝贞节著者有之，以政事文学显者有之。宋濂《深溪王氏义门碑》：浦阳婺山邑，朴美淳质，□□□本，耻于华言伪行，而以士自命，古者礼义□□□□是过。

汤溪县 胡森《县学记》：其俗朴而固，其民劳以思，袯襫秉耒，□□外慕。胡森《陈侯弭盗却金记》：汤朴俗也，勤而啬，树本而滋，□处而不昵。其室家保聚，椎结之风蔑如也。洪启睿《县志·序》：其土确，其俗庞。《汤溪县志》：汤溪割四县边隅之地为邑，故习俗各随其方。如遂昌多强悍，兰溪多浇诈，金华多俭啬，龙游多斗讼，汤溪则兼而有之。然士好礼让，农务力田，不喜牵车服贾以走四方。且里不朝歌，巷不夜游，依然有古之遗。《汤溪县志》：家弦户诵，人知自奋，登贤书者，代不乏人。

《金华府志》：冠礼民间鲜行，惟士大夫家间行之。婚礼士大夫家鲜亲迎。始至，设香烛，令师巫咒而撒沙，童子罗揖诵诗。及夜，以红彩系而牵之行合卺礼。三日庙见后，盛服出拜姑嫜，次及家众。丧礼，沐浴、食袭及殓仿佛《文公家礼》：朝夕哭奠，每当七日一举祭，则至日，则宗族亲戚相率持香烛哭拜，谓之炷香。又率用僧道作佛事，谓之追荐。葬埋，富者多用石椁，其次用灰口。祭礼，士大夫家用四时，民间多用俗节。近又多口，其族人立大小宗祠，因以岁首，聚拜祠内，谓之合族会。

《金华府志》：元日，举家夙兴，盛服焚香拜天。及悬祖先遗像，或祠堂神主，率长幼拜之。然后尊长辈以次交拜。诣族党亲友之门，投刺相贺，名曰贺岁。立春前一日，官率僚属，迎春于东郊。春日，官祀太岁，行鞭春礼，碎土牛，家设酒肴，以祭土神，谓之作春福。正月十五日夜，各家悬灯于门首，街衢接竹为棚，系灯其上，笙歌鼓乐喧闹达旦。社日，四乡各有社祭，以祀土谷之神。清明日，人家门户插柳枝，少长行赏郊外，名曰踏青。前后十余日，祭扫先垅。四月初八，释迦佛生日，为浴佛节。俗染乌饭，竞相馈遗。端阳日，龙舟竞渡，男女阗视，亲族相款，民费不赀。是日取箬叶裹粘米为角黍相馈，置菖蒲雄黄于酒饮之。妇女佩符艾，或以茧作虎，小儿丝绳系臂，缀绣符于衣带，谓可消灾。采药合药者，俱以是日为最效。七夕，女子夜间陈瓜果，祭赛乞巧。中元，素食祀先，僧舍作盂兰盆会，或放水灯，烂若列星。八月十五日，家各置酒燕集，祭祠庙。十日，佩萸泛菊，蒸米作五色糕，士人或具酒榼游山，为登高会。冬至，各设酒肴，以祀其先。十二月二十四日夜，祀灶，品用糖糕。人家名拂尘，换桃符门神。年终，亲戚互为岁馈，交错于道。除日，洒扫堂室，悬祖先像，燔柴于庭，燃纸炮以代爆竹，相应答响，至元宵不绝。终夜，围炉集少长欢饮，群坐不寝，名曰守岁。《永康县志》：元夕，张灯街市，城中各以会，为大烛，导以鼓乐，舁置神庙，最大者或用蜡四五百斤，此一郡所无也。清明，男

土牛鞭春，选自《名画荟珍》。

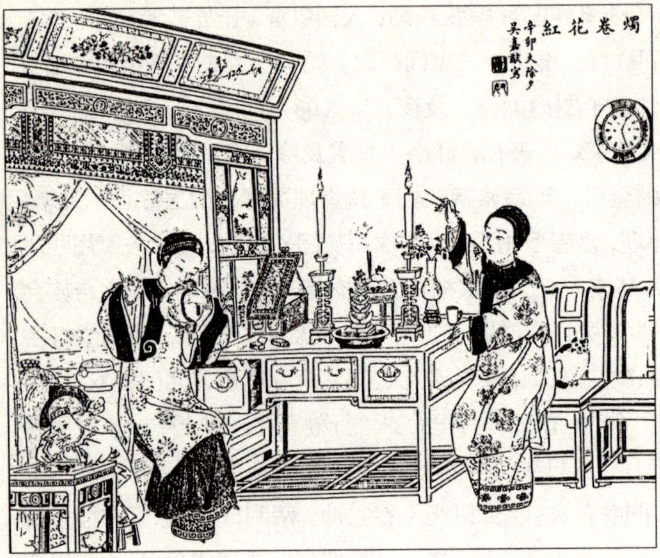

守岁，吴嘉猷绘。

女上冢祭扫，挂纸钱于上，谓之标青。十二月二十五日，谓之年头禁。是日不出财，以赤豆和米煮粥，曰蚕花粥，食之利养蚕也。《东阳县志》：社日，农家用青面作果，橘叶夹之，名曰社果，以献其先，乃食。夏至，凡治田者，不论多少，必具酒肉祭土谷之神，束草立标，插诸田间，就而祭之，谓祭田婆。六月六日，农家复祀谷神，谓之六六福。重阳提壶挈榼，登高揽胜，雨则以十二补之，谓之赛重阳。《义乌县志》：三月上巳，先十余日，沿溪民泛龙舟，至是日止，俗呼竞渡。《兰溪县志》：七月二十四日，邑有东岳庙，先期祝散纸号，至期，童男女往庙销号，谓之孩口。

衢 州

西安县 《汉书·地理志》：地边楚，习于战斗。李华《刺史厅壁记》：俗尚文学，有古遗风。毛幵《超览堂记》：其君子多亢言而厉行，易知而难狎。弘治《衢州府志》：风土朴野，民俗醇厚。士力学操觚，安贫砥行，无越礼犯分、告讦狡狯之事。尤多师范，经师人师，后先辈出，故后进人品学问，皆有原本。极重试事，以低昂为荣辱。各树坛坫，争自濯磨，顾惜朋俦，矜尚意气。农能茹苦食贫，不轻改业。《西安县志》：士修礼义，俗尚敦朴。自汉以来，浃洽政化。宋南渡后，士风益竞，至今敦行古道，雅尚礼文。君子重廉耻，惜名节；小民畏刑宪，寡词讼。居市者文而浮，处野者质而鄙。《西安县志》：谷贱民贫，恒产所入不足以供赋税。而贾人皆重利致富，于是人多驰骛奔走，竞习为商，商日益众。吉凶婚嫁，一切随其丰俭，故宕佚简易，无头会拮据之烦。

龙游县 程俱《保安院记》：其风悍以果，其君子耿耿好气，而敏于事。《衢州图经》：其俗啬，其民尚气而夸功。徐伯彪《文庙记》：儒风甲于一郡。商辂《县学记》：居室富庶，人物奇伟。余杰《县城记》：民庶饶，喜商贾。士则缉学缀文，取仕进。万廷谦《龙游县志·序》：民静而安，俗朴而俭。闾闬不识胥吏，几于“标枝”“野鹿”之风。万历《龙游县志》：苫块之艰，不御羞馔；数世之忌，弗忍举荤；宗党十世，亦周恩意；姻戚百年，尚相赠遗。其叔世之古道哉。《龙游县志》：农勤于力田，治无隙地；工不务淫巧，皆能自食其力。风俗敦厚，妇人少出户庭。瀔水以南务耕，北尚行商。士力学操觚，发一第不为炫耀。及谢政还，与往时同舍生及布衣交，出游如常。《龙游县志》：贾挟赀以出狩为恒业，即秦晋滇蜀万里，视若比舍，故俗有遍地龙游之语。

常山县 杨韩《科贡题名记》：常山，衢之名邑。自昔号为文献，钟山川清淑之气，贤才后先相望。《常山县志》：地狭民稠，人尚勤俭。事医贾，趋利尚气，信鬼神，好淫祀。宋朱晦庵、吕东莱、张南轩讲学于此，故学者知向方。民无终讼，妇女不逾闺阃，婚嫁尚简朴。《常山县志》：其产多聪明俊杰，负气尚志，知廉耻，谨修饰。

江山县 张斗《县令题名记》：民朴鲁而鲠直。正德《江山县志》：山峻水驶，故士多志尚，讲究理学。地僻土腴，故居民饶裕，俗尚奢靡。徐文溥《县志·序》：士知向方，有古遗风。《江山县志》：江邑沃壤，民殷富，人肩摩，庐舍鳞次，商贾辐辏。《江山县志》：士尚气节，励德行；民务稼穑，而健于讼。向时人务本业，野无旷土，迩来清湖为闽越孔道，至有释耒而逐负担者。

开化县 程遂《县学记》：民生山谷，无繁华盛丽之见，无声色嗅味之娱。男子耕稼，妇人蚕织，早作暮息，勤生安业。故其习多务本，其秀民知读书，识道理，爱亲戚，敬宾客，睦乡里，非法之事，惧不敢为。胡俨《历科题名记》：士嗜读书，重名检，登科历显，他邑莫俪。邵骥三《达尊记》：山川环秀，风俗醇雅，人皆乐善好儒。汪庆伯《傅公祠碑记》：土硗瘠，民鲜盖藏。《开化县志》：士钟灵秀，工葩藻以凌云；民鲜出疆，甘田舍而肆志。其在土著，乡民有不识县，县民有不识郡者。

《衢州府志》：冠礼：男子年十六以上始冠，父兄择日告庙，以冠之。婚礼：凡品官婚娶，或为子聘妇，先遣媒氏通书，次遣使及媒行“六礼”。妇至婿家，主人飨燕送者。明日谒见祖祢，次见舅姑，行盥馈之礼。舅姑飨妇，如家人仪。丧礼：厥明小殓，明日大殓，遂成服。三月而葬，遇柔日再虞，刚日三虞。三虞后，卒哭，迁主入家庙。祭：凡品官立祠堂，奉高、曾、祖、祢四世之主，以四仲三月祭之，又有腊日、忌辰及扫墓之祭，与夫岁时俗节荐享。庶人得祀其祖父母、父母，而时享于寝，其祭与品官略同。

《西安县志》：元旦，昧爽，具衣冠，礼拜天地神祇及祖先，贺尊长。然后谒拜宗族，及过里党，亲旧交相谒贺。择日上墓，具酒果，挂楮钱。元宵，街市张灯鼓乐，市井家植竹木为棚，悬灯当道，更以纸剪走马诸灯，及为龙灯，周行巷陌，士民竞观。是月也，农家以秫米捣为糍，酿酒市肉，祭田祖先啬，祝有秋。清明日，往墓培土，具牲醴，挂纸钱，会族人，饮馂余，插柳于门。四月八日，家造青精饭相遗，谓之乌饭。端午，悬蒲艾于门，泛雄黄菖蒲酒，食馄饨，以角黍相遗，以彩丝为索，系儿童项臂，曰百岁索，以僻邪延寿。七夕，小儿以五日所系之彩索剪之，泛以水，送置屋上，以为鹊桥之渡。中元，俗称鬼节，设斋素，以祀其先。里民集浮屠，为盂兰盆会，亦有夜放河灯者。中秋，户邀宾朋，置酒赏月。秋社报成，与春社同。重阳，各置酒登高，以秫米酵发之，杂以肉果蒸为糕，以会宾朋。习礼之家，前后省墓，祭以时食。冬至，祀祖先于宗祠，长幼咸集，以次罗拜。拜毕。受胙。其外姓不行拜贺之礼，惟官师士绅行之。十二月二十四日，夜祀灶神，谓神以是日上天启事，具糖米果茶以祀之。除夕，陈设祖先像，易门神桃符，烧火炉，放爆竹，骨肉团圞坐饮，谓之守岁。

严 州

建德县 余植《进士题名记》：瑰奇特杰之观、潇洒清绝之气，独萃斯邑。士气夙醇，文风寝盛，方来者尚源源也。《新定续志》：郡人物表表相望，大抵尚气节而轻功名，有子陵之风。《太平御览》：睦州取俗阜人和、内外辑睦为义。《严陵志》：山高水深，人性贞介，君子好礼，小人勤生，男女有正性而无淫行。明《一统志》：民贫而啬，多文学之士。宋贤《条议严绢疏》：民淳事简，讼少粮完。文献则三元及第，风俗则九世同居，从来易治之善地也。《建德县志》：建邑山多田少，硗确者半，耕读之外，别无余蓄，岁或不登，借籴他邦，食云难矣。户习诗书，家敦仁让，嫁娶概从其俭，丧葬称其有无。

淳安县 范镕《勤清堂记》：地大而民众，讼繁而赋广。《严陵志》：邑名淳安，其风非无存者。人物彬彬，代有其人。《淳安县志》：土硗产薄，民贫俗愿。镇之以无事，则易治也。

桐庐县 《方舆胜览》：山险土硗，蚕桑是务。蒸茶割漆，以要商贾贸易之利。《严陵志》：多居山谷，地狭且瘠，谷食不足，仰给他县。《桐庐县志》：君子多轻世而傲独，小人多勤生而务本。

遂安县 《严陵志》：僻居岩谷，附山依水，俗尚勤朴，少奇邪。《遂安县志》：嫁尚妆资，高者至破产不计，卑者或勒索聘财。丧遵《家礼》：服制如仪，而崇尚醮事，张灯设食，饭阇黎、羽士，费用不赀。服饰尚俭朴，近亦稍华焉。

寿昌县 《严陵志》：俗号辑睦，可以无事治，不可以多事理。《寿昌县志》：邑介四山之中，地狭而瘠，民啬而野，舟车不通，商贾不行，俗俭而易足，颇惑于鬼神，富豪多以华丽相尚。

分水县 《严陵志》：山多田少，水浅户饶，地狭民稠。木炭纸茶之利，终岁所入不足以给饔飧三分之一。大率贸易贩籴，仰赖他郡以为生。《分水县志》：人士隽良，多好文雅，喜诵读，重功名，文武登隽，蝉联不绝。《分水县志》：崇象教，信鬼神。

《严州府志》：男子既长，择日而冠，拜天地祖宗父母。三加请戒之礼，不行久矣。女子于归，始为加笄。婚必择门第相当者，以媒通之，女家即以女之年庚书帖付之为允，嗣方纳聘于女家。临娶先数日，仍送羹饭礼，以便女家告祖。娶之日不亲迎，盛张鼓乐，杂用传席、交杯诸仪。有即日出拜公姑，亦有三朝拜者。丧大率用《文公家礼》，惟不用殓，不用布绞。墓多砌砖为椁，不甚用浮屠，皆于旬日之内举殡。先是受亲友赙吊，葬毕孝子服麻绖，踵门谢之。祭以忌日，终身不废。元旦必拜墓，清明日则扫墓。中元则祭于家，多用蔬食。下元亦有墓祭，皆习简朴，不尚华丽。

《严州府志》：元旦，昧爽而兴，设香烛，拜天地祖宗。男女成礼毕，亲友互相贺岁。立春前一日，县令迎青帝土牛于东郊，散春花，撒春豆春米，茹春饼，妆露台。元宵，各张灯结棚，放花爆，和面圆荐先，更相贺食。新妇之家，设醴祭床。社日，各乡为牲醴，祭社神以祈报，毕则饮福。清明，插柳于门寝灶陉，人簪柳叶，展墓祀祖。立夏日，食夏粥，亦有馈送者。四月八日，作乌饭。端午，包角黍馈节，悬艾虎，小儿佩寿源道符，门贴符篆，饮菖蒲雄黄酒。六月六日，晒衣曝书。七夕，妇女设祭于庭，穿针乞巧。中元祭享祖先，亦有倩僧作焰口法事者。社日，各乡设牲醴，迎社神，阅笛。中秋，设尊罍以观月华，燕饮至夜分乃止。重阳炊滋饼荐先，饮茱萸酒。下元展墓。冬至祭祖于家庙，相见称贺，如元旦礼。腊月二十四夜设果送灶，傩戏于街。除夕悬祖父遗像，奉祀馈节，悬桃符，祀灶，骨肉团圞而饮，坐以守岁，《建德县志》：立春前一日，用家击长秧鼓。《桐庐县志》：二月十二日，俗传以此日之晴雨，卜众卉之艳否，名曰花朝。备牲醴合祭先祖，谓之春祭。九月九日，有作角黍以相遗者，谓之重阳粽。

温 州

永嘉县 《隋书·地理志》：少争讼，尚歌舞，妇人勤于纺织，有夜浣纱而旦成布者，俗谓之鸡鸣布。《元和郡县志》：永嘉蚕，一年八熟。王十朋《送叶秀才序》：谊理之学甲于东南，笔横渠而口伊洛者，纷如也。取科第，登仕籍，多自此途出。王袆《送顾仲明序》：永嘉，东南名郡。山川峻清，伟人间出，号称六艺文章之府。嘉靖《浙江通志》：始东瓯王信鬼，故瓯俗多敬鬼乐祠。《瓯江逸志》：东瓯向称沃壤，名小杭州。《瓯江逸志》：温州自夏徂秋，常观云以候风，一日之间，风稍息，则雨大倾，雨稍霁，则风复作，谓之风痴。居民海贾，咸以为忧。万历《温州府志》：永嘉尚礼文，重丧制，妇女无故不出户庭，耻向官府，不行鬻于市。林汝诏《游雁荡记》：东瓯去浙远，其间地僻民醇，城市清楚，人好修饰，《旧浙江通志》：君子尚文，小人习于机巧。《温州府志》：土薄难艺，民以力胜，故地不宜桑而织纴工，不产漆而器用备。《永嘉县志》：晋立郡城，生齿日繁。王右军导以文教，谢康乐继之，乃知向方。自是家务为学，至宋遂称小邹鲁。《永嘉县志》：其俗剽悍，其贷纤靡。其士风任气而矜节。

乐清县 王十朋《待士记》：乐士服诗书，勤职业，圣贤之是师，臭味之与游。谨门户，时租税，忍以省讼，慎以免祸。万历《温州府志》：乐清多刚直，尚气概。《乐清县志》：东瓯限山阻海，而乐尤土瘠，竭力稼穑，仅支一岁。地多桑柘，女勤纺绩。濒海之家，多借鱼盐。《乐清县志》：山水奇迴，仕多忠亮剀靖之臣，校多宏介孤正之士，民多磊落俊特之耆。

平阳县 万历《温州府志》：平阳尚简朴，不事争斗。《平阳县志》：平阳濒海，礼乐文物至宋而盛。时陈经正兄弟、陈殖［埴］、林湜诸君子，皆从游程朱之门，家洙泗而户濂洛，学有渊源，名士相继而显。至今敦尚诗书，勤于教子，义塾之设，殆遍闾里。《平阳县志》：俗醇厚，尚朴素。男子务耕种，不事商贾。女子不尚刺绣，夏绩苎，冬纺棉，昼夜无间。虽高门巨室，始龀之女，垂白之妪，皆然。

瑞安县 陈傅良《义学序》：家务为学，人务省事，其俗甚厚。万历《温州志》：瑞安俗近永嘉，然尚俭约。《瑞安县志》：恭叔笃行，水心正学，忠定如陈学士，正定如卓侍郎。道德文章，代有称述。

泰顺县 万历《温州府志》：泰顺俗视平阳更质。《泰顺县志》：泰居瓯极西，山势高下，大小有序，无刻峭顽怪状，水清澈可鉴而鲜奔溃。放风土温和，民质不戾。《泰顺县志》：土瘠民质，男耕女织，其俗有唐风“蟋蟀”之遗。民而秀者，齿让相先，虽至贵不相假。弦诵之声，居然小邹鲁也。

《温州府志》：民间久不行冠礼，惟士大夫家，间一行之。议婚，以男女生辰互易卜算，名曰开合。卜筮既吉，媒妁通好。其纳采曰起帖。具礼仪外，多致红笺茶果，以通知女氏。宗戚纳币曰言定，备钗钏羊酒之属，以白金代色绘。期请曰送日，纳币时有未备者，此时补之。婚日，妇至门，未下车，婿揖妇者四，扫［妇］乃入门。交拜、拜舅姑毕，归房合卺。三朝庙见，以女红献尊长，以次分送姻娅有差。丧大殓时，亲邻皆至，名曰送殓。丧家多备筵席。士大夫家多用鼓乐。崇尚浮屠，多作佛事。葬□亲串来视，不具赙，临衢多设路祭，主人受即以馂余饷客。阅三日，复祭于墓，标插纸球而归。祠祭家□礼，俗节及祖考忌辰诞日，献时食于寝室，或□□家堂。清明孟冬，则展祭于墓，终身不忍废也。

《温州府志》：元旦，礼先，序拜尊长。毕，出谒亲族邻里，或留饮。月朔至五日，谓之节假。立春日，绕樟叶，燃爆竹，啖栾实，煮茗以宣达扬气，名曰煨春。端午，各乡俱操龙舟竞渡。新年赛愿。七夕，以彩缕穿针，陈瓜果，以乞巧。腊月二十四日前，扫尘净宇，迨此夕则祀灶，鸣爆竹，谓之交年。《平阳县志》：上元，通街上结竹棚，挂彩。夜间悬各色花灯，放花炮，装鳌山，庙宇尤盛。近多滚龙狮子，沿门口贺。七夕作巧食以啖，以巧食掷屋脊上，谓鹊含此□桥，以使牛女相会。是夕群儿取瓦片敲击，以庆其会。

处 州

丽水县 王祎《少微倡和集·序》：州在浙东，最左僻。其土俗简以质，其田赋薄以寡，自昔易为。陈希点《劝储仓记》：栝苍负山为郡，土田瘠薄。溯溪而西，几三百里，为邑曰龙泉，其地与闽接。平时小民，重本力穑，仅仅自足。然非舟车走集之便，稍遇旱涝，则移粟告籴于他邦者，倍费事力。崇祯《处州府志》：躬俭啬，尚朴素。崇祯《处州府志》：其地多山少田，勤于树艺，而衣食自足。安土重迁，虽贫不至鬻子女。但信鬼尚巫，虽士大夫家亦不免。《丽水县志》：俗尚俭啬，人重本业，守礼奉公，颇称易治。

青田县 刘基《湖山义塾记》：士多俊彦，室常殷阜。宋濂《县学记》：素称文华之邦，声猷相尚。《青田县志》：俗尚简朴，衣用大布，饮食不贵异物。贫士带经而锄，里巷市廛，所至辄闻读书声。

缙云县 崇祯《处州志》：自郡守李蕃兴学之后，家习儒业。杨亿《与章廷评书》：狱讼甚稀，赋输素辨。宋濂《树萱堂记》：躬服俭素，弗惮勤劳。《括苍汇记》：道当瓯婺之冲，疲于陆运，拮据树艺，丰年仅资俯仰。《缙云县志》：士励廉隅，俗尚俭节，庶几太古之遗。力田敦行，敬业乐群，士风闺操，为十邑最。

松阳县 程愉《松阳县经界记》：邑号乐土，闾井周联，风俗淳厚，以赋入后期为耻。《松阳县志》：人崇信义，家置祭田，地无他业，一意力本。硗确之区，蓄泄及时，始有秋。男女尽力于耕织，安士重迁，儒雅以俭啬自持。

遂昌县 《古括遗芳》：遂昌虽山邑，诗书之辈后先相望。其间或以名节著，或以经学闻。在山泽有韬晦，而闾阎有孝义。《遂昌县志》：民甘俭约，而勤耕读；士崇礼义，而尚儒雅。古称好讼而喜斗，今殆庶几。《遂昌县志》：崇礼甘俭，不尚浮屠。各建家祠，有古立宗法崇祭祀之意。人文彬起，礼让成俗而好气，夙习稍衰。

龙泉县 崇祯《处州府志》：民力耕种，尚俭啬。商旅惮于远出，贸迁不越邻封。积书教子，宦业相望。《龙泉县志》：平居里巷，弦诵相闻。重本力穑，仅仅自足。其士操觚较艺，好学而尚文；其农则火田粒食，力勤而尚俭。

庆元县 崇祯《处州府志》：地僻民朴，舟楫不通，市无商贾，耕读之外无余事。士守名节，妇不外见。敦诗书，饬廉隅，安土重迁。宁变产输将，不忍受辱。事非切己，不至公庭。《庆元县志》：敦让厚别，号为易治。近矜尚服物，转薄文艺，无一登乡荐者。

云和县 崇祯《处州府志》：山多田少，土瘠民贫，俗俭啬，尚朴素。李邺侯兴学以后，儒业文风渐盛。崇祯《处州府志》：质实浮靡，彼此相半。《云和县志》：俗敦廉耻，尚节概。力耕勤织，衣食聊足自给。惟工艺贸易，悉资外贩，故流移侨居者十六。

宣平县 王深源，《通迁渡记》：宣慈土壤衍沃，民物富庶，商旅肩踵相摩属。崇祯《处州府志》：俗本古朴，始以坑冶致患，民习不淳。继乃崇俭务本，渐异于旧。《宣平县志》：民多惑于浮屠，而讼讦求胜，夙习犹有存者。

景宁县 崇祯《处州府志》：山谷遐阻，商贾罕集。人惟力田务穑，争讼鲜少。士务礼让，自昔记之。《景宁县志》：颇习靡丽，礼让未兴。山居朴鲁，犹为近古。

《处州府志》：重迎亲礼，姻娅皆肃衣冠，陪婿至门。奠雁礼甚整，聘遣宴贺从俭。丧礼不事观饰，不举音乐，亲朋赙赠，厚意犹存。岁春秋，聚族合祭其祖于家庙，生辰忌日各祭于家。新岁寒食祭于墓，虽极贫不敢弛。

《处州府志》：元旦，姻里交贺，家折柏枝肖凤形，系橘、柿于中，俗呼百事吉，悬中堂。上元节，市巷皆悬灯神庙，竞列古铜器、名画，以比赛于通衢。迎春日，士女皆出观，各坊以童子装象古人故事，皆乘牛，以应土牛之令。五日，为角黍，悬蒲艾，乡都各造龙舟竞渡，士女泛舟观游。八月望日，大潮至清溪门，女子着淡素衣，于门外浣手，徘徊江月，以当祓除之意。至日，家为小火，乘调以姜糖，祀其先。家人共相劝食，为延年之祀。腊尽，馈脯栗相酬酢。除夕，用粉蒸糕，设馔为分岁饮。亲朋更相邀致，以敦款好。

福建一

总　志

风俗之殊，厥与政通，阴阳寒暑之所布濩，山川燥湿之所融结，五土异宜，此系于天者也。上导之则为风，下被之则为俗，此从乎人者也。闽地燠多寒少，气候中和，上而建剑之溪湍，下而泉莆之潮涨，蒸为风气。大率民性柔缓，尚文雅而习华靡，土瘠民劳，善心易生，其大较也。千百年来，常衮、蔡襄之所鼓舞，杨龟山、朱考亭之所转移，文教渐摩，海滨邹鲁。论者谓治世丰年，气象休暇，习尚高于齐晋，是本培化原者之整齐而划一之而已。我国家同风一道，惠此方民，重臣观风整俗，輶轩所临，捷如偃草，比年蒸蒸丕变，协于荡平，岂非从违好恶，皇制其衷，毕雨箕风，民从其好者欤？远稽前史所称者如彼，近验当今所树者如此，他日省方问俗，太师陈诗，当与江沱汉广，歌南国而臻上理，不其懋乎！

《隋书·地理志》云：豫章之俗，君子善居室，小人重稼穑。建安俗颇同豫章。按隋建安郡，即今八闽地也。

《宋史·地理志》云：民安土乐业，川原浸灌，田畴膏沃，无凶年之忧。向学喜讲诵，好为文辞。信鬼神祠，重浮屠之教。土地逼狭，生籍繁夥，虽硗确之地，耕耨殆尽，亩直寝贵，故多田讼。

元贡师泰《送李尚书序》云：终岁勤勤，仅足给食。

福 州

晋郭璞《迁城铭》云：遇兵不馑，遇荒不掠，遇灾不染。

《图经》云：其俗俭啬，争者喜讼，病者好巫。晋永嘉中，衣冠多趋闽，自是畏乱，无复仕者。神龙中州人薛令之始登上第，其后李椅、常衮皆以崇重学校为意，于时海滨几及洙泗。女率作同于男。

《本志》云：由建剑溪湍而下，泉莆潮涨而上，适至是而平。民生其间，其性舒缓。

《闽中记》云：产惧薄而勤羡，用喜啬而实华。自晋宋文雅以来，教化丕变，家庠序而人诗书，君子外鲁内文，小民谨事畏法。民以鱼盐为生。

《长乐志》云：土瘠民稠，男勤耕读，女尚蚕织，滨海者事渔钓，附山者为工商。

刘克庄《陈公生祠记》云：福清土瘠，物货不产，商贾靡至。君子多业诗书，细民多执工艺。其俗劲悍，喜争健讼，为诸邑冠。

林俊《福清城门记》云：福清吻海背江，风潮簸啮，山秃赭，乏林木，石离离骨竖。人钟之，忠特奇峭，次亦凝重自立。

古田畲民，选自《皇清职贡图》。

林畊《连江贡士庄记》云：地瘠民贫。

《连江县志》云：习用俭约，人多尚义，治丧不用浮屠。

《罗源志》云：邑初湫隘，人物寂寞。绍兴中，邑令陈偁迁之后，髦士辈出，细民亦知向学。民淳讼简，敦尚本业。

宋古田令陈昌期《学记》云：邑人贵巫尚鬼，景德间李堪令邑禁革巫鬼，民始识仁义礼乐，知教化。

《古田志》云：民俗鄙朴，颇好讦讼。

元吴海《送郑训导

序》云：古田本昔提封之广，居民之众，邑里之华，文物之盛，盖彬彬焉。

宋常挺《闽清贡士庄增田记》云：家相率而学，人相率而善。

《闽清志》云：男耕女织，民不侈靡。

宋永福令黄子理《玩芳亭记》云：山居之民，终身不知车马驰骤之逸。火翳水耕，岩锄陇莳。

林嵒《虚心堂记》云：簪缨星罗，弦诵风行，髫龀有文，农工知义，易治而难服。

何乔远《闽书》云：福州，闽中一都会，西北控瓯剑，东南负大海，气候烜燠，田每岁两获，鱼盐、果实、纺织之利颇饶。其俗尚文贵节，君子朴而守礼，娴于文辞。小人谨而畏法，虽负贩之夫，相逢衢道，举手若揖让。长乐滨海，有鱼盐之利。山多果实，俗俭而用足。辨贵贱，序长幼，有古遗风。福清背山面海，多舄卤，有海舶之利。其人刚劲尚气，多行贾于四方，以其财饶他邑。连江亦有山海之利，鲜厚赀。其民舒缓而用俭。罗源抗负岩峦，襟带陂泽，邑居岚气如甑。民山耕海渔，仅足自给，俗少文而易治。古田旧曰山洞，阴箐邃壑，岚气至午乃霁。地瘠难以蓄众，壮者多佣于四方。闽清山田，引泉注之，岁收多入。俗务稼穑，而笃于事鬼。永福气候风俗与古田同。闽清亦信鬼而悍剽。

兴 化

《本志》云：梁、陈以来，已有郑露书堂。及唐贞元时，林藻伯仲因之肄业，欧阳詹来自泉山，原其所倡儒风，不在常衮入闽之后。

唐僧《涅槃谶》云：此地永不动干戈。

宋黄公度《学记》云：莆田文物之邦，自常衮入闽之后，延礼英俊，儒风大振。僻在南隅，而习俗好尚，有东州齐鲁遗风。

宋陈俊卿对高宗语云：家贫子读书。

陈俊卿《贡院记》云：莆介于泉福之间，市廛户版，不能五之一，而秀特多。

宋游酢《通判题名记》云：比屋业儒，号衣冠盛族，至今公卿相望。

《本志》云：诗书礼乐为八闽之甲。莆之科目，肇于唐，盛于宋，又盛于明。每科与试者，视闽居半。与计偕者，视解额恒得三之一。祖孙父子，兄弟叔侄登科第者先后接踵。科目得人之盛，天下罕俪。产薄而用俭，吉凶之需，称家有无。

宋陈说《道庆堂记》云：莆中三邑，仙游为壮。邑有四民，士风为盛。士风盛，故巨室多。

陈尧通《杨公塘记》云：仙溪民朴俗淳，去末就本，相安垄亩中，熙熙如也。

何乔远《闽书》云：壶山兰水，映带秀发。故其人好礼而修文，士相矜以名节。布韦蓬藋，莫不愿化。老生儒宿，出而授经近地，步趋坐立，造次不失。下至洒削卖浆者流，无敢岸帻科头行衢道。贫家觞豆数行，秩秩有序，咿唔之声，比屋相闻。仙邑倚山，田颇足自资，而少出门。

泉 州

宋王十朋《止讼文》云：泉在七闽之中，民淳讼简，素号易治。

《图经》云：濒海者恃鱼盐为命，依山者以桑麻为业，大抵皆崇俭朴。好佛法，重婚姻，丧祭以俭薄为耻。宋张阐曰：泉之为郡，风俗淳厚，其人乐善，素号佛国。

曹修睦《建学表》云：地推多士，素习诗书。

《宋志》云：爱身畏法，崇逊耻争。儒者安于闾里，以漂泊为病；仕者守其涂辙，以奔竞为羞。木少桑柘，妇罕蚕织，冬无冰雪，或不御棉。

明陈叔刚《重建夫子庙碑记》云：南安去郡治最近，号称剧邑。深仁厚泽之所瓢陶者六十余年。百里之间，弦诵相闻。

陈安国《儒学记》云：惠安濒海，地瘠民贫。

元林泉生《大同书院记》云：同安多古碑，凡朱子所撰述者，邑人咸能成诵，彼岂为虚敬哉?

黄锐《安溪县诗》云：掌地也成田。

何乔远《闽书》云：泉州枕山负海，有荔枝、龙眼之利，鱼虾蠃蛤，多于羹稻。悬岛绝屿，以网罟为耕耘。附山之民，垦辟硗确，植蔗煮糖。地狭人稠，仰粟于外，百工技艺，敏而善仿。北土缇缣，西番毳罽，莫不能成。妇人芒趿负担，与男子杂作。其君子无造次辨丽之智，其小人贴贴愿谨，自取衣食。南安土壤滋沃，宜瓜果。其人质率，尚意气。惠安地少壤多，稻麦番薯可以支岁。辟纑织苎，有“葛屦”之风。村落庆吊，用布帛牲谷为礼。其君子忠信，其小人俭畏而任悫。同安朱子之所过化，其君子励节，而小人任天。安溪山水清激，其士慊慊。山故产铁，五方民衣食其中，亦能耕谷而丛警。

漳 州

宋傅自得《道院记》云：其民务本，不事末作。

陈淳《北溪集》云：此间民俗大概质朴谨畏，然其间亦有奸雄健讼，为善良之梗，使不获安息者。俗尚淫祀，多以他邦非鬼立庙。此邦陋俗，常于秋收之后，优人互凑诸乡保作淫戏及弄傀儡。

宋郭祥正《净众寺法堂记》云：闽之八州，漳最在南。民有田以耕，纺苎为布，弗逼于衣食。乐善远罪，非七州之比。

《本志》云：敦尚质朴，务业者多，健讼者少。其民轻死易发。

明王祎诗：文物如邹鲁，奢僭仍民俗。

《本志》云：民间婚姻，男家务为观美，女家极力以求称之，侈靡无节。亲旧之葬，或设祖祭，数月营办，务求珍异，不计财费。丧家则盛筵席以待之，竞为丰侈。

《龙溪记》云：业农者近郭之民，业鱼者濒海之民。

宋卓尊为赵师缙《漳浦县蠲役记》云：俗厚讼稀。

《南靖志》云：其地气候多燠，田一岁两熟，苎一岁三收。男力耕稼，女勤纺织。

《长泰志》云：邑与龙溪相识，地僻人稀，民勤耕织，不好华丽，不事商贾。

何乔远《闽书》云：闽中诸郡，惟漳为剽悍，外发愤肮脏，内实畏法而惧罪。族大之家，多入海贸易，散之他郡。其君子彬彬有文，翩然意气，而多自喜于千秋之业。漳浦，其民殷庶，士娴文辞。海澄有番舶之饶，行者入海，居者附赀，或得窭子弃儿，抚如已出。长使通夷，其存亡无所患苦。长泰为漳肘腋，市巷四民，率岸帻群处。

延 平

《本志》云：民俭啬而颇尚气义，质直而不为奸诈。家乐教子，五步一塾，十步一庠，朝诵暮弦，洋洋盈耳。杨文靖、罗文质、李文靖，朱文公四先生倡明道学，称为邹鲁之邦。诸儒讲道明义，遗风余教犹未泯。

《剑浦记》云：以耕织为生。

《顺昌记》云：士以诗书相劝，民以耕桑为务，小民畏刑而寡词讼。

《将乐志》云：尚气而轻生。嫁娶多过乎奢，而丧葬则未尽乎礼。民重去乡井。

《沙县志》云：商贾工技之流，视他邑为多。

《尤溪志》云：民鲜商贾。

《永安县志》云：土壤肥饶，民俗轻剽。

何乔远《闽书》云：延平山川清明挺秀，恒燠少寒。地多险阻，田宜稻，山宜茶，民惮远出为商贾，无他役作，而勤于耕耨。女虽至贫，纺绩不出户，是以不至饥乏，而亦无千金之蓄。其君子无脂韦之习，其小人朴啬不敢为非。顺昌介东广之冲，溪山秀丽，煮竹为纸。赋税之入不待追呼。桥梁道路劳力费财，而无靳心。将乐岩岫磊砢，溪流清泚，乡有苎布之利。其民多技而好胜，喜于为商。沙县居延上游，其民俭朴，力作吝财，以含忍胜人。文学之外，习伎艺，精绘事。尤溪万山之中，土瘠收薄，民多负气剽悍。有巫师之传，习为符咒。永安巉岩峭壁，俗视他邑为轻剽。近乎沙者文而靡，折于尤者朴而顽。民习技巧。

建 宁

《建安志》云：自五代乱离，江北士大夫豪商巨贾多逃难于此，故备五方之俗。处市井者尚侈而好浮，居田里者勤身而乐业。尚气而喜节，易斗而轻生。君子勇于为善，小人敢于为恶。

宋韩元吉记云：其民之秀者狎于文，家有诗书，户藏法律。赋其厉气者，亦悍以劲。

《本志》云：秀士狎文辞，重清议，百姓畏官府。男女别途，各勤其身。

盛均《序》云：民獟黠而易随。

《建安集》云：农力甚勤，桑麻被陇，茶笋连山，土风差胜。

朱行中诗云：水无涓滴不为用，山到崔嵬犹力耕。

《本志》云：自朱文公倡道东南，彬彬然道义之乡，擢科第、登馆阁者辈出。居畎亩处闾里者，弦诵之声相闻。贫富不相资，贵贱不相等，荜门圭窦之士，皆能挟族谱以推流品。

《崇安志》云：民多悍戾，罕尚文艺。自唐李频为建州刺史，以礼法治下民，始知文雅。至宋胡文定、刘屏山、朱考亭诸公继出，诗书礼乐之盛，几于洙泗。

《浦城志》云：士颇以名节自励。

《松溪志》云：土风淳朴，人性俭约，地瘠民贫。男务耕稼，女勤织纴，不事商贾末技。

何乔远《闽书》云：建宁居闽上游，山峻水激，盘行迥郁，无倒汉泻瓴之势，朱子悦而居之。其人之美者，尚气而有节。其弊也狷隘趑急，无委蛇之风。其小民忿怒叫嚣，轻生乐斗。市井浮侈，比于杭州。建阳朱子之乡，士子侈谈文公，书坊之书盛天下。茶每岁三收，苎每岁四收。崇安为建岩邑，士敦悫，民少经商。浦城介闽、浙间，其地寡田，士彬彬为礼让，民勤耕织，以啬力致富，不烦催科。松溪寒不坠指，暑不蒸人，其民庞俭，商贾有恒业。政和为建下邑，其田开云而倚山，其俗勤而俭，朴而近古。无豪家大姓凌铄细民。又云：建宁俗多溺女，不爱惜，春稾继从，悉绝其配合，民有白首为鳏寡者。一有缓急，儿女满膝之妇，去之不顾。贫妇夫死未几即嫁，且赘云云。附载于此，后人或知所警云。

邵 武

《晋书·地理志》云：其俗刚烈峻整，其民尚气鲠直。

《晋·郡县志》云：信鬼好祠，俗罕延医。

《本志》云：人性犷直尚气，治生勤俭，力农重谷。颇好儒，所至村落皆聚徒教授，有古之遗意。儒雅乐善，轻赍健往。西山得道南之绪，而考亭师友，则蒙谷、台溪、云岩、月洲理学渊源，上接伊洛，比屋弦诵之声洋洋盈耳，当时号小邹鲁。嫁娶尚门第，丧祭用古礼。地狭山多，民随山高下而田之。高不惧涝，下不惧旱，故无大饥岁。闾巷贫民，未尝为富家所驱使吞并，或遇饥岁，贫者视富者出粟为当然，富人亦往往应之不拒。

元黄镇成《真率约序》云：邵武山川清峻，俗尚简易。文书省约，无珥笔之风，使传稀少，无刮蹄之辙。

《光泽县志》云：人性犷直，俗尚朴素。男耕女织，啬用寡好。不乐行商，而生理鲜薄，其于华藻之事泊如也。

宋《樵楼记》云：其俗务生，力耕菑，间崇尚儒术。

《建宁县志》云：山厉水刻，故人刚烈而峻整。君子则尚志力学，有逊顺之风；小人则狃闹喜胜，有犷暴之气。山多田少，人无甚贫富，故俗安于朴素，而不事华靡。重送终之礼，虽贫者亦不肯火葬。

《沿革记》云：邑介汀、邵间，去郡城最远，土俗刚犷，民易动难安，调驭有方，则怡然听命。

《泰宁县志》云：犷直尚气，少为商贾，耕织自给，不为浮华。

宋叶祖洽《改县名记》云：邵武四县惟泰宁最僻，不与四方商旅交，故习俗淳厚。处深山穷谷之间，有林泉鱼稻之乐，人自足用，无所外求。比屋连墙，弦诵之声相闻，有不谈诗书者，舆谈笑之。

何乔远《闽书》云：邵武县与光泰二邑，皆力田树艺，鲜商贾，商贾亦不至。地狭民众，财源鲜薄，其俗纤俭，安于食稻而茹蔬。建宁土地膏腴，专有鱼杉油漆苎麻之利，以通商贾。郊于建昌，染为奢俗。其谚曰：千金之家，三遭婚娶而空；百金之家，十遭宴宾而亡。

汀 州

宋陈一新《赡学田碑》云：风声气习，颇类中州。

《图志》云：气刚愎而好斗，心褊逼而浅中。

《本志》云：岛居者安鱼盐之利，山居者任耕织之劳。

《元志》云：君子质直好义，而恬于进取，小人愿悫少文，而安于勤劳。

《宁化县志》云：男力稼穑，而不为商贾；女业麻苎，而少事蚕桑。勇悍轻生。

《清流县志》云：民颇健讼。

《归化县志》云：专好浮屠，罕尚文艺。尚质好俭，轻讼易争。

《连城县志》云：土壤硗瘠，人民贫啬。

《上杭县志》云：奢侈日滋，词讼日炽。

《武平县志》云：专事师巫，不任医药。尚武少文。

《永定县志》云：贫者栽山种畲，而鲜行乞于市。

何乔远《闽书》云：汀州士知读书进取，民安稼穑，少营商贾。富家守禾亩，贫夫力山畲，仆隶下人各治生业。廛无行货之妇，衢少伏地之丐。室无怨旷，其子女不鬻他乡。奢汰不竞，凶讼少闻。宁化居汀上游，田畴鳞次，草木绵蔚。男耕女织，人物富庶，而气性刚愎。清流山高，引泉代汲，激湍代舂，民乐农圃。编竹为蔽，阛市无游女。宦游人语曰：清流为县，家悬竹片。任官数载，莫睹闺面。民矫健者，多刺船建剑汀邵间。归化质直好俭，力耕种，重迁移。民至贫馁，不敢为非。连城土瘠民贫，工务勤劳，女安俭朴，民多人他郡治版筑。上杭士子勤学问，衣冠文物颇类大邦，百货俱有。武平山峻地僻，人多武勇。永定僻壤，山峻水驶，其人朴愿少文，崇尚廉耻，士甘自守。其俗吊死问疾，有相关之谊。然颇悍勇，轻生喜斗。

福　宁

《本志》云：汉晋以来，俗尚朴素。自唐林嵩擢高科，为一邑倡。厥后文人才士，彬彬辈出。附山者务农桑，濒海者业鱼盐。丧葬尚浮屠，嫁娶不亲迎。

《福安县志》云：其民习尚不同，侈俭相半。

《宁德县志》云：俗尚颇淳，士习诗书，农力稼穑。

何乔远《闽书》云：东南际海，西北依山，鱼盐螺蛤之属，不贾而集，虽荒岁不饥。其俗朴而专，和而静。其士务于文，厚于质。仕者尚廉耻，宦归率多空囊。福安男女安耕织，兄弟不相离。士民淳尚力作，无浮靡之习。婚嫁称家，不相求备。

《寿宁县志》云：地山高水寒，宜稻而不宜桑麻。民多务本，少逐末，知节俭而简于礼义。一失其平，叫呼四出，析之以理，忿怒亦消。

台 湾

《旧省志》云：台湾僻在东南隅，地势最下，四面皆海。气候与内地不同，燠多于寒，秋冬无霜雪。土番穷户，无衣褐亦可卒岁。春秋多旱潦，田每岁不能再熟。其民男多女少，匹夫猝难得妇。俗喜赌博，婚姻论财，不计门户。务农者多，逐末者少。无久停亲柩，无永锢婢女。地宜五谷，迩来士知读书，民务稼穑。漳泉子弟视为乐土，相率而往者，岁数千人。全台士俗，皆以槟榔为礼。

《台湾县志》云：台地狭窄，其民多劳，商贾百工，各事其业。澎湖之人，以海为田，以渔为利，以舟楫网罟为生，布帛菽粟，取资于台。出作入息，妇女共之。其民多朴。男有耕而女无织，以刺绣为工。俗尚华侈，衣服悉用绫罗。

台湾高山族人生活图（织锦、襁儿），清人绘。

《凤山县志》云：台郡古荒远地，聚庐托处皆泉漳之人，或自福兴惠潮而来者。平原沃野，有竹木果植之饶；滨海溪渠，萃鱼盐蜃蛤之利。服贾则用舟楫，任载必需车牛。岁不再收，济以麻菽。农无火耕水耨之瘁，商有冰纨毡裘之华。由县治南至金荆潭，稍近乔野。自淡水溪以南，番汉杂居，容［客］庄尤伙。好事者轻生健讼轻斗。

《诸罗县志》云：衣服侈僭，婚娶论财，豪饮呼卢，好巫信鬼。土著既鲜，流寓者视同井犹骨肉。疾病死丧相恤，贫无归者，集众捐囊助之，虽悭者犹畏讥议。

何乔远《闽书》云：东番夷不知所自始，居澎湖外洋海岛中，起魍港、加考湾、打狗屿、小淡水、奴溪口、加哩林沙巴里、大帮坑，皆其居也。断续千余里，种类甚蕃。别为社，社或千人，或五六百人，无酋长，雄者听其号令。性好勇喜斗，昼夜习走，足皮厚茧，履棘刺如平地，速不后奔马。有隙邻社相争，期而后斗，相杀伤，次日即解怨，往来如初。地多暖，无水田，治畲种木，禾熟拔其穗，粒米比中华稍长。

台湾高山族人生活图（收贮），清人绘。

采苦草，杂酿为酒，间有佳者。男妇杂作，女常劳，男常逸。有盗贼则严剔之，戮于社。夜门不闭，禾积场，无敢窃者。人精用镖，长五尺有咫。山多鹿，冬时合围捕之，获若丘陵。始皆聚居海滨，明嘉靖末遭倭焚掠，乃避居山，始通中国。漳泉人充龙烈屿诸湾，译其语，与贸易，今则日盛（按乔远时无台湾，所纪即今台湾俗，故附于此）。

连山陈第曰：东番从烈屿诸湾，乘北风航海一昼夜，可至澎湖；又一昼夜，可至考台湾。其俗海而不渔，穷年捕鹿，鹿亦不竭。无历日书契。其民杂居而不嬲，相生相养，饱食嬉游，于于衎衎，其“无怀”“葛天”之遗乎！

永 春

《本志》云：民朴鲁而少文，颛确而鲜伪，知自爱而重犯法。

本州崇山峻岭，土沃泉膏。其君子文而小人朴，蓬壶覆鼎以西，其人悍武，遇患难，提戈赴斗，有燕赵之风。

德化处万山中，气郁岚深。男勤稼穑，女专缬绩，有杉木之饶。陶型之器，亚于饶九。

大田重山外盘，中多平衍，有苎麻之利。近尤之民质而鄙，近漳之民健而侈。士尚节义，专诗书，民安本业。

龙　岩

宋朱熹《学记》云：龙岩为县，斗僻介于两越之间，俗故穷陋。

《本志》云：邑处郡西北之极壤，山峻水险，舟楫不通，商贾不行。

《漳平志》云：山畲多陆田，舟楫不通，商贾罕至。其民朴吝，自业农桑，以足衣食而已。

宁洋山邑也，简而僻。

福建二

总 志

唐虞之世，黎民敏德，于变时雍，尚已。夏忠商质，成周弥文，渐民之具，日以明备。犹时命太史采稽风谣，小行人察四方礼俗，康乐厄贫，以镜得失。延及二汉，礼乐虽微，尚敦素朴，重清议。砥名于家，虽颠踬不悔。教化立而万民正，其是之谓欤？闽介遐邀，汉晋以前为礼乐声名所未及。迄于唐宋，上多良吏，宣鬯义理，下得数大贤，宏阐至道，于是士君子卓然与邹鲁同风。匡稺圭曰：公卿大夫恭让则民不争，好仁则民不恭。上义而高节，则民兴行。习尚之道，有与推移，自然之验也。然物众地大，其在险隘阻深，耳目壅闻，犷悍之伦，往往多有。爰至近代，海隅卉服，罔不俾乂；逖矣东宁，亦沾声教。越今百有余年，迁革摩揉，凡向所谓言语不通，嗜欲不同者，皆寖寖乎三代之民也，岂不盛哉！因广甄搜举前志之未备，而附益以岁时气候杂俗焉。

《汉书·严助传》：越方外之地，其民绵力薄材，习于水斗，便于用舟。

《三国志》：晋永嘉二年，中州衣冠入闽者八族。以中原多事，畏难怀居，无复北向，故六朝仕宦名迹，鲜有闻者。

唐《十道志》：闽中嗜欲衣服，别是一方。

《韩昌黎集》：闽越地肥，衍有山泉禽鱼之乐。虽有长材秀民，与上国齿者，未尝肯出仕。常衮为观察使，时未几教化翕然。

《闽小记》：闽中壤狭田少，山麓皆治为陇亩，昔人所谓磴田也（山田即俗云梯田）。

福　州

宋《三山志》：民生其间，其质纡缓强力，可以久安无忧。

万历《府志》：俗尚文词，贵节操，多故家世族。君子朴而守礼，小人谨而畏法。宋诸儒倡濂洛之学，号海滨邹鲁。

宋吕祖谦《冶城诗》：路逢十客九青矜，半是同胞旧弟兄。最忆市桥灯火尽，巷南巷北读书声。陈植《福州诗》：行到人家尽读书。

明曾异撰：闽俗病瘟，虽至亲亦惧传染，不相顾问，死亦不发丧。《府志》：俗称瘟鬼曰大帝，设像五，皆狰狞可畏。过其前者，屏息不敢谛视。又传五月五日为神生日，前后月余，演剧各庙，无虚日。或疫气流染，则社民争出金钱，延巫祈祷。康熙三十九年，知府迟维城毁其庙，民再祀者罪之。卒未逾时，而庙貌巍然，且增至十余处。闽中多淫祀，此其尤甚者。

《长乐县志》：民俭朴自守，比户诗书。近海之民，走海如鹜。南乡之民多柔，北乡之民多悍。市无雕巧之工，乡有再熟之稻。

《五杂俎》：长邑虽海滨椎鲁，而士大夫礼法甲于他郡。市者不饰价，男女别于途。

《福清县志》：地广土瘠，人俭朴，习诗书，与耕织鱼盐之业相间。士重廉耻，女秉贞懿。独尚气健讼，夙习未革。

《连江县志》：婚媾严非偶，丧服遵《家礼》。士大夫廉隅自饬，无累于有司。

《罗源县志》：士尚儒雅。

宋陈昌期《古田学记》：邑人贵巫尚鬼。景德间，令李堪禁革巫鬼，民始识礼义，知教化。

明吴海《序》：古田在昔提封之广，居民之众，里邑之华，文物之盛，盖彬彬焉。

罗源县畲民，选自《皇清职贡图》。

《古田县志》：民务稼穑，鲜逐末之利。

《屏南县志》：食勤啬用，率直尚气。

宋常挺《闽清县贡士庄记》：家相率而学，人相率而善。

《闽清县志》：男耕女织，民不侈靡。

《永福县志》：邑居万山之中，种菁莳蔗。伐山采木，其利乃倍于田。君子重名节而薄声利，小人男耕女织，山谷之中，有至老不入城市者。

兴　化

唐《独孤及庙碑》：比屋业儒，俊造如林。

明《统志》：诗书为八闽之甲。

弘治《府志》：旧习俭啬勤力，衣服古朴，重廉耻，惜行检，以读书为故业。

《莆田县志》：士大夫质行醇谨，以风节相高，居第先营祠庙，世业让诸弟昆，仕路无媒，拘守常调。

明郑纪《送仙游令万廷器序》：吾邑有宋盛时，文物衣冠，八闽称省，

泉　州

唐《十道志》：清源郡秦汉土地，与长乐同。晋南渡，衣冠族多萃其地。

宋郑侠《西塘集》：维平海之大州，为七闽之都会，土疆差广，齿籍至繁。民业不丰，里俗喜讼，廛肆杂四方之俗，航海皆异国之商。

《闽大纪》：泉民尚气好胜。宦门子弟，纨绮相高。近时科目甲诸闽，士大夫以名节自重。所属县风习不殊，人文自晋江外推三安。

明蔡清集：吾泉素称民淳讼简，比年以来，旧俗浸改，讼牒动以数百计。

《闽部疏》：泉郡山薄无泉，田中多置井，立石如表，辘水而灌之。

庄际昌集：诗书弦诵之风，达于七邑。

《京省考》：比屋弦诵，人文为闽最。地利沃阜。

隆庆《府志》：家诗书而户业学，即卑微贫贱之极，亦以子弟知读书为荣。故冠裳之士，往往发自寒薄。

万历《府志》：封疆迫狭，物产硗瘠，桑蚕不登于筐茧，田亩不足于耕耘，惟鱼虾蠃蛤之利稍饶。居丧广致亲宾，饷胙不厌醉饱。郭璞《葬经》：递相肄习，苟冀眠牛白鹤之祥，急则牙角交构，缓则岁月迁延。胼胁多力之雄，如彪如虎，十百为群，

豪家修怨，用为前茅，以快宿愤。

《府志》：濒海之民，以鱼盐为业，而射赢渔息，转贸四方。估人高帆健橹，出没风涛，习而安之。更有一二无赖之徒，乘人逆风，破舰而攘其所有者。乡民聚族而居，尚气争雄长，怨则率族人持械相格。

李光缙《景璧集》：晋江一都会也，俗好儒，备于礼，民俭啬畏罪，而矜懻好胜，喜争讼。

蔡清集：南安多深山峻岭，地可耕者，不能三之一。

《南安县志》：民勤苦力作，行贾不出乡。

明张岳《惠安县志》：水耕火耨，伐山为业。人知力学，科目日盛。学者谈道理，考古文辞，不专为时文以应举。民俗爱惜廉耻，畏法度。衣服俭素，吉凶庆吊，以布帛牲畜五谷相馈遗。俗务鬼，信禨祥小数。穷乡无医药，病则祷于神。

明王慎中集：同安之俗，以雄长侠武相夸尚，嚣讦健斗。

隆庆《府志》：同安自朱子主簿以来，礼义风行，习风淳厚。士以气节自励，其民亦守分。男力稼穑，女勤织纺。

万历《府志》：同安县弦诵之声四达，科第近埒晋邑。其迤西近漳者，性颇悍劲。

鄞一相《县志序》：同安重力，尚经术，礼不辞费，举近于义，视他邑俗称良。文胜而利巧。

《同安县志》：滨海之区，四达交冲。游手攘臂之徒，结要约，立门户，胥役兵丁，互张声势，良民反受其毒。

五代詹敦仁《初建安溪县志》：土沃而人稠，风淳而俗朴。

宋《嘉定条例》：民之有丧，富者侈费而违礼，贫者火化而伤生。

陈宓《惠民局记》：俗信巫尚鬼。

隆庆《府志》：安溪西北，民附谷以居，风气柔而不悍，近县彬彬业儒。民树艺之外百无能解。商贾百工艺业，咸远人擅之，以有其利。

何乔远《县志》：民食盐铁之利。

漳 州

宋綦《崇礼传》：俗悍强难治。

朱子《谕民教》：龙溪诸邑，风俗醇厚。或事非干己，而出于把持告讦之私，或词涉虚妄，而肆为诡名匿迹之计。此邦之俗，有所谓管顾者，本非妻妾而公然同室；有所谓逃叛者，不待媒聘而潜相奔诱。

明万历《府志·序》：拥臯而谈性命之学，搦管而修千秋之业。梯山航海，泉货充溢，珠香象犀文贝之属，舆服伎巧珍错之利，不胫而走海内。

《府志》：郡自朱子作牧，敦以诗书，泽以礼让，冠婚丧祭，一裁以正。其时君子以文学气节自高，小人亦循分守业。好义以事其上，争斗不施，讼狱衰息。婚姻不甚择婿，以门户为主。死丧粗知备礼，营葬则岁月迁延。人无贵贱，多衣绮绣。女子工刺绣，鄙纺绩。种蔗煮糖，利较田倍，多夺五谷之地以植之。俗惟男女为兢兢，妇人非有大故不相见。贞女烈姬，在在有“黄鹄”之韵。漳民喜争斗，平和、诏安，多有纠乡族持兵戟相尚者。近附郭亦为之。

《宋史》：漳浦县亩值稍贵，田讼尤多。

《漳南道志》：漳浦士质而文，民勤而朴。

成化《府志》：漳浦依山者习农桑，处海者事网罟。婚姻祭丧多依古法。

《漳浦县志》：好胜健讼，武断乡曲，挟持官府。

《海澄县志》：衣冠文物，顿齿上国。商人贸迁巨舶，兴贩番货。妇人务女工，谨容止，稍有衣食者不出闺门。君子恪守礼训，细民亦爱身名。然死丧之家，强半作浮屠，及停丧不葬。三都人生子尚幼即为僧。自唐宋已多，今所在缁流，强半澄产。

《漳南道志》：南靖县土多肥饶，民近淳厚。

宋建炎志：长泰县士敦诗书，民勤耕织，喜于奉公，赋税不后。

《长泰县志》：畏法惧讼，信鬼尚巫。

《漳南道志》：平和县士颇崇文，民渐向化。

《平和县志》：内尚朴而外弥文，重亲尚鬼，健讼武断。

《府志》：诏安县土瘠民劳，俗厌浮丽。商舶浮海攘利，著姓耻于服贾。

延 平

《府志》：士尚节操，小人朴野而吝啬。民重远出，鲜商贾之赢，俗颇纷华，罕千金之积。

《顺昌县志》：赋税不烦追呼，而期会不失。擅出纸之利。

《将乐县志》：好胜健讼，鬻产以争雄长。

《沙县志》：民乐耕蚕，习尚俭啬。

《尤溪县志》：洞民多负气剽悍，自朱子生于其地，以化诲之，人遂知学。

建 宁

宋张叔椿记：建备五方之俗。

《方舆胜览》：其民柔脆，惮于远行。

明杨荣记：晦庵、西山二先生过化之邦，流风遗韵，宛然犹存。

《府志》：父母死，惑于堪舆，或一二十年十葬。婚姻间或沦财。少年不务本业，桀骜市井，占毕后辈，或轻其长者。婚择门户，凭媒妁，娶必亲迎。丧用《文公家礼》。

《建阳县志》：道义之邦。

《崇安县志》：山峻水急，易斗轻生。

《蒲城县志》：催科不烦，田野之民，犹为直率。

宋朱松《政和县志》：无豪家大姓凌铄细民，以乱政化。

邵 武

《武阳志》：人尚理学，彬彬乎道德文物，有邹鲁遗风。

《府志》：郡在闽西，于楚为近。饭稻羹鱼，不贾而足。地颇饶沃，无饥馑之患。

《邵武县志》：其俗纤啬，穷谷之民，有老死不识城市者。其地风密土厚，民多寿考，丧葬遵《文公家礼》：不作世俗无益事。

《光泽县志》：人多率直近真。

《建宁县志》：其民殷，其俗奢。士多文雅，尚侈靡而好使气。

何孟伦《建宁县志·序》：民惑于不可知，而致力于神者多非其道。

《泰宁县志》：衣冠动履务为浮巧。家喜佞佛，妇女出入僧寺。

汀 州

明《府志》：人安朴素，士乐诗书，乡甲半于郡封，闾阎全无机巧。

《府志》：衣租食税之子，不出户庭；力田治山之民，常安本分。

《宁化县志》：民竞守财，亦隆气节。士多好古，尤喜文辞。泼墨染笺，模山范水，调丝谱奕，治病相宅，初无口授，各具心灵。喜斗健讼，拒捕轻生。

《清流县志》：士励诗书，民务耕种。俗稍存乎信义，心尚惑于鬼神。居乡以刺船为业，陆而樵、水而渔者，仅足衣食。地瘠民贫，外货不至。

《归化县志》：民质直无华，咸习艰难。重犯法，官司易治。无大商巨贾，率多市贩，以治生业。丧葬夸奢，颇不循礼。

《漳南道志》：连城县士知向学，民多末作。

《连城县志》：阃范最严，妇耻再嫁。豪右好争而少让，乡落习武而少文。

《漳南志》：上杭县尚文近侈。

明《府志》：上杭士勤学问，衣冠文物，颇类大邦。

《县志》：科名甲于诸邑。婚姻丧葬，邻保相助。家建追远之庙，户置时祭之田。

明《府志》：武平县山峻地僻，俗梗民强，尚武勇，力本业。

《武平县志》：病不服药而崇鬼。力本者多，末业者少。贸迁有无，类非土著。男尚意气，女守贞操。

《求定县志》：家弦户诵，朴陋少文。民勤力作，妇女亦同劳苦。喜任恤戚邻，子弟充衙役者不齿。聚族而矜勇斗，藐法而好讦讼。

福 宁

《府志·风俗·序》：椎鲁少文，尚节义。秀者攻诗书，朴者勤耕牧。男习劳苦，女少嬉游，有“蟋蟀”“山枢”之风。

《府志》：霞浦县山利桐茶，海利蜃蛤。敦本务实，罕去其乡。

明孟光福安县诗：家家灯火夜攻书。

《福安县志》：男务耕锄，女勤缫绩。

《府志》：宁德县民俗朴野，士习淳庞。鱼盐蜃蛤之利，较胜他邑。而私枭争利，害亦随之。

《府志》：寿宁县土瘠民贫，家无储蓄。

《府志》：福鼎县本霞浦旧地，风俗各别。士尚慷慨，民各气矜，富者好施，贫者好义。

台 湾

《台湾县志》：土性轻浮，易种植。露重如雨，旱岁遇夜转润，又近海无潦患。产糖蔗杂粮，有种必获。民非土著，皆漳泉潮惠之人，故习尚与内地无甚异。俗尚巫，病辄禳祷。

《凤山县志》：冠婚丧祭与内地同。服饰僭侈，婚姻论财，子不择师，妇入僧寺。

《诸罗县志》：自急水溪以下，距郡治不远，俗亦颇同。自下加冬至斗六门客庄（俗称粤人所居曰客庄），漳泉人相半，稍失之野，然近县故畏法。斗六以北，客庄愈多，杂诸番而各自为俗。高富下贫，好訾毁，以赌荡为豪，嫁娶送死侈靡。故郡治遇事蠡起，喜斗轻生，以歃血相要约。

《台湾府志》：彰化虽新设，而愿耕于野、藏于市者，四方纷至。故街衢巷陌，渐有可观。山海珍错之物，亦无不集。其风俗颇似郡城。淡水内港，户繁俗朴，鲜斗讼，所产稻粱独贱。

永 春

唐盛均《桃林场记》：俗阜家泰，官清吏闲。凌晨而舟车竞来，度日而笙歌不散。

宋江公望记：租谷不以时入。凶讼犴狱，无日无之。病痛不用药，祭鬼以祈福。

明蔡清集：其俗朴可爱，秀民可教者多。

《旧县志》：在宋文风甲于诸邑，儒硕彬彬。近古短于进取，能以礼自防，不事干谒。人死多火葬，瓶贮之，置于山谷，经年不收，曰需吉地。

台湾凤山县熟番，选自《皇清职贡图》。

彰化县西螺等社熟番，选自《皇清职贡图》。

《州志》：衣冠文物，俨比大邦，诗书弦诵之声不绝。酷昵青乌之说，折屋毁坟，不顾法网。人多聚族而居，以姓之大小，为强弱欺凌。

《闽书》：德化县务本薄末，有古遗风。

《德化县志》：士以笔砚为恒产，穷村僻壤，悉有家塾。樵牧童竖，罕不识字者。

《大田县志》：君子励名节，小人多剽悍。邻坑野者事荷担，家溪滨者业舟楫。

龙 岩

宋朱子谕：龙岩县民教，地僻山深，无海乡鱼盐之利，生理贫薄，作业辛苦。其民不见礼义，强者欺弱，壮者凌衰，内不知有亲戚骨肉之恩，外不知有闾里往来之好。

《漳南道志》：龙岩地险而僻，民啬而俚。

《旧县志》：俗尚敦悫，衣冠朴野。自朱子教民《家礼》，又持榜谕，风俗一新。比来生齿日烦，闾阎竞侈，婚丧之费，靡不可节。

《漳南道志》：漳平县俭朴风存，犷悍未变。

《漳平县志》：男趋于耕，女勤于织，务本不事商贾，家少千金之储。

《宁洋县志》：山峻水急，人性峭直。民多务本，鲜事末作，疾则佞于神。

岁 时（附）

元日。陈设酒醴以承灵贶，少长序拜，戚友相过，贺三日，市不列肆。谢在杭《闽俗》：元旦不除粪土，至初五日，辇至野，取石而返，云得宝，即古人唤如愿之意也。

《福州府志》：节内外旬日，挈筐榼往四郊墓祭。

《莆田县志》：二日长幼皆衣冠出游。

《建宁府志》：一日至五日，谒墓祭灶祭门。

立春。先一日祀勾芒神，迎土牛于东郊。《闽小纪》：会城迎春，必于忠懿王庙前乞土作土牛始成。

明曹学经诗：马从太守分骖去，牛向前王乞土来。

人日。《闽书》：泉人以是日取菜果七种作羹，名七宝羹。

上元夜张灯。《福州府志》：自十一日起至晦日止，十三、十四、十五三夜尤盛。影灯象人物花果禽鱼，裁缯剪纸及琉璃为之。庙刹驾鳌山，又为木架彩棚，装演故事，谓之台阁。俳优百戏，煎沸道路。谢在杭《闽方言》：以灯为丁，每添设一灯，则俗谓之添丁。游人士女，车马喧阗，至二十外薄暮，市上儿童连臂相呼，谓之求饶灯。

妇女从数桥上过，谓之转三桥。

《泉州府志》：里社之中，多有作赛神会者，装饰神像，穷极珍贝。

《莆田县志》：十六夜有过桥摸钉之俗。

正月二十九日，杂饴果煮糜相馈遗。《四时宗鉴》：高阳氏之子，好衣敝食糜。是日死，世作糜弱［粥］破衣，祝于巷曰除贫。此其遗俗（按此俗惟福州有之）。

春祈。《惠安县志》：是月阳气始达，乡人祈年于里社，集社学以教子弟。

《漳州府志》：乡民敛金祀神，群饮于庙，分胙而归。

《汀州府志》：各坊社以金珠锦绣装扮故事，鼓乐迎神，以祈岁稔。

寒食踏青。《壶中录》：闽中以二月二日为踏青节。

《三山志》：采野菜为臛，亦唐人杏粥榆羹之意。

《福州府志》：宋时有秋千之戏，地在春台馆之内外。

《泉州府志》：贵家开园圃，放游人赏玩。又东湖北山多亭馆，士女如云，行乐相望。

清明。家祀先祖，屋檐插柳枝。

《福州府志》：俗云，以祓除不祥。

《建宁府志》：俗谓避邪。

墓祭。《莆田县志》：以鼠曲和米粉为粿，具牲醴展谒丘墓。

《惠安县志》：清明有事先冢，剪制污秽，培土挂楮币。

《漳州府志》：是日妇盛服靓妆出郭外，逐队行。

《汀州府志》：是日展墓，壶浆络绎。祭毕，就祠饷馂余，或就丰树下藉草衔杯。

上巳。《福州府志》：悬荠于门，是日禊饮。

《漳州府志》：采百草合米为粿，荐祖考及赠遗。

《建宁府志》：作乌饭以食且馈遗，俗以是日目莲作此供母，故效之。乌饭即青饥饭。《蒲城县志》载四月八日作。

《永春州志》：用枫叶合米为青饭。

四月八日浴佛，寺刹建龙华会。《山堂肆考》：南方专用腊月八日，今僧寺□多在四月。

《福州府志》：方言佛洗灾。

端阳。自五月一日始，门悬蒲艾，妇女小儿系续命丝，佩符簪艾虎，作粽。午日书符作门帖，浴百草汤，以蒲合雄黄入酒饮之。并制雄黄为筒，燃于屋壁帷帐之上。水际竞渡。谢在杭：闽人以五月四日作节，谓王审知以五日死，故避之。考《五代年谱》，审知以十二月死，非五月也。《闽部疏》：端午节尤重竞渡，所过山溪，数家之市，皆悬舟以待。

《延平府志》：俗云竞渡以逐疫。《闽书》：是日泉莆人食鹳鸽螺，谓能明目。

七夕。妇女陈瓜果，茗碗、炉香各七，用针七枚，于暗中取绣线穿之，以卜得巧之多寡。《漳州府志》：以熟豆相馈，谓之结缘。

《建宁府志》：盒盛小蟢子，平明成茧，以为得巧。

《汀州府志》：社学生彩画葫芦，清晨往郊外，或并燃所习课纸。

中元。祭祖先，焚楮陌。寺观作盂兰盆会。

《福州府志》：方言烧纸衣节。南国风俗，中元夜家具斋供，摆于门外或垧衢，祝祀伤亡野鬼。谢在杭：闽人最重中元节，家设先人号位，祭而燎楮陌。女家具父母衣冠袍笏之类，笼之以纱，谓之纱箱，送父母家。是夜具斋，馄饨楮钱，延坐于市，祝祀无主鬼神，谓之施食。

《漳州府志》：以竹竿燃灯天际，联缀如星，谓之作中元。

《福宁府志》：是日家市淘井。

八月祭社。《泉州府志》：各处以二十四日，安溪以初一日。

《惠安县志》：牲尚鸡。

《漳州府志》：八月祭土地，穷乡僻壤悉演剧，费甚奢，仿古之秋报。

祭墓。《泉州府志》：俗云墓门开。十月亦有祭墓者，名送寒衣（按福州祭墓多在九月）。

九日登高，饮茱萸菊酒。谢在杭：九日作糕，自是古制。闽人乃以是日作粽，与端午同。《景云类纂》：九日蒸糕，惟闽城仍用角黍。

《莆田县志》：是日谒坟墓，如清明。

冬至。州人不相贺，舂米为圆铺之，仍粘门楹间。

明张岳《惠安县志》：十一月冬至阳气始萌，故食米圆，凡阳象圆，阴象方。五月阴始生。黍先五谷而熟，则为角黍，以象阴，角，方也。冬至阳始生，则为米圆，以象阳，圆，圆也。夏至不以为节，抑阴也。崔实《四民月令》：冬至荐黍糕，今俗作黍糕乃在岁晚时。又《南粤考》：十月一日，闽中皆作糯糍及京饨，以祀祖先，盖告冬之义。按今无此俗。惟《建宁府志》云，以豆粥作糍祀先。

腊月二十四日祀灶。谢在杭：俗谓灶神是夜上天，以一家所行善恶奏于天也。

《惠安县志》：除夕先六日，言百神有事上帝，画幢幡舆马仪从于楮，具牲馔，焚而送之。至正月四日，乃迎而复之，如送之礼。

除夕。人家更春帖，燃爆竹为庭。以豚糕相遗，曰馈岁。设酒食聚食，曰别岁，又曰团岁。达旦不寐，曰守岁。子弟向家长拜庆，曰辞年。饭兼数日之炊，曰宿岁饭，亦曰隔年陈（《吴中风土记》：人家各于门首燃薪，谓之相煗热）。

《三山志》：州人以竹著火烧爆于庭中，儿童当街戏呼达旦。

《惠安县志》：取牡蛎壳，杂樟木竹节焚之。

气候（附）

唐高适《送郑侍御谪闽中诗》：南天瘴疠和。

韩偓《登南台诗》：四序有花长见雨，一冬无雪却闻雷。

《三山志》：燠不为瘴，寒不为沍。

《福州府志》：闽地素和燠，草木四时不凋。桃李冬花，接孟春如一序。蛰虫遇晴暄，率蠢蠢然动，古所谓炎方也。今或朔风凛冽，霜威裂肤，重裘拥炉，犹齿龁手战，作苦寒色。短褐不完之子，有至僵绝者。

《莆田县志》：地势爽闿，阳明用事。热多寒少，冬月寒暑衣服互著。

唐欧阳詹《泉州府二公亭记》：炎气时迥。

《泉州府志》：泉之气候，与兴漳同。晋江气候，与南安、惠安同。安溪地颇高，热略减。大抵山岚郁蒸，故春温烦燠，夏暑不清，秋鲜凉风，冬无冰雪，土田恒暖，而禾稻两收，桃李冬花，而木叶鲜脱。

《漳州府志》：多暑少寒，有霜而无雪。季秋尚暖，谷可二登。惟穷山地寒，乃一熟耳。

《延平府志》：气恒燠少寒。

《建宁府志》：居闽上游，地势颇高，故寒于福州。隆冬霜雪，入春即和。浦城又建宁上游，故寒于府治。

《邵武府志》：邵列上郡，阳明少而幽阴多。春夏多雨，秋冬多寒。

《汀州府志》：居闽上游，地气稍寒。上永二县，地近潮漳，气益暖，多产青果柑橘之属。

《福宁府志》：长溪闽地，而邻于江，气候与福州相似。其不同者，春初时气寒有雪，发生较迟。

《台湾府志》：气候异于内地，大抵暑多于寒。

《台湾县志》：自府治至凤山，渐南渐热。自府治至于诸罗，渐北渐寒。

《永春州志》：四时多燠，惟东北高寒，伏日或拥重被。

《龙岩州志》：居万山中，一日之间，气候不齐。一岁之内，寒暑靡定。每霜气凝冰，童子可渡。小雪亦时降。

杂 俗(附)

《漳州府志》：穷山之内，有蓝雷之族，不知其所始。无土著，随山迁徙，种谷三年，土瘠辄弃去，去则种竹偿之。无征税，无服役，以故俗呼之曰客。两家自为婚娶，朔望衣冠相揖。然不读书，语言不通，与世不往来，或曰混沌。《德化县志》：畲民嗜好饮食，与世殊别。男子丫髻，女子无裤通，无鞖履，嫁女以刀斧资送。人死刳木纳尸，少年群集而歌，劈木相击为节，主者一人盘旋四舞，乃焚木拾骨浮葬之。将徙，取以去。自云其先世曰狗头王，尝有功，许自食无徭役。赐姓三：曰盘，曰蓝，曰雷。其盘匏、莫徭之裔也与（按，畲民各府山溪深处有之）？

《台湾府志》：番民断发文身，不知年岁，以稻熟为一岁，以月圆为一月。封土墩作室，其上架木桥以人，中施丹雘，若画舫。婚无媒妁，先野合而后成。礼重生女，赘婿于家，不酬其父。无伯叔甥舅，以姨为亲。夫妇情好甚笃，一反目即离异。生子以水浴之。病不知药，辄浴于河，以愈疾。人死舁尸诣观属之门，各酬酒其口。无棺椁茔域，裹以鹿皮，瘗所居床下，或于门外之右。旬日开视，窖有菌生，或草木之异，则吉。否则移置他所。丧服哀尽即除。无祭祀，不识祖先。结草一束于中

台湾番民纹身，清人绘。

台湾番民迎亲图，清人绘。

柱曰向，向者犹云鬼神也，过年则酬之。无卜筮，凡出必听鸟声，以卜吉凶。遇长者于途，必问讯，避道左。饮食无论多寡，分甘必偏老。番穷无依，则亲属共收恤之。性凶猛，以杀人为雄长。自相攻，或伺客于径射之，取其首，饰髑髅以金，持以夸众，众则推以为长。近熟番渐知文法，匿不敢出。其不悛者，内山生番，而南路傀儡番尤甚。

《台湾志略》：南北各熟番，俗相仿佛。近涵濡日久，知揖让，识尊亲，身被衣裳，婚用媒妁，嫁娶与汉民等。各番置社学，番童间有应试者。

湖 北

总 志

《荆楚岁时记》：于元㦿《武昌土俗》编自季宣，以今验之，或不尽如古所云。风俗与化移易，未可注也。兹仍载前代以来旧闻遗俗，用资考镜云。

西楚俗剽轻，易发怒。地薄，寡于积聚（《史记·货殖传》）。

楚有江汉川泽山林之饶。江南地广，或火耕水耨，民食鱼稻，以鱼猎山伐为业，果蓏蠃蛤，食物常足。故呰窳偷生，而无积聚。饮食还给，不忧冻饿，亦无千金之家，信巫鬼，重淫祀（《汉书·地理志》）。

自晋氏南迁之后，南郡、襄阳皆为重镇。四方凑会，故益多衣冠之绪，稍尚礼义经籍焉。江夏、竟陵、安陆，各置名州，为藩镇重寄，人物乃与诸郡不同。大抵荆州率敬鬼，尤重祠祀之事（《隋书·地理志》）。

蕲春人性躁劲，风气果决，包藏祸害，视死如归，此则其旧风也。自平陈之后，其俗颇变。尚淳质，好俭约，丧纪婚姻，率渐于礼（同上）。

荆湖北路（江陵、鄂州、德安、复州、峡州、归州、荆门、汉阳、寿昌）农作稍惰，多旷土，俗薄而质。归、峡信巫鬼，重淫祀，常下令禁之（《宋史·地理志》）。

立春，亲朋会宴，啖春饼生菜，贴“宜春”字，剪彩为燕戴之。或错缉为幡胜，谓之春幡（《荆楚岁时记》）。

正月一日，是三元之日也，鸡鸣而起，先于庭前爆竹，以辟山臊恶鬼，贴画鸡户上，悬苇索于其上，插桃符其旁，百鬼畏之（同上）。

正月一日，长幼悉正衣冠，以次拜贺，进椒柏酒，饮桃汤，进屠苏酒，胶牙饧，下五辛盘。造桃板著户，谓乏仙木。凡饮酒次第，从小起（同上）。

正月一日，以钱贯系杖脚，回以投粪帚上，云今如愿（同上）。

正月七日，为人日，以七种菜为羹（同上）。

食煎饼，于庭中作之，曰熏天（《荆楚岁时记》注）。

人日，剪彩为人，或缕金箔为人，以贴屏风，亦戴之头鬓。又造华胜以相遗，登高赋诗（《荆楚岁时记》）。

人日，夜多鬼鸟，曰夜行游女。有小儿家，不可露衣物，此鸟夜飞以血点之，儿辄痫。又有鬼车鸟，能入人家，收人魂气。荆人夜闻其声，则灭灯，打门捩狗所以厌之（同上）。

正月十五日，迎紫姑，以卜将来蚕桑，并占众事（同上）。

江淮间俗尚鬼，岁正月必衣服箕帚，为子［紫］姑神。或能数数画字（东坡集）。

黄之侨人郭氏，每岁正月迎子［紫］姑神，以箕为腹，箸为口，画灰盘中为诗，敏捷立成。

江陵旧俗，孟春望夕，高列彩灯，士女缘江，喧阗纵观（《酉阳杂俎》）。

于頔为襄州，点山灯一，上油二千石（传载）。

盛之，相遗于人，以敦故旧之情（《风土记》）。

上巳日，取鼠曲汁密和粉，谓之龙，以厌时气舌（《荆楚岁时记》）。

去冬节一百五日，即有疾风甚雨，谓之寒食。禁火三日，造饧大麦粥（同上）。

寒食斗鸡（同上）。

寒食打球（同上）。

四月，有鸟名获谷，其名自呼。农人候此鸟，则犁耙上岸（同上）。

夏至节日，食粽。是日取菊为灰，以止小麦蠹（同上）。

五月五日，采艾以为人，悬门户上，以禳毒气（同上）。

五月五日，以五彩丝系臂，名曰辟兵（同上）。

五月五日，用兰汤沐浴（同上）。

五月五日，竞渡（同上）。

屈原以五月望日赴汨罗，土人追至洞庭不见，湖大船小，莫得济者。乃歌曰："何由得渡湖？"因尔鼓棹棹归，竟会亭上。习以相传，为竞渡之戏。其迅楫齐驰，棹歌乱响，喧振水陆，观者如云。诸郡率然，而南郡襄阳尤甚。二郡又有牵钩之戏，云从讲武所出。楚将伐吴，以为教战，流迁之改，习以相传。钩初发，皆有鼓节，群噪歌谣，震惊远近，俗云以此厌胜，用改丰穰，其事亦传于他郡。梁简文临雍部，发教禁之，由是荆楚于社日，以猪羊肉调和其饭，谓之社饭，以葫芦是颇息（《隋书·地理志》）。

袁宏道《午日沙市观竞渡诗》：金鳞折日天摇波，壮士麾旌鸣大鼍。黄头胡面锦

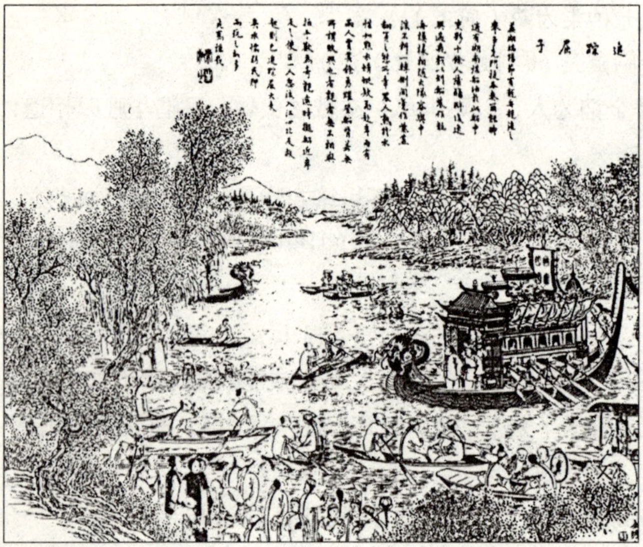

追踪屈原，选自《点石斋画报》。

抹额，疾风怒雨鬼神过。渴蛟饮河貌触石，健马走阪丸注坡。倾城出观巷陌隘，红霞如锦汗成河。妖鬟袖底出巾冠，颠白髯下立青娥。朱阁玲珑窗窈窕，轻言倩语隔红罗。北舟丝管南舟肉，情盘景促欢奈何。云奔浪激争抚掌，亦有父老泪滂沱。渚宫自昔称繁盛，二十一万肩相磨。西酋中珰横几载，男不西成女废梭。琵琶卖去了官税，健儿半负播州戈。笙歌沸天尘卷地，光华较胜十年多。耳闻商禁渐迟缓，努力官长蠲烦苛。太平难值时难待，千金莫惜买酒醝。君看至德中兴后，几人重唱天宝歌（《中郎集》）。

五月五日四民并蹋百草，又有斗百草之戏（《荆楚岁时记》）。

六月伏日并作汤饼，名为辟恶（同上）。

七月七日为牵牛织女聚会之夜。是夕，人家妇女，结彩缕，穿七巧孔针，陈瓜果于庭中，以乞巧（同上）。

七月十五日，僧尼道俗悉营盆，供诸佛（同上）。

蕲俗七月朔夜，于景佑真君庙伐鼓吹螺，以小钲巡于市，名放兵。望夜如之，名收兵。兵谓鬼也，此十五日士庶家各祭亡者。又自九夜至望日，七日内敛钱作佛事，所谓乌蓝盆拏。道书云：中元考校也。有司皆出行香（《白茅堂集》）。

顾景星诗：双星既已别，孤月又不圆。凉飚动四野，凄咽鸣寒蝉。草根上清露，隧道闻流泉。丛冢无人行，新故皆荒阡。礼魂本楚俗，设食哦灵篇。花灯散川陆，唱叹盟诸天。吹螺高乌乌，击鼓声渊渊。何以名收兵，此名绝可怜。鬼中有国殇，闻螺来独先。死时鼓角急，魂听犹辛酸。幽冥莫能拔，救度惟真仙。为我谓司牧，此理殊不然。惟当保民命，薄海无戈铤。苦酒消狱虫，况乃王化恬。

七月十五日，僧尼坐草为一岁，云四月八日结夏至（《荆楚岁时记》）。

七月十五日，解众僧。以长养之节在外，恐伤草木虫类，故九十日安居（《荆楚岁时记》)。

太平腊鼓，选自《故宫文物月刊》。

八月十四日，民并以朱水点小儿头，名为天炙，以厌灾(同上)。

八月十四日，以锦彩为眼明囊，递相饷遗(同上)。

九月九日，四民并籍野饮宴(同上)。

十月朔日，黍臛，俗谓之秦岁首(同上)。

十二月八日为腊日，谚语腊鼓鸣，春草生。村人并击细腰鼓；作金刚力士，以逐疫(同上)。

楚俗尚鬼，而傩尤甚。蕲有七十二家，有清潭保中潭保张王万春等名。神架雕镂金雘，制如榹，刻木为神首，被以彩绘，两袖散垂，项系杂色纷帨。或三神，或五、六、七、八神为一架焉。黄袍远游冠曰唐明皇。左右赤面涂金粉金银兜鍪者三，曰太尉。高髻步摇，粉黛而丽者，曰金花小娘社婆。髯而翁者，曰社公。左骑细马，白面黄衫，如侠少者，曰马二郎。行则一人肩架，前导大纛、雉尾、云罕、犦槊、格泽等旗，曲盖鼓吹，如王公。迎神之家，男女罗拜。蚕桑疾病，皆祈问焉。其徒数十，列幛歌舞，非诗非词，长短成句，一唱众和，呜咽哀惋。随设百献，奉太尉，歌跃幢上，主人献酬三神，酢主人，主人再拜。须臾，二蛮奴持绁盘辟，有大狮，首尾奋迅而出。奴问狮何来，一人答曰：“凉州来！”相与西望而泣，作思乡怀土之歌。舞毕，送神，鼓吹偕作。先立春一日，出神于匮，

乡人傩，选自《点石斋画报》。

具仪簿，随土牛后，春分后藏焉。崇祯末，无复旧观矣（顾氏《蕲州志》）。

顾景星《乡傩诗》：春社作已毕，土风尚傩驱。云旗夹翠罕，钲鼓趋中衢。妇稚候门喜，罗拜陈牲醽。田蚕及鸡彘，禳祝凭神巫。雕几列神像，被以红锦徆。中坐天宝帝，左右双明姝。太尉复何人？题额黄金涂。凤胄雷将军，位与睢阳俱。即君白玉面，细马腰雕弧。酒酣招百戏，啰唝何纷拏。假狮西凉舞，鬖髿骑蛮奴。似闻凉州破，西向悲唏嘘。千秋事已往，此舞胡为乎？既非周礼制，法部仍荒芜。祈年比蜡腊，乡党聊欢呼。献酬若大酺，瓮中宁有无（《白茅堂集》）。

岁时为藏钩之戏（《荆楚岁时记》）。

腊祭后，以藏钩为戏，分二曹以决胜负。手各藏物，探取之，如寄一人，则往来于两朋，谓之䛐鸱。□言起于钩戈也（《酉阳杂俎》）。

举人高映，善意驱，成式尝于荆州藏钩，每曹五十余人，十中其九。映言但意举止容色，若察囚视盗也（同上）。

岁暮，家家具肴蔌，诣宿岁之位，以迎新年，相聚酣饮（《荆楚岁时记》）。

武　昌

鄂土沃民剽（《唐书·崔郾传》）。

士以文辞相高，有六朝之体（柳拱辰《郡守题名记》）。

苏轼《与朱鄂州书》：岳鄂间，田野小人，例只养二男一女，过此辄杀之。尤讳养女，以故民间少女，多鳏夫。初生辄以水浸杀，其父母亦不忍，率常闭目背面，以手按之水盆中，咿嘤良久乃死。愿使令佐，各以至意，诱谕地主豪户，贫甚不能举子者，薄有以赒之。但得初生数日不杀，虽劝之使杀，亦不肯矣（《东坡集》）。

武昌五方杂寓，家自为俗（明《一统志》）。

江夏风气朴茂，被服饮食皆适丰约之中（《南中记闻》）。

武昌土地瘠确，人民淳厚（《图经》）。

嘉鱼农以立本为业，士以有用为荣（《县志》）。

蒲圻户尚诗书，士安诵读（《县志》）。

咸宁人多劲悍决烈（《府志》）。

崇阳舍本务末，俗习雅俭（《旧志》）。

通城务农力本（《县志》）。

兴国民醇，往往囹圄昼闭，桁杨不施（宋知军周紫芝记）。

其民锐于治生，怯于私斗，故易为政。士笃于好学，而耻于浮靡，故昌语道（欧阳元《兴国州修学记》)。

大冶风气淳厚，实为江湖之奥区(《府志》)。

通山士尚刚毅，民多朴野(《旧志》)。

汉 阳

汉阳民性劲直决烈，多行仁义，有历世不分者(明《一统志》)。

士大夫学古高蹈，虽贫乏之家，亦志儒业，耻他途。孱弱之民，亦力耕渔，薄商贩。独尚巫崇佛，负性使气，乃其故习云(《湖广总志》)。

街居妇女多事剪绣，乡农之家勤于纺绩。每入夜登机，旦即成匹(同上)。

汉川民朴略，春夏力农，秋冬业渔(《旧志》)。

春水泛涨，迁于原隰耕垦。秋冬涸，迁近湖泊，网罟以自给(同上)。

山川平易，人民朴野。尚俭啬，鲜华丽，士皆向学问，颇有淳风(同上)。

孝感滨湖负山，其山耸拔，故气多亢爽；其水清析，故人多颖秀(《县志》)。

五乡业各不同。白云之人，负山耕种，射猎采药，烧炭渍以自赡。郭下地瘠人纤，气劲易斗。广阳诸赵宏乐，地滨湖，有渔利，其性靡，无积聚。然子弟好学(同上)。

黄陂民皆勤农桑，寡游贩，骎慕儒术(《府志》)。

途鲜游女，贾人行客过其都，未尝见妇女面，惟朝夕勤织纺而已(《县志》)。

沔阳地卤民贫，以耕渔为业，萑苇之薮多盗(《州志》)。

耕尚卤莽，虽广种而薄收。婚略礼文，每多赘而少娶。疾患则敛赀相恤，死丧则歌鼓杂哀(《旧志》)。

李濂《沔阳纪俗诗》：嶰郭潜湘曲，风流自昔称。家家住水阁，日日下鱼罾。云湿常垂雨，湖寒未见冰。风微鸥戏藻，沙静鹭衔菱。翎羽充王贡，鱼虾入岁征。莲舠秋竟泛，竹槛晚凭口。陆羽风如在，灵均恨不胜。汉唐兵未到，吴楚势相乘。地僻逢迎少，江清赏宴仍。羔羊怀汉咏，琴瑟对渔灯。放柁初犹怯，垂纶近亦能。疏狂叨守牧，高兴益崚嶒(《嵩渚集》)。

黄 州

黄州在大江之侧，云梦泽南，古有蛮风，今尽华俗。户不满二万，税钱才三万贯。风俗谨朴，法令明具。久无水旱疾疫，人业不耗。谨奉贡赋，不为罪恶(杜牧《黄州刺史谢上表》)。

黄州山水清远，土风厚善。其民寡求而不争，其士静而文，朴而不陋。虽闾巷小民，知尊爱贤者（《东坡集》）。

近闻黄州小民，贫者生子多不举，初生便于水盆中浸杀之。黄之士古耕道，颇诚实，喜为善。乃使率黄人之富者，岁出十千，使耕道掌之，多买米布绢絮，使安国寺僧继莲，书其出入，访闾里小民，有贫甚不举子者，辄以遗之。若岁活得百个小儿，赤闲居一乐事也。黄人二三月，皆群聚讴歌。其词固不可分，而其音亦不中律吕，但宛转其声，往反高下，如鸡唱耳（同上）。

黄冈淳质多俭约，地有渔稻之利，农惰而田事不修（《明道杂志》）。

东弦乡，其民淳朴，征赋常先。还和乡生理俭朴，无耳目之观。永宁乡民皆尽力田亩，榛布相守。慕义乡其田薄收而深耕，赋税亦不敢乾没，穷乡下径，挟书相望。庶安乡民生土瘠，刁悍相仍。五重上乡山川灵秀，地气凝聚，衣冠之族多在此。五重下乡目不知书，而多深耕易耨之日［田］。中和乡田瘠下下，其民生事辽阔（明王一鸣《黄冈论》）。

黄冈农力耕种，士尚气节，无依阿澳涊之习（《府志》）。

黄安本黄冈、麻城、黄陂三县分，土俗亦大都近之。民多悍犷而不驯（《旧志》）。

黄安民生颇为殷盛，昔患萑苻，今则骎骎文物矣（《府志》）。

蕲水民俗富庶，秀民乐于为儒，而不轻择其业。彬彬喜学，有邹鲁遗风（宋关咏《神光观记》）。

蕲水善田事，勤女工，富人尤多畏法（《府志》）。

罗田崇岩邃谷，其力专务本，用亦节俭（同上）。

麻城士风厚善，乐于为儒，出重名节，处尚廉耻（同上）。

蕲州风气和平，狱讼稀少（宋秦观《代蕲州守谢上表》）。

蕲州务稼穑，习诗书（《府志》）。

蕲俗以六月某日赛二郎神。一人前导，山民呼行者，举行者名，则元人小说所载孙悟空也。是日蕲人无远近，皆来就观。辍市肆，肃衣冠，立于门，出只鸡百钱为寿，必请命于行者，以致于神。一不与则行者机变毕动，趫捷若生，击人屋瓦器皿，应手皆碎。乾隆十九年，知州钱鋆悉取像焚之，二郎神为故（《甲乙存稿》）。

广济淳庞近古，然任气尚侠（《府志》）。

黄梅民俗力农，不事商贾、游侠，柔弱畏讼。士习礼教，勤学而文，朴而不陋（明曾维伦《风教论》）。

其风俗大端，土广人稀，水乡苦潦，旱乡苦旱，一岁之入，不足支所出，以故输赋不能前。其士平居，恒嗫呫守其师说。而好异之士，又杂通诡奇，至其兢兢畏法，与齐民等（同上）。

庄槱《黄梅杂咏四首》：试说黄梅县，黄梅古佛场。千年开宝掌，五叶度慈航。梵呗僧徒集，祈求士女忙。移风端有待，先为课农桑。　试说黄梅县，黄梅景物幽，有山皆北向，无水不西流。附郭鱼虾集，濒湖粳稻秋。劝农曾夙驾，屋角唤双鸠。试说黄梅县，黄梅水满湖。霜风吹穲稏，晴雨响菰蒲。鱼网家家下，香醪处处沽。太平原有象，讵忍迫追呼。　试说黄梅县，黄梅本楚东。人行红树里，鸟语翠微中。摘茗乘朝露，缫丝待晓风。山川淳朴处，教授愧文翁（《晚嵩诗稿》）。

德　安

安州士民纯秀，几同邹鲁之风（宋藤甫表）。

士多秀杰，民多隐德（宋周必大《芰堂记》）。

余昔知安州，见荆湘人家，多以草竹为卜。楚辞云："索琼茅以筳篿兮，命灵氛为余卜之。"其注曰：琼茅，灵草。筳，小破竹，楚人名结草。折竹而卜，曰篿灵氛，古明吉凶者，盖因遗俗之旧也（《文昌杂录》）。

安陆风土淳厚（《湖广总志》）。

云梦知尊礼法，妇女无游冶之风（《旧志》）。

应城风俗，其性固，其俗醇，男不轻商，女惟纴织（《府志》）。

随州地既瘠枯，民给生不舒愉。虽丰年，大族厚聚之家，未尝有树木池沼之乐，以为岁时休暇之嬉（宋欧阳修《李秀才园亭记》）。

随州井闾洳穆，户篝党塾，颇为古道之遗（《府志》）。

应山之俗，好学而文，纯静有耻（张耒《四贤堂记》）。

其民秀而文，其俗朴而俭（元鲁播玙《魏尹碑》）。

安　陆

竟陵为藩镇重寄，人物与他郡不同（《隋书·地理志》）。

《石城乐》，宋臧质所作也。石城在竟陵，质为竟陵郡，于城上眺瞩，见群少年歌谣通畅，因作此曲（《唐书·乐志》）。

臧质《石城乐》：生长石城下，开窗对城楼。城中诸少年，出入见衣投。阳春百花生，摘插环髻前。捥指蹋忘愁，相与及盛年。布帆百余幅，环环在江津。执手双泪落，何时见欢还？大艑载三千，渐水丈五余。水高不得渡，与欢合生居。闻欢远行去，相送方山亭。风吹黄蘗藩，恶闻苦离声（《乐府诗集》）。

莫愁出于《石城乐》。石城有女子名莫愁，善歌谣。故《石城乐》和中复有忘愁声（《唐书·乐志》）。

《莫愁乐》：莫愁在何处？莫愁石城西。艇子打两桨，催送莫愁来。闻欢下扬州，相送楚山头。探手抱腰看，江水断不流（《乐府诗集》）。

张祐《莫愁乐》：侬居石城下，郎到石城游。自郎石城出，长在石城头。

郢州，其民朴，其俗俭，其土饶粟麦，其产多麋鹿，有西北之风焉（宋石才孺《郢州土风考记》）。

钟祥民贫讼简，俗化蚕桑，以耕渔为业（《湖广总志》）。

京山地广以远，民能自力于本。务耕菑织纴，循楚之旧（宋程祁《京山县新学记》）。

潜江地本沮洳，百姓勤于本业，士尚文艺（《府志》）。

天门地卑下，四望皆水，以堤为命（同上）。

襄 阳

襄阳土地肥美（《南齐书·地理书》）。

宋随王诞，始为襄阳郡。元嘉末，仍为雍州刺吏，夜闻诸女歌谣，因而作之（《古今乐录》）。

随王诞《襄阳乐曲》：朝发襄阳城，暮至大堤曲。大堤诸女儿，花艳惊郎目。上水郎担篙，下水摇双橹。四角龙子幡，环环江当柱。江陵三千三，西塞陌中央。但问相随否？何计道里长。人言襄阳乐，乐作非侬处。乘星冒风流，还侬扬州去。烂熳女萝草，结曲绕长松。三春虽同色，岁寒非侬处。黄鹄参天飞，中道郁徘徊。腹中车轮转，欢今定怜谁？扬州蒲锻环，百城两三丛。不能买将还，空手揽抱侬。女萝自微薄，寄托长松表。何惜负霜死，贵得相缠绕。恶见多情欢，罢侬不相语。莫作乌集林，忽如提侬去（《乐府诗集》）。

张祐《襄阳乐》：大堤花月夜，长江春水流。春风正上信，春夜特来游。

崔国辅《襄阳曲》二首，蕙草娇红萼，时光舞碧鸡。城中美年少，相见白铜鞮。少年襄阳地，来往襄阳城。城中轻薄子，知妾解秦筝。

施肩吾《襄阳曲》：大堤女儿郎莫寻，三三五五结同心。清晨对镜理容色，意欲取郎千万金。

李端《襄阳曲》：襄阳堤路长，草碧柳枝黄。谁家女儿临夜妆，红罗帐里有灯光。雀钗翠羽动明珰，欲出不出脂粉香。同居女伴正衣裳，中庭寒月白如霜。贾生十八

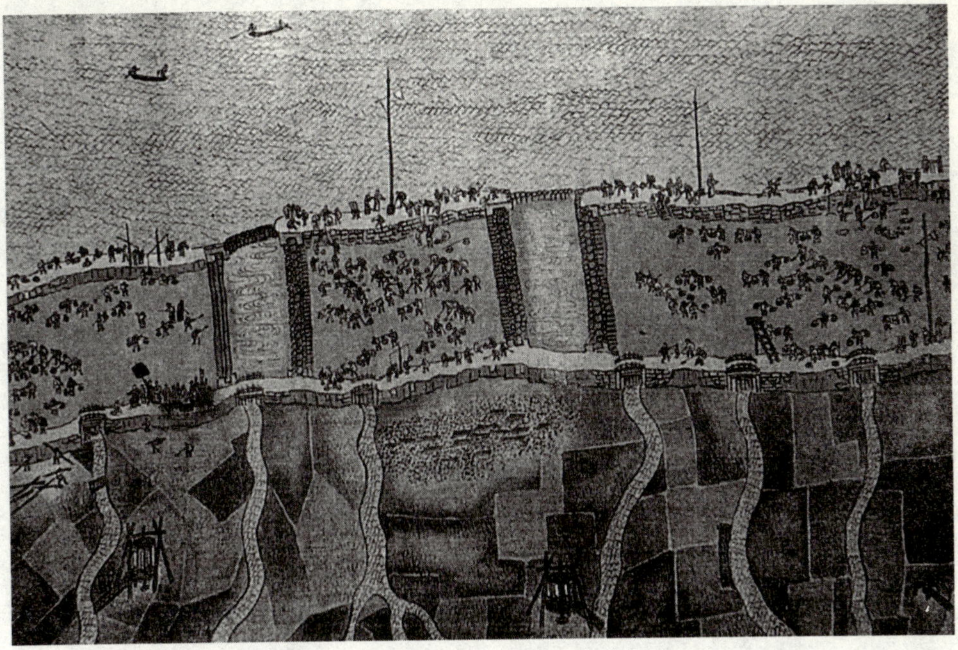

河堤，清赵澄绘。

称才子，只得门前一断肠。

《估客乐》者，齐武帝之所制也。帝布衣时，尝游樊邓，登阼以后，追忆往事而作歌，使乐府令刘瑶管弦被之，教习卒遂无成。有人启释宝月善解音律，帝使奏之。旬日之中，便就谐和。敕歌者常重为感忆之声，犹行于世，宝月又上两曲（《古今乐录》）。

齐武帝《估客乐》：昔经樊邓役，阻潮梅根渚，感忆追往事，意满辞不叙（《乐府诗集》）。

释宝月《估客乐》：大艑珂峨头，何处发扬州？借问艑上郎，见侬所欢不？初发扬州时，船出平津泊。五两如竹林，何处相寻博？郎作十里行，侬作九里送。拔侬头上钗，与郎资路用。有信数寄书，无信心相忆。莫作瓶落井，一去无消息。

梁武帝之任雍镇，有童谣云："襄阳白铜鞮，反缚扬州儿。"识者言白铜鞮，谓金鞮为马也。白，金色也。及义师之兴，实以铁骑。扬州之士皆面缚，果如谣言。故即位之后，更造新教，帝自为之词三曲，又令沈约为三曲，以被管弦（《隋书·乐志》）。

梁武帝《襄阳蹋铜鞮》三曲：陌头征人去，闺中女下机。含情不能言，送别沾罗衣。草树非一香，花叶百种色。寄语故情人，知我心相亿。 龙门紫金鞍，翠毦白玉羁。照耀双阙下，知是襄阳儿（《乐府诗集》）。

沈约三曲：分手桃林岸，望别岘山头。若欲寄音信，汉水向东流。 生长宛水上，从事襄阳城。一朝遇神武，奋翼起先鸣。 蹀鞚飞尘起，左右自生光。男儿得富贵，何必在归乡。

梁简文《雍州十曲》，有《大堤》《南湖》《北渚》等曲（《古今乐录》）。

梁简文《雍州曲》三首：南湖荇叶浮，复有佳期游，银纶翡翠钩，玉轴芙蓉舟。荷香乱衣麝，桡声送鱼流。 岸阴垂柳叶，平江含粉蝶。好值城傍人，多逢荡舟妾。渌水溅长袖，浮苔染轻楫。 宜城断中道，行旅极留连。拙妻工织素，妖姬惯数钱。炊雕留吐客，贳酒逐神仙（《乐府诗集》）。

张柬之《大堤曲》：南国多佳人，莫若大堤女。玉床翠羽帐，宝袜莲花炬。魂处自目成，色授开心许。迢迢不可见，日暮空愁予。

杨巨源《大堤曲》：二八婵娟大堤女，开炉相对依江渚。待客登楼向水看，邀郎卷幔临花语。细雨濛濛湿芰荷，巴东商侣挂帆多。自传芳酒涴红袖，谁调妍妆回翠娥？珍簟华灯夕阳后，当炉理瑟矜纤手。月落星微五更声，春风摇荡窗前柳。岁岁逢迎沙岸间，北人多识绿云鬟。无端嫁与五陵少，离别烟波伤玉颜。

李白《大堤曲》：汉水临襄阳，花开大堤暖。佳期大堤下，泪向南云满。春风复无情，

筑堤，清人绘。

吹我梦魂断。不见眼中人，天长音信断。

李贺《大堤曲》：妾家住横塘，红沙满桂香。青云教绾头上髻，明月与作耳边珰。莲风起江畔，堤上留北人。郎食鲤鱼尾，妾食猩猩唇。莫指襄阳道，绿浦归帆少。今日菖蒲花，明朝枫树老。

孟浩然《大堤曲》：大堤行乐处，车马相驰突。岁岁春草生，踏春二三月。王孙挟珠弹，游女矜罗袜。携手今莫同，江花为谁发。

宋玉、王逸、张悌、习凿齿之徒，实生此土，故其民尚文。北鱼南徐之习不替，故其风尚侈（《图志》）。

襄阳地饶财殷，士文雅而悦道，俗重义而有勇（明鲁锋《镇南楼记》）。

宜城土瘠民贫，务本乐，惮远商，少争讼，勤俭纯庞，最为近古。士尚气节，励廉耻，不趋势利，乡民好佛事（《旧县志》）。

宜城山川顽劣，而多产才士。宋玉、王逸、段成式皆生其地（《蜀道驿程记》）。

南漳土地肥饶，男女以耕桑为业（《府志》）。

枣阳人性鲠直，词讼少兴（同上）。

谷城人知尚文，风俗淳美（《狄栗传》）。

光化山川秀杰，井邑丰富，民气醇雅（《济南集》）。

均州士皆好学，敦尚礼义（《旧志》）。

郧阳

郧阳介雍、凉之交，其地多崇冈丰箐。民事犷悍，而惮拘押。虽岁时群处，往往以财力相雄长，有侠风。四方游民，其琐尾仳离与铤而走险者多逸其中，久而滋煽，因易为乱。承平以来，剧盗数起，始议更邑为郡治之。继命中台天臣，开府秉钺，为重镇焉。然后威略亢棱，逆节稍伏，称康艾矣（《徐氏海隅集》）。

创府以来，礼义兴行，士风丕变（《府志》）。

郧县男子烧畬为田，妇人绩麻为布，以给衣食（《方舆胜览》）。

民性简啬朴鲁，流寓多而土著少（《楚故略》）。

泉甘土肥，用多竹器（《县志》）。

房县俗尚淳朴，士亦问学（《旧志》）。

房人谓巧避曰趄避。力寻曰跋寻。晨起雾久乃开，土人目曰涝潮。潴水溉田曰西。得雨曰一折雨。土人晨饮茶曰胜山岚气，又曰房三分瘴。面皆渗，不渗者曰皮子面。稻得霜乃收，曰饱霜米。弓手下乡目以缉捕。年日饮食曰坐年，社日曰饮脯。俗谓戏曰顽。羹曰骨在。卖枯竹供爨曰竹茭。村落所聚曰枧（《江湖长翁集》）。

陈造《房陵十首》：似闻仙伯厌乘龙，常混红尘市井中。觌面未须趄避我，褰衣无计跋寻公。　阴晴未敢卷帘看，苦雾濛濛鼻为酸。政使病余刚制酒，一杯要敌涝潮寒。　词坛歌舞杂嗟吁，下酉犹濡上酉枯。维谓朝来一折雨，欢声已觉沸通衢。竹屋高低正复斜，蔚蓝影里著人家。底消山峡三分瘴，争课卢仝七碗茶。　夏田少雨富耒牟，多雨何妨穑事秋。已戒日供皮子面，更教晚稻饱霜收。　跨牛待得夕阳回，在处诸嬷笑口开。已借腊钱铺麦税，免教缉捕闯门来。　杯酒清浓肉更肥，咸言趁社极欢嬉。丁宁向去坐年日，要似如今欽脯时。　农闲闾里有逢迎，白饮旁边骨在羹。老稚不姑顽过日，边头难得是升平。　刈罢秋禾未敢慵，更须趁逐过残冬。城中竹茭今年贵，盐茗新来免阙供。　翁媪同围老瓦盆，到莒新酒杂清浑。枧南枧北皆青社，日放乌犍卧晏温。

房县舟车不通，专事负载（《县志》）。

竹山介居险阻，而多剧邑。多巨姓强家，连地千顷，其间桀黠者，往往雄长一乡，负多赀。视为吏者，若易与，每轻犯法（宋张嵲《紫微集》）。

竹山俗尚俭朴，颇知礼义，男多耕读，女务纺织（《旧志》）。

竹溪依山而居，纺绩而衣，风气渐开，颇知积学（《县志》）。

风俗朴茂，不见可欲，故无邪心。耕而食，汲而饮，不知有纷华靡丽之物，故无求于人。一布褶可以经年，器用竹木而外，文采珍异无有也。故穿窬之风不作。饮食口体之奉，不必加意撙节。而无一可以靡财者，故逋赋无有（黄晖烈《县志·序》）。

保康丧祭不用浮屠，风犹近古（《县志》）。

郧西文事疏阔，惟农是业。

荆　门

荆门民愿士淳，易于开导（《陆象山集》）。

“常林欢常林”，即长林也，今之荆门长林县是也。乐人误以长为常，此则梁宋间曲也。宋代以荆、雍为南方重镇，皆王子为之牧。江左辞咏，莫不称之，以为乐土（郑樵《通志》）。

荆门俗尚缁黄。自陆九渊知军后，风俗丕变，颇知礼义（《州志》）。

当阳事简俗朴，勤农尚俭（《安陆府志》）。

远安士尚廉耻，民务农桑（《旧志》）。

荆 州

郡少农桑，农不如工，工不如商之务（盛宏之《江陵记》）。

《江陵乐》四曲：不复蹋蹄人，蹋地地欲穿。盆隘欢绳断，蹋坏绛罗裙。 不复出场戏，蹋场生青草。试作两三回，蹋场方就好。 阳春二三月，相将蹋百草。逢人驻步看，扬声皆言好。 暂出后园看，见花多忆子。乌鸟双双飞，侬欢今何在（《乐府诗集》）。

《荆州乐》盖出于清商曲《江陵乐》，荆州即江陵也。

宗夬《荆州乐》：迢递楼雉悬，参差台观杂。城阙自相望，云霞纷飒沓。

李白《荆州乐》：白帝城边足风波，瞿塘五月谁敢过？荆州麦熟茧成蛾，缲丝忆君头绪多。拨［布］谷飞鸣奈妾何！

刘禹锡《荆州乐》二曲：渚宫杨柳暗，麦城朝雉飞。可怜踏青伴，乘暖著轻衣。今日好南风，商旅相催发。沙头樯竿上，始见春江阔。

李端《荆州泊》：南楼西下时，月里闻来棹，桂水轴舻回，荆州津济闹。移帷望星汉，引带思容貌，今夜一江人，惟应妾身觉。

江陵衣冠薮泽。谚云琵琶多于饭甑，名士多于鲫鱼（《朝野佥载》）。

自武德之后，流佣浮食者众，五方杂居，风俗大变。至德后，中原多故，襄邓百姓，两京衣冠，尽投江湖。故荆南井邑，十倍其初（《太平寰宇记》）。

荆人染病，竞赛乌鬼。楚巫刊肆，悉卖瓦卜（元氏《长庆集》）。

荆，故国也。巴蜀、瓯越、三吴之出入者，皆取道于是。其人才之秀，风物之美，有屈、宋、贾、祢之赋泳存焉（《东坡集》）。

大观中，学校养士至七八百人。故其民多好学（明《一统志》）。

苏轼《荆州》十首：游人出三峡，楚地尽平川。北客随南贾，吴樯间蜀船。江侵平野断，风卷白沙旋。欲问兴亡意，重城自古坚。 南方旧战国，惨淡意犹存。慷慨依刘表，凄凉为屈原。废城犹带井，古姓聚成村。亦解观形胜，升平不敢论。 楚地阔无边，苍茫万顷连。耕牛未尝汗，投种去如捐。农事谁当劝？民愚亦可怜。平生事游惰，那得怨凶年？ 朱槛城东角，高王此望沙。江山非一国，烽火畏三巴。战骨沦秋草，危楼倚断霞。百年豪杰尽，扰扰见鱼虾。 沙头烟漠漠，来往压喧卑。野市分獐闹，官船过渡迟。游人多问卜，伧叟尽携龟。日暮江天静，无人唱楚辞。 太守王夫子，山东老俊髦。壮年闻猛烈，白首见雄豪。食鹰君鹰［应］厌，驱车我正劳。中书有安石，慎勿赋离骚。 残腊多风雪，荆人重岁时。客心何草草，里巷自嬉嬉。爆竹惊邻鬼，驱傩逐小儿。故人应念我，相望各天涯。 江水深成窟，潜鱼大似犀。赤鳞如琥珀，老枕胜玻璃。上客举雕俎，佳人摇翠篦。登庖更作器，何以免屠刲。　北雁来南国，依依似旅人。纵横遭折翼，感恻为沾巾。平日谁能挹？高飞不可驯。故人持赠我，三嗅若为珍。　柳门京国道，驱马及春阳。野火烧枯草，东风动绿芒。北行连许邓，南去极衡湘。楚境横天下，怀王信弱王（《东坡集》）。

江陵士重节义，敦尚《家礼》（《江陵记》）。

江陵士习谨厚，民情淳朴（《旧志》）。

公安好鬼神，尚劲悍，知耻负气（《府志》）。

公安尚农轻末，士人亦勤耕种（《县志》）。

石首民淳俗厚，业惟耕渔，不趋商贾（《府志》）。

石首务农业，耻游惰（《县志》）。

监利士多好学，民勤农业（《府志》）。

监利俗不嬉游，士勤诵读（《县志》）。

松滋在江陵之西，民淳而易化（胡瑗《儒学记》）。

松滋俗淳而雅，朴者乐耕织，秀者喜弦诵（《旧志》）。

西南近山而朴，东南近水而悍。城郭之民，秀而文，少积聚。中人之家，稍习于奢靡游闲（《府志》）。

枝江民质直好义，不事夸张（《旧志》）。

枝江士知学问，俗尚节俭（《府志》）。

宜都俗尚俭约，士知学问，敦好礼义（同上）。

宜　昌

峡州民俗俭陋，常自足，无所仰于四方（《六一居士集》）。

夷陵俗朴陋，惟岁暮祭鬼，则男女数百，相从而乐饮。妇女竞为野服，以相游嬉（《旧志》）。

俗多淫奔，又好祠祭。每遇祠时，里民数百共馂其余，谓之擦鬼。因此多成斗讼（同上）。

欧阳修《夷陵岁暮书事呈元珍表臣诗》：萧条鸡犬乱山中，时节峥嵘忽已穷。游女髻鬟风俗古，野巫歌舞岁年丰。平时都邑今为陋，敌国江山昔最雄。荆楚先贤多胜迹，不辞携酒问邻翁。

又，《夷陵书事寄谢三舍人作》：春秋楚国西偏境，陆羽茶经第一州。紫箨青林长蔽日，绿丛红橘最宜秋。道涂处险人多负，邑犀临江俗善泅。腊市鱼盐朝暂合，淫祠箫鼓岁无休。风鸣烧入空城响，雨恶江崩断岸流。月出行歌闻调笑，花开啼鸟乱钩辀。讼庭画地通人语，邑政观风问里讴。士俗虽轻人自乐；山川信美客偏愁。黄牛峡口经新岁，白玉京中梦旧游。曾是洛阳花下客，欲夸风物向君羞。

夷陵风俗，渔人春则起汕，秋则了系。每三月初八、十八、二十八三日起汕，相率扣拍令，声振水而歌，连彻昏晓，必悲怆慷慨，乃获多鱼。惟三游洞以下，十二碚以上，数十里内为然，谓之起汕。八月九日捕取鲟鳇，先布网而后用了。自钉头镇以往地皆曰系，或曰枋。有金钗系了髻枋等名，谓了了髻，亦如吴淞之起丛也（《池北偶谈》）。

了系多于黄牛峡一带，水汛急处先藏系于水底，鱼入其彀，久而后疲，始用叉，而人跨于鱼背，纳巨绳入腮以起（《县志》）。

王士禛《西陵竹枝词》：峡江三月橹声齐，扣拍哀歌高复低。十二碚边初起汕，日斜还过下牢溪。金钗系接髻了枋，了系年年聚此乡。江上夕阳归去晚，白苹花花卖鲟鳇（《带经堂集》）。

夷陵元夕，连袂唱竹枝歌、采茶歌。七夕，家家张荷叶灯。云昔秦白起伐楚，将烧夷陵，望见城中灯火遂止。遂沿至今也（《县志》）。

取荷叶插蒲，烛灌以油，立高竿门前，名曰荷灯（《县志》）。

王士禛《西陵竹枝词》：荷灯四面接秋河，犹似秦兵驻绿萝。更说元宵风景好，竹枝歌续采茶歌（《带经堂集》）。

五日竞渡，楚俗所同。至十五日名曰大端阳。食角黍、饮蒲酒如前。十三、十四、十五三日，龙舟尤胜，与他郡异（《县志》）。

雷思霈诗：樵歌社鼓插秧归，肯放江头乐事稀。天下无舟不竞渡，峡中有鸟只争飞。市儿各唱迎神

蒿子灯、荷花灯，选自《北京风俗图谱》。

曲，游女多穿送节衣。懒问灵均陈楚些，一杯聊为洒渔矶（《岁星堂录》）。

归州山秀水清，故出隽异；地险流疾，故其性亦隘（《水经注》）。

少商贾，鲜积聚。礼崇俭约，俗尚巫鬼（《州志》）。

长阳异气淳朴，民俗野陋（《旧志》）。

土人亲丧，不用僧道。齐民不然，经梵外，群挤丧次。一人擂大鼓，更互歌唱，曰丧鼓（《秋潭录》）。

彭淑《长阳竹枝词》：家礼亲丧有法程，僧巫那得闹书生。谁家开路添新鬼？一夜丧歌唱到明。

婚礼，男家命字，陪十弟兄；女家上期，陪十妹姊（《旧志》）。

邑民妇不饲蚕（同上）。

杨于果《竹枝词》：华装也止布衣裳，汲水樵薪却胜郎。可惜柔桑阴满地，春残不祭马头娘。

巴东前四里，民醇朴，畏官长，急公役，少争讼。后四里信鬼尚巫，小忿易讼，亦易解。但甘俭约，习劳苦（《县志》）。

县虽僻处深山，而语音朗彻，颇似中原。雅音四声中，独无入声。如呼屋为吴，呼沃为讹之类。平上去三声，惟庚、青、蒸、梗、回、敬、径七韵，呼为根、亲、珍、显、庠、觐。余八十二韵，悉如本音。后四里间有吐音重拙，转入别韵。如呼黄为环，呼谭为唐，呼放为范者。又有两字互易，如呼府为虎，虎为府，呼富为互，互为富者。又有齿舌之间吐字不真，如呼提为奇，帝为计者。故后里媳妇谓之奇互。盖媳读为乞，乞转为奇，而妇转为互，此乃前里所无也。其他称谓大约与燕称［赵］中州人不甚相远。惟祖谓之老爷，母为之妈，姑夫、姨夫谓之姑爹、姨爹，及外祖、外祖母谓之家公、家母，或谓之家家，似江汉间语。而前里又称父为阿巴，母为阿姐。后里又谓祖为阿他，祖母为阿木鸟，父为阿巴，母为阿牙，伯父为阿徘，叔父为阿必么。盖田野中俗称，而士大夫家罕言之。又后里在前代多为蛮语，清江甫北各为一种，桃符口又一种，总谓之草语。虽本县世籍，亦所不释。自西山之乱，县民寄居枝江、宜都，十余年始归，声音遂变（《县志》）。

兴山地僻山峻，讼简民淳（《旧志》）。

长乐鹤峰，旧系土司，民安苗习。自归流后，渐敦仁让矣（《州志》）。

土俗娶妻，不论同姓，或不凭媒妁，一言议及，名曰放话。受聘后，每逢年节必多备酒盒，遍送女家戚族，名曰朝年。及至出嫁，女父母索奶水钱。诸父昆弟皆旁索之，名曰支陈（《县志》）。

土俗，父祖在，子孙别居，名曰分火。或无子，即以婿为子，名曰养老。又有以异姓为子者（《同上》）。

施 南

施州山冈砂石，不通牛犁，惟伐木烧畲，以种五谷（《黔中记》）。

施州隆冬可单，盛夏可夹（《方舆胜览》）。

恩施俗尚节俭，犹近华风（《旧志》）。

宣恩旧施南司地，好入山，不乐平旷。布衣徒跣，或椎髻，或剪发，妇珥重环。俗嗜暴悍，好寇贼（《府志·稿腰》）。

来凤旧散毛地，信巫觋，重淫祀，务耕猎，腰刀持弩，性犷而悍（同上）。

咸丰旧大田地，其风朴野，俗尚耕稼。土旷民稀，僚蛮杂处（同上）。

利川旧支罗地，风土边鄙，人物朴固，佩戈兵，轻战斗（同上）。

烧荒，清人绘。

建始俗简陋，女工绝少。水陆田地，男妇作苦与共。俗不尚衣冠，好讼喜斗（《县志稿》）。

湖南

总志

西楚俗剽，轻易发怒，地薄寡于积聚。衡山长沙，是南楚也。其俗大类西楚（《史记·货殖传》）。楚有江汉川泽山林之饶。江南地广，或火耕水耨，民食鱼稻，以渔猎山伐为业。果蓏蠃蛤，食物常足，故呰窳偷生，而无积聚；饮食还给，不忧冻饿，亦无千金之家（《汉书·地理志》）。《尚书》：荆及衡阳惟荆州。其风俗物产类扬州，其人率多劲悍决烈，天性然也（《隋书·地理志》）。荆，湖南北路，大率有材木茗茆之饶，金铁羽毛之利。其土宜谷稻。赋入稍多，而袁吉接壤。其民往往迁徙自占，深耕穊种，率致富饶（《宋史·地理志》）。

长沙

湘州之奥，人丰土闲（《南齐书·州郡志》）。人多纯朴，士少宦情（《湘中记》）。土风纯古，恬于世利。其俗多慷慨尚节，而耻为本义。学者勤于礼，耕者勤于力，故虽无甚富，亦无甚贫（元《统志》）。（唐张谓《长沙风土碑·天文》：长沙一星在轸四星之侧，上为辰象，下为郡县，《遁甲》所谓沙土之墟，可以逃难，可以隐居者焉。其山麓山，其水湘水，其畜宜鸟兽，其谷宜秫稻。厥草惟繇，杜若、荃蘅、留夷、揭车出焉。厥木惟乔，椅桐、桂柽、贞松、文梓生焉。筱簜娟娟于原野，碔砆照耀于岩阿。昔熊绎始在此地为君，因之而后定王国焉。汉道陵迟，董卓狼顾，文台以三湘之众绩著勤王。梁朝覆没，侯景虎视，僧辩以一州之人勋成定国。桓文之举亦何加焉。至于致礼旧君，请尸旧葬，桓氏之子可谓忠也。殒身强寇，有死无辱，尹氏之子可谓贞也。式蔡邓之宅，足以厚儒风表古贤之坟［愤］，足以敦素行齐鲁之俗，其何远哉！巨唐八叶，元圣六载，正言待罪。湘东郡临江湖，大抵卑湿，修短疵病，未违天常。而云家有重膇之人，乡无斑白之老，谈者之过也。地边岭瘴，大抵炎热，寒暑晦明，未愆时序，而云秋有赫曦之日，冬无凛冽之日，传者之差也。巴蛇食象，空见于图书；服鸟似鸮，但闻于词赋。则知前古之善恶，凡今之毁誉，焉可信哉？因征故老之言，周纪仙山之胜。词曰：舜去黄屋，于焉巡游，禹逢元夷，于焉滞留。五岭南指，三湘北流，邻联沧浪，边遥岣［岣］嵝。湖湘之下，青青众草，有蕙有兰，有江之岛，烟雨冥冥，波澜浩浩，不采不撷，弃捐远道。湘山之上，青青众木，有松有柏，在峀之麓。风霜凄凄，柯叶沃沃，不榱不楝，老死空谷。陆有玉璞，水有珠胎，隋侯云亡，卞氏不来。湘云苍莽，湘月徘徊，贞石纪事，屠城之隈。明李东阳《长沙竹枝词》十首：三十六湾湾对湾，人家多住白茅间，直过洞庭三百里，长沙城北是形关。　南船北船满洞庭，萧公祠前牲酒馨，二妃枉作君王后，君看君山山自青。　汨罗江头春水生，汨罗江上楚歌声，人间若解三闾苦，水底鱼龙亦有情。　马殷宫前江水流，定王台下暮云收，有井犹名贾太傅，无人不祭李潭州。　江头彩旗耀日明，船上挝鼓不停声，湖南乐事君记取，五月五日潭州城。　潭州城边多野田，黄茅白苇远连天，莫言楚国无生理，亩地于今倍值钱。　湘江女儿愁落晖，湘江江上鹧鸪飞，行人试看君山竹，竹不成斑君始归。　戎门旌节拥高台，军人南边戍未回，红巾小儿齐击鼓，知是官船江上来。　湘江水深天下青，何如陇头秋月明，楼人到此不得醉，况是高楼吹笛声。长沙少年无奈春，青衫白面不生尘，劝君莫向湘潭住，江燕衔泥解涴人。）。

衡　州

山川之秀丽，称衡山。其蒸为云霓，其生为杞梓。人居其间，得之为俊杰（欧阳修《送廖倚序》）。晦庵南轩，相与讲道，唱酬于其间。湖南道学，于斯为盛（元义化《邺侯书院记》）。

永　州

潇湘间无土山，无浊水，民乘是气，往往清慧而文（刘禹锡《送周鲁儒序》）。家娴礼义，而化易孚。地足渔樵，而民乐业（曹中《永州谢表》）。山川木石之奇，生其间者多秀民。其人士行义，文学骏发而卓著，视中州无所与逊（杨万里《种爱堂记》）。

宝 庆

地接溪洞，好勇尚俭（《邵州图经》）。其人尚气而贵信，喜直而恶欺，节俭而不奢，朴厚而不佻（宋《郡志·序》）。江山清淑，融液扶舆。学者谈诗书，履仁义，自相约束于规矩。其游歌辟雍者，皆知以砺行检身，勤职为务（黎淳《学记》）。

岳 州

挟湖山之胜，长材秀民，多出其间（胡寅《学记》）。湖外之俗，简朴畏事（叶适《王文正祠记》）。勤生啬出，闾阎之需不仰给四方。日厌鱼鲜，而饫秫稻。缙绅无华屋文绣之侈。为奇器淫巧者，不轻闯其境（徐学谟《风土记·序》）。

常 德

人气和柔，多淳朴，少宦情，以黄老自乐，有虞夏遗风（王安贫《武陵记》）。常武为礼义之国（钟蜚英《学记》）。居民务本，勤于耕织（元《统志》）。安乐故土，惮于行役，竭耕桑之劳，习网罟之利（《旧志》）。

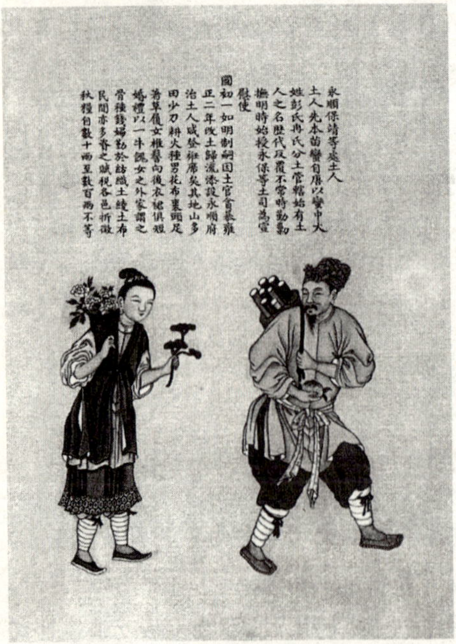

永顺保靖等处土人，选自《皇清职贡图》。

辰 州

（乾州、凤凰、永绥三厅旧隶辰州府，风俗略同）

矜重名教，敦尚典型（《寰宇记》）。少斗讼，寡盗贼（《辰州风土记》）。尚治屋宇，连甍接栋，覆以板竹（《图经》）。多山少田，民性淳朴，居山谷间，至有皓首不识官府者（《旧志》）。

永 顺

渔猎养生，刻木为契（明《统志》）。重农桑，男女合作（明《宣慰司志》）。

风尚淳朴，耕凿外不事商贾（《旧志》）。

沅 州（晃州厅风俗与沅州同）

地界山溪，刀耕火种（《图经》）。风气朴静，人士秀发（翁永平《黔阳县治记》）。民无异业，率作力农。衣食不假外求（戴敏《石城记》）。

彬 州

中州青淑之气，蜿蜒扶舆，磅礴而郁积，必有魁奇忠信材德之民生其间（韩愈《送廖道士序》）。俗愿朴而劲（宋伯潜《社坛记》）。淳愿忠朴，颛蒙悍劲，而不能为欺诈（陆九渊《宜章学记》）。

靖 州

风土不恶，民俗亦淳。不知有纷华之悦，故寡欲易足。郊人犹有大布之冠者（《魏了翁集》）。与蛮壤犬牙岁久，声教所覃，去椎髻之习，而饰冠巾。转侏㑲之音，而通文字。奉官约束，一如中州（王藻《靖州记》）。

澧 州

澧有屈原遗风（王湛制词）。地饶民淳（明文焕《风土记》）。土腴俗美，力于耕桑。畏上乐输，号为易治（《州志》）。

桂 阳

桂阳之民，虽贫而有常产。父子兄弟多族居，或至百口。盖其俗朴近古然也（《陈傅良传》）。畏法少讼（《旧志》）。

时 令（附）

正月一日，是三元之日也，春秋谓之端月。鸡鸣而起，先于庭前爆竹，以辟山

鸡王镇宅，选自《中国民间艺术》。

臊恶鬼。长幼悉正衣冠，以次拜贺。进椒柏酒，饮桃汤，进屠苏酒、胶牙饧，下五辛盘，进敷于散，服却鬼丸，各进一鸡子。造桃饭著户，谓之仙木。凡饮酒，次第从小起。帖画鸡户上，悬苇索于其上，插桃符其旁，百鬼畏之。又以钱贯系杖脚，回以投粪帚，上云令如愿（《荆楚岁时记》）。岳州自元旦献岁，邻里以饮宴相庆。至十二日罢，谓其日为云开日（《岳阳风土记》）。正月七日为人日，以七种菜为羹，剪彩为人，或镂金薄为人，以贴屏风，亦戴之头髻。又造华胜以相遗，登高赋诗（《岁时记》）。正月七日，食煎饼于庭中，作之云熏天（《岁时记》注）。立春之日，悉剪彩为燕戴之，贴宜春二字。正月十五日，作豆糜，加油膏其上，以祠门户。先以杨枝插门，随杨枝所指，乃以酒脯饮食及豆粥，插箸而祭之。其夕迎紫姑神，以卜将来蚕桑，并占众事（《岁时记》）。宋文天祥《衡州上元张灯记》：岁正月十五，衡州

十五观灯，杨柳青年画。

张灯，大合乐，宴宪僚于庭。州之士女倾城来观，或累数合竭廛而至。凡公府供张所在，听其往来，一无所禁。盖其习俗然也。咸淳十年，吏部宋侯主是州，予适忝陈臬事常平，以王事诣长沙，会改除，于是侯与予为客主礼。是晚，予从城南竟城东，夹道观者如堵。入州，从者殆不得行。既就席，左右楹及阶，阶及门，骈肩累足，鳞鳞如鱼头。其声如风雨潮汐，咫尺音吐不相辨。侑者，集三面之人趋而前，执事几不可曲折。酒五行，升车诣东厅，厅之后稍偏为宴坐，俎豆设焉。主人既肃，车不得御，乃步入宴坐之次，至则儿童、妇女杂袭而争先，男冠以上往往引去。及献酬，州民为百戏之舞，击鼓吹笛，斓斑而前，或蒙倛焉，极其俚野，以为乐。游者益自外至，不可复次序。妇女有老而秃者，有羸无齿者，有伛偻而相携者，冠者，髻者，有盛涂泽者，有无饰者，有携儿，有负在手者，有任在肩者，有哺乳者，有睡者，有睡且苏者，有邂逅叙契阔者，有啼者，有啼不止者，有为儿弁髦者，有为总角者，有自相笑语者，有甲笑乙者，有倾堂笑者，有无所睹随人笑者，跛者，倚者，走者，趋者，相牵者，相扶挈者，以力相拒者，觞者，有醉者，有劝者，咳者，唾者，嚏者，欠伸者，汗且扇者，有正簪珥者，有整冠者，有理裳结袜者，有履阈者，有倚屏者，有攀槛者，有执烛跂唯恐堕者，有酒半去者，有方来者，有至席散者，儿童有各随其亲且长者，有无所随自至者，立者，半坐于地者，有半坐坑下者，有环客坐者，有坐复立者，有立复坐者。视妇女之数，多寡相当。盖自数月之孩，以至七八十之老，靡不有焉。其望于燕坐之门外，趑趄而不及近者，又不知其几千计也。当是时，舞者如傩之奔、狂之呼，不知其亵也。观者如立通都大衢，与俳优上下，不知其肆也。予与侯颓然其间，如有家人之长坐于堂，而骄儿骙女充斥其间，不知其逼也。予起而举酒，祝侯曰："以平易近民，而民近之，岂弟父母，侯之谓矣！"侯釂自执爵前曰："惟使者使民不［丕］宽，无湮郁，其和我是，以大有民。"予避且谢，则复语侯曰："使民和岁丰，日星明粲，举海内得以安其生而乐其时，衡与赐焉！维天子之功，臣等何力之有？"侯拱而立。侯蜀人也，因与予言益州承平时，元夕冥游，其风流所亲见，盖出于祖宗德泽，天地涵育之久，而今不可复得矣。予愍然。私念之，庆元、景定间，衡以中州不得免于难，今城廓室庐公私文物从草创绵纂云尔。然以几世几年所为郡，而十数年间卒然修复，得其大体，非国家忠厚积德于民力，爱养有素，岂望于今所成立哉！蜀自秦以来，更千余年，无大兵革。至于本朝，侈繁巨丽遂甲于天下，不幸荡析，若鬼神之忌盈者。今衡之民，务本而勤力，岁时一观游之外，衣食其耕桑，俭而不泰，风气淳厚，犹南方俭德之国。其将进而未已者乎！予为亲怀归得郡，且行，侯选表于朝有日矣！惟一时民物之概，得于目击，相与嗟叹，阔绝而欣喜，不厌于心者，不当无所纪。且惧夫可爱可愕之状，俯仰蹉跌，忽不可以复追者。燕之明日，亟奋笔记之，以庶几观风之意，且使侯政有考焉。）正月夜，多鬼鸟度，家家槌床打户，捩狗耳，灭灯烛以禳之。正月未日夜，芦苣火照井厕，则百鬼走。元旦至于月晦，并为酺聚饮食。士女泛舟，或临水宴乐。春分日，民并种戒火草于屋上。有鸟如乌，先鸡而鸣，架架格格，民候此鸟则入田以为候。社日，四邻并结彩会牲醪，为屋于树下，先祭神，然后饷其胙（《岁时记》）。春社后，遇好天色，往往相继上山，州人所谓拜扫也。至寒食而止（《风土记》）。去冬节一百五日，即有疾风甚雨，谓之寒食。禁火三日，造饧大麦粥。斗鸡，镂鸡子，打球，秋千施钩之戏（《岁时记》）。杨桐叶细冬青，居人遇寒食，采其叶，染饭色，青而有光。食之资阳气，道家谓之青精乾石饭(《零陵总记》)。三月三日，士民并出江渚池沼间，为流杯曲水之饮。是日，取鼠曲汁蜜和粉，谓之龙舌粄，以厌时气（《岁时记》）。（唐杜甫《清明诗》：著处繁华矜是日，长沙千人万人出，渡头翠柳艳明眉，争道朱蹄骄啮。此都好游湘西寺，诸将亦自军中至。马援征西在眼前，葛强亲近同心事。金镫下山红日晚，粉墙掖柁青楼远。古时丧乱皆可知，人世悲欢暂相遣。弟侄虽存不得书，干戈未息苦难居。逢迎少壮非吾道，况乃今朝更祓除。）四月八日，取羊相叶淅米为饭，祀神及先神。濒江诸庙皆有船，四月中择日下水，击画鼓，集人歌以棹之，至端午罢。其实竞渡也，而以为禳灾。民之有疾病者，多就水际设神盘以祀神，为酒肉以犒棹鼓者。或为草船泛之，谓之送瘟（《风土记》）。四月八日，长沙市肆之人无子者，供寺阁下羊肉薄饼，结愿以乞儿，往往有验（《太平御览》）。四月也，有鸟名获谷，其名自呼，农人候此鸟，则犁把上岸。五月俗称恶月，各禁忌暴床荐席及忌盖屋。五月五日，四民并蹋百草，又有斗百草之戏，采艾以为人，悬门户上，以禳毒气。是日竞渡，采杂药，以五采丝系臂，名曰辟兵，人不病瘟。又有条达等织组杂物，以相赠遗，取鸲鹆教之语（《岁时记》）。屈原以五月望日赴汨罗，土人追至洞庭不见，乃歌曰："何由得渡湖？"因尔鼓棹，争归竞会亭上，为竞渡之戏。迅楫齐驰，棹歌乱响，喧振水陆，观者如云（《隋书·地理志》）。竞渡始于武陵，及今举楫而相和之。其音咸呼"云何在斯"（刘禹锡《竞渡曲》自注）。屈原五月五日投汨罗江，楚人哀之。每至此日，以竹筒贮米，投水祭之。汉建武中，长沙欧回，白日见一人，自称三闾大夫，谓回曰：

屈原像，选自《中国历代帝王名臣像真迹》。

观龙舟，杨柳青年画。

见祭甚美，但苦为蛟龙所窃，今若有惠，可以栋叶塞茎，以五彩丝缚之，此二物蛟龙所畏。今人作粽子以此，盖其遗风也(《续齐谐记》)。(唐范慥《竞渡赋》：楚之人兮，有舟利于涉者，节以楫师而竞驰，因汨罗极溺之事，为江汉载浮之嬉，以娱黎庶，以穆风俗，故岁习而无亏尔。其月维仲夏，节次端午，则大魁分曹，决胜河浒，饰画舫以争丽，建彩标而竞取。聿来肇自于北津，所届渺期于南浦。选孟贲乌获以用壮，酬川后天吴以潜辅。重轻莫异于锱铢，先后不差于步武。外希得隽之称，内约畴庸之伍。降簪裾以列筵，拥士庶兮如堵。于是鹢首齐向，飘然羽轻，引长絙以观整，罗小艇以持平。远岸天阔，乘流镜清，援抱者气作于一鼓，理棹者伎痒于先鸣。聆大呼之始发，若纵拖而迅征，直衡谅驶于狂兕，忽往未殊于骇鲸。日正昼而惧眩，浪无风兮欻生。鸣鼙吹竽，上聒天衢。如伏波整旅，合水兽于江湖，建旗列卒，俯映泉宝。若五利将军访仙师于溟渤，摄灵奇以潜骇，恒游泳而下逸。群声合噪，群手齐力，虑劲敌之我先，莫遑舍于瞬息。乘轻若在于风驭，处疾互飞于首饬。舳舻惟正，审流镝之向齐，楫棹翻然，乱惊凫之挥翼。投劲竹以交拥，各庶几于独克。向背适中，胜负攸分。一喻马之旋泞，一如龙之曳云。始差池以接影，忽敻绝而殊群。曾不移晷，倏然戾止。去孤标于部党，争距跃而赴水。有麾竿以赞获，或振采以扬美。中程者虽多欲于上人，后时者犹未甘于胜己。惩既往之败绩，伫将来以雪耻。由是励能激愤，赴涨而回。其逐进也速飞电之经目，其引退也缓孤鹂之应媒。彼狃浅以生怠，此方般而有猜。仰兴慕于三节，爰息徒而复来。论始作之功，虽掉鞅而偏擅，稽未事之效，乃发梁兮备该。然后弭舟楫，宴沙场，叶同党之诚愿，锡上官之龙光，征固敌之财以颁赏，合如渑之酒以飞觞。勉居后人以后绩，翻有初于不藏。水府澹以澄静，人群欣而乐康。夫吞刀倚巧，而幻人之伎，角牴称妙，而狡童之戏，岂比夫仙丹。以济川之器竞渡，有救灾之义。非百夫之众，无以较其捷，非九江之广，无以藏其事。总夷夏之具搜，为壮观之能类。储光羲《观竞渡诗》：大夫沉楚水，千祀国人哀。习棹江流长，迎神雨雾开。标随绿云动，船逆清波来。下怖鱼龙起，上惊凫雁回。能令秋大有，鼓吹远相催。张说《岳州观竞渡诗》：画作飞凫艇，双双竞拂流。低装山色变，急掉水华浮。士尚三闾俗，江传二女游。齐歌迎孟姥，独舞送阳侯。鼓发南湖溠，标争西驿楼。并驱常诧速，非畏日光遒。刘禹锡《竞渡曲》：湘江五月平堤流，邑人相将浮录舟。灵均何年歌已矣，哀谣振楫从此起。杨桴击节雷阗阗，乱流齐进声轰然。蛟龙得雨鬐鬣动，螮蝀饮河形影联。刺史临流褰翠帏，揭竿命爵分雄雌。先鸣余勇争鼓舞，未至衔枚颜色沮。百胜本自有前期，一飞由来无定所。风俗如狂重此时，纵观云委江之湄。彩旗夹岸照蛟室，罗袜复波呈水嬉。曲终人散空愁暮，招屈亭前水东注。李群玉《竞渡时在湖外偶为成章》：雷奔电逝三千儿，彩舟画楫射初晖。喧江雷鼓鳞甲动，三十六龙衔浪飞。灵均昔日投江死，千古沉魂在湘水。绿草斜烟日暮时，笛声幽远愁江鬼。元稹《竞舟诗》：楚俗不爱力，费力为竞舟。买舟俟一竞，竞敛贫者赇。年年四五月，茧实麦小秋。积水堰堤壤，拔秧蒲稗稠。此时集丁壮，习竞南亩头。朝饮村社酒，暮推［椎］邻舍牛。祭船如祭祖，习竞如习仇。连延数十日，作业不复忧。君侯选良吉，会客陈膳羞。画船四来合，大竞长江流。建标民取舍，胜负死生求。一时欢呼罢，三月农事休。岳阳贤刺史，念此为俗疣。习俗难尽去，聊用去其尤。百船不留一，一竞不滞留。自为里中戏，我亦不寓游。吾闻管仲教，沐树惩堕游。节此淫竞俗，得为良政不？我来歌此事，非独歌此州。此事数州有，亦欲闻数州。明李东阳《竞渡谣》：湖南人家重端午，大船小船竞官渡。彩旗花鼓坐两头，齐唱船歌过江去。丛牙乱桨疾若飞，跳波溅浪湿人衣。须臾欢声动地起，人人争道得标归。年年得标好门户，舟人相惊复相妒。两舟睥睨疾若仇，戕肌碎首不自谋。严呵力禁不得定，不然相传得瘟病。家家买得巫在船，船船斗捷巫得钱。屈原死后成遗事，千载传讹等儿戏。众人皆乐我独悲，莫遣地下彭咸知。）五月十三日，谓之龙生日，可种竹。《齐民要术》所谓竹醉日也（《风土记》）。夏至节日食粽，是日取菊为灰，以止小麦蠹（《岁时记》）。岳州北濒江州郡，气候尤热。夏日南风则郁蒸特甚。盖湖南千里无山，多得日色，故少阴凉之气也。居民每至夏秋，多病痢疟，皆暑湿所致也。湖湘间，南风三日，则陂塘积水，耗灭已尽，土人谓之南马杓。江湘四五月间，梅欲黄落，则水润土溽，柱础皆汗，蒸郁成雨，故曰梅雨（《风土记》）。七月七日，为牵牛织女聚会之夜。是夜人家妇女结彩缕，穿七孔针，或以金银鍮石为针，陈瓜果于庭中，以乞巧。有喜子网于瓜上，则以为符应。七月十五日，僧尼道俗悉营盆，供诸佛。八月十四日，民并以朱水点儿之头额，名为天灸，以厌疾。又以锦彩为服明囊，递相饷遗。九月九日，四民并藉草饮宴（《岁时记》）。（陈江总《衡州九日诗》：秋日正凄凄，茅茨复萧瑟。姬人荐初酝，幼子问残疾。园菊把黄华，庭榴剖珠实。聊以著书情，暂遣他乡日。唐张说《湘州九月城北亭子诗》：西楚茱萸节，南淮戏马台。宁知沅水上，复有菊花杯。亭帐凭高出，亲朋自远来。

短歌将急景，同使兴情催。又《岳州九日宴道观西阁诗》：摇落年华叹，蹉跎远宦心。北风嘶代马，南浦宿阳禽。佳此黄花酌，酣余白首吟。凉云霾楚塞，濛雨蔽荆岑。登眺思清景，谁将眷浊阴。钓歌出江雾，樵唱入山林。鱼以嘉名采，木为美材侵。大道由中悟，逍遥匪外寻。参佐多君子，词华妙赏音。留题洞庭观，望古意何深。张均《九日巴丘登高诗》：客心惊暮序，宾雁下沧州。共赏重阳节，言寻戏马游。湖风扶戍柳，江雨暗山楼。且酌东篱酒，聊祛南国忧。阴纡先《和张燕公湘中九日登高诗》：重阳初起节，无射正飞灰。寂寞风蝉至，连翩霜雁来。山棠红叶下，岸菊紫花开。今日桓公座，多愧孟嘉才。李白《九月登巴陵望洞庭水军诗》：九日天气清，登高无秋云。造化辟山岳，了然楚汉分。长风鼓横波，合沓燮龙文。忆昔传游豫，楼船壮横汾。今兹讨鲸鲵，旌旗何缤纷。白羽落酒樽，洞庭罗三军。黄花不掇手，战鼓遥相闻。剑舞转颓阳，当时日停曛。酣歌激壮士，可以摧妖氛。龌龊东篱下，渊明不足群。刘长卿《九日岳阳待黄遂张涣诗》：别君颇已久，离念与时积。楚水香浮烟，江楼望归客。徘徊正伫想，仿佛如暂觌。心目徒自亲，风波尚相隔。青林泊舟处，猿鸟愁孤驿。遥见郭外山，苍然雨中夕。季鹰久疏旷，叔度早畴昔，反擢来何迟，黄花候君摘。李群玉《长沙九日登东楼观舞诗》二首：南国有佳人，轻盈绿腰舞，筵华九秋暮，飞袂拂云雨。翩如兰苕翠，婉如游龙举。越艳罢前溪，吴姬停白纻。 慢态不能穷，繁姿曲向终。低回莲破浪，凌乱雪萦风。坠珥时流盼，修裾欲溯空。惟愁捉不住，飞去逐惊鸿。又《九日巴丘杨公台上燕集诗》：凄凄霜日上高台，水国秋深客思哀。万迭银山寒浪起，一行斜字早鸿来。谁家捣练孤城暮，何处题衣远信回。江汉路长身不定，菊花三笑旅萍开。）十月朔日黍臛，谓之秦岁首（《岁时记》）。荆湖南北路，以十月十六日为盘古氏生日（《路史》）。岳州地极热，十月犹单衣，或摇扇。蛙鸣似夏，鸟鸣似春。浓云疏星，震雷暴雨，如中州六、七月间（《风土记》）。仲冬之月，采撷霜芜菁葵等

重阳登高图，佚名绘。

杂菜干之，并为咸菹。十二月八日为腊日，谚言腊鼓鸣，春草生。村人并击细腰鼓，戴胡头，及作金刚力士，以逐疫。其日并以鸡豚祭灶神。岁前又为藏彄之戏。岁暮，家家具肴蔌，诣宿岁之位，以迎新年，相聚酣饮，留宿岁饭。至新年十二日，则弃之街衢,以为去故纳新也（《岁时记》）。傍湘之民,岁暮取江水一斗,岁旦取江水一斗,较其轻重，则知其年水势高下。云重者水大，轻则水小，甚验（《风土记》）。（唐张说《岳州守岁诗》：除夜清樽满，寒庭燎火多。舞衣连臂拂，醉坐合声歌。至乐都忘我，冥心自委和。今年只如此，来岁知如何。又《岳州守岁诗》二首：夜风吹醉舞，庭户对酣歌。愁逐前年少，欢迎今岁多。桃枝堪辟恶，爆竹好惊眠。歌舞留今夕，犹言惜旧年。）

方 言（附）

楚人谓渍为沤（《周官》注）。荆以濯为滇（《仪礼》注）。楚人谓乳谷，谓虎於菟（《左传》）。（《汉书·叙传》於菟作於择，《说文》作乌䖘。）楚谓火灭为熸。承音惩，盖楚音（《左传》注）。两足不能相过，楚谓之踂（《谷梁传》注）。楚人名火曰燥（《诗》释文）。蟋蟀，楚人谓之王孙。蟏蛸，荆州人谓之喜母（《诗》疏）。逮，荆楚人皆云遝。楚人谓累曰諈。南方人呼剪刀为剂刀。瓿甊，长沙谓之瓬。荆州人呼牵牛星为担鼓。山形狭长者，荆州谓之峦（《尔雅》郭注）。荆楚之间谓蒿曰蒚。荆楚谓枏曰梅（《尔雅》孙炎注）。楚名麦门冬曰马韭（《尔雅》疏）。楚人名鸮曰服（《史记·贾生传》）。楚人谓多为夥（《史记·陈胜世家》）。赢子，楚谓之志（《史记》正义）。楚人谓麋为麃（《史记》韦昭注）。楚呼娣姒为妯娌。南方人谓整船向岸曰檥。楚俗谓牵引前却为根格（《汉书》注）。长沙武陵蛮，名渠师曰精夫，相呼为姎徒（《后汉书·南蛮传》）。荆土方言，谓父为爷（《南史·始兴王憺传》）。楚人谓嚎极无声曰嗄（《庄子》注）。楚人谓扇为箑，谓牢为霤，谓猪为豨，谓士为武，谓刀顿为铢，谓袍为裋。俔候风也，谓之五两。谓不得为杌治。谓倨为倦，谓蹠为迹。烧熏自香,谓之熏燧。名命为曹。翣扇谓之翣。谓中庭为坛。谓户限为辚。谓尘为堁。谓荻曰蒚。以精进为精摇，泽浊为眵挈（《淮南子》注）。知，楚谓之党。慧，楚谓之倢，或谓之谙。养，楚曰鞠。哀，楚曰悼。楚言哀曰唏。啼极无声，楚谓之嗷咷。伤，楚谓之憖。忧，楚或曰湿，或曰济。大，楚或曰京，或曰将。至，楚或曰怀摧。詹戾，楚语也。惧，楚曰胁阋。凡怒而噎噫，南楚江湘之间谓之啴咺。惏，楚谓之贪，南楚江湘之间谓之歁。爱，楚曰怜。长，楚曰修。信，荆曰展。凡物盛多，楚曰夥。大，荆曰濯。贼，楚谓之华，或谓之夸。张大使小，楚谓之摸。嫚蝉缅捻，未续也，楚曰嬛。蝉，出也，楚曰蝉，或曰未及也。跳，楚曰蹶，曰蹠。取，南楚曰攓，荆衡之郊曰挦。凡取物而逆，楚曰部，或谓之挺。南楚之外，相谒而餐，或曰作，或曰钻。勉，南楚之外曰薄努。杼首，长首也，楚谓之仔。美，楚曰娃，南楚之外曰嫷。凡美容，楚谓之奕。双，南楚曰颣。稚，年小也，楚谓之篾。抱娩，荆曰抱娩。凡全物而体不具，楚谓之踦。南楚凡相惊曰猲或曰透。寄，荆曰庇。快，楚曰苦。残，楚曰 㳟。怒，楚曰冯。眄，南楚曰睇。毳，荆曰揄。铺，南楚曰㰈㰌。余，楚曰孑。翳，楚曰翿。速，楚曰逞。仇，南楚曰赖。荆言广大，谓之恒概。狯，楚谓之剿，或曰蹶。凡人兽乳而产，楚人谓之釐孳。亭父，楚谓之亭公。卒，谓之弩父，或谓之褚。荆骂奴曰臧，马［骂］婢曰获。保庸，楚谓之甬。苏，芥草也，楚曰苏，南楚江湘之间谓之莽。苏亦荏也，沅湘之南，或谓之䓉，其小者，谓之蘸。芜菁，楚谓之芏。芡，南楚江湘之间谓之鸡头，或谓之雁头，或谓之乌头。凡草木刺人，江湘之间谓之棘。凡饮药、传药而毒，南楚谓之瘌。快，楚曰逞。拔，南楚或曰戎。同，南楚曰掩。杀。楚曰虔。代，楚曰侹。南楚凡骂庸贱，谓之田佁，或谓之䏵，或谓之辟。南楚凡人贫衣被丑弊，谓之须捷，或谓之褛裂，或谓之褴褛，故《左传》曰"荜路褴褛，以启山林"，殆谓此也，或谓之挟斯。器物弊，亦谓之挟斯。南楚凡物尽生者，曰扑。生物空尽者，曰铤聚。楚谓之扑，或谓之翕叶，楚通语也。南楚凡相益而又少，谓之不斟。凡病少愈而加剧，亦谓之不斟，或谓之何斟。病愈者，楚谓之差，或谓之闲，或谓之知，或谓之慧，或谓之憭，或谓之瘳，或谓之蠲，或谓之除。禅衣，楚谓之褋。襜褕，楚谓之穜褣。汗襦，南楚谓之褶，楚谓之襜襦，或谓之禅襦。敝䘩，楚谓之大巾。袩，楚谓之褂。楚谓无缘之衣曰褴。复褿，江湘之间谓之䙀，或谓筩褹。大裤谓之倒顿，小裤谓之校衫，楚通语也。络头，南楚江湘之间曰帕头。扉履，南楚谓之粗。鍑，楚谓之錡，或谓之镂。盂，楚或谓之碗。蠡，楚谓之箪，或谓之械，或谓之瓢。案，楚谓之柂。桮落，楚谓之豆莒。箸筩，楚谓之筲，或谓之籝。甖，江湘之间谓之瓮。瓽，楚曰瓴，或曰瓶。瓯甂或谓之题。所以注斛，楚谓之篙。箕，楚谓之箩。篝，楚谓之墙居。碓矶，楚谓之挺磑，或谓碊。枥，楚谓之榕，或谓之皁。鉤，楚谓之鹿觡，或谓之鉤格。锹，南楚谓之臿，沅湘之间谓之畚。佥，楚谓之柍，或谓之桲。刈鉤，楚谓之鉊，或谓之鎩。薄，楚谓之苗，或谓之麴，南楚谓之蓬薄。槌，楚谓之植。其横谓之㭬，所以悬㭬，谓之缳，或谓之环。筕篖，楚谓之倚佯。床，楚谓之第，其杠，南楚之间谓之赵。户钥，楚谓之键。簙，楚谓之蔽，或谓之箭里，或谓之簙。欲，荆曰耸。聋，楚谓之耸，荆双聋者谓之耸。楚之外郊，凡无有耳者，谓之瞂。邪，楚荆曰陂。惭，荆曰㥏。荆人相难，谓之展。受，楚曰䤧。蹇，楚曰逴。噎，楚曰嘶。离，楚谓之越，或谓之远。与，荆曰谂与。特，楚曰傥。楚自敬曰禀。分，楚曰蠡。器破而未离，南楚之间谓之㪇。审，楚曰㾜。藏，荆楚曰措。竟，楚曰筵。擘，楚谓之纫。开，楚谓之闿。怒，楚曰惮。恚，楚曰爰。凡尊老，南楚谓之父，或谓之父老。南楚瀑洭之间（洭水在桂阳），母谓之媓，谓妇妣曰母姼，称妇考曰父姼。让，楚曰谯。僧，楚曰㶟，南楚或谓之㶟。凡以火乾五谷，楚谓之熬。逗，南楚谓之傺。虎，南楚谓之李耳，或谓之䖘。貔，楚谓之貅。鸡，楚谓之鹠鸥。猪，南楚谓之豨，其子或谓之豚，或谓之貕。布谷，楚谓之结诰。鹎鸱，楚谓之定甲，或谓之独春。雁，南楚之外谓之鹅，或谓之鸧䴏。野凫，其小而好没水者，南楚谓之鸊鷉，大者谓之鹘蹏。守宫，南楚谓之蛇医，或谓之蝾螈。戟，楚谓之釨。三刃枝，南楚谓之匽戟。矛，南楚谓之鍦发［镞］，或谓之铤，或谓之鈒，其柄谓之矜。车下鉄，楚谓之毕，大者谓之綦。车枸篓，楚谓之筱，或谓之箠笼。其上谓之笱，或谓之箕，南楚谓之篷，或谓之隆。屈轮，楚谓之鈂，或谓之軝；錬镝，南楚曰轪。南楚江湘，凡船大者谓之舸，小舸谓之艖，艖谓之艒䑿，小艒䑿谓之艇，艇长而薄者谓之艜，短而深者谓之艄，小而深者谓之䑿。江沅之间，谓戏为媱，或谓之惕，或谓之嬉。湘潭之原（潭水在武陵），荆之南鄙，谓何为曾，或谓之訾。姡，江湘之间谓之无赖，或谓之缪。湘沅之会凡言是子者，谓之崽。沅澧之间凡相问而不知答，曰诔。使之而不肎答曰言。煤，火也，楚之转语也。沅澧之间凡相哀怜，谓之噴，或谓之无写，江滨谓之思，九嶷湘潭之间谓之水兮。嫔嫧，鲜好也，南楚之外通语也。孥，南楚曰謰谈，或谓之支注，或谓之詀謕，转语也。江湘之郊，凡贪而不施，谓之𠤏，或谓之畜，或谓之谘。九嶷荆郊之鄙，谓淫曰遥，沅湘之间谓之窕沈，楚郢以南曰涵，或曰潜。安静，江湘九嶷之间，谓之冡怒，楚以南谓之诼。歇，楚谓之戏，泄息，楚谓之泄。取，楚谓之攓，睇睎干物也，楚通语也。江湘之间凡卒相见，谓之棐。相见或曰突。不安，江沅之间，谓之迹迹。江湘之间，凡窘猝怖遽，谓之涧沭。举楚谓之翥。惭踬，楚郢江湘之间，谓之忸怩，或谓之蹙咨。楚郢以南，蚁土谓之封。南楚以南，凡相非议人，谓之謫，或谓之㤺。谗极，吃也，楚语也，或谓之轧，或谓之踬。短，江湘之会，谓之呰。凡物生而不长大，亦谓之鲨，又曰瘠。南楚凡人残骂，谓之钳。惛，楚谓之㑔，或谓之惒，江湘之间谓之顿。愍或谓氏惆，南楚饮毒药，懑谓之氏，惆亦谓之顿愍。眠娗、脉蜴、赐施、茭媞、譠谩、㦤他，皆欺谩之语，楚郢以南通语也。颣，江湘之间谓之㰝。颔，南楚谓之颔。喜，湘潭之间曰纷怡，或曰配己。沅澧之间，凡言或如此者，曰邯如是。江湘之会，谓医治之曰愮。蝆，南楚曰莽。恜鳃乾都者革老也，皆南楚之间代语也。南楚凡相推抟曰拯，或曰揔沅，涌幽之语（浼水在桂阳，涌水在华容县），或曰揽。南楚已不欲喜，而旁人说之，不欲怒，而旁人怒之，谓之食阎，或谓之怂恿。南楚凡言然者曰款，或曰瞽。绪，南楚曰緤，或曰端，或曰纪，或曰末，皆楚转语也。凡相窃视，楚谓之阙，或谓之睃，或谓之貼，或谓之占，或谓之豬。南楚凡大而多，谓之鑓，或谓之夥。凡人语言过度，乃妄施行，亦谓之夥。南楚之间，凡取物沟泥中，谓之扭，或谓之攎。

楚，凡相轻薄，谓之相仉，或谓之僄。蛥蚗，楚谓之蟪蛄，或谓之蛉蛄。蝉，楚谓之蜩。蛄，楚谓之杜狗，或谓之蛞蝼。蜻蛚，楚谓之蟋蟀，或谓之蛬，南楚之间谓之蚟孙。蟒，南楚之外，谓之蟅蟒，或谓之蟒，或谓之螣。蝇，楚谓之蝇。一蜀也，楚谓之独。篆小者，南楚谓之篓。笼，南楚谓之筹，或谓之筊。簇，楚谓之筲。凡饴谓之饧，楚之通语也（《方言》）。长沙人呼野苏为菩。渡津肪，荆州人呼横。零陵人呼笼为篣（《方言》注）。楚人谓菱曰芰，谓藾曰蒿，谓蕾曰葍。谓儿泣不止曰噭咷，谓跳跃曰蹠，谓信曰訏，谓疾行曰逞，谓卜问吉凶曰嗀，谓笔为聿，谓瞋目顾视曰睊。南楚谓眄曰睇。楚俗以二月祭饮食曰膢剑，楚人谓治鱼也。谓竹皮曰箬，谓竹篱曰墙居，相谒食麦饭曰餥相，谒食麦曰饦，言恚人曰饭，谓孱为萺，谓楣曰梠，谓椟曰柹，谓寐曰寱，谓药毒曰痛痢，谓小儿懒曰餐，谓大巾曰帤，谓无缘衣曰褴。南楚谓单衣曰褋，谓相惊曰猲。楚人谓惭曰怏，谓忧曰慭，谓惧曰悼。凡无耳者之谓瞯，揲拔也，南楚语。楚人谓姊为嫛，谓妹为媦。南楚之外，谓好曰媠。楚谓好曰娃，谓寡妇为霜，谓蜹为蚊（说文）。麻枲杂履，南楚人谓之粗（《急就章》注）。荆州人名搏腊为粗，谓长妇曰熟，谓禅衣曰布襹。舟中床以荐物南方人谓之苓突（《释名》）。羌，楚人语辞也。楚人名被为扈，名潓为凭，名住为傺，名转为邅，名渊曰潭，名圆曰搏，名里曰闬，名巫曰灵子，名羹败曰爽，名冬生草曰宿莽，名结草折竹以卜曰篿，名池泽中曰瀛，名泽中曰梦中，名长剑曰长铗，谓相啁笑曰咍，编竹木曰附，楚人曰柎（《楚辞章句》）。楚人谓冢为琴（《水经注》）。湘中有灵妃步，吴楚间谓浦为步，语之讹耳（《述异记》）。江之浒，凡舟可縻而上下者曰步（柳宗元《铁炉步记》）。楚越之间，谓水之反流者为渴，音若衣之褐褐（柳宗元《袁家渴记》）。《楚辞·招魂》句尾皆曰些，今湖湘南北江獠人，凡禁咒句尾，皆称些。此楚人旧俗，即梵语萨嚩呵也。三字合言之，即些字（《梦溪笔谈》）。湘人谓吴船为艑（《岳阳风土记》）。

《后汉书·卫飒传》：飒为桂阳太守，下车修庠序之教，设婚姻之礼。期年，邦俗从化。《宋均传》：均为辰阳长，其俗少学，而信巫鬼。均为立学校，禁绝淫祀，人皆安之。《许荆传》：荆为桂阳太守，郡滨南州，风俗脆薄。荆为设丧纪制度，始知礼禁。《梁书·顾宪之传》：宪之为衡山内史。土俗，山民有病，辄云先人为祸，皆开冢剖棺，水洗枯骨，名为除祟。宪之为陈生死之别，风俗遂改。《北史·郭彦传》：彦为澧州刺史，蛮左生梗，不营农桑。彦乃劝以耕稼，人皆务本。《隋书·乞伏慧传》：慧为潭、桂二州总管，其俗轻剽。慧躬乃朴素以矫之，风俗大治。《唐书·崔倰传》：倰为湖南观察使。湖南旧法，虽丰年贸易不出境。倰曰：无闭粜以重困民，削其禁。自是商贾流通，货物益饶。《韦宙传》：宙为永州刺史。初里民婚出财，会宾客，号破酒，昼夜集，多至数百人，贫者犹数十。力不足，则不迎，至有淫奔者。宙为条约，使略如礼，俗遂改。邑中少年，常以七月击鼓，入民家行盗，皆迎为办具，谓之起盆。后为解素，喧呼疻斗。宙至，一切禁之。《宋史·魏廷式传》：廷式知潭州。湖南地土衍沃，民喜讼，有根柢巧伪难辨者，廷式立裁之，吏民咸服。《李允则传》：允则知潭州，湖湘山田，可以艺粟而民惰不耕。乃令月给马刍，皆输本色，由是山田悉垦。《张运传》：运摄蓝山县，县接僚壤，因俗为治，吏民安之。《元史·王都中传》：都中为郴州路总管。俗喜争斗，都中乃大治学舍，作笾豆笙磬，使民识礼乐之器，延宿儒教学其中，以理义开晓之，俗为之变。《明史·朱鉴传》：鉴为湖广巡按，湖湘男女，婚嫁多逾三十。鉴申明礼制，其俗遂变。《黄宗载传》：宗载为期广佥事。武陵多戎籍，民家虑与为婚姻，徭役将累己，男女至年四十尚不婚。宗载以礼谕之，皆解悟，一时婚者三百余家，邻邑效之，其俗遂变。《陈钢传》：钢知黔阳县。楚俗居丧，好击鼓歌舞。钢教以歌古哀词，民俗渐变。《刘熙祚传》：熙祚知兴宁县。民啖断肠草，胁人财物。熙祚令赎罪以草，其以是致死者勿问。草以渐少，弊亦止。案以上各条，皆湖南风俗移易之见于正史者。附录于后，以为狃于习俗者惩，且为主持风化者法。陆清献公陇其之言曰：民之习尚，无一定。《禹贡》纪山川，不纪风俗。风俗因乎上也，谅哉斯言。观民风者，可以鉴矣。

苗俗（附）

高辛氏以女配盘瓠，生六男六女，自相夫妻，织绩木皮，染以草实，好五色衣服，制裁皆有尾形。其后滋蔓，号曰蛮夷，安土重旧。以先父有功，母帝之女，田作贾贩，无关梁符传租税之赋。有邑君长，皆赐印绶，冠用獭皮。名渠帅曰精夫，相呼为姎徒。今长沙武陵蛮是也（《后汉书·南蛮传》）。武溪山有盘瓠石窟，俗相传曰盘瓠。每岁七月二十五日，种类四集于庙，扶老携幼，环宿其旁，凡五日，祠以牛彘酒酢，椎歌欢饮，即还（黄闵《武陵记》）。武陵，长沙夷盘瓠之后也。杂处五溪之内，揉杂鱼肉，叩槽而号，以祭盘瓠。俗称赤髀横裙，即其子孙（干宝《留记》）。荆州诸郡，多杂蛮左，其与夏人杂居者，则与诸夏不别。其僻处山居者，则言语不通，嗜好居处全异，颇与巴渝同俗。诸蛮本其所出，承盘瓠之后，故服章多以斑布为饰。

其相呼以蛮，则为深忌。其死丧之纪，虽无被发袒踊，亦知号叫哭泣。始死即出尸于中庭，不留室内。敛毕，送至山中，以十三年为限，先择吉日，改入小棺，谓之舍骨。舍骨必须女婿。蛮重女婿，故以委之。舍骨者，除肉取骨，弃小取大。当葬之夕，女婿或三数十人，集会于宗长之宅者，芒心接篱，名曰茅绥。各执竹竿，长一丈许，上三四尺许犹带枝叶。其行伍前却，皆有节奏，歌吟叫呼，亦有章曲。传云：盘瓠初死，置之以树，乃以竹木刺而下之，故相承至今，以为风俗。隐讳其事，谓之刺北斗。既葬，设祭则亲疏咸哭。哭毕，家人既至，但欢饮而归，无复祭哭也。其左人则又不同，无衰服，不复魄。始死，置尸馆舍，邻里少年各持弓箭，绕诗而歌，以箭扣弓为节。其歌词，说平生乐事，以至终卒。大抵亦犹今之挽歌。歌数十阕，乃衣衾棺敛，送往山林，别为庐舍，安置棺柩。亦有于村侧瘗之，待二三十丧，总葬石窟。长沙郡又杂有夷蜑，名曰莫摇。自云其先祖有功，常免徭役，故以为名。其男子但著白布挥衫，更无巾裤；其女子青布衫、斑布裙，通无鞋屩。婚嫁用铁钴锛为聘财。武陵、巴陵、零陵、桂阳、澧阳、衡山皆同焉。其丧葬之节颇同于诸左云(《隋书·地理志》)。靖州风俗，迥与中州异。蛮酋自称曰官，谓其所部之长曰都幕，邦人称之曰土官。酋官入郭，则加冠巾，余皆推髻。能者则以白练布缠之。曾杀人者，谓之能。妇人徒跣，不识鞋履，以银锡或竹为钗，其长尺有咫。通以斑细布为之裳。纪岁不以建寅为首，随所处无常。有要约，以木铁为契。病不谒医，但杀牛祭鬼，率以刀断其咽，视死所向以卜，多至十百头。凡婚姻，兄死弟继，姑舅之婚，他人取之，必贿男家，否则争甚则仇杀。男丁受田于酋长，不输租而服其役，有罪则听其所裁，谓之草断。凡贷易之逋，甲不能偿，则掠乙以取值，谓之准壑。长少相犯，则少者出物，谓之出面。言语相诬，则虚者出物，谓之裹口。田丁之居，峭岩重阜，大率无十家之聚。遇仇杀，则立栅布棘以御之。各有门款，门款者，犹言伍籍也。借牛彩于邻洞者，谓之泄门款。方争时，以首博首，获级一二，则溃去。明日复来，必相当乃止。欲解仇，则备财物以和，谓之陪头暖心。战之日，观者立其旁，和劝之官，虽居其中，不敢犯也。败则走，谓之上坡。志在于掠，而不在于杀，则震以金鼓，而挺其一隅，纵之逸，谓之趟。败者屈而归之，掠其财而还其地，谓之入地。兵器有甲胄、标牌，弓弩，而刀之铁尤良，弩则傅矢于弦，而偏架之，谓之偏架弩。其利侔中土神臂弓，虽暑湿亦可用。凡仇杀，虽微隙必发，虽昔衅必报，父子兄弟之亲不避也。子弟为士人者，隶于学，仇杀则归，罢则复来。荆湖南北路，如武冈、桂阳之属，瑶民大略如此（《容斋四笔》)。辰沅、靖州蛮，有仡伶，有仡僚，有仡傥，有仡偻，有山瑶，俗亦类土著。焚山而耕，所种粟豆而已。食不足，则猎野兽，至烧龟蛇啖之。其负物，则少者轻，老者重，率皆束于背，妇人负者尤重。男未娶

苗民踏歌图，清人绘。

者，以金鸡羽插髻；女未嫁者，以海螺为数珠，挂颈上。嫁娶先密约，乃伺女于路，劫缚以归，亦忿争叫号求救，其实皆伪也。生子乃持牛酒拜女家父母，初亦阳怒却之，邻里共劝，乃受。饮酒以鼻，一饮至数升，名钓藤酒，不知何物。醉则男女聚而踏歌。农隙时，至一二百人为曹，手相握而歌，数人吹笙在前导之，贮缸酒于树阴，饥不复食，惟就缸取酒恣饮。已而复歌，夜疲则野宿，至三日未厌，则五日或七日方散归。上元，则入城观灯。呼郡县官曰大官。欲人谓己为足下，否则怒。其歌有曰："小娘子，叶底花，无事出来吃盏茶。"盖竹枝之类也。诸蛮惟仡伶颇强，习战斗，他时或能为边患（《老学庵笔记》）。五溪蛮，皆盘瓠种也。聚落区分，名亦随异。今有五：曰苗，曰瑶，曰僚，曰僮，曰仡佬。风声习气，大抵相似。语言服食，率异乎人。其俗刻木为符契，长短大小不等，穴其旁，多至十数，各志其事，持以出验，名木契。出入坐卧，必以刀自随。小者少銛利，名仡倪。仡佬无棉，揉茅花絮布被一床，数幅联贯以成。山瑶皆卧板，夜燃以火。仡佬视瑶则为富矣。仡佬裙幅两头缝断，自足而入。烂斑厚重不一，段纯以红。《范史》所谓独力衣，恐是也。盖裸袒以裙代裤，虽盛暑不去，去则犯鬼。潘安仁《笙赋》"曲沃悬匏，汶阳匏篠"，皆笙之材。蛮所吹葫芦笙，亦匏瓠余意，但列管六，与《说文》十三簧不同耳。蛮女织带，束发状如经带，名不阑带。不阑者，斑也，盖反切语。俚俗谓团为突栾，孔为窟笼，亦此意也。溪蛮爱铜鼓甚于金玉。模取鼓文，以蜡刻板印布，入靛缸浸染，名点蜡幔。取牛羊肠脏，略摆洗以饷客，臭不可近。食之既久，则大喜。《岭表录异》曰：交趾重不乃羹，先鼻饮其汁，不乃者，反切摆也。竖眼仡佬，蛮之尤怪者，两目直生，恶青衣，人遇之则有祸。去麻阳百余里，不常见。黄苗头蛮，数不中，发拳曲，照日金色，故名。岁时数日，野外男女分两朋，各以五色彩囊、豆粟往来抛接，名飞绝。鼓之节不一，有暗箭鼓、集人鼓、搞［犒］设鼓，飨客亦以此，远近听以为准。酒酣，少有参商，则鼓声随变，终席无他者，名客鼓。朱漆牛皮，以护头颈，名固项。仡

苗族蜡染衣裙，贵州平坝县宋代墓葬出土。

佬之富者，多以白金象鸟兽形，为酒滕，或为牛角，鹁鸠之状尤多。每聚饮，盛列以夸客。仡佬妻女，年十五六，敲去右边上一齿；以竹围五寸，长三寸，裹锡穿之两耳，名筒环。彼此歃血誓约，缓急相援，名门款。富洞以九月宴，及三年一犒，名大设。仡佬自别洞奔来此地居止，名入地。战斗出入，群聚发喊，以张声势，名鸬鹚号。仡佬以鬼禁所居，不著地。虽酋长之富，屋宇之多，亦皆去地数尺，以巨木排比，如省民羊栅，杉叶覆屋，名羊楼。仡佬比瑶苗，则妄自尊大。岁时旦，望，或客至，皆排衙。主盟其事者，为队公，又其次，名左右押衙。山瑶潜出省地茅苇中，射弩夺物，机不虚发，名坐草。能省民言者，名客语。互市逾约，价偿未足，则劫去省民，或甲以乙代，名准把。死亡，群聚歌舞，辄联手踏地为节。丧家椎牛多酿以待，名踏歌。蛮性好杀，一语不合便刺以刃。百十年必报，名仇杀。溪洞文移，他人不能，特选往来之熟者，名专事。或为佣而亡，或以斗而死，约牛牲若干偿还，名骨价。初夏徙居数日，以舍祖居，否则有祸，名走鬼。仡佬饮不以口，而以鼻，名鼻饮。秋冬之交，聚饮以乐，名吃乡。山瑶无鱼具，上下断其水，揉蓼叶困鱼，鱼以辣出，名痨鱼。仡佬之受搞［犒］者，如熟户之瑶，既纳款听命，纵其出入省地，州县差人管辖，或许自推首，名卖首。山瑶穴居野处，虽有居以庇风雨，不过翦茅叉木而已，名打寮。去州县堡塞，远不属王化者，名生界。祭祀必先以生物呈献，神许则杀，以血和酒，名呈生。山瑶婚娶，聘物以铜与盐。至端午，约于山上相携而归，名拕亲。拕亲之后年生子，引妻携酒，归见妇家，名出面。瑶僚睡不以床，冬不覆被，用三叉木支阔板，旁燃火灸背，板焦则易，盖以板之易得也，以辗转之意，名骨浪。仡佬之随从者，各军中行伍，名队小。醉后以长柄木杴跳舞，亦有音节，名舞杴。巢穴虽峙险，中极宽广，且以一处言之，仡佬有鸟落平，言飞不能尽也。周数十里，皆腴田，凡平地曰平坦。牛客多行桃源路洞中，占事胜负及疾病，祈禳皆以牛用，名例牛。艺极精者，掷刀空中接之，名跳鸡模。借人助相仇杀，以牛酒往谢，名洗面。仡佬之为佣者，名奴狗。负物不以肩，用木板为半枷之状，箝其顶［项］，以布带或皮系之额上，名背笼。死者诸子照水内，一人背尸，以箭射地，箭落处定穴，穴中藉以木。贫则已。富者不问岁，酿酒屠牛，呼团洞发骨而出，易以小函，或悬崖屋，或挂大木，风霜剥落，皆置不问，名葬堂。蛮乡最重端午，不论生熟界出观竞渡，三日而归。既望复出，谓之大十五。船分五色，皂船之神龙恶，去一必有风雨。一月前，众船下水，饮食男女不敢共处。吊屈原，正楚俗也，名爬船。凡众山环锁，盘行茀郁，绝顶贯大木数十百穴，一门来去。此古人因谷为寨，因山为嶂之意，名隘口。数十年前，瑶僚侵占虾蟆行寨，省地土人申请招致靖州仡佬防堵，借田买屋以居，名千庄院。胎发不薙除，长大而无栉篦，不裹巾，蓬垢鬇鬡，自古已然，莫可化也，名椎结。竞渡预以四月八日下船，俗聚饮江岸。舟子各招他客，盛列饮馔，以相夸大。或独酌，食则方丈，群蛮环观如云，一年盛事，名富贵坊。甲与乙有隙，两相斗敌，背牌护身，远以标枪，近挺刃而前，名对力（《溪蛮丛笑》）。

居处 斩木结茅，以蔽风雨。其室卑隘，近亦有建瓦屋者。无层次定向，亦无窗牖墙垣，缭以茅茨，檐低门矮，出入必俯首。内设一大榻，高四五尺，中设火炉，炊爨坐卧其上，曰火床。翁姑子妇、兄弟妯娌，男女杂卧，即客民宿其家，亦与之杂处，不以为怪。惟析居乃另置床，人处其上，而牛马鸡犬即处其下，盖防盗也。

饮食 日常两餐，春夏三餐，所食多粟米，或以杂粮为饵餈。渴饮溪水，客至或煮姜汤，或胡椒汤，以示敬。不知五味为何物，得盐则遗其类，各以一撮寘掌中，舐之以为美。近日至城市易盐者颇多。而僻远之苗，尚有不知其味者。入市交易，只负土物，如杂粮布绢之类。粮以四小碗为一升，布以两手一拓为四尺，易盐，易蚕种，易器具，以通有无。柳宗元诗云："青箬裹盐归峒客，绿荷包饭趁墟人。"虽楚粤异地，而情景如画，大抵为边徼言之也。

服饰 惟寨长薙发，其余皆裹头椎髻，去髭须。妇人短衣跣足，以红布搭包系腰，著青布衫裤。富者以网巾约发，贯以银簪四五枚，长如匕，上扁下圆。左耳贯银环如碗大，项围银圈，手带银钏，腿缠青布。行縢蹠如兽蹯。能履根株，触硗确，疾如猿猱。登险阻，趋箐莽间，驶及奔马。雨著跕蹰。妇女银簪、项圈、手镯，行縢皆如男子。惟两耳皆贯银环两三圈，衣服较男子略长，斜领直下，用锡片红纯，或绣花卉为饰。富者戴大银梳，以银索密绕其髻，腰不系带，不著中衣，以峒锦为裙，而青红间道，亦有钉锡铃绣绒花者，或两三腰不等，与男子异。未嫁者，额发中分，结辫垂后。以海贝锡铃药珠为饰。冬夏俱单衣，虽严寒只两三层，行风雪中则伛偻。

言语 天曰各达。地曰罗。日曰柰。月曰喇。云曰睹。天阴曰乍内。天晴曰鲁内。天晚曰茫内。夜行曰晦际。甚风曰箕。雨曰依。雪曰柏。山曰补。上山曰溜补。快走曰兽。慢走曰达又。会水曰阿。路曰能勾。塘曰各即。田曰腊屋，亦曰补。瓦屋曰背瓦。茅屋曰补楚。火曰斗。烧火曰北斗。向火曰奴斗。冷曰嫩。热曰格。内木曰果杜。竹曰果笼。花曰盆。茶曰忌。吃茶曰欲忌。吃酒曰欲酒。吃饭曰拢利。大官曰猛贵。小官曰得贵。兵曰乍金。民曰果乍。苗曰果雄。祖曰阿谱。祖母曰阿娘。父曰阿巴。母曰阿米。伯曰马龙。叔曰马腰。兄曰阿那。弟曰得苟。姐曰阿亚。妹曰阿苟。子曰得。女曰得帕。姑曰阿孟。姨曰能龙。外公曰阿达。舅曰阿内。媳曰能。孙曰茁。夫曰帮。妻曰欧。妻舅曰哢补。亲家曰把戮。头曰多北。耳曰果谋。眼曰合眉。口曰哈拢。手曰阿斗。脚曰果落。肚曰果体。发曰果北。看见曰乍蒙。大曰隆。小曰得。肥曰脤。瘦曰瘠。好曰若内。丑曰诈内。笑曰业。哭曰咒。黄牛曰大跃。水牛曰大业。虎曰大爪。马曰大美。骑马曰臧美。羊曰大容。猪曰大把。鸡曰大哈。狗曰大狗。鱼曰大某。鹅曰大奴。锅曰果碗。罐曰果著。碗曰果折。凳曰果灰。桌曰记北。钱曰钱当。银曰硬。铁曰果劳。铜曰果铜。布曰扐。锡曰蓦。笼曰果箨。背笼曰果的。箱曰果补。钱曰播侬。锣曰果钲。鸟铳曰炮。刀曰果滕。枪曰写。锁曰果索。等曰听硬。称曰听度。盐曰仇。油曰删。小米曰槽侬。大米曰槽奴。糯米曰槽糯。柴曰果斗。肉曰牙。吃肉曰能牙。被曰特拨。帽曰果帽。衣曰阿。鞋曰磽。裤曰镇可。欠债曰斗折。还债曰必拆。公道曰若理。不公道曰乍腮。是曰业。不是曰肘业。一曰哈。二曰偶。三曰补。四曰彼。五曰罢。六曰著。七曰中。八曰亿。九曰仇。十曰个。百曰阿八。千曰阿采。万曰阿万。升曰果赏。斗曰果斗。石曰果各。正月曰喇哈。二月曰喇偶。三月曰喇补。四月曰喇彼。五月曰喇罢。六月曰喇著。七月曰喇中。八月曰喇亿。九月曰喇仇。十月曰喇个。十一月曰喇冬。十二月曰喇柔。初一曰哈昧喇。初二曰偶昧喇。初三曰补昧喇。初四曰彼昧喇。初五曰罢昧喇。初六曰著昧喇。初七曰中昧喇。初八曰亿昧喇。初九曰仇昧喇。初十曰个昧喇。过年曰挂前。东曰日勾鰊代。西曰勾鰊莽。南曰纪中。北曰纪达。上曰溜。下曰落。高曰率。低曰亚。平曰排。其命名，男子多以老，如老二、老三、老四、老五、老铁、老乔、老伞、老叟、老晚、老宰之类。妇女多以阿，如阿叟、阿匕、阿帕、阿妹、阿吉、阿金、阿息、阿布之类。呼朋友曰同年。自呼曰委。呼人曰蒙。说话曰破多。写字曰身读。吃烟曰货烟。来曰拢。去曰撤猛。立曰铄。坐曰重。卧曰卜梦。叩头曰不备。娶亲曰内戳。嫁女曰张得帕。有丧曰达内。葬曰两内。祭神曰倬怀。杀人曰打内。耕田曰铄喇。耕地曰铄落。偷窃曰业内。抢夺曰这忒内。帮斗曰戮紧。和事曰趺掌。和事不成曰肘趺掌。防事曰木掌。不管曰张掌。请客曰请内哈。说人凶曰阿内，内窝类。非翻译不能解，故必通苗语者，乃可以办苗事也。

婚嫁 苗无同姓不婚之嫌，然同族亦不相婚配。相传跳月之说，呼年少为马郎，集室女，听其自择配者，非此地风俗也。其嫁娶，亦由父母主婚，媒妁相通，以酒肉牛只财物为聘。嫁之日，无轿马鼓吹之迎，无合卺花烛之礼。其新妇步行，自擎雨伞，负笼盛木枕、被裙等物，亲属送至夫家。欢饮三日夜，则新妇与母同宿。母索婿家财物而去，名曰娘钱。归后乃成配偶。其母家所赠首饰簪环，或至十数两数十两不等，婿家俱照数还银，不能短少。富厚之家，择女美者，令子牵其臂，名曰抢亲。则女不更许人，而后挽人议财礼。其处女有与人私通者，父母不禁，以为人爱其美。若犯其妻妾，则举刃相尚，必得钱折赎而后已。夫妇不相得，则售其妻。翁有悦子妇者，则收为己妻，而为其子另娶。兄弟故，则收其妻。

丧葬 临丧亦哭泣，但无衣衾棺椁之殓，无衰麻绖带之服。人死，以珓卜之，随其所卜之地，掘窟三四尺，镶以木板，填尸其中，以土封之。后三日，割牲覆墓，邀亲戚食饮。次年二月，以牲猪祭奠，子陈设在左，女陈设在右，各以其类，如是者三年，从此不复过问。无岁时伏腊拜扫祭奠之礼。初丧，亲友各以土物吊其家。主人则椎牛设饮，谓之送哭。

种植 苗地山多田少，稻谷无几，俱种杂粮于山坡，如芝麻、粟米、麦、豆、糁子、薏苡、高粱、荞麦之类。披其榛芜，纵火焚之，煨烬然后开垦，所谓刀耕火种也。种三、四年，则弃其地而别垦，以垦熟者，为硗瘠故也。其男妇俱勤耕作，腰镰负笼，出入必俱。其笼以竹为之，旁有两耳，贯以两臂，秋成以获杂粮，平时以负柴薪。其银铁木石等匠，皆自为之。妇女亦知饲蚕，惟不知育种。春间俟民间育蚕，及初眠，结伴负笼，以土物易去。上簇巢成抽丝，染色，制为裙被等物，作间道方胜等文，不甚工致，不能如永保土人为峒锦、峒被、峒巾作鹤凤花鸟之状。亦能绩苎织布，其机矮，席地而织。惟不善作履，以男女跣足故耳。

报赛 十月农毕，或饶裕之家，或通寨醵钱，购牯牛之肥腯而纯白者。先期约会亲邻戚党，男女少长毕聚，结棚于寨外，主客皆盛服从事。宾至，声铳以祓不祥。祭之时，缚牛于花柱，先让其尊亲抢刺，余以序而将刺之。时先刺之人，必揖四方，然后举枪以刺。一人持水，随刺随泼，不使血淋于地。牛仆，视其首之所向，以卜休咎。首向其室，则谈笑相庆，以鬼来歆也。否则众皆愀然不乐，主人惶悚无地，以鬼不茹，将降不祥也。使苗巫鸣铎诵祝，众各挝鼓鸣金，吹角掌号，烧柴以祭。祭毕，以一肩遗先刺者，余皆分块而食。又别割一牲，火燎去毛烹之，名曰火惮肉。置牛首于棚前，刳长木空其中，蒙皮其端，以为鼓，使妇女之美者，跳而击之。择男女善歌者，皆衣优伶金蟒衣，戴折角巾，剪五色纸两条，垂于肩，男左女右，旋绕而歌，迭相唱和，举手顿足，疾徐应节，名曰跳鼓藏。或有以能歌角胜者，男女各出财物为注，其男子以绸绢，女子以簪环，各结队对歌，彻夜不休，以争胜负。胜者取其物去，负者甘心。其不善歌者，不敢入队，或执火巡逻，或奔走供饮馔而已。歌已，男女杂坐，欢呼牛饮，醉饱戏谑，无所不至。甚有相悦而为中媾者，虽知亦不禁，名曰放野。

祭祀 苗人畏鬼信巫。人病则曰有鬼，延巫祈祷，酿酒割牲，约亲邻饮福，名曰做鬼。既祭不愈，则委之于命。祭后插标于门，不许人入其家。若不知而入，谓惊其鬼，必勒入者偿所费之数，复祭如前而后已。是当因其畏而治之，威以地狱变相，亦神道设教之一法也。其崇奉尊信之神，曰白帝天王，即竹王也。每岁于小暑节前，以辰日起，巳日止，禁屠沽，忌钓猎，不衣赤，不作乐。献牲后，方弛禁。稍有不谨，则有疾疫瘴疠为灾。故其虔如此。遇有冤忿，必告庙誓神，刺猫血滴酒中饮以盟心，谓之吃血。吃血后三日，必宰牲酬愿，谓之悔罪做鬼。其入庙，则膝行股栗，莫敢仰视。抱歉者则逡巡不敢饮。其誓必曰：你若冤我，我大发大旺；我若冤你，我九死九绝。犹云祸及子孙也。远不能赴庙者，建拜亭于路，于亭前盟誓。舆骑过亭必下，尊之至也。事无大小，吃血便无反悔，否则官断亦不能治。盖苗人畏鬼甚于畏法也。

仇杀 男生敛铁为贺。既长，治环刀佩之。习旷弩、药矢、长矛、鸟枪，出入与俱。男女赤足，健捷如飞。上下山岭间，奔马不能及，棘荆毒螫不能伤。凡悬岩陟坎，人所不能攀缘之处，但敛其手足，缩身如猬，呼吸至底，无所磕损，谓之滚坡。类虽伙，不相联属，多疑怖，故不敢结党频出，必有奸人啖之以利，始至蠢动耳。其俗轻生善斗，好寻旧恶。睚眦之隙，动至操戈。非排解消释，往往相寻不已。或强弱势悬，贫富不敌，蓄愤积怨，虽暂时不报，俟势力相敌，怂恿有人，遂纠众执械，拚命穴斗，谓之打冤家。贯牛革为甲如鳞，戴铁兜鍪如钹，约集党与，劳以碗酒块肉，则以死报，虽杀伤无悔。无行阵队伍，彼此伏土堆石块后，以鸟铳相击，或执枪杆，蜂拥豕突如前。一人受伤，余俱奔散。遇有人命，不报官相验，即行掩埋。虽官临相验，必力为拦阻，匿不告以葬所。以为一经官验，则鬼返其室，举家俱有祸福也，且只顾得财，不顾抵偿。纵力拟招抵，彼以为又杀我一人，仇杀相报，终无已时。必解释排结，方可相安。故浼人解纷，曰讲互。以财酬死者之家，曰倒骨价。其主盟之人，曰背箭。和处之人，曰牙郎，又曰行人。否则仇衅百端，祸延累世。故凡有斗伤命案，不惟凶犯负隅，即苦主亦抗拘不至。

案：旧志所载苗俗十条，专指辰沅以上苗族而言。其于衡永等处瑶俗，及永顺之土俗，尚有未备。然苗瑶虽系别种，性情服饰，大抵相同。苗疆自嘉庆二年平定后，大小男苗，无不遵制薙发，不独旧志所称寨长为然。即报赛、仇杀诸条，亦经地方官追缴凶械，禁宰耕牛，无复曩时屠牲穴斗之习矣。今采自汉至宋诸家纪载于前，仍录旧志十条于后。俾官斯土者，知已革者，无使复蹈故习；未革者，亦可渐被淳风，是则斯苗之厚幸也夫。

陕西

汭贾陈诗，观民设教。土厚泉深，朴直是好。公战知方，力农相劭。周帅以仁，汉易厥暴。六辅侈靡，五陵年少。久建国都，寖远于道。溯古夏声，轨涂则效。移易之权，视乎化导。

习尚

正西曰：雍州其民三男二女，其畜宜牛马，宜黍稷（《周礼·职方氏》）。

吴公子札来聘，请观于周乐，使工为之歌豳，曰：美哉荡乎！乐而不淫，其周公之东乎？为之歌秦，曰：此之谓夏声。夫能夏则大，大之至也，其周之旧乎（《左传》）？豳，周之旧国。秦本在西域汧陇之西，秦仲始有车马礼乐。去戎狄之音，而有诸夏之声。及襄公佐周平王东迁，而受其地，故曰周之旧（杜注）。

虞芮之君，相与朝周。入其境，耕者让畔，行者让路；入其邑，男女异路；斑白不提挈，入其朝，士让为大夫，大夫让为卿（《毛氏诗传》）。

秦之俗，大抵尚气概，先勇力，忘生轻死。然本其初而论之，岐丰之地，文王用之以兴，二南之化，如彼其忠且厚也。秦人用之，未几而一变其俗，则已悍然有招八州而朝同列之气矣！何哉？雍州土厚水深，其民厚重质直，无郑卫骄惰浮靡之习。以善导之，则易于兴起，而笃于仁义。以勇驱之，则其强毅果敢之资，亦足以强兵力农，而成富强之业。非山东诸国所及也（《朱子诗传》）。

秦处仲秋之位，男懦弱，女高膫。白色身，音中商。其言舌举而抑，声清而扬（《诗含神雾》）。

秦金积坚，故秦俗亦坚（《春秋说题辞》）。

关中自汧雍以东至河华，膏壤沃野千里，自虞夏之贡，以为上田。而公刘适邠，太王王季在岐，文王作丰，武王都镐，故其人犹有先王之遗风。好稼穑，殖五谷，地重重为邪。汉都长安诸陵，地小人众，故民益玩巧而事末也。北地上郡，与关中同俗，然地亦穷险。惟京师要其道，都［郡］国诸侯所聚会，故其俗纤俭习事（《史记·货殖传》）。商君行变法之令，行之十年，道不拾遗，山无盗贼，家给人足，民勇于公战，怯于私斗（《商鞅传》）。击瓮叩缻，弹筝搏髀，而歌呜呜者，秦之声也（《李斯传》）。

昔后稷封斄，公刘处邠，太王徙岐，文王作丰，武王治镐，其民有先王遗风。好稼穑，务本业，故豳诗言农桑衣食之本甚备。汉都长安，徙齐诸田、楚昭屈景，及功臣吏二千石，高訾富人豪桀并兼之家，于诸陵。是故五方杂厝，风俗不纯。其世家则好礼文，富人则商贾为利，豪桀则游侠通奸。又郡国辐凑，浮食者多，民去本就末。列侯贵人，车服僭上，众庶仿效，羞不相及。嫁娶尤崇侈靡，送死过度。安定、北地、上郡、西河，皆迫近戎翟，修习战备，高尚气力，以射猎为先（《汉书·地理志》）。

关西诸郡，自顷以来，数与胡战，妇女载戟挟矛，弦弓负矢（《三国志·郑浑传》注）。

姚兴托意佛道，公卿以下，莫不钦附沙门。自远而至者五千余人，起浮图于永贵里，立波若台于中宫。沙门坐禅者，恒有千数。州郡化之，事佛者十室而九矣（《晋书·姚兴载记》）。京兆皇都所在，俗具五方，人物混淆，华戎杂错。去农从商，争朝夕之利。游手为事，竞锥刀之末。贵者崇侈靡，贱者薄仁义。豪强者纵横，贫窭者窟蹙。桴鼓屡惊，盗贼不禁，此古今之所同焉。启京师至于外郡，得冯翊、扶风，是汉之三辅，其风大抵与京师不异。安定、北地、上郡，其人性犹质直，尚俭约，习仁义，勤于稼穑，多畜牧，无复寇盗。雕阴、延安、弘化，连接山胡，性多木强，皆女淫而妇贞，盖俗然也。朔方、榆林，地接边荒，多尚武节，亦习俗然焉。汉中之人，质朴无文，不甚趋利，性嗜口腹，多事田渔。虽蓬室柴门，食必兼味。好祀鬼神，尤多忌讳，家人有死，辄离其故宅。崇重道教，尤有张鲁之风焉。傍南山，杂有僚户。富室者颇参夏人为婚，衣服、居处、言语殆与华不别。汧连杂氏羌，性质直，务农习猎，民多劲悍。梁者言西方金刚之气，强良故因名焉（《隋书·地理志》）。

陕西路，盖《禹贡》雍、梁、冀、豫，而雍全得焉。其民慕农桑，好稼穑。鄠杜南山，土地膏沃，二渠灌溉，兼有其利。大抵夸尚气势，多游侠轻薄之风。甚者好斗轻死，被边之地，以鞍马射猎为事，其人劲悍而质木。上洛多淫祀，申以科禁，故其俗少变（《宋史·地理志》）。

秦之水泔而稽，淤滞而杂，故其民贪戾，罔而好事（《管子·水地篇》）。

秦性强而地险，其政严，其赏罚信，其人不让，皆有斗心（《吴子》）。

秦人家富，子壮则出分；家贫，子壮则出赘。借父耰锄，虑有德心。母取箕帚，立而谇语。抱哺其子，与公并倨，妇姑不相悦，则反唇而相讥（贾谊《陈政事疏》）。

太王躬仁，邠国贵恕。今长安习俗，无以异于远方。郡国来者，无所法则，或见侈靡而仿效之（匡衡《政治得失疏》）。

东海人黄公，为术能制蛇御虎，佩赤金刀，以绛缯束髮，立兴云雾，坐成山河。三辅人俗用以为戏，汉帝亦取以为角觝之戏焉（《西京杂记》）。

河西其气蔽壅，厥性急凶，故曰雍，雍壅也（李巡《尔雅》注）。

壅冀合商羽，端驶烈，人声犍，其泉辛以咸（《元览》）。

汉高祖发巴蜀，伐三秦，迁蜀七姓居商洛，其俗多猎山伐木，深有楚风（《寰宇记》）。

三辅者，本雍州之地。世世从公卿大夫吏二千石，及高赀，皆以陪诸陵。五方之俗杂会，非一国风，不但繁于《诗》之秦豳也。其为士，好高尚义，贵于名行。其俗失则趋势进权，唯利是视。秦始皇遣蒙恬攘却匈奴，得其河南造阳之北千里，地甚好。于是筑城郭，徙民居之，名曰新秦。四方错杂，奢俭不同。今俗名新富贵者为新秦，由是名也（《册府元龟》）。

上洛郡南属邑，丰阳深山穷谷，不通辙迹。其民力耕火种。播种时，酿黍稷，烹鸡豚，先约某家某日有事于畬由［田］，虽数百里，如期而集，鉏斧随焉。至则行酒啖炙，鼓噪而作。援桴者有勉励督课之语，若歌曲然。更互力田，人人自勉（王禹偁《小畜传》）。

子厚言，关中学者用礼渐成俗。正叔言，自是关中人刚劲敢为。子厚言，亦是自家规矩宽大（《程氏遗书》）。

麟州府在黄河西，古云中之地。乃汉蕃杂居。黄茅土山，高下相属，极目四顾，无十步平坦。廨舍庙宇，覆之以瓦。民居用土，止若栅焉。架险就中，重复不定。上引瓦为沟，虽大注亦不浸润。其梁柱榱题，颇甚华丽，下者方能细窥。城邑之外，穹庐窟室而已。人性顽悍，不循礼法公事，惟吏稍识去就。除兹而下，莫吾知也。俗轻生重死，侮性亡义（上官融《友会谈丛》）。

读《秦风》，喜得无淫奔之诗，见得秦俗好（薛思庵《野录》）。

天下有九福，秦陇鞍马福（《珍珠船》）。

汉中风俗尚白，男子妇女皆以白布裹头。或用黄绢，而加白帕其上。昔人谓为诸葛武侯带孝，后遂不除。汉中滕太守严其禁，十年来，渐以衰止。然西凤诸府，风俗皆然，而华州、渭南等处尤甚。凡元旦吉礼，必用素冠白衣相贺，则为武侯之说非也（《陇蜀余闻》）。关中故俗，其人质直尚气，鲜儇黠诡佞之习。今渐浇古朴。

闾阎构讼，百伪朋兴（王维桢《与王南冥书》）。

周自后稷封于邰，始播百谷，蒸民乃粒，万邦作乂，其后公刘立国于豳，复修后稷之业，而风俗已厚。其民勤稼穑。（《诗》曰：一之日于耜，四之日举趾。同我妇子，馌彼南亩。又曰：亟其乘屋，其始播百谷。）贵家大族，皆力蚕桑。（《诗》曰：爰求柔桑，采蘩祁祁。）上下之情，交相忠爱。（《诗》曰：女心伤悲，殆及公子同归。又曰：为公子裳，为公子裘，言私其豵，献豜于公。又曰称彼兕觥，万寿无疆。）老者慈幼，少者敬老。（《诗》曰：入此室处，以介眉寿。）太王居豳，时犹尚质。（《诗》曰：陶复陶穴，未有家室。盖地近西戎而苦寒，故其俗如此。）文王之时，德化大成。考之二南，男女以正，婚姻以时（见《桃夭》诗）。贤才众多（见《兔罝》诗）。家室和平（见《芣苢》诗）。江汉之间，淫俗皆变（见《汉广》诗），女以礼自守（见《行露》、《标梅》、《死麋》诸诗）。在位皆节俭正直（见《羔羊》诗）。此周德之盛，道德一而风俗同，固无疆理之异也。及秦俗以后，政异俗殊，故随其郡县之志而列之（马志）。

西安府，其俗男耕女桑，先勇力，尚气概（《广皇舆考》）。

长安险绝之土，民多刚强（《魏书·陆俟传》）。长安风俗，自贞元侈于游宴，其后或侈于书法、图画，或侈于博奕，或侈于卜祝，或侈于服食，各有所蔽也（《唐国史补》）。长安士女，游春野步，遇名花，则必设席藉草，以红裙递相插挂，以为宴幄。其奢逸如此也（《开元天宝遗事》）。长安尚有秦汉游侠之风（《闻见前录》）。士尚气节，人多醇朴。市交不欺，多集商贾。衣履多布素，居宇质陋，器惟瓦瓷。冠婚丧祭，悉遵《会典》、《家礼》。昔人所谓以善导之，则易兴起，而笃于仁义，谅矣（《长安县志》）。

汉都长安，五方杂处，风俗不纯。自隋唐建都以来，斗华竞丽，侈僭相仍，去汉抑又远矣。历宋、元、明，渐趋朴素。民不事末作，急公敬上。及其末也，裘马锦绮，充填衢巷，罗裤云履，得僭于倡优卒隶之辈。而雕甍峻宇，在在有之，至菜佣舆卒，率以号行，非礼称呼，无贵贱悉然。间有后进，以凌傲为气节，老成至避其锋。独是翁妇非礼见不面，伯氏于弟妇，虽礼问不通，此则风俗之美，而可传者。迩来荐绅义命自安，鲜钻营干谒，无侈田广宅，荷插躬耕者有之。士习本业，饶美资，力学者不逃贫，故科甲联翩。但士多兼农，择师远游者鲜。农勤作苦，甘淡泊，贫力佣自分，作奸者少。百工不尚技，巧作无用。惟商贾多不量力，竞肆奢侈，外似富而内无深藏。其性刚语直，不事斡［斡］旋，人守法令，征税易完，古今如一辙焉（《咸宁县志》）。

县治凡十里，居高原者九，而居下湿者一。民守法令，甘辛苦，安俭素，不厌简略。士知问学，罕事商贾。衣冠文物，俨有古风。醇厚朴实，好礼度，征税易完。但婚姻多重财，致有男女愆期者。丧葬多作佛事，设戏乐，致有停柩暴露，不能掩圹成封者，亦晚近相沿之陋习也（《咸阳县志》）。

兴民朴实负气，率直不阿。激之铤险，则粗莽不驯；渐之礼教，则节义可鼓（《兴平县志》）。

潼水深而土厚，性刚而尚气（《临潼县志》）。

民多醇厚朴实，尚勤俭，好礼度，事耕织，征税易完，词讼尤简。但婚姻多重货财，致有男女愆期者（《高陵县志》）。

讼简民醇，粮完易治（官制）。明成化初，服食器用，嫁娶送死，俗尚简朴，闾阎多忠厚长者。人尽力于南亩，无游荡，以此多富实，兴于礼让。弘治初，渐入于奢。至正德，华靡倍昔。乡邑无老少，习为浮伪，好挟人短长以为能。不论德行，论富论势力，遂至凌竞成风（《鄠县志》）。

蓝之俗，醇而雅。蓝之民，朴而质。蓝之士大夫，操行而愿悫（王邦才《修武安王庙记》）。质直淳朴，男耕女耘，三古之风，犹有存旧焉（《旧志》）。士风朴茂，虽甚贫，负薪好学。一入官，则清忠见表。即椽吏，矫矫有声。百姓亦知崇尚孝悌，力田外，便以完公赋为急。但不习商贾，闾里因多困乏。妇女不尚淫巧，婚契先择门第。亲丧尽哀，不侈靡文，又蓝民之俭而得中者（《蓝田县志》）。

泾阳为西安尉县，政繁而道衡，俗美而习蔽，民逐末于外者八九（《康对山集》）。泾邑故迩邠、岐、丰、镐之间，相传之美可知。明初颇近古。人尚朴素，城市衣履稀有纯绮。乡落父老，或襜帢，靸履不袜。器惟瓦瓷，屋宇质陋。崇儒薄吏，与其吏也宁贾。故仕宦视昔十倍，富人亦数倍之。婚丧酒醴，渐以豪华相尚。惟刚正负气，不为靡靡之习，古今不甚殊焉（《泾阳县志》）。

三原物产阜蕃，习俗淳雅，民耻争竞，有礼逊风（《图经》）。士勤学问，民多商贾。妇翁非庆贺不见面。长幼虽异姓亦有序。婚丧有相助之仪，时节有往还之礼。蔼然淳庞之遗，非复古之秦俗矣。至今士能敬业，城邑乡井，类多弦诵，科目甲于诸邑。农勤力作，工不事淫巧。惟商贾远出，每数年不归。劝令买地耕种，多以为累，思欲转侈。令务本轻末，其道良难（《三原县志》）。

市闾杂业者多，于县人十九，趣农业者十五。富民豪农，颇输名买横，缓急以自蔽。匿氏冒民［名］，欺偷浮诈相樛（沈亚之《盩厔县丞厅壁志》）。人多醇朴，力本务农，士尚气节，刚直不屈（《旧志》）。地僻民朴，不工不商，食惟田畜，衣惟桑绵，器惟瓦瓷。凡婚丧交际之具，率以土物充之。迩年以来，官斯土者，或性喜华靡，而民间仿焉（《盩厔县志》）。

人性勇悍，尚朴实，盖关中周、秦、汉、唐都会之所，前辈犹有古风，耻游惰奢靡，非礼不聚饮听乐。尊卑贵贱，衣服器用，品式森然，莫敢僭逾。至嘉、隆以降，其俗渐敝，无复恭俭敦朴之遗（《渭南县志》）。

富平为丰镐北地。其民有先王遗风，勋业节义，接踵前修，敦厚力本，遍满境内（《富平县志》）。

醴俗素称简朴，习尚慓悍，近且嚚讼成风矣（《醴泉县志》）。

延安府民勤稼穑（《方舆胜览》）。俗尚鬼神（《延安图经》），修习战备，高上气力，以射猎为先。名将多先（《贯志》）。《府志》云，延民有四美：一结姻不论财，一交友多重义，一思先时尽哀，一好善勤施舍。有一病：曰惰。流水可以灌田，而惰于疏浚。闲田可以树木，而惰于栽植。女惰蚕织，男惰经营。今延川、宜川，民渐知种桑果，兴蚕事。又时置机杼，习纺织。衣食之资，视前稍赖焉（《延安府册》）。

不崇侈靡，颇习程法（《肤施图经》）。

质朴少文，习尚礼教。力本务农，急公重义。坦率愚耿，不事谀佞。有豳岐遗化焉。但崇奉神教，好闲嗜酒。盐贩之外，更无他营（《安塞县志》）。

甘邑地瘠，无纺织、水利、服贾经商之益。惟以服畴，力穑完输，将育家室。凡婚祭服食，不尚侈靡。惟修庙设醮，好施舍，有郡城遗风（《甘泉县志》）。

士风刚劲，习尚淳庞，重气节，敦齿让，勤诗书，正供及时办纳，土民如一辙焉（《安定县志》）。

民风醇朴，厌恶繁华。赋税急公恐后。人物娴雅，专以耕耘为业。明末兵荒后，逃亡者多，乡井为虚（《保安县志》）。

服食俭朴，民勤农业（《宜川县志》）。

人勤稼穑，俗尚鬼神，不崇侈靡，颇习章程。性朴少文，质任自然。男耕女织，差有三古遗风（《延川县志》）。

民多淳朴，好义急公，有无常相□，贫富不相耀。赋役无逋欠之累，吏胥无舞文之奸。其俗犹为近古（《延长县志》）。

凤翔府，人皆尚气力，喜射猎，多出名将（元《一统志》）。勤稼穑，务本业。士皆儒雅，习俗忠厚（《冯志》）。不尚华靡，有先王之遗风（《凤翔府志》）。

近代民犹质朴，尚勤俭。士绅敦礼教，绝浮靡，去古犹未远也（《凤翔县志》）。

岐山务力穑，质直好义（《冯志》）。明初，相传乡民足不履县廷，目不识长吏。好义急公，输将恐后。迨于末年，讼狱兴而逋赋积，奸伪日滋矣。近者长吏勤于抚字，曲为训迪，而民气蒸蒸，渐以复古云（《岐山县志》）。

扶固瘠土，风俗颇为近古。乡党相与尚齿让，服食尚简素，忠厚质直，绝无机巧。小民畏官法，以不入官府为高。独椎鲁不能商贩，故里少素封之家（《扶风县志》）。

人尚气概，田野优沃，物产富饶（《郿县志》）。

人性勤俭，多稼穑，遵教化，有先王之遗风（《宝鸡县志》）。

汧地寒俭，俗习偷惰（《汧阳县志》）。

士大夫重名节，养廉耻。齐民亦务本业，勤耕耨。间有负气争讼者，判其曲直，旋即悔艾（《麟游县志》）。

民鄙啬寒俭，穴窑而处，农务耕种，女习纺绩。畏官吏，重犯法。士习礼肄书，代有闻人（《陇州志》）。

汉中府，其俗强劲质朴，力农习射（《广皇舆考》）。於卦直坤，故多斑彩文章。于辰值未，故尚滋味。德在少昊，故好辛香。星应井鬼，故君子精敏，小人鬼黠勇悍。武都氐僰，多羌戎之民，其人半秦，多勇憨。土地险隘，其人半楚，风俗略与荆州、沔州郡同（《汉中府志）》。

其民质直好义，士风朴实，有先民之遗（《南郑县志》）。

厥田沃衍，其俗富庶（窦充《重修大成庙记》）。民务耕织，士尚敦朴，渐有蜀风（《汉中府志》）。俗本尚约，耻逐末竞利，故无积储。畏法度，不敢健讼。谨供优，故赋役无有后者（《褒城县志》）。

士敦礼让，守诗书。农无闲工，亦无余粟。工极拙，一无长技。器极质，不尚华奢。商惟麻缕丝粟鱼盐铜铁，以资民用。无异产，亦无远贩。妇女贫家，纺绩缝纫，不尚衣饰。（《城固县志》）。

洋民勤俭力作，惟事农亩。士敦礼让，重廉耻。农夏秋两获，但耕耘失宜，甚有谷稗争秀者。工朴拙，鲜精巧。商不过花布丝麻，无负赀远贩者（《洋县志》）。士女出游，人持一青缯小盖，饰以茸彩，有用珠玑编缀者（蔡文《洋州诗》自注）。

俗多醇朴，民重耕织。文学日趋于新，礼义渐近于古。士大夫骎骎，有教民兴行之风。西乡怒岭恶溪，险阻千里，商贾之所不聚，货殖之所不滋。沿城四五里，得平土焉。耕者锄沙剔石，耰于其间。旱则溪涸而禾焦，潦则水汇而禾烂。幸或有秋，所登亩不盈石。官逋私积，徭力杂征，尽其所入，苦不及支（《西乡县志》）。

务农力穑，质直好义。与岐壤相接，或有豳风之遗（《凤县志》）。

风气兼南北，语音杂秦蜀。士人不奔竞干谒，闾里无豪杰亡命。小民农桑之外，或事商贾。不习方技，不尚淫巧，不竞繁华，不剃度为僧道，婚姻不论财礼，似有古风。然家贫出赘，承户养老，并祖姓而易之。丧不尚浮屠。士大夫家，差有可观。至拘泥年月，不即安葬，无贵贱皆同，亦胡可训也（《宁羌州志》）。

地峻泉甘，人从俭朴。家多健讼之流，士饶骄悍之气。崇敬鬼神，以享赛为乐(《沔县志》）。

性本敦庞，行崇俭朴。民务农耕，鲜为商贾。士敦文学，不尚声华。好义急公，遗风犹在(《略阳县志》)。

榆林府,习弓马,好战斗(《冯志》)。俗骄悍,喜功利,习骑射,尚忠勇。地处砂碛,不事耕织。昔多世禄之家,以奢侈相尚,故至今华而不实,渐嚣凌矣。且兵民参半,以饷为命,家无儋石,稍水旱辄肆攘窃,为隐忧焉。戴斗极为崆峒,其下曰幽都。其气角立,其风精悍。榆林去崆峒不远,而俗尚武勇,则其性然也(《延绥镇志》)。

兴安州猎山伐木,深有楚风(《寰宇记》)。本州诸县,人户萧条,路歧荒僻,词讼绝少,税赋甚微(《陈彭年奏札》)。乡民力耕火种,聘娶以布帛为礼。错居多诸方之人,声音五方皆备。城市逐末者多,三年之蓄无有也。山野之民质朴,男女不冠不髻(《旧志》)。士尚礼俭而少读书,农任耕获而少水田。工不淫巧,商鲜奇赢。婚姻不计财,丧葬克尽力。虽兵民杂处,日趋儇薄,而视昔慓悍之习,盖有间矣(《兴安州志》)。

平邑五方杂处,幸俗尚淳朴,崇俭约。惟兵过于民,习俗竞骛,读书者殊寥寥也(《平利县志》)。

民俗朴实,好畋猎,务耕种,不尚奢华(《洵阳县志》)。

白邑土瘠民贫,人皆俭朴。男妇项多瘿瘤。婚姻以布匹通好,居丧以哀痛为先。岁时节序,不知往来,无宴会,常时惟以浊酒探亲而已。盖因零星散处,无三家村堡,无半亩平田,亦习俗使然也(《白河县志》)。

邑治僻处山中,多流寓入籍。山居力穑者,椎鲁无文。士大夫家崇礼义以训子弟,无嚣竞之风。蓬门柴户,不务盖藏,不恣口腹。吉凶诸礼,随力厚薄,勿尚奢侈(《紫阳县志》)。

石泉土著寥寥,四方商旅聚而成俗。其间冠婚丧祭之仪,有沿客习而变者。大约朴略无文。男尚耕作,女勤绩织,不甚趋利。而性嗜口腹,斯则石邑之本习也(《石泉县志》)。

民皆朴实节俭,勤于农务,不作商贾。屋宇质陋,衣履悉布素(《汉阴县志》)。

商州习尚清高(《方舆胜览》)。人性质实,土风简朴。男务耕猎,女职蚕绩。不骛商贾,不喜奔竞。工无奇技,器无淫巧。愚氓畏吏,乡绅养高,无请嘱。昔称淳俗,非虚也(《商州志》)。

仪文简,交际厚。男尚质朴,女尚贞顺。士知礼义,而乐恬退。布衣蔬食,志安耕读。农终岁胼胝,以求稴穗。工拙无巧技,商以货易货,鲜见银钱(《镇安县志》)。

士尚淳谨,农安愿朴,力稼穑,慕节义,务本抑末,安土重迁。故庠无劣衿,里乏豪右,胥绝奸蠹,闾耻讦告。宦游者羞封殖,致政后类俭素,如寒士风。服用俭朴,无锦绮。至于子孝妇节,时相踵错,尤徵淳化(《雒南县志》)。

尚耕桑，轻末作。其人经直，其风淳朴，其俗俭约（《山阳县志》）。

士习淳厚朴实，尚勤俭，急公守法，少仪文。民风厚重质直，守法令，甘辛苦，勤稼穑（《商南县志》）。

同州民性刚而好胜(《方舆胜览》)。士敦本尚学，惜名检，入官皆砥节。农力稼穑，作苦，贫氓至挽耕趣泽。工不作淫巧，架屋造器具，皆椧朴。有旅人，然髻垦薜暴入市，惟稗贩以通有无。总之土地瘠狭，皆务勤苦俭啬。士十九兼农，妇女绩纴。大较犹有古风（《同州志》）。

士峻名节，工者不作窳，商者货足用，少者尊事长，长者毋不逊，衣食称乎其家。近或以少凌长，以贫效富，聚讼纠纷，所争者铢两，而费以不赀，愚莫甚焉。然其男力田，女织纴，老而不倦，贫而益力，正供先时而备，此则俗之美者也。秦民皆力农，朝邑颇事贾，仕者尚廉有气。前辈尽然，今或少衰焉（《朝邑县志》）。

叶梦熊曰：秦人喜斗，郃阳独甚。平居睚眦，视生死甚轻。讼讪无严长吏。又曰：士部通籍者，时有之，未见其彬彬。盛以俗力农，末视经术。父兄责望旦夕，子弟幸一弋，不获则弃去，无专业也。今按叶公所云士习，盖指嘉、隆前言之。今则比户诵读，虽疏于古学，而人以科古为尚。惟固陋之习、争讼之风不可除。又妇女好游，观赛社演剧，男女杂沓无别（《宰辛退食录》）。郃阳僻在山谷，他无所营，惟事农。仕者尚廉，有气概。婚姻论财。居常较强弱，好讦讼（《郃阳县志》）。

大较前辈风俗重农事，勤女工，俭约朴实，拙于服贾。民有童而野处华颠未识公署者。士则悦礼义，好读书。仕者尚廉介，而贱乾没。乃今不尽然，或暴悍使气，轻视法令，避征徭。转移化导之机，不存乎人我（《澄城县志》）。

南敦稼穑，北尚服贾。诗礼日增，冠裳时侪，党序尚齿，重于论官第。婚姻论财之风尚存，挟众恃力之习未除。朴实惜异于古，刚悍喜减于今（《旧志》）。士敦朴，无异他郡邑。农则地狭人伙，多事椒麻木棉。终岁服勤，家无余资者，十户八九。工不作奇货，而巧者往往有雅制。商贾之利，县北为多。然近或渐习纷华，司民牧者，宜急挽之（《韩城县志》）。

华州衣冠文物，俨有古风。将相笃生，项背相望（《方舆胜览》）。小人力田，君子修己。盖土地膏腴而狭隘，不能如东南多产。士多感奋激烈，而以险邪欺诈为耻。女多含蓄渊明，而以贞静庄严为尚。人守法令，乐养恬。服田力穑，不事游惰。市无商贾之肆，民无释老之惑。至有数年补用一衣，历年不更一巾者。可谓清俭浑朴之俗，如阜立波澄者也（《华州志》）。

性率直，尚敦朴，厌浮华，勤于农事，拙于服贾（《华阴县志》）。

民性刚而好斗，健讼。士知学问，耻奔竞，崇尚本实。乡人苦力稼穑，不习逐末。

惟西乡农商参半，工书写，作刀笔吏。直南与华渭土著杂处，颇尚靡丽。若东北二乡，土物之外无一长（《蒲城县志》）。

人尚气节，好文学，修饬廉隅，服食整洁，士不入肆。丧葬竭力，婚不论财，颇有古风。今居民惟兵丁衙役为多，而故家绅士，咸星散乡居，非复昔年之旧矣（《潼关县志》）。

耀州直市物无二价，故以直市为名（《九域志》）。耀州习俗淳庞，才多英俊（《方舆胜览》）。

同民专务稼穑，不事织纺，不习商贾。民少生业，故贫。然亦能蓄积节用，不事华靡。礼义多阔略。但俗信巫觋，重淫祀。西北惟力田采薪，东南多窑冶采炭，以为生谋。大都民多质木，士尚气节，有先王之遗风（《同官县志》）。

人惟刚而好斗，士敦朴有耻。民稼穑作苦，不事商贾。最贫者，终年挽煤（《白水县志》）。

乾州人性刚方，俗尚俭约。男勤稼穑，女事桑麻，士习诗书。敦节义，有先民之雅概。北乡地冈阜崎岖，瘠薄尤甚。农隙，男无生意，女无纺织。丰岁仅能度日，凶年不免逃亡（《乾州志》）。

其土疆沃美高厚，有丘陵坟衍之大。其植物丰畅茂遂，有秬秠藿菽之宜。其人善树艺，其俗有礼让，宜乎其大雅之遗烈焉（柳宗元《武功县丞厅壁记》）。

邑介邠、乾之间，其风大约相肖。但邠地膏腴，宜果蔬；乾地温燥，宜桑棉。而永寿自耕播之外，别无事事。不知织纴之巧，鬻贩之利。其节啬勤瘁，俨有《七月》之风（《永寿县志》）。

邠州。邠为古国，其俗质而厚，其人朴而易理。业尚播种畜扰，有后稷、公刘之遗风（郑处晦《邠州节度使厅壁记》）。野无惰农，岁有高廪（元《一统志》）。士勤诗书，代不乏人。屏绝浮屠，不事工贾（《邠州志》）。

民务农桑，俗尚勤俭（《三水县志》）。

士多苦志，笃于诵读。长吏之庭，无茂才投谒。农务耕耘，勤力作。即列子衿，恒操耒耜。工朴斫，无淫巧。商旅不通，亦鲜资本。妇女纺绩虽疏，而闺范称严谨焉。所患年岁少祲，辄轻去其乡（《淳化县志》）。

本公刘、太王风化之遗，勤稼穑，跻堂称觥，献豜献羔，至今犹有存者。但世代云遥，老成非旧。子衿有佻达之风，闾巷多供亿之苦，亦凋敝使然尔（《长武县志》）。

鄜州俗以夏月游赏为重（《鄜州图经》）。仕尚勇退，而贱乾没。民怀守法，寡嚣讼。地僻土瘠，男拙于服贾，女慵于绩纺。而婚丧俭朴，有先王之遗风焉（《旧志》）。按《旧志》云拙贾慵绩，今鄜州妇女多织纺者。乃自兵燹后，贫不能买衣，相效而为之，祇以自蔽其体，不能出售矣。大都业农者十之九，工贾十之一（《鄜州志》）。

人皆精于制兵器（《坊州图经》）。中邑士向诗书，女勤织纺，敦本务农，不作佛事，尤其近美者也（《中部县志》）。

地近边陲，俗尚强悍。男苦耕稼，女不织纺。士习儒雅，英才辈出（《绥德州志》）。

尚气概，先勇力，厚重质直。崇俭约，勤稼穑，多畜牧，少盗贼（《清涧县志》）。

葭州好尚武力，守望相助（《葭州图经》）。士多英特，尚节义，工文词，少长有礼。民安俭朴。惟城堡与沿河一带，稍习粉饰。然不事商贾，专勤耕牧，亦重本安土之意也。居民朴鲁，不务织红，常服皆以布。五谷终岁所获，一亩不过二斗，以粟米、豇豆为常食（《葭州志》）。

地僻山陡，风刚土劲。民性朴鲁，不事侈华。河东多事商贾，而吴专农桑。大率气勇尚义，多诚少诈（《吴堡县志》）。

水甘土厚，风气冲和，民尚勤朴。密迩边陲，多喜射猎，不事绩纺。至于服田力穑，固其本业也。文武士大夫颇尚气节。军民间有佞佛谈仙者，亦不为左道之惑（《神木县志》）。

地临边塞，俗尚俭朴。男女耕耘，不习织纺（《府谷县志》）。

时　令

长安风俗，元旦以后，递饮食相邀，号传座（中都新志）。元旦，士大夫夙兴，吉服祭拜祖先毕，以次拜父兄，出拜师长亲族。齐民亦然。元旦至元宵，春碓不事，交易不行，贫者亦过破五（《咸宁县志》）。元旦，鸡鸣起，燔桃柴，设香案，礼天地祖先（《兴平县志》）。元旦，焚香燃烛，设果肴，祭灶中雷（《临潼县志》）。元旦，比鸡鸣，各悬黄纸于长竿，以祀天，曰接天神。又以木炭悬之门，曰去瘟疾（《高陵县志》）。元旦，以黄纸作钱，结彩悬门，名宝盖钱（《石泉县志》）。元旦祭祖先、拜尊者毕，醉饮而散，名曰拜神子（《山阳县志》）。元旦，以甲乙丰，丙丁旱，戊己虫雨伤，庚辛兵，壬癸潦。占夏粜，风从南来东来者皆贱，逆此皆贵（《临潼县志》）。元旦，宜晴不宜阴。是日雪，必兆旱（《乾州志》）。立春前一日，职官迎春于东郊，乐人扮杂剧，女童唱春词，街民捧盒酒献官长。锣鼓彩旗，聚观杂沓。设春盘，卷春饼，谓之唆（《临潼县志》）。立春日，女新适人者，女家归礼焉，曰迎春。人途争裂土牛皮，以涂灶，曰祛蚍蜉。夺春仗以育蚕，曰蚕盛。用朱墨笔画牛角及小儿项，曰打春（《高陵县志》）。春日，人饮春酒，食白萝卜（《凤翔县志》）。春日，民间以线贯豆，争挂牛角，用禳儿疹（《岐山县志》）。立春前一日，有司迎勾芒神。里市各扮故事，表曰庆丰年。是日男妇携儿女看春，俟土牛过，争以豆麻散之，谓之散疹（《城固县志》）。立春日，用牛土，书字于门，曰镇宅（《吴堡县志》）。立春日，早风成早禾，晚风成晚禾。前八日晴，诸事皆吉。得辛日，小麦成（《临潼县志》）。春日喜晴厌雨。歌曰："但得立春晴一日，农夫不用力耕田"（《城固县志》）。正月五日，剪纸人送掷门外，谓之送穷（《临潼县志》）。五日饱食，谓之填五穷（《延绥镇志》）。五日，忌出门，以新肉置釜中，炭火炙之，或以麻豆，名曰崩穷（《韩城县志》）。六日夜，多听静，以卜终年吉凶（《延平县志》）。六日，炒黑豆，散房壁，名暴六。七日，用糠著地上，以艾炷炙之，名救人疾，俗以疾七，声相近也（《延绥镇志》）。人日晴，人安（《乾州志》）。八日属谷晴，年必丰（《乾州志》）。九日炙谷皮于阈以祛灾（《同州志》）。九日用糠一合，黎明置门前，炭火燃之，名曰炙穷（《韩城县志》）。十日名老鼠嫁女，是夜家人灭烛早寝，恐惊之也（《延绥镇志》）。十一日夜不张灯，十二日厨不动刀，谓之鼠忌（《临潼县志》）。都中每至正月十五日，造面茧，以官位帖子，卜官位高下，或赌筵宴，以为戏笑（《开元天宝遗事》）。京城街道，有执金吾，晓暝传呼，以禁夜行。惟正月十五日夜，敕许弛禁，前后各一日，谓之放夜（《西京杂记》）。元宵，居民各立社会，宰猪羊，设香烛，张鼓乐，或庙或家，以娱神（《兴平县志》）。元宵用熟面汤，杂果菜，曰元宵茶（《渭南县志》）。十五夜，用面为不托，名灯盏。注油燃灯，至十六日早，作羹食之，示收灯也（《延绥镇志》）。十五日，蒸面茧，盖袭古卜茧之遗（《同州志》）。元宵迎女归宁，谓之避灯（《中部县志》）。元宵日夜雨，寒夜［食］必雨。是夜灯结蕊，棉花成（《临潼县志》）。正月十五日，州人将五谷攒于寺观，因而祝神，以祛禳虚耗，谓之送耗（蔡交《洋州诗》自注）。风吹十五日，雨洒清明节（李因笃《集元宵谚》）。都中士女，每至正月半后，各乘车跨马，供帐于园圃或郊野中，为探春之宴（《开元天宝遗事》）。十六夜，妇女出游，谓之走百病（《临潼县志》）。十六日，游女都集柏树下。十七，以残炬送道旁，谓送毒虫（《韩城县志》）。池阳以正月二十日，为天穿。以红缕系饼饵，掷之屋上，谓之补天（《珍珠船》）。二十日，名小填仓，燃灯举火（《府谷县志》）。二十二日，纸剪车轮贴门上，为招财进宝（《韩城县志》）。二十三日，少年作百戏状，沿街而行，曰摆社福，又曰过不当，亦一口，泽遗意也（《富平县志》）。二十三夜，家家院内打火，用冰镇门，作纸人带孝挂门上，曰为老君送殡（《延长县志》）。二十三日，士女于汉水，搭彩船，上自柳林，下自桃园，登临游嬉，曰游湖（《城固县志》）。二十三夜，聚猪羊骨杂烧之，名炼乾。俗谚曰：大忌二十三，太上老君不出庵（《延绥镇奉》），二十三日，祀佛，剪纸人帖门上，禁不得食米，或禁三数日，惧病疳（《同州志》）。二十三日，作佛事，忌用刀斧，恐伤佛故也（《韩城县志》）。二十三日，倾城士女游百子庙祈嗣，是夜复放灯如元宵（《白水县志》）。二十五日，名大填仓，亦燃灯举火（《府谷县志》）。晦日各以斧斤砍梨枣，冀其实繁，曰挞枣。以火照桑树，谓其无虫，曰燎桑（《富平县志》）。

秦俗以二月二日携鼓乐郊外，朝往暮返，谓之迎富（《天录阁识禄》）。二月二日，曲江拾菜，士民游极盛（《秦中岁时记》）。二月二日，以年初乾饼散家众，谓之蛟蝎尾（《临潼县志》）。二月二日以灰画于庄墙外，曰卫庄。人于是日谒高禖庙祈嗣（《富平县志》）。二日早，筛灰室墙四围，谓之围龙（《岐山县志》）。二月二日，文昌帝君之诞，无长幼皆有祭，曰松花会（《城固县志》）。二月二日，高坪寺药王大会，男女毕至，踏青选胜，采野菜供食（《西乡县志》）。二日，以灰围宅舍，谓之围蚰蜒（《延绥镇志》）。二月二日，名龙抬头，禁止女工，恐伤龙目（《韩城县志》）。三日早，取元旦所作黄米大馍，和烧黑豆啖之，谓之啖蝇子（《延绥镇志》）。惊蛰节，忽风冷，必有倒寒，人多病，麦田不生长（《乾州志》）。二月十二日，花神生日，晴，百花成（《临潼县志》）。

二月踏春，选自《雍正十二月令》。

唐上巳日，赐宴曲江，都人于江头禊饮，践踏青草（《秦中岁时记》）。池阳上巳日，妇女以荠花点油，祝而洒之水中，若成龙凤、花卉之状，则吉，谓之油花卜（《图经》）。三月二日，士民携酒榼，出游郊外，亦修禊意也（《临潼县志》）。三月三日，男女于翠屏山上香如云（《延长县志》）。三月三日，取葳蕤枝，插壁户，图蝎书符，以禁螫（《岐山县志》）。三月二日，朝武子名山，男女拈香毕，各采松枝兰花，簪鬓而归，以为祓除不祥（《西乡县志》）。三日味爽，以柳枝鞭房内四壁，以禳蝎虫（《府谷县志》）。寒食节，内仆司车，与诸军使为绳橛之戏，合车辙道两头打大橛，张绳橛上，高二尺许，须紧榜［绑］定，驾车盘转碾轮于绳上过，不失者胜。落轮绳下者输。皆装饰车牛赌物，动以千计（《秦中岁时记》）。长安每岁，诸陵当以寒食荐饧粥鸡球等，又荐雷子车。

至清明上食。内园官小儿于殿前钻火，先得火者进。上赐绢三匹，金碗一口。都人并在延兴门看内人出城洒扫，车马喧闹。新进士则于月灯阁置打球之宴。或赐宰臣以下酴醾酒，即重酿酒也（《辇下岁时记》）。清明前二日，为寒食，作秋千戏。拜扫，民籍用百五日，军籍用清明日（《临潼县志》）。清明日，缚秋千，妇女童子游戏。罢业曰作业，能令月盲（《高陵县志》）。清明请名山之泉源水，共礼一神，刑牲祷丰，曰游水（《富平县志》）。清明日，至祖先墓，献新韭、新笋、新茗（《西乡县志》）。兴安州寒食上冢，游人相逢，先浅漫数拜，后极深六七拜，如是三乃止。宋王冲诗云："鸣佩相逢拜不休"（《冯志》）。清明拜扫回，则折柳枝插门，以钱纸缚树，且以围其釜，曰能避虫蚁（《同州志》）。寒食后六十日内，麦熟则实佳，迟则粃（《临潼县志》）。三月十五日，六坊民轮祭孤墓。相传黄巢作乱，多杀伤，祭则年丰（《岐山县志》）。三月十八日，士女出庙祀后土庙，祈嗣（《白水县志》）。谷雨日，贴厌蝎符于壁，书咒其上，曰：谷雨日，谷雨晨，奉请谷雨大将军。茶三盏，酒三巡，逆蝎千里化为尘（《延绥镇志》）。谷雨日，贴神符于壁上，以除毒虫（《韩城县志》）。三月不宜霜，致伤诸禾。宜雨（《乾州志》）。洋州春时，游于涗坝，求石之穿者，以丝项之，取其宜蚕。郡官张乐于下，同民欢乐，谓之踏石（蔡交《洋州诗》自注）。

长安自四月以后，自堂厨至百司厨，通谓之樱笋厨。公悚之盛，常日不同（《秦中岁时记》）。四月一日，男女戴皂荚叶，曰已头痛（《高陵县志》）。以四月朔，占秋粜，风从南来、西来者，皆贱。逆此者贵（《临潼县志》）。四月八日，民间各带皂角枝（《咸宁县志》）。四月八日，俗谓城西灵山是释迦经行处，远近男妇咸往祈拜(《凤翔县志》）。小满前后，农各栽秧。谚曰：手执秧苗插野田，低头便见水中天。六根清净方成稻，退步原来是向前(《城固县志》）。四月，居人游江上，遇葛缠草木，解之，谓之解缴(《兴安州志》）。葛滕缠缴草木，居人出而解之，取解殃咎缠缴之意，因而有会，谓之解缴，（蔡交《洋州诗》自注）。麦熟，女为新麦食送其父母。谚曰：麦上场，女看娘（《富平县志》）。四月来麦成熟之时，不宜多雨。晴则籽粒坚好。又相传八日不宜南风（《乾州志》）。唐世京城游手，夏月采蝉货之。唱曰：只买青林乐。妇妾小儿争买，以笼悬窗户间。有验其声长短为胜负者，谓之仙虫社（陶穀《清异录》）。端午前二日，东市谓之扇市。车马阗集（《秦中岁时记》）。唐宫中，端午日造粉团角黍，贮盘中，以小角弓射之，中者得食。都中盛行此戏（《开元天宝遗事》）。端午，家具角黍，馈遗姻亲。贴符悬艾，以御瘟疫（《兴平县志》）。端阳，饮雄黄酒，插艾。小儿女系五色丝艾虎（《临潼县志》）。端午日戴艾叶，曰去疾。幼者系百索子项腕，曰蛇虫不螫（《高陵县志》）。端午日，用蒲艾纸牛贴门，名曰镇病（《延长县志》）。端阳日，官长率僚属观竞渡，谓之踏石（《兴安州志》）。汉中五月十五日，必以酒食相馈。宾旅聚会，有甚于三元（《隋书·地理志》）。

德公二年，初伏，以狗御蛊。《正义》曰：六月三伏之节起，秦德公为之，故云初伏。《历忌》释云：伏者，金气伏藏之日也。秋以金代火，故至庚必伏。庚者金，故曰伏也。蛊者热毒恶气，为伤害人，故磔狗以御之。狗，阳畜也。徐广曰：《年表》云，初伏作祠社，磔狗邑四门也（《史记·秦本纪》注）。汉中自择伏日。俗云其地温暑，草木早生、晚落，气异中国，故令自择伏日。谨案：《汉书》高祖还定三秦，席卷天下，盖君子所因者本也。故重复宠异，令自择伏（《风俗通》）。六月六日，以面汤新果荐祖先，出书籍、衣服以晒，俗谓虫不啮（《咸宁县志》）。六月六日为迎女节（《高陵县志》）。六月六日，取五更时水作曲，曰厌曲。又于是日作酱，曰不生虫（《富平县志》）。六月六，藏水待用，久不坏（《渭南县志》）。六月六日，用酒浆奠坟，曰解清暑（《延长县志》）。六月六日，新嫁女，母家授以单衣，谓之避凉（《岐山县志》）。六月六日，鸡初鸣，作菜豆羹，俗呼浆水。迟明各携至祖茔浇奠，名解炎热（《延绥镇志》）。初伏头雨则旱（《临潼县志》）。六月六日，雨，菜根遭虫蛀（李因笃《集六日谚》）。五、六月俱宜雨，旱难望有秋（《乾州志》）。

汉彩女常以七月七日穿七孔针于开襟楼（《西京杂记》）。唐《辇下岁时纪事》曰：七夕俗以蜡作婴儿形，浮水中以为戏，妇女宜子之祥，谓之化生（《全唐诗话》）。七夕，幼女设果酒、豆芽，祀告织女神。民间亦具果鸡，蒸食相馈（《兴平县志》）。七月七日，女儿陈瓜果，以金针漂水碗中，视影之妍媸，以占巧拙（《临潼县志》）。七夕，俗于是日，养女之家，供七姑水主于院落中，献以瓜桃枣梨。月上星辉，抬贫家女未笄者，击瓦坯唱歌（《石泉县志》）。七夕，男家馈衣仪，竞丰几与聘等（《白水县志》）。中元，折麻谷，具缗酒，以献祖考。士大夫多至墓所以祭，俗云鬼节（《咸宁县志》）。七月十五日，烧纸祭麻姑（《临潼县志》）。中元，祭先在黄昏，仪如元旦。必折麻谷以献，告穑事成也（《高陵县志》）。中元夜，农家会饮，曰挂锄（《城固县志》）。中元日，农家早向陇头，择禾之长茂者，悬五色纸旗，名曰田旛（《延绥镇志》）。

中秋具酒肴会饮，曰赏月（《高陵县志》）。八月十五，以瓜果香饼赏月，并以月饼相遗（《延绥镇志》）。中秋有雨，次年元宵必阴（《临潼县志》）。八月十五云遮月，来年元宵灯晃雪（李因笃《集中秋谚》）。七、八月秋霖亦吉。忌不周风。此风至，天气必萧，农家忌之（《乾州志》）。

重阳，家具食馔、牲酒相馈（《兴平县志》）。重阳上骊山，饮茱萸酒。所亲以枣糕相馈（《临潼县志》）。九月，儿童登高，竞放风筝，曰迎寒（《城固县志》）。九日，妇女以口采茱萸，有可治心疼之谚（《西乡县志》）。重阳有雨，冬有雪，来年豆成（《临潼县志》）。九月霜降忌早，早则谷荞未至大熟，必至减数（《乾州志》）。

十月一日，鸡鸣，焚纸献馄饨祭先，谓之送寒衣（《临潼县志》）。十月一日，佣工人皆于是日放还。谚云：十月一，放雇的（《西乡县志》）。以十月朔占春粜贵贱，风从东来者贱，逆此者贵（《临潼县志》）。十月秋成，报答土功，祭献山神，迎赛经月不绝（《凤翔县志》）。十月可纳禾稼，宜稍缓，故曰小春。是月纯阴而复温，黄叶箨尽，来年之蒂茅复萌，二麦分枝必多，屡验（《乾州志》）。

冬至拜贺如元旦（《兴平县志》）。冬至祭祖先，仪如正旦（《临潼县志》）。冬至向巴山看雪，以占来岁丰歉（《西乡县志》）。一九雪，九九皆有雪（《临潼县志》）。十一月乾土元厚，宜大冻，二麦敛藏必固。缺雪必致来岁之虫。不宜暖，果木开花不吉，验（《乾州志》）。

惠文君十二月初腊。《正义》曰：十二月，腊日也。秦惠文王始效中国为之，故云初腊。猎禽兽以岁终祭先祖，因立此日也（《史记·秦本纪》注）。十二月五日，煮五豆食之，已五毒。八日煮粥相送，或于路食客，谓腊八日［粥］（《临潼县志》）。腊月八日，作酒曰腊脚（《富平县志》）。腊八日，早作粳粥，取米泔浴蚕种令多（《岐山县志》）。腊月八日，煮肉糜抛花木，俗谓不歇枝（《咸宁县志》）。腊月八日，以内糜浇果木，冀其实盛（《城固县志》）。腊月八日，谓之道德腊，用黄黍作糜，下油盐于中，谓之锛饭（《延绥镇志》）。腊八日，为幼男女剃头，设果肉粥于通衢，以饭贫者（《同州志》）。二十三日祀灶，用糖饼，以糖泥神口，祝曰：毋以恶事诉上帝也（《延绥镇志》）。腊月二十四日夜，设糟馔果酒祀灶，扫舍（《兴平县志》）。二十四后娶妇不择吉，为两年不断管（《临潼县志》）。秦中岁除日，傩皆作鬼神状。二老人各作傩翁傩母（《秦中岁时记》）。除夕，是日更桃符，设岁宴（《兴平县志》）。除日，具酒群饮，曰守岁（《临潼县志》）。除夕，优人扮钟馗，遍诣人家，鸣锣击鼓，曰驱鬼（《渭南县志》）。十二月宜雪，寒不泄尽人多病（《乾州志》）。洋州冬日用蒲叶养鱼。至腊日，群官泛舟于汉之鹅翁潭，奏鼓乐，揭而取之，游人纵观，谓之揭蒲（蔡交《洋州诗》自注）。

戊午至甲子七月内，必有雨，无则两月旱。四时甲子日雨，皆不吉。月晕则风，日晕三日内雨。早霞雨，晚霞晴。水老鸦鸣则雨。燕子闹天雨不晴，水鸪鸣亦不晴。虹见即晴。骊山出云，西行多雨。西南望终南山，云渐白，大雨骤至。西北嵯峨山起云，亦大雨（《临潼县志》）。春雨甲子，赤地千里。夏雨甲子，操舟入市。秋雨甲子，禾头生耳。冬雨甲子，雪瘗羊豕（《甲子谚》）。四时不取甲申雨（《甲申谚》）。壬子癸丑甲寅晴，五旬之中宵见宵［月］。戊午至甲子，七日行泥滓（《旬谚》，李因笃集）。

礼 仪

人不知冠久矣。娶妇者，前一日冠，拜见尊长。尊长斟以酒，或其遗意欤。男子多麻冠。妇人虽浓妆，亦必以白布饰其首。盖西方金也，山曰太白，故多尚白，从来远矣（《临潼县志》）。冠加于首，所以象天也，最宜雅重。古时制度无论，今制夏凉冬暖，各有定制。又有帽顶，以别贵贱。用之者，不可不审也（杨用晦《维风约》）。

婚姻食召亲友，所以厚其别；亲迎执贽，所以致其恭；不乐不贺，所以思其继，同牢合卺，所以思其爱。近俗婚礼多费，货财相交，婿以花饰衣冠，妇以声乐迎导，非所以谨夫妇，严宗庙也（《咸阳县志》）。媒妁言允后，男家肃简拜谢，或用酒币谢允。起媒接媒，会亲纳币，丰约不等，从不言财。亲迎，入门拜祖先。合卺，相引新郎妇同过筵间，谓之转筵。三日，拜尊长，下厨。十日，备礼回门。此礼俗兼行者也（《临潼县志》）。纳采问名，县俗发媒似之。盖先通言，至是主人告庙，具书宴媒，往女氏，用雁若羊酒致辞。女主人亦告庙复书。有启书，各具男女名字、生年月日。卜吉纳吉，县俗第一。成礼似之，加金币羊豕。主人党亦往，同女主人谒其庙，而后宴。明日，女主人复礼于男氏，有羊酒。时娶纳征，县俗第二。成礼似之，加冠花钗钏，女主人酬之。女针指濒迎，则请期。县俗问客似之，不用仪物。婿冠而后亲迎，县俗迎在午前，以是日宴男女宾也。其主人告庙，醮子命辞，女主人告庙，醮女戒辞。婿奠雁授绥，导妇入房，交拜合卺。明日妇庙见舅姑。俗妇下车，即拜神土，改妆即拜宾舅姑。其明日，舅姑率婿妇见庙，妇执枣栗见舅，暇修见姑。三日，妇盥馈。县俗妇盥洗具馔馈舅姑亦先献庙，其妇家备盛馔馈（《高陵县志》）。婚多论财，货侈奁具，有破产嫁女者，有年十三四而娶者（《泾阳县志》）。婚姻有儿女襁褓时即缔姻，缔姻后男家为女家置羊酒三载（《安定县志》）。婚三日，婿家请妇家客，新婿新妇先后出拜，两姓亲族各与拜礼，谓之做三日。过是，则五日，十日，妇家请婿，谓之转五住十（《凤翔县志》）。婚惟令媒氏议婚，问年匹配，礼必亲迎，聘勿论财，奁惟从便。明郡人邵可立有移风固言，革卯筵侈费。知州王廷伊议从省节，求其别二姓，明伉俪，婚之义止矣（《商州志》）。婚，女家许允男家，同媒妁，择吉，衣冠拜女之先祖及女之父母，女家待酒，终无改易，无婚启庚帖。遇节送时物果肉，名追节。如亲母往，则为女具拜礼，如簪钗巾帕，任便定礼，俗名头成礼。或一马一骡，乡民或一牛，礼银或十二两至六两不等。临娶，则具衣冠、钗珥、布帛，多寡无定，先一日赍迎礼。亲迎，用二少妇，名娶女客。女家亦请二少妇，名送女客。合卺礼毕，新妇随新郎，面上立，先拜业师，次拜柯人及诸亲，最后拜父兄。次日，新郎谢亲。三朝，婿家请食试刀面，女家送饭。婚后生子，然后加髻（《山阳县志》）。婚重门第，辨俗，六礼不尽备，而仪节殊繁（《同州志》）。婚之次日，妇之姑姊诸母，悉来看女，送馄饨，名曰捻饭（《韩城县志》）。婚或六礼不具，有男家备妆奁者，亦简便不致失时（《乾州志》）。

丧礼存诸经。五服制度，著于令甲。释服作乐，律有明刑。近世居丧，或轻或重。居处饮食，出入之节，多无所变。衰麻月筭，虽有差等，殆成空文（《咸阳县志》）。丧，缙绅家多行《文公家礼》，不作佛事。乡民颇用俳优，屡禁少止（《兴平县志》）。哭奠，亲友给帽布，至戚或孝衣（《临潼县志》）。丧礼，明邵布政禁作佛事，省金置椁砖墓，殊佼人心。近时殡仪多用，剧尚花火。知州王廷伊以事不合礼，悉议革之（《商州志》）。丧事，宁戚不俭其亲。稍戾者，初丧裂帛，葬用幢幡，亲宾路奠之（《同州志》）。丧，贫富不等。贫者悬棺而葬。稍有力则用椁，名曰套材。捂布散衣，名曰破孝。又以各色纸，结金银山、斗层楼、驼、狮、马、象及幢幡帛联，广作佛事斋醮，名曰同坛。富贵家更侈张戏乐走马上竿，亲执挂帐，猪羊油盘食桌动辄数十。丧家破产，往往有之（《韩城县志》）。丧三日成服，四日即吊奠。有力之家不别亲疏，吊者即与孝帛，名曰通孝。二十七月除服，此礼古今南北无二。乾州必满三周，始免素服。女子既嫁，降服期年。乾州即已嫁女，亦满三载而除。疏乎礼，要之不失乎情也（《乾州志》）。

祭以新丧，乡人以三日、七七、百日、三周，称力备仪，烧纸钱，奠酒，哭拜尽哀，服除则已。绅士家每日哭拜，献食如常仪。五七成服，家奠，始请礼生衣冠赞，行九拜三献礼。元旦、清明拜扫。忌日行五拜礼。入学登科，拜官焚黄等，乃于墓侧备牲设乐，请相赞礼，行九拜三献礼（《临潼县志》）。葬祭之礼，文太青酌《文公家礼》，分以三献。豳之士大夫有遵行者。寒食扫墓，孟冬送衣。长至元旦，设位祭享。士庶兼行焉（《三水县志》），

乡饮，孟春望，孟冬朔，众宾介馔，必以齿德优者。正宾以爵尊者，执事以生员八九人，歌诗以童子六七人。行礼必早，令必严肃，彻席后方退（《兴平县志》）。

射礼，明知县章评置射器，于朔望日令诸生习射行礼。后知县徐开禧，复举行如礼（《兴平县志》）。

贺生子，相索酒食，谓之破贺生辰。设咂嘛坛，群饮欢呼，醵金设神，以所献果肴瓜分，谓之散福（《临潼县志》）。

交际，豳人于吉礼则布帛兼馈，凶礼则牲食，恒仪则以羊醴，从其质也（《三水县志》）。

方 言

三辅谓日出清济为宴（《史记·武帝本纪》注）。

关中俗谓桑榆蘖生为葆(《天官书》注)。

京师人谓粗屑为纥头(《陈平列传》注)。

秦陇间谓父曰翁(《汉书·高帝本纪》注)。

冯翊呼葵,音如谁(《武帝本纪》注)。

三辅谓山阪间为衍;娣姒关中为先后(《郊祀志》注)。

极屋梁也,三辅名为极;或曰极,栋也。三辅间名栋为极(《天文志》注)。

西方谓亡女婿为邱婿,邱,空也(《楚元王传》注)。

梁益之间,所爱谓其肥(《邹阳传》注)。

关西俗谓得仗[杖]呼及小儿啼呼为呼𪁺(《灌夫传》注)。

尊章犹言舅姑。今关中俗妇呼舅姑为钟钟者,章声之转也(《广川王传》注)。

关西人谓补满为适(《黄霸传》注)。

三辅谓忧愁面省瘦干嫶冥。以漆漆物谓之髹。今关西俗云黑髹盘、朱髹盘(《外戚传》注)。

秦俗呼人为黔首,谓奴为苍头(《后汉书·光武帝本纪》注)。

长安市人,语各不同。有葫芦语、鏁子语、纽语、练语、三折语、通名市语(《西京杂记》)。

虔儇惠也(谓慧了)。秦谓之谩(言谩訑)。娥好也,秦曰娥(言娥娥也)。秦晋之间,凡好而轻者,谓之娥(今关西人呼好为妙)。自关而西,秦晋之故都曰妍(秦旧都,今扶风雍邱也。其俗通呼好为妍)。烈,余也,秦晋之间曰肄[肄](传曰:夏肄是屏),或曰烈。陶,养也,秦或曰陶。矜,悼哀也,秦晋之间或曰矜,或曰悼。自关而西,秦晋之间,凡大人小儿,泣而不止,谓之咺哭。极音绝,亦谓之咺。悼伤也,秦谓之悼。惄湿,忧也,自关而西,秦晋之间,凡志而不得,欲而不获,高而有坠,得而中亡,谓之湿(湿者失意,潜阻[沮]之名。沮一作阻)。或谓之惄。惄,慎思也,秦晋或曰慎。凡思之貌,亦曰慎(谓感思者之容),或曰惄。嘏奘大也。秦晋之间,凡物壮大谓之嘏,或曰夏。秦晋之间,凡人之大谓之奘,或谓之壮。假,络至也,邠唐之间曰假,或曰络(邠今始平县)。嫁,逝往也。自家而出谓之嫁。由女而出为嫁也。逝,秦晋语也。刘,揪杀也(今关西人呼打为揪。秦晋之间,谓杀曰刘。秦晋之北鄙,谓贼为虔。亟,爱也,自关而西,秦晋之间,凡相敬爱谓之亟。鲐,老也。秦晋之郊曰耇鲐(言背皮如鲐鱼)。寻,长也。自关而西,秦晋、梁益之间,凡物长谓之寻。《周官》之法,度广为寻,幅广为充。众信曰谅,《周南》、《召南》之语也。自关而西,秦晋之间,凡人语而过,谓之遏,或曰佥。自关而西,秦晋之间,凡物之壮大者,而爱伟之,谓之夏。牴(牴触也)、傚,会也。雍梁之间曰牴，秦晋亦曰牴。凡会物谓之敨。踳（古蹋字），跳也。自关而西，秦晋之间曰跳，或曰蹋。躡，络（络亦训来）登也。自关而西，秦晋之间曰躡，梁益之间曰络，或曰跂。逢，迎也。自关而西，或曰迎，或曰逢。自关而西，秦晋之间，凡取物而逆，谓之篡。相谒而殄飧（昼饭为飧，谒请也），秦晋之际，河阴之间（今冯翊、郃阳是其处也）曰隐皑。此秦语也（今关西人呼食欲饱为隐皑）。钊，薄勉也。秦晋曰钊，或曰薄。故其鄙语曰薄努，犹勉努力也（如今人言努力也）。朦，庞丰也，自关而西，秦晋之间，凡大貌谓之朦，或谓之庞丰，其通语也。窕，美也。自关而西，秦晋之间，凡美色，或谓之好，或谓之窕。秦晋之间，美貌谓之娥，美状为窕（言闲都也），美色为艳（言光艳也），美心为窈（言幽静也）。奕，僷容也。自关而西，凡美容谓之奕，或谓僷（奕僷皆轻丽之貌）。魏笙，擎掺细也。自关而西，秦晋之间，凡细而有容，谓之魏（魏魏，小成貌），或曰缇（言缇绪也）。凡细貌谓之笙。斂物而细，谓之擎，或曰掺。僄（言瓌玮也），浑（们浑肥满也），膞（膞呬充壮也）膿，僇泡盛也。自关而西，秦晋之间语也。秦晋或曰膿。梁益之间，凡人言盛及其所爱，曰讳其肥胾，谓之膿（肥膿多肉）。私纤萩穉（古稚字），杪小也。自关而西，秦晋之郊，梁益之间，凡物小者谓之私小，或曰纤缯。帛之细者，谓之纤布。帛之细者，秦晋曰靡（靡细好也）。凡草生而初达，谓之萩（锋萌始出）。稚，年小也。木细枝谓之杪（言杪稍也）。殗殜，微也。自关而西，秦晋之间，凡病而不甚日殗殜（病半卧半起也）。自关而西，秦晋之间，凡物力同者，谓之台敌。倚、踦，奇也。自关而西，秦晋之间，凡全物而体不具，谓之倚。雍梁之西郊，凡兽肢体不具者，谓之踦。逴，惊也。自关而西，秦晋之间，凡蹇者，或谓之逴（行略逴也）。体而遍［偏］长短，亦谓之逴。了，快也。秦曰了。赧，愧也。秦晋之间，凡愧而见上，谓之赧（《小雅》曰：面赤愧，曰赧）。憡，刺痛也（沥憡，小痛也）。自关而西，秦晋之间，或曰憡。挢，捎选也（此妙择积聚者也）。自关而西，秦晋之间，凡取物之上，谓之挢捎。矙睇、睎胳，眄也。自关而西，秦晋之间曰眄。熄（消息）喙（口喙），息也。自关而西，秦晋之间，或曰喙，或曰熄。摫（劈历），裁，梁益之间，裁木为器曰鋠，裂帛为衣曰摫。鋠又斫也（皆折破之名也）。锴，坚也。自关而西，秦晋之间，曰锴。荩余（谓遗余），自关而西，秦晋之间，炊薪不尽曰荩。幢，翳也（舞者所以自蔽翳也），关西曰幢。摎，略求也。秦晋之间曰摎，就室摎于道曰略。略，强取也。矜，遽也（谓遽矜也）。秦晋狯或曰矜，或曰遽。赖，雠也。秦晋曰雠。剿，蹶狯也（古狡狭字）。秦晋之间曰狯。凡人兽乳而双产，秦晋之间，谓之僆子。侮，奴婢，贱称也。秦晋之间，骂奴婢曰侮（言为人所轻弄）。斟协，汁也（谓和协也，或曰渖汁，所未能详）。关西曰汁。苏，芥草也（《汉书》曰樵苏而爨，苏犹芦，语转也）。自关而西，或曰草，或曰芥（或言菜也）；关之东西或谓之苏，或谓之荏。自草木刺人，自关而西谓之刺。凡饮药傅药而毒，自关而西，谓之毒。逞晓恔，苦快也（快，即狡，狡戏亦快事也）。自关而西曰快。胶，谲诈也。自关而西，或曰谲，或曰胶。擢，拔也。自关而西，或曰拔，或曰擢。遝，及也。关之东西，曰遝，或曰及。瘼，瘼病也（谓劳复也）。秦曰瘎。禅衣，关之东西，谓之禅衣。襜褕，自关而西，谓之襜褕。其短者谓之短褕。以布无缘蔽而紩之，谓之褴褛；自关而西，谓之裗裾（俗名裾掖），其蔽者谓之致（致缝纳蔽故名之也）。汗襦，自关而西或谓之祗裯（亦呼为掩汀也）。蔽郄，自关东西谓之蔽郄。袴，关西谓之袴。络头，陌也。自关而西，秦晋之郊，曰络头。屦麄，履也。自关而西，谓之履；中有木者，谓之复舄；梁益之间，或谓屦，或谓之屄履，其通语也。緉緛，绞也（谓履中绞也）。关之东西，或谓之緉，或谓之緛，绞通语也。甂，自关而西，或谓之釜，或谓之鍑（鍑亦釜之总名）。盂，桮也。秦晋之郊，谓之盂（所谓伯盂者也）。案，自关东西谓之案。桮落（盛桮器笼也），自关东西谓之箭落。箸筩，自关而西谓之桶檧（今俗亦通呼小笼为桶檧）。甖，秦之旧都谓之甀。自关而西，其大者谓之甀，其中者谓之瓬甈。甾甈，谓之盎（案：《尔雅》甈康壶，而《方言》以为盆，未详也）。自关而西，或谓之盆，或谓之盎。其小者，谓之升瓯。甂，自关而西谓之甂。其木者谓瓯。篓，自关而西谓之注箕。扇，自关而西谓之扇。繘（汲水索也），关西谓之繘绠。饮马橐，自关而西谓之裺囊，或谓之裺篼，或谓之嵝篼。钩（悬物者），自关而西谓之钩，或谓之钀。佥（今连架所以打谷也），自关而西谓之棓，或谓之柫。刈钩，自关而西或谓之钩，或谓之镰，或谓之锲。薄，自关而西谓之薄。槌（丝蚕薄柱也），自关而西谓之槌。其横，关西曰栿（亦名校）。胡以悬荞（今云荞蔑蓬也）。其麄者，谓之籧篨。笭篖（似籧篨直文而麄，江东呼蓋），自关而西谓之笭篖。床其杠，自关而西，秦晋之间，谓之杠。户钥，自关而西谓之钥。簙谓之蔽，或谓之箘，秦晋之间谓之簙。耸，役欲也（皆强欲也，山顶也）。自关而西，秦晋之间，相劝曰耸，或曰役。中心不欲，而由旁人之劝语，亦曰耸；凡相被饰，亦曰役。睟，聋也。半聋，梁益之间谓之睟（言胎睟烦愦也），秦晋之间，听而不聪，闻而不达，谓之睟；聋之甚者，秦晋之间，谓之䏖（言目无所闻知也）。恧惭也。若梁益秦晋之间，言心内惭矣。謇，展难也。若秦晋之言相惮矣。鋡，龛受也。犹秦晋言容盛也。矔，转目也。梁益之间，瞋目曰矔，转目顾视亦曰矔。嗌，噎也（皆谓咽痛也）。秦晋或曰嗌，又曰噎。诬，淹与也。犹秦晋言阿与（相阿与者所以政诬淹也）。索，取也。自关而西，曰索，或曰狚。蹇，妯扰也（谓躁扰也）。人不静曰妯，秦晋曰蹇。挈。持也。秦曰挈。稟，敬也。秦晋之间曰稟。铺，颁索也。犹秦晋言抖薮也（谓斗薮举索物也）。参，蠡分也（谓分割也）。秦晋曰离。斯，散也。秦晋声变曰凘。器破而不殊其音，亦谓之凘；器破而未离谓之䛢。缗，施也。秦曰缗。纰，理也。秦晋之间曰纰。谛，审也。秦晋曰谛。错，灭也。周秦曰错。秦晋凡物树稼早成熟，谓之旋。竟也，秦晋或曰絚，或曰竟。㨹，剿续也。秦晋续折谓之㨹，绳索谓之剿。嗳，恚也（谓悲恚也）。秦晋曰暖，皆不欲麿而强畲之意也。凡尊老，秦陇谓之公，或谓之翁。谆憎，所疾也。若秦晋言可恶矣。肖，类法也。秦晋之西鄙，使犬曰哨。西南梁益之间，凡言相类者，亦谓之肖（肖者，似也）。自关而西秦晋之间，凡言相责让，曰谯让。皮傅，强也（谓强语也）。秦晋言非其事，谓之皮傅。傅，晒暴也。秦之西鄙，言相暴僇为腴（暴僇谓相暴磔恶事）。㚖五谷之类，秦晋之间，谓之晒。凡以火而干五谷之类，自关而西，谓之㷭；秦晋之间，或谓之聚。凡有汁而干，谓之煎。胹，熟也。自关而西，秦晋之郊，曰胹。贺，儋也。自关而西谓之贺。凡以驴马㭕驼载物者，皆谓之负，亦谓之贺。凡戟而无刃，秦晋之间，谓之釨，或谓之鏔。谓其大者曰镘胡（泥镘），其曲者谓之钩釨镘胡（即今鸡鸣白子戟也）、三刃枝（今戟中有小子刺者，所谓雄戟也）。其柄，自关而西谓之柲，或谓之殳。箭，关西曰箭（箭者竹名，因以为号）。剑削，自关而西，谓之鞞。盾，关西谓之盾。车枸篓（即车弓也），秦晋之间，自关而西，谓之枸篓。轮，关西谓之䡬。车纣，自关而西谓之纣。輨，关之东西曰輨。车缸，自关而西谓之缸。盛膏者乃谓之锅。舟自关而西谓之船。泭，谓之䉵，䉵谓之筏，秦晋之通语也。屑屑，不安也（往来之貌也）。秦晋谓之屑屑，或谓之塞塞，或谓之省省，不安之语也。颔颐，领也（谓领车也）。秦晋谓之颔颐，其通语也。筑，娌匹也。今关西兄弟妇相呼谓筑里。水中可居为洲，三辅谓之淤（《上林赋》曰：行乎洲淤之蒲也）。鼻，始也。梁益之间，谓鼻为初，或谓之祖，祖居也（祖、鼻，皆始之别名也，转复训以为居所，代语者也）。筳（古笤字），小者，自关而西，秦晋之间，谓之箪。㲉，麴也。自关而西，秦豳之间曰㲉。冢，秦晋之间谓之坟（取名于大防也），或谓之培，或谓之堬，或谓之采（古者卿大夫有采地，死葬之，因名也），或谓之埌（泪浪），或谓之垄（有界埒似耕垄，因名之。以上汉扬雄《方言》晋郭璞注）。

关中谓天为祆（《说文》）。

关中下俚人语音，谓水为霸（《启颜录》）。

中尚书，本秦官。尚音上，今谓之常。书者，秦人音也。至今秦人谓尚为常（沈括《补笔谈》）。

潘邠老云：花妥鹭捎蝶，妥音堕乃韵。不知秦晋以落为妥，上声，如曰雨妥、花妥之类。少陵秦人也（邵博《闻见录》）。

秦讹青字，则谓青为萋，谓经为稽（《老学庵笔记》）。

八米关中语。岁以六米、七米、八米分上、中、下。言在谷取八米，取数之多也(《西溪丛话》)。

酒肆曰务。酒坛曰瓮。取物曰刁。水滚曰尖。浑者，全也。鸾者，长也。促者，短也。夏者，横也。眼黑者，憎恶也。圪喇者，言不顺理也。囊囊突突者，背地短人也。阿跌多者，怪叹声也。这搭，此处也。兀搭，彼处也。吃扎填，早饭前食饼也。开，系袍也。生活，笔也。颇烦者，厌弃不耐也。虎淡者，其人大不才也。收拾几下者，管教子弟也。廉耻几句者，呵叱子弟也。皙者，美也。骇者，丑也。哥憎者，可爱也。乒乓者，快也。胡基者，土坯也。矢巴牛，蟑螂也。打捶者，厮打也。镇早晚者，这时节也。言喘者，说话也。稜吞者，老大也。不接掌者，羞见人也。其四乡，或以俺为嗳，以咱为才，以父为达，以大为垛，以地为剃，以了为老。谓祖母为阿婆，伯母为阿姆，婶母为娉。朋友中之长者，称为某师。子曰娃，女曰女娃，及笄者曰客人，妻曰屋里的，山峪为豳，韦姓为御，惠姓为戏，睢姓为徐，岳父为娉父，岳母为娉(《临潼县志》)。

汞(音钻去声)，水入土也。垄(与漫同)，水冒土上而流也。卡(音嘎)，食在喉中，上不上下不下也。今伏路兵，亦谓之卡。𠈌(与觑同)，三人不出头也。丼(瞎同)，人入井也。闯(钻同)，身入门中也。圡(磣同)，土入口中也。炗(音迸)，火炒豆则迸也。竨(音挣)，能自立身也。刘竨，人名，见《宋史》。斌(音斑)，俗以为文武全才也，因有取以为名者。峁(音卯)，山之冈坡皆谓之峁，鱼河堡有鱼儿峁者是。𡿯(音蛙)，山之污下也。嵜(音烟)，两山中临溪之小径也，绥德州有一步嵜者是。垧(晌同)，牛之耕地，曰几垧也。埒(音寻)，山之田不能亩计者曰几埒。吉(缝同)，土开口也。埜(野同)粆(音参)版麦仁也。逼(钉同)，冇(无同)。梁，俗呼山脊为梁。刀，呼器具为家使，作此字。吃哒，乱说也。圪哒(音格劳去声)，山之窝处也。圪塔，小山相连峰起之名，长乐浦东二十里有一湖旁起五沙峰，俗名五圪塔。暹逼(音先生)，俗呼瞽者之能筮卜也。崾崄，山之过峡处也。嚞(喜同)，俗以二吉为喜。码，俗以码碯之码，为法马之马，又骗人曰码骗，是马扁之讹。㛹(音便)，急走也。穛(然字去声)，俗以麦秸和泥涂壁，谓之穛草(延绥镇志·方言字义》)。雨沾足曰烂雨(《同州志》)。

云之西，雨涌泉；云之南，水倾坛；云之东，伫立空；云迤北，耕得获(《云谚》)。朝雨虽雨不雨，老健春寒秋暑(《朝云谣》)。横云不雨纵云雨，愿为东风吹送汝(《云谚》)。星瞬目，雨浸屋(星谚))。大瓴注小瓴，溢为云水声，其下如建瓴(《毕星谚》曰，李因笃集)。

四 川

总 志

诗称文王之化，行于南国。江汉之间，实渐被之。然则蜀土之淳风，有自来矣。其未列于十五国中者，或以其附见于二南，非略之也。厥后文翁之教育，武侯之政，后先接踵，俗称近古。历代以来，习尚与时移易。今则幸逢盛世，仁渐义摩，翕然向化。蜀虽边徼地，秀者服诗书之泽，朴者安耕凿之常，孝悌力田，敦本务实。彼夫輶轩至止，问俗采风，莫不采圣王至德涵濡，引怙引养，有自然登时雍而臻风动者矣。

周文王之化，被乎江汉之间，秦豳同咏，故有夏声（《华阳国志》）。巴蜀之人少愁苦，而轻易荡佚（《通典》）。家有盐铜之利，户有山川之材，居给人足，以富相尚（《逸史》）。汉景帝时，文翁为蜀郡守，建立学校，自是蜀土学者，比齐鲁焉（《文献通考》）。化杜宇之教，而力农务（《逸史》）。民食鱼稻，无凶年忧（《汉志》）。人多工巧，绫锦雕镂之妙，侔于上国（《隋志》）。

成 都

古蚕丛之地，其民重蚕事，故国中二月望日，鬻花木蚕种，号曰蚕市（《旧志》）。地大而腴，民勤耕作，无尺寸之弃，岁三四收（《宋志》）。文翁治化犹存，南轩道教尚在（《旧志》）。风雅英伟之士，命世挺生（《华阳国志》）。民俗俭朴，习尚淳良（《双流志》）。务农业儒，无为匪作奸（《温江志》）。力耕织，尚礼文（《新津志》）。俗朴民淳，文风亦锓锓日盛（《金堂志》）。业耕读，寡争讼，远佛老（《新附志》）。民和俗阜，敦诗说礼，有邹鲁风（《简州志》）。生聚渐繁，颇兴礼让。男耕女织，士安弦诵（《崇庆州志》）。士朴民厚，颇称淳风（《郫县志》）。俗尚气节，民知井耕（《灌县志》）。士皆敏慧，人皆朴质（《崇宁志》）。民富俗淳，人文蔚起（《新繁志》）。人士俊义，民朴而丰（《汉州志》）。家敦弦诵，野洽农桑（《什邡志》）。士敏慧，民质朴（《彭县志》）。

重庆

江州以东，其人半楚，姿态敦重。垫江以西，精敏轻疾，上下殊俗（《华阳国志》）。工江商贩，舟楫旁午（《方舆胜览》）。民力稼穑，士喜静退，其风淳质近古（元《一统志》）。士愿而好学（《府旧志》）。邑称知礼，人敦齿让，士隆文学，农重耕耘（《江津志》）。人尚勤俭，士习诗书，俗之刚悍渐化（《长寿志》）。民朴讼少（《未［永］川志》）。俗尚节俭，民勤本业（《璧山志》）。男耕女织，淳质未漓（《荣昌志》）力田务学，富教可加（《大足志》）。务孝悌而勤力田，黜浮华以重本业（《綦江志》）。风俗朴淳，服养简质（《南川志》）。土僻民淳，俭而好学（《黔江志》）。风土朴厚，秀异间生（《合州志》），山险水滩，人多憨勇，然工艺术（《铜梁志》）。人性厚朴，不尚浮华（《定远志》）。士多尚志，倜傥不群（《忠州志》）。士民淳朴，服食俭约（《酆都志》）。民性淳朴，喜以诗书自娱（《江垫志》）。夏巴蛮夷，悉遵礼法（《涪州志》）。治丝衣布，俭朴可嘉（《彭水志》）。

保宁

地暖气清，民淳事简（宋太守李献卿《南楼诗序》）。质直好义，士风淳厚（《阆中志》）。人好礼义，犹有古风（《苍溪志》）。士民淳厚，恭俭而文（《南部志》）。城南纯带巴音，城北杂以秦语（宋宁武《广元志》）。俭朴相尚，民情颇淳（《昭化志》）。人安俭约，惟尚农桑（《巴州志》）。人务耕桑，士敦礼义（《通江志》）。质朴勤农，循理守分（《南江志》）。人性谦和，百货所聚（《剑州志》）。

顺庆

古称忠义之邦，其民淳朴温厚（《旧志》）。汉以名节著，唐以神仙浮图显，宋以文章学术名（宋《开汉志》）。近代儒风尤盛，人物间出，不减果遂之风（宋《郡县志》)。女勤纺绩,而不肆志逸游。男力耕耘,而恐身试刑法(《西充志》)。婚礼亲迎,务农力作（《蓬州志》)。务农桑而尚礼义，重气节而饰廉隅（《营山志》)。民务耕,士务学，不事商贾（《仪陇志》)。土膏硗沃，民俗淳厚（《广安州志》)。士务读，民务耕,多秦风楚俗（《渠县志》)。民耕士读,尚俭朴,少仪文（《大竹志》)。居人庶富,士务文学（《岳池志》)。民务耕菑，而性质直，士习诗书，而气勇健（《邻水志》)。

叙州

汉夷杂居，风俗各异（《寰宇记》)。其士静而有文，其民朴而易治（《孝宗承园记》)。人心淳庞，民俗古朴（《南溪志》)。民力于穑，士竞于文，重农守礼（《富顺志》)。士习淳正,有古君子遗风(《长宁志》)。士固穷而竞于文,民尚勤而力于穑(《隆昌志》)。盗息讼寡，民风淳朴，耕读而外，鲜有逐末（《庆符志》)。其人诚质，其俗朴俭（《高县志》)。习俗俭素，不尚浮华，士敦节义，民勤稼穑（《筠连志》)。士勤学问，农习耕耨，尚气节而好礼（《珙县志》)。士朴民淳，水耕火耨（《兴文志》)。遵文化，守礼法，务农尚朴，俗悫而愿（《屏山志》)。

建武

汉夷杂居，风俗各异，汉则淳而有礼，夷则朴而易治（《建武厅志》)。

叙永

汉夷杂处，务实尚朴（《叙永厅志》)。人民浑朴，婚姻祭葬，皆遵古制。衣冠不异中州（《永宁志》)。

夔州

土风拙朴(宋扬辅书)。民淳讼稀(《王龟龄诗》)。烧地而耕(杜诗注,亦谓火耕)。踏碛而游（《图经》：夔人重武侯,人日倾城出游八阵上,谓之踏碛)。借商贾以为国,有楚遗风（《府志》)。服贾代耕，地有山岚气，辣茶以辟之（《大宁志》)。士务文学,民淳讼简（《巫山志》)。士习诗书,商贾以盐为利（《云阳志》)。人多劲勇,士笃儒风,民力于农，吉凶相助（《梁山志》)。土地肥美，风俗淳朴。不事贾贩，惟务农商（《新宁志》)。民力农桑，佐以鱼罟，俗颇信巫(《万县志》)。俗重田神，地无医药(《开县志》)。地僻山深，男妇力耕，民淳而质(《建始志》)。

龙安

务农业工，刀耕火种。人性质直，俗尚刚劲(《隋志》)。风俗与武都略同(《寰宇记》)。尚俭朴,服诗书(《平武志》)。尚俭务农,不竞词讼,士有古风(《江油志》)。畜牧耕稼,俗尚静约。人性质直,礼义渐兴(《石泉志》)。俭而不奢,俗犹近古(《彰明志》)。番多汉少,男曰安达,女曰白麻。衣惟毪衫是尚,食以酥油为佳。日耕野壑,夜宿碉房。人精悍，善战斗。教化既久，风俗渐淳(《松潘志》)。

宁远

地处边末，汉夷杂居。人情狡悍好讼，习尚朴俚少文。迩来民风渐归淳雅(《西昌志》)。地气煦和,三种居民,各安生业(《会理州志》)。教化渐通,风俗日易(《冕宁志》)。男女裹毯披毡,辫发赤足,不事修饰(《盐源志》)。沾濡声教,习尚衣冠(《越嶲志》)。

雅州

山多田少,地瘠耕劳。男勤本业,妇不外饰。近山人户,借采茶为业(《雅州志》)。其民质而少文，其俗淳而不薄。力农采茶，男妇勤苦自甘(《名山志》)。民质淳厚，知礼节，从教化(《荣经志》)。民稠多土著，俗淳而质朴(《芦山志》)。高阳遗黎，世为土军。耕稼种茶为业(《天全志》)。地瘠民贫，民淳讼少(《清溪志》)。

嘉定

土地沃美,民勤耕织,士尚诗书(《州志》)。农耕士读,俗尚俭节,民淳事简(《峨眉志》)。俗厚风淳，人勤稼穑，文学渐兴，争讼日息(《洪雅志》)。敦朴向礼，土淳民质(《夹江志》)。男事农桑，女勤纺绩。杂处居民，多务煮海(《犍为志》)。民多朴实，士好诗书(《荣县志》)。士不辍于弦诵，农相安于耕凿(《威远志》)。

眉 州

士以名节相尚(唐《通义》)。俗多近古,士大夫贵经术,重氏族。其民尊吏而畏法,其农合耦以相助(宋苏轼《远景楼记》)。士类滋多,人崇礼让。力耕务本,不尚奢华(《丹稜志》)。民无游惰,士艳科第(《青神志》)。民俗朴俭,服稼穑,事陶冶(《彭山志》)。

邛 州

临邛多殷实之家,接壤锦里,人多敏慧,难慕文学。民学农桑,不务商贾(《州志》)。俗尚祷祀,人务耕桑(《大邑志》)。人民质直,礼义渐兴(《蒲江志》)。

潼 川

土地沃美,人士俊乂(常据论)。士通经学,民务农桑(《潼川志》)。服食俭约,不事奢靡。人多务农,煎盐为业(《谢洪志》)。地瘠俗古,不尚争讼,男女力穑(《盐亭志》)。俗朴务耕,好学尚义(《中江志》)。民勤耕织,士敦礼让(《遂宁志》)。农务耕凿,乡里族党,颇相亲睦,俗为近古(《蓬滨志》)。士秀而文,民朴而淳(《定[安]岳志》)。有无相通,忧患相恤(《乐至志》)。

泸 州

气候偏阳,夏多炎燠,冬无寒苦(《宋勾公记》)。家诗户书,勤耕乐赋(《图册》)。风气挺发,贤哲间生(《州志》)。力耕务织,士朴民淳(《江安志》)。稼穑多勤,士好驯雅(《合江志》)。人多朴直,士敦礼让(《纳溪志》)。

资 州

山川挺秀,多产英奇。王褒诸人,皆以文显(《图经》)。昼经夜史,诵声不绝(何三益《政文堂记》)。民和俗阜,有邹鲁风(《资阳志》)。俗近唐魏,风比齐鲁。衣冠之族,多于他邑(《内江志》)。地瘠力耕,人多勤俭。士好文学,饶有淳风(《仁寿志》)。土瘠地僻,士好诗书。农勤耕,女勤织(《井研志》)。

绵 州

介东西二川之间，其俗文而不华，淳而不鲁（《旧志》）。人饶地腴，货财繁茂（《州志》）。节俭好礼，狱讼寝息（《德阳志》）。力耕农桑，安分守法（《罗江志》）。教化日深，风俗淳美（《安县志》）。士多弦诵，民尚俭勤（《绵竹志》）。风淳俗简，农安耕凿，士习诗书（《梓潼志））。

茂 州

其地有六夷、七羌、九氐，各有部落。其长颇知书，而法制严重（《后汉志》）。盛夏凝冻（《华阳国志》）。俗耐饥寒（《图经》）。毡裘杂揉（王咨《防边五事》）。其俗叠石为巢以居，如浮图高二、三丈者，谓之笼鸡；十余丈者，谓碉房。间有板屋、土屋。自文川以东，皆有屋宇(《图经》)。好弓马，以勇悍相尚(《茂州志》)。汉羌杂处。汉读诗书，羌遵王化（《保县志》）。石田山地，俗尚勤俭。

咿唔之声，彻于四境（《汶州志》）。

达 州

土地肥美（《地理志》）。民俗俭勤，竞尚气节（白居易《州志》）。夏秋多瘴，雪不到地(《州志》)。男慕文学，鲜商贾。女多纺织，　尚俭素(《东乡志》)。民重农桑，俗少健讼（《太平志》）。

广东

总志

粤人之俗，好相攻击。秦南海尉它，居南方长治之，甚有文理，粤人相攻击之俗益止（《汉书·高帝纪》）。

谨案：高帝诏谓尉它治有文理，攻击之俗益止。而《隋书·地理志》亦谓俚人有铜鼓者，群情推服，本之尉它，尊为倒老。则粤俗向化，岂俟唐宋以后乎！

粤人勇之言粤人俗鬼（师古曰：勇之，越人名也。俗鬼，言其土俗尚鬼神之事），而其祠皆见鬼，数有效。昔东瓯王敬鬼，寿百六十岁。后世怠慢，故衰耗乃命。粤巫立粤祀祠，安台无坛，亦祠天神帝百鬼，而以鸡卜，上信之。粤祠鸡卜，自此始用（《汉书·郊祀志》）。

粤地秦南海尉赵佗自王，传国至武帝时，灭以为郡。处近海，多犀、象、瑇瑁、珠玑、银、铜、果、布之凑。中国往商贾者，多取富焉。番禺其一都会也（《汉书·地理志》）。

扬雄《交州箴》：南海之宇，圣武是恢。稍稍受羁，遂遵黄支。牵来其犀，航海三万，泉竭中虚（徐坚《初学记》）。

南越以孔雀珥门户（桓宽《盐铁论》）。

《吴都赋》：篙工楫师，选自闽禺（番禺也，彼地人便水）。习御长风，狎玩灵胥（《文选》）。

裴渊《广州记》：豪富女子，以金银为大钗，执以叩铜鼓，号为铜鼓钗（《太平御览》）。

越俗以珠为上宝。生女谓之珠娘，生男谓之珠儿。吴闽间俗说明珠一斛贵如玉者。合浦有珠市（任昉《述异记》）。

广州滨际海隅，委输交部。虽民户不多，而俚僚猥杂，皆楼居山险，不肯宾服。西南二江，川源深远，别置督护，专征讨之事，卷握之资，富兼十世。尉它余基，亦有霸迹（《南齐书·州郡志》）。

南海、交距［趾］，各一都会也。并所处近海，多犀象、玳瑁、珠玑奇异珍玮，故商贾至者，多取富焉。其人性并轻悍，易兴逆节。椎结踑踞，乃其旧风（《通典》）。

《南中八郡志》曰：槟榔，土人以为贵，款客必先进。若邂逅不设，用相嫌恨（欧阳询《艺文类聚》）。

岭南风俗，家有人病，先杀鸡、鹅等以祀之，将为修福。若不差，即刺杀猪、狗以祈之。不差，即刺杀太牢以祷之。更不差，即是命也，不复更祈。死则打鼓鸣钟于堂，比至葬讫。初死，旦夕大叫而哭（张鷟《朝释［野］佥载》）。

舂堂者，以浑木刳为槽，一槽两边约十杵，男女立以舂稻粱。敲磕槽舷，皆有遍柏［拍］。槽声若鼓，闻于数里（刘恂《岭表录异》）。

岭表所重之节，腊一伏二，冬三年四（同上）。

广南呼食为头（赵德麟《侯鲭录》）。

岭南谓村市为墟。柳子厚《童区乙传》云，“之墟所卖之”。又诗云，“青箬裹盐归洞客，绿荷包饭趁墟人”，即此也。盖市之所在，有人则满，无人则虚。而岭南村市，满时少虚时多，谓之为墟，不亦宜乎！（吴处厚《青箱杂记》）。

古者祀天必养牲，必在涤三月，他牲惟具而已。又凡祭祀之礼，降神迎尸，而后始呈牲。牲入，于是国君帅执事亲射之。至汉魏而下，此礼寝阙。独五岭以南，俚俗犹存。今南人喜祀雷神者，谓之天神。祀天神必养大豕，目曰神牲。人见神牲，则莫敢犯伤。养之率百日外，始祀之。独天牲如此，他牲则但取具而已。又，遇逐恶气、禳疾病、必磔犬，与古同，殊有可喜者。传谓“礼失求诸野”，信然（蔡绦《铁围山丛谈》）。

汉《郊祀志》言粤人信鬼，而以鸡卜。李奇注：谓持鸡骨卜也。唐柳子厚亦言鸡骨占年。今粤俗不然，实用鸡卵。其法先祭鬼，乃取鸡卵，墨画其表，以为外象。画皆有重轻，类分我别彼，犹《易》卦所谓世与应者。于是北面诏鬼神，而道厥事，然后誓之，投卵铛中，熟则以刀横断鸡卵，其黄白厚薄处为内象，配用外象之彼我，以求其祲克与否。凡卜病、卜行人，雅殊有验（同上）。

南人凡病，皆谓之瘴。率不服药，惟事祭鬼。设犯伤寒阴阳二症，岂有坐视而不药耶？而南方之人，往往多汗，上盈下虚，用药者妄，发汗吐下，其祸可立而待也。瘴疠之作，率因饮食过度，气痞痰结。槟榔能下气消食化痰，故岭海之人多食之。此可类北人之食酥酪。北方地寒食酥酪，故肤理紧密，一旦病疫，当汗则闭塞，而汗不得出，所以病多难治。岭南地热，食槟榔，故脏气疏泄。然一旦病瘴，当下，则虚羸而本不能堪。所以土人多体瘠面黄。盖槟榔为患，习而不觉耳（黄瑜《双槐岁抄》）。

自汉末建安至于东晋永嘉之际，中国之人，避地者多入岭表，子孙往往家焉。其流风遗韵，衣冠气习，熏陶渐染，故习渐变而俗庶几中州（《黄志》）。

迎春日竞看土牛，或洒以菽稻，名曰消疹。啖生菜、春饼，以迎生气。元日礼神贺节。上元观灯，或作秋千百戏。十六夜，妇女走百病，撷取园中生菜，曰采青。十九日挂蒜于门，以辟恶，广州谓为天穿日，作馎饦祷神，曰补天穿。二月祭社，分肉小儿食之，使能言。入社后，田功毕作（谚曰懒人傍社）。十五日花朝，至三月上巳祓禊。清明插柳于门，其前五日始。一月中扫墓郊行，谓之踏青，亦曰剗草，俗曰压纸，以楮置坟上也（《岭南杂记》云，宗孙盛者，堆如积雪）。四月八日，浮屠浴佛。五月朔日祀祖先。五日饮蒲酒，馕角黍，镂艾虎，书朱符，为儿女佩采莲，竞渡，至五日乃止（广州有逾月者，夺标较胜，往往成讼，今此风已戢。惟大舟龙船高大如海舶，具鱼龙百戏，积物力至三十年一出，出则诸乡舟行以从，悬花球、绣囊，香溢珠海。孙仲衍所云“天香茉莉素馨国”是也）。夏至日擘荔荐祖考，磔犬以辟阴气。七月七日曝衣书，家汲井华水贮之，以备酒浆，曰圣水。儿女以花果作供，捕蜘蛛乞巧。十四日，浮屠盂兰盆会。剪纸为衣，以祀其先。望日以龙眼、花果相馈遗，曰结缘。二十五日，士庶多为蒲涧游（广州相传，安期生以是日升仙，自古有遨头会）。八月望夜，赏月，剥芋食螺。重阳有墓祭者，亦曰登高，细民放风鸢（风鸢之戏自古有之，或云因天地之风候以舒小儿之气，而除内热。但广州则以重阳。若琼州则于五月南风盛时，截竹绷布，续藤为绳，放之声闻数里，鸢制大可十倍）。十月朔日，以五敛杂芥菜食，辟寒气，举火星醮（广州禳回禄，阛阓次第行之，自十月朔至于岁暮）。冬至，作冬糍祀祖，有祭墓者。腊月念四日，为小年夜，祀灶，用爆竹、饴糖。除夕祀祖，家人聚饮，曰团年酒。围坐达旦，曰守岁。相遗以物，曰馈岁。易桃符，小儿卖痴呆。此粤俗大较也。他若韶之十月朔日，以米糍作犒牛会。雄之寒食日，上垄以乌糯饭祭墓。九月上日，建九皇会。惠之三月，赛东岳宫，士女沿街膜拜。中元日，家家挂楮，曰吊田钱。潮之正月五日后，傩以禳灾。上元日斗畲歌（畲音斜，俗字，即山歌也）。肇以花朝赛社。高以谷熟时，取戍［戌］日为腊。廉之高凉，以十月为岁首，以亥为市。雷以己酉为腊。琼之五月关帝会，士女各荷纸校，以祷罪祈福（《郝志》）。

古称鴂舌者为南蛮，瑶岐诸种是也。自秦以中土人与赵佗风俗已变。东晋、南宋，衣冠望族向南而趋，占籍各郡。于是言语不同省会，音柔而直，歌声清婉可听。

惟东新各邑，平韵多作去声。韶南、连州，地连楚豫，言语大略相通，其声重以急。惠之近广者，其音轻以柔。惟齐与灰、庚与阳四韵，音同莫辨。兴宁、长乐，音近于韶，谓我为哎。广人呼为哎子。东至潮，语同闽，有音无字，与广人语多不通。肇、高、雷，廉，土音略与省会相合，而舌本强。广州呼人曰个，畜曰只。而诸郡相反。琼岛孤悬海外，音与潮同，杂以闽人，间有与廉州相似，类广西梧州音者，名西江黎语云。广州谓父曰爸（音巴），亦曰爹。母曰妈（音马），亦曰毑（音拿上声）。谓风亦曰毑，即飓母之说也。谓子曰崽（音宰），亦曰仔。凡物之小者亦曰仔。良家子曰亚官仔（广州多用亚字发语）。奴仆曰弟仔，惠州曰赖子，言为主人所赖也。谓岭北人曰外江傢。指外省人言语曰蛮声。呵横恣者，曰蛮澄铩。刘铩、龚澄枢，古粤人之横逆者也。肇人自称曰侬，与吴近。称外祖父曰公du，亦曰翁爹。外祖母曰婆du。子女晚生者，多名曰孻（尽子也，音赖平声），或曰尾（尾子也，音米）。贵而故贱其名，使易育，曰狗仔。美人之貌曰艶。呼颠者曰废。游戏曰则剧。顺德曰仙。新会曰了。广州谓来曰黎，走曰趯。取物曰逻。谓欺曰到。谓卵曰春。食饱曰饱（音救）。敬物之束者，曰一子、二子。家曰一主。谷曰一造。琼州数尚六，禾六束曰一把，钱六百曰一串，物六十斤曰一担。潮州以钱八十为一百。自阳春以下至琼，地名多曰那某、曰罗某、曰扶某。黎人姓名，亦多曰那，曰扶，曰抱。潮及惠之滨海者，髻曰庄，须曰秋，牛曰悟，字与音全相反。雚人谓吹曰桃花溜溜，谓饭曰拐烣。琼人曰迈。此须重译乃通者也。如俗字稳坐之为奀（音稳），人物之短者为矮（音矫），人物之瘦者为奀（音芒），山之岩洞为峦（音勘），水之矶激为砅（音聘），蓄水之地为氹（图锦切），通水之道为圳（屯去声），水之曲折为砅（音聘），路之险隘为卡（音汉），隐身忽出为闪（音闪），截木作垫曰不（敦上声），门上横木曰闩（音拴），物之脱者曰甩（伦粒切）。此粤字之随俗撰出者也。又多讹字，如華为苹，泥为坭，诞为诞，循为狥，教为敎，邻为伶，帐为㢇，阅为阅，觋为觋，曷为曷，闻为闻，徊为㺯，激为激之类，皆承讹袭陋，而不知其非者也。迩者粤暨闽学习正音，户诵家弦，悉依字典，同文之治，聿昭海宇矣。至碗作硐，蜒作蛋，今通用（同上）。

粤俗好歌，语多双关。词不必雅，然情必极至。先嫁一夕，戚谊与席者，各坐堂歌词。有云：一树石榴全著雨，谁怜粒粒泪珠红。又云：灯心点着两头火，为娘操尽几多心。天机所触，自然合韵（朱彝尊《明诗综》）。

广东谣谚：饥食荔枝，饱食黄皮（黄皮果状如金弹，六月熟，其浆酸而除暑热，与荔枝并进，荔枝餍饫以黄皮解之）。蛇珠千枚，不及玫瑰。湎蚌之胎有玫瑰，文魮之腹有美玉。文魮鸣，美玉生（高州海中有文魮，鸣似磬而生玉）。多食马兰，少食芥蓝（马兰食之养血，芥蓝不宜多食）。广州谚云：迩有垣墙，我有火秧（火秧丛生成树，四棱有芒刺，广人以作篱落）。婴儿瘦，探石觳（石燕产西樵岩穴中，足生翼末，小儿羸瘦取食之）。家有竹鸡啼，白蚁化作泥（竹鸡形如鹧鸪，褐色斑赤文，啼曰泥滑滑，白蚁畏之）。秋冬食獐，春夏食羊。朝为泡鱼，暮为蒿猪（泡鱼大如斗，身有棘刺。化为蒿猪，齿长，入海复化为鱼）。霜蟹雪螺，味不在多。石湾瓦，胜天下。韶州水急，至险者为牯牛滩。舟子语云：行过牯牛五石滩，寄书归去报平安。又云：过得牯牛，舟子白头。大庙峡歌云：清溪濛裹（二驲名，路多虎），早眠晏起。肇庆府有西水自广西来，每岁夏至后，淫雨暴涨。谚云：水浸钓鱼台，上下不得来（钓鱼台，峡中山名）。又云：西水漫漫，鱼蟹满盘。獠俗事神，有上帝会、天妃会、邓天君会、羊元帅会，銮舆五彩，迎神十百，大賽于村中。景泰、天顺间谚曰：柳英有银，儿子跳神；洪全有金，阿母卖针。琼州以海水占年，海水热则荒。谚曰：海水热，谷不结，海水凉，禾登场。又云：海南多阳，一木五香。琼东界地瘠，以羊骨壅田，终无获。腴壤多在西，故谚云：东路槟榔，西路米粄（朱彝尊《静志居诗话》）。广州谓平人曰佬，亦曰獠，贱称也。《北史》周文帝讨诸獠，以其生口为贱隶，谓之压獠，威压之也。谓平人之妻曰夫娘。夫娘之称颇古。刘宋萧齐，崇尚佛法，阁内夫娘，令持戒。夫娘，谓夫人、娘子也。广州则以为有夫之娘也。东莞女子未字者，称曰大娘，已字者称小娘。家中有已字、未字，则合称大小娘。广州谓新妇曰心抱，谓妇人娠者曰有欢喜，娩身而未弥月曰坐月，亦曰受月。谓子曰崽。《水经注》：弱年，崽于是也。谓云［玄］孙曰霉，元孙曰塞，息讹为塞也。谓父曰爸，曰爹，《南史》湘东主人之爹是也。阳春谓外祖父曰公爹，外祖母曰婆爹。高明呼曰公仾，婆仾。东莞谓曾祖曰白公，曾祖母曰白婆，或止称曰阿婆。广州谓母曰妳，亦曰妈。妈者，母之转声，即母也。亦曰䶕，凡雌物皆曰䶕。妇谓舅姑曰大人公、大人婆，亦曰家公、家婆。《列子》曰：家父执席是也。子女谓其祖父曰亚公，祖母曰亚婆，谓母之兄弟妻曰妗母，母之叔伯父母曰叔父，曰叔婆。孙谓祖母之兄弟及妻曰舅公，曰妗婆。谓从嫁老妇曰大妗。醮子之夕，其亲戚送花于新郎房中，男曰花公，女曰花婆。子初生者曰大孙头。新会则曰长仔，或曰㞗。奴仆曰种仔。广州凡物小者皆曰仔。耕佣曰耕仔，小贩曰贩仔，游手者曰散仔，船中司爨者曰火仔，无赖者曰打仔，大奴曰大獠，小奴曰细仔，小婢曰妹仔，奴之子曰家生仔，螟蛉子曰养仔，盟好之子曰契仔。姻娅之使役曰亲家郎。东莞称无赖堵曰趯仔。又多以屎为儿女乳名，贱之所以贵之。男曰屎哥，女曰屎妹。谓赁田者曰佃丁，曰田客。赁地者，曰地丁，曰地客。僦屋者曰房客。巫曰师公、师婆。琼女卖槟榔者曰山子，瑶之峯者亦曰山子。谓外省人曰蛮果。海外诸巨曰番鬼。司柁者曰柁公、梢公。在船头者曰头公，二人为舟司命，即三老也。摇橹者曰事头，《宋书》：萧惠开有舫十余事，力二三百人。事头者事力之首也。立桅斗者曰班首，司篙者曰驾长。香山谓佃而服役者曰人倩，谓田主曰使头，其后反以田户之首为使头。广州谓鲠直者曰硬颈，迂腐曰古气，壮健曰筋节，轻捷曰辘力，言其力如车之辘也。角胜曰斗，转曰翻。谓淫曰姣（音豪），又曰缪毒。谓不曰吾，问何如曰点样，来曰釐，溺人曰碇，骂人曰闹，挈曰极起。东莞谓事讫曰效，游戏曰瞭、曰欣，新会曰流。指何处曰蓬蓬。顺德谓欺曰到，《史记》张仪曰：不如出兵以到之。索隐曰：到，欺也。犹俗云张到，谓张网得禽兽也，到得也。张仪善欺，故谓欺人者曰张到也。谓猥猿者曰魁杈，出贾谊《哀时命》篇，即诗之戚陨也。缝衣曰敹。《书》曰敹，乃甲胄。凡细者缝，粗者敹；著裹曰缝，著边曰敹。东莞谓光曰皎（音效），美好曰洒，持物曰的，肥曰脍，肉熟曰朌。《礼记》腥肆焗脍祭，注曰：朌，熟也。烂或为膪也。广州习烹物为膪，亦曰焆也。谓港曰涌（音冲）。涌，冲也。凡池沼皆曰塘，其在江中亦曰塘，若白蚬塘、蠕塘、菱角塘是也。凡水皆曰海，出洋谓之下海，入江谓之上海。出洋曰开洋，亦曰飘洋。谓潮曰水，潮起则曰水大，潮落则曰水干。廉钦州谓潮以朔望而大者曰老水，日止一潮者曰子水。二水相通处曰滘。称山之有林木者为山，无者为岭。广州谓帆曰岬，挽索曰繵，旁出者曰缆枝，小舟曰艇。芟草曰薅草，亦曰捞。谚曰：耕而不捞，不如作暴。树掺水中以挂罾，曰罾罭，亦曰罾门。西宁谓鱼种曰鱼口，小猪曰猪口。广州数食箩曰几头，晋元帝谢赐功德净馔一头是也。敬槟榔曰几口，陆倕谢安成王赐槟榔一千口是也。亦曰几子，陈少主尝敕施僧智顗槟榔二千子是也。数蕉子曰几梳，苏轼诗：西邻蕉子熟，时致一梳黄。谓衣一套曰一沓。沓，袭也，讹袭为沓。楮钱一斤曰一佰。线缕一绺曰一子。掷骰子者，一掷曰一手。禽巢曰斗，范石湖云：雌雄一斗，十鸡并种，当得六斗是也。万州以禾十二把为一担。潮阳以筑墙纵横一丈为一井。化州、石城间，贫者欲避火，于野外构茅以栖，名曰艼（音寮）。雷州有了村，有蒲艼，有新艼岛。吴川有芷艼镇。琼有芒艼港。儋有郎艼墟。定安有坡艼市。万有黎艼都。乐会有薄艼乡。陂会同有李艼塘。文昌有罟艼墩。黎峒有岑艼，黑艼，居艼，陈婆艼。地名多曰那某、湳某、婆某、可某、曹某、爹某、落某、番某。其近汉者多曰吥（音不）某。香山中秋夕，剧饮月下，曰饾中秋。发引之日，役夫蹋路歌以娱尸，曰踏鹧鸪。海丰方言与溯相近，鼻曰鄙，耳曰系，鸭曰哑。其属于山者，语又不同。谓无曰冒，我曰礙，溪曰阶，岭曰谅。其蜒人则谓饭曰迈，箸曰梯，碗曰爱，瓦盆曰把浪，拿网曰今网。狼人谓父曰扶，我曰畨，彼曰往。女谓男曰友友，又曰友二。男谓女曰有助。谓娶曰换野，郎曰若郎，那家曰扶闾，有心有意曰眉心眉意。扁担曰闲，木曰肺，以榕木担相赠曰送条闲肺榕。头曰图，有歌曰：三十六图，羊四十双图。鸡僮谓花瓣曰花脉，花朵曰花桃。瑶谓鱼曰牛，谓不曰陷，有歌曰：牛大陷到石头边。谓兄曰表，来曰大，有歌曰：表大便到大横底，娘大便到木横枝。琼语有数种：曰东语，又曰客语，似闽音。有西江黎语，有土军语，地黎语。地黎称峒名有三字者，如那父爹、陀横大、陀横小之类；四字者如曹奴那纽、曹奴那劝、曹奴那累之类；有六字者，如从加重伯那针、从加重伯那六、从加重伯那特之类；有七字者，如从加重伯那白吾之类；其山多曰鹧鸪啼，村多曰荔枝。广州语多与吴趋相近。如须同苏，逃同徒，豪同涂，酒同走，毛同无，早同祖，皆有字有音。德庆亦然。新会多以平仄相易，如通作痛，痛作通。东莞则谓东为冻，以平为去；谓莞为官，以上为平。香山以人为能。番禺谓人曰寅。东莞之南头，谓刀曰多。增城谓产曰窜，谓视不正曰乜（音哶）斜，射覆曰估，以刀削物曰捭（音批），细切物曰剩（音速），削去物曰㓟（音撇）。谓多曰够（音遘），少曰不够，无尾曰屈（音掘），谓人无情义者亦曰屈。谓腿曰髀（音彼），髀也。以手按物曰揿，以拳加物曰搋（同权），以手复物曰揞（庵上声），以指爬物曰搲（焉寡切），搬运曰摙（连上声）。漱口曰敕（音速）口。谓人愚曰猥痿，怒目视人曰睺（音利）。谓田多少曰几畛，肉动曰佤（音彻），疮肿起曰瞀（兴去声），裸体曰躶躬（音赤历），不谨事曰邋遢，露大齿曰龅牙。新妇入门，使亲属老妇迎之，曰抬步。是夕夫妇同牢食，曰暖房饭。次早见舅姑亲属，献币帛悦履，曰荷惠。冬至围炉而食，曰打边炉。元夕黏诗藏谜，以示博通，曰打灯谜。以鸽翎贯皮钱踢之，曰踢毽。谓云脚疏直，曰风路，不知人之来历，曰不知风路。龙门谓娶妇时，置酒延宾以迎之，曰接路。高要人谓婿曰郎家，女巫曰鬼婆（《粤东笔记》）。

唐沈佺期《岭表逢寒食诗》：岭外无寒食，春来不见饧。洛阳新甲子，何日是清明。花柳争朝发，轩车满路迎。帝乡遥可念，肠断报亲情。

唐朱庆余《岭南路诗》：越岭日南风景异，人人传说到京城。经冬来往不踏雪，尽在刺桐花下行。

唐白居易《送客春游岭南二十韵》：已讶游何远，仍嗟别太频。离容君蹙促，赠语我殷勤。迢递天南面，苍茫海北漘。诃陵国分界，交趾郡为邻。蓊郁三光晦，温暾四气匀。阳晴变寒暑，昏晓错星辰。瘴地难为老，蛮陬不易驯。土民稀白首，洞主尽黄巾。战舰犹惊浪，戎车未息尘。红旗围卉服，紫绶裹文身。面苦桄榔裛，浆酸橄榄新。牙樯迎海舶，铜鼓赛江神。不冻贪苦暖，无霜毒草春。云烟蟒蛇气，刀剑鳄鱼鳞。路足羁栖客，官多谪逐臣。天黄生飓母，雨黑长枫人。回使先传语，征轩早返轮。须防杯里蛊，莫爱橐中珍。北与南殊俗，身将货孰亲。尝闻君子诫，忧道不忧贫。

宋杨万里《宴客夜归诗》：月在荔枝梢上，[人] 行茉莉花间。但觉胸吞碧海，不知身落南蛮。

元贡奎《次王士容经历赋广东二十三韵》：巨锁雄江表，炎州介岭颠。通津波险涉，接驺路高缘。土贡来遐远，舆图按末颠。犷民疲斗蚁，狡吏攫饥鹯。虫验山多瘴，蒙知地出泉。黄浮乌影淡，红晕蜃光连。石老苔成藓，崖阳笋作鞭。翠屏开近嶂，素练沓回川。禽弄千般巧，花分四序妍。九重严政治，六辔选时贤。喜际风雪会，同沾雨露天。胜谈莲幕内，妙句药阶前。苦味槟榔好，清香荔子悬。罕逢宛北马，富聚海南船。古迹荒城碣，晴炊野墅烟。行经韩子窜，蛮耻越王偏。贾客财常万，僧尼寺或千。整絺冬亦尔，乘孱俗依然。人物生唐相，儒风盛孔编。快心时小憩，过眼境频迁。发兴超言外，销愁向酒边。入朝应报最，何得赋归田。

明汪广洋《岭南杂咏五首》：泮河流水碧潺潺，潮落潮生草木间。一片海云吹不起，越人遥指是厓山。　雁翅城中涌怒涛，外洋水长蜒船高。莫言昨夜南风急，今日登盘有海蠔。　越盐如雪赛吴盐，藷蓣初肥竹笋鲜。何事眉山苏太守，只将双蟹较团尖。　村团社日喜晴和，铜鼓齐敲唱海歌。都道一年生计足，五收蚕茧两收禾。　蛮落人家厌食鱼，儿孙生长不知书。桄榔旧种缘山逻，翡翠新收越海墟。

清许廷鎏《粤中吟》：南亭驿路控诸蛮，晓食槟榔散客颜。朱邸草深门久闭，桂枝飘下越王山。迢迢五岭雁来迟，越女含情唱竹枝。漓水月明三万丈，到今流不尽相思。

广　州

［晋］郭景纯云：南海之间，有衣冠之气者，斯其地也（《太平御览》）。

［唐］闾阎雾朴，士女云流，歌声有霸道之余，毗俗得华风之雅（王勃《净慧塔记》）。

《广州记》曰：广州市司用银米（《初学记》）。

广州米饼，合生熟粉为之，白薄而软。按，刘孝威谢官赐交州米饼四百屈，岂今之数乎（段公路《北户录》）。

［宋］广素号富饶，年来寖不逮昔。而文风彪然，日以张，虽蕉阜桄林之墟，蛎田蟹窟之屿，弦歌争相闻，挟艺待试上都者数甚啬，每联科登名，与中州等（李昂英《重修南海志·序》）。

南海，广东一都会也。海舶贾蕃，以珠犀为之货。从委于池，号称富庶。其风俗事佛尤谨（赵叔盎《千佛塔记》）。

东莞故郡也，后为监郡，监榜犹在。及为县，地轶赋夥，秀民之战有司者倍他邑（王中行《迁学记》）。

[明]粤人习海，竞渡角胜，而大舟比常制犹异，十余年始一举。船广可三丈，长五之。龙首至尾，金光夺目，迭彩如层城。上饰童男女，作仙佛鬼神及古英雄，凡数十事。旋转舞蹈，冒之以幔，数里外望犹可见。两旁持短楫应鼓者百夫，银帽红衫，铙吹沸作。更为游龙十数，缭绕后先，若群螭之从母出入者。然游龙万计，樱亭翠幕，奇巧相先，不可名状。歌板雷动，酒气云蒸，丝竹与笑语相乱。士女华妆炫服，照耀波间，坠耳遗簪，想满龙宫矣（《天山草堂集》）。

郡城之俗，大抵尚文。而其东近质，其西过华，其南多贸易之场，而北则荒凉。故谚云：东村西俏，南富北贫。外县穷乡，民俗大抵多俭啬，而耐勤苦。依山者多朴，其失也愚。依水者多智，其失也伪。濒海者多阔疏，其失也悍（《黄志》）。

广音柔而直，颇近吴越，大抵出于唇舌，不清不浊，当为羽音。歌则清婉浏亮，纤徐有情，听者感动。成化中，巡抚都御史朱吴，见广人歌《白沙诗》，辄欲效之，曰吴越不能及也。旧俗民家嫁女，集群妇共席。唱席以道别，谓之歌堂。今虽渐废，然村落尚或有之。田野蹋歌者，往往引物连类，委曲取譬，如子夜、竹枝，其尾腔曰娘来里，曰妈来里，曰小盗弟，曰娘十几，皆男女互相答问，儆动之词也。农庄女子荡姿者，相呼曰绾髻。每耕种时，斗歌为乐，南海、顺德、新会、增城最盛。民俗之中，又有三者：有方言，有方音，有俗字。广人谓母曰妈，曰阿姐。呼兄嫂辄以亚先之，亦曰阿。儿女按排行，亦先以亚。此皆方音也。两广谓岩洞曰円（亦龙切），两山之间也。顺德谓石梗曰硝，盖取谐声。番禺、从化谓地之宽平者曰嘌（音允），则又无所取义。此俗字也（同上）。

民事耕凿，无他技艺。士知气节，诵习成风。科甲多出于水东西马村三堡，而水东尤著。惟流溪一堡，在山谷间，朴樕罕知文墨。皆以造纸为业，岁赋官就征于其地。其南接壤番禺，民风渐入侈靡（明《从化县志》）。

[清]扬粤之地，少阴多阳，其人疏理。鸟兽希毛，其性能暑。民户不多，俚獠猥杂。尚淫祀，多瘴毒。婚礼用槟榔，以当委禽。葬礼盛肴馔以待送客。位于离，故恒燠。濒于海，故多风。阳德之盛，钟为人文；蜚英腾茂，甲于他州（清《一统志》）。

立春日，有司逆勾芒、土牛。勾芒名拗春童。著帽则春暖，否则春寒。土牛色红则旱，黑则水。竞以红豆五色米洒之，以消一岁之疾疹。以土牛泥泥灶，以肥六畜（《粤东笔记》）。

元旦拜年，烧爆竹，啖煎堆白饼，沙壅饮柏酒。元夕张灯，烧起火。十家则放烟花，五家则放花筒。嬉游者率袖象牙香筒，打十八间为乐。城内外舞狮象龙鸾之属者百队，饰童男女为故事者百队。为陆龙，长者十余丈，以轮旋转。人皆锦袍倭帽，扬旗弄鼓，对舞宝灯于其上。昼则踢毽五仙观，毽有大小，其踢大毽者市井人，踢小毽者豪贵子。歌百斗歌，观者持瑰异物为庆头其灯师。又为谜语，悬赏中衢，曰灯信。

十月下元会，天乃寒，人始释其荃葛。农再登稼，饼菜以饷牛。为寮，榨蔗作糖，食鲙为家宴团。

小除祀灶，以花豆洒屋。次日为酒以分岁，曰团年。岁除祀，曰送年。以灰画弓矢于道，射祟。以苏木染鸡子食之，以火照路，又曰卖伶。

广州之俗，岁修以烈火爆开糯谷，名曰爆谷，以为煎堆心馅。煎堆者，以糯粉为大小圆，入油煎之，以祀先及馈亲友。又以糯饭盘结诸花，入油煎之，名曰米花。以糯粉杂白糖沙，入猪脂煎之，名沙壅。以糯粳相杂炒成粉，置方圆印者，敲击之使坚如铁石，名曰白饼。残腊时，家家有饼声，与捣衣相似，甚可听。又有黄饼鸡、春酥蜜饼之属。富者以饼多为尚，至寒食清明，犹出以饷客。寻常妇女相馈问，则以油糍膏环以面，薄胞以粉；皆所谓茶素也。端午为粽，以冬菜裹者曰灰粽、肉粽，置苏木条其中为红心，以竹叶裹者曰竹筒粽，三角者曰角子粽。水浸数月，剥而煎食甚香。重阳为糕。冬至为米糍，曰冬丸。平常则作粉，裹以白米，浸至半月，入白粳饭其中，乃舂为粉，以膏脂润之，鲜明而薄以为外，荼蘼、竹胎、玉粒、鹅膏满其中以为内，则与茶素相杂而行者也，一名粉角。又有以椰子、以芝麻，以豆糖为馅者，以蕨，以葛、以菱、以茨菰、以甘薯为粉者，皆谓之饨食。

广为水国，人多以舟楫为家。益都孙氏云：南海素封之家，水陆两登。贫者浮家江海，岁入估人舟算缗。中妇卖鱼荡桨，至客舟前，倏忽以十数。弱龄男女崽，身手便利，即张罗竿首，昼钓泥中，鳖蟹蜃蛤之入，日给有余，不须衣食父母。又舟人妇子，一手把舵筒，一手煎鱼。橐中儿女在背上，日垂垂如负瓜瓠，攀囧摇橹，批竹纵绳，儿女苦襁褓，索乳哭啼，恒不遑哺。地气多燠，既省絮衣之半，跣足波涛，不履袜，或男女同屐。男子冬夏止一裤一襦，妇人量三岁益一布裙，如是则女恒余布。地惟粳稻，土厚获多，人日计米一升，加以鱼蚌、乌菱、蕉桔、薯芋，减炊米可二三，如是则男有余粟。故古称饶富居甲焉。广州灯夕，士女多向东行祈子，以百宝灯供神。夜则祈灯取采头，凡三筹皆胜者，为神许，则持灯而返。逾岁酬灯生子者，盛为酒馔庆社庙，谓之灯头，群称其祖父曰灯公。八月十五之夕，儿童燃番塔灯，持柚灯踏歌于道曰：洒乐仔，洒乐儿，无咋麋。塔累碎，瓦为之。象花塔者其灯多，象光灯者其灯少。柚灯者，以红柚皮雕镂人物花草，中置一琉璃盏，朱光四射，与素馨茉莉灯交映。盖素馨茉莉灯以香胜，柚灯以色胜。

七月初七夕，为七娘会，乞巧。沐浴天孙圣水，以素馨茉莉结高尾艇，翠羽为篷，游泛沉香之浦，以象星槎。十四祭先祠厉，为盂兰会。相饷龙眼、槟榔、曰结圆，潮州则曰结星。二十五为安期上升日，往蒲涧采蒲，濯辟辟水。

东莞麻涌诸乡，以七月十四日为田了节，儿童争吹芦管以庆，谓之呼田了。以是时早稻始获也（俱同上）。

唐韩愈《送郑尚书赴南海诗》：番禺军府盛，欲说暂停杯。盖海旗幢出，连天观阁开。衙时龙户集，上日马人来。风静鸡鹛去，官廉蚌蛤回。货通狮子国，乐奏武王台。事事皆殊异，无嫌□大才。

宋刘克庄《即事》四首：香火万家市，烟花二月时。居人空巷出，去赛海神祠。　东庙小儿队，南风大贾舟。不知今广市，何似古扬州。　瓜果踉拳祝，喉罗扑卖声。粤人重巧夕，灯火到天明。　吾生分裂后，不到旧京游。空作樊楼梦，安知有越楼。

明孙蕡《广州歌》：广南富庶天下闻，四时风气长如春。长城百雉白云里，城下一代春江水。少年行乐随处佳，城南南畔更繁华。朱帘十里映杨柳，帘栊上下开户牖。闽姬越女颜如花，蛮歌野曲声咿哑。岢峨大舶映云日，贾客千家万家室。春风列屋艳神仙，夜月满地闻管弦。良辰吉日天气好，翡翠明珠照岛烟。乱鸣鼍鼓竞龙舟，争睹金钗斗百草。游冶留连望所归，千门灯火烂相辉。游人过处锦成阵，公子醉时花满堤。扶留叶青蚬灰白，盈钉槟榔邀上客。丹荔枇杷火齐山，素馨茉莉天香国。别来风物不堪论，寥落秋风对酒尊。回首旧游歌舞地，西风斜日淡黄昏。

清王士祯《广州竹枝》四首：潮来濠畔接江波，鱼藻门边净绮罗。两岸画栏红照水，蜒船齐唱木鱼歌。　海珠石上柳阴浓，队队龙舟出浪中。一抹斜阳照金碧，齐将孔翠作船篷。　梅花已近小春开，朱槿红桃次第催。杏李枇杷都上市，玉盘三月有杨梅。　佛桑花下小回廊，曲院深深牡砺墙。细爇海沉银叶火，金笼倒挂试收香。

梁佩兰《粤曲》二首：春风试上粤王台，锦绣山河四面开。今古兴亡犹在眼，大江潮去复潮来。　琵琶洲头洲水清，琵琶洲尾洲水平。一声款乃一声桨，共唱鱼歌对月明。

杭世骏《珠江竹枝词》六首：树里歌声水面腔，阿奴生小住珠江。凌波只恐尘生步，不著鸦头袜一双。　绿榕阴处月微黄，艇子缘流接翅长。水际刺篙沙际宿，天然画出野鸳鸯。　鬅鬙垂鸦宿粉残，早潮回梦怯衣单。为怜江上遥峰少，方便长眉借客看。论斛量珠买得无，鱼珠争及海珠粗。若将江作珠胎比，侬是江心一颗珠。　不见尊丝翠带长，绝无露苇更风杨。生来只识相思树，著意江边种一行。　海珠寺外月如银，肯照三更倚柁人。妾是水萍郎堕絮，天生一样可怜春。

南海县士刚方，崇信义，际风云者，喜以勋业自见。廉耻相高，时穷见节，往往有之。词章文藻，视为润饰绪余。然登高作赋之流，摩肩辈出，华实并茂矣。西淋之西，文物颉颃中州，陶冶之良，亦甲他处。士朴民淳，其俗尤厚。海州镇涌金瓯绿潭，刀笔是竞，民七吏三，溺于习也。九江小民，尚力任智，健讼好争，则张武御勒之谈，为良剂矣（《全志》）。

明汪广洋《登南海驿楼诗》：海气空濛日夜浮，山城才雨便成秋。冯唐头白偏多感，倚遍天南百尺楼。

缙绅尚气节，崇礼让，士耻奔竞，重儒雅。冠婚丧祭，衣冠之族多行《家礼》。妇女罕出闺阁。东南秀丽，土沃民稠，科第接武。顾洪涛浩渺，易以业奸。邑之北，农而不商。溪峒之间，乡豪为政。西南迩郡，不乏士族（《番禺县志》）。

顺德县舆地濒海，田广而腴，鱼稻之饶，甲于他邑。士以通经学古为尚，振翰云霄，多跻通显，有历卿相者。士夫俭啬，有戋戋风。而乡落富民，器服相高，宫室雕镂，富而厚生。其俗吝相周而喜争竞（《全志》）。

东莞县士喜豪侠，矜气节，多以功名著声。建节树牙，畴昔踵接。而慷慨赴义及驰名著作者，亦不乏人。士困毛锥，不死灰自弃，辄徙途鞬櫜，其乘舟楫之便，骋其骜桀，恣焉以逞者，多出于濒海之乡（《全志》）。

民重农而后商贾，一年两收。房屋旧多土墙，今尚黝，砌以砖石。婚姻必以槟榔蒌叶茶果之属，曰过礼。俗尚巫，凡有病或使妪持衣燎火，而招于门；或延道家逐鬼，角声呜呜，自宵达旦。谚云：禾黄鬼出（《新安县志》）。

从化人质朴，士不豪华，民勤耕菑，女多纺绩（《从化县志》）。

龙门士愿民悫，居平翁媳不相见。四礼与各属相仿。惟父母终陈尸于地，男去长衣跣足，女父丧披左发，母丧披右发，父母俱亡，则左右发皆披。子女哭赴长江，以纸钱买水归，以香煎之，将尸沐浴（《府志》）。

七夕之夜，鸡初唱，汲河水贮之，以疗热病。若鸡二唱，则水味不同，不能久贮矣（同上）。

民重建祠，多置祭田。岁收其入，祭祀之外，其用有三：朔日进子弟于祠，以课文武童者，助以卷金；列胶痒者，助以膏火及科岁用度；捷秋榜赴礼闱者，助以路费。年登六十者，祭则颁以肉，岁给以米。有贫困残疾者，论其家口给谷。无力婚嫁丧葬者，亦量给焉。遇大荒，则又计丁发粟。可谓敦睦宗族矣（《新宁县志》）。

正月晦送穷，夏至磔狗以食，云可解疟（同上）。

正月十九、二十两日，天机癞败，户插蒜以辟邪。晦日送穷，忌用财假借。七月二十四日，祝城隍神，相传立城自是日始。中秋剥熟芋蕉柚，谓之剥疵癞儿。夏至磔狗。冬至食鱼鲭。丧礼简略，惟信青鸟言。葬后人事小不利，辄启窆以水祓其骸，虽厉禁，未能尽革。

族必有祠，祭田所入，蒸尝之外，子孙应试者，给其资斧。余则赈凶饥，恤孤寡。

情好曰契，积习相沿，男妇一辙。驯至奸徒煽逆，以结契为名，十百为群，转相纠约。今加峻科条，庶几知悔矣（《增城县志》）。

唐韩愈《宿恰江口示侄孙湘二首》：云昏水奔流，天水漭相围。三江灭无口，其谁识涯沂。暮宿投民村，高处水半扉。鸡犬俱上屋，不复走与飞。篙舟入其家，瞑闻屋中唏。问之岁常然，哀此为生微。 海风吹寒晴，波摇众星稀。仰视北斗高，不知路所归。舟行亡所诣，屈曲高林间。林间无所有，奔流但潺潺。嗟我亓拙谋，改身落南蛮。茫然失所诣，无路何能还。

士习诗书，民事艺植。二月二日妇女忌不绩。望日俗曰大王斋，祭祠祀神。八月上戊祭社。冬至祀神，笄女围炉骨董羹，犹存旧意（《香山县志》）。

俗尚门第，矜气节。民间冠婚丧祭，多循《朱子家礼》。闺门严整，妇翁嫂叔非岁时庆贺不相见（《新会县志》）。

肄地山水包络，风气遒聚。其人旧称简朴有余，仪文不足。士务诗书，农专畎亩，工商务守其业，妇女勤于纺绩（《三水县志》）。

清远地解沃壤，力耕火种，陆多水少，担负为劳。商贾工技，皆资别色。豪猾多武断。小民喜火葬，视他邑为甚。迩来文物渐兴，其瑶僚之属，久乐升平，皆知向化云（《清远县志》）。

花县邑北皆山，中鲜居民。其俗朴野，人多犷悍。惟迤南近省，故家巨族，仕宦科名，往往不乏（《全志》）。

正月十九，烙糯粉为圆块，加线穿其上，谓之补天穿。太白诗："一枚煎饼补天穿"，由来久矣（《花县志》）。

韶　州

［晋］始兴溪子，拳勇善战（《晋书·何无忌传》）。

［唐］韶之曲江，所谓将相之乡也（李渤《司空庙碑》）。

［宋］控扼五岭，韶为交衢。唇齿湘江，咽喉交广，地之重也。霜露北均，瘴疠南尽，气之和也。霞变万拱，云蒸千础，丽之广也（余靖《武溪集》）。

《英州图经》：富家乐商贩，贫者就农耕（《舆地纪胜》）。

《直阳志》：巨产之家，得米则南下于广，买钞盐。贫无为生者，则采山之奇石以货焉（同上）。

［明］《韶州图经》：习尚朴而不杂，淳而不漓。商不富，贾不巨，工不良，技不巧，岁时不事游宴。英州号小法场。土旷人稀，为农者择沃土以耕，而于硗地多不用力（明

《统志》)。

[清]明《统志》云：滕叶嚼槟榔，万室通酟酿。韶人多食槟榔，宋有酒禁，惟岭南无之，故有是语。六邑村落，客至用油茶，下茶物皆油煎，诸志所未及(《府志》)。

习尚简朴，不事纷华。山谷之民，有老死不见官府者(同上)。

韶州十月朔日，农家大酺，为米糍相馈。以大糍粘牛角上，曰牛年。牛照水见影而喜，是日牛不穿绳，谓之放闲(《粤东笔记》)。

曲江县山水秀丽，衣冠不乏，沃壤满望，故人乐农而厌商。丧溺浮屠，病凭巫觋。冠婚过早，即缙绅之家犹然(《金志》)。

宋杨万里《曲江重阳诗》：烟描水写老秋容，岭外秋容也自浓。如见大宾新露菊，若歌商颂晚风松。插花醉照濂溪井，吹发慵登帽子峰。莫问明年衰与健，茱萸何处不相逢。

乐昌人性劲直，尚气节。田广人稀，故耕樵堪以自给。疾病惟医，不信巫，与广州诸郡异(《乐昌县志》)。

乳源县徭人，选自《皇清职贡图》。

仁化县俗尚真率，士朴民淳。土壤沃饶，故耕织有余，嚣讼鲜作，犴狴时空。第其窳俗，病专祈禳，丧侈宴席，猥云从厚(《金志》)。

乳源县农多商少，习于朴鲁，民无告讦之风。山谷瑶僮，逡巡惧法。往来贸易，赋役无虚，益知安生而乐业矣。

翁源县民安陇亩。不喜逐末。盗息讼稀，风符治世(俱同上)。

冠礼鲜有行之者，惟女子于归前数日行笄礼，犹存古意(《翁源县志》)。

六月六日，迎神报赛，比户联社，分羹劝酒。醉后送神，金鼓喧阗，递相接祀(同上)。

土俗淳朴，颇知诗书，科目代不乏人。明初地无居人，至成化间，居民皆自闽之上杭来立籍，间有江右入籍者。习尚一本故乡，与粤俗差异（《英德县志》）。

宋杨万里《英德县诗》：人人藤叶嚼槟榔，户户茅檐复土床。只有春风不寒乞，隔溪吹度柚花香。

惠州

［宋］龙川县织竹为布，人多蛮僚。妇人为市，男子坐家（《太平寰宇记》）。

海南人不作寒食，以上巳日上冢（东坡诗集》）。谨案：此苏轼谪惠州时题语，非指琼南也。

《郡学记》：古成之第进士，张秘郎魁南宫，皆惠人，为南越倡。此邦文物，不下他州（《舆地纪胜》）。

古语：鳄湖平，出公卿，状元出鹅城。为报举人休就摄，状元非久出贞州（同上）。

宋苏轼《舟行至清远县，见顾秀才，极谈惠州风物之美诗》：到处聚观香案吏，此邦宜著玉堂仙。江云漠漠桂花湿，梅雨翛翛荔子然。闻道黄柑常抵鹊，不容朱橘更论钱。恰从神武来宏景，便向罗浮觅稚川。

又《新年》五首：晓雨睹人日，春愁连上元。水生桃［挑］菜渚，烟湿落梅村。小市人归尽，孤舟鹤踏翻。犹堪慰寂寞，渔火乱黄昏。　北渚集群鹭，新年何所之。尽归乔木寺，分占结巢枝。生物会有役，谋身各及时。何当禁毕弋，看引雪花儿。　海国空自暖，春山无限清。冰溪结瘴雨，雪菌到江城。更待轻雷发，先催冻笋生。丰湖有藤菜，似可敌莼羹。　小邑浮桥外，青山石岸东。茶枪雨后有，麦浪水前空。万户不禁酒，三年真识翁。结茅来此住，岁晚有无同。荔枝几时熟，梢头今已繁。探春先楝树，买夏欲论园。居士常携客，参军许叩门。明年更有味，怀抱带诸孙。

宋杨万里《明发龙川诗》：山有浓岚水有氛，非烟非雾亦非云。北人不识南中瘴，只到龙川指似君。

［明］惠州壤邻汀赣，奸民实繁（祝允明记）。

王文成以军旅至，其流风余韵，粤人士至今服习尸祝之（叶梦熊记）。

惠居五岭东南，罗浮甲于天下。重深环之，其民钟气于山，大都朴野悃幅。故讦讼犴狱鲜，而椎鲁顽昧，或不免焉（黄佐《郡志·序》）。

惠俗鲜诈而多质，其讼狱无坚根深穴，而近情，稍一缓辑，即为乐土（杨载鸣《郡志论》）。

［清］士人好造盘游饭，取鲊埋之饭中。又好作谷董羹，取凡饮食杂烹之。信鬼神，

好淫祀（清《一统志》）。

旧俗：惠民多居南雄，因元兵将至，预十四日荐祖，次日避兵。今犹循十四日为中元节。和平十三日为中元。乡里各挂纸钱，谓之吊田钱。丧礼在宋多用鼓乐，故苏子瞻有“钟鼓不分哀乐事”之句。今遵丘文庄仪节不用矣。多行朝夕奠礼，七日一奠，至四十九日止，名应七。或十日一奠，至百日止，名应旬。海丰、河源、龙川、长乐，则置酒作乐，有不忍弃亲于土之说，停柩三年而后葬者。兴宁亲丧，饭僧度厄，名曰报本。击鼓屠牛待宾，名曰看斋。结棉棚于市，布银牌、红帛于地，招少年走马，垂手取之如拾芥，观者一邑毕至，名曰抢红。以大轿尾其后，设死者魂帛衣冠于轿中。盖生虽屠贩，死必张盖设褥也。导僧至水滨，鬻禽鱼纵之，名曰放生，为死者修福。凡七日，日费二十金，少亦四、五金。倘贫乏不能，或阻于官禁，必补。为之有待子孙者，有未死预作生斋者。葬亲则惑于堪舆家，数数迁易，甚至剖棺火尸，纳骨于瓦瓶，名曰金城，迁葬他所（《惠州府志》）。

惠之方言，呼弟曰亚泰，午食曰晏昼，溪曰开，岭曰雨。长乐、兴宁、和平谓母为哀，谓父曰亚公（同上）。

归善县俗喜文艺，缙绅之徒多以著作扬声（《金志》）。

博罗县敦约啬，乐仕进，崇尚文学，科第不乏。其民狡狯机械，喜嚚讼，而即慆淫。

海丰县先鬼后神，业儒力农，急于婚娶。富家急于立祠祀先，知重本源，有古人遗风焉（俱同上）。

海丰之俗，元夕于江干放水灯，竞拾之。得白者喜为男兆，得红者为女兆（《粤东笔记》）。

正月七日，以菜七样煮食，云益寿。竞抬神出游，各村落设供，以兆一岁平安（《陆丰县志》）。

小民衣履，贫者固敝陋，富者亦多素朴，并无好奢之习。贫民视财甚重，虽小必争。而绅士乐善好施者亦不少（《河源县志》）。

龙川县力农习技，大类虔州。文物等于河源。而富家男女，逾礼而行，则又过之（《金志》）。

合邑重农，以耕为务。近知向儒业，虽僻乡愚氓，多读书识字，亦有出县经商者（《和平县志》）。

衣服布素，绅衿间有衣帛者。冬露雾重，晨起必饮酒乃出。春耕以石灰粪田，土寒，非灰则苗不秀。户必力田，妇女皆芸获，虽绅衿亦间有之。无井，惟汲坑水河水。居室先皆茅椽，康熙三年，韩参军来视篆，始易为瓦。疾病不医药，惟灸艾火，浴汤水（《长宁县志》）。

讼案多山坟水圳，赎产夺耕，旁人排解，斩鸡鸣誓。誓而不息，乃讼于官。有因讼激愤，辄轻生以图诬赖。

方言有二：一水源音，一客家音。相传建邑时，人自福建来此者，为客家。自江右来者，为水源（俱同上）。

士务敦朴，急公好义。有自江闽、潮惠迁至者，名曰客家。士比屋读诵，农勤稼穑。西南罗坑诸处，人尤作苦。锄輋莳谷及薯蕻，苴姜茶油，以补不足，名曰种輋（《永安县志》）。

求［永］安俗尚师巫，人有病，以八字问巫。巫始至，破一鸡卵，视其中黄白若何，以知其病之轻重。轻则以酒馔禳，重则画神像于堂，巫作姣好女子，吹牛角，鸣锣而舞，以花竿荷一鸡而歌，其舞曰赎魂，曰破胎歌，曰鸡歌，曰暖花。暖花者，凡男婴儿有病，巫则以五采团结群花环之，使亲串各指一花以祝，祝已而歌，是曰暖花。巫自剜其臂血，以涂符，曰显阳。七夕则童子过关。十四日则迎先祖，男子结坛度水，受白牒黄诰；妇人请仙姐，施钗钿。仙姐与女巫不同，女巫以男子为之，仙姐以瞽人妇为之。除夕，妇人置盐米灶上，以碗覆之，视盐米之聚散，以卜丰歉。男子则置水釜旁，粘东南西北字，中浮小木，视木端所向，以适其方，又审何声气，以卜休咎，名曰灶卦（《粤东笔记）》。

山多田少，勤于耕种。两熟获毕，接种油菜、大麦。平原无剩土，即深山无人处，亦烧粪种蓝，伐木种香蕈。妇人勤纺绩，绅士家机杼不断。贫人多上山樵苏，负竿累累，如列行阵（《连平州志》）。

潮　州

［唐］州在广州极东界，过海口，下恶水，涛泷壮猛，飓风、鳄鱼，祸患不测。州南近界瘴海，连天毒雾，瘴氛日夕发作（《昌黎文集》）。

此州学废日久，进士明经，百十年间不闻。夫十室之邑，必有忠信，今此州户万有余，岂无庶几者耶（同上）？

唐韩愈《初南食贻元十八协律诗》：鲎宾如惠文，骨服相负行。蠔相粘为山，百十各自生。蒲鱼尾如蛇，口眼不相营。蛤即是虾蟆，同实浪异名。章举马甲柱，斗以怪自呈。其余数十种，莫不可叹惊。我来御魑魅，自宜味南烹。调以咸以酸，笔以椒与橙。腥臊始发越，咀吞面汗骍。惟蛇旧所识，实惮口眼狞。开笼听其去，郁屈尚不平。卖尔非我罪，不屠岂非情？不祈灵珠报，幸无嫌怨并。聊歌以祀之，又以告同行。

[宋]《寰宇记》：稻得再熟，蚕亦五收（《舆地纪胜》）。谨案：今本《太平寰宇记》无此文。

始潮人未知学，命进士赵德为之师，自是潮之士皆笃于行，延及齐民，至于今，号称易治（《东坡文集》）。

《图经》云：太平兴国间，始有联名桂籍者（《舆地纪胜》）。

[元]元《省志》：地无旷原沃壤，刀耕火种，最为勤苦（《潮州府志》）。

[明]《一统志》：海滨遐陬，冠婚丧祭，悉遵典礼，无异中州（同上）。

[清]海边邹鲁，土笃文行，延及齐民，号称易治（清《一统志》）。

潮民力耕，多为上农夫，余逐海洋之利，往来乍浦、苏松，如履平地。女红针黹纺绩，鲜抛头露面于市廛，胼手胝足于陇亩者。近山之妇多樵，滨海者兼拾海错。山乡地瘠而民蛮，水乡土沃而猾，士笃文行。细民火葬轻生，疾病辄饮水，重巫轻医药。子弟之坏，务奢侈，比顽童，樗蒲歌舞，傅粉嬉游，于今渐甚。其歌声轻婉，闽广相半，中有无其字，而独用声口相授，曹好之以为新声。大都君子外质而内慧，小人外谨而内诈。其风气近闽，习尚随之，不独言语相类矣。潮阳强悍负气，大类齐俗。士大夫有豪宕好义之风。惜多富不好礼。揭阳尚浮华，颇急公，间有健讼者。三饶慓悍嗜利，民颇愿朴畏法。惠来士知礼，其民内黠而外懦。大蒲贫而朴，家好读书，虽妇人女子，有晓文墨者。澄海之士秀而文，糖蔗鱼盐之利，甲于其邑，但有力者皆可觅食，然多悍戾难驯。普宁颇类潮阳，然质实务本。丰顺野而愿，其细已甚，犹号易治（《金志》）。

潮州灯节，有鱼龙之戏。又每夕各坊市扮唱秧歌，与京师无异。而采茶歌尤妙丽，饰姣童为采茶女，每队十二人或八人，挈花篮，迭进而歌。又以少长者二人为队首，擎彩灯，缀以扶桑、茉莉诸花，采女进退作止，皆视队首，至各衙门或巨室唱歌，赍以银钱酒果，自十三夕至十八夕而止。余录其歌三首，有曰："二月采茶茶发芽，姐妹双双去采茶，大姐采多妹采少，不论多少早还家。三月采茶是清明，娘在房中绣手巾，两头绣出茶花朵，中间绣出采茶人。四月采茶茶叶黄，三角田里使牛忙，手挈花篮寻嫩采，采得茶来苗叶香。"颇有"前溪""子夜"之遗（吴震方《岭南杂记》）。

乡绅气节，罕至公门。恒聚徒讲课，士多下帷攻苦。妇女勤女红，虽布帛盈箱，不弃麻枲。营室必先祠堂，明宗法（《海阳县志》）。

儿童以秋千为戏，斗畬歌，善者为胜（同上）。

地多平洋，田园参半。其民终岁勤苦，耕耘之隙，间治场圃。海滨之乡，鱼盐为业，亦可自给。工竞巧利，铜器、锡器，风行天下。妇女勤针黹，步行必盖丝巾，名曰文公帕（《潮阳县志》）。

士笃文行，家蓄图籍，人习礼仪，穷乡隘巷，弦歌之声相闻。知府林和诗云：“书声沿巷有，佛事比家无。”近亦颇尚佛事，然识者非之。小民尽力农亩，妇女勤于纺绩（《揭阳县志》）。

宋杨万里《揭阳道中诗》：地平如掌树成行，野有邮亭浦有梁。旧日潮州底处所，如今风物冠南方。

饶俗勤俭好文，比屋读书。山居者治耕织，业海者鬻鱼盐（《饶平县志》）。

习俗俭而好礼，民多争讼（《惠来县志》）。

俗尚醇厚，素号易治。士矜节气，一衿已青，惟以授徒为业。土田少，人竞经商。山高地瘠，农最勤苦，番芋、瓜蔬以佐食，亦有种烟草、油茶以供日用者（《大埔县志》）。

慷慨重义，患难相恤。然偶有微嫌，辄操戈相向（《澄海县志》）。

望族喜营屋宇，池台竹树，必极工巧。大宗小宗，竞建祠堂，争夸壮丽。嗜食味，锡瓶、瓷碗，精洁整齐。尤重槟榔，以为礼果，食时剪削成瓣，包以扶擂，佐以蚬灰。昔人《竹枝词》去：“日食槟榔口不空，南人口让北人红。灰多叶少如相等，管取胭脂个个同。”谓此。好食熟烟，先含冷水一口，以解火毒，而后咽下，一吸即止。地多鱼，人善为鲙，谓之鱼生。其余有蠔生、虾生（同上）。

士习敦礼让，尚气节。农务田功，与场圃偕作。工习技巧，商勤逐末（《普宁县志》）。

方言谓奢靡曰旁派，谓房屋曰厝，灰曰火肤。谓妇女曰姿娘，茶叶曰茶米。谓男子曰担褒，女子曰查亩，游玩曰踢拖，约略曰答散，资助于人曰耙沙，因事取利曰俾接，将就去得曰挫哩，事尚悬远曰加哩啰，戏谑曰省（同上）。

邑虽山陬，而溪滨岩谷间土壤可以种植，泉源可以灌溉者，无不垦辟为田，故力农居多，工贾不过十之一二（丰顺县志））。

肇 庆

［吴］吴录《地理志》曰：苍梧、高要县郡，下人避瘴气，乘筏来停此。六月来，十月去，岁岁如此（《太平御览》）。

［唐］《南荒录》曰：新州男子妇人，皆缜发如云，每沐，以灰投水中，遂就水而沐之，以彘膏涂其发。五六月稉秫未获时，民饥，尽髡，取发鬻于市。既髡，即复以彘膏涂之，至来年五六月，又可鬻矣（同上）。

［宋］新州风俗，以鸡骨占吉凶。《汉书》云“越巫以鸡卜”，此也。衣服即都落吉贝蕉布。豪渠之家，丧祭则鸣锣鼓召众，鸣春堂。巧作木垒、藤帽、五色藤箱、

席（《太平寰宇记》）。

恩州风俗与广州同。人以采甲香为业。土地多风小旱，耕种多在洞中（同上）。

地最避僻，俗性犷悍，易动难安（《包孝肃集》）。

《临封志》：风俗质朴，民淳讼简（《舆地纪胜》）。

［元］端之为郡也，万山四峙，攒秀叠碧；大江横前，环抱逶迤；原野疏旷，无瘴疠之侵。俗尚简朴，梗化者亦复间见。比年以来，号为易治。政平讼理，囹圄空虚。公无负租，民安其业（王揆《包公祠记》）。

［明］食鱼稻，好着木履。鸡骨为占，斗歌为乐（《地图综要》）。

肇庆地卑土薄，阳气浮而不敛（《戴志》）。

市无陶瓦，土荒民疲，耕织仅以自给。俗尚简朴，居丧之礼，不脱衰绖（《郭志》）。

［清］土风淳厚，民物夥繁。土旷民惰，不力于耕，惟运盐钞以自给。地当两广冲要，民情涡塘麓囿，海错果实（清《一统志》）。

唐宋之问《过蛮洞诗》：越岭千重合，蛮洞十里斜。竹迷樵子径，萍匝钓人家。林暗交枫叶，门香覆桂花。谁怜在荒服，孤赏足云霞。

唐许浑《自广江至新兴诗》第三首：密树分苍壁，长溪抱碧岑。海风闻鹤远，潭日见鱼深。松盖环清韵，榕根架绿阴。洞丁多斫石，蛮女半淘金。南浦惊春至，西楼送月沉。江流不过岭，何处寄归心。（注：端州斫石，浛涯县淘金为业。谨案：岭南无浛涯县，疑是浛洭之误。）

明区大相《经碧云村诗》：门掩松溪石路斜，碧云开尽见人家。客来惯煮胡麻饭，春到先着谷雨茶。

前人《平圃妇诗·序》：自黄塘趋平圃，山行二日。风俗淳朴。妇女道逢使车，采者弃筐，骑者下马，拥蔽旁立。爱其明分达礼，或通都大邑不如也。山途亦自别，恒避使君车。蛮结双鬟出，吴罗腰半遮。定言长礼俗，不必问谁何。□似长安道，香车竞狭斜。问俗怜兹朴，观风羡彼姝。远嫌兼达礼，薄粉且施朱。露叶翠迎鬟，山花红趁襦。定知夫婿异，不笑使君愚。

高要衣冠文物颇近会城。乡城男女多椎髻跣足，著木屐，以避湿气。习尚简朴，器用无华。鱼米蔬果，足以自给。病少服药，好巫祀，名曰设鬼。贫民与富民斗力，不能胜，常服胡蔓草致死以诬之（《肇庆府志》）。

男子好吟咏，妇人亦能歌。引其声以歌律诗，悠扬高下，缓急有序，江南人喜闻之。娶妇之后，多异爨。生子则邀亲朋聚饮，必以姜，谓之姜酒。居处富家多用铁木，其质如铁（《高要县志》）。

四会县昔称士秀而文，俗尚礼义，缙绅儒雅，代不乏人。今尽非其旧。婚姻论贫富，死丧用浮屠，兄弟异居，父子割户，轻逃窜，喜告讦，最称难治（《金志》）。

细民朴野，急于生理，轻于逃窜。父子各爨，兄弟异籍（《四会县志》）。

新兴士颇知学，民皆力耕，商贾罕通，市无奇货，谷米货平，亦少储蓄。春秋社飨，聚饮唱歌。病不服药，丧尚浮屠（《府志》）。

阳春编茅而处。衣食俭啬，民不经商。男子惟事渔猎，妇女纺绩，蕉葛颇精（同上）。

顽民尚气，稍不胜，轻生诬赖。自雍正八年后，功令森严，此风渐息（《阳春县志》）。

阳江倚山濒海，气习颇殊。好勇轻生，不循礼法。侨寓多惠潮之人，朋比为奸，铤而走险。地近场灶，私贩充斥。器用多资他郡，地力可以自给，以故无甚贫甚富之家。文物声名，未为盛也（《府志》）。

邑为滨海尚武之区，技勇甲肇郡（《阳江县志》）。

士习简朴，家有税户、耕户之分，人有头首、细民之别，名分昭焉。务耕织，少工商（《高明县志》）。

俗淳朴有古风。宫室不加雕绘，衣服多布素。士重气谊，好读书，不矜声气。男子务耕凿，鲜逐末。工匠之役，必取资于新顺。妇人不轻出，出必蒙面，而男女别途。即贫寒下户，内外之分井如也（《恩平县志》）。

宋黄公度《恩平灯夕诗》：千尺鳌灯面紫宸，豪华曾见夹城春。至今魂梦钧天奏，投老宦游穷海滨。随分樽罍奉佳客，记时灯火照严闉。年来大觉欢情减，聊与风光作主人。

明汤显祖《南恩中火诗》：海气层云尽，山烟远绕浮。孤臣随早晚，一饭是恩州。

广宁县邑居山僻，饶竹木，丛箐邃谷，每为盗薮。人性犷悍，小分辄争，多务农而鲜工作（《金志》）。

六月村落各建小棚，延巫者歌舞其上，名曰跳禾楼，用以祈年（《广宁县志》）。谨案：肇庆府属，皆有跳禾之俗。

四民相参互作，士不废耕。工商各业，多行于农隙，不事淫巧末作。东南四都，割自新会，人习诗书，弦诵之声不绝。民勤于稼穑，间有健讼之徒。西则长静一都，割自恩平，土厚而所产蕃多，俗崇俭约（《开平县记》）。

德庆州民僚相杂，食稻与鱼，地多瘴疠。士尚简朴，农务耕作，工贾乐业。近城负气好胜，重利轻义，至亲不相信。今缙绅家颇知力学，文华渐起（《府志》）。

封川俗虽荒陋而知义，民淳讼简。男女俱亲执役。农少力耕，商不行远。婚姻不论门第，惟视贫富。

清查慎行《封川诗》：十咏传嘉祐，征途喜乍逢。时平山少盗，俗俭户勤农。趁雨收新麦，连村急暮春。江船多贾客，一稔俗邻封。

鹤山俗尚门第，矜气节，慷慨好义，不甘谄屈。学校之士，不逐虚名，邑长衙署，虽公事亦罕至（《鹤山县志》）。

开建地广人稀，瑶僚杂居，民多健悍。男子喜习师巫，而耻为工商。妇女蕉衫跣足。婚聘止用牲酒，待客惟尚巨鱼。客至，举家男妇出见，以为敬。葬不用灰甓，朽则焚化（同上）。

高州

［宋］其俗生时布衣不允，死则尽财殡送。父子别业，兄弟异财。无故带刀持予执剑相侵，则鸣春堂，集子弟。和则杀牛。市则二日一合（《寰宇记》）。

窦州谷熟时，里闬同取戌日为腊，男女盛服椎髻，徒跣聚会作歌。悉以高阑为居，号曰干阑。三日一市。谨案：窦州唐宋时皆治信宜县。

化州夷俗，悉是椎髻左衽（俱同上）。

《图经》：高在粤地，民尚简俭，易于取足。元城先生谓此间饮食粗足。绝无医药，土人遇疾，惟祭鬼以祈福（《舆地纪胜》）。

范氏《旧闻拾遗》：化州以典质为业者十户而九。闽人奋空拳过岭者往往致富。

《化州图经》：其俗信鬼好淫祠。化之为俗，士民被礼逊之数，出入颇衣冠相尚，虽贱吏服亦襟衽，无复文身断发之旧（同上）。

［明］高州僻在庾岭之西，滨海依山，与广西接壤。天顺间西寇犯境，士丧其业，农失其耕，民力疲竭（孔镛《城隍庙记》）。

高地瘠而多旷，民窳而习于侈（徐兆魁《曾公祠记》）。

吴川错大海而县，为五岭咽喉（李元畅《演武亭记》）。

习尚与肇庆相近。饮食宫室，大抵尚质。郡北近瑶，细民或犯通山之禁。语音东南多习广语，而齿舌甚重。西北多杂倜落，与中原音响，大相背戾（《黄志》）。

［清］民尚简俭，易于取足。绝无医药，遇疾惟祭鬼以祈福。四时之候，多燠少寒。春冬遇雨差冻，顷刻日出，复如四五月天气，亦无甚瘴疠（清《一统志》）。

高州府，春时民间建太平醮，多设蔗酒于门，巫者拥土为神，疾趋，以次祷祝，掷珓悬朱符而去。神号康王，不知所出。凡妇女出入，俱携竹繖障面（《岭南杂记》）。

高州除夕元旦，各公署俱有鼓吹，谓之闹衙门。复有蛮人妆狮子，跳掷为戏。元宵城南灯市甚盛，每隔五家，缚一灯棚，以竹为之，匾曰兴贤。挂红绘其下，每多用杂色糊球灯，剪红白纸缀成，玲珑万眼，灯光光彩夺目（同上）。

茂和县田土膏腴，习尚朴厚。务农重谷，人可自给。闾里之间，皆知诵习（《金志》)。

十一月二十四日，洗夫人生辰。正日及前后数日，演戏祭奠，有庙之处皆然(《茂和县志》)。

屯邑民风淳朴近古，士安韦布，民务稼穑(《屯白县志》)。

信宜县邑治枕山，民俗质野。男女并耕，不事亵狎。工作完固，不尚奇巧。村落彝僚杂居，椎髻跣足，家家酿酤，不事游宴(《信宜县志》)。

丧礼，上大夫家不用浮屠，衰绖不解，朝夕号哭。语音近广州(同上)。

吴川县邑濒巨海，人多嚚讼，信巫而谄神，重利而轻义。迩来士知向化，民颇好礼，而旧染革(《全志》)。

西北之田，半近三江，岁一遇灾，民尽歉收，故户鲜盖藏。俗尚俭朴，专务耕作(《吴川县志》)。

石城县境连海北，习尚俭约，鲜骋词讼。农力稼穑，贩鬻者寡，冠婚随俗，丧祭间尚浮屠(同上),

廉州

[晋]百姓以采珠为业，商贾往来，以珠货米(《晋书·陶璜传》)。

[宋]钦州村落，土人新妇之饰，以碎杂彩合成细球文，如大方帕，名衫，左右两个，缝成细口，披著以为上服。其长止及腰，婆娑然也，谓之婆衫。其裙四围缝制，其长丈余，穿之以足，而系于腰间，以藤束腰，抽其裙令短，聚其抽于腰，则腰持[特]大矣，谓之婆裙。头顶藤笠，妆以百花凤。为新妇服之一月，虽出入村落墟市，亦不释之(宋周去非《岭外代答》)。

[明]语音言多侏㒧，字墨少谙。杜撰俗字，官府不能辨别。有夷人名高梁，人不事耕稼，以入海捕鱼为业，初春往射翡翠于鸦洲，谓之拾翠(《黄志》)。

[清]土地硗确，无有田农。夷人多采珠，以亥日聚市，黎蜒壮稚，以荷叶包饭而往，谓之趁墟。病不求医，惟事巫觋。俗有四：一曰客户，居城郭，解汉音，业商贾。一曰东人，杂居乡村，解闽语，业耕种。一曰俚人，深居远村，不解汉语，惟耕垦为活。一曰蜒户，舟居穴处，亦能汉音，以采海为生，性俭朴，词讼简稀(清《一统志》)。

土产竹，居处器用，咸赖焉。第一岁屡修，转滋靡费。俗有“穷人住竹瓦，竹瓦住穷人”之谣(《廉州府志》)。

合浦县土瘠民稀，户鲜百金之积，民性愚而生计拙。疾病不信医而信巫。工商之辈，多舍本业，而操奇赢。其稍知务农者，又皆仰其成于天。生聚而教训之，其在良有司乎（《金志》）。

唐项斯《蛮家诗》：领得卖珠钱，还归铜柱边。看儿调小象，打鼓试新船。醉后眠神树，耕时语瘴烟。不逢寒便老，相问莫知言。

钦州俗淳朴，衣无华彩，屋多茅覆。妇女悉负担贸易。地旷力靳，民无蓄积，多穷迫，富鲜百金之家。节朔寒暄，冠婚丧祭，与中州不甚异。其读书业儒，声名文物，亦锓锓乎有中土之风焉（《州志》）。

环灵邑皆山也，土田较沃于合钦。顽者耕，秀者读，士农工商，各勤其业。而地杂瑶僮，习染蛮俗，类觳音。虽风气淳庞，而犷悍未改。深林宓箐，绵亘数百里，皆与粤西毗连，桀黠者出乎其间，贼匪亦窜伏其地，防范最难（《灵山县志》）。

雷 州

［唐］《元和郡县志》：汉置左右候官在徐闻县南七里，积货物于此，备其所求，与交易有利。故谚曰：欲拔贫，诣徐闻（《舆地纪胜》）。

雷州春夏日无日无雷。至秋伏地中，其状如彘，人皆取食（《国史补》）。

［宋］雷州风俗，地滨边海，人性夷僚，多居栏以避时郁（《寰宇记》）。

蛮言莫辨，海气常昏。出有践蛇茹蛊之忧，入有阳淫阴伏之病（苏辙《颖滨集》）。

始雷俗未知礼逊。长子之子，常为长，易数世之后，至叔父常拜犹子。自谕以长幼之序，亲疏之义，悉革其旧（张拭《思亭后记》）。

《图经》：州多平田沃壤，又有海道可通闽浙，故居民富实，市井居庐之盛，甲于广右。州人循习，以立冬后巳酉日为腊（先祭其先，然后集亲故而共饮焉。或曰路伏波之僻九郡也），徐闻之人以冬巳酉日遇害，故州人腊祭□祭其先。颍滨（《和渊明停云诗》有曰："雷人饮嘉平，浆酒如江注。"云雷人以十月腊祭，盖其年己酉日在十月耳）。本州实杂黎俗，故有官语、客语、黎语（官语对州县官言也，客语则平日相与言也，黎语与州人或不能尽辨）。

［明］吉凶大事，则宰杀猪羊及牛。妇女以各色米面，造诸样果品，极为精巧，馈送亲朋，谓之送饤。亦善酿酒。人事往来，以传递槟榔为礼。遂溪山拱水遶，地旷田腴，俗不勤耕，遂多弃土荒泽。裔僚猥杂，习俗轻悍。自文明书院建于宋，民渐知学（《黄志》）。

［清］州杂黎俗，有官语、客语、黎语。风俗颇淳，人多向学（清《一统志》）。

庠序知向学秉礼，见长者则逊下之。里甲严事官府，征科如期，靡敢捍法。惟乡村小民，或轻生敢斗。然不能坚讼，向久则释。土旷谷贱，人窳于耕作，不事蓄聚，故雷无万金之产。即称素封者，不过免饥寒而已（《雷州府记》）。

海康县地近山海，有鱼盐谷米之裕。工不供远役，惟府县造作。士风鄙陋。近稍尚衣冠，改诵读矣（《金志》）。

遂俗朴，屋宋多简陋。盖海滨多风，地气复湿，风则飘摇，湿易蠹朽。城中惟官署始用砖石，差可耐久。里巷则土垣素壁，仅蔽风雨而已。每至元宵，扯藤，远近士女走集来观，阗溢城市（《遂溪县志》）。

大家妇女，不出闺门，惟事纺绩，乡妇尤勤。西北土瘠俗淳。东南土沃，习于纤漓。而信鬼尊神，其蔽则一（《徐闻县志》）。

琼 州

［汉］合浦、徐闻南入海，得大州方千里。武帝略以为儋耳、珠崖郡。民皆服布，如单被，穿中央为贯头。男子耕农，种禾稻、纻麻，女子桑蚕织绩。无马与虎。民有五蓄，山多麈麖。兵则矛盾刀木弓弩竹矢，或骨为镞。自初为郡县，吏卒中国人多侵凌之，故率数岁一反（《汉书·地理志》）。

珠崖、儋耳二郡，在海州上。其渠师贵长，耳皆穿而缒之，垂肩三寸。后颇徙中国罪人，使杂居其间，乃稍知言语，渐见礼化（《后汉书·南蛮传》）。

［晋］离耳、雕题国，皆在郁水南林。邑记曰：置九郡儋耳与焉。民皆徒跣，耳广垂以为饰。男女亵露，不以为羞。暑亵薄日，自使人黑，积习成常，以黑为美。《离骚》所谓元国矣！然则儋耳即离耳也。王氏《交广春秋》曰：朱崖、儋耳二郡，与交州俱闻，皆汉武帝所置，大海中南极之外，对合浦、徐闻县。清朗无风之日，经望朱崖州，如囷廪大。徐闻对渡，北风举帆，一日一夜而至。

琼州府黎人，选自《皇清职贡图》。

周回二千余里，径渡八百里。人民可十万余家，皆殊种异类，披发雕身。而女多姣好白皙，长发美鬓。犬羊相聚，不服德教（《水经注》）。

《朱崖传》曰：朱崖俗行著布，或细纻布巾，巾四纳，其钠头如领巾象（《太平御览》）。谨案：《朱崖传》，《隋书·经籍志》云伪燕聘晋盖泓撰。

［唐］《广志》云：珠崖人皆巢居（《初学记》）。

琼州不产驴马，多骑黄牛，亦饰以鞍鞯，加之衔勒。可骑者自小习其步骤，亦甚有稳快者（《岭表录异》）。

［宋］《郡国志》曰：崖州妇人着丝绠。以土为釜，器用瓠瓢。又有以椒安石榴花着瓮中，经旬即成酒，其味香美，能醉人（《太平御览》）。

《山海经》曰：儋耳即离耳也。皆镂其颊皮，上连耳斥，状似鸡肠下垂。在海渚，不食五谷，食蚌及鳖而已（《寰宇记》）。

万安州女人以五色布为帽；以斑布为裙，似袋，号曰都笼；以斑布为衫，方五尺，当中心开孔，但容头入，名曰思便（同上）。

自汉末至五代，中原避乱者，多家于此。今衣冠礼乐，盖斑斑然矣（苏轼《伏波庙记》）。

东坡帖云：儋州食无肉，出无友，居无屋，病无医，冬无炭，夏无泉。语虽不多，已尽风土之大概。夏无蝇蚊，则可喜也（《东坡志林》）。

《琼管志》：其俗朴野，若伯叔兄弟之子，不以齿序。伯之子虽少，皆以兄自居；仲之子虽耄，亦为弟也。

贡院试期，以六月。劝驾以九月。以槟榔为命，以薯药为粮（《舆地纪胜》）。

《万安军图经》：此邦与黎蜑杂居，多茅竹，绝少瓦屋。妇媪以织贝为业，不事文绣。病不服药，信尚巫鬼。胡澹庵记：吉阳俗近夷，多阴阳拘忌。有数十年不葬其亲者。

万州质野畏法。城市以织造藤器为业。

崖州治东一百里，习尚多与迈人同。惟语言是客话，略与潮州相似。旧时服用，男妇脑髻戴藤笠。婚不用猪羊，死以圆木为棺。今皆渐变与城郭同（俱同上）。

［明］李焘《长编》：开宝八年，琼之俗无医，民疾病但求巫祝。诏以《方书》《本草》给之。今多医，而祷祭仍旧。苏轼云：病不饮药，但杀牛以祷。富者至杀十数牛。死者不复云幸，而不死即归功于巫。以巫为医，以牛为药。间有饮药者，巫辄云神怒病不可复活，亲戚皆为却药，禁医不得入门，人牛皆死而后已（《黄巳》）。

［清］雾露气湿，多毒草虫蛇水土之害。性好弓矢。妇女不事桑蚕，止织吉贝。俗皆卉服。地四平，岁三获。民生存古朴之风，物产有瑰奇之状（清《一统志》）。

琼山县俗淳民朴。士专诗书，人守法度，勤农桑，重迁徙。女工纺织，尤精刺绣。

原野不习火葬之事，老死不识刑名之书（《府志》）。

澄迈县民性颇淳。士习经书，女务纺绩，田饶家给，颇类琼山。性劲喜事，不受斥辱（同上）。

正月三日，书帖钉赤口于门，谓之禁口。即日群邀渔猎，谓之斗口。二月雷，禁一切事务。清明扫墓，剪荆棘，曰拔墓。四月八日，细民家婚姻有不知择日者，多于是日举行（六月六日亦然）。五月五日，营兵操演较射，儿童斗蟋蟀及草花，较胜负。十三日，关帝诞，设醮赛愿，祈保者各带枷锁，有执刀竚立神前三日，曰站刀。甚有剪肉焚香，膊刺大小刀箭者。中秋蒸天南星，去皮食之，名曰剥桂皮。腊月乡民有祝祖祭雷之举。凡婚葬迁移，率于是月举行（《澄迈县志》）。

定安县其人性善而善于词说，敦尚礼教。虽无商贾百工之资，而有勤俭务农之积。然缘饰为文，易生奢靡，博奕之习，遂以成风（《全志》）。

南土沃而民惰，北土瘠而民浇。衣冠文物，大类琼山。治丧不用浮屠，鸡骨占休咎，土历卜水旱（《文昌县志》）。

二月迎南火雷高凉郡主二夫人，装军拥从，三日方止（同上）。

士知向学秉礼。里甲严事官府，征科如期。煮盐捕鱼皆能养生，但鲜知储积，每资粟豆薯芋。僧尼间或有之。男女出入，多戴藤葵笠［笠］（《会同县志》）。

乐会县民俗朴野，犹有礼度。近尚华丽（《府志》）。

临高县，民性梗直，俗多俚野。竞喜事神，不信医药。读书习尚，大概与澄迈同（同上）。

儋州习礼仪之教，有华夏之风。专务农业，不事商贾。淳朴俭约，少有储蓄。家习儒。多艺吉贝织布，妇女负贩，俗有古风（《儋州志》）。（宋苏轼《闻子由瘦诗》：五日一见花猪肉，十日一遇黄鸡粥。士人顿顿食薯芋，荐以熏鼠烧蝙蝠。旧闻密唧常呕吐，稍近虾蟆缘习俗。十年京

黎族普通农家所用的器具

国厌肥豜，日日蒸花压红玉。从来此腹负将军，今者固宜安脱粟。人言天下无正味，蝍蛆未遽贤麋鹿。海康别驾复何为，帽宽带落惊僮仆。相看会作两臞仙，还乡似可骑黄鹄。自注：儋耳至难得肉。）

昌邑东北黎岐，以刀耕火种为名，曰斫山。集山木而焚之，播蓖麻子、吉贝二种于积灰之上。昌民之利，尽于是矣。阅三年即弃去。西南浮沙荡溢，垦为田，必用牛力蹂践，令其坚实，方可注水。分秧之后，民无男妇老幼，昼夜力田。踏风车取水灌田，或一日辍功，则无水而禾立槁。田边置釜，储粥供食，至有襁褓之子，置筐悬树，就而乳之。东坡云：海南多荒田，所产粳稌，不足于食，乃以薯芋杂米作糜粥以取饱，此实录也。一遇海水充竭，子妇之力，尽付之河伯一怒矣（《昌化县志》）。

万州婚丧，竞以鼓乐相高，虽贫者亦极力称贷为之（《府志》）。

民性朴直，饶有古风。村妇肩担贸聚，而城市人不敢侮。疾，则以巫为医，采草为药（《陵水县志》）。

崖州与黎僚杂错，妇女不事蚕桑，止织吉贝。家自耕植，田无佣佃。人多业儒，俗重廉耻（《府志》）。

感恩县民性朴野，士兼耕读，寡争讼，婚嫁多从俗礼（同上）。

琼郡枕海环山，水多碱卤。自儋至崖，丰草与丛棘间生，顽石与深沙载道。刺竹参天，杂树蔽日。见天日处，浮沙没膝，色白如银。跬步如履，炮烙往来，必须夜行（《感恩县志》）。

罗 定

［明］泷水山深而险，地僻而险，虽县市中居民甚少。穷乡远村，瑶僮错杂以居。而深山大谷之中，悉为其巢穴，自古为民患（尹凤岐《泷水县记》）。

土著之民，多质悍，利入瑶为雄长。客籍之民，多文巧，利出瑶为囮（袁昌祚记）。

西宁地境宽平，风气融萃（何维伯《建县记》）。

［清］夷僚相杂，以牛羊山溪，耒耜原野。东西本陆，昼夜行，不复知为罗旁（清《一统志》）。

俗尚质朴，不好华靡，茅屋土壁，什之六七，执业非读则耕。工商技艺类外境人为之（《罗定州志》）。

东安县治初辟，民瑶杂处。迩来附籍者多，俗尚各因地异。其平畴衍旷之所，人家三五相依，皆赖山林土田之饶，男务耕稼，女事织作。余或以伐山为业，或以渔猎为利，大抵俱勤啬治生，知务本业。

西宁自设县后，数被兵燹，土著者稀，五方杂处。然山川之气，浑朴未凿，俗尚简素。其地山多田少，樵采之利，等于耕植。虽有黄藤青麻姜芋等产，然不能成货，惟肩挑以易盐物而已（俱同上）。（明欧大任《连滩呰讯罗定风土寄王兵宪索平蛮碑诗》：兴尽非关道路难，两山烽息久平安。游人茉莉簪藤帽，上客槟榔荐竹盘。疆理更开周日月，井闾今有汉衣冠。西行不索图经去，愿借韩陵片石看。区大相《入罗旁水诗》：井邑新安集，闾阎杂汉瑶。火耕春伐木，山猎夜归樵。潮响蛮溪合，林光瘴洞消。直须勤抚字，勿使困征徭。）

连 州

［汉］桂阳郡滨南州，风俗脆薄，不识学义。荆为设丧纪婚姻制度，使知礼禁（《后汉书·许荆传》）。

［唐］连州民风与长沙同。荒服之善部，炎裔之凉墟（刘禹锡《刺史厅记》）。

阳山天下之穷处也，县郭无居民，官无丞尉。夹江荒茅篁竹之间，小吏十余家，始至言语不通，画地为字，然后可告以出租赋，奉期约（韩愈《送區册序》）。

［宋］陈若冲《连山县记》：人物富庶，商贾阜通，有小梁州之号（《舆地纪胜》）。

刘禹锡谪连州，作《畬田行》云：何处好畬田，团团缦山腹。下种暖灰中，乘阳坼茅糵。又作《竹枝词》云：银钏金钗来负水，长刀短笠去烧畬。尝观辰沅亦然。瘠土之民，宜倍其劳而耕反卤莽也。梦得《蛮子歌》云：蛮语钩辀音，蛮衣斑烂布。熏狸掘沙鼠，时节祀盘瓠。忽逢乘马客，恍若惊麏顾。腰斧上高山，意行无旧路。五溪习俗，尽得之矣（黄彻《碧溪诗话》）。

［明］连州人物富庶，商贾阜通。好尚语言，多与湘韶石相相类（《黄志》）。

阳山夹江荒茅篁竹之间，皆鸟言夷面。俗尚俭约，鲜事诗书。其民有三：曰王民，专事渔猎，无商贾屠沽、工匠技艺。曰瑶，曰僮，则居处山峒，腰僮肢弩，性犷而悍，不习拜揖。迄今遵化，役其王民，渐知读书幕礼。然犹婚姻以歌迎送，丧事以歌杂哀（同上）。

［清］鲜事诗书，不谙商贾，男女专务耕织渔猎（《阳山县志》）。

连山地无平旷，田不方井。壤接怀贺，地杂僮瑶，性多质朴，不事商贾，专力稼穑（《连山县志》）。（唐刘禹锡《插田歌》：并引连州城，下俯村墟，偶登郡楼，适有所感。遂书其事为俚歌，以俟采风者。冈头花草齐，燕子东西飞。田塍望如线，白水光参差。农妇白纻裙，农父绿蓑衣。齐唱郢中歌，嘤咛如“竹枝”。但闻怨响音，不辨俚语词。时时一大笑，此必相笑嗤。水平苗漠漠，烟火生墟落。黄犬往复还，赤鸡鸣且啄。路旁谁家郎，乌帽衫袖长。自言上计吏，年幼离帝乡。田夫语计吏，君家侬定谙。一来长安道，眼大不相参。计吏笑致词，长安真大处。省门高岢峨，侬入无度数。昨来补卫士，惟用筒竹布。君看二三年，我作官人去。殷尧藩《送刘禹锡侍御出刺连州诗》：遐方迢递五羊城，归兴浓添客里情。家近似忘山路险，土甘殊觉瘴烟轻。梅花轻入罗浮梦，荔子红分广海程。此去定知偿隐趣，石田春雨读书耕。戴叔伦《桂阳北岭偶过野人所居书事》：犬吠空山响，林深一径存。隔云寻板屋，渡水到柴门。日昼风烟静，花明草树繁。乍疑秦世客，渐识楚人言。不记逃乡里，居然长子孙。种田烧险谷，汲井凿高原。畦叶藏春雉，庭柯宿旅猿。岭阴无瘴疠，地隙有兰荪。内户均皮席，枯瓢沃野餐。远心知自负，幽赏讵能论。转步重崖合，瞻途落照昏。他时愿携手，莫比武陵源。）

南雄

［宋］南雄州教授洪勋《修学记》：其俗一而不杂，其风淳而不漓，其人所习多诗书礼乐之业（《舆地纪胜》）。

［明］南雄古郡凋敝甚，政和平则盗贼扫迹。野无闲田，四境内粗曰富庶（张元正《学记》）。

［清］俗杂夷夏，地虽偏小，无珍异之产来四方之民，而土性温厚。有膏沃之田，以为家给之具（清《一统志》）。

风存朴茂，俗尚勤俭。士耻干营，农殚力作。工无淫巧，贾乏重赀（《南雄州志》）。

始兴民性质朴，少于争讼。男则耑力农功，而罔事商贾者。有皓首而足迹不履城市者。妇女性好纺绩。居室仅足以蔽风雨，衣服皆朴素，而无华饰。迩来趋尚礼仪，风俗丕变。服饰居处，衣冠文物，蔚然可观，与中州无异焉（《始兴县志》）。（南唐陈陶《早发始兴诗》：云里山已曙，舟中火初热。绿浦待行桡，行猿催落月。沿流信多美，况复秋风发。挂席借前期，晨鸡莫嘲哳）

嘉应

［明］成化中，刑部郎中洪钟言：广东程乡流移错杂，习斗争易乱。宜及平时令有司立乡社学，教之诗书礼让（《明史·洪钟传》）。

程乡风俗，善多而恶少（陈献章《学记》）。

兴宁俗轻生而善构（祝允明记）。

长乐士淳民朴，男不技艺，而多力农。女不蚕桑，而供纺织（《黄志》）。

兴宁俗尚简素，颇敦文行，而亦娴武事。士习大率与长乐相类。

[清] 民性质实，尚勤俭，重本薄末。地狭民瘠，尚气轻生。君子质木，小人悍蔽，俗称谨愿。婚姻以槟榔、鸡酒为礼。病惟针炙。其民敦朴力田，终岁劳苦以食力。酷信风水，屡葬屡迁（清《一统志》）。

士大夫谨约自好，温饱之家益敦俭素。输赋奉公，不事鞭扑。士喜读书，多舌耕，困穷至死，不肯辍业（《嘉应州志》）。

富家大族，建祠立祀，春秋分及冬至设享，而墓祭尤盛，宰牲列俎，祭毕聚饮冢旁。八月初一，谓之大清明。或清明不祭，必祭于大清明。此虽不尽合礼，犹有敬祖睦族之义，未可厚非也（同上）。

士敦礼让，饬廉隅。农夫一岁两举，沾体涂足，不少休。妇人袯襫茅蒲，与男子均劳苦。病鲜服药，信巫觋，鸣锣吹角，咒鬼令安适，名曰跳茅山。新迁后或一月，或半月，延道士于家，终夕诵经，谓之妥龙神。望族置书田入泮者，得食其租，所以示鼓励也（《兴宁县志》）。

士淳民朴，然性刚锐，嗜讼，乐斗轻生（《长乐县志》）。

平远县土地沃饶，民惟知树艺，商贾者少，人性执而乏疏通。近渐被教化，陋习一新矣（《金志》）。

镇平县环邑皆山，地土硗瘠。豪猾之民，健讼好争（同上）。（宋杨万里《入程乡县界诗》：长乐昏岚着地凝，程乡毒露喷人腥。吾诗不是南征集，只合标题作瘴经。）

广西

总志

广西为南方边徼，秦汉始置郡县，历代号为瘴乡。元明以来，腹地数郡，四方寓居者多，风气无异中土。然犹民四蛮六，习俗各殊。他郡则民居什一而已。国朝德教远播，蛮夷向化。其改流府县，亦已民七蛮三。读书乡举，通籍有人。虽土司人民，亦渐耻沿旧习矣。今列昔人所记粤俗，及见今土风，以志今昔迥异如此。至蛮俗别见诸蛮传，与是编参证可也。

自岭以南二十余郡，大率土地下湿，皆多瘴疠，人尤夭折。其人性并轻悍，易兴逆节。椎结踑踞，乃其旧风（《隋书·地理志》）。

南方逐除夜，及将发船，皆杀鸡择骨为卜，传古法也。卜占即以肉祀船神，呼为孟公、孟姥，其来尚矣。案梁简文《船神记》云：船神名冯耳。《五行书》云：下船三拜三呼其名，除百忌。又呼为孟公、孟姥。刘思真云：元冥为水官，死为水神。冥孟声相似。又云：孟公父名愤，母名衣；孟姥父名板，母名履。或云冥父、冥姥，因元冥也（段公路《北户录》）。

岭南风俗，家有人病，先杀鸡鹅等以祀之，将为修福。若不瘥，即刺杀猪狗以祈之。不瘥，即刺杀太宰以祷之。更不瘥，即是命也，不复更祈。死则打鼓鸣钟于堂北，至葬讫。初死，旦夕大叫而哭（张鷟《朝野佥载》）

桂人好食虾蟆，仍重干菌为糁，赴食者至以余俎包归遗儿女，虽污衫不耻（马贽《云仙杂记》）。

方言古人有之，乃若广西之婁语，如称官为沟，主母为米囊，外祖母为低仆，使曰斋捽，吃饭为报岩，若此之类，当待译而后通。至城郭居民，语乃平易。自福建、湖湘，皆不及也。其间所言，意义颇善，有非中州所可及也。早曰朝时，晚曰晡时。以竹器盛饭以篋曰箪，以瓦瓶盛水曰罂。相交曰契交，自称曰寒贱，长于我称之曰老兄，少于我称之曰老弟，丈人行呼其少曰老侄，呼至少者曰孙，泛呼孩提曰细子。谓慵惰为不事产业，谓人仇记曰彼期待我。力作而手倦曰指穷，贫困无力曰力匮。令人先行曰行前。水落曰水尾，杀泊舟曰埋船，头离岸曰反船头，舟行曰船在水皮上。大脚胫犬曰大虫脚。若此之类，亦云雅矣。余又尝令译者以礼部韵案交趾语，字字有异，惟花字不须译，又谓北为朔。因并志之（《岭外代答》）。

广西俗字甚多，如奀音短，言矮则不长也，坔音稳，一铢许。于蒌叶上裹槟榔咀嚼，先吐赤水一口，而后啖其余汁，少焉面脸潮红，故诗人有“醉槟榔”之句。无蚬灰处，只用石灰，无蒌叶处，只用蒌藤，广州又加丁香、桂花、三赖子诸香药，谓之香药槟榔。惟广州为甚，不拘贫富长幼男子，自朝至暮，宁不食饭，惟嗜槟榔。富者以银为盘置之，贫者以锡为之。昼则就盘更啖，夜则置盘枕旁，觉而啖之。中下细民，一日费槟榔钱百余。有嘲广人曰：“路上行人口似羊。”言以蒌叶杂咀，终日噍饲也。曲尽啖槟榔之状矣！每逢人则黑齿朱唇，数人聚会，则朱殷遍地，实可厌恶。客次士夫常以奁自随，制如银铤，中分为三：一以盛蒌，一以盛砚灰，一则槟榔。交趾使者亦食之。询之于人，何为酷嗜如此？答曰：辟瘴，下气，消食。食久顷刻不可无之，无则口舌无味，气乃秽浊。尝与一医论其故，曰槟榔能降气，亦能耗气。肺为气府，居膈上，为华盖，以掩肠中之秽。久食槟榔，则肺缩不能掩，故秽气升闻于辅颊之间。常欲啖槟榔以降气，实无益于瘴。彼病瘴纷然，非不食槟榔也。

广西诸郡人多能合乐。城郭村落，祭祀婚嫁丧葬，无一不用乐。虽耕田亦必口乐相和，盖日闻鼓笛声也。每岁秋成，众招乐师教习子弟，听其音韵，鄙野无足听。惟浔州平南县，系古龚州，有旧教坊，乐甚整。异时有以教坊得官，乱离至平南，教土人合乐，至今能传其声。

南中州县，有寺观而无僧道。人贫不能得度牒，有祠部牒者无几。余皆童行，以供应圣节为名，判公凭于州县，权行剃发戴冠，遂为真僧。如出公据，其说谓被盗遭火，失去度牒，官为给据为凭，遂以剃戴，

南人以鱼为鲊，有十年不坏者。其法以奀及盐面杂渍，盛以之以瓮，瓮口周为水池，覆之以碗，封之以水。水耗则续，如是故不透风。鲊数年生白花，似损坏者。凡亲戚赠遗，悉用酒鲊，惟以老鲊为至爱。

深广旷土弥望，田家所耕百之一尔，必水泉冬夏常注之地，然后为田。苟肤寸高仰，共弃而不顾。其耕也，仅取破块，不复深易，乃就田点种，更不移秧。既种之后，旱不求水，涝不疏决，既无粪壤，又不耔耘，一任于天。既获，则束手坐食

以卒岁，其妻乃负贩以赡之，已则抱子嬉游，慵惰莫甚焉。彼广人皆半羸长病，一日力作，明日必病，或至死耳（俱同上）。

《北户录》云：岭南俗，家富者，妇产三日或匝日，洗儿作团油饭，以煎鱼虾鸡鹅猪羊灌肠，蕉子姜桂盐豉为之。据此，即东坡先生所记盘游饭也，二字语相近，必传者之误，（陆游《老学庵笔记》）。

广南里俗，多撰字画。父子为恩，大坐为稳，不长为矮，如此甚众（庄绰《鸡肋编》）。

岭南风俗，相呼不以行第，惟以各人所生男女小名呼其父母。元丰中，余任大理丞，断宾州奏案，有民韦超，男名首，即呼韦超作父首。韦遨，男名满，即呼韦遨作父满。韦全女名插娘，即呼韦全作父插。韦庶女名睡娘，即呼庶作父睡，妻作婶睡（吴处厚《青箱杂记》）。

岭南谓市为墟。柳子厚《童区乙传》云，"之墟所卖之"。又诗云，"青箬裹盐归洞客，绿荷包饭趁墟人"，即此也。市之所在，有人则满，无人则虚，村市满时少，虚时多（同上）。

岭南地暖，草菜经冬不衰。故蔬圃之中，栽种茄子者，宿根二三年后，渐长枝干，乃成大树。每夏秋熟时，梯树摘之。三年后，树老子稀，即伐去别栽嫩者。又其俗入冬好食馄饨，往往稍暄，食须用扇。至十片旦，率以扇一柄相遗。书中以吃馄饨为题，故俗云：踏梯摘茄子，把扇吃馄饨（高怿《群居解颐》）。

岭南人好啖蛇，易其名曰茅蟮，草螽曰茅虾，鼠曰家鹿，虾蟆曰蛤蚧，皆常所食者。海鱼之异者，黄鱼化为鹦鹉泡（去声）；鱼大者如斗，身有刺，化为豪猪；沙鱼之斑者化为鹿（张师正《倦游杂录》）。

南人凡病皆谓之瘴，率不服药，惟事祭神。设犯伤寒阴阳二症，岂有坐视而不药耶？且南方之人，往往多汗，上盈下虚，用药者妄发汗吐下，其祸可立而待也。瘴疠之作，率因饮食过度，气痞痰结，槟榔能下气、消食、化痰，故岭海之人多食之。此可类北人主食酥酪。北方地寒，食酥酪故肤理紧密。一旦病疫，当汗则闭塞，而汗不得出，所以病多难治。岭南地热，食槟榔故脏气疏泄。然一旦病瘴当下，则虚羸而本不能堪。所以土人多体瘠面黄，盖槟榔为患，习而不觉耳（黄瑜《双槐岁抄》）。

广西妇人衣裙，其后曳地四五尺，行则以两婢前携（林坤《诚斋杂记》）。

粤西不毛之地，土瘠民贫，不事力作。五谷之外，衣食上取给衡永，下取给岭南。中人以下之家，株守度日而已。官署曹椽而下，皆短衣芒屝，或跣足著高屐，无襟裈。其人蠢顽者多，奸棍者少（《百粤风土记》）。

粤人淫祀，而尚鬼病，不服药，日事祈祷。视贫富为丰杀，延巫鸣钟铙，跳歌舞，结幡焚楮，酾酒椎牛，日夕不休。事毕插柳枝户外，以禁往来。其中寒热瘟疫者，谓中草子，多以不药，死者相枕，可哀也。

僧多留发，娶妻生子，谓之在家僧。巫尤无他术。叶继熙《临林杂识》谓以几数重，自投而下者为得道。众始宗之，今亦不尽然也（俱同上）。

岭南之市谓之墟，言满时少虚时多也。西蜀谓之亥，亥者痎也，痎者疟也，言间日一作也。山东人谓之集，每集则百货俱陈，四远竞凑，大至骡马牛羊、奴婢妻子，小至斗粟尺布，必于其日聚焉，谓之赶集。岭南谓之趁虚。而岭南多妇人为市，又一奇也（谢肇淛《五杂组》）。

岭南屋柱多为虫蠹，入夜则啮，声刮通宵，搅人眠。书籍蟫蛀尤甚，故其地无百年之室，无五十年之书。而蛇虫虺蝎，纵横与人杂处。盖依稀蛮獠之习矣（同上）。

胎发不薙除，长大而无栉篦，不裹巾，蓬垢鬇鬡，自古以然，莫可化也，名椎结（朱辅《溪蛮丛笑》）。

不乃羹，牛羊肠脏略摆洗，羹以饷客，臭不可近，食之既则大喜。《岭表录异》曰：交趾重不乃羹，先鼻引其汁。不乃者，反切摆也（同上）。

粤中水塘，宵更禁五鼓，仅四鼓而天已明矣。相传击五鼓则潮水泛溢，此亦悠谬之说。然城中仍五鼓也（吴震方《岭南杂记》）。

岭南妇女多不缠足，其或大家富室闺阁则缠之，妇婢俱赤脚行市中。亲戚馈遗盘榼，俱妇女担负，至人家，则袖中出鞋穿之，出门即脱置袖中。女婢有四十、五十而无夫家者。下等之家，女子缠足，则皆诟厉之，以为良贱之别。

粤俗民家拜扫后，墓上俱覆白纸。宗孙盛者，堆如积雪，清明尤盛（俱同上）。

竹筒分泉，最是佳事。土人往往能此，而南丹、锡厂统用此法。以竹空其中，百十相接，蓦溪越涧，虽三四十里皆可引流。杜子美《修竹筒诗》："云端水筒坼，林表山石碎。触热藉子修，通流与厨会。往来四十里，荒险岩谷大。"盖竹筒延蔓，自山而下，缠接之处，少有线隙，则泄而无力。又其势既长，必用搘阁，或架以竿，或垫以石。读此六句，可谓曲状其妙矣！又《赠何殷》云"竹竿袅袅细泉分"，远而望之，众筒纷交，有如乱绳。然不目睹，难悉其用之巧也（《粤述》）。

刻木为符契，长短大小不等，穴其旁多至十数，各志其事，持以出验，名木契（《粤西丛载》）。

广西夷僚杂居，古为藩服。文物普遍，今类中州。盖由张栻、吕祖谦之道化被于桂，范祖禹、邹浩之正气行乎昭，柳宗元之文声著乎柳，冯京、黄庭坚之德誉动乎宜，二陈（陈钦、陈元）三士（士赐、士燮、士壹）之经学启乎梧，谷永之恩信、陆绩之儒业播乎浔，马援之约束布于邕。踏义咏仁，月异而岁不同，甚至交趾之界，瑶僚之居，弃卉服而袭冠裳，挟诗书而延儒绅，大平诸军，材贤渐出。由是观之，革俗由政，为政在人，不可诬也。

广西风俗，自唐、宋时颇多不美。如民之贫者，归罪坟墓不吉，掘棺栖寄他处，名曰出祖。生子不举，溺之于水，名曰淹儿。临丧破家供佛，盛馔待客，名曰斋筵。病不延医，杀牛赛鬼，名曰毛药。民多出外，他人略买其妻，名曰捲伴。

此中胥掾阍隶之属，多芚惑不谙事，语之通不了了，虽纤细亦须自检。张七泽云：祇为槟榔吃坏。予问何故，曰：至清之习皆沈坠不能上升，宜其混混乃尔。

节物所尚，列郡多同。元日设香烛，盛服拜天地君亲及尊长，乡党交贺，三五日而止。迎春日惟郡县竞看土牛，啖春饼，外乡则否。元夜自初十至十六，各门悬灯嬉游以为乐。清明祭墓，新葬者老少聚哭，远年则否。五月一日至五日，为龙舟竞渡之戏，折艾插户，饮菖蒲酒，角黍以相饷，妇人制五色香囊佩之。八月中秋为赏月之会。九月重阳，携酒登高，乡落或椎牛赛会迎神。十月初一，制纸衣往墓焚化，谓之送寒衣。小除日祀灶。除夕扫庭户，祀神祇，家人毕集宴饮，别具肴饭，以达明旦，谓之送旧迎新云（俱同上）。

南楚新闻，越俗其妻或诞子，经三日，便澡身于溪河，返具糜以饷婿。婿拥衾抱雏，坐于寝榻，称为产翁。其颠倒有如此（《李志》）。

婚聘不重财用，槟榔猪酒，遍分亲族。客至茶罢，进以槟榔。病事祈祷，丧尚浮屠。葬成垒石以围其旁。祭祀随所有陈设，无一定之数，精洁不及中土。大抵俗尚简陋，衣服不尚绮罗，富厚之家，遇吉礼则一御之，村民竟有毕生不一见者。饮食惟果腹，宴会止鸡豚常品。屋宇用砖木或用竹，为栋为楹，为柱为瓦，然不坚固，外此则茅檐土壁，古风犹存，为士者一经自画，为农者不知盖藏，工则略习粗迹，商贾近在百里，未有远涉以求利者（《金志》）。

唐李商隐《异俗诗》二首：鬼疟朝朝避，春寒夜夜添。未惊雷破柱，不报水齐檐。虎箭侵肤毒，鱼钩刺骨銛。鸟言成谍诈，多是恨彤襜。　户尽悬秦网，家多事越巫。未曾容獭祭，只是纵猪都。点对连鳌饵，搜求缚虎符。贾生兼事鬼，不信有洪炉。

清刘宏基《赋粤西拟李义山诗》：关塞秦城古，流风汉土殊。登山求百合，缘木取三都。铜柱钦神武，金蚕事鬼巫。芦笙摇舞蹈，蛮曲斗盘瓠。陟巘轻飞鸟，吹烟类火狐。不知桑海变，自说有金符。

桂 林

［宋］《汉书·志》云：吴越之君皆好勇，故其人好用剑，轻死易发。又火耕水耨，人食鱼稻，以猎山伐木为业。果蓏蠃蛤，食物尝足。故呰窳偷生，而无积聚。饮食还给，

不忧冻饿，亦无千金之家。信巫鬼，重淫祀（《寰宇记》）。

唐韩愈《送桂州严大夫诗》：苍苍森八桂，兹地在湘南。水作青罗带，山如碧玉簪。户多输翠羽，家自种黄柑。远胜登仙去，飞鸾不暇骖。

唐张籍《送人之临桂诗》：旌旆过湘潭，幽奇得遍探。莎城百粤北，行路九疑南。有地多生桂，无时不养蚕。听歌难辨曲，风俗自相谙。

静江府俗比华风，其土多荒亭篁竹，风俗异西北，民之生理甚艰，是以赋入寡少，郡县亦例以迫束。蛮夷之性不常，亦子龙蛇，交改其恩威，乃克无事（祝穆《方舆胜览》）。

静江民颇力于田，其耕也先施人工踏犁，乃以牛平之。踏犁形如匙，长六尺许，末施横木一尺，余此两手所捉处也。犁柄之中，于其左边施短柄焉，此左脚所踏处也。踏可耕之尺，则释左脚，而以两手翻泥，谓之一进。迤逦而前，泥垄悉成行列，不异牛耕。予尝料之，踏耕五日，可当牛耕一日，又不若牛犁之深，问之乃惜牛耳。牛自深广来，不耐苦作，桂人养之不得其道，任其放牧，未尝喂饲，夏则放之水中，冬则藏之岩穴，初无栏屋以御风雨。今浙人养牛，冬月密闭其栏，重稾以藉之，暖日可爱，则牵出就日，去秽而加新。又日取新草于山，唯恐其一不饭也。浙牛所以勤苦而永年者，非特天产之良，人为之助亦多矣。南中养牛若此，安得而长用之哉！若夫无牛之处，则踏犁之法胡可废也。又广人荆棘费锄之地，三人二踏犁，夹掘一穴，方可五尺。宿巨梗无不翻举，甚易为功，此法不可以不存（《岭外代答》）。

静江民间获禾，取禾心一茎稿连穗收之，谓之清冷。屋角为大木槽，将食时，取禾舂于槽中，其声如僧寺之木鱼，女伴以意运杵，成音韵，名曰舂堂。每旦及日昃，则舂堂之声，四野可听。

岭南嫁女之夕，新人盛饰庙坐，女伴亦盛饰夹辅之，迭相歌和，含情凄惋，各致殷勤，名曰送老。言将别年少之伴，送之偕老也。其歌也，静江人倚"苏幕遮"为声，钦人倚"人月圆"，皆临机自撰，不肯蹈袭其间，乃有绝佳者。凡送老皆在深夜，乡党男子群往观之，或以稠人中发歌，以调女伴，女伴知其为谁，亦歌以答之，颇窃中其家之隐慝，往往以此致争，亦或以此心许。

桂林傩队，自承平时名闻京师，曰静江诸军傩。而所在坊巷村落，又自有百姓傩。严身之具甚饰，进退言语，咸有可观，视中州装队杖似优也。推其所以然，盖桂善制戏面，佳者一值万钱。他州贵之如此，宜其闻矣。

静江腰鼓最有声腔，出于临桂县职由乡。其土特甚，乡人作窑烧腔。鼓面铁圈出于古县，其地产佳铁，铁工善锻，故圈劲而不偏。其皮以大羊之革，南多大羊，故多皮，或用蚺蛇皮鞔之。合乐之际，声响特远，一二面鼓，已若十面矣（俱同上）。

全州狱讼希简，风俗俭陋（《方舆胜览》）。

清湘间山深水阔，可耕而庐者，十无二三。凡为生不渔则樵。土地风气，虽与闽粤不同，而生理则易（同上）。

［明］桂林竞渡舟，长十余丈，左右衣百数人，右麾白旗，左麾长袖，为郎当舞。中扮古今名将，各执利兵，旁置弓弩，遇仇敌不返。兵胜则枭而悬之，饶歌合舞。十年一大会，五年一小会，遇甲戌年为之，有司毫不敢诘（《赤雅》）。

明杨基《桂林即兴诗》：会见重华出狩来，漓江庙宇野棠开。山无桧柏皆岩穴，地有芝苓尽药材。花布短衣齐膝制，竹皮长帽覆眉裁。也应风土交州近，丹荔红椒不用栽。明曹学佺《桂林风谣》九首：楚粤流皆仰，湘漓水自分。易生干金面草，难度岭头云。素节龙舟竞，冥搜鼠穴熏。水东街最盛，游女曳罗裙。　零陵入始安，桂海地漫漫。节令无冬夏，阴暗变燠寒。茗含烟气重，蔬裹白沙干。癸水东城入，兵戈幸不残。　自古云荒服，分藩亦懿亲。银章悬国信，朱邸错居民。城外宽文网，车中吐锦茵。他方传奸尚，厌罢此才新。　物候中华隔，阴寒转苦卑。桂花多晚实，松树每交枝。蠹粉时侵面，冰风易中饥。岭西饶药物，病懒亦谁医。　箫鼓沸中秋，肩挑水族稠。餍飧临午顿，节序竞时修。月兔灯俱上，风鸢瘴易收。官街青石路，醉倒滑如油。　不住槟榔嚼，相传好辟岚。喉干如转磨，叶响似喂蚕。弃地皆脂泽，逢人若醉酣。生年无半百，黄面老瞿昙。　偏安闻此地，汉法已全疏。塞迥书违雁，溪清弩射鱼。穿山为孔道，放陡下灵渠。待子桃园隐，村村尽可居。　夜坐多蚊母，秋成半芋魁。寄桑传酿法，文石中碑材。或饷资桥税，山田仰粪灰。广南商贩到，盐厂雪盈堆。　瑶粮杂猝办，村老未全驯。风俗传鸡卜，春秋祀马人。法依山例峻，歌迭浪花新，懒妇田间过，忙将织作陈。

临桂县大良傜，选自《皇清职贡图》。

［清］风气清淑，习俗淳古。早温昼热，晚凉夜寒，一日备四时之气。笃信阴阳，尚巫卜。士

知经术，虽家贫未尝废学。俗尚质朴，不事浮靡，婚烟庆吊以槟榔为礼（《一统志》）。

见闻盛于他郡，士尚经术，虽家贫未尝废学，人物蔚然可观。《桂林志》曰：岭南地气卑下，惟静江与湖湘接壤，民风习俗，不殊中土。杜工部云，“宜人独桂林”，可以得其概矣（《金志》）。

八桂之俗，不事浮靡，民俗淳古。山拔水清，士多秀美，知经术，登科朊仕，代不乏人。气候与江浙类，衣冠与中州同（《临桂县志》）。

明解缙《临桂大墟诗》：大墟江上芦田寺，百尺清潭万竹围。柳店积薪晨爨后，僮人董叶裹盐归。

兴安民务农业，暑雨祁寒，不辞力作。敦俭朴，鲜有争斗。为士者以礼自闲，好读书，崇文墨，风气习尚与临桂相类（《金志》）。

兴安县平地猺，选自《皇清职贡图》。

灵川风俗淳美，冠婚丧祭，俱用礼乐（《李志》）。水清土薄，有赤埴白壤之异。故民之乡音，十里而殊。性朴实而鲜谋治生，易足无积聚。惟事耕渔，不知商贾（《金志》）。

凡货以竹叶裹，狼藉于袖而投之。婚礼鹅酒榔饼为小茶，猪羊鸡鹅饼为大茶。士行亲迎，庶民用巫禳。于轿前童子侍饮，歌俗词以为乐。方言：天曰铁，地曰的。父曰阿把，母曰阿嵯，哥曰郭，嫂曰搔。水曰输，火曰呼。吃饭曰慊绔，吃酒曰慊揪，吃茶曰慊酌，吃锅曰慊唐。袍子曰包兹，外套曰物套，帽曰毛力，靴曰赫靴力，鞋曰嗄。碗曰窝，筋曰跨，锅曰谷力，甑曰再，扇曰谢，壶曰乎（《灵川县志》）。

阳朔士尚经济，农力稼穑，工不求甚巧，贾不愿致远。民朴而不知法，士文而鲜好古。考其素业，非猎则渔，非农则樵。谷蔬絺布，衣食常足（《李志》）。

永宁民安本业，家无积贮。士知教化，俗少浮夸，女不蚕桑，市鲜贸易，民用悉资邻境，礼数渐趋于文（《金志》）。

永福民务力穑，不为商贾。家不积贮，不忧饥寒。吉凶之礼尚节俭。地连溪岗，民僮杂居，人多椎鲁（《永福县志》）。

义宁士笃行谊，耻浮薄，鲜有机械之巧。民性质朴，多耕种，不习工商，而好称贷禾稻之利。不健讼，少游手，贫则佣工以度日（《金志》）。

全州当湖南尽处，接轸广右。风俗淳朴，讼狱稀简。田野沃润，民以耕渔为业(《李志》)。士子读书登科甲者甚众。君子有齐鲁之风。元宵以童子扮好女，联臂歌采茶。二月八日，湘州寺鬻器物辐辏，名淞花会。三月三日，簪荠茶［花］，清明簪柳叶。四月八日蒸乌饭。士勤读尚质，逐末者人咸訾之。西延沃壤，而生顽根（《全州志》）。

元陈孚《全州诗》：城郭依稀小画图，佛光犹照铁浮屠。斑烂归洞见盘瓠，格磔满林闻鹧鸪。蒸水北吞双练急，相山南耸一螺孤。停鞭欲问炎州事，不奈侏离见矮奴。

明解缙《过全州诗》：全城三面临湘水，扑地闾阎百姓家。溪女晚来争渡处，满船荷叶杂荷花。

灌阳冠婚丧祭，悉遵《家礼》。勤力生业。负贩者莫不能笔具字，龆龀之童，皆知读书。缙绅家雅好华丽（《金志》）。

柳 州

［唐］学者道尧舜孔子，如取诸左右，执经引仁义，旋辟惟诺。中州之士，时或病焉（柳宗元《柳州文宣王庙碑》）。

唐柳宗元《柳州峒氓诗》：郡城南下接通津，异服殊音不可亲。青箬裹盐归峒客，绿荷包饭趁墟人。鹅毛御腊缝山罽，鸡骨占年拜水神。愁向公庭问重泽，欲投章甫作文身。

［宋］柳州山水清旷，中朝名士初寮辈，尝避地寓居。耳濡目染，或者耻于为非。柳河东之教化，其所由来远矣（《方舆胜览》）。

人观中士之弦诵，至三百人（汪藻《学记》）。

融州昔范石湖至，能帅桂林。尝请于庙，每岁令瑶人预圣节锡宴，除属县塞堡外，州庭几至千人，列坐两庑下，皆椎髻阘衣，以青红染伫，织成花缦为服。吹匏笙为乐，听之如聚蚊声。十数连袂旋转而舞，以足顿地为节。刻木为契约，字画如梵书不可晓（《方舆胜览》）。

宋陈藻《冬日融州诗》：四只鱼船叩板门，几家茅屋长儿孙。天寒水浅江成路，地僻人稀郭赛村。

象州俗好淫祀，以鸡骨卜凶吉。人多骋猎，郡少秀民。多膏腴之田，长腰玉粒，为南方之最，旁郡亦多取给焉（同上）。

宋孙觌《到象州寓行衙太守陈容德携酒至诗》：饤坐黄柑噀手香，堆盘丹荔照人光。莫辞蜒酒一尊赤，会压瘴茅千里黄。未意谗言遭薏苡，直将空腹傲槟榔。酒醒梦觉知何处，树影参差月满廊。

［清］古为南夷，椎髻卉裳。至唐始循法度，民业有经，公无负逋。嫁娶葬送，各有条法。风土与中州不少异。人少斗讼，喜嬉乐，民淳事简，俗阜物庶，视他州为乐。土地无桑柘，不事蚕作（《一统志》）。

清黄东昀《柳州杂咏》五首：八龙同见果何灵，鹑尾州躔第四星。一自柳侯开化后，弦歌听满锦秋亭。　麻阑茅舍不宜秋，妹夜荒山缓缓游。圣母有灵初赐孕，椎牛酾酒结花楼（自注云：僮语妇曰妹夜，有孕曰作阑。延师巫、结花楼、祀圣母，不知其何神也）。　钗动花飞满路歧，踏歌冯轼听来迟。玲珑一曲相思引，妙绝桑间幼妇辞（自注云：时有歌者曰：妹相思，不断如蛛丝。蛛丝结就檐前网，任尔西风吹不拔）。　社过蒹葭白露浓，黄云满地点秋容。家人胼胝分粮入，一半辛勤为十冬（自注云：土人为分禾曰分粮，谓排年里长曰十冬）。　来朝岁序又更新，故事煎油拜土神。惟愿鸱鸪黄蚁集，百年欣作太平民（自注云：僮俗每岁除，置油鸱鸪于地，早验黄蚁集则军强，黑蚁集则僮强。僮谓汉人曰军人）。

马平山高而秀，水清而驶，地暄雪少，土瘠民淳。多尚诗书，悃幅无华（《金志》）。附郭内外有邹鲁之风，拙于治生，鲜有盖藏。山中民杂僮瑶，犹染陋习（《马平县志》）。

雒容民与僮并。僮居十七，力耕而食，颇堪自赡，俭岁亦不至大困。喜唱歌，春秋相聚戏嬉。婚娶概用牛豕，屏声华，崇俭约（《金志》）。

罗城，柳宗元《大雪寺记》云：越人信神而易杀，傲化而

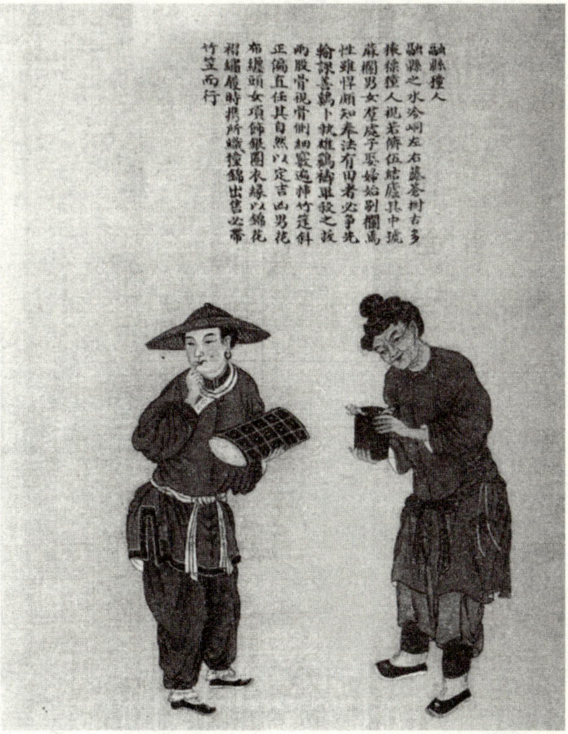

融县僮人，选自《皇清职贡图》。

佪仁。俗好游惰，男不知力田，女独苦井臼。贪口腹，遇墟日，辄酗酒餍肉，滥费不思积贮。婚姻不用媒妁。农人岁只一熟。春耕毕，即宰牛以罔利，官禁乃止（《柳州府志》）。

柳城古龙城地。被服柳侯之化，遵法禁，耳诗书。厢民尤为秀淳，服饰仪制，俨然士风。各乡狼土户多俭勤。然尚鬼信卜，好杀易仇。柳属之人，风气大都相近（同上）。

怀远田不用桔槔，室不用匠盖（《怀远县志》）。民淳率，畏法讼，狱稀简。女兼樵织。天文约，以木刻为信，有结绳之风。婚礼姐娣有女，必嫁兄弟之子。祭奠惟以清明、中元为重。民间条约甚严，里中鲜有敢为盗者。但性多刚劲，宜导以诗礼耳（《柳州府志》）。

明桑悦《按行怀远诗》：牵裳跳跃舞娑娑，罗汉吹笙女仔歌。犹胜李陵闻卤乐，身沦异域感伤多。

《玉融志》云：融在柳州上游，气候与湘湖不殊。民俚直尚信，士淳朴知学。《县志》云：服饰朴素，男女有别，士尚儒雅，女务纺绩（《柳州府志》）。

象州不事蚕桑，以积麻织布为业（《金志》）。近来民俗淳朴，诗书之家，亲兼耕种。妇勤馌饷，男女成群，僮俗也（《象州志》）。

来宾近郭城居民多朴，淳谨晓法度。远乡皆僮人。（《金志》）。

庆　远

［宋］宜州江山险峻，人风犷戾，常持兵甲以事战争。皆左衽椎髻，礼异俗殊，以岩穴为居止（《太平寰宇记》）。

周子功云：南丹州男女之未婚嫁者，于每岁七月，聚于州主之厅。铺大毯于地，女衣青花大袖，用青绢盖头，手执小青盖；男子拥髻皂衣帽，各分朋而立。既而左右队长，各以男女一人推仆于毯，男女相抱持，以口相呵，谓之听气。合者即为正偶，或不合则别择一人配之。盖必如是而后成婚，否则论以奸罪也（周密《癸辛杂识》）。

［清］民性轻悍，人风犷戾，常持兵甲。礼异俗殊，以岩穴为居止。山高地瘠，田寡人稀，民多贫而重去其乡，瑶僮杂居。天河、思恩又有伶僚、佴佬、㑲佯、俍侗之属，皆盘瓠遗种（《一统志》）。

民有两种：寄籍丧葬遵制，知尚礼义，声化所暨，彬彬文物。土民陋俗，惟知饮食、踏歌。四月煮乌饭。七月杀鸭祭先。婚姻女巫为导，新妇支伞徒行。生子母家治奁具。丧愈百日始吊唁（《庆远府志》）。

岭表占卜甚多，有鼠米卜，箸卜，牛卜，骨卜，田螺卜，鸡卵卜，篾竹卜，俗尚鬼故。

阳山人四季皆祀鬼。所最敬者惟龙老爷，即其昔时所从为乱者，亦能降神，然只阳山人信之。又七月十四日目莲节，多杀鸭祭先，烧化冥财。其口路无行人，各为躲鬼。八月中秋不供月，惟以被覆妇女，用土音咒诵。妇女晕去，他人生魂即附其身，能歌能唱，名曰压禁。婚聘以猪以牛，无槟榔果品之类。婿家用幼女二人，并土巫往女家导女。女家三五十人送之。新妇以伞自覆，步行至婿家。过宿即归，不与夫会合。此后遇社日、插秧日、收禾日方往夫家。至三四年后，女父母制送奁具，始常往偕老。亲死过宿即葬，不用浮屠、堪舆，百日后孝子开斋，亲戚方往吊唁。祭无定品，亦竟有不祭者（俱同上）。

宜山习俗颇淳，山高地瘠，不娴工技。汉民恒自修异，俎豆皆有古法。甲有丧乙为之资，乙有丧亦然，名曰结孝（《金志》）。盘瓠遗种，淳谨畏法，不知外事，老死不去其乡（《庆远府志》）。

天河东西南三乡，旧传俱盘瓠种。语言各别，惟北乡为百姓，岁时伏腊，会聚婚礼，以牛为聘。每年秋成后，男女赠答鸡黍，杂坐讴歌，不脱蛮习（《金志》）。有服断肠草者，案之皆细故（《天河县志》）。

庆远府过山猺，选自《皇清职贡图》。

河池百姓皆寄籍，瑶僮十居八九。鴂舌侏㒧，言语不通。惟鄙啬务农，业鲜蚕桑技艺（《李志》）。惟喜赛鬼跳神，汉人时或效之（《金志》）。有争以高年为赛老，判断不能平者，始告诸官（《庆远府志》）。

思恩民风近朴，不事诗书。火种水耨，畎亩不粪。怀仇构怨，数世不忘。又尚鬼崇巫，薄殡殓。日惟两粥，宴会始饭，妇女草笠短衣。旧俗开征时，以一牛置城门外，请官祭毕，乡老挥刀断牛首（《金志》）。

东兰以土姓仇夺改流官。蛮

民以山为巢，跳越溪峒，有悍桀故习。官长听断，中其情罪，即俯首帖服。不通官语，鲜诵诗书。男女力耕勤俭。

庆远所属土州县，向俱羁縻。南丹种植，山岭射生以食。那地一衙之微，往往操戈。忻城愚朴坚悍。永定与汉无别。永顺民多古朴，瑶人死多不葬，不食盐。官族好嬉游，多诡诈。

庆远土属有谓之出圣者。其人夫死，或素为乡里所敬惮，遇其生魂辄病。问神识之，祭之即愈，死反寂然（俱同上）。

思恩

［宋］宾州岭外邑居，犹有冠冕之风。其姓陆者绩之遗嗣，尚有银章青緺铜虎符，乡宗重之，皆云绩物也。《说文》云：緺，青绶也。其俗有礼会，击皮鼓、吹葫芦笙为乐（《寰宇记》）。

宾州民醇事简，俗阜物廉，巢居崖处，尽力农事。墟市所集，白黑相半。前辈诗云："萧鼓不分忧乐事，衣冠难辨吉凶人。"于工织布，煮练如雪，缜密可爱。妇不识蚕，野不植桑。计口筑室如巢窟，屋壁以木为筐，竹织不加涂塈（《方舆胜览》）。

［清］瑶僮杂处，不事诗书。自明始建学，粗知礼义。土俗重财轻杀，出入以自卫。居民力田，不事商贾。男裹青帻，女戴竹笠。婚娶不避同姓。市廛多妇女贸易。疾病惟巫觋（《一统志》）。

自王文成治后，秀良子弟，知读书习礼。冠婚丧祭，几近于中州。民务耕绩，家无积蓄。土人则性朴而悍，土官族尚仿佛汉人（《金志》）。

武缘县男知力田，女业纺绩，节啬治生，安于朴素（同上）。

思恩府俍人，选自《皇清职贡图》。

宾州罗奉岭，去城七里，春秋二社，士女毕集。男女未婚嫁者，以歌诗相应和，自择配偶。各以所执扇帕相博，谓之博扇。归日，父母即与长礼（《粤西丛载》）。民俗朴拙，不谙商贾，家无积蓄。病不服药，专尚祭祷。死丧必用佛事。古志云：宾州百粤地，俍僮杂居，丧葬无礼。宋明以来，王化覃敷，文风丕振，科弟蝉联，貤封旌表，间亦有之（《金志》）。

迁江俍瑶蛮僮杂处，俗信巫鬼，讼不经官。架板为居，上栖男女，下畜牛豕。不习诗书，不勤生业，不种杂粮，家无二牛，廪无余粟。丰年足衣食，俭岁竟不可问（《金志》）。

上林百姓皆土著，风俗朴茂，克胜农业。冠婚丧祭，一遵古礼（《金志》）。风化所被，人文蔚兴。间有瑶俍，今亦向化（《上林县志》）。

田州土瘠，多种芋粟，为饔飧。寡储蓄，有牛为富。习尚顽梗，重财轻杀，老幼出入佩刀。妇女贸易墟市，唱歌游戏（《田州志》）。服器俭啬，粗知礼义。比以流官驻治，即土司亦以抚循入上计，声化所暨，向善蒸蒸焉（《金志》）。

古零民朴性柔，知稼穑，不务商贾。贫窭无积蓄。味善酸辛，食无茶盐。跣足不履，长裙短衣，荒陋未除。官族子弟，劝学发蒙，亦有慕声名修伦让者（《金志》）。

泗 城

［清］地生烟瘴，亦有霜雪。民居架木为巢，或结茨山顶，依傍岩穴。鲜平畴，土人皆凿山以耕，导泉引涧，功劳而收薄（《一统志》）。

民多愚朴坚悍，刻木誓信，守死不渝。饮食衣服，婚丧宾祭，多与华异。因病禳鬼至费，甚或破产。然俗尚勤俭，骨肉知亲受［爱］犹不失上古遗风（《泗城府志》）。

陵云初沾礼教，俭陋冥愚。婚丧粗具规模，尚知重祭。恒坐地饮食。瑶僮掘诸药，负卖市间。颇安耕凿（《凌云县册》）。

西隆种稻山巅，贫无储积。每椎牛饮生血，不食盐。人无长幼，好疑重鬼。会饮和歌，其声纥那（《金志》）。性骁悍，重恩怨，食人一脔，辄以身许。或因酒食，往往操戈。居择山巅，无床几器物。有仲侬倸㑩猓各种，风尤陋云（《西隆州志》）。

西林土人，散处山林，架木为屋，爨寝在上，牛畜在下。遇水则种植于山巅，而引以灌溉。终岁一收，闲则猎较（《李志》）。不读诗书，不通汉语。性慓悍。男持镖佩刀，女戴笠跣足。嫁娶不避同姓，旧习相沿，今渐向化（《西林县志》）。

平 乐

[宋]昭州谷熟时，里闾同取。戊日为腊，男女盛服椎髻，徒跣聚会作歌。悉以高栏为居，号曰干栏，三日一市（《寰宇记》）。

昭州风声气习，布衣韦带之士，肩摩袂属，视沅湘以南。从伯仲，决科入仕，每每不乏。朝廷兴崇学校，而中上舍者三人，贡雍辟者二人（《方舆胜览》）。

贺州俗重鬼，常以鸡骨卜。《汉书》云：越巫以鸡骨卜。有草名冠脱，高一丈，叶如荷，而茎中有瓤。又俗多构木为巢，以避瘴气。豪渠皆鸣金鼎食。所居谓之栅，节会即鸣铜鼓，大者广一丈，小者三四尺。好吹匏笙。俚人削竹筋为箭，以叶羽之，名曰圭黎（《寰宇记》）。

贺州稍近湖外，山清水秀。去州二十里，深山大泽间，多瑶人所居。民俗耕种，虽无资积，亦不饥寒。士知为学，民知力田。虽溪洞蛮瑶，亦皆委顺服从，无剽剠之患。自咸平三年，欧阳陟登科之后，题名雁塔，时有其人（《方舆胜览》）。

[清]民居多竹茨茅户。气候不齐，一日数变，昔号瘴乡。民瑶杂居（《一统志》）。

士重取与，农务稼穑，室多结茅，家鲜储蓄（《李志》）。

自范祖禹、邹浩之正气行乎昭州，渐仁摩义，贤才蔚兴。食用俭朴，不习诗张。多老死不见官府（《平乐县志》）。

平乐廛市居民多东粤及全州人。士衿每以治生为苦，然不事干谒，颇知自好。民但务农，不谙商贾，无厚积，亦无繁费，故途罕乞人。婚礼迎娶，民间用肩舆，瑶僮母扶女用雨盖蔽面。富家大族，时有以异姓为螟蛉者。山川郁秀，文风颇盛。前代科目得人，甲于诸郡（《金志》）。

清赵申季《平乐竹枝词六首》：天绘亭边感应泉，侍郎归去姓名传。佳儿瞻拜徘徊久，万里重来证夙缘。　曾将弓韣祀高禖，敢望宁馨降玉台。抱送向迟劳孔释，道乡先引石麟来。　髻挽青螺鬓发鬈，银环两两耳边悬。情知不是于潜女，卖弄如霜履木穿。　盘丝绘蜡样新裁，细迭湘文扫绿苔。闻道使君风度好，也随童叟望尘来。　山城二月踏青时，僰女低鬟唱“竹枝”，今日采风删郑卫，芎兰栽向汉江湄。　雀角惟凭草一丛，数将赢缩决雌雄。老瑶何事偏投牒，应爱君侯判牒工。

恭城虽十室之邑，地邻衡永，风气尚相类。士之业诗书取科第者，累累有人（《李志》）。恭城水土和平，语音最正，性气温淳。力耕自便，罕赴官司。赋役征输，岁无逋抗。婚姻不重财，槟榔为聘。缙绅士大夫，守礼好义，不事干谒（《恭城县志》）。

富川淳朴，尚鸡卜。民戍杂居。士子文章相师。细民乐于自便，罕在官役，乐输正赋。惟瑶性犷悍，自昔称难治焉（《平乐府志》）。

贺俗尚质朴。居恒服葛樾木绵，如缣丝之属。惟庆贺诸吉礼，乃一御之。士知力学，列科登甲。民惟知务农，不事蚕桑，男女皆力作（《李志》）。

荔浦民但知耕植，不谙贸迁。士衿每以治生为苦，甚至身无完衣，不事干谒，饶有良士风（同上）。

清史夔《送陈曾起宰荔浦诗》：百粤官程远，镆鄉一线通。蛮云鹦鹉绿，毒水荔枝红。善气驯春甸，清音变土风。三年应报政，名冠御屏中。

清余葆光《送陈曾起宰荔浦诗》：木巢竹屋满山城，罗女蛮童椎髻迎。岁晏采香输税罢，家家赛腊弄匏笙。

修仁民性粗疏，鲜争讼，男务耕读，女事纺绩。吉凶礼仪，服食器用，不尚华侈。居无厚积，随地所出，亦足以供（《李志》）。趁墟之日，男女歌答，惟僮为然（《金志》）。

粤以昭平为创县。其初田野倨侮，近被教化，渐及于礼（《李志》）。诸乡民瑶杂处，多机智，习争讼。士文采可观，然少谨饬循礼。近始革薄返淳（《金志》）。

永安土瘠民贫，人以耕种为业，不事技巧。商贾贸易，流寓者多。诗书之族，颇勤于学，而孤陋不免。比户茅檐竹舍，俭朴成风。民与瑶僮杂处，而民居其三。百粤多畜蛊，永安先时亦间有之（《金志》）。

梧　州

［宋］梧州南越至新宁县多俚僚，善为犀渠。左太冲所谓户有犀渠。又云阳夷之甲，以锡箔饰之，杂以丹漆，照辉昱晃，左思所谓阳夷勃卢（《寰宇记》）。

《藤州郡国志》云：俗以青石为刀剑，如铜铁法，妇人亦为环以代珠玉。夷人死，往往化为貙貙少虎也，其初穴棺如鼠，渐如狗大，并是人肝所感。

容州夷多民少，鼻饮跣足。好吹葫芦笙，系铜鼓，习弓弩。无蚕桑，缉蕉葛以为布。不习文学，呼市为墟，五日一集。人性刚悍，重死轻生。地多瘴气，春为青草瘴，秋为黄茅瘴。水瘴江，即马援云“仰视飞鸢，跕跕落水中”，即此地也（俱同上）。

容州人性刚悍，重死较［轻］生，不习文学，鼻饮跣行。渡江以来，北客避地留家者众，今衣冠礼度，并同中州（《方舆胜览》）。

南仪州俗不知岁，惟取用八月酉日为腊，长幼相慰贺，以为年初。每月中旬，年少女儿盛服吹笙，相召明月下以相调弄，号曰夜泊，以为娱。男儿以白布为巾，女儿以自布为衫（《寰宇记》）。

［明］梧江竞渡龙舟，长十余丈，坐可五十余偶。有衣白数人，分立舟上。每棹动则右手麾小白旗，左手麾袖。袖甚长，如所谓郎当舞袖者（魏浚《峤南琐记》）。

梧州士民，惟知力穑，罔事艺作。尚师巫。市多妇女，椎髻跣足，粜谷卖薪。婚聘多用槟榔，男女不行醮礼。兄弟反称姐妹，叔侄每呼公孙。男多出赘，称曰嫁，而有其妇翁之产。女招婿称曰娶，而以己产与之。甚至男更姓以从女，或于男姓更加女姓，永不归宗。女既受聘，改而他适，亦恬不为意。性顽悍而轻生，凡逋粮避差，与睚眦小怨，即投山服毒。毒草名葫蔓，一名断肠。羊血熊胆急灌之或苏，迟则无幸矣。信讼师，至破其家。游手之徒，博弈为生。奸民揽纳土豪，锁酷随处有之。客民闽楚江浙俱有，惟广东接壤尤众。专事生息，什一而出，什九而归。中人之家，数十金之产，无不立折而尽。充兵戍衙役，急即逃去，多翁源人。习文移，持刀笔，为官府书吏，仰机利而食，遍于郡邑，多高明人。盐商木客，列肆当垆，多新顺、南海人（《粤西丛载》）。

明王祐《次梧州诗》：苍梧平远水如苔，日出官船盪桨开。五莞江从南海去，九嶷山跨道州来。乘槎蜒户缘流住，输粟瑶民出洞回。圣代分巡方遣使，咨询敢惮遍蒿莱。

［清］人性轻悍，俚人质直尚信。诸蛮勇敢自立，重贿轻死（《一统志》）。

梧州当两粤之交，风气不甚悬别。宦游者慕清修，林居者谨干谒。屋宇编竹葺茅，器用朴素。民之近山者樵，近水者渔（《金志》）。

苍梧知学务耕，民俗俭朴（《方舆纪要》）。商贾辏集，类多东粤人。为其渐染，事尚纷华。川浴山讴，手搏鼻饮，出苍梧旧纪者。今虽僻远乡落，亦知以陋习为耻，彬彬日变矣（《金志》）。

藤县地广人稀，俗尚简朴（《李志》）。良材秀民，好学者多。饭稻羹鱼，有陂池山泽之饶（《梧州府志》）。

容县，闽楚江浙人多有侨寄此者，与东粤接壤，其类更众，而土著实稀。或云都峤山秀耸客位，故流寓日盛。若务本力农，罔识贸迁，则与岑藤类(《金志》)。

岑溪县俍人，选自《皇清职贡图》。

明刘崧《容县粉壁道中诗》：树杪高崖尽插天，岩腰坠石半侵田。火烧山木断平路，骑马乱行江水边。

岑溪民性淳良，而少机巧。士知读书，而少浮嚣。服舍朴素文饰，饮食俭约。婚丧以贫富为厚薄，缘情合礼，差为善俗（《金志》）。

怀集丰俭相权，务力穑，先公赋。土民性习简朴，擎拳椎髻，有“狂獠”风。耕田凿井，有“含哺”风。土垣竹屋，有“茅茨”风。方塘一亩，篔竹千竿，有养鱼种竹风。其为士者，布袍蔬食，懒谒公庭，有武城澹台氏风（《怀集县志》）。

浔 州

［宋］浔州民淳讼简，人多业儒。僻处山间，地瘠民贫。郁江东注，溪蛮峒僚，不际其境。民之从化，岂间然哉（《方舆胜宽》）。

宋陈藻《过桂平诗》：岭南大半尚鸿荒，城壁空坚草莽长。忽到浔州江上饮，喜他风物近吾乡。

贵州多何、滕、黄、陆等姓。以水田为业，不事蚕桑。生以唱歌为乐，死以木鼓助丧。又郡连山四百里，有里人皆以乌浒诸夷，率同一姓。男女同川而浴，生首子即食之，云宜弟。居止接近，葬同一坟，谓之合骨，非有戚属，大墓至百余棺。凡合骨者，则去婚异穴。聘女既嫁，便缺去前一齿（《寰宇记》）。

贵州土风尚质，不事华饰，不机巧趋利。刀耕为业，不产蚕丝。蕞尔之区，闲田瘠土，茅苇相望，而无原隰膏腴之地。俚人质直，重货轻死，以富为雄，盖古者夷僚之俗如此（《方舆胜览》）。

宋李纲《次贵州诗》：青枫夹道鹧鸪啼，古郡荒凉接岛夷。陆绩故城依石巘，葛洪遗灶俯江湄。光风冉冉吹香草，烟雨濛濛湿荔枝。欲作终焉卜居计，自应句偻不吾欺。

［清］地瘠民贫，力耕为业。人物淳和，不事谄作（《一统志》）。

浔虽古荒服地，沃壤颇多，山水奇秀。民淳讼简，人多业儒（《李志》）。

汉谷永、吴陆绩迪之以诗书礼乐。宋明道伊川，流风广被，士子益翕然向学。民惟务稼穑，不谙服贾。勤谨俭素，颇有古风（《金志》）。

桂平民瑶杂处，田少山多，衣冠礼仪，崇尚淳朴。秀而士者，知肄业以广闻见。愚鲁之民，惟以耕凿为务（同上）。

平南民俗淳朴，不事机巧，罕习军旅，犹慕文儒，颇勤农务。然人性轻悍，信巫鬼，重淫祀，椎髻箕踞，乃其旧风（《金志》）。

贵县狼人，选自《皇清职贡图》。

明王清《风俗谣》：平南虽瘴地，风俗犹可观。千家烟火合，百里封疆宽。男务耕耘女务织，弦歌里巷多儒冠。我时承恩镇南粤，分符两度来征伐。旗影朝飞蛇岭云，鼓声夜落乌江月。乌江月落刁斗鸣，拔剑起舞秋风生。安得貔貅千万士，一扫蛮洞烟尘清。倒挽大河洗兵甲，长使斯民歌太平。

贵县风尚朴素，不机巧取利。士多志学，虽贫亦延师教子（《怀泽旧志》）。男子务耕读，妇女守闺范，崇尚廉耻，风土温厚，虽凶年亦无乞丐（《金志》）。

武宣民物淳良，《舆地志》谓武宣民不住地，架板楼居，下顿牛畜。谓瑶僮也（《金志》）。

南 宁

［唐］邕州之南，有善行术者，取鸡卵墨画，祝而煮之，剖为二片，以验其黄，然后决嫌疑，定祸福，言如响答，据此乃古法也。《神仙传》曰：人有病，就茅君请福煮鸡子十枚，以内帐中。须臾，茅君掷出，中无黄者病多愈，有黄者不愈，常以此为候。愚又见卜者流杂书，传虎卜、紫姑卜、牛蹄卜、灼骨卜、乌卜，虽不法于蓍龟，亦有可称者（北户录））。

［宋］邕州乡村皆戴白头巾。《邕州图经》云：椎髻跣足，尚鸡卜及卵卜。堤缶俚僚，有四色，语各别，译而方通。又在州晋城县蛮渠，岁时于石溪口通商，有马会。《说文》曰：马会今之僚市，以竹灰为盐，不事五味（《寰宇记》）。

横州三梁故县，乌浒所巢（同上）。

横州地隘民瘠，俗惟种田（《方舆胜览》）。

［明］余初到横，入南郭门，适成市，荷担贸易，百贷［货］塞途，悉皆妇女，男子不十一。余甚疑焉，询之，京城中居者多戎籍，不敢买仆，有仆则有差，虽武弁之家，例不得免，故厮役多用妇女。至于饭粥侍从亦然。大家巨族，有至一二十人。有善经纪者，值银二十两。有司、民间亦染此俗，诚可鄙也。又有乡村人负柴米入市，亦是妇人，尤为可笑（王济《日询手镜》）。

岭南好食槟榔，横人尤甚。宾至不设茶，但呼槟榔。于聘物尤所重。士夫生儒，衣冠俨然，谒见上官长者，亦不辍咀嚼。舆台皂隶，囚徒厮养，伺候于官府之前者皆然。余尝见东坡诗，有云“红朝登颊醉槟榔”，并俗传有人蛮口吐血之语，心窃疑焉。余初至其地，见人食甚甘，余亦试嚼一口，良久耳热面赤，头眩目花，几于颠仆，久之方苏，遂更不复食，始知其为真能醉人。又见人嚼久吐津水甚红，乃信口吐血之说。余按《本草》所载，槟榔性不甚益人。丹溪云：槟榔善坠，惟瘴气者可服，否则能病真气，有开门延盗之患。彼人非中瘴，食如谷粟，诚为可笑。横人专信巫鬼，有一等称为鬼童。其地家无大小，岁七八月间，量力厚薄，具牛马羊豕诸牲物，罗于室中，召所谓鬼童者五六人，携楮造绘画面具，上各书鬼神名号，以次列桌上，用陶器、杖鼓、大小皮鼓、铜锣击之，杂以土歌，远闻可听。一人或三二人各带神鬼面具，衣短衫，执小旗或兵杖，周旋跳舞。有时奋身踊跃至屋梁，或仆于地，或忽据中坐，自称为某神，言人祸福，主人跪拜于下，谓为过神。少憩复如之，如此一日夜方罢。人有疾者，亦以此术祈祷。不即愈，至再至三，至四五不已。甚至破家者有之，不复更问医药。城治间人日中虽一二委医，亦未始不兼于此者，虽士大夫家亦然。此俗又甚可鄙。

吴浙农家甚劳，横之农甚逸，其地皆山乡，有田一丘，则有塘潴水。塘高于田，旱则决塘窦以灌。有近溪涧者，则决溪涧。故横人不知有桔槔。每岁二月布种毕，以牛耕田令熟，秧二、三寸即插于田，更不复顾。遇无水，方往决灌。略不施耘，荡锄之工，惟薅草一度而已，勤者再之。薅者言拔去草也。至六月皆已获，每一亩得谷二石为上，此亦习于逸惰而不力耳。又有畲禾，乃旱地可种者。彼人无田之家并瑶僮人，皆从山岭上种此禾，亦不施多工，亦惟薅草而已，获亦减水田。彼又不知种麦之法，故膏沃之地，皆一望芜莽不顾。余询之，云亦尝种，遇热时不伺暴干，即鞭净贮之器间。彼土又多湿热，皆黰为红黑色，食皆无味，或有食即呕吐成疾，遂云地不宜麦，故皆不种。殊不知收时须暴令干甚，方贮之，无不美者。余备写种收之法，示之各村墟间，亦有人种矣。

横州虽为殊方僻邑，华夷杂处之地，然亦岁有一、二节序可观。遇端阳前初一日，即为竞渡之戏，至初五日方罢。舟有十五数只，甚狭，长可七、八丈，头尾皆刻龙形。

每舟有五六十人,皆红衣绿短衫裳。鸣钲鼓数人,搴旗一人,余各以桨棹水,其行如飞。二舟相较胜负,迅疾者为胜,则以酒肉红帛赏之。其负者披靡而去。远近男妇老稚,毕至江浒,珠翠绯紫,横炫夺目。或就民居楼屋,或买舟维绿阴间,各设酒歌,欢饮而观,至暮方散。中秋城中郭外之家,遇夜必设一大月饼,宰白鸡鱼肉,盛陈瓜果,至十余品者,或于通衢,或于院落间,一家之内,无问老幼,皆集所设处,拜月欢饮,箫鼓讴歌,声闻远近,达旦方已。虽家贫亦不废。此二节甚佳,吴浙所不如。此地之俗多可鄙,赖有此耳。

北方立期为市谓之集,岭南则称虚。不知称虚之说所起及何昕据,土人亦不知。余谓大抵作市于丘虚间故谓之虚。唐人有“绿荷包饭趁墟人”之句,想其来远矣。又一书云:成市则实,市散则墟。或未然,恐只是丘墟之义耳。横州虽只十五里,有村八百余,虚百余。一虚每期贸易财货,不下数十万。陶虚、百合、青桐、古辣,则其尤大者云。

土俗婿嫁有期。女嫁于近村,倩能歌男妇一二十人或三四十人,比至期,同男舁轿至,众集女门。女登轿,夹而歌之,互相应答,欢笑而行,声闻数里。望及男家室庐,各皆散去,男家携酒肉道饲之。此附郭之俗,虽衣冠家不废。惟城中军卫所居,多江浙人,故不染此俗。若僻远村落,则新妇徒行,歌者如附郭。其俗尤不可观。

每岁元旦或次日,里中少年,裂布为帕,挟往村落,觅处女少妇,相期答歌。允者男子以布帕投女,女解所衣汗衫授男子归,谓之抛帛。至十三日,男子衣其衫而往,父母欣然迎款。男左女右,斑坐一室,各与所期互相答歌,邻亲老幼毕集观之。人家多女者,各期一男,是日皆欢歌,至十六日乃罢归。归时女以前帕巧刺文绣还男子,男子亦以汗衫还之女。妇之父并夫有别。往赴期者,一州之民皆然。虽千指之家,亦有此。惟城中有,附郭无此俗。中或有故事,皆暧昧(俱同上)。

明刘大夏《柬王宪佥诗》:邕州壤地接交南,凄楚夷风不恶谈。男女歌谣成巹礼,官民尔汝集茅庵。瘴来山谷云应黑,毒入溪河水尽蓝。漂泊独怜吴楚客,故园回首意何堪!

[清]地隘民瘠,俗惟种田,服用惟蕉葛。俗尚鸡卜,轻医药,重鬼神(《一统志》)。

人品同青兖,言语近荆襄。安土重迁,少习商贩。风土温厚,人性淳朴,民务耕种,士知向学。清明户携榼祭墓,供乌米饭。乡村专用三月三。三月三日,各坊建醮,为大爆以享神。径一二尺,高四五尺,饰以彩,声如雷。拾得爆首者,明岁复以大爆酬神。重阳登墓,或有赛神者(《南宁府志》)。

宣化土厚民庶,殷阜之象,于边陬为最。但盐槟丝枲之利,陶渔珍错之息,归之客户。家无儋石者，多诗书之胄。畜缩田野，五方儇子，蹂杂其间。凌竞渐开，挂案牍者累累（《金志》）。农耕士读，无异中州。远乡土僮，答歌火葬（《南宁府志》）。

新宁城居者崇礼让，彬彬文物，婚祭甚华（《新宁州志》）。三里地邻宣化，有诗礼家。七都未免蛮习，男女歌答（《南宁府志》）。

隆安民多愿谨畏法，尤重祭祀。春露秋霜，虽贫贱之家，酒醴牲栓，必谒诚敬（《金志》）。婚姻甚简，丧祭过奢。女勤织，民习强悍（《南宁府志》）。

横州人重廉耻，尚文学。男子不务耕商，妇女知勤刺绣。凶荒多乞丐。劲悍成风，苍头樵薪，女婢负米，占籍者多山东之族。山谷半僮瑶，缠头跣足，负贩为生（《南宁府志》）。

永淳讼简民贫，弦诵之声，日新月盛（《永淳县志》）。错处城乡者，半宦游商籍之裔，婚丧规制，去中土不远。市廛土贾，悉粤东人。春耕力作，趁墟贸易，多妇女（《金志》）。

上思人物质朴，居城市者，衣冠知尚学，循理法。乡村之民，骁悍未化。男耕不贾，妇纺织不谙针工。病则祀神。婚论门第，悉从俭约。城厢土葬，乡村火葬，穷乡僻壤，积习尚未尽移（《南宁府志》）。

归德习陋，不事诗书，少食盐，以糟和味。伏腊以彩巾歌唱为乐，婚配即于此定。铁耕火种，尚踵遗风，缠头跣足，未除积习。

果化土瘠民稀，渐臻文教。土瑶架木为巢，短衣长裙，裹头跣足。

忠州民愚，今颇诵读，不通礼义而畏法。男裹头，女椎髻，衣尚青。结草为庐，席地而坐。啜薄粥，食蒿萍。女未于归，往来不忌。殡乃火葬。

迁隆不贾惟农，无土壤，耕山。鲜版籍，丰年聚庐以居，荒则散佚。言语侏俩，屋结竹茅，饮食毛腥（俱同上）。

太　平

［清］椎髻蛮音，衣冠不正，饮食亦殊。地狭民稀，男女趁墟，少事畎亩。婚姻以唱歌踏青为媒。丧用鼓乐，病鲜求医，专事巫觋（《一统志》）。三厢民凡百户，男女甫有室家，即分爨。少习工作，行商亦不远涉。《郡学记》云：士多变化，皆有礼义之习（《金志》）。病不服药，惟火炙及巫觋。永康民贫俗陋，墟场贸易，惟布帛菽粟，麻缕瓜瓠。太平有仕宦商贾落业者，有宋皇祐从军来者，山东人十之六，江南、河南、江西、广东人十之三，诗书传家，科第络绎，与村民婚丧迥异。左州、永康、养利亦土俗改流，后知礼义，诵诗书，登贤书者有人。村落之民，与有司之

民类也。二十三属土州县与世家礼节等，奢侈过之（《太平府志》）。

崇善县，明嘉靖初，徙入府郭。厢乡土俍杂处，俗喜巫觋，学少通博。民不知凿井，远汲于河。妇女编发髮髻（《金志》）。士子诗书传家，彬彬礼教，与郭外村民迥异（《府志》）。土瑶杂处，雉结包头，淳朴而犷悍，亦复难驯。民间亦知弦诵，安耕凿（《崇善县志》）。

左州旧亦羁縻地，土隘而瘠。衣冠饮食，俚俗相沿，十室而五。《一统志》云：婚嫁唱歌踏青为媒妁。丧葬杂以音乐，饭僧为美观。则陋习之未尽化者（《金志》）。

养利，明时改流最先，州城斗大环错，土司在万山中。居民稀履官庭，勤力穑，无逋租。俗尚卜，病不敢投药饵，用火炙及觋师祈祷（《金志》）。支石作灶，围炉而食，截竹汲水，采薇蕨野菜以食。唱歌互答，以为丰年。釜甑铁耕，无担石之蓄。火箭中人，总无形迹，口咒手决，暗以射人。为所中者，急则立仆，流血而死；缓则间日头目肿裂，其法最秘。惟佩黄金可避（《养利州志》）。

明刘嵩诗：下马度嵌崟，千溪复万林。含沙疑鬼箭，飞草畏蜞针。火种通瑶俗，山歌杂僚音。逢迎暂投息，起坐剧愁心。

永康地瘠民贫，风俗朴陋（《李志》）。自改流后，知礼义，士诵诗书。婚丧之仪，俱不悖礼。至村落土人，尚有土司余俗云（《太平府志》）。三时农务孔殷，家人亦勤于榼饷，相从耕作。遇病信鬼，不食药饵。每值墟场，妇女杂沓，赶趁贸易。土音近城村落者，差可会意。如渌陇之间，皆土司土语，细察其声，皆闭口鼻音，非重译不可以解。今分类译出，以备方言之一则；天曰扪，亦曰旻，地曰堆（上声），日曰蘖，月曰能，风曰陇，云曰荤，雷曰拍拉，雨曰烹，星曰劳内，辰曰早，霜曰耸，云曰锡，雾曰木，山曰恩不拉，海曰害，江曰岗，河曰打，湖曰河，荡曰测郎抹，塘曰当，城曰寻，浪曰郎，春曰村，夏曰押，秋曰抽，冬曰董，庙曰缪，孔圣人曰信阳，关帝曰官否追，城隍曰寻烘，土地曰土堆，火神曰和色，观音曰衮央，亲曰生，师曰筛，祖曰公爹，祖母曰姆把，叔曰妖，哥曰恩吗，兄曰佩，嫂曰辈，嫂弟曰奴敖，弟媳曰怒，夫曰百公，妻曰不下，妾曰下内，儿子曰勒，媳妇曰勒婢，侄曰览茅，孙曰览，女曰勒嫂，重孙曰东筛，外公曰公大，外婆曰没子，女婿曰哥爷，外甥曰怀筍，亲家曰村家，头曰恩留，面曰恩哪，眼曰恩他，耳曰恩耳，口曰恩拍（平声），齿曰休，鼻曰恩郎，舌曰吝，喉曰河，手曰枚，脚曰胫，腿曰推，指曰吉墨，指甲曰不墨，皮曰囊，毛曰烹，乳曰能木，肚腹曰思同，肚脐曰虽奴，腰曰那墨，背曰辣冷，股曰侧害，肾曰偕阳，肠曰他虽，胃曰梅刀，脾曰盃，心曰筍，肺曰不，血曰勒，气曰嗟，眉曰盆他，胡曰猛，身曰阳，骨曰诺，胎曰风孕，辫子曰条鞭，麻子曰来，家人曰会，仆妇曰福灰，丫头曰灰，瞎子曰房，呆子曰呆咀，聋子曰六，花子曰告凹，哑子曰恶抹，瘌子曰劣，秃子曰楼诺，厨子曰仇遮，裁缝曰斋风，轿夫曰吉夫，木匠曰木舟，漆匠曰搽舟，戏子曰黑鲊，衙役曰衙府，差头曰斗，仵作曰恶鲊，民壮曰门兕，门子曰门追，地方曰笛风，保长曰保真，老人曰老羊，乡勇曰兴业，书办曰瘦板，军犯曰衮凡，流犯曰楼凡，强盗曰插，光棍曰公棍，夫子曰否，尼姑曰内古，和尚曰和逊，道士曰道虽，泥水匠曰奈碎舟，头发曰盆闹，文官曰文衮，武官曰浮衮，到任曰刀扬，升曰省，降曰岗，上司曰逊虽（上声），官曰黑，年曰碑，月之令曰恶，时曰虽（上声），刻曰赫，宪书曰元叟，缙绅曰增生，大曰筏，小曰细，粗曰搓，细曰筛，远曰问累，近曰耿，买曰舟，卖曰海（平声），跍曰能，田曰那，稻秧曰那麦，收割曰完号，南曰拉，西曰灩，北曰八，黄曰烘，大红曰代烘，黑曰拉木，紫曰周，月曰月（字读平声），甜曰巅，酸曰松，扪苦曰蒿扪，辣曰烂，碱曰格郎，善曰线，恶曰额（平声），神曰循，鬼曰忙，夹曰格，单曰胆，走曰摆，跑曰兜，吃曰梗，嚼曰足（入声），咬曰蒿又曰哈不笼，吐曰洞，坐曰楞，睡曰伦，勤快曰更赶，懒怠曰力勒，看曰箬，寻曰津，做文章曰坟走，写字曰西叟，读书曰踱叟，跪曰鬼，磕头曰靠芽，作揖曰拜揖，娶亲曰抠芽，定亲曰定芽，写家书曰写叟，好曰馁（平声），壤曰外，扯曰辣，邪曰呕，念佛曰粘埠，烧香曰长兴，打醮曰鹄斋，做法事曰送忙，祭祀曰酥咀，名字曰名接，叫曰呕喘，气曰害急，有曰眉，无曰美，富贵曰眉乃，贫穷曰火乃，剃头曰抬篓，洗澡曰碎浪，多曰乃，少曰内（平声），强曰裙，弱曰额，你曰猛，我曰古，他曰爹，皮曰多，老曰劳，少曰赛，破曰扑，臭曰厚，点灯曰叮当，挖洞曰挖壮，跳墙曰剔舟，害病曰老贫洁，生疮曰贫麻，问罪曰闷咀（平声），产曰生，敲曰拘，煮饭曰邹煤，上房曰桑风，击鼓曰吉阁，请客曰亲辖，砍曰叩扪，跌曰劳墨（平声），磕曰靠，伤曰混叟，自缢曰筑河胎，自刎曰格舵，旗杆曰格杆（格平声），偷曰插，赌钱曰多尖（又曰转灶罗龟），骂人曰那昏，打降曰多狠，抢东西曰抢东筛，求曰勾，是曰得诺，米曰耗（又曰稻粲），黍曰禾弼，稷曰尾粟，面曰闵，海参曰海桑扪，鱼翅曰呕池，肉曰诺，鱼曰不拉，蟹曰保，虾曰贡，糯米曰耗植，点心曰丁桑，白糖曰八躲，红糖曰烘朵，饺子曰勾追，馒头曰包追，烧饼曰修饼，黄酒曰烘镂（平声），烧酒曰勒修，青菜曰撇蜡，芥菜曰拍干，豆腐曰足否，黄豆曰杜，扁豆曰扁刀，菲菜曰蒿菜，萝卜曰辣八，蒿曰三阁麦，茄子曰安其，茶曰揸（又曰绿英），茶叶曰揸买（平声），烟曰眼，盐曰勾卤，酱曰粽，醋曰昧，蒌叶曰嚇（去声），姜曰兴，蒜曰汎，书曰色，墨曰抹，笔曰八，砚曰柜影，书架曰色架，笔架曰八格（平声），银硃曰文帚，杌橙曰答橙，棹曰中，坑床曰坑桑，桌围曰折圭，衣曰邑布，椅曰额（平声），花曰瓦，花瓶曰瓦瓶，垫子曰爱点，袍曰包，带子曰赛（上声），毡曰尖，褥曰蘖咀，靴曰尾，被曰独，帐曰包，枕曰呕灩，鞋曰孩，袜曰抹，袖曰梗布，钮子曰靠，裤曰凹，字曰至，画曰合，图书曰挓叟，印色曰暗虽，棉花曰民瓦，缎曰端，䌷曰周，布曰派，纱曰赛（上声），漆曰插，金曰冈（上声），木曰梅，水曰喏，木土曰斗木，火曰非，玉曰右，珠曰舟，铜曰东，铅曰渊，铁曰踢，银曰暗，沉香曰札木兴，檀香曰旦木兴，门曰斗，窗曰称，户壁曰站，门槛曰冈斗，大门曰代斗，钉曰鼎，匾曰拜边，船曰蒲鲁，逢曰拔，戳曰改，绳曰札，柴曰柳，镯曰棍，簪曰鲊扪，烟袋曰筒烟，绒曰容，裙曰巴品，线曰买，粉曰分，戒指曰过眉，耳坠曰对毫，抓痒曰高嚷，手巾曰搜更，雨衣曰厚额（平声），雨帽曰厚帽，纬帽曰纬毛，凉帽蓬曰林篷，铃曰铃灯，锣曰拉，碟曰搬，汤匙曰壁羹，灯曰档，灯台曰档台，蜡台曰蜡歹，箸曰兜，锅曰黑，酒盃曰楼盆，饭碗曰恩堆，盘子曰恩，茶盃曰搽，盃壶曰罐，台曰棹，脸曰把碎拉，开水曰那门滚，冷水曰那扪泽，清水曰那扪腮，浑水曰那扪昏，砖曰精，瓦曰袜，菜刀曰鞋，腰刀曰秧，斧头曰麻，抛木棍曰条米，枪曰村，锯曰麻更，棺木曰厩煤，扁担曰丢减，犁曰宰，石曰吞，石灰曰色灰，梭子曰屡，篮曰安擂，麻曰柰，板子曰板槌，夹棍曰格棍，枷曰呀莽，拶子曰散咀，打曰混，杀曰假，杖曰登倒，草曰哈，桂元曰吗，梅子曰抹梅，茨菇曰瘦古，枣子曰枣咀，石榴曰锡楼，栗子曰抹蜡，甘蔗曰威，芝麻曰奶（平声），荔枝曰勒追，柑子曰抹格（平声），菱角曰菱格，松子曰松坯，苦瓜曰呵内，花生曰独筍，梧桐曰梅多，香瓜曰馨寡，槟榔曰买榔，西瓜曰虽瓜，藕曰熬，桃子曰抹刀，芋头曰拍辣，树曰梅竹，一曰勒，二曰隘，三曰伞，四曰岁，五曰恶（又谓之哈），六曰浮，七曰摔，八曰拜，九曰勾，十曰漆，百曰罢，千曰丢，万曰凡，两曰炼，钱曰尖，分曰粉，厘曰雷，毫曰蒿，丝曰腮，斗曰桶，升曰墨，斛曰盒，石曰抑，斤曰赶，秤曰恩掌，戥曰挡，龙曰独陇，虎曰独谷，豹曰豹追，马曰墨，牛曰歪（去声），獾曰独眼，猪曰亩（平声），羊曰夏恩，石羊曰锡涅，山羊曰三涅，狗曰抹，兔曰脱，鸡曰盖，鸭曰笔，鹅曰本，喜鹊曰六格，麻雀曰独乐，斑鸠曰独乐楼，仙鹤曰锡盒，鹭鸶曰腮，白鹇曰八哈，鹧鸪曰六派，孔雀曰孔搓，鹰曰忧，八哥曰八格，蚊曰独疑，蛤蚧曰毒家格，蚯蚓曰毒岭，虾蟆曰毒共叟，蛀虫曰毒纸见，蚊曰毒戒，苍蝇曰毒名，蚂蚁曰毒里（《永康县志》）。

宁明改流未久，土瑶旧俗，尚朴未驯（《金志》）。所隶旧土府之地，原建有学，经解大绅之渐摩，民习诗书，随列岁举。但密迩南交，尚有狡悍之气（《太平府志》）。

思州，思明土府裁改，今其地半隶宁明。《旧志》云：思地偏隅，近接交趾夷落，人民质朴，畏刑罚。男子刀耕火耨，妇女业纺绩。设官制治后，渐知读书敦礼(《金志》)。

元陈孚《思明诗》四首：鹿酒香浓犬彘肥，黄茅冈上纸钱飞。一声鼓绝长枪立，又是蛮巫祭鬼归。　毒虫含弩满汀沙，荒草深眠十丈蛇。遥望天边红似火，瘴云飞落木棉花。　刺竹丛丛苦简生，山禽无数不知名。元宵已似春深后，龙眼花开蛤蚧鸣。　手捧槟榔染蛤灰，峒中妇女趁墟来。蓬头赤脚无铅粉，只有风吹锦带开。

龙州地贫俗陋，性颇轻悍，染土习，婚丧类多异制（《金志》）。改流后，新以同知镇治，纳于轨物之中，化导知有渐矣（《太平府志》）。

宋林弼《龙州诗》五首：草阁紫扉傍竹开，峒官留客意徘徊。盘遮蕉叶携肴至，瓮贮筠笼送酒来。　峒丁峒妇皆高髻，白纻裁衫青布裙。客至柴门共深揖，一时男女竟谁分。　近水刺桐知驿舍，倚山毛竹即人家。趁墟野妇沽甜酒，候客溪童进辣茶。　架岩凿壁作巢居，隐约松云碧树疏。水枧枝枝横槛似，禾囷个个小亭如。　白沙青石小溪清，鱼入疏罾艇子轻。漫说南荒风景异，此时真似剡中行。

明解缙《龙州诗》四首：龙州百尺石为城，万户层楼树色青。举网得鱼沽美酒，满船明月棹歌声。　波罗密树满城阖，铜鼓声喧夜赛神。黄帽葛衣墟市客，青裙线带冶游人。　交州出到龙州路，瘴雨荒烟泣鹧鸪。姑信玉关长闭好，欲将封事赞皇图。　广源江水绿于苔，缭绕龙州学宇回。惟见七源江水浊，常时风雨彻天来。

太平、安平、万承、恩城土官皆延师教其子弟，亦娴文艺。上龙司、江州、上下冻州、罗阳、罗白差逊之。至龙英、凭祥、思陵、上下石西州，茗盈、全茗、结安、佶伦、都结、镇远十一属，地僻人稀，未能诵读（《太平府志》）。

新龙等州，山田拣荒平处以锄锹开为町畽，伺春雨，丘中贮水，先买鲩鱼子散于田内。一二年后，鱼儿长大，食草根并尽，既为熟田，又收鱼利。及种稻，且无稗草，乃齐民之上术也（《金志》）。

镇　安

［清］性资梗执，情义乖疏。婚姻以牛酒为聘。地生岚瘴，民多疾病。人无定居，务农为业，开山耕种。三年一换（《一统志》）。人多冥顽，不解诵读。冠婚丧祭，自随其习（《金志》）。鲜讼少奸宄，畏法敬官。民间耕获，率通力合作。村民首巾跣足，城市稍有衣冠（《镇安府志》）。除夕，民家各提瓮汲新水，意取涤旧事也。汲而归，沿路唱牛、羊、猪、狗、鸡、鸭六畜魂来一语。正月底，采白头翁艾草和米为糍，益以鱼虾，祭畜栏，名曰收鸡鸭魂。六月初旬，染五色饭，杀豚分烹，祭牛栏。男女用小鸡五色饭，诣田野牛寮内，团坐而食，曰收牛魂。旧俗七月间，甲峒约期祭青苗，烹豚煮酒，请官长闭城门，禁路不许人行，饮食喧哗于署内外，一日而罢。知府沈嘉征禁之，俾各分祭于亩浍。婚姻得庚帖，或凭鸡卜，或酿酒验甘苦，以决成否。用槟榔、乌饭、鸡、酒、猪、牛为聘。丧葬事比邻共为哀恤扶助，戚友

闻讣，吊以香烛。至戚供素饭，名曰帮斋居。齐民男子裹帕，妇女短衣长裙，跣足。疾病不事医药，杀豚犊，割鸡凫禳之，名曰祭鬼。旧俗土民沥灰水以代盐。自府属行官盐，方免淡食，沥灰之风始息（同上）。

天保民务农乐，无田者率开山耕种，辄二三年一徙。人多蠢野，世家子弟渐知读书。方言：天曰亭（上声），地曰堆（上声），日曰他文，月曰恩孩，风曰临，云曰文怕，雷曰博雷，雨曰盆（上声），阴曰钦，晴曰烈（平声），冷曰浪，暖曰透，远曰归，近曰惧（上声），高曰嵩，低曰敦，行曰派（平声），立曰邓，坐曰囊，睡曰暖，来曰麻，去曰卑，迟曰锥（上声），早曰奏，轻曰谋，重曰溺，大曰卤，小曰意，贵曰凭，贱曰专，长曰黎，短曰顿，称曰曾（平声），尺曰夕，斗曰堕，尺曰塔，水曰念，火曰肥，盐曰局，鱼曰巴，肉曰玉（平声），茶曰甲，酒曰漏，汤曰羹（上声），饭曰扣安，锅曰报，灶曰饼斗，碗曰腿，碟曰丁，父曰博，母曰米，伯曰龙，叔曰奥，兄曰僃包，嫂曰备背，弟曰侬包，侄曰兰，姊曰僃扫，妹曰侬扫，夫曰关，妻曰八，儿曰陆，才女曰陆仍，奴曰愧才，婢曰愧仍，头曰图，面曰纳，耳曰求，目曰挞，口曰百，鼻曰能，手曰蒙，脚曰卡，衫曰丝表，袄曰丝董，裙曰逊，裤曰夸，马曰骂，牛曰怀，猪曰某，羊曰袜，狗曰马（《天保县志》）。

归顺民淳而朴，缘山而种，状若旋螺，获禾率连穗贮仓，临餐乃取舂之。男女巾布跣足。妇人必洁饰衣裙而后见尊长，衣短裙，常以茜草染齿令红，以示丽。父母死，阖室子女舂杵关闹击成声，谓为化者舂行粮。每遇节庆，煮大粽相馈遗（《镇安府志》）。

奉议山深地僻，性轻易怒。贫无积贮，耕作山顶，鲜知贸易。村人则僻处林谷，种旱稻及靛，多业染。知盖藏，每岁终作窖，山隅贮禾，以备歉收。居山者曰瑶人，业竹木，种畲。方言：天曰门，地曰林，父曰坡，母曰蔑，兄曰哥，嫂曰妹囊，头曰久，面曰那（上声），手曰蓬，足曰吞，耳曰面，鼻曰能，水曰廪，火曰肥，吃饭曰跟厚，吃酒曰跟流，吃茶曰跟查，吃汤曰跟数，袍曰布，袍褂曰布套，帽曰貌（平声），鞋曰孩，靴曰夜，袜曰滑，碗曰退，箸曰递，锅曰招，扇曰秤，扇曰皮，壶曰瓶。

湖润寨男女粗衣淡食，俱事耕锄。居止栏房。

向武山多田少，民止耕菑，不事贸易，鲜知礼义，病则杀牲祭鬼。

都康山多田少，四时瘴雾弥漫，遇雨则寒。其民散处山陬，架楼而居，栏下畜牛猪。专事耕稼，终岁一收，不足则佐以芋粟。男女皆裹头，短衫长裙。婚尚槟榔。病不药而祭鬼。终岁淡食（俱同上）。

上映山僻水少，土瘠民贫，农力虽勤，岁无余积。年节老者聚饮，少者抛球为乐。妇女衣短裙，服饰尚青蓝（《金志》）。

下雷近交夷，地僻民稀，椎髻跣足，言语侏俪，栏房为室。婚姻惟凭鸡卜，疾病专祀鬼神。男子裹头，妇女戴笠。嗜酸糟，不食盐。春夏男妇耦耕，秋则斗酒只鸡，亲戚相劳苦。称淳俗焉。方言：天曰伐（平声），地曰的（平声），父曰播，母曰蔑，兄曰卑，嫂曰卑囊，姊曰卑骚，妹曰侬骚，头曰徒，面曰那，手曰蒙，足曰卡，耳曰邱，鼻曰郎，水曰淰，火曰肥，吃饭曰馑扣，吃酒曰馑漏，吃茶曰馑茶，吃汤曰馑汤，袍曰素袍，褂曰素褂，帽曰貌，鞋曰涯，靴曰尾，袜曰抹，碗曰退，箸曰偷，锅曰招，甑曰章，扇曰惟，壶曰瓶（《镇安府志》）。

小镇安男子巾布跣足，妇女戴笠拖裙，住栏房，席地而食。田无顷亩，亦不计垧，惟以谷十斤种田为一吊。方言：日曰魂，月曰海，山曰霸，川曰驮，风曰楞，云曰尹，雷曰垒，雨曰喷龙，伯曰博罢，叔曰博奥，儿曰毕宰，弟曰侬宰，姐曰毕迎，妹曰侬迎，夫曰博铺，妻曰妹女，眼曰他，口曰已，舌曰伶，齿曰邱，肉曰勒，鱼曰巴，绸曰奏，布曰派，盆曰本，盘曰板，棹曰踵，椅曰椅子，牛曰堵磨，羊曰堵也（同上）。

郁 林

［宋］郁林州俗多淳古，且多长年。其民不务于末，知孝悌力田，务本而已，比诸郡为盛。良才秀民，好学者多（《方舆胜览》）。

白州俗重卜，吉凶取决于鸡脾。《汉书·郊祀志》云：越巫鸡卜也（《寰宇记》）。

［清］知学务耕，民俗俭朴。民业于田，逐末者少。纳聘用槟榔，疾病无医药（《一统志》）。四境俱民，无佺僮瑶俍，饮食俭啬，婚丧惟礼（《金志》）。

博白风气完固，崇尚气节（《李志》）。多旷土而产不丰，治麻枲蕉布为业。齐民编茅为屋，服御无丝帛珍错。婚礼贫富异等。丧葬用灰沙坟，少碑碣，致生讼端。山子狼坡斑人率多流寓，租地而耕（《金志》）。

北流地领殷繁，士业于学，农力于田，妇人勤纺绩。民颇畏法。或著木屐，或跳［跣］足，更裸赤而不欽饰（同上）。

陆川风气朴质，不尚奢靡。士子惟知守长经，习举业，藏书家罕闻焉（同上）。

兴业服食俭朴，帼幅无华。山多田少，不通舟楫。妇女纺织耘耔，兼樵牧负担之事。民急公，无逋赋。葬先浅瘗，然后改葬，名曰收金（《兴业县志》）。

粤西方言各别，佶屈绵蛮，即一隅亦有不能尽同者。呼父曰爸，伯曰邛，叔曰邛兄。呼母为姥，亦曰邛婆，曰邛嫂，曰邛姐，曰邛妈，曰邛媳。呼弟为太，亦曰邛弟。呼儿为仔，亦曰崽，曰娸，曰邛儿。自称曰侬，亦曰我，曰我队。称人曰渠，亦曰他，曰渠队。他如兄称妹曰姑嫱，亦曰邛婿，邛妹。弟称姐曰邛姐，亦有大仔姐之类。皆不可遽晓（同上）。

云南

总志

被于上者谓之风，成于下者谓之俗，风俗之美恶，政治之隆替见焉。秦汉而后，陈诗内贾之典无闻，然历代史臣，各有纪载，是亦政治得失之林也。滇地夷多汉少，而俗朴风淳。有明以来，改土归流，夷风渐革。今综各旧志所载，详核而汇纪之，俾后之人知日新月异之有由然云。

《史记·西南夷传》：其西靡莫之属以十数，滇最大。此皆椎结耕田，有邑聚。其外西自同师以东，北至楪榆，名为巂、昆明。皆编发，随畜迁徙毋常处，毋君长。《汉书·地理志》：武师初开置，民俗略与巴蜀同。《后汉书·西南夷传》：夜郎牂柯，地多雨潦，俗好巫鬼禁忌。寡畜生，又无蚕桑，故其郡最贫。又，哀牢夷种，人皆刻画其身，象龙文。衣著尾（谨案：《南中志》衣后著十尾，臂胫刻文）。又：哀牢人皆穿鼻儋耳。其渠帅自谓王者，耳皆下肩三寸，庶人则至肩而已。常璩《华阳国志·南中志》：编发左衽，随畜迁徙，莫能相雄长。又：其俗徵巫鬼，好诅盟，投石结草，官常以盟诅要之。又：牂柯郡俗好鬼巫，多禁忌。畬山为田，无蚕桑。颇尚学书，少威仪，多儒怯，寡畜产。虽有僮仆，方诸郡为贫。又：晋宁郡，俗奢豪，难抚御。又：朱提郡，其民好学，滨犍为号。多士人，为宁州冠冕。又：南广郡，无稻田蚕桑，俗尚妖巫，惑禁忌，多神祠。又：云南郡，土地有稻田畜牧，但不蚕桑。郦道元《水经注》：僰道县，《地理风俗记》曰，夷中最仁，有仁道，故字从人。秦纪所谓僰僮之富者也。《隋书·地理志》：其边野富人，多规固山泽，以财物雄役夷僚。故轻为奸藏，权倾州县，此亦其旧俗乎？樊绰《蛮书》：蛮夷风俗，其蛮丈夫，一切披毡，其余衣服，略与汉同，惟头囊特异耳。南诏以红绫，其余向下皆以皂绫绢。其制度取一幅

哀劳夷人

物，近边撮缝为角，刻木如樗蒲头，实角中。总发于脑后为一髻，即取头囊都包裹头髻上结之。羽仪已下及诸动有一切房甄别者（谨案：此句疑有讹脱），然后得头囊。若子弟及四军罗苴已下，则当额络为一发，不得戴囊角。当顶撮髽髻，并披毡皮。俗皆跣足，虽清平官大军将，亦不以为耻。曹长已下，得系金佉苴（谨案：原本阙金字，今据《新庚书》增入）。或有等第战功，褒奖得系者，不限常例。又：贵绯紫两色，得紫后有大功，则得锦。又有超等殊功者，则得全披波罗皮。其次功则胸前背后得披，而缺其袖。又以次功，则胸前得披，并缺其背，谓之大虫皮，亦曰波罗皮。谓腰带曰佉苴。又：妇人一切不施粉黛，贵者以绫锦为裙襦，其上仍披锦方幅为饰。两股辫其发为髻，髻上及耳，多缀珍珠金贝，瑟瑟琥珀。贵家仆女，亦有裙衫。常披毡，及以缯帛韬其髻，亦谓之头囊。又：南诏有妻妾数百人，总谓之诏。佐清平官大军将有妻妾数十人。俗法，处子孀妇，出入不禁。少年子弟，暮夜游行，闾巷吹壶芦笙，或吹树叶。声韵之中，皆寄情言，用相呼召。嫁娶之夕，私夫悉来相送。既嫁有犯，男子格杀，无罪妇人亦死。或有强家富室，责资财赎命者，则迁徙丽水瘴地。终弃之法，不得再合。又：每年十一月一日，盛会客，造酒醴，杀牛羊，亲族邻里，更相宴乐。三月作乐相庆，惟务追欢。户外必设桃茢，如岁旦然。改年即用建寅之月。其余节日，粗与汉同，惟不知有寒食、清明耳。又：每饮酒欲阑，即起前席奉觞相劝。有性所不能者，乃至起前席，扼腕的颡，或挽或推，情理之中，以此为重。取生鹅治如脍法，方切之，和生胡瓜及椒杀啖之，谓之鹅阙，土俗以为上味。南诏家食用金银。其余官将，则用竹箪。贵者饭以筋，不匙。贱者抟之而食。又：一尺，汉一尺三寸也。一千六百尺为一里。汉秤一分，三分之一。帛曰幂，汉四尺五寸也。田曰双，汉五亩也。又：本土不用钱，凡交易缯帛、毡罽、金银、瑟瑟、牛羊之属，以缯帛幂数计之，云某物色值若干幂。又：凡人家所居，皆依傍四山。上栋下宇，悉与汉同。惟东西南北不取周正耳。别置仓舍，有栏槛，脚高数丈，云避田鼠也。上阁如车盖状。又：西爨及白蛮死后三日内，埋殡依汉法为墓。稍富室，广栽杉松。蒙舍及诸乌蛮，不墓葬。凡死后三日焚尸。其余灰烬，掩以土壤。惟收两耳，南诏家则贮以金瓶，又重以银为函，盛之深藏别室，四时将出祭之。其余家或铜瓶、铁瓶盛耳藏之也。又：言语音白蛮最正，蒙舍蛮次之，诸部落不如也。但名物或与汉不同，及四声讹重。大事多不与面言，必使人往来达其词意，以此取定，谓之行诺。又：每出军征役，每蛮各携粮米一斗五升，各携鱼脯，此外无供军粮料者。蛮军忧粮易尽，心切于战，出界后，许行劫掠，收夺州溪源百姓禾米、牛羊等辈，用军之次。面前伤刀箭，许将息。倘背后伤刀箭，辄退者，即刃其后。《唐书·南蛮传》：南诏俗以寅为正，四时大抵与中国小差。脍鱼寸，以胡瓜椒杀和之，号鹅阙。吹瓢笙，笙四管，酒至客前，以笙推盏劝釂。以缯帛及具市易。专于农，无贵贱皆耕。不徭役，人岁输米二斗。一艺者给田，二乃收税王。又：两爨蛮，其众完富，与蜀埒。无酋长，喜相仇怨。夷人尚鬼，谓主祭者为鬼主，每岁户出一牛或一羊，就其家祭之。送鬼迎鬼必有兵，因以复仇云。又：昆明蛮以西洱河为境，土歊湿，宜粳稻。人辫首左衽，与突厥同。随水草畜牧，夏处高山，冬入深谷。尚战死，恶病亡。又：牂柯无城郭，土热多霖雨。稻粟再熟，无徭役。战乃屯聚刻木为契。盗者倍之而偿，杀人者出牛马三十。俗与东谢同。又：夜郎滇池以西，以十二月为岁首。布幅广七寸。正月蚕生，二月熟。男子毡革为帔，女衣絁布裙衫，髻盘如鬉。饭用竹筲，抟而啖之。乌杯贮羹，如鸡彝。徒跣，有舟无车。死则坎地殡舍左之屋，三年乃葬，以彝蚌封棺。父母丧，斩衰布衣，不澡者四五年，近者二三年。为人所杀者，予以麻括发，墨面，衣不缉。居丧婚嫁不废，亦弗避。同姓婿不亲迎。富室娶妻，纳金银牛羊酒，女所赍亦如之。有罪者树一长木，击鼓集众其下。强盗杀之，富者贳死，烧屋夺其田。盗者倍九而偿赃。奸浮［淫］则强族输金银清［请］和，而弃其妻，处女嫠妇不坐。凡相杀必报，力不能则其部助攻之。祭祀杀牛马，亲邻毕会，助以牛酒，多至数百人。《五代史》：昆明其人椎髻跣足，披毡，其首颇披虎皮。《元史·赛音谔德齐传》：云南俗无礼仪，男女往往自相配偶。亲死则火之，不为丧祭。无粳稻桑麻。子弟不知读书，赛音谔德齐教之拜跪之节。婚姻行媒。死者为之棺椁奠祭。教民播种，为陂池，以备水旱。创建孔子庙、明伦堂，购经史，授学田，由是文风稍兴。《古今图书集成》：荒服之外，土地硗确，食肉衣皮，不见盐谷。《虎荟》：云南人能化形为虎，以人为粮。又：南诏国呼虎为波卢。又：云南蛮呼虎为罗罗。《旧云商通志》：元日祭天地祖先，桃符门丞，往来贺岁。又：立春日，春盘赏春，以饼酒相馈。又：元夕赏灯张乐，星桥火树，有古风焉。次夕，携游爆竹，插香于道，相传可以祛疾。又：二月三日，会城游龙泉观，还憩石咀庄，为临江之饮，歌咏为乐。各郡于其胜地，郊修禊事。又：清明插柳祭墓。又：三月三日，谒真武庙。于西山罗汉寺，或东之鸣凤山金殿，或先期赴易隆中和山，行两日程。或负香之襄阳，谒武当山，往返数月。又：十三日，大理开市于演武场，集商贾，聚四方之货，交易至十七日移城内，二十日散市。又：廿八日谒东岳庙。又：四月八日为浴佛会。又：立夏日插皂夹枝、红花于户以压祟，围灰墙脚以避蛇。又：端阳悬艾虎，系续命缕，饮菖蒲酒，以角黍相馈。又：六月朔日至六日，各郡礼南斗祈年。又：星回节，俗谓之火把会。本廿四、廿五两日，砍松为燎，高丈余，入夜争先燃之。村落用以照田祈年，以炬之明暗，占岁之丰歉。街市儿童捣松脂末，互相浇洒为戏。比户剁生饮酒，汉夷同之。（相传，汉时有夷妇阿南，夫为人所杀，誓不从贼，以是日赴火死。国人哀之，因为此会。一云南诏皮罗阁欲并五诏，将诱会于松明楼焚杀之。邓睒诏妻慈善测其谋，劝夫勿赴。夫不从，以铁钏约夫臂。既而果被焚。慈善认钏得夫尸，归葬。皮罗阁闻其贤，欲娶之。慈善闭城死节。滇人以是日燃炬吊之。一云孔明以是日擒孟获，侵夜入城，父老设燎以迎，后遂相沿成俗。未知孰是。）又：七夕妇女穿针乞巧，以瓜果祀织女星。又：中元祭先于家庙，或焚纸衣楮镪。夜放河灯。又：中秋瓜饼祭月。又：九月朔日至九日，礼北斗祈年。又：重阳登高，饮茱萸酒，以面簇诸果为花糕，亲识相酬馈。又：十月祀先墓祭。又：长至相贺，各以糍饵相馈。又：腊八日作五味粥。又：廿四日祀灶。又：除夕饮分岁酒，先少后老，煨炉守岁，四更迎灶。又：婚嫁仍遵行六礼。先求女庚帖，随通媒妁，继请亲长之尊贵者，向女家致主人意。既诺，则二姓互相酬拜，具启下定仪。将娶，则请期纳币，而后亲迎焉。其仪物丰俭，各称其力。又：丧礼旧俗尚奢，凡吊客皆宴待，具有酬赠，致缺费而停丧不举者。今易以槟榔清茶，甚便。至崇信释道，建斋诵经，其风固大概相同也。若火葬，则夷民行之。今亦有卜地以葬者。又：祭祀丰俭随力，竭诚以享。惟愚民间有惑于淫祀者。又：宴会旧尚俭约，服饰亦崇朴素。今会城大邑，客民杂处，渐以华美相竞。其余犹知爱惜土物无替初服焉。又：覆屋各省专用版瓦，滇中兼用瓴瓦。相传滇中多风，明初特敕许用。又：日中为市，率名曰街。以十二支所属，分为各处街期。如子日名鼠街，丑日名牛街之类。街期各处错杂，以便贸迁。昔多用贝，俗名曰𧵅子。一枚曰庄，四庄曰手，四手曰苗，五苗曰索。《雪涛谈丛》：滇省风俗，每年六月二十八日，各家具束苇为藁。高七八尺，凡两树，置门首。遇夜炳燎，其光烛天。是日各家俱用生肉切为脍，调以醢蒜，不加烹饪，名曰吃生。总称曰火节。问其故，谓吊忠臣王祎。盖祎受命入滇，说元梁王降，王反杀祎，醢其肉。若是则炳藁可也，奚忍食生为耶？夫楚人竞舟，吊屈子也，晋人禁烟，伤介推也，皆有不忍之意焉。王公被醢，而滇俗斫脍吃生，毋乃倒置乎？存炳火，革生肉可也。

云 南

《后汉书·西南夷传》：滇有盐池田渔之饶，金银产畜之富，人俗节俭，居官者往往富及累世，独异于他处云。明太祖谕言：滇南气厚风和，为君子行道立政之所。《儒学碑》：人禀名山大川之气，子弟多颖秀，科第显盛。明《通志》：其民遵礼教，畏法度，士大夫多才能，尚节义，彬彬乎声名文物与中州相埒。夫岂曩时之气象哉。《图说》：民气和柔，天时无剧寒暑，所谓四季如春，日炙如夏，稍阴如秋，一雨如冬也。故夏不挟扇，冬不围炉。《一统志》：山箐所居土人，种类不一，然皆守信约，敦朴素。邻保相资，守望相助，大有古初之风。《旧云南通志》：其地兵民错居，闾阎栉比。行其野则农安耕凿，入其里则户习诗书。民无告讦之风，士有干谒之耻。又：滇南地列坤隅，得土冲气。省会地势开阔，四时和序，故人多儒雅。又：汉多夷少，风气渐开。士雅民淳，教化易人。耕织贸易，各安其俗。自元至清，人物科第，后先振起，服食器用，锓锓乎有中原之风焉。

昆明县 《云南府志》：士多秀颖，素重名义，民性淳良，不好争讼。但近城市，多习贸易，而少事耕织。服食交际，不无奢靡耳。

富民县 《云南府志》：地虽僻处，民俗颇淳。以耕为业，终岁之计，取给畎亩。其俊秀子弟，事诗书、列科第者亦蒸蒸蔚起焉。《富民县志》：士民均无他营，以耕读为业。终岁之计，取给畎亩。其俊秀子弟，类多聪明朴实，文雅清丽之才，耕织稍暇，即事诗书。列庠序，登科名者，蒸蒸然蔚起。鹏程万里，行将相望。婚姻丧葬，与省俗略同，差俭尔。

宜良县 《云南府志》：男务耕读，女勤纺绩。邑有弦歌，士尚气节。至夷民虽有倮倮僰人数种，各安耕凿，不事强悍，与山箐负隅者异。《宜良县志》：汤池十八村，于元旦诣万福寺迎佛祈年。每村迎供三日，至三月三日送佛归殿。每村迎台阁演戏，远近聚观。

罗次县 《古今图书集成》：田高水下，地瘠民贫，不事浮华，多尚古朴。其俊秀子弟，亦知从事诗书，惟不知织纺。康熙五十年，署县梁衍祚，捐赀教民织纺，今亦稍有成效。《云南府志》：民生朴素，不善商贾，士安诵读。农务耕耘而外，安分省事，少奢华之风。《罗次县志》：民风浑朴，逐末者少。耕凿而外，别无他业。仰事俯育，俱取给田间。其俊秀子弟，咸事诗书，列科甲亦接踵有人焉。婚丧，绅士一遵《家礼》，其余多尚浮屠。耻与仆隶连婚，然多崇俭约，不事繁华。

晋宁州 《云南府志》：农急于耕，女勤于织，子弟服于文教，科第亦甲于他邑。中原风气，十得六七矣。《晋宁州志》：士知务学，敦实行，不尚声气，科名接踵。

民务农业，女工织纺。二月，州城内外，沿旧俗轮期迎佛，驾车绕城，自朔至十日乃止，以为祈年之意。四月立夏，盘龙山涧有金眼虾蟆泉，俗云其水浴之，可以明目，游人竞往。八月，盘龙山莲峰禅师会场，祈祷辄应。进香酬愿，有远涉月余者。自朔至望日乃止。

呈贡县 《古今图书集成》：旧习六月二十四日，各村人多聚于绣球山，角力跌脚为乐。知县夏琎禁革。《云南府志》：去省未远，习俗多同。士秀而文，能尚礼节。民朴而俭，劳于胼胝。科名蔚起，代不乏人。《呈贡县志》：俗尚无子，有女者以婿为后。

安宁州 《云南府志》：汉夷杂居，相沿既久，自明洪武间，人多习儒。诵读之声，遍于闾巷，科目之盛，继美后先。文物衣冠，几与中州埒。俗尚俭约，不事浮夸。乡人多负薪自给，倮僰之性，喜祷鬼神。近亦熏陶教化，渐符汉俗。《安宁州志》：旧志称州人多习塾业，短檠青火，章句之声，遍于里巷。似矣，今则学儒不成，多去而学吏。又称士尚礼义，民畏法度，男耕女织，多务本业，诚哉是言。至若俗尚俭朴，今则式衣选食者有矣。惟婚丧一遵《家礼》，然亦不能无斗靡之处。独是仕宦不谒公门，儒者甘处穷约，以便腹而亢颜为人师者，满乎四邻。而素封之家，率多藐视，而耻于奔竞。铮铮之概，有足多者。若夫山泽居民，半居僰种，然不少孝悌力田之族，相友相助，古道不亡。乃若臼耗杖头之费，频倾曲蘖之沽。月多斋日，而男妇群数数珠，时赛淫祠，虽正直亦听。巫教间有黠痴相煽，游荡成风，虽耗业而不悟，其为伤风害俗甚矣。

禄丰县 《云南府志》：士敦礼义，民畏法度。言语服饰，尤为淳朴。土人散处乡村，虽椎髻鹑衣，皆安耕凿，咸听吏治焉。《禄丰县志》：米谷不知积贮，器皿多用瓦器，衣服不事币帛，妇女不知纺绩。县令刘自唐出示，并延善织者朝夕劝谕，有耆民林蕃，首倡董率，渐次成风。

昆阳州 《云南府志》：地薄民淳，汉夷杂处。士民耕读，各乐其业。居家俭朴，畏法少争。惟彝人言语服饰、婚姻丧祭，不无稍异于汉人。

易门县 《云南府志》：彝多民少，性健好争。山谷高深，地半荒瘠。迩来沐浴圣化，士亦知书，农安耕凿，略无旧习，稍有淳风矣。《易门县志》：士雅民淳（知县剧秉钥志）。读书力农，俗尚淳雅（杨升庵）。又：士多谨饬，不干外事。民专务本，安分畏法。

嵩明州 《古今图书集成》：二月初旬，以鸡豕祭先农，鼓乐迎道。祭毕，则老幼男妇群聚而饮福酒，此即古者祈年之礼。《云南府志》：士习尚朴敦礼，读书守约，以私谒为耻。婚丧能用古制，邻保相恤。其民务农安业者多。风土俗习，与省会略同。《旧嵩明州志》：人守信约，淳朴素著。又：居市廛者商贾，在田野者耕稼，近水滨者渔猎。

耻浮靡，不好争讼。士多读书循礼义，敦孝尚忠，以私谒为耻。《嵩明州志》：二月八日，迎宗镜寺佛，四门次第祀之。

大理

樊绰《蛮书》：高山大川，钟灵毓秀，代有人物。敦松年《大理行记》：俗本于汉，民多士类。元李景山记：书有晋人笔意。《志胜》：四时气候，常如初春，暑止于凉，寒止于湿。明《通志》：科第显盛，志尚气节。崇奉释教，俗多豪华。又：观音市，三月十五日在苍山下贸易，集各省之货。唐永徽间至今，朝代累更，此市不变。知是观音入大理后，人至日烧香，四方闻风各以货来也。又：家无贫富，皆有佛堂。又：少长手念珠一，岁中斋戒居半。又：田四亩曰一双。又：白子国南诏皆治于此，俗多豪华。又：阿阇黎僧有室家，能诵咒。制诵大理原有罗刹邪龙为患，观音以神力闭之于上阳溪洞中，传留咒术以厌之。今有阿叱力僧纲司云。又：部属之彝邓浪，有倮倮，性悍。赵州有倮彝，懦弱。尝土而耕，能知土味，辨其可种何谷，果如其料。民间欲效之，不得其妙。又：约信不爽，贫多借贷，如期酬偿，毫厘不欺。故江西人居之以为奇货，皆至大富。在今宾川州云南县。《图说》：居人能农不能贾，山水之利，率归客商。人多好善，明时甲科理孰，为两迤首。质直好义，无钩曲之行。婚丧遵《朱子家礼》：四时墓祭。《旧大理府志》：家无糜费，市无惰民。族多白人，咸敬神明而重犯法焉。又：敦伦谊，重犯法，赋税不待催科，贫乏耻为商贾。《大理府志》：七月二十三日，相传邓诏妻慈善以是日死节，故今太和、邓浪，皆竞龙舟吊之。

大理利贞皇帝礼佛图，张胜温绘。

太和县 《大理府志》：独钟苍洱之秀，故人文甲于他州县，而民亦称饶。俗尚浮屠法，朔望经声，比户而沏。世传大士昔至此，教人捐佩刀，读儒书，明忠孝五常之性，故人敬神明，而重犯法焉。

赵州 《大理府志》：昆弥岭有南北之分，而土风亦因之以异。岭北田少人多，虽皆力穑，而鲜恒产。岭南土满人稀，荒芜者众。《赵州志》：州城读书嗜古，孝悌力田。上十八村，淳良务本，学文畏法。下十八村，耕读贸易，汉僰相兼。弥渡市人文与州城并盛，但五方杂处，习尚稍殊。下川汉夷相杂，务学重农。白崖耕织相兼，回汉杂处。又：中秋祭月，儿童作火龙舞。

云南县 《大理府志》：山鲜崭削，地多平衍。谚曰：云南熟。大理足。然则云南固沃土也，民初至朴，自与：卫军杂处，俗用滋漓，今其风渐靡，急宜还朴。《云南县志》：土旷民贫，俗尚勤俭。咸以耕织为生，民无游惰，士争气节，声音中正，语气清直，城中好义尤多。云川较质朴，弗事矜华。荞和你三甸，溪僰相兼，务简约。乡城内外皆畏法崇文，急公奉上，岁暇多贸易远方。其子弟之俊秀，专意读书，志在科甲。

邓川州 《大理府志》：山多狮虎旗鼓之状，故其人勇悍而喜斗。然好义有为之士，亦由此钟焉。《邓川州志》：三月中旬，沐浴于温泉，有上巳祓除之风。又：七月中元祭祖，冥衣率甲纸为之。惟邓川兼用布。新亡人家，亲戚乡党，竞相馈送。每年通境用布不下千余匹，殊属无益，知州李文培革之。

浪穹县 《大理府志》：民多务农，士无横议，敦悫谨饬，号称仁里。

宾川州 《大理府志》：土燥少水，地乏源泉，比年赔荒之累，死徙者十之五六。土著之民，终岁勤动，无赢余也。

云龙州 《古今图书集成》：元宵前迎三崇神，沿街立松棚，设供献，张灯暴竹，歌舞旬日，送回。《大理府志》：群夷杂处，幅员最广，距郡最遥。率皆务本力田，以安厥分。

临 安

李京《云南志》：号诗书郡。明《一统志》：习俗质野，采猎为业。明《通志》：士秀而文，崇尚气节。民专稼穑。衣冠礼度，与中州等。《旧临安府志》：敬老崇文，人多畏法，婚礼近古。户习诗书，科第人才，盛于诸郡。《临安府志》：士事诗书，农安耕凿；工不尚淫奇之技，贾不争绚烂之营；男无舍业以嬉，女以习劳为事。而吉凶宾嘉之礼，又斌斌乎其可观焉。又：二月八日，曲江石屏迎佛，宝盖幡幢，交错于道，结彩幔，张灯如元夕。又：临属山多田少，土人依山麓平旷处，开作田园，层层相间，远望如画。至山势峻极，蹑坎而登，有石梯磴，名曰梯田。水源高者通以略，约数里不绝。至高亢处，待雨播种，曰雷鸣田，亦曰靠天田。又：土性有横土直土之异。横土载水，点滴不漏，即取作土屋，可居百年。直土则一望赤地而已。然亦可种果树木，以为百年之计。而勤者苦牛羊之践踏，惰者叹地力之薄硗，惜哉！又：山家引水用竹，空其中，百十相接，跨溪越涧，或用楮阁，或架以竿，或垫以石，延缘构塍，直达厨灶。唐诗所谓“刳木取泉遥”也。又：临属之雷鸣田，通海之海簰田，皆是谚所谓“戽水栽秧”、“撑船获谷”者也。又：王溪《编事》载南诏以十二月十六日谓之星回节（即日令星回于天之意），游于避风台，命清平官赋诗，骠信诗曰：避风善阐台，极目见藤越。悲哉古与今，依然烟与月。自我居震旦，翊卫类夔契。伊昔遘皇运，艰难仰忠烈。人觉岁云暮，感激星回节。元昶（元为君，昶为臣）同一心，子孙甚贻厥。然则谓六月二十四日为星回节者，亦沿袭之误。

建水县 《旧临安府志》：人多畏法，少有不平，愿弃不争，多爱清雅，敬老崇文。《建水州志》：俗喜尚学，士子讲习惟勤，人才蔚起，科第盛于诸郡。六月朔日至六日礼南斗。中旬经管义仓绅士请于府州，将去冬所余仓米分给通郡鳏寡穷民。二十五日为星回节，街燃松炬，醵饮村落，以炬插田，设牲醴致祷，即《诗》“田祖有神，秉畀炎火”之意。

石屏州 《石屏州志》：士喜尚学，讲习维勤。妇人习女红，勤纺织，每深夜犹闻机杼之声。田多瘠薄，农夫耕用两牛，前挽后驱，胼手胝足，终岁勤劳不休。俗尚节俭，急输将。近者礼让虽讲，革面未能洗心焉。至山寨夷众，皆居茅屋土壑，语言服饰，婚丧饮食，犹仍旧习。其英俊者，习诗书，学文章。游泮者岁不乏人，现有登甲榜者。

阿迷州 《阿迷州志》：前代中叶，以醇朴称。崇讲仁让，敦说诗书，习尚彬雅，号称邹鲁。一切婚丧宴会，礼俗与中土同。大要敦朴素，守俭约。即士大夫素封之家，服食不务文饰，盖习尚然也。

宁州 《宁州志》：备乐飨，冠婚丧祭，一遵《家礼》。尚节俭，勤耕读，朴直坦易，犹多古风。重名节，承先志，耕读相半，不事商贾。又：路居乡，地狭民稠，男女朴素，俗重耕耘，朝出暮归，多崇俭朴，耻浮华。士人以科贡为业，沿海以捕鱼为生。不事商贾，重儒术。又：虚于乡，善酿酒，重商贾。文以士显，武亦继起，耕读各半。又：贵填乡，采山茹美，近知王化。又：易富乡，多诵读，山尚火耕。文以科目显，武以骑射长。彝人近习礼，重儒术。又：婆兮乡，风气渐开，颇尚儒术。近深王化，习尚礼义，勤耕种。又：曲江乡，耕读相半，俗近建水。隶宁州俗近通海。四屯风尚，各因地俗。

通海县 《通海县志》：士读书，农耕稼。虽缙绅家妇女，亦勤纺绩。婚丧宾祭，因时成礼。江左之风，犹有存者。迩者民贫逐末，多荒本务，似乎孝悌力田，不可复追矣。又：士秀而洁，文章自出机轴，不寻章句。高明者往往崇尚气节，以砥末流。卿大夫爱静之甚。民多畏法，凡有不平，愿弃不争。妇女尚纺绩。兵燹多年，城与乡无所称殷实家者。人虽至贫，为善不敢怠。返朴还淳，大有其机。又：士人海于花朝挈榼，登山听布谷声，以课农事。人日农人走祭秀山白龙，祈丰年雨泽。寒食祭墓，清明插柳。又：三月亥日，张酒于西龙潭，患头风者洗之即愈。

河西县 《河西县志》：地土既薄，民给生不舒愉。男耕女织，其风淳，其俗俭。士多秀杰，质实少文。诸彝种类不同，好尚各别。又：俗尚俭朴，元宋以前，风气未开，不可问矣。迨至有明，侨寓者于斯觇古道焉，由是而士尚气节，民敦信义，锓锓乎有鲁之风矣。至务本力田，比闾皆然。不惟游惰者不获安于乡，即操奇赢者，亦往往而鲜。诸如冠婚丧祭数大节，靡不酌文质之中而裁之，则饮食服用之撙节可知也。至若弦诵不辍，男女异路，又士习之可风者。

峨县 《熠峨县志》：村庄之中，每年自相轮值火头，以司一村之事。凡田主往来，或过往行商，另有客房一座。饮食草料毕备，去不取值，住宿则备酒馔。有公田，各村多寡不等，取租以供客。犹有上古之淳风焉！

蒙自县 《旧蒙自县志》：蒙邑之人少，流寓之民多。其土著者，率皆前朝实边之人民，愿而谨，重农怀土，惮于远行，贸易不出其境，不敢与富商巨贾斗智争逐。虽有铜锡之厂，而四方商贾专其利，蒙之人不敢过而问焉。婚姻以门第相尚，不慕姬姜，不崇荣富。妇人鸡鸣戒旦，纺绩是勤。其行路以巾帕遮面，手执小伞，与《曲礼》“行必障面”之说相合。又：蒙邑之节令礼仪与中土同。惟六月二十四日有剁生之俗。剁生者，以鸡豕鱼肉生研缕丝，杂以鲜蔬，和椒桂而啖之，其名曰生，盖古研脍之法。六月二十五日为星回节，亦与建水诸邑同。蒙邑市集曰街子，犹齐赵谓之集，岭南谓之墟也。而街子则以日支名之，遇子曰鼠，遇午曰马。邑中之市，东西关者有子午二街；在鸡街者有辰酉二街。至期远近毕至，百货咸集，日出而聚，日入而散。又：衣服冬不裘，夏不葛。盖滇地多暑，而蒙邑气候常温，四时俱用春服。又：方言绝似吴楚之间，俱呼其村落为寨，亦谓之庄。川泽谓之海。田以分计，一分者犹言一区，不辨多寡。米以尔计，一尔者三十二升也。八升谓之桶，四桶谓之尔。《蒙自县志》：彝民善于背负，而不善于肩挑。凡运薪米数十百斤，皆负之于背，束带于胸及额，伛偻而行，宛如服轭之状。又：蒙邑之姓，有阿耶老良者也等字，其命名皆彝语，无所取义。

楚 雄

樊绰《蛮书》：土壤肥饶，士人务学。盐井之利，赡乎列郡。故其人裕而畏法。李京《云南志》：崇重释教，喜于为善。《滇志》：地当孔道，而不染于纷华。文教日兴，士风驯实。妇人不尚泽饰，故淫风绝少。虽贫贱之女，不嫁为妾。《旧云南通志》：民习勤劳，安于俭约。妇人不尚妆饰，虽贫耻为妾媵。婚丧无越礼之机，文风有日盛之势。《旧楚雄府志》：境多银矿，民竞采挖，而桑麻织纺之利未兴。又：山川环峙，多清淑，故其人性质惇敏。《楚雄府志》：楚雄路当孔道，往来商贾杂沓，历年等秤轻重不一。康熙五十二年，知府张嘉颖将各铺各秤较定划一，至今商民称便。

楚雄县 《楚雄府志》：其属军民八界，向设有销盐巡役若干名。地分八界，人系岁更，以民间买盐之多寡，分巡役催销之勤惰。每遇比期，随班挨责。康熙五十四年，知县陆坦，念民间食盐原系日用之需，岂须巡役催办，乃永行革除。至今食盐者，无催科之扰。《楚雄县志》：楚邑自傅友德平定，即留兵戍守。明太祖又徙江南闾右以实之，复有宦游商贾入籍，大都南人较多，故俗类南方。冠婚丧祭多古礼，服食器用概崇节啬。固渐积使然，亦土本瘠，势不得不然耳。

姚安府人，选自《皇清职贡图》。

镇南州 《镇南州志》：汉夷杂处，风俗亦异。大抵崇尚质朴，不事华采。家无织纺，男女只以耕种为生。业儒者颇知礼让。

南安州 《南安州志》：三月二十八日，驱从马以五彩花绘为饰，近少畜马者，事遂废。

姚州 乐史《太平寰宇记》：民能鼻饮水。欧阳元《升州为路记》：乐善事。明《一统志》：勇悍好斗。明《通志》：姚安府尽力畎亩，家有常给。气习既迁，人文渐盛。《旧云南通志》：土瘠民贫，服食俭朴。《姚安府志》：士大夫乐谈名理，民间施予相尚。

大姚县 《大姚县志》：人民朴

拙，男女均尚气节，又不轻去其乡，故有毕世未出百里外者。

广通县 《广通县采访》：汉夷杂处，汉则日用节俭，勤于力田；夷则结草为庐，自耕自食。其应征钱粮差徭，悉归本县。

定远县 《定远县志》：土瘠民贫，士知务学，但多好讼，近稍衰息。崇信释教，亦喜为善。妇习女工，不尚藻饰。淫风绝少，虽贫贱之女，不嫁为妾。

澄 江

李京《云南志》：民安于业，其性质实。明《一统志》：其性质野，其俗豪强。蚕衣耕食，不事逐末。《滇志》：士以劲特相慕效，耻为委蛇，庶几铁中之铮铮者。明《通志》：士知尚学，科目不乏。民务耕织，勤力本。《旧云南通志》：重穑事，不习工商；务潜修，耻为标榜。俗劲以朴，性质而淳。《澄江府志》：男安耕读，女习织纺，不事逐末远商（明成化间布政使周正按澄有联云：文风不让中原盛，民俗还如太古醇）。

河阳县 《澄江府志》：独钟金莲玉笋之盛，故文人甲于他州县。士知自爱，坦白醇谨，无诡奇刻核之行。服官者以名节自励，多功业可纪。民勤稼穑，习织纺，朴实易治。但地狭土瘠，无他物产，商贾舟车不通，官师多粮赋重。而习俗相沿，尚神佛，社会游戏、吉凶礼仪，渐逐奢靡。不亟转移变化，风可长乎！《河阳县志》：有病，明者延医，愚者信巫。子弟不论贵贱，自幼俱送学读书，及长分途而业。又：二月八日为迎神社会，先是正月内城外各村设会，轮流迎请诸神。首先东门迎诸神于会所，设醮三日后，四门轮递。迎请之期，用锦彩妆演马匹，名曰神马，并台阁故事，备极美丽。夕则比户张灯，笙歌彩舞，以供游人玩乐。相沿已久，俗传祈年丰稔，历有明验云。

江川县 《澄江府志》：为临元孔道，邑小土瘠，户少役重。士安耕读，民勤织纺。偶趋末务，不事浮华，间有名族，实少素封。

新兴州 《澄江府志》：山水明秀，地广土沃。民俗富庶，男勤稼穑，女习织纺，俭朴是敦，经营是务。士慕于学，重风裁。服官者以清白自期，致仕者恂恂如里老。但今民或游惰，俗渐于漓。示俭示礼，诚不可缓。《新兴州志》：滇俗，潴水处皆称海子，高山峻岭谓之坡，呼云为云彩，初生月曰月牙，画角为画晓，松苣为松明，高田为雷鸣田，谓雷鸣雨沛，皆得播种也。又：妇人入市贸易花布，栽秧割稻，裸足淖泥，踵习彝僚，恬不为怪。幸绅士家弗致效行，民俗中当痛改也。

路南州 《路南州志》：山水幽邃。士重诗书，而敦道谊。农安耕凿，而逐鄙末。女效纺绩，俗尚勤俭。又：除夕烧兜罗香以辟邪。

广 南

范成大《桂海虞衡志》：大抵人物犷悍，风俗荒怪，不可尽以汉法绳之。田计口给，民皆青布巾，跣足。今黄姓尚多，而侬姓殊少。盖智高乱后，侬氏善良，许从国号，今多姓赵氏。举洞纯一姓者，婚姻自若。酋豪或娶数妻，皆曰媚娘。洞官之家，婚嫁以粗豪汰侈相高，聘送礼仪皆千担，少亦半之。婿来就亲，两家各以鼓乐相迎，盛陈兵马。成婚后，随便而归夫家。亲始死，披发持瓶瓮，恸哭水滨，掷铜钱、纸钱于水，汲归浴尸，谓之买水。否则邻里以为不孝。《元史》：广南路有白、黑沙人，普喇、普央，白、黑倮倮，鲁兀倮倮，来子、普歹九种。其地山硗获薄，男青衣不曳地，女长裙跣足，性缓力弱，喜食诸虫，不知礼教。《图说》：苗倮杂居，性缓力弱。病不服药，专祷鬼神。刻木为契，喜食诸虫。丧葬惟侬人、沙人用火化，余皆割弁悬尸。不知礼义，时相仇杀，摽掠府州。土著无汉人，学校未兴。明《一统志》：习俗俭约，嚣讼好斗。《旧云南通志》：人尽力耕，不治末业，山多硗确，岁少丰收。沙、侬蠢朴无能，习俗宽柔易使。《旧广南府志》：习尚俭约，男女同犁，楼居虫食，尊巫信鬼。《广南府志略》：村寨皆夷民，耕织相兼。男子懦而性惰，女健而力勤。地无杂产，人鲜逐末。居处架木为楼，板为壁，缘梯而升，中设火池，悬釜以炊。又：土人或遭横死，如雷击、虎伤之类，则不殓不埋，将尸坐于椅上，送往高山，以伞笠覆之，听其消化，人不敢近。男妇为巫者，死亦如是。《广南府志》：正月，男抛绣球戏扑。又竖一直木于地，以一横木凿其中，合于直木头上，二人一左一右，扑于横木两梢头为戏。此落彼起，此起彼落，腾于半空，名曰磨鞦。又：六月初六、初九二日，各村寨宰木［牛］作小年，户染红糯米祀神，土司家亦然。又：七月十八日，妇女为巫者，男女围聚欢唱，名曰奸亡。

顺 宁

明《一统志》：服习恶陋，鲜习文字。九种杂居，相见屈膝为礼，俗信鬼，以鸡骨占卜。明《通志》：男耕女织，鲜习文字，九种杂居。改流之后，渐化汉俗。《古今图书集成》：顺人性朴谨，厌虚诞，亲戚往来，重实不重文。庆吊随家厚薄，量亲疏，以鸡豚醴粟为仪物。间有丧葬举素，不烹不酤，吊者遂因之，亦称简朴。婚姻之典，甚为美便，不慕势利，不厌单寒，惟取门第相若，声气相孚，男女年齿相近为是。男女探有可从之机，邀蹇修氏三诣其门，车盖从之。女氏初不为之设茶，待三往而后饷之以饭，示不轻也。既诺，男氏投刺于女氏之百尔亲戚，谓之递谢柬。

从此则相往来，节令交馈矣。俟祧期既届，择吉告成。或入赘，或亲迎，从便相就，不责聘仪，不较奁具，诚美俗也。又：顺郡俱丛山深涧，土瘠水寒，耕获倍苦，而又牲畜无几，积粪维艰。农人治秧亩，先堆梨[犁]块如窑塔状，中空之，插薪举火，土因以焦，引水沃之，爰加犁耙，土乃滑腻，气乃苏畅，方可布种。倘烧梨少不尽善，而或失时，则秧未可问矣。土脉薄水迟，仲夏乃得稻禾。田高下不一，其形如梯级，如冰裂；其丘如初月，如断核尖。凹曲如折如曲蚓，非直方易治者。以故培塍补罅，役工尤巨。禾插后，雨旸时若则可，不则蟊害顿生，秋实因以遂耗。获正值秋尽，淫雨方殷，未芟者黄落满畦，既芟者粉芽在穗，仓箱之望，将何慰之，农之病有如此。又：山谷向阳者，可荞可稗，可麦可菽，彝民以之为天然。非茂草丰林，则硗确无获，刈之于冬，焚之于春，继之以犁以锄，视力田尤倍。种后少雨多霁，则庶几矣！若遇淫雨，俱归乌有。幸而及熟，又有野兽所耗，则徙家就之。种费获微，竟同佣者取值。惫哉山农，洵目击而心伤矣！又：郡农器颇轻于他郡，以土浅故也。农人刈稻毕，晒穗于畦塍及田间，用大斗，可容数石，名曰海簸。四人环立持穗而击，稻遂落于簸中，人日可得石余。远村亦晒穗于田，以篾笆铺于地上，堆穗于笆，以足揉之，稻随以落，日亦揉获石余。山间彝人打荞稗，以一木长三尺，其端如钩，两手持木，反复击之。其江外困思龙山间，微产铁矿，彝人入山，日一往还，得之少许。煎而成铁，只堪铸硙，造制器物，则裂绽罔成。盖土燥气薄致然。惟是煎矿之炉，风箱用水力，大抵以水之去来，为箱杆之出入，亦小慧之可观者。又：郡中彝多汉少，大抵种荞不种粟，栽麻不栽桑，造碓不造硙，畜牛不畜羊，非民之惰，亦土之宜，习之便也。《旧云南通志》：里有盖藏，乡无剽劫。士习虽陋，民风自淳。《顺宁府志》：士多浑朴，人敦古道。民守分惧法，美劣相半。俗尚节俭，婚嫁称家为礼。野无游民，恒产不失。

云州 《云州志》：云州自开辟以来，陆续寄居，汉人渐多，俱各省及他郡来入籍者。其习业服食器用，俱相仿佛，与中州同。士子习于诗书，女红勤于纺绩，农事犁锄，商行贸易。市无游手好闲之徒，野有力耕火种之叟。虽则边远之区，渐为移易之俗。谓汉夷杂处，而久道化成，有其训矣！

曲　靖

郦道元《水经注》：夷居语言不同，嗜欲亦异。虽曰山居，土差平和，而无瘴毒。李京《云南志》：婚姻论门第，力耕致富。明《一统志》：椎髻皮服，力耕好讼。《旧总志》：山川平旷，士风渐盛。科第人才，后先相望。包见捷《通志草》：黾勉耕织，兼事商贾，习尚简朴，颇信释教。《曲靖府志》：士尚廉耻，与物和平，民少游惰，其性易使。

沾益州 《沾益州志》：土瘠民贫，路冲役苦。不好出乡井贸易，惟知力耕火种，衣租办赋而已。住居山隅者，虽殷实不衣帛，或至老不入城市。妇女不衣华丽，亦无金银妆饰。惟地系冲衢，商旅丛集，五方聚处，习俗不无庞杂，赖整饬焉。又：二月初八日，有迎太子会，与他郡特异（相传有龙潭，不知在何许，旁生旃檀香树一株，大数围。高十余丈，不时有光。元时有异人伐之，镂佛像三，曰大太子、二太子、三太子，云为释迦如来佛子，庇佑境土，冠五佛冠，衣红袍。交城十乡人民轮每岁会期作佛事，高招盛装，社伙鼓吹喧杂，人聚观之。先于初七日舁游市中，至初八日迎赴会场，云与佛母相见。自元明至今，未有易也）。

陆凉州 《陆凉州志》：朔四日俗名烧火星纸，每里约会，或十家、二十家。当首之家，具牲醴钱马五谷，请众诣火神祠。祀回即剁生饭众，至午宴酒。次日送神牌于明岁当首之家，复请宴饮。合郡行之。

马龙州 林尧庸《志草》：人颇力耕，俗鲜浮靡。地瘠无贸易，家贫喜读书。人文科甲，较他州为盛。又：州境之中，民穷财乏。安于俭素，鲜可为乐。如土主、城隍等会，各郡争尚奢华，马龙独废不行。而岁时伏腊，各随其家之有无。馈宴亦稀，滇中贫苦之境，以此为最。

罗平州 《罗平州志》：罗平婚礼极朴，丧礼极俭。安本分，急输将。但无恒产，故多贫。其俗各种人至今不改焉。又：正月初九日，有玉经会。三月初三日，有祀龙之举，兼诣元真观进香。六月初六日，有白蜡会。

寻甸州 《寻甸州志》：汉人处市井乡遂，夷民居僻壤山林。强悍者力讼，富豪者骄吝。士习少纯学，婚姻论门第。力于耕种。女工无织纴之利。又：昔民多好讼，数年来改移殆尽。民勤农桑，士习诗书，不事逐末远商。

平彝县 《平彝县志》：土瘠民贫，俗尚朴质。病信医巫，婚丧循礼。男务农耕，女昧纺织。人亦好义，惟信道释。籍多辰沅，故俗类楚。士知向学，科第渐出。又：滇俗妇人出以锦帕覆面，至老不去。

宣威州 《宣威州志》：风俗大约与各处相同。而稍异者，其土瘠薄，故其俗勤俭。民间终岁劳苦，岁晚不得少休。

丽　江

《明一统志》：善骑射，最勇厉。《图说》：地处风寒，春夏拥火。人情朴陋。又：荞麦资生，秉性顽悍，柴弓竹箭，捕禽为食，无牧畜，亦无布匹。明《通志》：衣同汉制，不頮泽，板屋不陶，焚骨不葬，带刀为饰，服食俭约。么些古宗，或负险立寨，相仇杀为常，两家妇女，投场和解乃罢。节令饮馈，与列郡同。《旧云南通志》：地近蒙番，好佛信鬼。性同北鄙，佩弩悬刀。设流以后，礼教渐兴。《丽江府志》：夷民不习织纺，男女皆力耕火种，力作最苦。耕用二牛，前挽中压后驱。平地种豆麦，山地种荞稗，弃地种蔓菁。又：旧时土官廨舍用瓦，余皆板屋，用圆木，四围相交，层而垒之，高七八尺许，即加椽桁，覆以板，压以石。屋内四围皆床榻，中置火炉，并炊爨具。改设后，渐盖瓦房，然用瓦中仍覆板数片，尚存古意。又：夷俗男二十岁以上始戴帕，卷发辫簪之，有冠礼遗意。

丽江等府么些蛮人，选自《皇清职贡图》。

又：土人亲死，既入棺，夜用土巫名刀巴者，杀牛羊致祭。亲戚男女毕集，以醉为哀。次日送郊外火化，不拾骸骨。至每年十一月初旬，凡死人之家，始诣焚所拾灰烬余物，裹以松枝瘗之。复请刀巴念夷语彻夜，再祭以牛羊，名曰葬骨。改设后，屡经禁谕，土人尚惑刀巴祸福之说。自东河社长和悰顺母死殡殓如礼，择地仟葬，题主刻铭，人不见其有祸，此风乃渐革矣。又：祭祖以清明，六月十一日，土人庭前植一栗树，盛陈果馔牲醴，用刀巴祝赞，寄籍祭墓。（谨案：葬祭用松栗，相传有猎死者，其子寻之年余，得父死处，骸骨腐化，已生松栗，因取松葬而栗祭焉。后遂相沿成俗。）又：宴会每推一老年上座，先酌之，子弟以先跪饮，始入席。终席恂恂无敢越席。又：夷人各种皆有歌曲，跳跃歌舞，乐工称细乐。筝、笛、琵琶诸器与汉制同，其调亦有《叨叨令》、《一封书》、《寄生草》等名。相传为元人遗音。又：土人家家供佛，信喇嘛僧。有卜筮者，俗呼阿明，念番语，结毛索。随索所结，每以一物取象。结十三次，断吉凶甚验。又：自元旦至初九日，土人洗米、净香、宰豕，极其诚洁。各就旧坛，请刀巴祭山川土谷神，名曰祭天，此一岁所首重者。自改流后，更名曰祭祖。又：十一月初旬祭祖，有鬼者之家，鸣锣跃马，请刀巴葬骨。各乡入山取柴，

鹤庆人，选自《皇清职贡图》。

备一岁之炊。

丽江县 《丽江县采访》：民不喜讼，勤于输将。士子勤诵读，喜收藏书籍。又：妇女初习纺织，近日府城内外各设立机坊，竞相师法，纺绩之声，延而渐广。又：从前城乡妇女服饰殊异，奢而非制。嘉庆二十四年，署知府王厚庆，曲为化导，簪环服饰悉遵体制，焕然改观矣。

鹤庆州 李京《云南志》：其人蠢朴而好嚚讼。又：文化丕兴，科第不乏。明《通志》：人性稍刚，好带弓矢。《滇志》：气概相尚，有燕赵悲歌感慨之风。操觚摛词，亦以奇胜。《图说》：士习雅饬，民风纯朴。俗尚俭约，事不繁而讼亦简，号称易治。《旧云南通志》：塾序相望，纺绩时闻。农则畎亩维勤，士亦齑盐自励。《鹤庆府志》：士慕诗书，民务勤俭。吉凶近礼，报施尚平。犁夫用三，妇帽三尖（帽以布为之，殊非服饰。知府周赞曲为化导，易以簪髻），家奉三宝，妇人载负（土人之妇，遇街市贸易，货物自负载，而夫不知）。宴尚咂酒，肴贵腥品。正旦传香，元夕张灯（或五家十家共结一篷，缀采张灯，吹以饮）。又彝俗言语侏儰，服装诡异。居必险隘，饮必欢呼。卜用鸡骨，约用木刻。耕绩樵牧为生，石炙火炮为食。（夷人荞食多不以釜，惟用净石烘热，调糊涂其上微烘即熟。又麦初熟职穗火炮食之，味亦香美）。

剑川州 《剑川州志》：山清水秀，士生其间，多聪俊雅驯。是以人文蔚起，科甲接踵。在迤西诸郡中，足称翘楚。但地土硗确，又近雪山，寒气侵逼，五谷少成，收获亦在郊郡之后。又：地无蚕桑，乡村农民绩麻为衣，女红纺织寥寥数家。民间终岁勤动，往往衣食不给。故横经者不免，负耒而业农者必兼习工也。

中甸厅 《中甸厅采访》：三伏围炉，男女衣褐。糌粑酥酪乃其养命之源，舞蹈锅椿是其岁时之乐。一心好佛，敬尚喇嘛，牛马牲畜，恣其贪取。

普 洱

《清一统志》：民皆僰夷，性朴风淳。蛮民杂居，以茶为市。《旧云南通志》：人多顽蠢，地寡蓄藏。衣食仰给茶山，服饰率从朴素。崇信巫鬼，未革夷风。

他郎厅 《他郎厅志》：汉民皆非土著，系由临安、建水、石屏、新兴暨川、广流寓入籍者。耕读贸易，习以为常。土著夷民，语言服饰各有异同。村寨妇女半皆负薪入市。家鲜盖藏，畏法少争，惟以务农纺织为生计。迩来声教覃敷，间有读书应试者。

威远厅 《明一统志》：男女勇捷，走险如飞。《旧云南通志》：白蛮习朴野。

永 昌

《三国·蜀志》：吕凯等执忠绝域，十有余年，守义不与交通。臣不意永昌风俗敦直乃尔。明《一统志》：衣冠礼仪，悉效中土。明《通志》：士知向学，科第相仍。男事耕艺，女务纺织。腾越虽远阂，两江衣冠人物，并称全腾。《旧云南通志》：婚丧交际，相尚以文。服食宴会，亦皆有节。民淳讼简，安土重迁。《永昌府志》：《通志》云，衣冠礼仪，悉效中土者，犹谓其初也，今则骎骎日上。婚丧宴会，相尚以文，服食居处，亦必有节。士勤诵读，女务绩纺。商贾贸易是营，农民耕菑是务。耻邪僻，恶斗狠。所以市无游手，野无惰民，恂恂然民淳讼简，安土重迁。无大故不肯轻去其乡。城中服色如常。百里以外，虽皆蛮夷，衣服语言，亦不甚异。田五亩为一双。土性坚，耕用两牛。岁时伏腊，享祀馈遗，与他郡无异。货物皆自外来，明时贸易以贝，今则银钱互用矣。

保山县 《永昌府志》：其地土则平衍，其山川则秀丽，昔称西南富庶地。语音、服食、仪礼、气习大都仿佛江南。市肆货物之繁华，城池风景之阔大，滇省除昆明外，他所不及。婚姻论门第，丧葬视贫富。人知礼让，尚气节。士大夫居家皆能检束，无厚积，无冗费。尊师重学，故科第登仕者，代不乏人。女子无论贫富，悉勤纺绩。《旧志》谓其勤慎似楚蜀，慷慨似燕赵，宕逸似吴越，以今观之，良非虚语也。

腾越州 《永昌府志》：地处极边，孤悬两江之外。蛮夷错杂，商贾丛集。风气昔称古朴，今则踵事增华。居民多务耕织，崇礼让。士知自重，简而实。农业而外，皆各事生理。有游惰者，辄见斥于乡党。《腾越州志》：明初开滇，江南从戎者，多驻牧其地。故金［全］腾人多金陵软语，宜其风俗有吴下风。又：亲迎亦用喜轿，或以匹马迎之，马鞍饰以彩。又：夷亦有美俗，一切借贷赊佣、通财期约诸事，不知文字，惟以木刻为符，各执其半，如约酬偿，毫发无爽。如有不平，赴酋长口讼，以石子计其人之过，酋长因而训之使改，不改则死，恶杀。酋长侵伐则从，以为死乃分之当然。有纪律，所过不犯一草。闺门严，妇人既嫁婿，有言其妇外窥者，妇父母亲戚，掘地缚而埋之，以为辱宗。夫死不嫁，自称鬼妻。种艺纺绩，有织大布者，机阔八尺，口颂佛号，乃织一梭。妇人进夫饮食，必叩头至地。人敬酋长，虽有暗室，闻过必跪，举手加额。两酋争战既久，胜负未分，有僧入阵止之，遂罢战而归。其自称国号，皆唐虞之旧。是知封建之法，薄四海内外，皆有之也。木刻相沿木夹之制，唐徐云虔使南诏授木夹遣还，宋宣和间，高泰运贻木夹书于边将，以求贡。其制用两漆板夹文书，而刻字其上以为信。今夷人交易用木刻，各执一半，符合为信，即其遗意也。又：外夷有鸡卜法，其法缚雄鸡于神前，或向空祝之，旋扑杀鸡，取两股骨洗净，以线束之，用竹签插其中。再祝左骨为侬，侬，我也；右骨为人，人，则所占事，或占所指人也。两骨上有细窍，以细竹签之，斜直多少，任其自然，直而正者多吉，反是者凶。其法有十八变。按：汉武帝令越巫祠鬼，用鸡卜知此法相传已久。后有沾益州乌蛮闭栅居集者，精鸡卜法，并用细竹四十九枚，代蓍草，占算如神，其由来旧矣。又：方言出之夷倮者，难晓其义；如山川村落，多用矣字、者字打头，村哨谓之喧，保甲谓之牛丛，曰甸曰睒，曰睑，皆沿蒙段遗法。至水称海子，岭称坡子，沟曰龙江，呼院曰万，呼关曰官，松炬曰明子，虹曰水桩，皆土俗方言也。田四亩谓之一双，盖西域语，如卷之未苟［为勾］也。金王庭筠诗："寺僧乞与山前地，招客先开四十双。"滇西近天竺，故其方言云尔。《唐书·南诏传》云五亩为一双，则四十双为二百亩。犁田每用二牛，三人佐之，前者挽车，中者扶犁，后者服耕。种以五月，获以十月。又：滇人一岁有十一市，俗皆以市为景。正月灯市，二月花市，三月蚕市，四月线市，五月扇市，六月香市，七月宝市，八月桂市，九月药市，十一月梅市，十二月桃符市。又：夷俗每月戌日则祭祖于家，万物发生于辰，而归寂于戌；日出于辰，没于戌，理或有之。今释氏则云，戌日四兽不守地狱门，亡魂得出，此邪说也。汉人祭祀则近服礼教久矣。又：元旦、清明、端午、七夕、中秋、夏至、除夕，风俗与中土相类。人家咸用赤豆作饭，昔共工氏有不才子七人，死而为厉，性畏赤豆，故作羹以祛之。其遗意也。又：滇中用贝，今已渐少。而近边夷妇，尝蓄之以为首饰，俗曰肥。其用以一枚为一庄，四庄为一首，四首为一缗，亦谓之苗，五缗为一卉，卉为索也，一索值银六厘，而市小物可得敷［数］十种，故夷民便之。（金泉刀贝古所通用，故用贝。许氏《说文》曰古者货贝而宝龟，至周而有泉，秦乃废贝行泉。《汉书》王莽时有大贝、小贝之名，谓之货贝。《货殖传》曰贝五种：大贝、牝贝、公贝、小贝、不成贝。滇之所用皆小贝、不成贝耳。秦变法时，庄跻王滇，未必奉行，侵寻至南诏，段高犹仍用旧俗，明时尝盛行也。）又：礼斗，滇俗九月朔至九日最虔。《滇略》载明正德甲辰，永昌地震，民居多覆，死伤无算。惟真武观屹然不动，礼斗人居其下，无一伤者。

永平县 《永昌府志》：山多田少，旧为群夷杂处之地。俗习淳朴，鄙浮薄，恶游荡。居山谷中者，有倮倮僰人数种，亦知伦理。婚姻丧葬与汉礼相去不远。其子弟之俊秀者，皆知业儒，有古风焉。

开 化

《图说》：结绳木刻，不习文字，不喜构讼。彝倮崇巫祀鬼，啖鼠咀蛇，迁徙无常，喜斗轻生间不藏蛊毒杀人者。设流之后，学校既开，习俗渐迁，汉人近稍寄居焉。《旧云南通志》：土田多美，稼穑易丰。野有质朴之风，户鲜嚣凌之习。《旧开化府志》：倚山缘箐而居，支木结茆为屋。言语不一，文字鲜通，喜斗轻生，巫鬼是尚。改土设流以后，学校既开，习俗渐改。《开化府志》：种类实繁，衣服互异。客民华丽相高，土人勤俗是尚。设学已久，风气日开。穷乡僻壤，亦闻弦诵之声。又：五月五日正午走马，以角力射柳为节。（明土司龙者宁，永乐十一年入贡京师，钦赐纻纱锭等物。适五月五日上幸东苑，观击球射柳，听文武群臣及四夷朝使聚观。自皇太孙而下，诸王群臣以次击射。皇太孙连发皆中。上大喜，曰：今日华夷四集，朕有一言，尔当思对之，曰："万方玉帛风云会，"皇太孙叩头对曰："一统山河日月明。"上大喜，大宴群臣，命儒臣赋诗，尽欢而罢。时龙者宁亦在观焉。后者宁回阿雅，感激圣恩，每年以五月端午日，令目把等骑射，以志不忘之意。后之子孙习以为常。）又：夷俗以杂粮酿酒，凡宴宾客，先设酒置坛于上，贮以凉水，插竿于内。客至，主人先咂，以示先尝之意，客次之。咂时盛水，候咂毕而注于坛。视水之盈缩，以验所饮之多寡。不及则请再行。寒月置火于坛下，取其热也。

东 川

李京《云南志》：乌蛮富强，白蛮贫弱，俗尚战争，类吐蕃之风。居多板屋。明《一统志》：俗尚战争，居多板屋。《旧云南通志》：其气剽悍，其性猜疑。倮蛮易与为非，苗民犹知奉法。服食婚丧，尚多夷习。《东川府志》：城市人民，五方杂聚，多习奢糜。乡村旧崇朴素，今亦繁华。去奢示俭，诚为急务。又：八月三日，城隍庙祀灶神，省民寓东川者，皆集香火，次于中元。

云南乌蛮，选自《南诏图传》。

昭 通

《旧云南通志》：改土归流，夷多汉少。风气刚劲，习尚凶顽。出入佩刀以自随，相见去帽为礼。居多木棚，击齿乃娶（男子十五六岁击去左右两齿，乃娶）。

镇雄州《四川总志》：性劲而愚，俗朴而野。男业耕稼，妇无粉黛。子日贸易。崇信巫鬼。《镇雄州志》：耕田预于岁前冬三月取茅肥田，谓之春青。又：人日食斋粥，父老戒子弟曰：食了上七汤，各人寻良方。又：狼底秀水者，地本无水。土官每代承袭后，大聚部落，盛陈仪从，至彼掘地，覆以斗笠，令夷巫祝之。至次日揭笠，有水取而饮之甘，曰饮秀水。

景 东

明《一统志》：民多僰夷，田皆种秫。明《通志》：民多僰彝，性本驯朴。田旧种秫，今皆为禾稻。渐习书史，民风地宜，日改而月化。《图说》：风俗近朴，课读渐兴。《旧云南通志》：士简民恬，风和俗厚。男女悉知辛勤，士类咸敦礼教。《景东厅志》：明初原隰多僰夷，山多倮倮，是为土著。性尚驯朴，自设卫后，卫所官兵皆江左人，并江右川陕两湖各省之贸易是地者，多家焉。于是人烟稠密，田地益开辟。大抵山居多种杂粮，平川多种粳稻。士敦礼让，家习诗书，士习民风，日蒸月化矣。又：元旦男子四鼓起，以香烛茶酒祀井，争先汲新水。又：二月三日，士庶咸庆文

云南景东等府白人，选自《皇清职贡图》。

昌诞。是月内城乡延道士设醮，行古傩礼，扎龙船，装方相，以逐役。丁祭后，上坟祭扫，老幼同往。又：八月丁祭后，上坟祭扫。又：语音景东川居者，大半皆江南籍。其次则江西湖广，故男女皆官语。山居者皆土著，夷人种类不同，语言各别，然常入城市贸易，皆能说官语。亦有读书进学者。汉人不与结亲。

蒙 化

《滇志》：敦朴恬雅若素，土风之厚，绝无浮夸。《图说》：人民朴实，易治无悍。明《通志》：士安诵读，乡鄙轻薄。又：士人婚冠，皆用《家礼》。民间相尚朴质，饮食衣服，视列郡为俭。《旧云南通志》：士安诵读，俗远浇漓，号称易治。《蒙化府志》：川原夷坦，山谷幽深，气暖风和，民醇士朴。男安耕读而惮经商，女乐织纺而薄脂粉。语言质实，不事浮夸；服食淡泊，不趋侈靡。乡党勉于忠厚，士大夫耻尚奔竞。凡婚丧宴祭，一准乎礼，俗称和易焉。近因流寓者日竞骄奢，习染者亦从而傲荡，则又不可不防其微杜其渐。其岁时伏腊，享祀馈之节，大略同于通省。惟沿段蒙余习，崇释信道，颇甚于他郡。其山谷群夷，男妇以青布蒙首，体掩羊皮，而城市汉人，亦多效之。此盖不善变者也。《定边县志》：定邑山簇层霄，水无停聚。男妇耕获石田，不赡朝夕，故崇俭之风，甚于他邑。城市多汉，贸易是资。乡多彝种，火种刀耕。汉俗婚丧祭祀，岁时之礼，仪文粗备。但数经兵燹，弦诵者寡，遂少腾达。然士尚敦谨，不务纷华。近设学校，视前颇盛，风气渐开矣。

永 北

明《一统志》：气习朴野，勤于耕织。明《通志》：巢处山林，人物勇厉，俗尚

云南永北等府西番，选自《皇清职贡图》。

争竞，夷有数种。《旧云南通志》：地界极边，夷有数种，人多勇悍，俗尚争竞。《旧永北府志》：军悍民刁，奸顽难治。《永北府志》：民风尚朴俭，勤稼穑。市无奇巧之货，人鲜奢靡之行。惟不知纺织，贸布他郡，价值高昂，谋食之外，又必谋衣，治生之道良苦焉。又：男子于大婚前一夕，筵宾待以客位，加衣冠，拜祖庙，亲友为之赠字，其即冠礼之遗意。其女家前一日亦筵宾为女梳妆束发，拜祖庙，盖亦笄之意也。又：正月元日设松篷，用长降香一株，以红纸腰为十二节，遇闰则增其一，焚至元宵。明《通志》：永宁府郡中，多么些蛮，朴野而勇厉，蓬头赤脚，穿耳贯环。山居板屋，俗皆披重毡，盛暑不去。死后焚骇[骸]，弃灰。都辖皆西番，性枭悍，食生肉，婚配野合，随畜迁徙。又有野西番，倏去倏来，更不可制。

广 西

明《一统志》：其俗质野，民强家富。明《通志》：士知向学，民勤耕织。风化渐行，殊异俗习。《旧云南通志》：鲜为商贩，不慕浮华，尚存乔野之风，殊有恬熙之乐。《旧广西府志》：风和气平，无大寒暑。当盛夏雨即清凉，春多风，冬寡雪，始有严寒，一霁则燠如春，四时花不歇，谓土厚风醇然矣。民生其间，号称易治。土著昔多白人，今齐民之家，相尚礼义。居室器用衣服，多朴素。惟务农，鲜商贩。妇人知纺织，以针线相高。婚姻各从贫富，死丧亲友相助成礼。疾病知医药，礼僧道，诵经禳祓。宴会相竞胜，以诉讼为耻。岁时礼节，与中州大同小异云。《广西府志》：士敦礼让，民重犯法。

师宗县《广西府志》：土瘠民勤，俗尚俭约，有唐魏风。又：丘北风俗，华朴不一。汉人气习多同。弥勒土夷，则鄙野犹未变尽。

弥勒县《广西府志》：堑水屏山，民颇习浮华，修文饰，村寨居民知诵读。《弥勒州志》：汉夷杂处，田地肥硗相半，民气和柔，天气无剧寒盛暑。

武 定

明《通志》：俗尚强悍难治。松皮覆屋，蓑毡蔽身，交易用盐。建学校之后,旧习渐迁。包见捷《通志草》：俗尚朴鲁，士民勤业，锓锓有省会之风。《旧云南通志》：地鲜肥饶，咸勤耕凿。文采未足，愿厚有余。《武定府志》：民朴而俭，士醇而不浮。又：汉夷旧俗，不务蚕桑纺织。知府王清贤设法委曲教导之，始稍知习业。

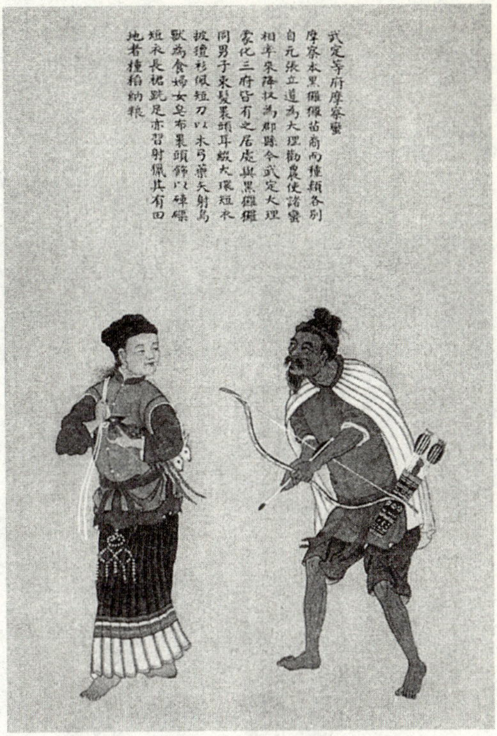

武定等处摩察蛮人，选自《皇清职贡图》。

元谋县 《元谋县志》：民穷而惰，衣食不充，男子走厂，女人佣工。自奉则啬，祀鬼则丰。男喜戴花，女半蓬松，少施脂粉，不甚修容。又：村庄之中，各有公田，年轮火头，以司一村。凡田主往来，行商过客，至设草房一座，饮食草料毕备，去不取值。则又古者“庐有饮食，宿有路室”之道也。

禄劝县 《续禄劝县志》：讨名姓者，备果馔纸笔，抱孩童于天未明时，伏路隅，俟有过路者，无论贵贱，虽乞丐，即邀请乞名，且以其姓姓之。过者饮馔，为予姓名，赐儿金钱。否则截衣角与之，曰压惊。故小人家多有父子异姓者。乌程吴应枚诗云：“边隅生齿今繁盛，簇簇婴儿裹绣绷。村媪山农齐襁负，马前罗拜乞题名。”是虽逢部使，亦乞之也。又：姑姑帽者，以羊皮系额，寒暑皆披。无锡施侍御武诗云：“额尖新样姑姑帽，五月羊皮带汗穿。”是也。又：哈哒毡帽，制类雨兜，妇女多带之。旧传洱海有孽龙，能摄人，故戴以帽，以避龙祟也（吴应枚诗云：螺髻层层辫发旋，黄金耳坠一窝圆。孽龙枉羡丰姿美，新制盘云哈哒毡）。又：土人畏鬼，诵《白马经》以祈福，文字支离，不可辨识。又：土俗畜蛊，或蛙鼠之类，夜放晓收，其出入有金光，谓畜之者家顺利。蛊夜游傍檐宇，食蛛蚱网，小儿触之则中毒，善治者咀患处而出之。毒如小弹丸则愈。置丸于木盘，能自动也。蛊非金蚕，不甚为害。又：

俗好唱《打草竿》，一名《打草杆》，昔辽士戍滇，牧场打草，有思归之心，因为此歌，其音慎怨。又唱《大理歌》，大理之音也。

元 江

云南元江等处窝泥（今哈尼族先民）人，选自《皇清职贡图》。

明《一统志》：男女混杂，槟榔致礼，家重积藏。明《通志》：地方瘴疠，四时多热，一岁再收。境内倮夷居多，性懦气柔，惟酋长所使。《图说》：蛮种繁处，强弱淳悍不同，皆缘箐而居。信鬼尚巫，葬用火化。设流之后，风化渐开。但庠序虽兴，皆属外郡寄学，而少土著。《旧云南通志》：稍知礼义，颇务耕桑。《元江府志》：地多瘴疠，四时皆热，草木不凋，一岁再收。性懦气柔，惟酋长畜使。《志胜》：僰人能居卑湿，蒲蛮好居高山。《元江州志》：四时多热，一岁再收。蛮夷杂处，淳悍不同。设流之后，风华渐开，稍知礼义，颇务耕桑。

新平县 《旧新平县志》：城内士民，男耕读，女纺绩。俗尚淳朴，不事奢华。语言衣服饮食与中土同。冠婚丧祭，互相资助，多系各省人籍之人，皆知礼义，饶有古风。村庄彝种，习尚不同，风俗亦异。《新平县志》：承平百年，陋习渐远。然土地瘠薄，谋生非易。是以鄙朴之俗多，慷慨之风少。愚者犷悍而忘其身家，知者委靡而绝少振作。又：俗尚俭朴，男女多衣布。有衣帛者，群起而笑之。是以素封之家，亦衣如贫窭。又：元日闭门不纳客，过元宵烧纸开门。又：每岁正月初二日，城隍出巡，先至土主庙，住数日，及与土主神同巡各村寨，至四月回庙。每神至处，各家宰牲献神，邀亲友饮春酒。神所未至，虽至三四月，多不请客，不饮春酒。

镇 沅

明《一统志》：信巫礼鬼，妇勤耕蚕。明《通志》：郡多僰夷，信巫鬼，轻医药。妇勤耕蚕不少暇，产子浴于江。康熙《云南通志》：倮蛮力耕火耨，每岁必易其土，以养地力，三年复耕旧陇。无论贫富，室无裀褥，四季拥炉度夜。男女婚嫁，不问父母，彼此爱悦，遂相配合。雍正《云南通志》：力弱性缓，风气近于宽柔。火种刀耕，人情习于劳苦。

恩乐县 《恩乐县志》：二月初三日，士庶咸诣文昌宫庆诞，谈演《大洞经》。土人于是月内宰牛猪祀祖。又每人用鸡一只，割取鸡骨卜卦占年，名曰叫命。并治酒会饮，各送糯饭一包，山花一束。又：九月收获既毕，将前获秧篱燎火，治祀祖鸡。此鸡嫡亲宗族得食，出嫁女亦不与焉。祭名谓之落劳。

黑 盐 井

《黑盐井志》：井地土著，昔多夷人。自元明设官后，有迁徙至者，有宦游及谪戍入籍者，有商贾贸迁而家者，故冠婚丧祭，交际礼文，略与中华等。迄今生齿日繁，风会人文，日益遒上，锓锓乎进于大雅矣！但俗尚侈靡，不知樽节，贫者富者如一也。又：井俗煮卤代耕，男不耒耜，女不杼轴。富者出资，贫者食力。皆仰食于井。骛利斯争，时所不免。而险健终讼者鲜，故其争易弭。凡礼仪服饰，大略与省会同。

琅 盐 井

《琅盐井志》：煮盐代耕，淳朴务本。士尚淳风，弦诵弗辍。民鲜游惰，勤动不休。惟愚者不免崇释好巫，若贤者亦多乐善好义，高视阔步，不囿于俗焉。

白 盐 井

《白盐井志》：土瘠民贫，不事纺绩，多以卤代耕。其余若读书，若贸易，莫不沐浴圣化，习礼让而安生业。如《通志》所称，"习气既迁，人文渐盛，男无狡猾，女无粉饰者"，信矣！又：土地衣服，无夸缎帛。妇女俱梳云髻，著袄衣，上罩长褂，领缘饰以花绣，分肩成幅，帖挂前襟，此外别无艳妆华饰。行路则以纱巾蔽面，持伞遮身。

贵州

黔于自明世前，此皆溪洞苗蛮也。故今各府风俗，止就明以来志乘中语书之。其汉、唐、宋诸史书中，西南夷、南诏、南蛮诸传所载，则编于苗蛮之首。

贵阳

俗尚朴实，敦礼教，士秀而文，民知务本（谢东山志）。崇儒术，重气节，处者耻为污下之事，仕事者多著廉洁之称（沈思充志）。风土近刚，习尚从俭。性情每多质直，器用绝少奇淫。民务稼穑，而鲜贸迁。士敦诗书，而多彬雅。

安顺

种类杂糅，习尚异宜（《旧志》）。茹毛饮血，日久渐更。务学力田，颇循汉礼（《续志》）。其俗勤俭，尚儒重信（《旧志》）。刻木示信，犹存古风。务本兴行，渐洗蛮陋。土俗尚存桴鼓，流寓渐有华风（《一统志》）。诗书礼乐，不减中华（《科举题名记》）。文教日兴，人才渐盛，民乐输将，不喜健讼。

平越

俗尚威武，渐知礼义（《一统志》）。附郭旧人，迁自中州。多读书尚礼，男女有别，土夷异俗（《旧志》）。力于稼穑，民少争讼。人士秀雅，无嚣陵之习（《全蜀土夷考》）。人知畏法，俗近驯良，有秉礼守义之风，尚气节廉隅之行。

都 匀

人重廉耻，勇于战斗（《一统志》）。苗僚错处，种类不同，俗尚亦异。声教所被，士知读书，民皆兴行。土瘠民贫。岁时伏腊，宾客宴享，不事华靡。郡治虽偏，饶有古风（《旧志》）。男无游手，妇勤女工，民风谨厚，守分安贫。

镇 远

习尚质野，服用俭约（《一统志》）。风气渐开，人文丕振，游宦者安之（《旧志》）。思播流裔，地狭民贫，耕读织纺，多从朴素（《本志》）。水陆冲衢，商贾辐辏，民多负贩，经营无浮夸游惰之习。

思 南

汉夷杂居，言语各异（《寰宇记》）。渐被华风（《图经》）。汉民尚朴（《元志》）。务本力穑（《郡志》）。屏异教，行四礼，黜浮崇实，士慕正学，锓锓文献之风（《旧志》）。士子多兼力农，妇女恒羞逾阃，急于输将，贫不为盗。惟尚巫信鬼，陋习未除。

石 阡

淳庞朴茂，不离古习。服食婚丧，悉效华风（《郡志》）。蓄着夷民，其俗各异，涵濡日久，可拟中州（《新志》）。士无佻达之风，农尽胼胝之力，地非四达，鲜有贸迁。

思 州

民性刚悍，祭鬼弭灾（《一统志》）。夷风丕变，弦诵洋溢（按察使卢秩记）。俗近淳庞，人知畏法，无大奸顽。士类彬彬，有文埒于内地（巡按毛在记）。俗不喜争，健讼者少。民勤而俭，颇有余积。

铜 仁

居辰常上游，舟楫往来，商贾所集，颇有楚风（《旧志》）。力本右文，士多向学（佥事阴子淑记）。苗僚种类不一，习尚多殊。声教渐敷，为之不变（《旧志》）。民性淳和，俗尚俭约。

黎 平

五方杂处，人性朴茂。尚义重信，不乐纷嚣（《旧志》）。此邦之人有三不恶。时和年丰，惟以礼乐诗书为事（魏华父记）。地称沃壤，民习勤俭。士敦弦诵，俗少嚣凌。

大 定

习俗鄙陋，性格野朴，不事商贾，惟务农业。声教渐讫，向慕儒雅。人多勤俭，文风武略，渐有可观（《旧志》）。地寒民贫，多资养为业。俗尚淳庞，冠婚丧祭，渐能循礼。惟汉少夷多，信巫尚鬼之风，甚于他郡，地多土目错居，夷性好争喜斗。近知畏法，亦渐革心。

南 笼

士安弦诵，农乐耰锄。地僻民聚，化行俗移。郡分安顺，习尚略同。新辖永丰，夷俗渐革。其民任真率性，畏法易使，德教所被，风气日开。

遵 义

敦庞淳固，悉慕华风（《图经》）。男女多朴质，士人悦诗书。以射猎山伐为业，信巫鬼，好诅盟（宋《遵义军图经》）。婚姻以毡矢为聘妆，宴乐以歌舞为佳会。会聚皆重盛服，出入佩剑刀（《华阳国志》）。勤耕凿，重蚕桑。士质而文，民朴易治。冠婚丧祭，不尚奢华。人知向学，深山穷谷，犹闻弦诵声。虽夜郎旧地，当与中土同称。

跋

中国之史，皆官家书也，于民间事无与焉。故谈史学者，欲研究吾民族进化之迹，及风土良窳，人情厚薄，皆苦乏材料。余昔任某大学教授时，有西国教授欲知中国风俗者，不知当备何书，以问学生。学生莫能对，转以问余。余亦莫能对，但答之曰："当于各地方志书及古今人笔记、游记中求之。然志书繁多，搜集不易，笔记、游记，尤为芜杂，于此取材，百不得一，是聚书多而获益少，用力艰而成功仅，甚矣其难也！"学生废然而返，遂据所见闻，书若干则以答问者，曰此中国之风俗也。吁！误矣！夫中国立国之久，幅员之广，远过他邦，风土人情亦至复杂，古今绝异，不知经几许嬗变；吴越悬殊，几若异国，执今以概古，举一以例百，而曰是中国之风俗也，呜呼［乌乎］可？余因之有感焉，辄欲发奋搜罗载籍，汇为一书，题曰"中国社会史料"。史料者，备他日编社会史者有所取材也。顾蹉跎久之，未能成就，良用慨然。今家兄朴安及舍侄惠生等皆有志于斯，因相与发各地方志书及笔记、游记等数千百卷，披拣撮录，成风俗志一书，凡二十卷，欲研究中国风俗者，得此一编，大足供其参考也。

中华民国十一年十一月胡怀琛